CLASSIQUES JAUNES

Littératures francophones

Voyage et aventures en deux îles désertes des Indes orientales

suivi de

Recueil de quelques mémoires pour l'établissement de l'île d'Éden

François Leguat

Voyage et aventures

en deux îles désertes des Indes orientales

Édition critique par Jean-Michel Racault

suivi de

Henri Duquesne

Recueil de quelques mémoires

pour l'établissement de l'île d'Éden

Édition critique par Paolo Carile

PARIS
CLASSIQUES GARNIER
2025

Paolo Carile est spécialiste des récits de voyage du XVIe siècle au XVIIIe siècle. Son approche comparatiste se situe à la croisée des chemins entre la littérature, la géographie, la cosmographie, l'histoire et l'anthropologie culturelle. Outre des éditions critiques de relations de voyage, il a publié *Écritures de l'ailleurs* et *Huguenots sans frontières. Voyage et écriture à la Renaissance et à l'Âge classique*.

Jean-Michel Racault est spécialiste des utopies et des littératures de voyages aux XVIIe et XVIIIe siècles. Nous lui devons plusieurs éditions de récits de voyage. Il est, entre autres, l'auteur de *Nulle part et ses environs. Voyage aux confins de l'utopie littéraire classique (1657-1802)* et *L'Utopie narrative en France et en Angleterre*. Il a aussi publié de nombreux travaux sur Bernardin de Saint-Pierre.

ISBN 978-2-406-17976-4
ISSN 2417-6400

ABRÉVIATIONS

Acad. 1694	*Dictionnaire de l'Académie française*, édition de 1694
CNRTL	Dictionnaire en ligne du Centre National de Ressources Textuelles et Lexicales (CNRS-ATLIF)
DHS	Revue *Dix-Huitième Siècle*
P.	Paris
P.M.L.A.	*Publications of the Modern Language Association of America*
PUPS	Presses de l'Université de Paris-Sorbonne
RHLF	*Revue d'Histoire Littéraire de la France*
SVEC	*Studies on Voltaire and the Eighteenth Century*
UP	University Press

INTRODUCTION[1]

Le *Voyage de François Leguat* ou du « roman véritable » à la fable écologique

La période dite de la « crise de la conscience européenne » des années 1680-1715, pour reprendre la vieille étiquette de Paul Hazard[2], n'est pas seulement celle de la remise en cause des bases religieuses, politiques et philosophiques de l'ordre classique. L'idéologie des pré-Lumières, qui encourage les contacts de civilisations, le relativisme culturel et le décentrement critique de l'Europe, est aussi pour quelque chose dans le succès et la reconnaissance littéraire du « genre viatique ».

Ce genre certes n'est pas nouveau, mais à l'époque antérieure il relevait principalement d'une finalité documentaire de collecte de l'information et de constitution des savoirs : géographie et cosmographie, histoire naturelle, description des mœurs et coutumes des peuples du monde. À partir de la seconde moitié du XVIIe siècle, les voyages entrent véritablement dans le champ de la littérature. Bénéficiant indirectement du discrédit du genre romanesque constaté dans les dernières décennies de l'âge classique[3], la vogue des relations lointaines, qui se prolongera au siècle suivant, occupe au moins partiellement la place laissée vide par l'effacement du grand roman pastoral ou « héroïque » de l'époque baroque, victime à la fois des mutations des pratiques de lecture vers le récit bref et du nouveau rapport au vrai qui s'établit dans un contexte épistémologique de crise de la fiction.

1 Harmonisation de Marie-Pierre Rivière, Bureau transversal des colloques, de la recherche et des publications (BTCR), UFR Lettres et sciences humaines de l'université de La Réunion.

2 Paul Hazard, *La crise de la conscience européenne, 1680-1715*, [1935], Paris, Fayard, 1963.

3 Cette évolution semble se dessiner dès les années 1660. Chapelain souligne ainsi que « notre nation a changé de goût pour les lectures et, au lieu des romans, qui sont tombés avec La Calprenède, les voyages sont venus en crédit et tiennent le haut bout dans la Cour et dans la Ville » (lettre du 15 décembre 1663, citée par Jacques Chupeau, « Le récit de voyages aux lisières du roman », *Revue d'Histoire Littéraire de la France*, n° 3-4, 1977, p. 536-553, cit. p. 539). Voir sur cette question Percy G. Adams, *Travel Literature and the Evolution of the Novel*, Lexington, Kentucky University Press, 1983, et Sylvie Requemora-Gros, *Voguer vers la modernité. Le voyage à travers les genres au XVIIe siècle*, Paris, PUPS, « Imago Mundi », 2012.

Celle-ci est suspecte de servir de véhicule à la fable et au fabuleux, dont Fontenelle ou Bayle dénoncent la dangereuse séduction.

Délaissant les œuvres d'imagination avouées pour telles, le goût du public en quête d'aventures réellement vécues, ou du moins données pour véridiques sur un fond d'apparente authenticité, se reporte donc vers les récits de voyages. La narration à la première personne de forme autobiographique, comme dans cet autre genre à la mode que sont les « Mémoires » véridiques ou non, y est référée à un voyageur-narrateur identifiable par son nom, inséré dans une réalité sociale et dans un contexte historico-géographique reconnaissable, bien que son itinéraire le conduise souvent aux frontières du monde connu, voire au-delà, en ces contrées d'une altérité radicale des « Terres Australes inconnues » qu'explorent à partir des années 1675 les voyages imaginaires et les utopies de Gabriel de Foigny (*La Terre Australe connue*, 1676) ou de Denis Veiras (*Histoire des Sévarambes*, 1677-1679).

La pérégrination du voyageur relève donc d'une double dimension. La première, réaliste et factuelle, s'appuie sur un parcours géographique étayé par des descriptions d'itinéraires qu'une carte permet généralement de suivre, sur une continuité chronologique cohérente que le recours à une narration en forme de « journal de bord » vient souligner, enfin sur la description des *realia* exotiques qui s'offrent à son regard. La réalité externe, objet principal et en tout cas « officiel » du voyage, se trouve égrenée au fil de la route selon l'ordre successif de la progression spatio-temporelle quand le voyageur se déplace ; lorsque cette progression s'interrompt pour laisser la place à un tableau monographique dans les pauses du trajet – des îles assez souvent – la description tend à s'organiser en rubriques d'encyclopédie : situation, géographie physique, géographie humaine, faune, flore…

Mais à l'« inventaire » du monde extérieur, ainsi garanti par le *je* attestataire du discours à la première personne et l'effet d'« autopsie » du regard d'un voyageur – témoin qui s'est rendu sur place et affirme décrire ce qu'il a vu de ses propres yeux, se joint un autre aspect, plus intérieur et potentiellement plus romanesque : c'est l'« aventure » d'un narrateur autobiographe, affrontant sur mer et sur terre des périls qui n'ont rien à envier à ceux des héros de romans, au fil d'un voyage presque toujours circulaire : il faut bien en effet que l'auteur soit revenu à son point de départ pour livrer au public la relation que nous avons entre les mains, du moins si l'on veut faire admettre qu'elle est vraie. Cette aventure prend souvent le sens, initiatique et symbolique, d'un itinéraire personnel de formation, d'un « voyage de la vie » investi d'une valeur philosophique ou religieuse. Elle peut aussi figurer de manière allégorique, sous l'apparence d'une destinée individuelle, le devenir historique d'une collectivité humaine, par exemple l'exode des Réformés chassés de France par la révocation de l'édit de Nantes en 1685, ou encore représenter, en les projetant dans l'altérité radicale d'un Ailleurs utopique, l'insatisfaction face à l'ordre existant et les aspirations à une autre réalité : l'île inconnue de l'hémisphère sud répond idéalement à cette attente.

Cette littérature, qui récuse justement son statut purement littéraire, se trouve prise cependant dans un dilemme gênant. Ou bien le lecteur croit le voyageur sur parole et le juge sur le seul critère de la fidélité au réel, ou du moins de la véracité apparente de son témoignage ; ou bien la relation, trop romanesque pour être pleinement vraisemblable, pâtit de sa proximité avec la fiction qu'elle se défend d'être. À quoi s'ajoutent souvent, comme ce sera le cas ici, beaucoup d'incertitudes sur l'attribution de l'ouvrage, les conditions de sa rédaction, celles de sa publication. Défini non sans ambiguïté comme un « roman véritable » par son préfacier, lequel semble-t-il n'est pas l'auteur bien qu'il s'exprime en son nom, le texte que nous présentons ci-après joue délibérément sur la place incertaine qu'il occupe entre ces deux catégories et tire des énigmes irrésolues de son élaboration une partie de sa complexité.

Tel est le cadre général dans lequel nous nous proposons d'examiner le *Voyage en deux îles désertes* attribué à François Leguat, à la fois récit de voyage et roman vrai, dont nous présentons plus loin une nouvelle édition augmentée et sensiblement remaniée[4]. C'est en octobre 1707[5] qu'est publié, simultanément chez Jean-Louis de

4 Références des éditions antérieures : François Leguat, *Aventures aux Mascareignes. Voyage et aventures de François Leguat et de ses compagnons en deux îles désertes des Indes Orientales* (1707), introduction et notes de Jean-Michel Racault, suivi de *Recueil de quelques Mémoires servant d'instruction pour l'établissement de l'île d'Éden*, par Henri Duquesne (1689), Paris, Éditions La Découverte, « La Découverte illustrée », 1984 ; François Leguat, *Voyage et aventures de François Leguat et de ses compagnons en deux îles désertes des Indes Orientales (1690-1698)*, introduction et notes de Jean-Michel Racault, suivi *de Recueil de quelques Mémoires servant d'instruction pour l'établissement de l'île d'Éden*, introduction et notes de Paolo Carile, Paris, Les Éditions de Paris, « Voyages et récits. Domaine protestant », 1995.

5 Portant le millésime de l'année 1708, sous lequel le livre apparaît dans presque toutes les bibliographies, l'édition est postdatée, comme c'était souvent l'usage pour les ouvrages parus au cours du dernier trimestre de l'année, mais a bien été diffusée à la fin de 1707. Sur la date et les conditions de publication du *Voyage*, voir I. H. Van

Lorme, à Amsterdam, et chez David Mortier, à Londres, l'ouvrage intitulé *Voyage et aventures de François Leguat et de ses compagnons en deux îles désertes des Indes Orientales. Avec la relation des choses les plus remarquables qu'ils ont observées dans l'île Maurice, à Batavia, au cap de Bonne-Espérance, dans l'île de Sainte-Hélène et en d'autres endroits de leur route.*

Une traduction anglaise diffusée par un consortium de libraires paraît à peu près à la même date[6]. Elle est suivie peu de temps après d'une version hollandaise (1708), puis d'une autre allemande (1709), dont une réédition paraîtra en 1723 sous un titre nouveau et riche de sens : *Der Französische Robinson.* L'ouvrage de François Leguat se trouve ainsi placé – après coup – sous le patronage commercial, et intégré à la postérité littéraire, de l'énorme succès de librairie que fut, à l'échelle européenne, le *Robinson Crusoé* de Daniel Defoe, publié seulement en 1719. En réalité, le récit des aventures insulaires du huguenot français, paru près de douze ans avant le roman de Defoe, appartient chronologiquement à un ensemble de textes, précurseurs d'un genre encore à naître, qu'on pourrait qualifier de « préhistoire

---

Eeghen, « The *Voyages and Adventures of François Leguat* », translated from the Dutch, with an introduction by S. Minet, *Huguenot Society Proceedings*, vol. 18 (1947-1952), p. 396-417 [publication originale en néerlandais, *Het Boek*, 30 (1949), p. 227-246]. L'auteur, spécialiste d'histoire du livre, indique que le libraire français Jean-Louis de Lorme à Amsterdam et son confrère le Hollandais David Mortier à Londres ont coutume de collaborer, se partageant les marchés – la France pour de Lorme, l'Angleterre et la Hollande pour Mortier – en imprimant leurs publications à Amsterdam avec des pages de titre différentes. L'ensemble du processus de publication se situe en 1707. Dès le 29 août de Lorme demande à collègue David à Paris de tout faire pour s'opposer à d'éventuelles contrefaçons ou réimpressions (le livre ne bénéficie pas d'un privilège). Il réitère la démarche le 1er septembre auprès de l'abbé Bignon, qui a la haute main sur le commerce de la librairie en France et dont il sollicite une permission de diffusion, l'assurant que l'ouvrage ne contient rien de litigieux à l'égard de la politique ou de la religion. Bien que de Lorme ait dû se contenter d'une permission tacite en raison des réserves des censeurs, il lui envoie un exemplaire d'hommage le 24 octobre et sert à la même date ses correspondants français. Un avis publicitaire au public et aux libraires est inséré dans *La Gazette d'Amsterdam* du 18 novembre 1707.

6 *A New Voyage to the East-Indies by François Leguat and His Companions. Containing their Adventures In Two Desart Islands…* Adorn'd with Maps and Figures, London, Printed for R. Bonwick, W. Freeman, Tim. Goodwin, F. Walthoe, M. Wotton, S. Manship, F. Nicholson, B. Tooke, R. Parker, and R. Smith, 1708. Cette traduction anonyme sert de base à l'édition critique de référence de Pasfield Oliver (*The Voyage of François Leguat of Bresse to Rodriguez, Mauritius, Java and the Cape of Good Hope.* Transcribed from the first English edition, edited and annotated by Captain Pasfield Oliver, London, Hakluyt Society, 1891, and Burt Franklin reprint, New York, 1966, 2 vol.).

de la robinsonnade[7] ». En France, le livre connaîtra une carrière plus qu'honorable pour ce genre de production : on dénombre, jusqu'au milieu du XVIIIe siècle, cinq nouvelles éditions au moins, en 1710, 1711, 1720, 1721, 1750.

Roman ou histoire vraie ? Le débat aujourd'hui est toujours ouvert, bien que tous les éléments nécessaires pour le résoudre soient depuis longtemps disponibles. Mais peut-être les deux termes en présence ne sont-ils pas réellement contradictoires. Le récit de Leguat est à la fois un excellent roman, probablement le meilleur exemple de « roman de l'île déserte » avant Defoe, et, on peut en apporter la preuve, le compte rendu somme toute parfaitement véridique d'une expérience réellement vécue. Récit d'une incroyable aventure collective, relation d'une destinée individuelle et reflet allégorique d'un drame historique, l'exil massif des protestants français qui fit suite à la Révocation, le livre peut se comprendre également pour le lecteur d'aujourd'hui, qui dispose d'un recul que l'auteur ne pouvait avoir, comme une fable inquiétante sur l'épuisement prévisible de l'Éden insulaire, que Leguat a magnifiquement su décrire, et sur la fragilité des équilibres naturels, qu'il n'a pu pressentir en son temps.

UN « ROMAN DE L'ÎLE DÉSERTE »
Continuité et symbolique du thème insulaire

L'ouvrage s'organise en deux parties offrant une symétrie inversée. Elles correspondent aux deux tomes de l'édition originale, mais aussi à deux visions opposées de l'insularité, l'une positive, l'autre négative, encadrées par les itinéraires grossièrement parallèles du voyage aller et du voyage de retour.

---

7 On peut ranger dans cette catégorie, outre des pièces de théâtre comme *Philoctète* de Sophocle (409 av. J.-C.) ou *La Tempête* de Shakespeare (1611), des fictions philosophiques issues de la fable arabo-espagnole du « Philosophe autodidacte » d'Ibn Thofail, dont de multiples moutures ont été diffusées par la traduction anglaise de Simon Ockley (*The improvement of human reason exhibited in the life of Hai ebn Yoqdhan*, 1708) ou par le relais du *Criticon* (1651) de Baltasar Gracian, des ouvrages plus directement annonciateurs du thème du « délaissement » insulaire, comme *The Isle of Pines* de Henry Neville (1668) et le roman néérlandais *Krinke Kesmes* (1708) de Henrik Smeeks.

Dans la première partie, le narrateur, François Leguat, un huguenot français originaire de la Bresse, réfugié en Hollande après la révocation de l'édit de Nantes de 1685, raconte comment il fut amené à prendre part à une expédition dans l'océan Indien dont le déroulement devait être marqué par d'extraordinaires tribulations. La Révocation est une catastrophe historique qui le coupe de son pays, de sa communauté, de son identité sociale, dont au demeurant il ne livre à peu près rien. Le silence de Leguat sur son existence antérieure est lié à sa condition de proscrit, être désormais sans passé ni patrie, et sans autre avenir prévisible que la rupture avec le monde social[8]. Le choix de l'aventure insulaire transformera l'expulsion subie en sécession choisie : « Las du tracas du monde et fatigué des peines que j'y avais souffertes, j'en quittai la vanité et le tumulte », écrit-il.

À Amsterdam, où il est arrivé en août 1689, il entre en contact avec Henri Duquesne, l'un des fils d'Abraham Duquesne, le célèbre amiral protestant de Louis XIV, resté fidèle à la Réforme comme l'essentiel de sa famille. Protestant comme lui, Henri Duquesne projette alors, avec l'appui des États-généraux des Provinces-Unies, l'organe dirigeant de la confédération des Pays-Bas, et de la puissante Compagnie Néerlandaise des Indes Orientales ou V.O.C. (*Vereenigde Oost-Indische Compagnie*), l'installation d'une colonie réformée dans l'une des Mascareignes, en principe l'île Mascarin ou Bourbon (aujourd'hui La Réunion), rebaptisée du nom alléchant d'île d'Éden. L'importante expédition initialement prévue se limite finalement à une simple mission de reconnaissance à bord d'une petite frégate, *L'Hirondelle*. Leguat, le plus âgé et le seul gentilhomme, est placé à la tête du groupe. Les huguenots quittent la rade de Texel le 4 septembre 1690, font une escale de « rafraîchissement » au Cap de Bonne-Espérance du 16 janvier au 5 février 1691, aperçoivent le 3 avril une terre qu'ils croient, sans doute à tort, être l'île d'Éden promise, mais où le capitaine Valleau refuse de les débarquer : il s'agissait vraisemblablement de l'île Maurice, où les conduira pourtant la suite de leur aventure.

---

8 Selon la formule d'Arlette Girault-Fruet (*Les voyageurs d'îles sur la route des Indes aux* XVII*e* *et* XVIII*e* *siècles*, Paris, Classiques Garnier, 2010, p. 45), « plus qu'un voyageur qui s'en va, Leguat est un homme qui s'enfuit ».

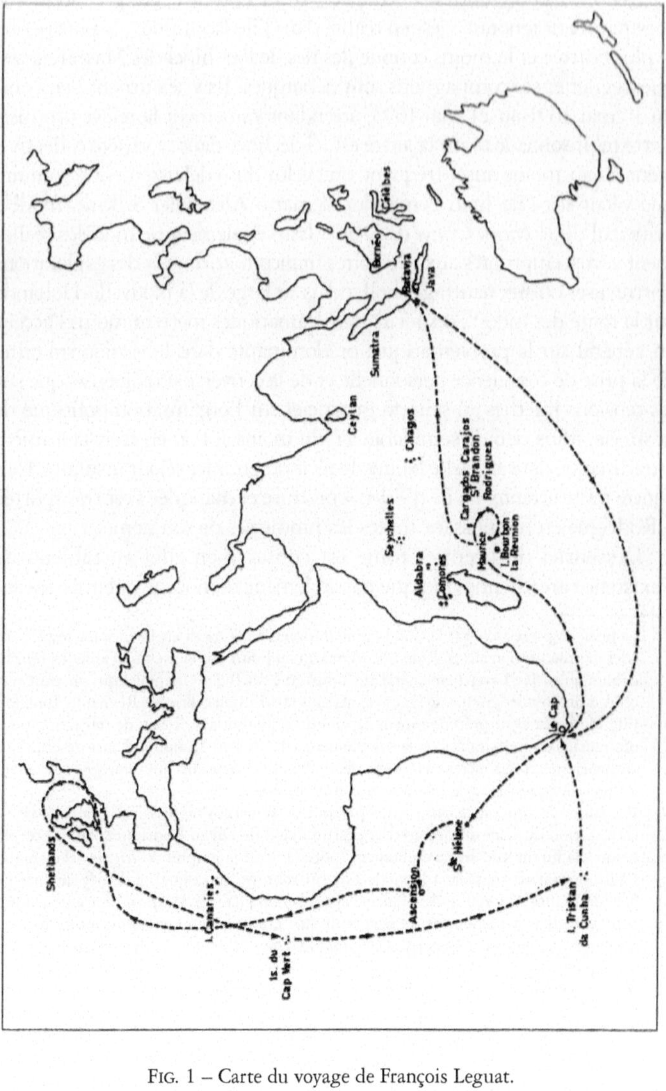

FIG. 1 – Carte du voyage de François Leguat.

L'île Bourbon étant déjà occupée par les Français[9], ce que Duquesne apparemment ignorait, c'est en réalité dans l'île Rodrigue[10], la plus petite, la plus écartée et la moins connue des îles de l'archipel des Mascareignes, que Leguat et ses compagnons sont débarqués. Ils y séjournent deux ans, du 1er mai 1691 au 21 mai 1693, attendant vainement la relève promise. Cette robinsonnade avant la lettre est ici déclinée dans sa variété collective, scénario au moins aussi fréquent que celui du « délaissement » solitaire que vécut sur l'île Juan Fernandez le marin Alexander Selkirk, modèle principal du *Robinson Crusoé* de Defoe. Issus également de modèles réellement vécus, empruntés aux « histoires tragico-maritimes » des explorations portugaises ou aux naufrages hollandais au large de la Nouvelle-Hollande sur la route des Indes[11], ces récits très dramatiques mettent moins l'accent en général sur la problématique, prédominante dans la version solitaire, de la prise de conscience personnelle et de la conversion religieuse, que sur les tensions internes au sein du groupe et sur l'organisation politique de la survie. Mais rien de semblable ici, du moins si l'on en croit la lumière paradisiaque dans laquelle baigne le récit du premier séjour insulaire. Car, contre toute attente, l'« île d'Éden » promise et manquée s'est transportée à Rodrigue en remplissant toutes les promesses de son nom.

L'essentiel du premier tome est consacré en effet au tableau de l'existence arcadienne quoique passablement monotone que mènent les

---

9 La prise de possession par la Compagnie française de l'Orient en 1642 étant restée sans effet, la colonisation effective de l'île Mascarin ou Bourbon (La Réunion aujourd'hui) ne débuta qu'en 1665 avec l'envoi, par la Compagnie des Indes Orientales qui lui avait succédé, d'un premier groupe de vingt colons sous la direction d'Étienne Régnault. Toutefois l'île Mascarin avait précédemment servi à diverses reprises de lieu de relégation pour des mutins ou indésirables de la colonie malgache de Fort-Dauphin. Leurs descriptions enthousiastes contribuèrent à façonner le mythe de l'île-paradis, qui imprègne également les premières relations de l'île Maurice et de Rodrigue.

10 Par souci de cohérence on a suivi partout cette orthographe – celle de Leguat –, francisation du nom du découvreur présumé de l'île Diego Rodriguez, qui a prévalu jusqu'à la fin du XIXe siècle en France. Toutefois c'est la graphie *Rodrigues*, adoptée par l'administration anglaise à laquelle l'île fut soumise en sa qualité de dépendance de l'île de France redevenue île Maurice après la conquête de 1810, qui est aujourd'hui consacrée dans la nomenclature géographique. D'autres noms apparaissent parfois sur les cartes des XVIe-XVIIe siècles (*Don Galopes, Diego Ruiz, Diego Roiz, Digarrois, Diego Rodriguez...*).

11 Voir notamment *Histoires tragico-maritimes. Trois naufrages portugais au XVIe siècle*, Paris, Chandeigne, 1992, et le récit par François Pelsart de l'aventure meurtrière des naufragés du *Batavia* sur les récifs des Abrolhos de Houtman au large des côtes australiennes en 1629 (*in* Melchisédech Thévenot, *Relation de divers voyages curieux*, Paris, Mabre-Cramoisy, 1666).

« huit rois de Rodrigue » dans cette île déserte, vierge de toute empreinte humaine, où la nature pourvoit à tous leurs besoins ; ce qui rend le travail inutile, référence édénique oblige. Cet univers idéal étant vide d'événements, la narration qui jusqu'alors a prévalu s'efface au profit de la description. Celle-ci est consacrée à l'inventaire méthodique de la flore et surtout de la faune très singulière de l'île, envisagée toujours dans sa dimension allégorique et dans sa relation analogique avec le monde humain : décrivant ce qu'il appelle le « mariage » des oiseaux nommés solitaires, Leguat célèbre « le bonheur de ces couples innocents et fidèles », dans lequel il veut voir un modèle pour l'homme social. Sa relation, en déplaçant de Bourbon à Rodrigue l'inaccessible « île d'Éden » du projet de Duquesne, lui confère à la fois une incarnation concrète et une dimension spirituelle d'espérance eschatologique. Solennisée par l'emploi des capitales, l'interpellation qui humanise ou plutôt féminise l'île (« Ô ! ÎLE TRÈS DÉSIRABLE ENTRE LES FILLES DE L'OCÉAN ! »), dans l'ode imitée des *Psaumes* sur laquelle s'achève cette première partie, fait aussi, de son « petit paradis terrestre », « comme une montre et un échantillon / DU PARADIS QUE LES ANGES HABITENT », donc une préfiguration du paradis céleste de l'au-delà.

Toutefois, au fantasme régressif de sécession avec le monde social et d'insularisation définitive dans la solitude, que cultive Leguat, s'oppose la revendication inverse de ses compagnons plus jeunes, qui ne rêvent pas de l'autre monde, mais du bonheur prosaïque de ce monde-ci. Il passe par les femmes, malheureusement absentes de l'île, qui font l'objet d'un grand débat *pro et contra* riche en lieux communs tour à tour « misogynes » et « féministes » dont l'interprétation reste incertaine[12], et par la perpétuation de soi grâce à la reproduction sexuée, donc par l'abandon de l'île et le retour à la société, non sans prendre le risque

12 Le caractère très rhétorique de ces échanges évoque l'exercice scolastique de la *disputatio* plutôt que des oppositions idéologiques réelles, de même que les prises de positions contradictoires du cartésien François Poullain de La Barre (1647-1723), oscillant entre le féminisme militant (*De l'égalité des deux sexes*, Paris, J. Du Puis, 1673) et la misogynie affirmée, peut-être parodique (*De l'excellence des hommes contre l'égalité des sexes*, Paris, J. Du Puis, 1675). Sur la présence paradoxale du féminin chez Leguat, nous nous permettons de renvoyer à notre étude « "Éternel féminin" et confrontation des cultures : le *Voyage de François Leguat* (1707) et le discours sur les femmes dans les sociétés coloniales de l'océan Indien », in Marie-Françoise Bosquet et Chantale Meure (éd.), *Le féminin en Orient et en Occident, du Moyen-Âge à nos jours : mythes et réalités*, Saint-Étienne, PUSE, « L'école du genre », 2011, p. 31-41.

vital d'un trajet périlleux plutôt que de choisir l'attente passive de la mort dans l'espérance du royaume céleste. L'Éden, un Éden sans serpent, mais aussi sans Ève, n'est pas le lieu d'un avenir possible. Il convient ici de rappeler que, jusqu'au début du XVIIIe siècle au moins, le paradis terrestre est encore conçu comme un site géographique réel, dont la localisation sur la mappemonde est un objet de spéculations parmi les savants[13], mais aussi que le récit de l'expulsion d'Adam et Ève dans la Genèse en fait un espace interdit, et que depuis le concile de Trente la quête du paradis en ce monde – autrement dit la réalisation concrète de l'utopie – est synonyme d'hérésie. L'aspiration à l'installation définitive dans l'Éden insulaire exprimée par Leguat, ou plutôt peut-être par le personnage semi-fictif qui emprunte sa voix, comporte donc une dimension discrètement transgressive.

Le second tome nous transporte à l'île Maurice, occupée de façon sporadique par les Hollandais depuis 1638. Le 29 mai 1693, elle sera miraculeusement rejointe par les huguenots à l'issue d'âpres débats grâce à la construction d'une embarcation de fortune. L'épisode mauricien constitue l'exacte contre-épreuve de la robinsonnade rodriguaise. D'abord bien accueillis, les réfugiés, soupçonnés de tromperie aux dépens de la Compagnie dans une affaire confuse de trafic d'ambre gris, puis accusés de complicité dans le vol d'une pirogue et peut-être de projets de trahison au bénéfice des Français de l'île Bourbon voisine, s'attirent la méfiance puis l'hostilité des autorités hollandaises. Déportés sur un minuscule îlot situé au large des côtes mauriciennes, malades et mal nourris, les huguenots retrouvent à l'autre bout du monde le despotisme et les persécutions qui les avaient conduits à fuir l'Ancien Monde. Au terme de deux années de souffrances, les survivants obtiennent enfin d'être transférés à Batavia. Il leur faudra encore y patienter un an, du 15 décembre 1696 au 28 novembre 1697, avant d'embarquer pour l'Europe, via Le Cap et Sainte-Hélène, regagnant la Hollande le 28 juin 1698, après huit années d'extraordinaires aventures.

Le récit semble donc s'organiser pour l'essentiel autour d'un lieu unique, mais investi de significations contradictoires : l'île, symbole ambivalent dont les deux principaux épisodes du livre, symétriquement inversés, illustrent les polarités antagonistes. Car l'île est double : terre

---

13 Voir par exemple Pierre-Daniel Huet, *Traité de la situation du Paradis terrestre*, Paris, Jean Anisson, 1691.

d'asile et lieu d'exil, espace paradisiaque et rocher d'expiation, site de la solitude choisie et de l'exclusion subie. L'îlot aride de l'épisode mauricien, que le narrateur, jamais avare de références bibliques, appelle son « rocher de Zochelet », s'oppose en tous points au décor édénique de l'île Rodrigue comme la désolation s'oppose à la plénitude. Au ruissellement des eaux qui forment « en tombant de rocher en rocher diverses cascades, bassins et nappes d'eau qui orneraient les jardins d'un prince » succède la stérilité d'« un rocher tout sec et affreux de deux cents pas de long et de cent de large », où il n'y a rien d'autre à boire que de l'eau croupie. À l'abondance de Rodrigue, où la profusion de la vie animale et végétale offrait des ressources apparemment illimitées, fait suite la pénurie : viandes suspectes parcimonieusement apportées par les pourvoyeurs, nourritures empoisonnées, comme cet étrange poisson à tête de serpent, responsable d'une terrible intoxication collective, fricassées d'œufs à moitié couvés, oiseaux de mer « de fort mauvais goût, puant extrêmement et très malsains ».

L'île Maurice, elle, n'est pas décrite, ou à peine : du motif insulaire, considéré ici dans sa version classiquement coloniale (il y a un gouverneur, des soldats, des colons, des esclaves noirs, des révoltes et des exécutions sanglantes), Leguat ne retient plus que le versant négatif et pénitentiaire. Le séjour de l'île Rodrigue, succédant aux persécutions et aux dragonnades de la France louis-quatorzienne, offrait l'image idéale d'une anti-société anarchisante où chacun des « huit rois de Rodrigue » se trouvait restauré dans sa pleine souveraineté naturelle ; mais, sur ce que Leguat appelle « le triste rocher de notre exil », les réfugiés vont retrouver sous leurs formes les plus brutales les contraintes sociales qu'ils entendaient fuir en quittant l'Europe : l'injustice, la spoliation, la tyrannie arbitraire du gouverneur hollandais Diodati, pourtant protestant comme eux.

L'Éden est devenu prison, sinon enfer. Dans un univers narratif pénétré de valeurs religieuses où rien n'arrive jamais par hasard, où l'intervention de la Providence est invoquée comme cause explicative de tout événement heureux ou malheureux, on est évidemment tenté de chercher à cette inversion des signes qui affecte le cadre insulaire une justification. La détention sur l'îlot mauricien a une signification pénitentielle ; les deux ans de pénible captivité dans la seconde île, symétriques des deux années heureuses passées à Rodrigue, ne doivent-ils pas se comprendre comme le châtiment d'avoir voulu quitter cette dernière ? C'est « comme un avertissement de la Providence et une manifestation de la volonté de Dieu » que le narrateur interprète la mort de son compagnon Isaac Boyer après l'échec de la première tentative de départ, sanctionnée par un naufrage. Mais cette mise en garde ne sera pas entendue. Leguat a beau avertir les autres qu'« alors des reproches assez semblables au désespoir seraient comme inévitables à des gens qui auraient voulu tenter Dieu », il ne parviendra pas à les convaincre de renoncer à leur projet. Comme en une nouvelle version de la Genèse, les huit aventuriers de Rodrigue fuient, mais cette fois de manière délibérée, la quiétude de l'Éden pour rejoindre les tribulations et la violence du monde. Au même titre que celle de Robinson Crusoé et pareillement imprégnée de références religieuse, l'aventure insulaire dans le récit de Leguat est constamment lisible à deux niveaux, celui, littéral, des événements rapportés dans leur succession, et celui, symbolique ou allégorique, de leur signification providentielle.

En dehors des deux séquences principales constituées par la relation du séjour à Rodrigue, puis sur l'îlot, la continuité du thème insulaire apparaît également au fil des itinéraires, y compris dans ces enclaves européennes, insularisées par l'isolement et la distance, que sont la colonie de Batavia ou celle du Cap de Bonne-Espérance. Le récit des deux voyages d'aller et de retour s'organise en un périple jalonné d'îles : îles attendues, espérées et finalement manquées, îles dangereuses, îles enchanteresses aperçues de loin depuis le pont du bateau comme la vraie mais interdite île d'Éden, dont Leguat devra se contenter, faute de mieux, de lire dans l'opuscule de Duquesne la description imprimée ; îles de désolation et de stérilité, comme l'île de Sel, dans l'archipel du Cap-Vert, anticipation du rocher de l'exil, sur laquelle rien ne pousse, où ne coulent que des sources d'eau saumâtre, où les aventuriers devront se sustenter d'une infecte viande de bouc cuite, faute de bois, sur un feu de bouse de vache séchée ; îles inabordables dont on doit se contenter d'admirer de loin la profusion végétale et l'abondance des cascades, comme Tristan da Cunha ; îles enchantées, comme l'île Bourbon, dont les parfums embaument jusqu'au large, au point que les passagers de *L'Hirondelle* « se sentaient rafraîchis comme s'ils avaient été quinze jours à terre ». Et c'est encore dans une île, « la vaste, puissante et glorieuse île de Grande-Bretagne », que la Providence a enfin conduit le voyageur pour y finir ses jours, ainsi que le souligne l'ultime phrase de la préface.

UTOPIE LIBERTAIRE
OU PASTORALE MENSONGÈRE ?

Tour à tour paradis terrestre et rocher d'épreuves, l'île constitue, dans la tradition puritaine ou réformée à laquelle se rattachent Leguat, plus tard Defoe, et avec eux ce genre originellement et foncièrement protestant qu'est la robinsonnade[14], un espace symbolique où se manifeste électivement le dessein de la Providence. La portée religieuse du séjour insulaire est flagrante dans *La vie et les aventures de Robinson Crusoé* (1719), dont on a souvent souligné la dette envers les pratiques puritaines de l'examen de conscience et de l'« autobiographie spirituelle[15] ». Mais l'île est aussi, depuis *L'Utopie* de Thomas More (1516), le site d'élection des expériences sociales, aussi bien réelles qu'imaginaires ; jusqu'à la fin du XVIIIe siècle, la littérature utopique se développe parallèlement au mouvement d'expansion coloniale vers les terres lointaines qui, lui aussi, choisit souvent des îles comme lieu d'implantation. Et c'est bien, en un sens, comme une sorte d'utopie réalisée que l'on peut lire la relation du séjour de Leguat à l'île Rodrigue, historiquement liée à une entreprise de colonisation (avortée il est vrai), elle-même issue d'un opuscule qu'on peut ranger dans la catégorie des utopies-programmes, le projet de « République de l'île d'Éden » élaboré par Henri Duquesne et reproduit dans ce volume.

Destinée à reconnaître *in situ* les conditions d'installation à l'autre bout du monde d'une république idéale huguenote dont elle devait rester la seule ébauche de réalisation, l'expédition de Leguat s'inscrit dans une riche intertextualité jalonnée de projets d'utopies protestantes. Certaines aboutirent à des réalisations effectives, comme l'expérience de l'île de Villegagnon dans la baie de Rio (1555-1660), relatée par Jean de Léry, ou la république huguenote de Jean Le Vasseur dans l'île de la

14 Voir les stimulantes remarques de l'ouvrage de Martin Green, *The Robinson Crusoe Story*, University Park and London, The Pennsylvania State University Press, 1990.

15 Voir les ouvrages classiques de George A. Starr, *Defoe and spiritual autobiography*, Princeton, Princeton U. P., 1965, et de John Paul Hunter, *The reluctant pilgrim : Defoe's emblematic method and the quest for form in Robinson Crusoe*, Baltimore, John Hopkins U. P., 1966. Sur l'utopie et le protestantisme en France, voir Frank Lestringant, « Huguenots en Utopie, ou le genre utopique et la Réforme (XVIe-XVIIIe siècles) », *Bulletin de la Société de l'Histoire du Protestantisme Français*, t. 146, avr.-juin 2000, p. 253-306.

Tortue (1640-1652)[16]. D'autres restèrent à l'état de projet, comme le *Plan pour former un établissement en Caroline* publié anonymement à La Haye chez Meindert Hytwerf en 1686, pendant franco-hollandais d'un autre projet prévu pour la même implantation géographique, mais élaboré par John Locke pour un groupe de commanditaires appartenant à la haute aristocratie anglaise, sous le titre de *Constitutions fondamentales de la Caroline* (1669)[17].

À ce réseau intertextuel on pourrait ajouter des « classiques » de l'utopie écrite purement fictionnelle, notamment *La Terre Australe connue* (1676) de Gabriel de Foigny, ancien moine cordelier converti à la Réforme installé à Genève, et surtout l'*Histoire des Sévarambes* (1677-1679) du protestant Denis Veiras, qui fut à Paris, à l'époque de la publication de son roman, le familier et le protégé de la famille d'Abraham Duquesne[18]. Que ce dernier livre ait été lu et médité par son fils Henri Duquesne lorsque lui-même entreprit de réfléchir sur les institutions de sa « République de l'île d'Éden » paraît assez vraisemblable. Ce n'est pas cependant le modèle absolutiste et théocratique (quoique fondé sur l'utilisation politique de l'imposture) du « gouvernement héliocratique » mis en place par le législateur Sévarias qu'il retient. Il s'agit d'une autre des configurations politiques que présente le roman, celle de la république militaire instaurée au livre I par le voyageur-narrateur de Veiras, le Capitaine Siden, naufragé sur la côte australienne à bord du navire de la V.O.C. *Le Dragon d'or.* Elle a pour but d'empêcher la dérive vers une anomie meurtrière provoquée par la question du partage des femmes, situation que connut dans la réalité François Pelsart en 1629 sur le *Batavia*. Le micro-État autoritaire ainsi créé par Siden, élu Général, relève du modèle veirassien du « gouvernement mixte » combinant despotisme, aristocratie et démocratie, ce qui sera également le cas du

16 Outre ci-après la présentation du projet de Duquesne par Paolo Carile, voir l'ouvrage de Frank Lestringant, *Le Huguenot et le sauvage. L'Amérique et la controverse coloniale, en France, au temps des guerres de religion*, Paris, Klincksieck-Aux Amateurs de Livres, 1990 ; rééd. Genève, Droz, 2004, ainsi que son édition critique de Jean de Léry, *Histoire d'un voyage faict en la terre du Brésil* [1578], Le Livre de Poche, « Bibliothèque Classique », 1994.

17 Voir John Locke, *Deuxième traité du* gouvernement *civil, suivi de Constitutions fondamentales de la Caroline*, éd. B. Gilson, Paris, Vrin, 1977.

18 Nous nous permettons de renvoyer à notre récente édition critique de ces utopies (Jean-Michel Racault (éd.), *Trois récits utopiques classiques. Gabriel de Foigny*, La Terre Australe connue*; Denis Veiras*, Histoire des Sévarambes*; Bernard de Fontenelle*, Histoire des Ajaoïens, Université de La Réunion, Presses Universitaires Indianocéaniques / NUMILOG, 2020).

minutieux organigramme politique, non moins autoritaire, prévu par Duquesne pour son île d'Éden.

Ces exemples aident à mieux comprendre la continuité qui unit les « fortunes de mer » réelles – naufrages et échouages notamment – relatées par les relations véridiques, les aventures nautiques pré-robinsoniennes, leurs prolongements politiques réels ou imaginaires, les utopies purement fictionnelles enfin, néanmoins littérairement tributaires des précédentes. De prime abord, l'aventure de Leguat et de ses compagnons a tout pour s'inscrire dans cette filiation, à ceci près qu'elle est strictement masculine (ce qui atténue quelque peu les risques de conflits, mais interdit sur le long terme la perpétuation de la colonie) et qu'elle prend l'exact contrepied de l'utopie programmatique de Duquesne, dont elle était censée préfigurer la réalisation.

Mais, aussi bien comme utopie que comme tentative de fondation d'une colonie, l'épisode de Rodrigue est parfaitement atypique[19]. Sa caractéristique est en effet l'optique « naturaliste », au sens étymologique, qui l'imprègne. L'utopie, en règle générale, tend à soumettre la nature à la finalité économique et à l'ordonnance planificatrice de l'esprit humain : aménagement productif du sol, découpage géométrique de l'espace, sectorisation du territoire en fonction des activités qui doivent s'y dérouler. Or, si les habitants de l'île se sont regroupés pour former un petit hameau, comme le montre la gravure de Leguat, ce choix n'obéit à d'autres critères que la proximité du rivage et de la rivière, chacun, sans plan d'urbanisme ni titres de propriété, se construisant une cabane à sa guise là où il le souhaite ; Pierre Thomas, le pilote déserteur de *L'Hirondelle*, brouillé avec Valleau et plus tard semble-t-il avec le reste du groupe, opte assez symboliquement pour une installation dans une petite île située au milieu du cours d'eau. Leguat, loin de chercher à humaniser le donné naturel, souhaiterait au contraire, si l'on ose dire, renaturer l'homme, en l'envoyant, selon ses propres termes, « à l'école des bêtes », « sans Mien, sans Tien, sans sujétion à aucunes lois, au soulagement de la Nature et de la République, car les lois divines et humaines ne sont que des précautions contre nos désordres ». Effaçant la malédiction de la Genèse – mais nous sommes dans le jardin d'Éden

19 Pour une interprétation du récit de Leguat à la lumière de l'utopie, voir notre ouvrage *L'Utopie narrative en France et en Angleterre, 1675-1761*, Oxford, The Voltaire Foundation, 1991.

et la chute n'a pas eu lieu – une nature généreuse offre à l'homme une subsistance illimitée, puisque le sol « produit presque sans culture et abonde en sucs très féconds ». Quant aux lataniers, ces palmiers géants qui pourvoient à la fois au vivre et au couvert, « ne sont-ils pas autant de magasins admirables de tout ce qui est nécessaire à la vie de ces hommes sages qui croient et qui pratiquent ce que dit saint Paul ? ». Et le gibier pousse la complaisance, comme dans les pays de Cocagne de la tradition populaire, jusqu'à se présenter de lui-même à l'appel du chasseur :

> En quelque lieu qu'on se trouve, si on n'aperçoit pas de gibier, il n'y a qu'à frapper sur un arbre ou à crier de toute sa force, et le gibier qui entend ce bruit accourt incontinent, de sorte qu'il n'y a qu'à choisir.

Tout effort de mise en valeur agricole étant ainsi rendu inutile, les aventuriers de Rodrigue pourront donc mener une existence adamique de « bons sauvages », pratiquant une économie prédatrice archaïque de cueillette, chasse et pêche qui puise dans les ressources naturelles sans créer de nouvelles richesses, ce dont le narrateur ne semble pas s'inquiéter. De façon fort révélatrice, presque toutes les graines apportées de l'extérieur échoueront et, comme dans une autre version de la parabole évangélique, les grains de blé se transformeront en ivraie. Point de pain donc, l'auteur le souligne, ce qui différencie la robinsonnade vécue du groupe de huguenots et le parcours imaginaire de la nature à la culture accompli plus tard par le héros de Defoe ; mais cette absence hautement symbolique est plutôt signe de perfection que de privation. On sait le rapport que cet aliment entretient avec la malédiction divine et l'expulsion du jardin d'Éden : produit de l'effort et de l'artifice, il appartient à une nature déchue qui n'est plus générosité du don, mais support indifférent d'une activité transformatrice ; le pain, nourriture emblématique de l'état social dont Robinson éprouve si cruellement la nostalgie à son arrivée dans l'île, ne suscite guère de regrets chez Leguat.

La positivité de l'île tient justement à ce qu'elle est, de façon proprement utopique, l'envers du monde antérieur, celui de l'intolérance religieuse et des dragonnades dans les années qui précèdent et suivent la Révocation. Rodrigue est une anti-société, et comme telle se définit négativement par l'élimination méthodique de tout ce qui rend abominable l'univers déchu de l'Europe : ici, point de théologiens ni de discordes religieuses, pas de violence ni d'esclavage, pas de noblesse ni de magistrats, pas d'argent ni de propriété privée : si le « jardin général » est entouré d'une palissade, ce n'est que pour le protéger des déprédations qu'y causeraient les tortues, et il faut évidemment prêter une valeur exemplaire à l'épisode comique de la bourse emplie de pièces d'or subrepticement enlevée par les crabes aux dépens d'un compagnon quelque peu avare : la pure nature de Rodrigue récuse ce symbole de la société civile qu'est l'argent, sans emploi dans l'île.

Toutefois, si l'utopie se propose bien pour démarche première la négation de l'état de choses qu'elle conteste, c'est ordinairement dans le but de procéder ultérieurement, à partir de la table rase ainsi obtenue, à la reconstruction sur d'autres bases d'un nouvel ordre social et politique. On a souvent noté l'obsession normative et institutionnelle des utopies, qui les conduit à enfermer dans une minutieuse réglementation tous les aspects de la vie quotidienne ; avec sa pointilleuse organisation des détails et sa hiérarchie administrative complexe, le projet de Duquesne est de ce point de vue exemplaire. Or, c'est l'originalité du récit de Leguat, cette étape positive de reconstruction d'une société autre est ici absente. Les aventuriers de Rodrigue, eux, vivent sans État, sans organisation sociale ni structure politique, et même, apparemment, sans répartition des tâches. Certes, la colonie comporte un « Hôtel de Ville, ou si l'on veut le rendez-vous de la République », mais « dans lequel les principales délibérations concernaient la cuisine ». La référence ironique au code urbanistique traditionnel ne fait qu'en souligner l'inadéquation dans un univers sans distinctions sociales ni politiques, où rien ne vient limiter la souveraineté personnelle de chacun des « huit rois de Rodrigue » : utopie anarchisante, ou mieux Arcadie, si l'on voit dans l'affirmation de la souveraineté individuelle le critère distinctif entre l'utopie et la pastorale. Ce n'est évidemment pas un hasard si le narrateur, face aux paysages de Rodrigue, évoque les bords du Lignon et l'existence sans contrainte des bergers de *L'Astrée*.

Pastorale mensongère ? Bien des indices incitent à le penser. Il ne s'agit pas tant des « incommodités de l'île », mouches, rats, crabes de terre, « ouragans » annuels destructeurs surtout, dont la vraisemblance contraint à faire état pour contrebalancer quelque peu tous les attraits du lieu. Outre le caractère manifestement rhétorique et forcé de l'antithèse entre les versions antagonistes du site insulaire incarnées par l'Éden rodriguais puis l'enfer du rocher mauricien, les propos ultérieurs de Leguat sur les « deux valets » (Ancelin et Thomas) dont le groupe disposait à Rodrigue donnent sérieusement à penser sur l'égalitarisme prétendu de cette utopie. Pourquoi donc des laquais si tout le monde est roi ? Fissurant l'unité affichée du groupe, le débat sur les femmes, dont l'auteur souligne le côté conventionnellement oratoire, ne cache-t-il pas des différends autrement plus sérieux ? Mal dissimulés par l'optique systématiquement idéalisatrice du récit, les disputes, l'ennui, la perspective déprimante de devoir passer le reste de sa vie « dans une étrange solitude et dans une tuante fainéantise », conduiront à la décision du départ. Tout à son rêve régressif, Leguat sera le seul à s'y opposer.

LES JEUX DE LA VÉRITÉ ET DE LA FICTION

Mensonge probable, le maquillage occultant les tensions au sein du groupe n'est qu'un aspect véniel dans ce qui rend le témoignage suspect. Dès sa parution, le *Voyage de François Leguat* est accueilli avec méfiance, surtout en France. Qui est ce voyageur dont nul n'a jamais entendu parler et dont les aventures paraissent un peu trop romanesques pour être tout à fait vraies ? La faune étrange de Rodrigue, une île inconnue sur laquelle la documentation est inexistante, la description trop idyllique qui en est donnée, les protestations de véracité ostentatoires d'un narrateur qui ne manque pas une occasion de rappeler qu'il a été, lui, « juge et témoin oculaire des choses » et se retranche derrière « la pure et naïve vérité » de son récit, certains bruits aussi selon lesquels le véritable rédacteur du livre ne serait pas celui qui l'a signé, sont autant d'éléments qui ne manquent pas d'inciter à la prudence : relation véridique ou bien fiction camouflée sous les apparences du vrai ?

L'attitude ambiguë qui se fait jour dans la préface contribue spécialement à faire naître les doutes sur la nature réelle du texte, et d'abord sur son attribution. Dès le paragraphe d'ouverture, une lecture un peu attentive suggère que le préfacier, en s'engageant dans un dialogue imaginaire avec le « bon et équitable lecteur », oscille entre deux positions de parole et deux identités. Lorsqu'il évoque le départ de l'expédition

(« Quand nous nous embarquâmes dans notre *Hirondelle* à Amsterdam, mes compagnons de fortune et moi… »), le rédacteur s'identifie implicitement comme voyageur-narrateur. Prônant la nécessité d'une habile *captatio benevolentiae* afin de disposer favorablement les lecteurs, il ajoute que « si l'auteur se conduit ainsi pour son propre intérêt, il me semble que ceux qui veulent bien lire son livre y rencontrent aussi le leur ». Mais le préfacier commentateur s'exprimant à la première personne ne peut cette fois être confondu avec l'auteur, désigné comme tel à la troisième. À qui avons-nous affaire ? À François Leguat lui-même ? Ou bien à son porte-parole ? Ou encore à une instance distincte qui, sous couleur de tirer de la relation un enseignement moral et philosophique, nous fait part de ses propres opinions ? Est-ce d'ailleurs à la préface seule que s'applique cette remarque ? Au fil du récit, des ruptures de ton, des remarques hors sujet, parfois des inserts manifestement hétérogènes, suggèrent l'intervention d'un second rédacteur. Ce que confirmera Jacques Bernard, dans son compte rendu des *Nouvelles de la République des Lettres* de décembre 1707, révélant que « la Préface de ce livre, n'est pas de l'auteur de l'ouvrage » et que d'autre part des matériaux étrangers y ont été ajoutés – mais n'anticipons pas.

Le préfacier, tout en affirmant ne rien écrire d'autre que la pure vérité, jette d'ailleurs lui-même la suspicion sur la véracité de son témoignage lorsqu'il explique que la matière de son récit – des îles désertes où, à la différence des voyageurs érudits, il n'a trouvé, bien évidemment, « ni villes, ni temples, ni palais, ni cabinets de raretés, ni monuments antiques, ni académies, ni bibliothèques » – l'a contraint quelquefois à sortir de la pure relation d'événements ou de la description de choses observées pour sauvegarder l'intérêt de la lecture : « Mes îles dépourvues ne m'ont pas fourni assez de variété, et je confesse que pour en trouver je me suis quelquefois un peu écarté. » Ce qui permet de justifier les digressions, car « à prendre la chose ainsi, on peut rapporter tout ce qui est parvenu à sa connaissance, conversations, discours, aventures, réflexions : bien entendu, que ce soient des choses tellement fournies par le voyage qu'on n'eût pu se les acquérir autrement ». Mais jusqu'à quel point s'est-il ainsi « écarté » ? Et qu'en est-il alors de cette exigence de vérité dont il se réclame si bruyamment ?

C'est avec la même ambiguïté qu'il invoque, pour le récuser partiellement il est vrai, le terme de roman : « De misérables romans, avec leurs fables mal ajustées, trouvent des acheteurs ; pourquoi mon roman véritable aurait-il une destinée plus malheureuse ? » C'est proclamer l'authenticité de la relation, ainsi opposée à un genre que l'époque à peu près unanimement considère comme méprisable pour bien des raisons, et notamment parce qu'il est synonyme de fiction, donc de mensonge ; mais c'est aussi, contradictoirement, appeler le lecteur à le lire comme un roman, donc comme une fiction, puisqu'il offre les mêmes péripéties et suscite la même séduction. De ce point de vue, la préface du *Voyage de François Leguat* est d'un grand intérêt pour la poétique de la relation de voyage telle qu'elle est conçue alors, c'est-à-dire comme un genre mixte, à mi-chemin du témoignage documentaire et de la fiction romanesque, dont elle prépare d'ailleurs les voies[20]. Il existe du reste un lien, consacré par une tradition qui remonte à l'*Histoire véritable* de Lucien (ainsi baptisée explique l'auteur, parce qu'elle ne contient que des mensonges), entre le récit de voyage et la fiction : à propos de l'anonymat, qui rend suspectes certaines relations de voyages, la préface fait référence au très vieux stéréotype du « voyageur menteur », et Leguat, à l'instar de beaucoup d'autres à l'époque, depuis Gabriel de Foigny dans *La Terre Australe connue* jusqu'à Swift dans les *Voyages de Gulliver*, évoquera un peu plus loin l'ancien proverbe : « A beau mentir qui vient de loin[21]. » Précaution conjuratoire ou aveu déguisé ? L'hésitation en tout cas est permise. Cela revient à dire que tout voyageur est a priori suspect, ou que toute relation de voyage est un roman en puissance. Le voyageur soucieux d'être cru doit donc créer un effet d'authenticité par divers procédés : signer son écrit de son nom en engageant sa responsabilité de témoin ; multiplier les détails susceptibles d'ancrer son récit dans le réel – c'est la technique du réalisme circonstanciel dont l'invention est souvent attribuée à Daniel Defoe[22] ; faire appel à des témoignages extérieurs susceptibles de jouer le rôle de garants – et Leguat pour sa

20 Voir les travaux déjà cités de Jacques Chupeau, « Les récits de voyage aux lisières du roman », art. cité, et de Sylvie Requemora-Gros, *Voguer vers la modernité*, *op. cit.*

21 Sur ce topos de la littérature de voyages, on consultera l'ouvrage de Percy G. Adam, *Travelers and Travel Liars, 1660-1800*, Berkeley and Los Angeles, University of California Press, 1962. Voir aussi notre étude sur « Les jeux de la vérité et du mensonge dans les préfaces des récits de voyages imaginaires à la fin de l'âge classique (1676-1726) », in François Moureau (éd.), *Métamorphoses du récit de voyage*, Paris-Genève, Champion-Slatkine, 1986, p. 82-109.

22 Voir l'ouvrage classique de Ian Watt, *The Rise of the Novel. Studies in Defoe, Richardson and Fielding* [1957], Harmondsworth, Penguin Books, 1977.

part se targue de pouvoir produire « deux témoins vivants de tout ce qu'[il] avance », ses deux anciens compagnons Bénelle et La Case.

Or ces exigences sont, dans l'esthétique de l'époque, celles-là mêmes auxquelles doit se plier le romancier ; aucun roman ou presque alors qui se donne ouvertement pour tel, tous tentant de se faire passer, avec un degré de conviction et des succès variables, pour le compte rendu d'aventures authentiques, grâce à des artifices analogues. Les romans utopiques, voyages imaginaires ou robinsonnades de l'aube des Lumières, qui se coulent dans le moule narratif des relations de voyages, ont précisément recours à ces formules et procédés ; au point que, par un retournement paradoxal mais aisément explicable, la revendication trop insistante du vrai en vient peut-être à signaler malgré elle la fiction. Dans les préfaces des œuvres narratives du XVIIIe siècle, la formule « ceci n'est pas un roman » signifie généralement « ceci est bel et bien un roman » et est interprétée comme telle. Plus habile ou plus pervers, l'oxymore « roman véritable » maintient mieux l'ambiguïté.

Cet arrière-plan n'a vraisemblablement pas été clairement perçu par les critiques de l'époque, ni même par ceux d'aujourd'hui. Il explique pourtant, avec d'autres raisons qui tiennent notamment à la composition apparemment très concertée du livre et à la richesse de sa texture symbolique, qu'on ait pu hésiter sur l'authenticité du *Voyage de François Leguat*. Relation d'un voyage véritable ou roman habilement camouflé ? Pendant plus de deux siècles, on n'a cessé, en effet, de se poser la question. Dès la publication du livre, le compte rendu qu'en donne dans les *Nouvelles de la République des Lettres* de décembre 1707 le journaliste Jacques Bernard, apparemment bien informé – sans doute par Paul Bénelle, l'un des trois survivants de l'expédition – laisse planer certains doutes, sans toutefois mettre en cause la véracité générale des aventures qui forment la substance du récit, ni l'existence de François Leguat, son signataire :

> Une personne très-bien instruite de tout ce dont on donne la relation dans ce Voyage m'avertit qu'il y a quelques faits outrés, qu'on en a omis quelques-uns d'essentiels, et qu'on y en a mis quelques autres d'absolument faux. [...] On assure, enfin, que tout le livre est un tissu de fatras, qui enveloppe tellement les aventures véritables, qu'il faut le refondre pour le corriger ; ce que quelqu'un pourra, peut-être, faire un jour.
>
> Il est étonnant qu'une main étrangère ait ainsi défiguré un Voyage, qui paraissait devoir se soutenir par les seules aventures véritables, dont on pouvait le composer. Ceux qui ont fréquenté quelques-unes des personnes,

> dont il y est parlé, savent qu'il n'était pas nécessaire de charger ces aventures, pour les rendre intéressantes, puisqu'elles l'étaient assez par elles-mêmes[23]...

Pour sa part, Bruzen de la Martinière, l'auteur d'un célèbre *Dictionnaire géographique* (1726) qui fera autorité jusqu'au début du XIXe siècle, récuse beaucoup plus radicalement dans sa préface l'authenticité de la relation de Leguat, la mettant au rang des « voyages fabuleux [...] qui n'ont pas plus de réalité que les songes d'un fébricitant », aux côtés des voyages imaginaires de Foigny ou Tyssot de Patot[24]. C'est également avec réserve que les naturalistes utilisent les observations de Leguat sur la faune originelle de l'île Rodrigue, quand ils ne les récusent pas par principe. Si Buffon, dans son *Histoire naturelle* (vol. XVI, 1770), cite son témoignage sur l'oiseau qu'il nomme le solitaire, bien qu'il estime que sa relation est « gâtée en quelques endroits par des idées fabuleuses », Cuvier pour sa part n'accorde aucun crédit à « un homme qui a défiguré les animaux les plus connus, tels que l'hippopotame et le lamantin[25] ». Sévérité compréhensible, mais en réalité mal fondée, l'animal décrit par Leguat sous le nom de lamantin étant en fait un autre sirénien, le dugong.

Mais c'est un universitaire américain, Geoffroy Atkinson, qui devait, dans les années vingt du siècle dernier, apporter ce qu'il estimait être la « preuve » du caractère à ses yeux entièrement fictif du *Voyage de François Leguat*, d'abord dans un article[26], puis dans un chapitre d'un ouvrage consacré au genre du « voyage extraordinaire » au début du XVIIIe siècle, qui reprend le même texte avec quelques modifications et l'augmente d'un appendice concernant les sources du récit dans le domaine de l'histoire

---

23 *Nouvelles de la République des Lettres*, XLIII, p. 603-622. Cité par L. H. Van Eeghen, « The Voyages and Adventures of François Leguat », *The Huguenot Society's Proceedings*, vol. 18 (1947-1952), p. 408-409.

24 Leguat n'est pas mentionné dans le *Dictionnaire* lui-même. Selon Philip B. Gove, *The Imaginary Voyage in Prose Fiction*, London, The Holland Press, 1961, p. 209, cette phrase se trouve en réalité dans la préface de l'édition de Paris, 1768, t. I, p. VIII. Gove, qui fait figurer l'ouvrage de Leguat dans sa bibliographie des voyages imaginaires, consacre plusieurs pages à la question de l'authenticité (*The Imaginary Voyage in Prose Fiction*, *op. cit.*, p. 207-210).

25 Pour ces deux références, voir Alfred North-Coombes, *The Vindication of François Leguat*, seconde édition augmentée, Rose-Hill, Mauritius, Éditions de l'océan Indien, 1991, p. 5 et p. 47. On se reportera particulièrement à cet ouvrage pour tout ce qui concerne le substrat scientifique du récit de Leguat.

26 G. Atkinson, "A French desert island novel of 1708", *Publications of the Modem Language Association of America*, vol. XXXVI, 4, 1921, p. 509-528 [notre traduction].

naturelle. Spécialiste de l'histoire des idées, bon connaisseur de la littérature des voyages des XVIIe et XVIIIe siècles, Atkinson est convaincu que le livre attribué à Leguat s'inscrit dans la lignée des romans utopiques et voyages imaginaires du tournant de l'âge classique ; les particularités du texte rendent, on l'a vu, cette interprétation parfaitement plausible pour qui connaît la production littéraire de cette période.

Atkinson a le mérite de poser fort clairement le problème de l'authenticité de l'ouvrage, lequel ne peut être, dit-il, que :

> 1. Le récit d'une expérience personnelle, authentique et original dans tous ses détails essentiels ;
> 2. le récit d'une expérience personnelle plus ou moins enjolivé par un éditeur ou un collaborateur ingénieux ;
> 3. un récit fictif dans lequel les éléments de première main, issus d'une expérience vécue, sont négligeables[27].

Après avoir assez sommairement disqualifié les arguments des partisans de l'authenticité, sur lesquels il faudra revenir, Atkinson, en disciple de Lanson qu'il est, se met en devoir de chercher dans la littérature de voyages antérieure les sources du récit de Leguat… et les trouve ! Sa démonstration, appuyée sur une connaissance intimidante des relations du XVIIe siècle, consiste pour l'essentiel à juxtaposer au texte des extraits de divers voyageurs ; bornons-nous à reproduire sa conclusion :

> Le *Voyage de François Leguat* est un « Voyage extraordinaire », un roman de l'île déserte écrit en 1707 à partir de sources exclusivement françaises. Les incidents du récit sont fondés sur les *Mémoires* de Duquesne, sur les *Voyages* de Du Bois, sur les *Six Voyages* de Tavernier et très probablement sur la *Suite des Voyages* de Tavernier, ainsi que sur la *Relation* de l'Estra. On peut attribuer directement à Du Tertre, Duquesne, Du Bois, Cauche, Carré, Pouchot de Chantassin, Tavernier, Rochefort et Thomas Corneille pratiquement tout ce qui paraît convaincant dans les « observations personnelles » que comporte la narration. Si l'on exclut les incidents et les descriptions manifestement empruntés à ces écrivains antérieurs, de l'histoire racontée il ne reste pas même la coquille[28].

Quant à l'auteur de ce qu'il faut bien alors considérer comme un pur roman, ce serait François-Maximilien Misson – la « main étrangère »

---

27 G. Atkinson, *The Extraordinary Voyage in French Literature from 1700 to 1720*, Paris, Champion, 1922, *op. cit.*, p. 37 [notre traduction].

28 *Op. cit.*, p. 63.

dénoncée par Bernard dans son compte rendu de 1707 –, dont on savait depuis fort longtemps qu'il avait été l'éditeur du voyage de Leguat. La « démonstration » d'Atkinson, appuyée sur une impressionnante documentation, fut acceptée à peu près unanimement et, jusqu'à une date récente, elle ne fut guère remise en question par la critique universitaire, malgré les protestations isolées de quelques spécialistes de l'histoire des Mascareignes.

L'erreur d'Atkinson – car Atkinson a tort, ainsi que l'a montré de façon minutieuse et convaincante l'ouvrage de l'historien Alfred North-Coombes[29] – constitue une illustration exemplaire des dangers d'une utilisation mal entendue de la méthode lansonienne. L'affaire du récit de Leguat montre assez qu'elle n'est pas infaillible, même dans un domaine qu'on n'a guère songé d'ordinaire à lui disputer, celui de la critique de sources et d'attributions. Les possibilités combinatoires du langage n'étant pas absolument infinies, qui s'acharne à chercher des sources finira toujours par en trouver, plus ou moins sûres et plus ou moins convaincantes. Les rapprochements établis par Atkinson à partir de passages tronqués, empruntés à des relations antérieures et mis bout à bout, perdent beaucoup de leur évidence lorsqu'on confronte les textes pris dans leur intégralité. De plus, des voyageurs décrivant les mêmes choses ou des choses analogues, comme c'est le cas dans les diverses relations des Mascareignes au XVIIe siècle, pouvaient le faire dans des termes voisins sans pour cela nécessairement se copier mutuellement. Enfin, faute plus grave, Atkinson a délibérément esquivé ou arbitrairement disqualifié tous les éléments de preuve tendant à établir l'existence personnelle de François Leguat, la réalité historique de son voyage et la validité de son témoignage. Sur ces trois points qu'il faut à présent examiner, la documentation est aujourd'hui suffisamment abondante et précise pour lever toute ambiguïté.

29 *The Vindication…*, *op. cit.*, p. 69-81.

À LA RECHERCHE DU VRAI FRANÇOIS LEGUAT
Le projet de « colonie de l'île d'Éden » et le substrat historique du *Voyage*

Retrouver la trace de l'homme nommé François Leguat était naturellement la première démarche à entreprendre pour qui voulait démontrer l'authenticité du livre. De son état civil, le texte nous apprend peu de choses, sinon qu'il est protestant, originaire de la province de Bresse, qu'il porte le titre d'écuyer et qu'il est âgé de « plus de cinquante-deux ans » en 1689, lorsque débute le récit.

On a en effet la preuve de l'existence dans cette région de France d'un Pierre Leguat, seigneur de La Fougère, ancêtre probable de François Leguat. Une *Biographie des hommes célèbres de l'Ain* indique la date et le lieu de naissance de ce dernier : 1638 à Saint-Jean-sur-Veyle[30], dans l'actuel département de l'Ain. De ses origines ou occupations en France avant 1685 et de sa vie avant son arrivée assez tardive en Hollande, le 6 août 1689, on ne sait rien, sinon qu'il est « sorti par la permission du roi de France, n'ayant pas voulu abjurer sa religion[31] » ; il fait donc partie des réfugiés légaux ayant bénéficié d'une permission en échange de l'abandon de leurs biens. Peut-être, comme beaucoup de protestants de cette région, a-t-il transité par la Suisse après la révocation de l'édit de Nantes. Dans cette hypothèse, il aurait pu y rencontrer Duquesne, qui s'y était lui-même réfugié et avait acheté une propriété à Aubonne. Si l'on en croit la dernière phrase de la préface, Leguat se serait installé en Angleterre peu avant la publication du livre, donc en 1707 ; on signale en effet la naturalisation d'un huguenot de ce nom en 1709 à Londres[32]. Un avis de la *Bibliothèque britannique* de juillet-septembre 1735 y annonce son décès, « au commencement du mois de septembre, âgé de nonante et six ans et ayant conservé jusqu'à la fin une grande

---

30 J. I. Depéry, *Biographies des hommes célèbres du département de l'Ain*, vol. I, Bourg, 1833, p. 86-90 (références dans North-Coombes, *op. cit.*, p. 272).

31 « Requête des huguenots au Commandant du Cap », in Emil Rainer, *L'utopie d'une république huguenote du marquis Henri du Quesne et le voyage de François Leguat*, Paris, Les Écrivains Associés, 1959, p. 112. Signée de Leguat, La Case et Thomas, cette pétition dirigée contre Valleau est cotée *Kolonialarchief Inv.* n° 4.005, fol. 637.

32 L. H. Van Eeghen, art. cité, p. 405.

liberté de corps et d'esprit ». Comme la suite de la notice nécrologique rappelle le titre du *Voyage* publié près de trente ans plus tôt, Atkinson suppose que celle-ci a pu être forgée par un libraire peu scrupuleux à des fins commerciales ; mais le testament de François Leguat, « de la paroisse Saint-Gilles à Londres », a bien été enregistré en septembre 1735. Ajoutons le témoignage d'un contemporain illustre, le naturaliste Haller, qui mentionne son récit et le qualifie, pour l'avoir connu, d'« homme simple et sincère[33] ».

Quant à la réalité du voyage de Leguat, elle est abondamment étayée par une importante documentation qui, chance assez exceptionnelle, a été en majeure partie publiée et était du reste parfaitement accessible à l'époque où Atkinson a entrepris son étude[34].

Mais ici il est nécessaire d'abandonner Leguat un instant pour préciser l'arrière-plan historique de son aventure, c'est-à-dire le projet de « colonie de l'île d'Éden » conçu par Henri Duquesne[35]. Les huguenots chassés de France à partir de 1685 se concentrent dans les grands centres du « Refuge » protestant : Londres, Genève, Amsterdam. Ils sont particulièrement nombreux en Hollande, où la présence d'une importante population déracinée qu'il est nécessaire d'assister ne va pas sans poser des problèmes économiques et humains. Aussi les États-Généraux des Pays-Bas accueillent-ils avec faveur la proposition qui leur est faite de contribuer à l'installation dans une île de l'océan Indien d'une colonie destinée à recueillir des réfugiés français. Celle-ci pourrait en outre constituer un maillon supplémentaire du réseau de comptoirs de la V.O.C. (Compagnie néerlandaise des Indes Orientales). Fondée en 1602, cette énorme puissance maritime, commerciale et diplomatique est déjà

33 Ces deux références dans Van Eeghen, *ibid.*, p. 405-406. « *Hominem ipse vidi, sincerum et simplicem* », écrit A. von Haller dans sa *Bibliotheca botanica* (1777) après avoir rappelé la publication du *Voyage* de Leguat. Cette rencontre aurait pu prendre place en 1727 lors d'un séjour de Haller à Londres.

34 Les principaux documents, notamment ceux des archives hollandaises, ont été publiés par Hendrik Carel Vos Leibbrandt dans ses deux ouvrages : *Rambles through the Archives of the Colony of the Cape of Good Hope, 1688-1700*, Cape-Town, J. C. Juta and Co, 1887, ainsi que *Precis of the Archives of the Cape of Good-Hope. Letters Received, 1695-1708*, Cape-Town, Richards and Sons, 1896. Voir aussi Albert Pitot, *T'Eylandt Mauritius. Esquisses historiques*, Port-Louis, Coignet Frères, 1905.

35 Fils aîné du lieutenant général des armées navales de Louis XIV, Henri Duquesne (1642-1722), passé en Suisse en 1685, y a racheté la baronnie d'Aubonne, dans le Pays de Vaud, ancienne propriété du négociant et voyageur Jean-Baptiste Tavernier, auteur des *Voyages en Turquie, en Perse et aux Indes* (1676).

implantée au Cap, à l'île Maurice, en Inde, à Ceylan, dans les îles de la Sonde, à Bornéo, aux Célèbes, aux Moluques et jusqu'au Japon. La V.O.C. voit là l'occasion d'agrandir encore son empire commercial, centré sur la ville de Batavia, dans l'île de Java, où réside le Gouverneur Général, ainsi peut-être qu'un moyen de contrer l'implantation coloniale des Français dans le sud de l'océan Indien, déjà installés à l'île Bourbon et en quête d'un nouveau point d'appui après l'abandon du comptoir de Fort-Dauphin à Madagascar (1674). Pour toutes les nations européennes commerçant avec l'Orient, la durée du trajet maritime depuis les ports de l'hémisphère nord rend indispensable, au minimum, une escale de « rafraîchissement » sur la route de l'Inde, sous peine d'une mortalité insupportable des équipages, victimes du scorbut ; ce qui explique leur intérêt croissant pour les îles de l'archipel des Mascareignes.

D'après Rainer[36], le projet remonterait à 1683. Un moment retardé par l'écho rencontré auprès des protestants du Refuge par la prédication millénariste de Jurieu, lequel, s'appuyant sur les prophéties bibliques, croit pouvoir annoncer le retour de la tolérance religieuse, le prochain effondrement de l'Église romaine, voire la conversion de Louis XIV, il est repris plus activement en 1689, lorsqu'il devient clair que l'édit de Nantes ne sera pas rétabli et qu'il n'y a donc d'autre espérance pour les huguenots qu'un exil définitif. Henri Duquesne, l'instigateur du projet, négocie avec l'Assemblée des États-Généraux, puis avec l'Oost-Indische Compagnie. Un traité en quatorze articles est conclu avec cette dernière le 26 juillet 1689. Duquesne obtient pour sa future colonie divers avantages commerciaux, la Compagnie se chargeant pour sa part de transférer au Cap (contre paiement, il est vrai) les émigrants et leurs familles. Cette convention est ratifiée par les États-Généraux le 28 juillet. Reste à assurer le financement de l'opération, ce pour quoi Duquesne devra contracter un emprunt de 80 000 livres garanti par une hypothèque sur sa propriété d'Aubonne, et aussi à recruter des volontaires.

Duquesne fait imprimer dans ce but une série de quatre *Mémoires* de propagande, vraisemblablement diffusés d'abord sous la forme de feuilles volantes ou de brochures, qui seront réunis ultérieurement en un opuscule intitulé *Recueil de quelques mémoires servant d'instruction*

36 Voir E. Rainer, *L'utopie d'une république huguenote*, *op. cit.*, p. 11-53, pour les références ci-après et les pièces justificatives. Pour le contexte, l'histoire et l'analyse du projet de « république de l'île d'Éden », voir ci-après la présentation de Paolo Carile.

pour l'établissement de l'île d'Éden (H. Desbordes, Amsterdam, 1689). Cet ouvrage très rare, qui passait pour perdu, n'a longtemps été connu qu'à travers l'extrait – d'ailleurs peu fidèle – qu'en donne le *Voyage* de Leguat, avant d'être réimprimé vers la fin du XIXe siècle par Théodore Sauzier[37]. Il s'inscrit dans la lignée des projets de colonisation à caractère semi-utopique comme il en fleurit beaucoup à l'époque, surtout dans les milieux protestants. Ceux-ci, exilés, réfugiés sans ressources ou affrontés à des persécutions religieuses, retrouvent ainsi l'injonction biblique à fuir la « Babylone perverse » pour se retirer au désert et y créer la « Nouvelle Jérusalem », c'est-à-dire la véritable cité de Dieu conforme à l'idéal évangélique. C'est dans une perspective assez proche de celle de Duquesne que s'implantent massivement à partir des années 1650, en Amérique du Nord surtout, des colonies protestantes dissidentes ou hostiles à l'anglicanisme : Mennonites du Delaware, Quakers de Pennsylvanie, plus tard Fraternités Moraves. Après avoir décrit en détail l'organisation politique, fort complexe, de la future colonie, Duquesne présente un tableau idyllique mais très vague du lieu de son implantation. Celui-ci est désigné sous l'appellation d'« île d'Éden », sorte de « nom de code » adopté, dit-il, « parce que ce lieu étant connu pour un des endroits du monde le plus agréable et le meilleur, on avait juste sujet d'appréhender d'en faire naître l'envie à quelqu'un qui aurait peut-être pu nous prévenir, d'autant plus qu'il s'est déjà fait des projets à peu près semblables au nôtre ». Seul le quatrième et dernier *Mémoire*, qui comporte une description détaillée de l'île compilée à partir des relations de Bontekoe, Cauche, Flacourt, Du Bois, Dellon et autres, livre enfin la localisation véritable de la colonie : l'île Mascareigne ou Bourbon, aujourd'hui La Réunion.

Trois raisons peuvent concourir à expliquer l'échec du projet. La première est d'ordre financier : les contributions des candidats au départ ont été décevantes, et Duquesne a dû solliciter de la Compagnie une avance supplémentaire de 5 000 florins, ce qui fait l'objet d'une convention additionnelle en date du 28 janvier 1689. La seconde est politique : alors que la France est en guerre avec la Hollande depuis novembre 1688, on apprend à Amsterdam qu'une escadre française, commandée par

37 Henri Du Quesne, *Un projet de république à l'île d'Éden (l'île Bourbon) en 1689 par le marquis Henri Du Quesne. Réimpression d'un ouvrage disparu publié en 1689, intitulé : Recueil de quelques mémoires servant d'instruction pour l'établissement de l'isle d'Eden*. Précédé d'une notice par Th. Sauzier, Paris, E. Dufossé, 1887.

Duquesne-Guiton, cousin germain d'Henri Duquesne rallié au catholicisme, se dirige vers l'océan Indien, et peut-être vers l'île Bourbon, créant ainsi un risque d'affrontement militaire ; or, selon une tradition familiale, Abraham Duquesne sur son lit de mort aurait solennellement fait promettre à ses fils de ne jamais prendre les armes contre la France. Mais, si l'on en croit Rainer, il ne semble pas que cet argument ait été déterminant dans l'annulation du projet ; du reste, l'escadre de Duquesne-Guiton, qui avait pour destination l'Inde et le Siam, ne passa pas par Bourbon[38]. Le report de l'expédition en dernière minute paraît surtout imputable à des aléas climatiques ayant empêché le ravitaillement des navires prêts au départ.

Duquesne n'abandonne pas cependant son projet, mais il le ramène à une échelle plus modeste : au lieu des deux vaisseaux chargés d'émigrants initialement prévus, ce sont dix passagers seulement qui prennent le départ d'Amsterdam le 10 juillet 1690 à bord de la petite frégate *L'Hirondelle*, commandée par le capitaine Valleau. Si l'on en croit le récit de Leguat, que les archives viennent du reste corroborer, le but était l'île Bourbon, à moins que celle-ci ne fût déjà occupée par les Français – ce qui était le cas en effet depuis de nombreuses années, et il est curieux que Duquesne n'en ait pas été informé ; dans cette hypothèse, le groupe prendrait possession de l'île Rodrigue afin d'inventorier ses ressources et de préparer l'arrivée d'une troupe plus importante, qui s'emparerait ensuite de Bourbon. C'est bien avec cette arrière-pensée, semble-t-il, qu'à partir de 1688 la Compagnie achemine au Cap plusieurs convois de huguenots français avec leurs familles. Sur l'état d'esprit des réfugiés français du Cap et leur attitude à l'égard de ce projet, les informations sont incertaines ; il est probable cependant qu'ils préférèrent s'installer définitivement au Cap plutôt que d'aller risquer leur vie sur une île inconnue dans une entreprise militaire hasardeuse.

Les aventures ultérieures de Valleau apportent sur ces différents points un éclairage intéressant. Après avoir laissé ses passagers à Rodrigue et fait

38 Duquesne-Guiton participa aux deux expéditions de Siam, la première (1687) comme capitaine du navire chargé d'accompagner l'ambassadeur désigné par Louis XIV, la seconde (1690-1691) à la tête d'une importante escadre qui échoua à remplir ses ambitieux objectifs diplomatiques, militaires et religieux, mais qui a laissé de nombreuses relations (Challe, Tachard, Pouchot de Chantassin…). Sur le rôle de Duquesne-Guiton, voir Gaëlle Fourès-Legrand, *Relations et Journaux d'un voyage aux Indes Orientales, 1690-1691*, Paris, Les Indes savantes, 2018.

relâche à l'île Maurice, il tente de débarquer à Bourbon ; mais, en ayant été empêché par les habitants, il devra se contenter des informations sur les ressources et les défenses de l'île fournies par un Noir qu'il a retenu à son bord. Ces renseignements, transmis à Batavia par le commandant du Cap dans sa dépêche du 23 décembre 1691, attestent que Valleau a suivi les ordres de Duquesne en vue d'un coup de main à Bourbon, qu'il a trouvé au Cap « cinq à six cents Français, tant hommes, femmes qu'enfants habitués [installés] qui y ont été envoyés par les Hollandais », mais précise « qu'il ne sait que deux hommes parmi ces Français qui soient dans le dessein de s'offrir audit sieur Duquesne ». À l'interrogatoire de Valleau est annexé celui du Noir de Bourbon, qui suggère une interprétation assez différente : « Ledit Valleau lui a dit que le sieur Duquesne avait dessein de s'emparer de l'île Bourbon et qu'il l'a amené pour le présenter audit sieur Duquesne afin qu'il fût par lui informé de l'état de l'île. Dit aussi qu'il y a quatre cents Français réfugiés qui se sont fait une habitation à quatre lieues du cap de Bonne-Espérance, qui disent qu'ils attendent ledit sieur Duquesne pour s'offrir à lui et aller conquérir l'île Bourbon. Supplie de le renvoyer en son pays[39]. »

Il semble donc qu'il existait un plan hollandais, auquel Duquesne était partie prenante, pour l'installation d'une colonie protestante dans l'île Bourbon, fût-ce au prix d'un conflit avec la France. Mais, dès 1690, Duquesne, qui est pratiquement ruiné, semble se désintéresser de toute l'affaire ; il « oubliera » même à Rodrigue le petit groupe qu'il y a envoyé. Retiré en Suisse, d'abord à Aubonne, puis à Genève, il consacrera la fin de sa vie à des études théologiques (*Réflexions anciennes et nouvelles sur l'Eucharistie*, 1718), qui, peut-être, le consolent de l'échec de son rêve de république idéale.

39 Procès-verbal d'interrogatoire de Valleau, Arch. nat., Fonds des Colonies, Corr. de l'île Bourbon, C. 3, vol. 1. Le procès-verbal d'interrogatoire du Noir Athanase Garel, qui dresse un état très précis de la situation à Bourbon et des défenses de l'île, a été publié par Leibbrandt, *Rambles…*, *op. cit.*, p. 128-130.

LES AVENTURES DE LEGUAT DANS L'OCÉAN INDIEN
Confirmation par les documents

Mais revenons à François Leguat, dont le voyage dans l'océan Indien constitue la seule ébauche de réalisation – d'ailleurs lamentablement avortée – du mirifique projet de « colonie de l'île d'Éden ». Dans l'histoire de la littérature de voyages, rares sont les relations dont presque tous les incidents peuvent être étayés sur une documentation aussi abondante et aussi précise. Celle-ci, tout en confirmant la vérité factuelle du récit, en modifie l'éclairage et en explicite les silences. On se serait pourtant abstenu de citer aussi longuement ces documents si cela n'était rendu nécessaire par la réputation d'invention pure qui s'attache à ce livre et qu'il importe de dissiper.

Dès le début, le voyage est placé sous le signe de la discorde. Arrivée le 13 juillet 1690 au port de Texel, *L'Hirondelle* n'en repart que le 4 septembre. Leguat ne dit rien des raisons de cet arrêt prolongé. Une lettre de Duquesne aux passagers de *L'Hirondelle* en laisse entrevoir la cause. De violentes querelles, compliquées par un conflit d'autorité avec le capitaine Valleau, opposent les passagers entre eux ; ce ne seront pas les dernières. « Je vois que toute espérance que j'avais fondée sur votre bonne union me paraît vaine, puisque vous n'avez pu vivre six semaines ensemble en bonne intelligence », constate Duquesne avec quelque mélancolie, tout en exhortant son monde « à la paix et à la concorde » : « M. Leguat, qui est le plus ancien et qui est à la tête, doit y exciter efficacement les autres, et l'on doit avoir regard à ses remontrances[40]. »

La situation ne s'améliorera pas. Si le récit de Leguat laisse percevoir une animosité croissante entre le capitaine de *L'Hirondelle* et ses passagers, ses griefs contre Valleau ne sont jamais clairement précisés. Cependant, les conflits qui marquèrent l'escale du Cap, et dont Leguat ne dit mot[41], permettent de se faire une idée de l'atmosphère empoisonnée qui devait régner à bord. Leguat, La Case et Thomas, pilote de *L'Hirondelle* rallié à leur cause, adressent au gouverneur Simon van

40 Lettre du 19 août 1690, *Rijksarchief*, La Haye, *Kolonialarchief Inv.* n° 4.005, fol. 637, in Rainer, *op. cit.*, p. 52-53.

41 Les documents sont reproduits dans l'ouvrage de Rainer, p. 111-115.

der Stel une longue *Requête* dans laquelle ils s'indignent d'avoir été « insultés par le sieur Valleau, capitaine de la petite frégate nommée *L'Hirondelle*, appartenant à M. le marquis Duquesne, d'une manière aussi extraordinaire qu'elle est surprenante et injurieuse pour des personnes de leur qualité et tirant à des conséquences où il ne va pas moins que de leur vie, de leur liberté et des fins toutes contraires à celles que s'est proposées ledit monsieur marquis Duquesne ». Après avoir rappelé l'objet du voyage, ils énumèrent leurs griefs contre Valleau : refus de faire relâche à Martin Vas et à Tristan da Cunha conformément aux ordres de Duquesne ; menaces faites « à l'un de notre troupe de l'exposer dans une île déserte et à un autre tout fraîchement de le faire mettre à terre avec toutes ses hardes » ; et enfin refus grossier d'autoriser le débarquement des passagers au Cap :

> Étant ici arrivés depuis quelques jours pour se rafraîchir et pour rétablir leur santé qui était altérée par les maladies ordinaires de la mer, ils voulurent venir hier tous trois à terre, mais comme ils y arrivèrent, ledit sieur Valleau qui y était déjà les a attendus sur le pont et sans en avoir une ombre de sujet les a traités de la plus indigne manière que l'on se pût imaginer, les appelant bougres, poussant le sieur lieutenant, disant au pilote qu'il le chassait, défendant aux matelots, qui avaient pris des avirons pour les assommer, de ne pas [*sic*] les recevoir à bord et de jeter dans la mer tous ceux qui se présenteraient.

Les plaignants attirent en outre l'attention sur la loyauté suspecte de Valleau, rappelant « qu'il avait non seulement abjuré sa religion, mais qu'il fut pris il y a deux ans par un vaisseau hollandais les armes à la main, retournant en France de l'Amérique où il était allé[42] ».

Valleau réplique par un « *Projet* » contresigné par son équipage. Se prévalant des ordres écrits de Duquesne qui lui donnent autorité sur les passagers, il dénonce l'esprit « séditieux » de ces derniers :

> Pendant presque tout le voyage, ils ont fait les indépendants et tâché de me chagriner en toutes choses, mais particulièrement ledit sieur de La Case qui en vint à me dire, il n'y a que cinq à six jours, qu'il viendrait ou irait à terre sans me le demander, qu'il ne me connaissait en rien. Il a encore fait pire que tout cela depuis, car il a tant fait par ses flatteries qu'il a suborné et attiré à lui le pilote de bord, n'ayant pu faire de même de l'équipage comme il aurait bien voulu.

42 *Rijksarchief*, La Haye, *Kolonialarchief Inv.* n° 4.005, fol. 637, in E. Rainer, *op. cit.*, p. 111-114.

Il demande pour conclure que La Case, le principal meneur, soit débarqué « afin d'éviter toute sédition dans mon bord et que l'on en vienne aux mains[43] ».

Pour des raisons aisément compréhensibles, le séjour de Leguat et de ses compagnons sur l'île déserte de Rodrigue n'est attesté directement par aucun document, si ce n'est le procès-verbal d'interrogatoire de Valleau, intercepté à son retour vers l'Europe par des navires français[44]. Les documents, en revanche, sont abondants pour tout ce qui concerne l'épisode mauricien du récit. Il s'agit notamment de la correspondance échangée entre le gouverneur du Cap et le commandant de l'île Maurice, publiée en traduction anglaise par Leibbrandt à la fin du XIXe siècle[45] ; elle éclaire d'une façon précise les démêlés entre le groupe des huguenots et les autorités hollandaises de l'île.

L'île Maurice, possession hollandaise depuis 1638[46], est placée en effet sous la dépendance administrative du gouverneur du Cap, lui-même subordonné au gouverneur général en poste à Batavia. Très peu peuplée, l'île abrite une petite garnison et quelques familles de colons hollandais avec leurs esclaves. Elle tire des ressources précaires de l'exploitation du bois d'ébène, de l'ambre gris trouvé sur les plages et des « rafraîchissements » fournis aux rares navires qui y font escale sur la route des Indes. Elle sert également, à l'occasion, de colonie pénitentiaire : on y déporte les condamnés et indésirables de Batavia ou du Cap. Succédant à Lamotius, destitué par la V.O.C. pour son comportement despotique et violent, Roelof Diodati est le

---

43 *Rijksarchief*, La Haye, *Kolonialarchief Inv.* n° 4.005, fol. 643, in E. Rainer, *op. cit.*, p 114-115. Une commission d'enquête est constituée par van der Stel pour examiner ces griefs contradictoires (extraits dans Albert Pitot, *T'Eylandt Mauritius. Esquisses historiques, 1598-1710*, Port-Louis, Coignet Frères, 1905, p. 249-250). Tout en reconnaissant que « La Case et Thomas ont fait montre d'animosité et de parti pris [...], et surtout La Case, qui a fait preuve d'un caractère intraitable, ambitieux et séditieux », elle se refuse à donner satisfaction à Valleau, ne voulant pas intervenir dans « des différends d'un ordre tout à fait privé ». Le rapport se borne à conseiller l'apaisement entre les parties.

44 Arch. nat., fonds des colonies, Corr. de l'île Bourbon, C. 3, vol. 1.

45 H. C. V. Leibbrandt, *Precis of the Archives of the Cape of Good Hope. Letters received, 1695-1708*, Cape-Town, Richard and Sons, 1896, ainsi que, du même auteur, *Rambles through the Archives of the Colony of the Cape of Good-Hope, 1688-1700*, Cape-Town, J. C. Juta and Co., 1887.

46 Avec une interruption de 1657 à 1664, l'île ayant été abandonnée par les Hollandais. Elle le sera de nouveau en 1710, avant d'être occupée par les Français en 1721 sous le nom d'île de France.

commandant de l'île depuis 1692. Le récit de Leguat le présente comme un tyran sadique doublé d'un fripon. Mais il serait, d'après l'historien Auguste Toussaint[47], « le plus capable des commandants hollandais de l'île Maurice », parmi, il est vrai, une assez triste lignée de despotes, d'incapables et d'ivrognes. C'est pourtant ce personnage qui portera la responsabilité de l'épisode le plus pénible du voyage, la détention pendant deux ans de Leguat et de son groupe sur un minuscule îlot situé au large des côtes mauriciennes.

Si l'on en croit Leguat, un morceau d'ambre gris, matière alors infiniment précieuse utilisée en parfumerie et apothicairerie, qui avait été trouvé sur une plage de l'île Rodrigue par l'un des compagnons, fut à l'origine du conflit, la Compagnie néerlandaise des Indes Orientales ayant un droit exclusif sur cette marchandise. D'abord bien reçus à leur arrivée à l'île Maurice par les colons hollandais, les huguenots se heurtèrent à Diodati lorsque l'un d'eux, ignorant la nature et la valeur réelle de ce morceau de gomme, s'avisa de le vendre à un prix dérisoire à un habitant de l'île. Un autre des réfugiés, le droguiste Testard qui, lui, savait à quoi s'en tenir sur la nature de l'objet, mais s'était jusque-là soigneusement abstenu d'en rien dire, révéla l'étourderie commise et incita à demander l'annulation de ce marché de dupes. La transaction parvint aux oreilles du commandant qui, après avoir entendu les deux parties, saisit l'ambre et plaça les huguenots sous surveillance.

De cette affaire passablement embrouillée, qui devait avoir pour Leguat et ses compagnons les plus graves conséquences, on peut retenir que Leguat accuse Diodati de s'être approprié indûment l'ambre gris trouvé à Rodrigue, sur lequel la Compagnie n'avait aucun droit, et subsidiairement soupçonne Testard d'avoir cherché à dissimuler la nature véritable de cette substance dans l'espoir d'en devenir ultérieurement le seul possesseur. Quant à Diodati, se justifiant dans sa lettre du 26 septembre 1696 des accusations portées contre lui par Testard et La Haye, il affirme avoir agi en toute légalité : s'il a saisi le morceau d'ambre, malheureusement détruit depuis (dit-il) dans l'incendie du fort, c'est « parce que, lorsque les Français arrivèrent ici, ils furent interrogés avec soin sur l'île Rodrigue et si on y trouvait de l'ambre gris. Ayant répondu qu'il n'y en avait point, nous conclûmes de cela qu'ils avaient

47 A. Toussaint, *Histoire des îles Mascareignes*, Paris, 1972, p. 28.

ramassé celui-ci sur la plage ici même, ayant été huit ou dix jours à errer çà et là avant de trouver âme qui vive[48] ».

Il importe peu de déterminer où se situe le vrai dans cette affaire ; on peut cependant noter que Diodati a attendu septembre 1696 et les accusations des réfugiés portées contre lui pour l'évoquer dans sa correspondance avec Le Cap. La dépêche du 2 juillet 1694, qui rapporte l'arrivée des huguenots à Maurice et leur emprisonnement, n'en dit pas un mot.

Toutefois, la décision de déporter tout le groupe sur l'îlot semble liée à une seconde affaire qui paraît nettement plus grave que la précédente, bien que Leguat l'évoque beaucoup plus rapidement. Deux des huguenots, La Case et Testard, conçoivent le projet de s'emparer d'une chaloupe appartenant à la Compagnie pour rallier l'île Bourbon voisine et corrompent dans ce but un soldat hollandais. Les responsables de l'entreprise tombent sous l'accusation d'incitation à la désertion et peut-être de haute trahison. Diodati, en effet, dans ses rapports au Cap, se montre très inquiet des intentions belliqueuses qu'il prête aux Français de Bourbon et ne cesse de se plaindre de la faiblesse de ses propres défenses : une garnison de vingt-huit hommes et quelques esclaves, dont la plupart sont vieux et débiles[49]. Dès le début, du reste, les réfugiés semblent avoir été traités en espions potentiels à la loyauté suspecte qu'il importait d'« empêcher d'errer le long du rivage ou dans les forêts et d'observer toutes choses ainsi qu'ils ont toujours tenté de le faire[50] ».

La correspondance de Diodati permet de recouper avec précision les divers incidents rapportés par le récit (incendie du Fort, disparition de Testard, tentative d'évasion de La Case, transfert final à Batavia des survivants à bord du *Swaag*). Elle éclaire également les rapports des réfugiés entre eux, point sur lequel Leguat se montre remarquablement discret. Nous apprenons ainsi qu'ils ne cessaient de se quereller[51], et les demandes présentées par Thomas[52] et Ancelin[53] suppliant « à genoux » d'être délivrés de la compagnie de leurs camarades éclairent d'un jour nouveau le tableau trop idyllique du séjour rodriguais.

48 Leibbrandt, *Rambles…*, *op. cit.*, p. 135.
49 Leibbrandt, *Precis…op. cit.*, p. 26.
50 Leibbrandt, *Rambles… op. cit.*, p. 135.
51 Leibbrandt, *Rambles…*, p. 134.
52 Leibbrandt, *Precis…*, p. 27.
53 Leibbrandt, *Rambles…*, p. 132.

On retrouve encore la trace des huguenots à Batavia, où ils ont enfin obtenu d'être transférés. Rainer, qui a pu étudier le dossier du procès aux Archives coloniales de La Haye[54], en donne un résumé assez complet, bien que probablement biaisé par l'hostilité violente qu'il manifeste, on ne sait trop pourquoi, à l'égard de Leguat et de son témoignage. Le président du Conseil judiciaire de Batavia, Valckonier, prend en main l'instruction de l'affaire et déclare sans fondements les griefs formulés contre Diodati, l'innocentant totalement dans l'épisode de l'ambre gris. Leguat, La Haye et Bénelle sont présumés complices passifs du plan d'évasion conçu par La Case. Quant aux biens confisqués par Diodati, ils sont estimés à 325,19 florins seulement, fort loin des 2 000 écus dont parle Leguat. Un non-lieu interviendra néanmoins le 23 avril 1697. Les pourparlers de paix franco-hollandais qui devaient aboutir à la signature du traité de Ryswick (1697) pourraient expliquer cette mesure d'apaisement : l'imputation de « trahison » reprochée à La Case pour son projet d'évasion à Bourbon perdait de ce fait beaucoup de son actualité[55].

Il est certain non seulement que François Leguat a bien existé – ce dont Atkinson doutait – mais qu'il a effectivement vécu les aventures qu'il relate, puisque celles-ci peuvent être aisément vérifiées dans leurs principaux incidents. Si « mensonge » il y a, il ne porte pas sur la matérialité des faits – sinon, quelquefois, par omission –, mais sur l'interprétation qui en est donnée. Il était vain toutefois d'attendre d'un homme ayant vécu de telles épreuves un rapport objectif et détaché de ce qu'il avait enduré. Les menues distorsions observables dans le récit, imputables à la subjectivité du narrateur, en confirmeraient plutôt la véracité.

---

54 Rainer, *op. cit.*, p. 135.

55 Le constat de l'inutilité de l'île Maurice, possession coûteuse, trop petite pour devenir une colonie à part entière et même une escale de « rafraîchissement » pour la V.O.C., est formulé dès janvier 1697 par le Gouverneur Général Willem van Outshoorn. Il conduira à l'abandon de l'île par les Hollandais en 1710. Il peut expliquer également que l'administration de Batavia se soit désintéressée de cette affaire. Voir la conclusion de l'ouvrage de P. J. Moree, *A concise history of Dutch Mauritius, 1598-1710*, London and New-York, Kegan Paul, and Leiden and Amsterdam, ILAS, 1998.

LEGUAT ET LES NATURALISTES
Le tableau de l'île Rodrigue et l'affaire du solitaire

Resterait cependant à déterminer la validité scientifique du témoignage de Leguat dans la partie la plus neuve de son récit, c'est-à-dire dans la description de l'île Rodrigue, qui occupe plus de la moitié du premier volume. La question est d'importance, car c'est précisément sur ce témoignage qu'a longtemps reposé de façon exclusive la reconstitution zoologique d'une faune extrêmement originale, aujourd'hui à peu près entièrement disparue, dont l'oiseau baptisé le Solitaire, si minutieusement décrit par Leguat, constitue le spécimen le plus célèbre.

Cette petite île (110 km^2), découverte par le pilote portugais Diogo Rodriguez en février 1528[56], est aujourd'hui habitée par une population d'environ 43 000 personnes (chiffre de 2020), descendante des colons d'origine européenne et de leurs esclaves noirs installés à partir de la fin du XVIIIe siècle. Elle y a longtemps vécu d'un peu d'élevage, de quelques cultures vivrières et de l'aide de l'État mauricien, auquel Rodrigue est politiquement rattachée. L'ouverture récente à un tourisme international orienté vers l'environnement a permis cependant ces dernières années un réel développement. À la différence de La Réunion et de Maurice, qui ont conservé quelques restes de leurs forêts primitives, le couvert végétal à Rodrigue a été largement détruit par les incendies et par le déboisement, entraînant le lessivage des sols et l'accélération de l'érosion. Souvent ravagée par les cyclones et en proie à de longues périodes de sécheresse, l'île offre, en dépit des efforts de reboisement, un aspect austère très éloigné des paysages décrits par Leguat. Quant à la faune terrestre, elle est aujourd'hui d'une grande pauvreté, et peu différente de celle qu'on trouve dans les autres îles des Mascareignes. La comparaison avec le témoignage du *Voyage* permet d'apprécier l'ampleur de la catastrophe écologique imputable à l'intervention humaine, l'introduction accidentelle ou inconsidérée d'animaux prédateurs, rats, chiens, chats, porcs, chèvres, ayant dû avoir au demeurant des effets aussi redoutables sur l'équilibre fragile de la faune primitive que les destructions directes.

---

56 Voir Alfred North-Coombes, *The Island of Rodrigues*, Port-Louis, Mauritius, The Author and The Mauritius Advertising Bureau, 1971, p. 19. Cet ouvrage est une mine d'informations très sûres concernant l'histoire de l'île.

Du point de vue scientifique, l'intérêt du récit réside dans la description remarquablement précise de la faune de l'île à une époque où elle se trouvait encore pratiquement dans son état originel. Découverte assez tôt par les Portugais, mais jamais occupée, protégée par son éloignement des grandes routes maritimes ainsi que par la ceinture corallienne qui en rend l'abordage extrêmement difficile, Rodrigue n'avait guère pâti des quelques relâches de navires européens qui eurent lieu au cours du XVIIe siècle[57], à la différence de ce qui, très tôt, se produisit dans les deux autres Mascareignes. Dans cette île éloignée de plus de cinq cents kilomètres de toute terre, une faune originale avait évolué en vase clos et proliféré librement en l'absence de prédateurs naturels. Toutes choses égales, elle constituait une sorte de conservatoire zoologique naturel assez analogue à ce qu'étaient les Galapagos au passage de Darwin : immenses troupeaux de dugongs paissant dans le lagon, tortues marines, tortues terrestres géantes par milliers réparties en trois espèces, lézards multicolores diurnes et nocturnes, anguilles monstrueuses dans les cours d'eau, perroquets, « gélinottes », la plupart de ces espèces étant aujourd'hui éteintes, et parmi elles le fameux Solitaire, gros oiseau inapte au vol, comme son cousin éloigné le Dodo mauricien, dont la minutieuse description devait susciter presque autant de controverses parmi les ornithologues[58].

Car, ici encore, la véracité de Leguat a été mise en doute, aussi bien par des naturalistes comme Cuvier, lequel se refuse à accorder le moindre

57 North-Coombes (*op. cit.*, p. 22-25) a retrouvé la trace de quelques abordages attestés précédant celui de Leguat et de son groupe : par le *Gardien*, navire de la flotte hollandaise de l'amiral Wolphart Harmansen (19-23 septembre 1601) ; par le *Saint-Alexis*, commandé par Alonse Goubert, de Dieppe, qui prend possession de l'île au nom du roi (juin 1638) ; peut-être par le Français Pronis en 1642 ; par l'équipage du navire hollandais *Berckhout*, laissé à terre en février 1644, qui gagna Maurice en chaloupe trois mois plus tard. Du relevé complet des mouvements maritimes à Rodrigue de 1601 à 1808 fourni ultérieurement par la même historien (Alfred North-Coombes, *Histoire des tortues de terre de Rodrigues*, 2e édition, Île Maurice, Mauritius Printing Specialists, 1994, p. 72), il résulte que *L'Hirondelle* fut en 1691 le neuvième bateau à y faire relâche au XVIIe siècle. L'île fut plusieurs fois reconnue au XVIe siècle par les navigateurs portugais et hollandais, mais sans débarquement attesté.

58 Sur ces espèces disparues, notamment les deux dernières, signalons, parmi une abondante bibliographie, la somme savante mais accessible au public non spécialiste d'Anthony Cheke et Julian Hume, *Lost Land of the Dodo, an ecological history of Mauritius, Réunion & Rodrigues*, London, T. & A. D. Poyser, 2008, ainsi que, sur le Solitaire de Rodrigue, l'ouvrage d'Alan Grihault, *Solitaire. The Dodo of Rodrigues Island*, Mauritius, A. Grihault, 2007.

crédit aux observations zoologiques du huguenot, que par des historiens de la littérature comme Atkinson, pour qui toutes ses descriptions ont été recomposées à partir de relations antérieures. Deux ordres de preuves viennent cependant corroborer l'exactitude de ces observations zoologiques. Les premières sont issues de relations postérieures à celle de Leguat et restées longtemps manuscrites.

En 1875 est découvert, au Fonds des colonies des Archives nationales[59], un manuscrit de 28 pages anonyme et sans date intitulé *Relation de l'île Rodrigue.* Des recoupements permettent de l'attribuer à un marin nommé Tafforet, qui séjourna neuf mois à Rodrigue en 1725-1726, date probable de sa relation[60]. L'aventure de Tafforet présente de curieuses analogies avec celle de Leguat. Elle est pareillement liée à une entreprise de colonisation avortée, ordonnée cette fois par le Conseil supérieur de l'île Bourbon qui souhaitait, semble-t-il, se débarrasser de quelques trublions en les installant à Rodrigue, rebaptisée pour la circonstance « colonie de l'île Marianne ». Une première expédition partit le 6 septembre 1725 à bord de *La Ressource.* Alors que Tafforet, le second du navire, se trouvait à terre avec quatre hommes, *La Ressource* perdit son ancre et dut regagner Bourbon. En raison de l'approche de la saison cyclonique, on attendit l'année suivante pour aller délivrer les captifs. Ce compte rendu confirme entièrement les observations de Leguat et les complète sur certains points, Tafforet ayant pu, à la différence de son prédécesseur, explorer les îlots situés à l'intérieur du lagon et en décrire la faune. Au demeurant, les descriptions concernant les « lamantins » (dugongs), les tortues de terre, solitaires, « gélinottes », etc., sont à très peu près identiques.

L'équilibre zoologique de l'île s'était déjà sérieusement détérioré lorsque, en 1761, l'astronome Alexandre-Gui Pingré arriva à Rodrigue, où l'Académie des sciences l'avait envoyé pour observer le transit de Vénus sur le disque du soleil[61]. Après avoir rendu hommage à l'exactitude générale du récit de Leguat (« Cet ouvrage passe pour un tissu de fables.

59 Corr. de l'île de France, C. 4., vol. 12, 48.

60 Voir J.-F. Dupon, *Recueil de documents pour servir à l'histoire de Rodrigues*, Mauritius Archives Publications, Port-Louis, 1969. Ce recueil inclut des extraits commentés de la relation de Tafforet et de témoignages ultérieurs.

61 Alexandre-Gui Pingré, *Voyage à Rodrigue. Le transit de Vénus de 1761. La mission astronomique de l'abbé Pingré dans l'océan Indien*, éd. de S. Hoarau, M.-P. Janiçon et J.-M. Racault, Paris, SEDES / Université de La Réunion, 2004, p. 152 pour la première citation, p. 177-178 pour la seconde.

J'en ai trouvé beaucoup moins que je ne m'y attendais »), Pingré passe en revue la faune de l'île. Les dugongs, encore communs au moment du séjour de Tafforet, sont devenus rares. Quant aux solitaires, dit Pingré, « M. de Puvigné [le commandant de l'île] m'a assuré que la race n'en était pas encore détruite, mais ils se sont retirés dans les endroits de l'île les plus inaccessibles. Je n'ai entendu parler ni de gélinottes, ni de butors, ni d'alouettes, ni de bécassines. Il peut y en avoir eu du temps de François Leguat, mais ou ils se sont retirés loin des habitations ou plus vraisemblablement la race n'en subsiste plus, depuis qu'on a peuplé cette île de chats ». Quant aux tortues de terre, intensivement exploitées pour les propriétés antiscorbutiques de leur viande, elles semblent avoir disparu définitivement vers la fin du XVIIIe siècle[62].

Mais c'est dans la seconde partie du XIXe siècle que la véracité et la précision des observations zoologiques de Leguat devaient recevoir une consécration scientifique définitive avec la découverte, dans les grottes de la partie calcaire de l'île, de restes subfossiles correspondant aux espèces éteintes décrites dans le *Voyage*. Dans le contexte des querelles autour des thèses évolutionnistes qui marquèrent l'atmosphère scientifique de cette époque, ces trouvailles, commentées par des naturalistes comme Strickland, Schlegel, A. et E. Newton, Milne-Edwards, provoquèrent un vif intérêt et suscitèrent un regain d'attention pour la relation de Leguat, enfin réhabilité comme témoin digne de foi et observateur exceptionnel[63]. Toutefois, on l'a vu avec l'étude d'Atkinson, l'enthousiasme des scientifiques ne parvint pas à convaincre les littéraires qui, de leur côté, avaient quelques raisons apparemment déterminantes pour considérer ce récit avec le plus grand scepticisme.

62 Un poste de collecte des tortues, acheminées ensuite à l'hôpital de l'île de France pour le rétablissement des équipages scorbutiques, fonctionna de 1736 à 1769, la ressource étant alors presque épuisée. North-Coombes évalue à quelque 200 000 tortues de terre le total des captures au XVIIIe siècle. Philibert Marragon, agent civil de la République à l'île Rodrigue, rapporte dans son mémoire de 1795 qu'en l'espace d'un an on n'en a trouvé que deux, « encore dans des gorges presque inaccessibles » (J.-F. Dupon, *op. cit.*, p. 29). Inaugurée en 2007 à Rodrigue, une ferme de tortues baptisée « Réserve de François Leguat » a lancé dans un but à la fois touristique et scientifique une expérience de réintroduction de tortues géantes d'une espèce voisine, provenant de l'île d'Aldabra aux Seychelles.

63 Voir sur ce point A. North-Coombes, *The Vindication...*, *op. cit.*, p. 51-68.

UN LIVRE EN QUÊTE D'AUTEUR
Leguat ou Misson ?

Au problème de l'authenticité du texte s'ajoute en effet celui de son attribution, qui lui est associé. Car s'il est aujourd'hui certain que Leguat a effectivement existé, qu'il a bien vécu les aventures et accompli les voyages qu'il évoque, que ses observations zoologiques sont confirmées par la science, rien ne permet d'apporter la preuve absolue qu'il a lui-même écrit le livre paru sous son nom. Il est même certain, au contraire, qu'un autre que lui a mis la main au texte que nous connaissons.

Dès la publication, on l'a vu, le compte rendu de Jacques Bernard dans les *Nouvelles de la République des Lettres* assure que « la préface de ce livre n'est pas de l'auteur de l'ouvrage », que des faits essentiels ont été omis, d'autres « absolument faux » ajoutés, dénonçant l'intervention d'une « main étrangère ». La main de qui ? Passons sur les attributions fantaisistes ou improbables : à l'obscur Gabillon, moine défroqué réfugié en Hollande où il vivait de travaux de librairie[64] ; à Paul Bénelle[65], compagnon de Leguat et l'un des trois survivants de l'aventure, si l'on en croit Casimir Freschot, un autre bénédictin défroqué devenu lui aussi homme de lettres en Hollande[66] ; toutefois Freschot avait ses raisons pour dénigrer un livre dont la préface l'avait pris pour cible.

---

64 Il n'est pas absolument impossible que Gabillon ait pu prêter la main à une première mise en forme de la relation de Leguat, mais l'hypothèse reste gratuite. Cette information, fournie par la *Biographie universelle* de Michaud, a pour origine une note manuscrite du président Bouhier.

65 L'attribution à Bénelle n'est pas sans arguments cependant. D'après une tradition familiale recueillie par I. H. Van Eeghen (art. cité, p. 406-409), Bénelle, jeune homme de bonne famille ayant reçu une éducation soignée, aurait en effet tenu un journal de son voyage. Sa famille aurait eu des liens avec l'éditeur de Lorme (p. 411); il a probablement été l'informateur de Jacques Bernard pour son compte rendu des *Nouvelles de la République des Lettres*, ainsi que celui de Casimir Freschot.

66 « On sait de toute assurance que François Leguat n'a jamais atteint à la capacité de pouvoir faire le voyage qui paraît aujourd'hui sous son nom, le journal étant du sieur P. B. de Metz, qui n'a pas eu la vanité que son nom y parût, et beaucoup moins la mauvaise foi qu'on y débitât certaines choses qu'il assure être fausses, ce qu'on sait encore d'ailleurs » (C. Freschot, *Nouvelle relation de la ville et république de Venise*, Utrecht, 1709; cité par North-Coombes, *op. cit.*, p. 91).

Mais la « main étrangère » dont presque tous les contemporains reconnaissent la marque dans l'ouvrage est celle de François-Maximilien Misson. Freschot, déjà nommé, vieil ennemi de Misson violemment pris à partie dans la préface du *Voyage* de Leguat pour ses *Remarques historiques et critiques faites dans un voyage d'Italie en Hollande* (Cologne, 1705), réplique en 1709 dans sa *Nouvelle relation de la ville et république de Venise* en dévoilant l'identité de son insulteur, révélant que « M. Misson prête la préface et la forme sous laquelle il paraît » au récit attribué à François Leguat. Ancien libraire, bibliophile et bibliographe protestant installé en Hollande, Prosper Marchand, généralement fort bien informé dans ce domaine et ami de l'éditeur de Lorme, confirme du reste l'accusation :

> Lorsqu'on sçaura que l'auteur n'a fourni que les materiaux de cet ouvrage et que c'est Mr. Misson qui l'a rédigé par écrit, on ne sera plus surpris de voir François Leguat dire des injures de gayeté de cœur au P. de Montfaucon, Bénédictin qu'à peine il pouvoit connoitre ; lui qui etoit hors de l'Europe depuis l'année 1686 [*sic*] et qu'on dit n'être pas homme à s'attaquer à des ouvrages de beaucoup d'érudition[67].

Misson, qui apparaît comme le personnage clé de toute cette affaire, est en 1707, à divers titres, l'un des membres les plus en vue de la communauté huguenote de Londres, forte alors de quelque 30 000 réfugiés[68]. À la différence de François Leguat, pour qui la publication du *Voyage en deux îles désertes* fut apparemment l'unique incursion dans le monde de la librairie, Misson est un homme de lettres de profession, auteur de divers ouvrages, libelles et pamphlets, très lié aux libraires de Hollande et aux journalistes des *Nouvelles de la République des Lettres*, le périodique fondé par Pierre Bayle en 1684 dont l'éditeur, Henri Desbordes, fut aussi celui du *Recueil de quelques mémoires…* de Duquesne.

Beaucoup mieux connue que celle de Leguat, en dépit de quelques zones d'ombre[69] et des risques de confusion liés à de possibles homo-

67 Cité par I. H. Van Eeghen, *op. cit.*, p. 409.

68 Chiffre indiqué par Liliane Crété, *Les Camisards*, Paris, Perrin, 1992, p. 265.

69 Outre les notices extraites des dictionnaires biographiques du XIXe siècle et celle de *La France protestante* des frères Haag (Genève, Slatkine Reprints, 1966), à utiliser avec précaution en raison des erreurs qu'elles contiennent, on pourra consulter les études plus récentes de Hermann Harder (*Le Président de Brosses et le voyage en Italie au dix-huitième siècle*, Genève, Slatkine, 1991, coll. « Bibliothèque du voyage en Italie ») et de Bruna Conconi (« Echi della République des Lettres nel *Nouveau d'Italie* di Maximilien Misson », in *Parcours et rencontres. Mélanges de langue, d'histoire et de littérature françaises offerts à Enea Balmas*, Paris,

nymes, la biographie de Misson dessine une trajectoire assez typique de celles que suivirent beaucoup d'intellectuels du Refuge, sans pour autant éclairer les mystères d'une personnalité complexe. Fils d'un pasteur de Sainte-Mère-Église, en Normandie, où il naquit, vraisemblablement en 1650, il suivit sa famille à Niort, où son père fut affecté, et effectua des études de théologie, peut-être à Lyon[70], certainement à Genève[71] (1675-1678), avec pour condisciples Jacques Bernard et Jean Leclerc, futurs animateurs des *Nouvelles de la République des Lettres*. « Candidat en théologie », c'est-à-dire pasteur proposant, il aurait été écarté du ministère, épisode dans lequel un pamphlet anonyme voit la source de « la haine invétérée qu'il témoigne en toute occasion contre les ministres, qu'il appelle les Jaquettes Noires[72] ». À la Révocation, bénéficiant semble-t-il d'une permission royale, il émigra avec toute sa famille en Angleterre. Le duc d'Ormond, protecteur des huguenots et ami de Saint-Évremond, lui confia le préceptorat de son petit-fils, le comte d'Arran, avec qui il effectua, dans les années 1687-1688, le traditionnel « Grand Tour » à travers la Hollande, l'Allemagne et l'Italie qui parachevait rituellement l'éducation des rejetons de la haute aristocratie anglaise.

C'est d'abord dans le domaine de la littérature de voyage que Misson s'est fait connaître. Il est l'auteur, ou du moins l'éditeur, vraisemblablement en collaboration avec l'un de ses deux frères[73], également réfugiés à Londres, d'une sorte de reportage très vivant sur l'Angleterre de la fin

---

Klincksieck, 1993, t. I, p. 787-819). On peut citer encore Frank Lestringant, *Lumière des martyrs. Essai sur le martyre au siècle des Réformes*, Paris, Champion, 2004 ; nouv. éd., Paris, Classiques Garnier, 2015, ch. IX, p. 231-243 : « Maximilien Misson, témoin du prophétisme cévenol. » Dans la majorité des biographies, François-Maximilien Misson est présenté comme un ancien conseiller à la « Chambre de l'édit » ou « Chambre mi-partie » du Parlement de Paris, composée de magistrats à égalité catholiques et protestants. D'après Bruna Conconi toutefois (art. cité, p. 789), il pourrait s'agir d'une confusion avec un homonyme, Jacques-François Misson (ou Muisson). De même, la légende, rapportée notamment par les frères Haag, selon laquelle Misson aurait eu le projet de se rendre à Rome et à Constantinople pour convertir le pape et le sultan semble n'avoir aucun fondement.

70 Selon H. Harder (*op. cit.*, p. 47).

71 Il apparaît sur les registres de l'Académie de Genève (voir S. Stelling-Michaud (éd.), *Le Livre du Recteur de l'Académie de Genève (1559-1878), notices biographiques des étudiants*, tome IV, Genève, Droz, 1975).

72 Pamphlet intitulé *Dialogue entre deux frères* – François-Maximilien et son cadet Jacques Misson – cité par B. Conconi, art. cité, p. 790.

73 Les bibliographies attribuent cet ouvrage soit à F.-M. Misson, soit à un certain Misson de Valbourg. D'après Quérard (*Les supercheries littéraires dévoilées*, Paris, 1869, t. III, p. 980), il s'agit de Henri Misson, frère de F.-M. Misson, lequel aurait édité l'ouvrage (ce que confirment

du XVIIe siècle (*Mémoires et observations faites par un voyageur en Angleterre*, La Haye, 1698). La forme en est particulièrement originale : la matière est distribuée en rubriques rangées selon l'ordre alphabétique. C'est en revanche d'un mode de présentation plus traditionnel – le recueil de lettres fictives, qui restera courant dans la littérature de voyages au moins jusqu'à la fin du XVIIIe siècle – que relève le très célèbre *Nouveau voyage d'Italie* (La Haye, 1691), dont Misson a recueilli les matériaux au cours de ses pérégrinations avec son élève. « Peu d'ouvrages furent aussi lus » note René Pomeau[74], qui dénombre de très nombreuses éditions jusqu'en 1743 ; précurseur des « voyageurs philosophes » des Lumières, Misson resta tout au long du siècle la référence obligée des voyageurs français dans la péninsule et, si l'on en croit Hermann Harder[75], sa trace est encore perceptible dans les réflexions très critiques vis-à-vis des pratiques du catholicisme qu'inspire au marquis de Sade, en 1777, son séjour romain.

En rupture avec la tradition ancienne du voyage érudit, Misson s'intéresse à l'Italie contemporaine et familière plutôt qu'à celle des musées, des bibliothèques et des monuments antiques, si ce n'est toutefois pour établir ici et là un parallèle polémique entre le polythéisme de l'Antiquité et le néo-paganisme papiste qui, à ses yeux, en est l'héritier aggravé : pour Misson comme pour Jurieu, le culte de la Vierge, des saints, des reliques, encouragé par le catholicisme romain, relève d'une « idolâtrie des images » parfaitement étrangère au christianisme[76]. Pour mieux discréditer l'institution pontificale, il prend parti dans la querelle autour de l'existence de la Papesse Jeanne qui, dans la seconde moitié du XVIIe siècle, fait rage entre catholiques et protestants, mais divise également le camp des Réformés[77] ; reprenant les arguments de Spanheim, il s'acharne à démontrer la véracité historique de cet épisode controversé

---

les initiales qui accompagnent la lettre dédicatoire). Quoi qu'il en soit, le *Voyage en deux îles désertes* contient d'indiscutables réminiscences des *Mémoires et observations*.

74 *Littérature Française, III, l'Âge classique*, t. VIII, Paris, Arthaud, 1971, p. 26.

75 *Op. cit.*, p. 52.

76 Voir Bruna Conconi, « "Ils ne connoissent non plus notre Religion [...] qu'on la connoist chez les Topinamboux" : l'Italia di Maximilien Misson tra vecchio e nuovo paganesimo », in Anna Maria Raugei (dir.), *Letteratura, identità culturali e immagini nazionali*, Bologna, Edizioni ETS, 1997, p. 89-111.

77 Sur la « querelle de la Papesse Jeanne », voir J. Solé, *Le débat entre protestants et catholiques français de 1598 à 1685*, Lille et Paris, Atelier de Reproduction des Thèses de Lille III., Aux Amateurs de Livres, 1985, p. 662-677, et A. Boureau, *La Papesse Jeanne*, Paris, Aubier, 1988.

que le pasteur Blondel et Pierre Bayle tiennent (à juste titre) pour une légende. On comprend que cet ouvrage plein de verve satirique, qui dénonce les « momeries » et les pratiques superstitieuses de la religion populaire, ait été interdit en France, où sa diffusion demeura clandestine jusqu'en 1743. Anticlérical et anticatholique, « esprit fort » à l'occasion, adversaire du voyage érudit à l'ancienne mode, esprit belliqueux et mordant comme l'indique sa devise empruntée aux armoiries de l'Écosse (« *Nemo me impune lacessit* », « personne ne me déchire impunément »), Misson semble avoir considéré l'Italie comme un domaine réservé sur lequel nul ne pouvait empiéter : les pièces liminaires des éditions successives du *Nouveau voyage d'Italie* regorgent d'allusions polémiques, souvent difficiles à décrypter, à des ouvrages concurrents.

Nous sommes apparemment fort loin du périple de François Leguat dans l'océan Indien. Et pourtant bien des thèmes critiques du *Nouveau voyage d'Italie*, aisément repérables dans le texte du *Voyage en deux îles désertes*, y trahissent indubitablement l'intervention de Misson. C'est le cas, dans la préface du second, des sarcasmes adressés à Freschot, au P. de Montfaucon, à Mabillon, tous auteurs de voyages en Italie, de surcroît papistes et « antiquaires ». Il en va de même des rapprochements entre les pratiques du catholicisme romain et les cultes païens de Java, ou encore de telle digression sur le phénomène des feux Saint-Elme, où l'auteur s'amuse de constater que « M. Saint-Elme a succédé à Monsieur Saint-Castor et à Monsieur Saint-Pollux ».

On est assez surpris de retrouver Misson, en 1707, au cœur d'une nouvelle polémique de caractère tout différent qui, selon la formule de Bruna Conconi, transforma « l'existence de l'heureux auteur de best-seller en celle d'un visionnaire discrédité[78] ». En 1706 arrivent à Londres trois « inspirés », anciens camisards chassés par l'échec militaire de la révolte[79]. Les prophéties d'Élie Marion, de Durand Fage et de Jean Cavalier de Sauves, qui se dit cousin du « colonel Cavalier », les miracles qu'on leur attribue, suscitent, dans les milieux du Refuge

78 *Echi*…, art. cité, p. 794 (nous traduisons).

79 Sur l'affaire des « Prophètes des Cévennes » et ses prolongements en Angleterre, étudiés jadis par Georges Ascoli (« L'affaire des Prophètes français à Londres », *Revue du dix-huitième siècle*, I-II, 1916, p. 8-28 et 85-109), voir Henri Bosc, *La Guerre des Cévennes, 1702-1710*, Montpellier, Les Presses du Languedoc / Curandera, 6 vol., 1985-1993, et Hillel Schwartz, *The French Prophets. The History of a Millenarian Group in Eighteenth-Century England*, Berkeley, Los Angeles and London, University of California Press, 1980.

protestant comme dans le public anglais, une énorme controverse : inspirés ou imposteurs ? Des membres éminents de la communauté huguenote de Londres, comme l'homme de lettres Jean Daudé ou le mathématicien Nicolas Facio, ami et protégé de Newton, mais aussi des notables anglais, comme le magistrat Sir John Lacy et le baronnet Sir Richard Bulkeley, en épousant la cause des Prophètes, donnent au mouvement, à l'origine purement français et essentiellement populaire, une diffusion et une assise sociale inattendues ; naturalisé et repris en charge, le message des « French Prophets » se propagera jusqu'en Écosse et, plus tard, à travers la secte des Shakers, qui en est une lointaine héritière, jusqu'en Amérique du Nord[80]. De violentes polémiques, qui culminent au cours de l'année 1707, assurent à l'affaire un retentissement considérable. Les phénomènes parfois étranges qui accompagnent les crises prophétiques (transes, glossolalie) stimulent la verve des sceptiques. Le contenu millénariste et apocalyptique des prédictions inquiète et scandalise. L'annonce de la destruction de Londres sous un déluge de feu et de soufre provoque le 28 avril 1707 une émeute dont la maison de Misson, dans Tower Street, est la cible, ainsi qu'une intervention de la justice : Daudé, Facio et Marion sont exposés au pilori, les 1er et 2 décembre 1707, pour trouble à l'ordre public[81]. Mais les pires adversaires des Prophètes seront les pasteurs de la communauté huguenote de Londres, notamment ceux de l'Église dite de la Savoie, la plus conservatrice.

Il n'est pas aisé de comprendre pourquoi l'auteur irrévérencieux et rationaliste du *Nouveau voyage d'Italie* a pris fait et cause pour les « Prophètes des Cévennes » et est devenu le principal animateur de la campagne en leur faveur[82]. Parmi les quelque quatre-vingts ouvrages ou pamphlets suscités par l'affaire, les plus marquants furent publiés par

---

80 Voir Henri Desroche, *Les Shakers américains*, Paris, Éditions de Minuit, 1975, et W. H G. Armytage, *Heavens Below. Utopian Experiments in England, 1650-1960*, Londres, Routledge and Kegan Paul, 1961, p. 39-46.

81 Misson apparemment ne fut pas inquiété, vraisemblablement grâce à la protection de la puissante famille d'Ormond, à laquelle appartenait son ancien élève.

82 Un témoin contemporain donne l'explication suivante : « Il était honnête homme et homme d'esprit, mais outré de dépit qu'on ne rendît pas à son gré justice à son mérite : il ne pouvait souffrir les contradictions (…). Le bruit commun était que M. Misson avait trop d'esprit pour se livrer aux fanatiques camisards, et qu'il ne leur faisait accueil que pour se venger du peu d'accueil que lui faisaient les honnêtes gens » (Georges-Louis Le Sage, *Mémoire anecdote touchant M. Misson*, cité par B. Conconi, art. cité, p. 794).

Misson, et notamment *Le Théâtre sacré des Cévennes*[83], recueil de témoignages sur les « inspirés » des Cévennes, du Vivarais, du Languedoc et du Dauphiné. Le but de Misson, dans ce livre écrit à la hâte et animé d'un sentiment d'urgence prophétique, comme le souligne l'adresse au lecteur, est de réinsérer l'action des « Prophètes français » de Londres dans une continuité historique et idéologique. Il efface ainsi la rupture entre le protestantisme « installé » du Refuge et le prophétisme camisard de la France méridionale, lui-même réactivation et ressourcement du prophétisme biblique, tout en réglant vraisemblablement quelques comptes personnels avec l'Église institutionnelle et ses représentants. Retrouvant la valeur étymologique du mot protestantisme (pro-tester, « témoigner au nom de »), il remplit ce programme en engageant délibérément son nom et sa réputation, ainsi qu'il s'en explique dans sa préface[84].

UN TEXTE HYBRIDE

Il est de prime abord assez étonnant que Misson ait choisi, au plus fort de la querelle où il avait investi tant d'énergie, de consacrer une partie de son temps à l'édition d'un récit de voyage en des terres lointaines apparemment fort éloigné de ses préoccupations du moment. Toutefois, à la réflexion, on comprend ce qui a pu l'intéresser dans la relation de Leguat, et peut-être perçoit-on la direction dans laquelle il a pu en infléchir le sens. L'aventure individuelle de François Leguat n'est pas seulement l'allégorie de l'action terrestre de la Providence.

---

83 *Le Théâtre sacré des Cévennes ; ou récit de diverses merveilles nouvellement opérée dans cette partie de la province du Languedoc*, Londres, Robert Roger, 1707. Ce texte a été réédité par Jean-Pierre Richardot, Brignon, Les Presses du Languedoc, 1978. Parmi les autres ouvrages de Misson relatifs à l'affaire, on peut citer notamment : *Mélanges de littérature historique et critique sur tout ce qui regarde l'état extraordinaire des Cévennois Camisards* (1707), *Plainte et censure des calomnieuses accusations publiées par le Sieur Grosseteste de la Motte* (1708), *Nouvel Hosanna des petits enfants* (1708), *Sentiments désintéressés de divers théologiens protestants sur les agitations et sur les autres particularités de l'état de Prophètes* (1710), etc.

84 « J'ai volontiers déféré à ce sentiment [à savoir qu'un témoignage n'a de poids que s'il est signé], contre ma première résolution, tant pour donner plus de poids à la vérité, que pour faire connaître que je n'ai ni aucune honte de la témoigner, ni aucune crainte de manquer à la soutenir » (Au lecteur, *Le Théâtre sacré des Cévennes*, éd. J.-P. Richardot, *op. cit.*, p. 48). La même exigence est formulée dans la préface du *Voyage*.

Comme *Le Théâtre sacré des Cévennes*, elle s'inscrit dans l'exigence d'un témoignage collectif, ainsi que l'attestent les similitudes des préfaces des deux livres. Loin des pesanteurs des Églises instituées, sans pasteur ni hiérarchie, la petite société de Rodrigue rétablit par la force des choses le principe cher à la Réforme du sacerdoce universel (le principe seulement, puisque Leguat renonce finalement à désigner un officiant), conformément à la « pure et primitive doctrine évangélique ». Les tribulations du groupe valent pour toutes celles des Réformés depuis la Révocation ; plus spécifiquement, elles constituent la transcription symbolique de l'épopée du protestantisme cévenol dans sa double dimension mythique et historique : Diodati, le tyranneau de l'île Maurice, est à la fois l'image du pharaon d'Égypte dans le récit biblique de *L'Exode* et celle du Louis XIV des dragonnades dans la légende camisarde. Il est probable que c'est à Misson que sont imputables pour une bonne part les développements religieux, ainsi que les considérations politiquement hardies sur le despotisme, l'inégalité sociale, l'iniquité des puissants ; on en trouvera des exemples dans l'étrange ode à l'île Rodrigue qui clôt le premier livre et, au second, dans les « Sentences dorées » prêtées au douteux sage chinois Hoangti-Xao, sorte de Confucius contestataire.

Mais la marque de Misson est également perceptible à d'autres détails. Le rédacteur du *Voyage*, qui fait profession de mépriser le latin et dit même avoir « presque tout oublié de ce qu'[il] savai[t] de cette langue », est un homme indéniablement pourvu d'une solide culture classique, qui cite Plutarque, Horace, Virgile, et même Procope ! La formule *Nos patria pulsos* (« Nous qui avons été chassés de notre patrie »), gravée sur la colonne représentée sur le frontispice du livre et répétée sur le mémorial que le narrateur dit avoir laissé dans l'île, adapte à l'exil des huguenots une citation de *L'Énéide*. Le nombre des voyageurs cités – une vingtaine au moins, et presque toujours dans une intention polémique – est lui aussi surprenant. Que François Leguat ait pu avoir dans ce domaine des connaissances aussi étendues, ce n'est nullement invraisemblable, encore que selon Prosper Marchand on le juge « n'être pas homme à s'attaquer à des ouvrages de beaucoup d'érudition[85] » ; on peut penser cependant qu'un tel étalage de savoir spécialisé est plus plausible chez ce « spécialiste »

85 Cité par I. H. Van Eeghen, art. cité, p. 409. Cette note manuscrite du bibliographe (U. B. Leiden, Marchand 39), qui n'a pas été insérée dans son *Dictionnaire historique, ou Mémoires critiques et littéraires…*, La Haye, 1758, a probablement pour origine Paul Bénelle.

de la littérature de voyage qu'était Misson, et le ton satirique de la plupart des références ne peut que renforcer cette impression. Il en est de même des allusions, assez nombreuses, à l'histoire et à la géographie anglaises : elles peuvent difficilement être attribuées à Leguat, arrivé tout récemment (en 1707) dans un pays dont vraisemblablement il ignorait la langue, d'autant que beaucoup de ces anecdotes sans rapport avec ses aventures lointaines sont empruntées aux *Mémoires et observations faites par un voyageur en Angleterre*[86].

Autre indice plus net encore, on trouvera au fil du texte de virulentes attaques contre « ces bonnes gens du temps jadis qu'on appelle vénérablement les Anciens et qui fort souvent ne savent pas trop ce qu'ils disent » et contre « la misérable secte des Anciennistes, race de singes ou de perroquets et non d'animaux raisonnables ». Allant de pair avec le dédain affiché pour le latin et pour l'érudition des « antiquaires » à la Mabillon, elles s'inscrivent de toute évidence dans le contexte de la Querelle des Anciens et des Modernes, qui est alors au centre de la vie littéraire en France comme en Angleterre. C'est dans le même esprit que l'auteur du livre (ou celui qui lui tient la plume) oppose l'authenticité de la poésie biblique aux artifices des poètes grecs et latins « si vantés par les pédants » ; d'où sans doute les « cantiques » en vers libres ou en prose rythmée placés à la fin de chacun des deux tomes. Ces essais d'une forme poétique nouvelle, libérée des contraintes de la rime et de la versification à l'imitation des *Psaumes*, réalisent le programme exposé la même année par Houdar de La Motte, le chef de file des Modernes, dans son *Discours sur la poésie*[87] ; mais la critique de la rime et l'appel à une « poésie métrique » capable d'exprimer les passions sans heurter la nature apparaissaient bien avant ici et là[88]. Ces préoccupations litté-

86 Les passages concernés sont signalés en note. Un doute existe sur l'auteur des *Mémoires et observations faites par un voyageur en Angleterre* (La Haye, Henri van Bulderen, 1698). Si l'ouvrage, publié anonymement, est généralement attribué à François-Maximilien Misson, l'épître dédicatoire est signée des initiales *H. M. De V.*, sans doute Henri Misson de Valbourg (frère du précédent ?). Quoi qu'il en soit, l'éditeur du *Voyage de François Leguat* est si familier des *Mémoires et observations* qu'on peut supposer qu'il y a mis la main.

87 Antoine Houdar de La Motte, *Odes de M. D***. Avec un Discours sur la poésie en général et sur l'ode en particulier*, Paris, Grégoire Dupuis, 1707.

88 Par exemple dans la *Description de l'empire de la poésie* que Fontenelle publie en janvier 1678 dans le *Mercure galant*, ou en 1679 dans le livre V de l'*Histoire des Sévarambes* (éd. citée, p. 435-438) de Denis Veiras : les Sévarambes, eux aussi, méprisent le principe de la rime et pratiquent une poésie métrique.

raires, assurément bien étranges chez un aventurier quasi septuagénaire qui avait passé huit ans de sa vie loin de l'Europe, n'étonnent pas en revanche chez un homme de lettres comme Misson, dont les positions favorables aux Modernes s'expriment dans son *Nouveau Voyage d'Italie* et surtout dans les multiples préfaces et avertissements qui en accompagnent les rééditions.

S'il est certain que Misson a mis la main au *Voyage* de François Leguat, s'il est possible de discerner approximativement sur quels points ont porté ses interventions, il est plus difficile de déterminer la part exacte qui lui revient dans l'ouvrage. Onze pour cent du texte, préface déduite, affirme North-Coombes avec un souci de précision qu'on peut juger excessif ; probablement plus, mais ce n'est guère qu'une impression. On peut attribuer à Misson avec une raisonnable certitude, outre l'essentiel et vraisemblablement la totalité de la préface, dont les convergences de thème et d'expression avec les pièces liminaires du *Nouveau voyage d'Italie* sont frappantes, les appendices versifiés au premier et au second livre, l'insertion des « Sentences dorées » sur les droits de l'homme ainsi que, très probablement, l'épitaphe d'Isaac Boyer et le débat sur les femmes à la fin du premier tome ; liste assurément incomplète, car la plume de Misson se trahit souvent dans les piques polémiques, les allusions littéraires, les ajouts manifestement introduits après coup sans rapport avec le récit du voyage[89].

Il y a bien eu remaniement, mais jusqu'à quel point ? On peut penser que Misson n'a pas récrit entièrement le manuscrit de Leguat, mais a

---

89 Le compte rendu de Jacques Bernard dans les *Nouvelles de la République des Lettres* de décembre 1707 (cité par I. H. van Eeghen, art. cité, p. 408-409) confirme cet inventaire : « Une personne très-bien instruite de tout ce dont on donne la relation dans ce voyage, m'avertit qu'il y a quelques faits outrez, qu'on en a omis quelques-uns d'essentiels, et qu'on y en a mis quelques autres d'absolument faux. On met dans cette dernière classe un certain raisonnement assez long sur les avantages ou les désavantages du mariage, qui est à mon gout, ce qu'il y a de plus ennuyant dans tout le Livre ; les prétendues colonnes sur lesquelles on a gravé les noms des voyageurs et qu'on dit avoir été laissées dans l'isle Rodrigue, et l'Épitaphe du Sr Isaac Boyer, qu'on dit être ridicule, et un peu fanatique. » Il mentionne aussi la critique infondée de quitter un lieu où les voyageurs perdaient leur jeunesse dans la fainéantise et les « desseins de fripon » prêtés sans raison à un « membre d'une famille distinguée » (Testard). Jacques Bernard, pasteur et théologien réfugié en Hollande en 1685, est aussi un journaliste généralement bien informé, vraisemblablement par Paul Bénelle en l'occurrence. En dénonçant la « main étrangère » qui a défiguré les « avantures véritables » et en appelant à les refondre, « ce que quelqu'un pourra, peut-être, faire un jour », c'est sans doute à lui qu'il pense pour ce travail.

procédé par insertion de développements et d'annotations marginales ; outre les digressions caractérisées et les anecdotes hors sujet, certaines ruptures de ton tendent à le suggérer. La précision remarquable des descriptions botaniques ou zoologiques n'aurait probablement pas survécu à un travail de réécriture effectué par un tiers, Misson n'ayant dans ce domaine aucune compétence particulière. Il faut donc supposer la présence d'une relation de première main due à un témoin oculaire. On peut aussi remarquer la finesse de certaines notations manifestement personnelles, comme cet état singulier de recueillement méditatif qui s'empare du narrateur à l'arrivée à Rodrigue et le dissuade, « tout rempli de je ne sais quel mélange de tristesse et de joie », de descendre immédiatement à terre avec les autres. Rejoignant le « je ne sais quoi » des théoriciens de l'esthétique classique, l'image un peu fruste du « gentilhomme campagnard » que cultive Leguat se nuance ici d'une complexité psychologique inattendue, et sans doute plus vraie.

La part de chacun dans l'ouvrage restant conjecturale, on peut cependant estimer que Leguat demeure l'auteur principal du livre, bien qu'il soit particulièrement frustrant d'en attribuer la paternité à un personnage dont au bout du compte on ignore à peu près tout, notamment l'éducation dont il avait bénéficié, les contacts avec le monde de la librairie en Hollande et en Angleterre, la nature des relations avec son éditeur Misson, et pour commencer la capacité d'écrire un livre ; celle-ci est sérieusement mise en doute par des gens aussi bien informés que Jacques Bernard, Casimir Freschot et Prosper Marchand, sans parler de son ancien compagnon et quelque peu rival Paul Bénelle, lequel paraît avoir été à l'origine des jugements sévères portés sur l'ouvrage et son signataire officiel. D'où l'hypothèse ingénieuse mais indémontrable d'un Leguat qui n'aurait rien écrit, mais aurait été utilisé comme « auteur de paille » par Misson, lequel aurait publié, sous l'identité d'un « gentilhomme campagnard » peu susceptible de protester, des matériaux fournis par Bénelle, puis retravaillés par ses soins et mis en forme à sa manière[90].

90 A. E. H. Swaen, « *Voyage et avantures de François Leguat et de ses compagnons* », revue *Ardea*, vol. 29 (1940), p. 19-44. Nous résumons l'hypothèse d'attribution suggérée dans cet article, paru dans une revue néerlandaise d'ornithologie, d'après l'aperçu qu'en donne I. H. van Eeghen, art. cité, p. 401. Elle est soutenue par les témoignages anciens de deux membres de la famille ou descendants de Paul Bénelle, celui de Mme von Martens (1807) et celui de Jacob Crommelin, beau-frère de Paul Bénelle et oncle de Jean Testard, consigné par écrit dès 1712.

En ce cas, de manière assez paradoxale, l'identité de l'auteur premier demeurerait conjecturale, la seule participation certaine à l'écriture de la relation étant attribuable à Misson.

Au reste, le problème d'attribution posé par le *Voyage de François Leguat* n'a rien d'exceptionnel. De semblables pratiques de réécriture sont même banales dans la littérature de voyage du temps, car les exigences contradictoires de l'exactitude documentaire et de l'agrément littéraire conduisent souvent les libraires à faire remanier par des hommes de lettres de métier des relations authentiques. Ainsi, l'académicien Charpentier récrit, augmente et met en forme les *Voyages* de Chardin, comme Gueudeville remanie ceux de La Hontan au Canada et ses *Dialogues avec un sauvage*. Les *Six Voyages* de Tavernier passent eux-mêmes pour avoir été retouchés. Le « relateur », qui n'a pas participé au voyage, mais recueille, « édite », polit, récrit et parfois invente les éléments théoriquement fournis par le voyageur-narrateur, en vient à se substituer insidieusement à lui, ou du moins à créer autour de son témoignage un halo d'incertitude qui participe à la séduction du « genre viatique » à l'Âge Classique. Ces pratiques, choquantes pour la conception actuelle de la propriété littéraire, ne le sont pas pour la mentalité du temps ; c'est bien plus tard que s'imposera la notion d'un auteur unique, propriétaire de son texte considéré comme un ensemble clos et *ne varietur*.

Faut-il regretter, comme le fait North-Coombes, ces interpolations de Misson que déplorait déjà Jacques Bernard ? Ce n'est pas si sûr. En surimposant au récit de Leguat ses propres commentaires, Misson en a fait autre chose qu'une simple relation du voyage : une création hybride entre vérité et fiction, un témoignage ambigu qui offre aussi les virtualités d'un roman. La vérité documentaire n'y perd probablement pas beaucoup ; la littérature y gagne sûrement.

Sous une apparente simplicité qui évoque parfois les productions de la littérature populaire et même, par l'aspect assez fruste des illustrations, les brochures de colportage, le livre en effet est plus complexe qu'il n'y paraît. Dans la mesure où des idées semblables apparaissent dans le *Nouveau voyage d'Italie* ou dans ses autres écrits, on est tenté d'attribuer aux interventions de Misson, sans preuves certaines, les réflexions philosophiques, les tirades polémiques, les prises de position religieuses. Plus généralement, on lui doit sans doute le caractère « dialogique » de l'ouvrage. Il a déjà été signalé à propos de la préface, qui met en scène un dialogue imaginaire avec le « bon et équitable lecteur » jouant alternativement sur la dualité ou sur la confusion des voix de l'auteur et de l'« éditeur ». On retrouve quelque chose du même ordre dans les interruptions désinvoltes du récit des aventure de Leguat pour y insérer des digressions sans le moindre rapport avec le sujet, telles que les « sentences dorées » du pseudo-sage chinois Hoangti-Xao, comme s'il importait surtout de rompre la monotonie d'un développement ou d'assurer l'équilibre quantitatif des deux volumes, cela sans même prendre la peine de s'en cacher. On sent bien que ce type d'intrusion met en jeu une autre instance d'énonciation, qui n'est plus celle du narrateur autobiographe. Il n'est pas interdit de trouver un certain charme, non exempt de provocation, à l'extrême désinvolture du rédacteur, qui n'hésite pas à tirer ostensiblement à la ligne, pour remplir ses deux tomes, en recopiant dans le premier ouvrage qui lui tombe sous la main une description de bonite pêchée sur la côte du Kent ou un épisode bien connu de la Révolution anglaise – la fuite de Charles II caché dans un arbre à Boscobel après sa défaite face à Cromwell –, voire à inventer (peut-être) un incident de voyage improbable – le boulet prétendument tiré par mégarde à l'arrivée au Cap – cela pour placer une anecdote qu'il vient de lire, et dont il fournit la référence !

L'insertion d'une abondante iconographie, que le texte présente et commente (« Jetez donc les yeux, cher lecteur, puisque vous le voulez bien, sur cette carte que je vous présente [...]. Et au reste, pardonnez, je vous prie, à mon peu de capacité, car je ne suis pas fort habile dessinateur : je vous donne ce que j'ai, je ne saurais vous donner davantage »), est pareillement l'occasion d'une petite saynète à la *Jacques le Fataliste* où interviennent, masqués ou non, l'auteur, l'« éditeur », le lecteur, ainsi sans doute que l'illustrateur et le libraire. Le dialogue texte-image prend parfois un tour franchement ironique, ainsi lorsqu'à l'escale du Cap Leguat (ou bien plutôt Misson ?) introduit sans la moindre nécessité une digression sur les rhinocéros, au seul motif avoué qu'il n'a pas eu l'occasion d'en voir sur place, et tourne en dérision « les figures que les peintres ont données à cet animal », sans doute afin de justifier la gravure où apparaissent ces représentations fantaisistes.

Faut-il pour autant disqualifier la valeur esthétique et documentaire de toutes les illustrations ? Traitée selon une technique différente, plus élaborée, par une autre main, la gravure de frontispice, quoique non signée, a visiblement une ambition artistique que manifestent sa composition élaborée et sa volonté de synthèse des principaux éléments du séjour rodriguais[91]. On y voit, de part et d'autre d'une rivière dont le cours sinueux représente peut-être symboliquement la coupure avec le monde européen, deux personnages, l'un presque nu occupé à pêcher, l'autre vêtu et lisant un livre qui doit être la Bible, entourés d'animaux utiles (solitaire, tortues) ou nuisibles (rats, crabes), tandis qu'un troisième, grimpé dans un latanier, en recueille le vin de palme dans une outre. Sur la côte des cabanes de feuillages ; en mer au loin, la barque construite pour le départ ; au centre, portant la signification historico-politique de l'aventure, la colonne à l'antique servant de support à l'inscription virgilienne *Nos patria pulsos.* D'autre part, si certaines gravures ont été recopiées ici et là chez d'autres voyageurs[92], malgré quelque maladresse, les dessins d'oiseaux (Géant, Solitaire), sans doute exécutés à partir de croquis pris *in situ*, ont été jugés suffisamment précis par les ornithologues modernes pour servir à l'identification scientifique d'espèces aujourd'hui éteintes.

RÉCEPTION, ÉCHOS, PROLONGEMENTS, INTERTEXTUALITÉS

Malgré la réputation suspecte qui s'attachait à ce récit à la paternité incertaine et en dépit du scepticisme affiché par les savants des Lumières, le livre, on l'a vu, a bénéficié jusqu'à la fin du XVIIIe siècle d'une assez large diffusion dans les principales langues européennes : français, anglais, allemand, hollandais. Mais les éditions tardives, établies sans beaucoup de soin, reflètent aussi une sorte de déclassement de l'ouvrage, relégué dans la littérature de divertissement. L'édition allemande de 1792

91 Pour d'autres analyses de cette gravure, voir Sylvie Requemora-Gros, *op. cit.*, p. 397-398, et Sophie Linon-Chipon, « La poétique des stèles : du *padrão* d'Anossy (1598) au récit de voyage de François Leguat (1708) », *Revue d'Histoire Maritime*, n° 4, 2005.

92 La carte de l'île Bourbon a été empruntée à Étienne de Flacourt (*Histoire de la grande île Madagascar*, Paris, François Clouzier, 1661), la vue de la baie du Cap, la « vache marine », les gravures de rhinocéros, entre autres, au P. Guy Tachard (*Voyage de Siam des Pères Jésuites envoyés par le Roi aux Indes et à la Chine*, Paris, Arnould Seneuze et Daniel Hortemels, 1689).

(Liegnitz, Friedrich Durkeim) ne serait qu'une adaptation ; quant au titre fantaisiste d'une édition française publiée en 1750 à Amsterdam (*Le voyage et les aventures de François Leguat et de ses compagnons dans l'Amérique* [*sic*] *et autres lieux*), il suggère assez la désinvolture de l'éditeur à l'égard d'un texte qu'il avait probablement négligé de lire : Leguat a beaucoup voyagé, certes, mais jamais en Amérique.

Disqualifié en son temps, notamment en France – à tort, ainsi que l'ont reconnu les naturalistes du XIXe siècle – en tant que témoignage scientifique, le récit de Leguat n'a pourtant pas cessé d'être lu, mais selon un autre code, celui de la littérature, ou encore à la frontière de ces deux domaines chez les précurseurs de la « Philosophie de la Nature » préromantique. Un sens étonnant des harmonies du monde naturel et du monde humain caractérise les descriptions de l'île Rodrigue, ce « petit monde nouveau [qui] nous paraissait tout rempli de charmes et de délices[93] ». Si l'auteur reprend la topique traditionnelle du *locus amoenus*, il en inverse les termes : ici, pas de jardin qui imite la nature sauvage, comme le sera l'Élysée de Clarens dans *La Nouvelle Héloïse*, mais une auto-organisation de la nature vierge selon une finalité esthétique. On y voit ainsi, « tombant de rocher en rocher, diverses cascades, bassins et nappes d'eau qui orneraient les jardins d'un prince », « un continu d'agréables coteaux tout couverts parfaitement de beaux arbres dont la verdure perpétuelle est tout à fait charmante », « des allées naturelles qui, en garantissant des ardeurs du soleil, forment en même temps une perspective qui est merveilleusement embellie par la vaste étendue de mer qu'on entrevoit quelquefois au travers de leurs troncs élevés et unis ». Le vocabulaire architectural se réfère certes encore à l'ordonnance géométrique du jardin à la française, mais c'est plutôt l'esthétique naissante de la sensibilité et du jardin anglais qu'évoque son retentissement affectif sur le spectateur[94]. Effaçant la distinction de l'ordre végétal et de

---

93 Pour une approche géographique, historique et esthétique des lectures du paysage rodriguais chez Leguat, Pingré et Le Clézio, voir Thierry Simon, « Rodrigues "par les textes" : paysage(s) écrits et perçus », *Les Cahiers d'Outre-Mer* [Online, consulté le 04/06/2021], 245, 2009, p. 95-109. Cette étude reconnaît au récit de Leguat, outre le statut de « texte réellement fondateur », une sensibilité au paysage assez proche de celle de l'école géographique française classique.

94 Michel Baridon retient la date de 1709 – à peu de chose près contemporaine du récit de Leguat – comme acte de naissance du « jardin de l'homme sensible » avec l'aménagement par l'architecte et théoricien Sir John Vanbrugh du parc du château de Blenheim (M. Baridon, *Les jardins. Paysagistes, jardiniers, poètes*, Paris, Laffont-Bouquins, p. 801-804).

l'artefact humain, la lecture anthropocentrée du paysage est aussi une théologie naturelle. Comme les « vivants piliers » des correspondances baudelairiennes à venir, les grands arbres de la forêt primitive de l'île « forment de concert un plafond de verdure éternelle, soutenu par les piliers naturels qui les élèvent et qui les nourrissent. Cette architecture est assurément divine ».

Spéculant sur les « plantes voyageuses » et la diffusion de leurs graines par les courants marins, Bernardin de Saint-Pierre, dont la sensibilité à bien des égards est si proche de celle de Leguat, trouve chez lui d'une part des arguments en faveur des thèses diffusionnistes sur la propagation des espèces, d'autre part une identification de la Nature et de la Providence conforme à sa propre pensée finaliste et anthropocentriste. Analysant l'exemple, relaté par le huguenot, des noix de coco apportées par les courants, venues peut-être de l'archipel de Saint-Brandon, qui germèrent et prirent racine sur une plage de Rodrigue, Bernardin réinterprète hardiment, dans la onzième des *Études de la Nature* (1784), l'aventure du « philosophe François Leguat et de ses infortunés compagnons », chassés hors de l'île-Paradis par « un désir inconsidéré de se procurer des femmes [qui] les précipita dans une longue suite d'infortunes ». Selon l'optique providentialiste caractéristique de son système, il conclut avec une pointe d'humour : « Pour moi, je ne doute pas que, s'ils eussent eu dans la Providence la confiance qu'ils lui devaient, elle n'eût fait parvenir des femmes dans leur île déserte, comme elle y avait envoyé des cocos[95]. » Ici s'esquisse un glissement vers un possible parallèle de l'aventure qui transformerait une robinsonnade historiquement sans avenir en une sorte d'utopie pérenne, ouvrant peut-être la voie à un nouveau commencement de l'histoire humaine[96].

Plus récemment, Leguat est encore cité dans *Le Chercheur d'or* (1985) et *Voyage à Rodrigues* (1986), où J. M. G. Le Clézio tente la reconquête d'une identité indianocéanique perdue en s'inspirant de la biographie réelle de son aïeul mauricien Léon Le Clézio. Affecté dans l'île en qualité de « Magistrat » représentant l'administration britannique au début du

95 J. H. Bernardin de Saint-Pierre, *Études de la Nature*, XI, in *Œuvres Complètes*, tome III, *Œuvres scientifiques*, éd. Colas Duflo, Paris, Classiques Garnier, 2019, p. 642.

96 L'idée est esquissée par Leguat lui-même dans le commentaire qui accompagne le plan des cabanes : « Vous riez sans doute, quand je vous parle de notre petite ville ; mais qu'était la fameuse Rome dans son commencement ? Des femmes, et dans cent ans d'ici on aurait compté sept paroisses où vous remarquez nos sept huttes. »

XXe siècle, il consacra une trentaine d'années de sa vie à la quête vaine d'un trésor, vraisemblablement mythique, censé avoir été enterré par un flibustier à l'anse aux Anglais, sur la côte nord de l'île Rodrigue. La promotion d'un auteur au statut de personnage romanesque second, si l'on ose dire, traduit généralement l'accès à la notoriété – toute relative dans le cas de Leguat – et surtout un changement de statut et de dimension : c'est François Leguat lui-même qui devient le héros d'une « fiction vraie » dans le roman-nouvelle de Nicolas Cavaillès *Vie de Monsieur Leguat*[97], réécriture austère, réduite à l'essentiel, de l'aventure vécue dépouillée des ajouts de Misson et envisagée du point de vue du vieillard qu'il est devenu à son retour en Europe.

Mais c'est sans doute du côté de l'œuvre de Defoe que se situent les pistes les plus prometteuses quoique aussi les plus incertaines, en tout cas les rapprochements intertextuels les plus féconds. L'auteur de *Robinson* (1719), grand lecteur de récits de voyages, a-t-il connu l'ouvrage de François Leguat ? Rien ne permet véritablement de l'affirmer, mais ce dernier figure de longue date parmi les sources potentielles du roman[98]. Les similitudes de scénario pourtant ne sont guère évidentes. Il s'agit ici de l'aventure d'un groupe, non de celle d'un naufragé solitaire, et les sauvages cannibales en sont absents, tout comme le personnage de Vendredi ; si l'entreprise de Robinson consiste à reconstituer avec les moyens du bord, par la maîtrise technique de la nature grâce à l'agriculture, à l'élevage, à l'artisanat, un équivalent approché de la civilisation matérielle de son monde d'origine, l'itinéraire de Leguat et de ses compagnons est, lui, nettement régressif : dans une île où la nature pourvoit à tous les besoins, dissolvant toute contrainte dans une heureuse indolence, la problématique de la survie et du travail s'efface devant la contemplation quiétiste d'une perfection prélapsaire. « Robinson oisif et pourvu », à l'image du héros valéryen des *Histoires brisées*[99], Leguat conteste par avance le productivisme affairé du personnage de Defoe et amorce peut-être le retournement critique de la tradition robinsonienne auquel se livreront plus tard Giraudoux dans *Suzanne et le Pacifique* ou

97 Nicolas Cavaillès, *Vie de Monsieur Leguat*, Paris, Les Éditions du Sonneur, 2014 (Goncourt de la nouvelle).

98 Voir David Fausett, *The Strange Surprizing Sources of Robinson Crusoe*, Amsterdam, Rodopi, 1994, p. 69-72.

99 Paul Valéry, « Robinson », in *Histoires brisées, Œuvres*, t. II, Paris, Gallimard, 1962, p. 410-420.

Michel Tournier dans *Vendredi ou les limbes du Pacifique*. Il y a un point cependant où les deux textes manifestent une remarquable convergence ; c'est la valeur à la fois politique, morale et religieuse dont ils investissent le site insulaire. La conclusion de la préface des *Voyages et aventures* est à cet égard exemplaire :

> Après tout, j'ai respiré là un air admirable, sans la moindre altération de ma santé. J'y ai été nourri en prince, dans l'aise et dans l'abondance, sans pain et sans valets. J'y ai été riche, sans diamants et sans or, comme sans ambition. J'y ai goûté un secret et indicible contentement de ce que j'étais moins exposé qu'à l'ordinaire aux tentations de pécher. Recueilli très profondément en moi-même, mes sérieuses réflexions m'ont fait voir là, comme au doigt et à l'œil, le néant d'une infinité de choses qui sont en grande vogue parmi les habitants de cette malheureuse terre ; de cette terre où l'Art détruit presque toujours la Nature sous prétexte de l'embellir ; où l'Artifice, pire que l'Art, l'Hypocrisie, la Fraude, la Superstition, la Rapine exercent un tyrannique empire ; où tout, pour ainsi dire, n'est qu'Erreur, Vanité, Désordre, Corruption, Malice et Misère.

Tel est le bilan que le narrateur de notre récit tire de son séjour dans la petite île où l'a conduit son expérience de naufragé volontaire. Lieu de la plénitude intérieure et du progrès de l'âme, site d'élection de l'autosuffisance économique et de l'autarcie morale, invite à substituer à la valeur d'échange née des conventions sociales la valeur d'usage conforme à la vraie nature des choses, l'île déserte apparaît ici tout à la fois comme une anti-société, un recours contre la corruption du monde et le décor d'une rédemption personnelle. À n'en pas douter, nous sommes dans l'univers de la robinsonnade d'inspiration puritaine dont le roman de Defoe fixera pour longtemps l'archétype[100].

Que Daniel Defoe ait connu le *Voyage* de François Leguat et qu'il ait été informé des controverses d'authenticité qui entourèrent sa publication,

100 On comparera, par exemple, avec ce passage du *Robinson* de Defoe « Car, par une étude constante et une sérieuse application de la parole de Dieu et par le secours de sa grâce, j'acquérais une science bien différente de celle que je possédais autrefois, et j'appréciais tout autrement les choses : je considérais alors le monde comme une terre lointaine où je n'avais rien à souhaiter, rien à désirer, d'où je n'avais rien à attendre, en un mot avec laquelle je n'avais rien et vraisemblablement ne devais plus rien avoir à faire […]. Là j'étais éloigné de la perversité du monde : je n'avais ni concupiscence de la chair, ni concupiscence des yeux, ni faste de la vie. Je ne convoitais rien, car j'avais tout ce dont j'étais capable de jouir ; j'étais seigneur de tout le manoir : je pouvais, s'il me plaisait m'appeler Roi ou Empereur de toute cette contrée rangée sous ma puissance […] » (Daniel Defoe, *Vie et aventures de Robinson Crusoe*, trad. P. Borel, Paris, Gallimard, 1959, p. 128-129).

on peut en trouver un indice ténu mais troublant dans une singulière rencontre onomastique, qui n'est peut-être pas tout à fait une coïncidence. Dans les années 1724-1728 est publiée, sous le pseudonyme d'un imaginaire capitaine Charles Johnson, une *Histoire générale des plus fameux pirates* très documentée et qui fit longtemps autorité, dont on sait aujourd'hui qu'il s'agit en réalité d'un ouvrage de Defoe. L'épisode le plus remarquable, dans cette série de biographies de pirates célèbres des années 1680-1720, est l'aventure de la république flibustière de Libertalia, implantée dans la baie de Diego-Suarez à Madagascar, véritable communauté utopique trans-nationale appuyée sur la Nature, la Raison et la Justice, en rupture avec la norme corrompue de la civilisation européenne[101]. Abolition de la propriété privée et de l'inégalité, instauration d'un culte déiste universaliste, création d'une langue rationnelle artificielle, on retrouve là les principaux motifs des romans utopiques de l'époque de la « crise de la conscience européenne ». Inséré au milieu de faits authentiques appartenant à l'histoire de la piraterie européenne dans l'océan Indien, l'épisode de Libertalia a longtemps été reçu pour véridique. On sait aujourd'hui qu'il relève de la fiction pure[102].

L'étrange de l'affaire, c'est l'identité prêtée au pirate philosophe fondateur de Libertalia, un Français nommé Misson. Choix singulier qu'il est difficile d'imputer au seul hasard : Defoe, journaliste très attentif à l'actualité, s'était intéressé à l'affaire des « Prophètes français » et se tenait informé de toutes les publications en matière de littérature de voyages, avec un intérêt particulier pour la zone géographique de l'océan Indien. Il pouvait donc difficilement ignorer l'existence d'un homme de lettre londonien de ce nom, au centre de la première controverse. On peut présumer qu'il avait eu vent aussi de celles qui entourèrent la publication du *Voyage de François Leguat*, où Misson fut dénoncé soit comme la « main étrangère » qui aurait défiguré une relation véridique, soit comme un imposteur présentant pour vrai un récit forgé de toutes pièces sous une identité usurpée. Defoe introduisit frauduleusement un épisode fictif, celui de la république imaginaire de Libertalia, dirigée par un pirate philosophe non moins imaginaire nommé Misson, dans un

101 L'épisode de Libertalia se trouve dans le second volume de l'ouvrage, publié en 1728. Voir Daniel Defoe, *Histoire générale des plus fameux pirates*, trad. H. Thiès et G. Villeneuve, Paris, Payot, 1992.

102 La démonstration en a été apportée par Anne Molet-Sauvaget (*Madagascar dans l'œuvre de Daniel Defoe*, thèse de doctorat, université de Dijon, 1989, ex. dactylographiés).

ouvrage qui prétendait à une parfaite exactitude documentaire[103]. Mais, au lieu de publier le livre sous son nom, le futur auteur de *Robinson Crusoé* l'attribua à un inexistant « capitaine Charles Johnson », en réalité celui d'un auteur dramatique à qui l'avait opposé une affaire de plagiat. Le nom du « pirate Misson », rappelant la publication dans des conditions controversées du *Voyage de François Leguat*, aurait ainsi servi à une petite vengeance littéraire ironiquement placée sous le patronage d'un confrère lui-même suspect de falsification[104].

Entre l'histoire purement fictive du pirate imaginaire et l'aventure réelle, mais recomposée, de François Leguat, les convergences ne tiennent donc pas seulement au choix d'une localisation géographique analogue, une île de l'océan Indien. Les deux textes s'inscrivent aussi dans une configuration idéologique commune : critique primitiviste des artifices et des injustices de l'ordre civilisé, aspiration utopique à une société autre dans la liberté aurorale d'un ailleurs vierge de toute contrainte. Enfin, aux yeux d'un écrivain comme Defoe, dont on sait à quel point il est fasciné par les jeux ironiques de la vérité et du mensonge, l'énigme qui entoura la publication du *Voyage en deux îles désertes* et le rôle indécidable qu'y jouèrent ses deux auteurs supposés, François Leguat et François-Maximilien Misson, ne pouvaient que rejoindre cette interrogation sur le statut ontologique de la fiction qui est à l'époque inséparable de l'activité du romancier. À cette réflexion que poursuivent eux aussi Swift ou l'abbé Prévost, et qui aboutira à *Jacques le fataliste* de Diderot, le « roman véritable » de l'aventurier huguenot, selon la formule si révélatrice de la préface, a peut-être modestement contribué.

---

103 Voir l'introduction de Manuel Schornhorn à son édition critique du texte original (Daniel Defoe, *A General History of the Pyrates*, London, Dent and Sons, 1972).

104 Pour une analyse détaillée de cette affaire compliquée, voir notre étude « De l'aventure flibustière à la piraterie littéraire : Defoe, Leguat, les deux Misson et la république utopique de Libertalia », in Sylvie Requemora et Sophie Linon-Chipon (éd.), *Les Tyrans de la mer. Pirates, corsaires et flibustiers*, Paris, PUPS, et Québec, CELAT, 2002, p. 243-263 ; repris in Jean-Michel Racault, *Mémoires du Grand Océan. Des relations de voyages aux littératures francophones de l'océan Indien*, P., PUPS, « Lettres francophones », 2007, p. 81-102. L'attribution de *l'Histoire générale des pirates* à Daniel Defoe, le caractère fictif du pirate Misson et l'absence de réalité historique de la république de Libertalia ont été établis il y a moins d'une trentaine d'années et, sur quelques points, font encore l'objet de débats. Voir Michel-Christian Camus, « L'inexistence du pirate Misson de Daniel Defoe », *DHS*, n° 30, 1998, p. 489-498.

DE L'ÉPISTÉMOLOGIE DE LA RECHERCHE AUX INTERROGATIONS ÉCOLOGIQUES

L'Éden retrouvé et le Paradis perdu

Il est temps pour conclure de reprendre quelques-uns des fils d'interprétation qui ont été suivis séparément dans ce parcours critique et d'essayer de montrer comment des faits biographiques, des problématiques littéraires, des hypothèses scientifiques appartenant à des domaines certes très éloignés les uns des autres, peuvent se recouper. Présentes dès la publication du livre à travers les réactions des journalistes qui en rendirent compte, les questions de la vérité des aventures relatées, de l'identité incertaine de son rédacteur, des limites flottantes de la distinction entre document et roman, restèrent également pendant de nombreuses années au centre des lectures universitaires de l'ouvrage. Elles furent d'abord le fait des scientifiques. Pour les naturalistes, et particulièrement les paléo-ornithologues qui s'y intéressèrent dans le contexte des polémiques post-darwiniennes sur l'évolution des espèces, l'aspect littéraire était évidemment secondaire : si l'existence de François Leguat, la véracité de ses aventures, la paternité du récit publié sous son nom, constituaient des interrogations cruciales, c'était seulement dans la mesure où elles déterminaient la crédibilité de son témoignage, presque le seul disponible concernant la faune disparue de l'île Rodrigue.

La réhabilitation scientifique des observations de Leguat trouve pourtant son origine indirecte dans l'île voisine. Les débats sur l'extinction du dronte ou dodo de l'île Maurice (*Raphus cucullatus*, anciennement *Didus ineptus*), longtemps située vers 1662 (date de la dernière observation *in vivo*), peut-être un peu plus tard[105], furent relancés par la découverte sensationnelle dans un marécage, par Harry Higginson et George Clarke, en 1865, d'ossements de ce gros oiseau colombidé inapte au vol. Cette trouvaille eut un grand écho dans les milieux scientifiques, voire au-delà, notamment en Angleterre. Devenu « icône de l'extinction », le dodo apparaît ainsi dans *Alice au Pays des Merveilles* de Lewis Carroll, popularisé par les illustrations mémorables de John Tenniel et le dicton

105 On a proposé la date hypothétique de 1693 sur la base des carnets de Lamotius, le prédécesseur de Diodati.

« *Dead as a Dodo* ». Quant aux causes de cette disparition, attribuée soit à l'appétit des marins (mais la chair de l'animal était semble-t-il peu consommable), soit à l'introduction dans l'île de prédateurs (chiens, rats, porcs, singes…), soit encore à des interactions complexes[106], elle se réduisaient toutes à une mise en cause directe, indirecte, ou plus ou moins lointainement dérivée, de la responsabilité de l'homme, perturbateur des équilibres naturels.

La notoriété scientifique puis médiatique du dodo mauricien[107], lequel avait été de longue date associé par des naturalistes comme Strickland (1848) au solitaire de Rodrigue, ramena l'attention sur ce dernier. S'agissait-il du même oiseau, ou d'espèces différentes ? À la différence du dodo, maintes fois observé, dessiné, et dont quelques exemplaires même avaient été ramenés en Europe, le solitaire n'était connu qu'à travers la description de Leguat, dont l'autorité était fortement contestée, de sorte que l'existence de l'animal et celle du voyageur qui l'avait décrit se soutenaient mutuellement de manière incertaine et sans preuves extérieures. Cela du moins jusqu'aux découvertes d'ossements subfossiles de la seconde moitié du XIXe siècle. Répondant parfaitement aux descriptions visuelles du solitaire (*Pezohaps solitaria*) et du « Géant » (*Leguatia gigantea*), elles prouvèrent que ces oiseaux avaient bien existé et ne se confondaient nullement avec les espèces mauriciennes, mais aussi que le témoignage de Leguat n'était pas à mettre en doute.

La procédure de validation n'est pas sans analogie dans le domaine scientifique (un témoignage visuel douteux ensuite validé par une preuve factuelle) et du point de vue littéraire (un livre soupçonné d'être un pur roman, puis des preuves archivistiques de l'existence de l'auteur et de la réalité de ses aventures). Il est donc assez logique que la démarche du littéraire Geoffroy Atkinson, déterminé à « démontrer » scientifiquement la triple thèse de l'inexistence de Leguat, du caractère imaginaire de ses aventures et par conséquent de la nature fictive de ses prétendues observations, l'ait obligé à passer sous silence, à disqualifier ou à ridiculiser les preuves scientifiques au même titre que celles tirées des archives.

---

106 Ainsi la quasi-disparition du *sideroxylon* ou tambalacoque, arbre intensivement exploité comme bois précieux et dont les graines, supposées servir de nourriture à l'animal, n'auraient pu germer de surcroît qu'après avoir transité par son tube digestif…

107 Voir l'étude de Samuel T. Turvey et Anthony S. Cheke, « Dead as a Dodo : the fortuitous rise to fame of an extinction icon », *Historical Biology*, vol. 20, n° 2, June 2008, p. 149-163, à laquelle le développement ci-après est particulièrement redevable.

L'étude d'Atkinson est, paradoxalement, littérairement décevante. Bon connaisseur de cette littérature de semi-fiction qu'il baptise « Voyage extraordinaire », il n'en tire rien pour l'analyse du « roman véritable » de Leguat, pas plus qu'il n'exploite les rapprochements qui pourtant s'imposent avec *Robinson Crusoe* ou l'*Histoire des Sévarambes*, mentionnés seulement en passant. Mais elle ouvre la voie à deux pistes littérairement fécondes. L'une concerne l'épistémologie et la déontologie de la recherche, fâcheusement bousculées par l'universitaire américain, dont Frédéric Tinguely a récemment analysé le parcours critique et souligné « l'aveuglement coupable ». Il l'attribue à la présence, dans la relation de Leguat, d'« un *coefficient d'insularité* difficilement compatible, étant donné la prolifération des îles romanesques, avec le bon fonctionnement d'un pacte référentiel[108] » : le topos de l'île, omniprésent dans le récit, est perçu comme si indissociable de la fiction qu'il en vient à contaminer le vrai, ainsi abusivement transformé en faux. L'autre piste prolonge directement le débat ouvert par Atkinson, mais lui retire son caractère tranché de dilemme, en montrant que, particulièrement dans les littératures de voyage, la distinction du vrai et du faux est affaire de nuance et de degré échappant à une logique binaire. Sylvie Requemora-Gros prend ainsi Leguat comme exemple d'« ambiguité générique » entre les catégories du récit de voyage et du « roman de voyage[109] ». La notion, déjà commentée, de « roman véritable », dont Leguat (ou son éditeur) se prévaut dans sa préface, a plusieurs fois servi à dépasser, à l'intérieur de la même problématique, l'opposition un peu simpliste établie par la critique d'obédience lansonienne du début du siècle dernier entre la véracité supposée du témoignage documentaire et le mensonge associé à la fiction[110].

108 Frédéric Tinguely, « L'île est un piège. Les aventures de François Leguat et de Geoffoy Atkinson », in Frank Lestringant et Alexandre Tarrête (dir.), *Îles et Insulaires (XVIe-XVIIIe siècles)*, Paris, PUPS, *Cahiers V.L. Saulnier*, 34, 2017, p. 97-110 (cit. p. 105 et 106). Voir aussi, du même auteur, « Doser l'aventure : la littérature de voyage entre Charybde et Scylla », *Littératures classiques*, « L'aventure au XVIIe siècle, itinéraires d'une notion », n° 100, 2019, p. 49-59. L'étude revient sur le cas d'Atkinson, lui reprochant une sorte d'inconséquence, car « il semble qu'[il] ait souscrit d'entrée de jeu à un pacte fictionnel dans la mesure où il reconnaissait de manière anachronique, dans la relation de Leguat, le modèle générique fondé quelque dix ans plus tard par Daniel Defoe dans *The Life and Adventures of Robinson Crusoe* ».

109 Sylvie Requemora-Gros, *Voguer vers la modernité. Le voyage à travers les genres au XVIIe siècle*, Paris, PUPS, « Imago Mundi », 2012, p. 222-227.

110 Voir Sophie Linon, « Le récit de voyage de François Leguat ou le roman véritable à la fin du XVIIe siècle », *Cahiers du XVIIe siècle*, université de Toulouse, 1984, p. 129-139, et

Toutefois les lectures récentes, qui prennent appui principalement sur la relation du séjour à Rodrigue, mettent surtout l'accent sur les deux faces d'une même idée : la tentative de reconquête de l'Éden d'une part, inspirée à la fois par la culture religieuse calviniste et par la nostalgie profane d'un monde naissant ; d'autre part l'échec de cette tentative, échec inscrit dans le déroulement même du récit – contre son gré, Leguat doit rejoindre la vie sociale et l'Europe – mais aussi dans le devenir pressenti de l'île. Les témoignages ultérieurs confirmeront la rapide dégradation de sa faune et de son milieu naturel, image exemplaire, en milieu clos et à l'échelle réduite, de ce qui est devenu, pour le lecteur actuel, un inquiétant processus global d'anéantissement en cours de réalisation.

Le rêve de retour à l'Éden, invoqué dès la première page du récit de Leguat, est associé aux motifs théologiques et moraux du *contemptus mundi* et de la retraite spirituelle[111] :

> La description qui parut alors de cette île, à laquelle on donnait le nom d'Éden à cause de son excellence, m'en donna une si bonne opinion, que je fus tenté de l'aller visiter, résolu d'y finir mes jours hors des embarras du monde, si j'y trouvais seulement une bonne partie des choses que l'on en disait.

Le voyage vers l'Éden est donc, pour l'aventurier vieillissant, un acte de sécession avec les fausses valeurs de la société – argent, propriété, inégalité – et avec le monde européen qui a fait de lui un réfugié et un errant, mais c'est aussi une préparation à l'au-delà : le poème, adressé à l'île, qui clôt la première partie voit « en ton petit Paradis Terrestre, / Comme une montre, et un échantillon, / Du PARADIS QUE LES ANGES HABITENT ! ». L'aspiration à retrouver l'Éden est héritée bien sûr du *Recueil de quelques mémoires servant d'instruction pour l'établissement de l'île d'Éden*, où Duquesne lui aussi constatait la rupture du pacte monarchique résultant de la Révocation, donc le caractère inévitable de la sécession avec le monde antérieur ; mais ils en tirent des conséquences différentes. Pour Duquesne, l'Éden insulaire est le lieu de construction futur d'une Nouvelle Jérusalem protestante encadrée par

---

Jean-Michel Racault, « De la relation de voyage au roman : l'exemple du *Voyage de François Leguat* », *Cahiers de littérature du* XVIIe *siècle*, n° 8, 1986, p. 57-65.

111 Nous nous permettons de renvoyer à notre étude, à laquelle nous empruntons quelques éléments (J.-M. Racault, « Retraites robinsoniennes. Sécession, solitude et rédemption chez Leguat, Defoe et Longueville », *DHS*, n° 48, 2016, « Se retirer du monde », p. 245-259).

une réglementation minutieuse et une hiérarchie des charges et emplois où « chacun pourra parvenir par son mérite et le talent qu'il aura pour être utile au public[112] ». Pour Leguat, aux antipodes de l'ordre normatif des utopies, Rodrigue incarne l'utopie inverse d'une micro-communauté individualiste, libertaire et sans lois, dans l'attente du Paradis céleste que le Paradis terrestre aura préparé. Faute de femmes cependant, l'expérience de Rodrigue est forcément sans avenir, et à contrecœur le narrateur, reconnaissant qu'« il ne pouvait guère [lui] arriver pis que de vivre et de mourir seul dans une île de l'autre monde », doit se résigner à abandonner l'Éden pour suivre le groupe et rejoindre la société. Ce qui d'ailleurs correspond à la véritable vocation de la retraite, laquelle n'est pas l'entrée dans une solitude définitive, mais la reprise de soi, le rebond et le retour dans le monde des autres[113].

Le devenir de l'île constitue l'autre face du scénario de l'Éden, celle du Paradis perdu. On peut envisager la question sous deux angles, d'abord du point de vue de Leguat lui-même, en tant que personnage et commentateur de son propre récit, puis, selon une perspective élargie, en considérant les conséquences de l'empreinte humaine sur le territoire dans la longue durée. Le premier aspect prolonge une piste ouverte par la lecture « robinsonienne » de l'aventure, inscrite comme en creux dans la grande querelle sur les femmes, point décidément crucial. La question « à qui léguer l'île ? », qui au moment de la quitter surgit nécessairement dans les robinsonnades, ne peut recevoir de solution satisfaisante dans celles qui sont solitaires ou, comme ici, purement masculines. L'Éden sans Ève de Rodrigue ne laisse guère d'espérance à cet égard : « Nous mourrons, et notre île demeurera déserte. » L'ode à l'île, qui la transforme très symboliquement en une figure féminine (« Ô ! ÎLE TRÈS DÉSIRABLE ENTRE LES FILLES DE L'OCÉAN ! »), formule certes des vœux, assez classiquement utopiques, pour son peuplement futur par « un peuple plus sage et plus heureux que nous », mais venu d'on ne sait trop où, et dont toutes les caractéristiques, à y bien regarder, sont

112 François Rosset souligne à cet égard qu'il existe un conflit latent entre les valeurs protestantes (modestie, frugalité, discrétion, travail) et la rhétorique de l'hyperbole dont la tradition culturelle a chargé le lieu édénique, conflit qui éclate dans le dernier des Mémoires, où Duquesne « est visiblement débordé par son objet, pris dans le moule discursif qui s'impose à lui, irrésistiblement » (article « Paradis », in Bronislaw Baczko, Michel Porret et François Rosset (dir.), *Dictionnaire critique de l'utopie au temps des Lumières*, Chêne-Bourg, Suisse, Georg, 2016, p. 891).

113 Voir Jean Sgard, « Le mot *retraite* », *Recherches et Travaux*, n° 44, 1993, p. 17-24.

définies négativement par l'inversion des vices, ridicules et folies de notre monde, un peu comme le peuple des Justes de la fin des temps selon l'eschatologie millénariste, confirmant ainsi que l'expérience insulaire est bien une anticipation de l'autre monde.

L'action concrète de Leguat personnage ainsi que de ses compagnons dans l'île – et sur l'île – conditionne, elle, de façon effective le devenir du lieu. Dans quelle mesure sont-ils conscients des dégâts à plus long terme résultant de leurs comportements prédateurs ? Très sensible à la virginité du paysage[114], le narrateur est également conditionné par sa lecture providentialiste, finaliste et anthropocentriste de l'environnement. La Nature, manifestation visible de la bénévolence divine, ne peut avoir pour lui qu'un seul destinataire, l'homme. D'où son regret : « Quel dommage qu'un lieu si délicieux en toutes manières soit inutile aux habitants du monde ! » Que les ressources du Pays de Cocagne insulaire soient inépuisables est pour lui une évidence, et c'est en toute bonne conscience qu'il participe à leur pillage, reproduisant un scénario constant que vérifient les récits et l'iconographie des premières visites de navires européens dans les îles des Mascareignes[115]. Il suffit au chasseur d'appeler pour que les oiseaux accourent. « Alors la Providence nous disait *tue et mange*, et nous n'avions qu'à battre le fusil et à faire du feu pour faire grande chère ». Le gaspillage est assumé, et les lataniers décapités ne repousseront pas : Leguat signale, pour « ceux qui voudraient ménager les arbres », une technique alternative d'extraction du vin de palme par incision du tronc qui ne menace pas leur survie, mais précise que « pour nous, nous ne les ménagions point ».

114 Une seule fois il est fait allusion à la trace d'une présence humaine antérieure, à l'occasion de la découverte « sur l'écorce de plusieurs arbres [des] noms de quelques Hollandais qui y étaient descendus il y avait quelques années et qui avaient marqué le temps de leur aventure ». Huit abordages attestés ont précédé celui de *L'Hirondelle*.

115 Nous nous permettons de renvoyer sur ce point à notre étude « L'imaginaire de l'île déserte et les littératures de voyages : l'exemple des Mascareignes, de la topique à l'utopie », in Christian Zonza (éd.), *L'île au XVII*e *siècle : jeux et enjeux, Actes du X*e *colloque du Centre International de Rencontres sur le XVII*e *siècle* (Ajaccio, 2008), Tübingen, Narr Attempto Verlag, « Biblio 17 », 2010, p. 27-47. Voir notamment la relation de la première visite hollandaise à Maurice, en 1598, par cinq navires de la flotte de Van Neck et Warwyk, ainsi que les extraordinaires gravures illustrant ce récit publiées par les frères De Bry (*Icones quartae partis et quintae partis Indiae Orientalis*, 1601), notamment la planche III, IVe partie, où l'on voit une dizaine de personnes occupées à banqueter à l'intérieur d'une énorme carapace de tortue, d'autres marins massacrant les oiseaux accourus à leur appel, des officiers chevauchant une tortue, in Pierre Vérin (éd.), *Maurice avant l'île de France. Anthologie de textes anciens*, Paris, Nathan, 1983, p. 7-12.

Le caractère inépuisable de la ressource était pourtant une illusion. Les îles constituent des milieux très propices à la diversification des espèces, qui y évoluent rapidement en fonction des modifications de la concurrence biologique – d'où l'apparition d'oiseaux aptères en l'absence de mammifères prédateurs – mais se révèlent aussi infiniment fragiles face aux perturbations extérieures : les équilibres y sont d'autant plus instables que l'île est plus petite. À Mascarin ou Bourbon, aujourd'hui La Réunion (2500 km^2), occupée depuis 1663 de façon permanente et devenue colonie en 1665, la profusion initiale n'était plus qu'un souvenir moins de trente ans plus tard, lorsque le gouverneur Vauboulon dut prendre des ordonnances (1690-1692) pour réglementer la chasse et limiter l'accès au « pays des vivres[116] ». À Rodrigue, beaucoup plus petite (110 km^2), donc plus fragile, le séjour des huguenots fut trop bref pour leur permettre de constater la détérioration des équilibres naturels. Mais Leguat ne tire pas non plus de leçon de la comparaison qu'il aurait pu faire avec ce qu'est devenue Maurice, occupée depuis 1638, à partir d'un état initial édénique similaire. Il signale certes que « l'île était autrefois toute remplie d'oies et de canards sauvages ; de poules d'eau, de gélinottes, de tortues de mer et de terre ; mais tout cela est devenu rare », comme les lamantins chassés qui fuient les rivages. En revanche « les rats y fourmillent et causent de grands dommages [...]. Mais quelques régiments de chats leur livreraient infailliblement une vigoureuse guerre, et ce serait sans doute le meilleur moyen d'exterminer cette vilaine engeance ». Remède sans doute pire que le mal...

Il serait anachronique et absurde de reprocher à Leguat son faible degré de conscience écologique, notion moderne incompatible avec le paradigme généralement accepté alors de l'ordre intangible de la Création, assignant à chaque espèce sa place dans la grande chaîne des êtres, comme avec sa propre vision providentialiste de la nature, tout entière organisée au bénéfice de l'homme[117]. La notion d'extinction des espèces

116 Voir Christian Germanaz, « L'Éden recomposé », *Revue historique de l'océan Indien*, 11, 2014, p. 261-288.

117 Il en sera de même, pour des raisons similaires, chez Bernardin de Saint-Pierre, qui partage avec Leguat la même représentation finaliste et anthropocentrée du réel, mais lui joint une conception de la Nature comme système où « tout est lié dans tous les sens » (*Voyage à l'île de France*, 1773, lettre X). D'où une page étonnante des *Études de la Nature* (1784) qui, partant de l'exemple de « plusieurs îles sans habitants, qui offraient des séjours enchantés par la disposition des vallées, des eaux, des forêts et des animaux » – la référence à Leguat est probable mais reste implicite – explique comment, par la faute

n'est ni pensée ni même pensable avant que Cuvier, en 1796, ne fasse la démonstration de la réalité du phénomène, de sorte que la disparition du dodo mauricien, restée presque inaperçue sur place au XVIIe siècle, incita les savants des Lumières, en France du moins, à tenir son existence passée pour fort incertaine. Près d'un siècle et demi après le fait, le changement de paradigme scientifique, qui avait fait de l'extinction des espèces une vérité désormais acceptée, incita les ornithologues H. E. Strickland et A. G. Melville à conférer *a posteriori* au dodo le statut de symbole[118]. Pour des raisons similaires, il en fut de même pour le solitaire de Rodrigue (éteint vers 1755 ?) et par extension pour le témoignage de Leguat, longtemps tenu pour un observateur fantaisiste, sinon pour un affabulateur, du moins jusqu'aux découvertes ostéologiques des dernières décennies du XIXe siècle[119], qui firent de lui, à titre rétrospectif, une sorte de « lanceur d'alerte » qu'il n'avait nullement été.

L'évolution environnementale ultérieure, concentrée et dramatiquement accélérée par le phénomène du « laboratoire insulaire », est cependant rendue visible pour les voyageurs qui lui succédèrent à l'île Rodrigue, et surtout pour le lecteur d'aujourd'hui, disposant du recul nécessaire et pris dans le sentiment d'urgence que l'on sait. Après le départ des huguenots, Rodrigue connut plusieurs abordages mal documentés de navires pirates, entre autres celui du capitaine Bowen, *The Speaking Trumpet*. Leurs équipages occupèrent l'île assez longuement dans les années 1701-1706, probablement non sans conséquences sur la flore et la faune. La date de 1735 est à plusieurs titres importante dans l'histoire écologique de l'île : c'est celle du début de l'occupation humaine permanente, et donc de l'accroissement considérable des mouvements maritimes, avec l'installation d'un petit poste regroupant une quinzaine à une trentaine de personnes chargées de l'exploitation des tortues de terre destinées

---

de l'homme, et au terme d'un enchaînement rigoureux de causes et d'effets, « la ruine totale des règnes pourrait naître de la destruction d'une mousse, comme on voit celle d'un édifice commencer par une lézarde » (Étude VIII). Or cette démonstration étrangement pré-écologiste, où la destruction de l'ordre global se déduit d'un enchaînement rigoureux de causes et d'effets, est en réalité un contre-exemple dont l'auteur récuse le mécanisme matérialiste : comme Leguat, Bernardin *ne peut pas* être écologiste, bien qu'à beaucoup d'égards son discours préfigure ce mode de pensée et cette sensibilité.

118 H. E. Strickland et A. G. Melville, *The Dodo and its kindred*, Londres, Benham & Reeve, 1848.

119 Nous résumons l'argumentation de l'article déjà cité de S. T. Turvey et A. S. Cheke (« Dead as a Dodo… », art. cité, p. 149-152).

au traitement des scorbutiques à l'hôpital de Port-Louis, à raison d'un chargement de quatre à cinq mille individus par navire envoyé à l'île de France, nouveau nom de l'île Maurice devenue colonie française depuis 1721, dont l'île Rodrigue se trouvait être dorénavant une dépendance.

Les trois relations détaillées dont nous disposons pour la période du XVIIIe siècle, celle du marin Tafforet (1726), reproduite plus loin en Annexe, celle de Pingré (1761), dont le lecteur trouvera à la suite la partie descriptive, enfin celle plus sommaire de l'« Agent civil de la République » Philibert Marragon (1795), permettent à la fois d'établir de façon incontestable la véracité du témoignage de Leguat et de suivre presque pas à pas les progrès du processus d'extinction. De Leguat à Tafforet, rien n'a changé semble-t-il, si ce n'est la qualité du regard : tortues, solitaire, lamantins, sont bien au rendez-vous, mais rien dans le prosaïsme de la description n'évoque plus l'Éden. Il n'est pas davantage présent dans l'inventaire, remarquable de précision et de rigueur, que dresse plus tard l'astronome. On en retient surtout, avec l'hommage rendu à son prédécesseur, dont il cite souvent le témoignage pour le confronter avec le sien, le constat d'une destruction en cours – les solitaires sont probablement déjà éteints, bien qu'on lui affirme qu'« ils se sont retirés dans les endroits de l'île les plus inaccessibles » – et la lucidité dans l'analyse de ses causes, directement ou indirectement anthropiques. Cette destruction est consommée dans le rapport sèchement administratif de Marragon : pas un mot du solitaire, dont le souvenir même a disparu ; quant aux trois espèces de tortues de terre, « autrefois si communes », elles « semblent absolument détruites », car depuis un an « on n'en a trouvé que deux : encore dans des gorges presque inaccessibles[120] ». Rien d'étonnant, l'île étant sous la coupe de hordes de chats sauvages qui se nourrissent de leurs œufs et de leurs petits ; ce qui ne dissuade pas Marragon d'apprivoiser ces animaux afin, explique-t-il, d'exterminer les rats, pareillement importés, et omniprésents.

Un détail, symbolique peut-être du processus d'anthropisation forcenée subi en un siècle par l'ancienne « île d'Éden » : à la différence de ses devanciers, Marragon ne mentionne jamais le nom de Leguat.

120 « Mémoire de M. Marragon sur l'Isle Rodrigue » [extraits], Archives de Maurice, TB 5/2, in J. F. Dupon, *Recueil de documents pour servir à l'histoire de Rodrigues*, *op. cit.*, p. 27-31 (cit. p. 29). La version complète de ce Mémoire a été publiée (sans notes) in Ph. Marragon, *Correspondance*, éd. de Jean Alby et Mario Serviable, Sainte-Clotilde (La Réunion), ARS / Terres Créoles, 2017.

Mais, dans la logique d'implantation coloniale qui est la sienne, il recommande d'utiliser le site de la plaine du Port Nord Est, où l'on trouve une rivière « qui fournit en tout temps de bonne eau », « pour y former une ville[121] ». Ce sera, en effet, le lieu d'implantation de l'actuelle capitale de Port-Mathurin. Mais ce fut auparavant l'« enfoncement de François Leguat », déjà oublié, jadis le site où se trouvaient les cabanes des « huit rois de Rodrigue »...

LE TEXTE : PRINCIPES D'ÉDITION

Conformément à l'usage, nous avons retenu comme texte de base celui de la dernière édition publiée du vivant de l'auteur (Londres, David Mortier, Marchand-libraire, 1720-1721, deux vol. ; les deux dates correspondent semble-t-il à la même édition). Certes rien ne garantit qu'elle ait été effectivement revue par François Leguat ; mais ce dernier étant installé à Londres depuis 1707, où il mourut en 1735 à un âge très avancé, en pleine possession cependant de ses moyens physiques et intellectuels, assure la *Bibliothèque Britannique*, il n'est nullement improbable qu'il ait personnellement supervisé cette édition, comme aussi les précédentes. Au demeurant, une confrontation attentive entre notre texte et l'originale londonienne, parue une douzaine d'années auparavant, n'a révélé aucune variante significative, hormis quelques coquilles et quelques différences de ponctuation.

Selon les normes suivies dans la collection, l'orthographe a été modernisée[122], mais non la ponctuation, surabondante et de prime abord surprenante pour un lecteur d'aujourd'hui, car elle correspond moins à une logique grammaticale qu'à une restitution de ce que pourraient être les pauses de la voix dans une lecture oralisée. Les ponctuations fortes ou faibles en modulent la rythmique sans vraiment prendre en compte la structure des phrases. Les graphies originales ont été conservées pour les noms de personnes et de lieux. Quelques coquilles certaines ont été corrigées, mais non les accords dits « selon le sens », tolérés à l'époque

121 Ph. Marragon, *Correspondance*, *op. cit.*, p. 28.

122 En revanche nous respectons la graphie originale pour les textes cités.

et qu'on ne peut donc considérer comme des « fautes ». Les cas douteux ont été signalés par l'indication [*sic*]. L'abréviation [N.D.A.] signale une note de l'auteur.

Nous avons respecté autant que possible les bizarreries de présentation du texte de base. Les jeux typographiques des poèmes en vers libres, qui font l'une des singularités du livre, ont été restitués au plus près. Comme c'est souvent le cas dans les éditions du temps, la typographie fait un usage immodéré mais capricieux des majuscules en tête des substantifs ; nous avons respecté ces capitales seulement lorsqu'elles servent à mettre en exergue une notion abstraite, religieuse ou philosophique. L'imprimeur utilise aussi beaucoup les italiques, norme graphique usuelle alors pour les noms propres et dans les citations. Celles-ci ont été transcrites entre guillemets selon la norme d'aujourd'hui, mais les italiques ont été conservées lorsqu'elles servent à mettre en relief un mot ou une expression : lexique nautique, termes exotiques, étrangers ou techniques, formules ironiques… Les gravures ont été intégralement reproduites. Mais il ne faut pas s'exagérer la valeur documentaire de ces illustrations non signées, souvent manifestement fantaisistes et parfois empruntées à d'autres ouvrages, notamment au *Voyage de Siam* du P. Tachard. Quant à leur facture assez grossière, elle est, selon I. H. van Eeghen, caractéristique des éditions visant un public populaire[123]. L'ouvrage ne possédant d'autres subdivisions que les deux parties, correspondant aux deux volumes des éditions du XVIIIe siècle, nous avons cru pouvoir faciliter le repérage du lecteur en introduisant des intertitres, placés entre crochets. Sauf mention contraire, nous avons traduit les textes étrangers cités.

Il existe plusieurs éditions modernes du *Voyage* de François Leguat. La première, celle d'Eugène Muller (Maurice Dreyfous éditeur, Paris, 1883), offre un appareil critique sommaire, mais elle comporte des coupures, notamment dans les épisodes de Batavia et du Cap. Il y a d'importantes omissions également dans l'édition de Jacques Boulenger (Paris, Plon, « Nouvelle bibliothèque des voyages », 1934), laquelle a servi de base plus récemment à la version abrégée parue sous le titre *Les naufragés de Dieu. Aventures d'un protestant et de ses compagnons exilés en deux îles désertes de l'océan Indien* (Paris, Phébus, 1995). Nous avons nous-même publié à deux reprises, en 1984 puis en 1995, le texte de Leguat dans sa version

123 Voir art. cité, p. 412.

complète, suivi en annexe de l'opuscule de Duquesne, comme ici même introduit et annoté séparément par Paolo Carile dans l'édition de 1995. La présente édition offre un appareil critique en grande partie nouveau et considérablement augmenté.

Une place particulière doit être réservée à la version de référence que constitue toujours la remarquable édition critique, avec texte et annotation en langue anglaise, publiée en 1891 par Pasfield Oliver (Hakluyt Society, Londres, 1891, et Burt Franklin Reprint, New York, s.d.). Surtout précieuse pour les naturalistes en raison de la richesse et de la précision des commentaires botaniques et zoologiques, elle laisse cependant à désirer sur le plan historique : Pasfield Oliver n'a pu utiliser les archives du Cap, publiées quelques années plus tard par Leibbrandt. Ainsi que nous l'avons signalé dans les notes concernées, nous avons plusieurs fois emprunté à ce travail qui fut en son temps un remarquable monument d'érudition. Nous devons également exprimer notre dette, bien que nous ne partagions pas nécessairement toutes ses conclusions, envers l'ouvrage d'Alfred North-Coombes *The Vindication of François Leguat* (Port-Louis, Île Maurice, 1979, seconde édition augmentée, Rose-Hill, Île Maurice, Éditions de l'océan Indien, 1991), la plus récente et la meilleure des monographies consacrées au *Voyage de François Leguat.*

Jean-Michel RACAULT

Les éditeurs scientifiques remercient monsieur Frank Lestringant et madame Marie-Pierre Rivière pour leur aide dans l'élaboration de cet ouvrage.

VOYAGE ET AVENTURES DE FRANÇOIS LEGUAT ET DE SES COMPAGNONS EN DEUX ÎLES DÉSERTES DES INDES ORIENTALES

Avec la relation des choses les plus remarquables
qu'ils ont observées dans l'île Maurice,
À Batavia, au Cap de Bonne Espérance, dans l'île Ste Hélène,
et en d'autres endroits de leur route

Le tout enrichi de cartes et de figures

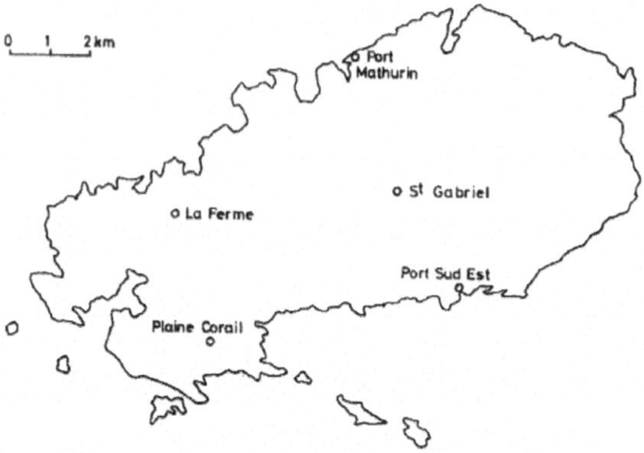

FIG. 2 – Carte de Rodrigue.

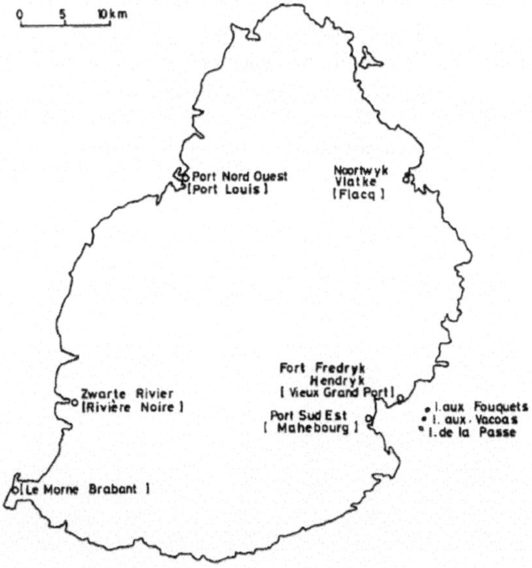

FIG. 3 – Carte de Maurice.

A
TRÈS HAUT ET TRÈS PUISSANT
SEIGNEUR,

MESSIRE HENRI
DE GREY,

MARQUIS ET COMTE DE KENT ;

COMTE DE HARROLD,

VICOMTE DE GOODRITH, *etc.*

PAIR DE LA

GRANDE-BRETAGNE,

CHAMBELLAN DE LA MAISON

DE LA REINE,

L'UN DES SEIGNEURS DU

CONSEIL PRIVÉ

DE SA MAJESTÉ,

GOUVERNEUR DE LA PROVINCE
DE HEREFORD,
etc., etc.[1]

---

1 Membre de la haute aristocratie, Henry Grey ou de Grey (1671-1740), douzième duc de Kent, Lord Chambellan de la maison de la reine Anne et conseiller privé de la souveraine, fit une carrière sans éclat particulier de courtisan et d'homme politique. Il passait pour dépourvu de talents et d'ambition. On ignore ses liens éventuels avec Leguat ou Misson, encore plus ce qui lui a valu cette dédicace.

MONSEIGNEUR,

Les personnes capables, à qui j'ai communiqué cette relation, m'ayant unanimement assuré que, malgré ses défauts, ils espéraient qu'elle serait favorablement reçue du public, je me suis abandonné à leurs sentiments, en consentant qu'elle fût imprimée. Et cette approbation m'a déterminé aussi, MONSEIGNEUR, dans le dessein craintif où j'étais, de présenter ce petit livre à VOTRE GRANDEUR. Quelque supportable qu'on l'ait trouvé, je n'ai pas la présomption de penser qu'il mérite de vous être offert : mais, MONSEIGNEUR, s'il n'en est pas absolument indigne ; s'il est tel que vous puissiez ne dédaigner pas de vous en faire quelque amusement, dans les moments de votre loisir ; que votre bonté pardonne, s'il lui plaît, à la liberté que j'ai prise ! Qu'elle excuse, je l'en supplie avec une soumission profonde, si je n'ai pu résister à des conseils qui ont flatté mon désir !

VOTRE GRANDEUR me fera, sans doute, la justice de croire que mon intention est bonne, quand même elle serait accompagnée de quelque sorte de témérité. Je sais, MONSEIGNEUR, que les hauts titres que vous portez, ne sont que très peu de chose, en comparaison de la noblesse immémorialement illustre de votre sang. Je sais que vos grands emplois sont des récompenses glorieuses de votre zèle et de vos services pour SA MAJESTÉ, et pour l'ÉTAT. Je sais que la splendeur de vos dignités, et de vos richesses, cède infiniment à l'éclat de vos héroïques vertus ; malgré celle qui retient quelquefois les autres, et qui les fait régner en secret, au fond de votre cœur. Je sais, en un mot, que vos qualités éminentes, sont au-dessus de mes faibles louanges ; et que mon devoir est de les admirer, plutôt que de penser à les décrire ; bien loin de n'avoir pas une extrême vénération pour elles.

Après ces protestations, MONSEIGNEUR, j'espère que vous ferez grâce aux manquements de mon épître, et de mon histoire ; et qu'après m'avoir vu traîner une triste vie pendant trois ans entiers, dans l'île affreuse de mon exil, sous la tyrannie intéressée d'un cruel petit dominateur[2] ; VOTRE GRANDEUR voudra bien m'accorder sa généreuse et puissante protection, dans la plus florissante île du monde, où la bonne Providence m'a enfin heureusement conduit ; et où je ne cesserai jamais de lui adresser mes vœux, pour votre abondante et éternelle prospérité : étant avec un très profond respect[3],

2 Il s'agit de Diodati, le gouverneur hollandais de l'île Maurice.

3 Adressée au même personnage et remplie des mêmes louanges hyperboliques, la lettre dédicatoire accompagnant la version anglaise est explicitement attribuée non pas à

MONSEIGNEUR,

De Votre Grandeur,
Le très humble, et très obéissant serviteur.
François Leguat.
Le 7 octobre
À Londres,
1707.

---

l'auteur, mais au traducteur (lequel reste anonyme ; la signature de Leguat n'y figure pas non plus). Elle présente, au-delà des banalités d'usage, un texte sensiblement différent. Les Français y sont peu diplomatiquement qualifiés d'« ennemis », les discordes civiles y sont condamnées. Celles des habitants de l'île Rodrigue servent d'exemple du danger des divisions. L'édition critique de Pasfield Oliver voit là une allusion aux querelles entre le parti Whig et le parti Tory : « Osons le dire, Monseigneur ; en dépit de nos malheureuses divisions, contre lesquelles les conseils de modération de Votre Seigneurie se sont vigoureusement élevés, s'efforçant de nous rassembler tous dans notre devoir envers Sa Majesté et dans la paix entre nous, la discorde cependant est si naturelle à l'espèce humaine que, qui peut donc espérer y voir mettre un terme de son vivant ? Les habitants solitaires de l'île Rodrigue, nous le constatons, avaient leurs débats et leurs disputes ; et sept hommes, unis par un intérêt commun et un danger commun, étaient divisés par leurs passions » [édition P. Oliver, *op. cit.*, p. LXXII-LXXIII ; notre traduction]. Membre du cabinet Whig de la reine Anne, Henry de Grey s'était heurté à l'opposition du parti Tory lors du projet d'union des parlements d'Angleterre et d'Écosse en 1707, laquelle devint effective quelques mois avant la publication.

PRÉFACE

Qu'on dise tout ce qu'on voudra contre les préfaces : pour moi, je les lis toujours avec utilité. Vouloir se priver d'une chose si nécessaire, c'est quitter une bonne mode au péril de la commodité et de la raison. Celui qui s'expose à la multitude, se met dans un si grand danger, quelque juste que soit son dessein, et quelque bon que soit ce qu'il exécute, qu'il est de sa prudence de ne rien négliger, pour bien disposer les esprits des lecteurs, et pour prévenir les mauvais effets de l'ignorance, et de la malice. Mais si l'auteur se conduit ainsi pour son propre intérêt, il me semble que ceux qui veulent bien lire son livre y rencontrent aussi le leur. Puisqu'on leur aplanit le chemin, qu'on les éclaire, et qu'on leur rend aisées, beaucoup de choses qu'ils auraient trouvées difficiles. Quoi qu'il en soit, bon et équitable lecteur, je vous prie de permettre que j'aie ici un petit entretien avec vous, avant que vous lisiez la relation que je vous présente[1].

Quand nous nous embarquâmes dans notre *Hirondelle*, à Amsterdam, mes compagnons de fortune et moi ; une foule de nos amis nous accompagnèrent, et parmi leurs derniers adieux, ils ne se lassèrent point de nous crier de loin, tant qu'ils nous aperçurent encore, qu'ils nous conjuraient de leur mander de nos nouvelles ; et de remplir nos lettres, de toutes les circonstances de nos aventures. Je formai, dans ce moment-là, le dessein de les satisfaire ; mais vous verrez, par la lecture de notre histoire, que

1 Cet incipit en forme de *captatio benevolentiae* est donc adressé à une sorte de « lecteur idéal », destinataire de bonne foi, voire crédule, comme le sera le « gentle reader » des *Voyages de Gulliver* de Jonathan Swift (1727). Quant au « je » préfaciel du *Voyage en deux îles désertes*, il ne semble pas possible de l'identifier à l'auteur, désigné à la troisième personne, dont la formulation adoptée le distingue avec soin (« Mais si l'auteur se conduit ainsi pour son propre intérêt, il me semble… »). Appuyée sur de multiples éléments, notamment les similitudes qu'elle présente avec ses autres publications, l'attribution de cette préface à François-Maximilien Misson en totalité ou en quasi-totalité paraît unanimement admise aujourd'hui : même Alfred North-Coombes (*The Vindication…*, *op. cit.*, p. 85), que sa polémique contre Atkinson incite à réduire peut-être excessivement le rôle de Misson, reconnaît que ce dernier est l'auteur d'« un peu plus de 80 pour cent de la Préface ».

mon intention n'a pu être exécutée. Après mon retour, je ne pus ni leur refuser la demande qu'ils me firent de leur communiquer mon journal ; ni m'exempter de leur répondre sur cent et cent choses que je n'y avais pas insérées, mais dont j'avais la mémoire toute récente. Je ne crois pas m'être une seule fois rencontré, depuis ce temps-là, avec aucune personne de ma connaissance, qui ne m'ait fait une infinité de questions, et qui n'ait volontiers écouté mes réponses. Même, pour dire naïvement la vérité, je me suis quelquefois trouvé importuné par toutes ces demandes.

Pour me délivrer de ce petit embarras, il me vint un jour dans l'esprit, que si je faisais un narré écrit, de mon voyage et de mes aventures, je m'épargnerais la peine de parler beaucoup, en communiquant ce récit à ceux de mes amis qui le voudraient voir[2].

Effectivement, je me mis à écrire. Je n'eus pas sitôt achevé, que ces mémoires coururent le monde. Quand on me les rendait, il me semblait que j'apercevais un certain air content, dans le visage de ceux qui les avaient lus, dont je tirais un augure qui me plaisait. Je voyais qu'on s'intéressait à toutes les choses qui m'étaient arrivées ; et même on me disait : « Faites imprimer cela ; ne craignez point, le livre sera joli : il faut être modeste, mais il ne faut pas avoir trop de timidité. Il y a là-dedans quelque chose d'extraordinaire et de singulier, qui plaît à tout le monde. Croyez vos amis, et publiez cette relation. »

On m'a ainsi tenté, et persuadé. Il y a une chose fort vraie que l'on ajoutait, et qui a beaucoup contribué à vaincre ma répugnance. C'est qu'on me nommait un grand nombre de faux voyages, et même assez mal inventés, qui ne laissaient pas de se débiter. En effet, disais-je en moi-même, tel, et tel, (je résiste à peine à l'envie d'en nommer quinze ou vingt), tel et tel téméraire, a eu l'audace d'imposer[3] au public, et de lui mettre en main des fourberies ridicules, qui ont été reçues ; pourquoi

---

2 Justifier par des pressions amicales, voire par la curiosité trop insistante des importuns, la décision de publier un récit dont l'auteur, justement, se défend d'être un « auteur » de métier, est un lieu commun du discours préfaciel : le voyageur, s'il tient à être cru, doit se défendre d'être un homme de lettres. Mais la même raison peut aussi justifier l'intervention d'un « éditeur » chargé du toilettage du texte brut, ainsi qu'il advint très vraisemblablement au manuscrit de Leguat. Comme l'écrit René Démoris, « la préface de l'éditeur permet d'innocenter le premier auteur de tout souci de plaire : si le souci est présent, il est le fait du correcteur lui-même. La médiation littéraire (traduction, modifications, etc.) n'est avouée que pour mieux situer l'essentiel du texte hors du champ littéraire » (*Le roman à la première personne*, Paris, A. Colin, 1975, p. 166-167).

3 Imposer à quelqu'un : « Tromper, abuser, surprendre quelqu'un, en faire accroire à quelqu'un » (*Acad. 1694*).

donc ne serait-il pas permis à un honnête homme de raconter des choses vraies, et dont il y a quelque usage à faire ? De misérables romans, avec leurs fables mal ajustées trouvent des acheteurs ; pourquoi mon roman véritable[4] aurait-il une destinée plus malheureuse ?

J'entends ici le lecteur critique. Il y a, dit-il, manière d'exprimer les choses. Une relation bien écrite est lue avec plaisir, quand même elle serait un peu badine, ou un peu romanesque. On demande aujourd'hui une perfection de langage, avec plus d'empressement, et avec plus de sévérité que jamais. Les petits *Riens* de Monsieur l'Abbé de Choisy, par exemple, dans son *Voyage de Siam*[5], ont une grâce incomparable ; ils ont des agréments préférables, à beaucoup de matériaux précieux. « Nous mouillons. On appareille. Le vent prend courage. Robin est mort. On dit la messe. Nous vomissons ». Ces petits mots, qui font la moitié du livre, sont d'un prix qui ne se peut dire : ce sont des sentences. Cela est si fin, si joli, qu'on le doit plus aimer que des découvertes. Et vous, gentilhomme campagnard, qui racontez vos affaires *grosso modo* ; qui dites tout bonnement ce que vous avez vu, ou ce que vous avez entendu, sans fard et sans façon ; est-ce que vous iriez vous imaginer que votre histoire, véritable, singulière, morale même, et politique tant qu'il vous plaira, doive entrer en comparaison d'un livre bien écrit ?

J'avoue le fait. Je ne suis ni auteur poli, ni auteur du tout ; et je n'ai jamais cru que je le deviendrais, jusqu'à ce que j'aie été comme forcé de céder à des importunités qui ont duré cinq ou six ans. Il est vrai, et très vrai, que je suis bien éloigné d'avoir le rare talent de M. l'Abbé de Choisy, sa délicatesse est extrême sans doute : il écrit poliment, et la fine naïveté[6] de son « Pâques approche », de ses « Calme tout plat » ;

---

4 Leguat n'est pas l'inventeur de cette formule oxymorique, du moins si l'on comprend le mot « roman » comme synonyme de « fictif » (elle a parfois été utilisée comme titre, par exemple dans un roman anonyme de 1647). Toutefois le contexte suggère que la référence au roman ne renvoie pas à une classique rhétorique dénégatoire des préfaces romanesques signalant paradoxalement la fiction (« ceci n'est pas un roman »), mais à l'agrément de lecture et au caractère extraordinaire de l'aventure relatée.

5 François-Timoléon de Choisy, *Journal du voyage de Siam fait en 1685-1686*, par M. L. D. C., Paris, S. Mabre-Cramoisy, 1687. Le Robin dont il est question est un mouton : « Robin est mort, et nous le mangerons. C'était un mouton fameux entre les moutons par ses grands voyages » (I, p. 109). Converti et ordonné prêtre après des frasques célèbres, Choisy avait participé à l'expédition envoyée par Louis XIV au royaume de Siam auprès du roi Naraï en compagnie du P. Tachard, du chevalier de Chaumont et de Forbin.

6 Naïveté : « Ingénuité, simplicité d'une personne qui n'use point de desguisement [...] Grace et simplicité avec laquelle une chose est exprimée ou représentée selon la verité et la vray-semblance » (*Acad. 1694*).

« Je ne vois que de l'eau » ; « La même chanson » ; « Rien à vous dire », est un ragoût nouveau qui plaît, et qui captive ; au lieu que ces sortes d'assaisonnements exquis me sont inconnus. La simple VÉRITÉ toute nue et la SINGULARITÉ de nos aventures sont le corps et l'âme de ma relation. Mais, puisque le prince de l'éloquence romaine a loué César (ou l'auteur de ses *Commentaires*), d'avoir écrit sans aucun artifice, et sans ornement[7] ; j'espère que je rencontrerai aussi des gens d'un goût passable, qui, sans rien diminuer du prix de la simplicité *rare* de Monsieur l'abbé de Choisy, souffriront volontiers aussi ma simplicité *commune*.

Cette naïveté si naïve a son fard ; et on sait que les habitants de la République des Lettres, comme ceux de la friperie, mettent en usage diverses sortes de lustres[8].

Je sais aussi qu'un manteau latin, manteau commode et vénérable, est quelquefois d'un heureux secours à des gens qui n'ont rien à dire, et qui veulent brouiller du papier ; de même que la gentillesse[9] d'un style éveillé et badin, l'invention de la fable, et celle des rimes, servent de couverture à quantité d'autres. Juvénal et Boileau sont en droit de chanter goguettes à qui bon leur semble, et les plus chétifs rimailleurs avec eux.

Si mon voyage était écrit en hébreu, je suis bien assuré, qu'il irait pour le moins du pair avec celui de Rabbi Benjamin[10]. Et s'il était seulement en latin, entrelardé de grec *à la Montfauconne*[11], avec deux petits mots d'arabe pour saupiquet[12] ; il est indubitable que, si les lecteurs me

7 Cicéron, dans son *Contre Brutus*, a loué en effet la concision, la sobriété et la clarté du style de César dans le *De bello gallico (Commentaires sur la guerre des Gaules).* Mais très tôt des doutes ont été formulés sur la sincérité du témoignage du conquérant des Gaules, voire sur la part effective de César dans sa rédaction. En suggérant que ce dernier pourrait ne pas être l'auteur des livres qu'on lui attribue, le rédacteur de la Préface – qui pourtant se réclame de « la simple vérité toute nue » – ne peut qu'introduire un doute ironique sur l'authenticité et l'attribution véritable du texte même qu'il présente.

8 Lustre : Jeu de mots sur les deux sens du terme *lustre* : au sens figuré, brillant ou éclat ; dans le langage technique, sorte d'empois dont se servent les fripiers pour donner aux vêtements usagés l'aspect du neuf.

9 Gentillesse : Grâce, agrément.

10 Voyageur judéo-espagnol du XIIe siècle, Benjamin de Tudèle est l'auteur d'un *Livre des Voyages* en hébreu relatant ses pérégrinations dans les communautés juives du pourtour méditerranéen et du Moyen-Orient, de l'Espagne à la Perse. Traduit en latin puis en français, il fut très étudié par les humanistes de la Renaissance.

11 L'érudit Dom Bernard de Montfaucon (1655-1741), moine bénédictin de la congrégation de saint Maur, auteur d'un voyage en Italie (*Diarium Italicum*, Paris, 1702), grand archéologue et fondateur de la paléographie, est l'une des cibles habituelles de Misson.

12 Saupiquet : « Ragoût qui excite l'appétit » (*Littré*).

manquaient, j'aurais du moins des admirateurs. Car, veut-on débiter impunément, et même avec succès, cent inutilités, cent fadaises, cent divers fatras de littérature insipide ; cent copies de ce que les autres ont dit et redit, cent mensonges, et cent invectives ? Le secret est de dire tout cela en latin, ou de le dire en vers[13].

Voyez certain Révérend Père de notre connaissance[14] ; tout son livre est parsemé de fautes, de choses mal choisies, de répétitions dégoûtantes ; de néants, ou de babioles ; d'insultes pédantesques ; de contradictions injurieuses et mal fondées ; mais tout cela est exprimé en latin. Ce docteur voulait absolument donner une relation de son voyage, à l'imitation du P. Mabillon[15] dont il est l'écolier ; et comme pour toute nouveauté, il n'avait que des catalogues de bulles et de décrétales, ou d'autres pièces de bas aloi cent fois épluchées, et cent fois rebutées ; avec le manuscrit jusqu'ici méprisé du pauvre Vacca[16] ; que pouvait-il faire ? Il pouvait écrire tolérablement en latin, donner à la rhapsodie de ses bagatelles, un passeport latin, et un habit latin.

Mais n'aurait-il pas mieux fait d'écrire en sa propre langue, d'une manière judicieuse, civile et sage, et d'abréger matière ? Ou plutôt, de n'écrire point du tout ? Qu'est-ce que la TURBA ERUDITORUM qu'il instruit si mal, avec une vanité si grande, avait affaire de son Journal[17] ? Il

---

13 Comme plus loin les remarques satiriques sur les recherches érudites des « antiquaires » ou précédemment l'allusion à Boileau, le plus virulent des partisans des Anciens, la critique du privilège accordé à la culture latine et la mise en cause de la rime en poésie manifestent les sympathies « modernistes » de l'auteur de la préface, sans aucun doute Misson. Ces thèmes polémiques, diffusés notamment par Perrault et par Fontenelle pour le camp « moderniste » en France (*Digression sur les Anciens et les Modernes*, 1688), se sont également propagés en Angleterre, comme l'atteste la satire de Swift *The Battle of the Ancient and the Modern Books* (1704).

14 La cible de cette attaque est peu claire de prime abord. Comme il apparaît ensuite, il s'agit de nouveau de Dom Bernard de Montfaucon, déjà visé plus haut.

15 Autre bénédictin et érudit célèbre, Dom Jean Mabillon (1632-1707) visita en 1685 et 1686 les principales bibliothèques d'Italie pour le compte de la Bibliothèque royale. Spécialiste des documents anciens (paléographie et diplomatique), il est aussi l'auteur de *l'Iter Italicum*, ainsi que d'un *Musæeum italicum litterarium*, publiés tous deux en 1687.

16 Flaminius Vacca, sculpteur, archéologue et érudit italien de la fin du XVIe siècle, est l'auteur de divers mémoires sur les antiquités romaines et leur redécouverte à l'époque moderne. Ses travaux sont abondamment cités par Dom Bernard de Montfaucon dans son *Diarium italicum, sive monumentorum veterum, bibliothecarum, musaeorum, etc. notitiae singulares in itinerario italico collectae*, Paris, J. Anisson, 1702.

17 Ce journal doit être le *Diarium italicum* déjà cité. Le recours ironique à une expression latine signifiant quelque chose comme « la cohue des savants » ou « le tout-venant des érudits » renvoie au titre jugé pédantesque de l'ouvrage de Montfaucon.

n'y a là-dedans que très peu de chose qui mérite d'être envoyé à Messieurs de Trévoux[18], ou ailleurs. Avait-on affaire de sa querelle d'Allemand[19], et de son triomphe chimérique, sur le fait de l'Évangile de saint Marc, écrit de la PROPRE MAIN du saint, en LATIN ? Encore, si ce *moine bourru*[20] eût conté modestement ses petites raisons ! S'il n'eût pas choqué avec autant de rusticité que d'injustice, des gens qui n'ont pensé à lui ni en bien, ni en mal, et qui sont en état de lui donner la discipline quand bon leur semblera !

Pour moi donc, j'écris en français, en mon simple français ; n'aspirant, ni à un plus haut degré de beauté de style, qu'à ce qui est nécessaire pour être entendu, ni à aucun langage *surnaturel.*

Au reste, souvenez-vous, je vous prie, lecteur, que des îles désertes n'ont eu garde de me fournir l'ample matière que les voyageurs rencontrent ordinairement dans les pays habités qu'ils visitent. Je n'ai trouvé ni villes, ni temples, ni palais, ni cabinets de raretés, ni monuments antiques, ni académies, ni bibliothèques ; ni peuples, sur la religion, la langue, le gouvernement, les mœurs et coutumes desquels, j'eusse des observations à faire. J'ai déjà dit, et je répéterai encore, que ce qui donne quelque valeur, au peu de choses que j'ai été encouragé de vous présenter, c'est premièrement ce qu'il y a de *particulier* et d'*extraordinaire*, dans les faits et les aventures. Habiter deux ans un désert, s'en sauver par merveille ; retomber de Charybde en Scylla, comme dit le proverbe ancien ; souffrir mille misères, pendant trois nouvelles années, sur un rocher sec par une

18 Les *Mémoires pour l'Histoire des Sciences et des Beaux-Arts*, d'abord publiés à partir de 1701 à Trévoux, dans la principauté des Dombes (d'où l'appellation de *Journal de Trévoux*), étaient l'organe des Jésuites. Ce périodique savant, qui se proposait de rendre compte de l'ensemble des publications européennes dans le domaine de l'érudition, se consacra aussi à la polémique anti-protestante et anti-janséniste, plus tard à la lutte anti-philosophique.

19 Plaisanterie pour initiés : c'est une allusion aux controverses paléographiques autour du P. Michel Germain (1645-1694), collaborateur du P. Mabillon, concernant les critères d'authenticité des manuscrits anciens. La version satirique que donne Misson de l'affaire du manuscrit attribué à saint Marc est d'une parfaite mauvaise foi. Misson donne ailleurs une relation détaillée et plus honnête de l'affaire : Montfaucon, qui a examiné ce document presque illisible et constaté qu'il était bien rédigé en latin et non en grec (« *Caracteres autem, etsi vix legi possint, evidenter latini sunt* », note Montfaucon cité par Misson), se borne à rapporter sans la reprendre à son compte la tradition qui l'attribuait à l'évangéliste. Voir F.-M. Misson, *Voyage d'Italie, édition augmentée de remarques nouvelles et intéressantes*, Amsterdam et Paris, Clousier, David, Durand et Damonneville, 1743, vol. I, p. 241-242.

20 Moine bourru : Le « moine bourru », fantôme revêtu d'une robe de bure, est une figure familière des croyances populaires du temps. Misson « détourne » plaisamment la formule pour l'appliquer à Montfaucon, moine bénédictin de la Congrégation de saint Maur.

persécution inouïe ; en être délivré contre l'apparence ; et le tout, avec des circonstances étranges : il y a en cela quelque chose de *singulier*[21]. Secondement, c'est la pure et naïve *vérité* de tout ce que je raconte. Je n'ai point eu la pensée d'embellir mes récits, en exagérant rien, aux dépens de cette vérité, que j'ai toute ma vie respectée. Et j'ajouterai, pour votre satisfaction, qu'il y a encore deux témoins vivants de tout ce que j'avance[22].

Entre les choses qui se rapportent par ceux qui ont voyagé les derniers, dans des lieux connus et décrits, il est inévitable qu'il n'y en ait pas quelques-unes dont les premiers n'aient pas déjà fait quelque mention. Quoi qu'il en soit, à mon égard, lorsque je parle du cap de Bonne-Espérance, de Batavia et de quelques autres endroits dont plusieurs voyageurs ont écrit, je parle des choses qui m'ont paru dignes d'être remarquées, sans m'informer beaucoup de ce qui peut en avoir été dit par d'autres. Si, dans ces occasions, je fais des remarques qui n'aient pas la grâce entière de la nouveauté ; en récompense, elles se trouveront sans doute accompagnées de circonstances nouvelles. Car quand est-il arrivé, que deux hommes qui ne sont pas copistes, mais témoins oculaires, et juges des choses, aient parlé de la même manière sur un même sujet[23] ?

Je finirai par quelques réflexions sur trois difficultés, qui m'ont été faites. Car je ne veux rien vous dissimuler, cher lecteur, ni rien négliger pour vous satisfaire.

I. On dit que j'ai des digressions[24].

Sur cela, je vous prie de considérer deux choses. J'avoue qu'en écrivant ces mémoires, il m'est souvent venu une même pensée qu'à M. l'abbé de Choisy, de qui nous parlions tout à l'heure. « J'ai du regret (dit-il de

---

21 Ce développement esquisse la lecture « providentialiste » de l'aventure de Leguat qui sera développée plus loin.

22 Bénelle et la Case, les survivants de l'expédition.

23 On peut voir dans l'opposition établie entre les « copistes », qui ne font que reproduire sans vérification une tradition écrite, comme les voyageurs érudits à l'ancienne mode qui fréquentent surtout les bibliothèques, et les voyageurs « de terrain » qui pratiquent l'« autopsie » et valorisent le témoignage vécu, une allusion indirecte aux controverses entre catholiques et protestants sur l'autorité du témoignage, les « variations » reprochées aux seconds étant en réalité un argument positif, de même que les menues divergences entre les Évangiles sont une preuve de leur vérité.

24 On trouve un développement parallèle dans l'« Avis sur cette nouvelle édition » (édition de 1727) du *Nouveau voyage d'Italie* de Misson : « Je sçai qu'on a dit aussi que j'estois tombé dans quelques digressions [...]. Quelques petites digressions dans un narré tel que seroit la séche & nue Relation d'un Voyage, quand elles sont au sujet, peuvent heureusement l'égayer » (*op. cit.*, non paginé).

temps en temps) que la matière ne se présente pas telle que je la désirerais [...] Je donne ce que j'ai. Je voudrais bien avoir plus de jolies choses à vous dire ». La vérité est que je me suis trouvé bien des fois dans un pareil cas. Mes îles dépourvues, ne m'ont pas assez fourni de variété ; et je confesse que pour en trouver, je me suis quelquefois un peu écarté.

Cependant, si on me rend justice, on approuvera, à ce que j'espère, la seconde réponse que j'ai à faire. Il me semble que le vrai caractère d'une bonne relation, c'est de contenir les choses remarquables que le voyageur a vues, qu'il a apprises, ou qui lui sont arrivées ; d'une manière telle, que son lecteur en soit informé, comme s'il avait voyagé lui-même ; comme s'il avait été témoin de tout. À prendre la chose ainsi, on peut rapporter tout ce qui est parvenu à sa connaissance ; conversations, discours, aventures, réflexions : bien entendu, que ce soient des choses tellement fournies par le voyage, qu'on n'eût pu se les acquérir autrement. Comme au contraire, ce qu'on pourrait imaginer de meilleur et de plus agréable, n'entrerait que fort mal à propos, dans une relation de cette nature si cela n'était né pour ainsi dire dans le voyage, et ne lui appartenait pas proprement et indépendamment.

Suivant cette idée, j'ai pu vous raconter au long, sans sortir de mon caractère, tout le grand entretien sur le sujet des femmes ; de même que tout l'extrait des *Sentences dorées ;* sur les droits de l'homme ; et presque toutes les autres choses, qui paraissent s'éloigner du sujet[25].

II. Les uns m'ont conseillé de mettre mon nom ; et les autres ont été d'avis que je ne le devais pas mettre. Ceux-ci se fondent sur un principe d'humilité ou de modestie, comme la chose s'explique d'elle-même. Et les autres prétendent que tout homme qui affirme un fait, est dans l'obligation de se faire connaître.

Je suis tout à fait dans ce dernier sentiment. Je crois que quiconque parle en témoin, doit, comme on dit, décliner son nom. Son devoir est, à mon avis, de n'omettre rien de ce qui peut servir à persuader de sa candeur, et de la très exacte vérité de tout ce qu'il dit[26]. En mon particu-

---

25 Misson signale ainsi lui-même les principaux passages interpolés dans la relation originale. Il convient sans doute d'y ajouter l'épitaphe d'Isaac Boyer et l'ode à l'île Rodrigue (fin du livre I) ainsi que le « cantique » concluant l'ouvrage, peut-être aussi d'autres interventions moins visibles ; voir l'introduction.

26 Hormis des cas particuliers comme celui de Robert Challe, dont toutes les œuvres ont été publiées anonymement comme une affirmation paradoxale d'identité, la question

lier, j'avoue que je ne fais aucun cas d'un voyage sans nom d'auteur : ni même, de la relation d'un voyageur de médiocre réputation, lors même qu'il donne son nom, s'il ne produit pas aussi des témoins ; principalement quand il vient de loin[27]. Ne sait-on pas comment les hommes sont faits ? La tentation est grande à un voyageur médiocrement fidèle, qui ne se nomme pas, ou qui n'est pas soutenu par des témoignages, de broder un peu ses histoires pour les rendre plus agréables. Et nous avons tant de preuves de cette vérité, que personne ne la peut révoquer en doute.

Je conclus donc une seconde fois, que tous ceux qui racontent au public les choses rares et éloignées qu'ils ont vues, sont dans la nécessité indispensable de faire savoir clairement, et distinctement qui ils sont ; et même, d'insinuer sans affectation, toutes les particularités qui sont propres à leur acquérir une juste créance. D'où il s'ensuit naturellement, que les auteurs de relations qui n'ont point de nom, sont presque toujours des fripons et des fourbes, qui imposent au public ; et qui d'ordinaire ont quelque lâcheté pour principal but[28].

Tel est, assurément, l'auteur d'un misérable livre éclos depuis deux ans, sous le titre de *Remarques historiques et critiques faites dans un Voyage d'Italie en Hollande, l'an 1704. Contenant les mœurs de la Carniole, etc.*

---

de l'anonymat en littérature au début du XVIIIe siècle paraît liée à des déterminismes politico-sociaux (censure, appartenance de classe : un noble peut-il publier des livres ?), à des conventions de lecture entre l'auteur et son public (l'anonymat est un moyen de le sélectionner lorsque l'identité de l'anonyme est connue d'un cercle volontairement restreint), mais surtout à la poétique et à la sociologie des genres : si l'anonymat est de règle dans le roman, il ne peut en être de même dans les récits de voyages, où l'auteur remplit une fonction testimoniale. Toutefois le « je » qui rappelle cette distinction, en effet pertinente alors, est ici celui du préfacier, non celui de l'auteur, comme le lecteur distrait en aura sans doute eu l'illusion…

27 Cette référence allusive au dicton « A beau mentir qui vient de loin » et au topos classique des mensonges des voyageurs n'est pas exempte d'ambiguïté voire d'ironie : elle émane du préfacier anonyme, non de l'auteur, et si ce dernier a bien un nom, Leguat, personnage inconnu, fait indiscutablement partie des « voyageurs de médiocre réputation ».

28 Dans l'« Avis sur cette nouvelle édition » de l'édition de 1727 du *Nouveau voyage d'Italie*, La Haye, Henry van Bulderen, 1727, Misson s'en prend en des termes voisins à « ces voyages faits au coin du feu, que l'on publie sous le nom de relations véritables ». Curieusement, certains passages de cette diatribe pourraient s'appliquer à des relations de voyages du type de celle de François Leguat : « Les fables, ou les fictions, ou les mauvaises copies dont les écrits de ces sortes de gens-là sont remplis, surtout quand ils viennent de loin, m'ont quelquefois donné lieu de faire remarquer à mes amis qu'il est beaucoup plus difficile de parler avec succès d'un pays voisin et connu, *que de quelque île nouvellement découverte, ou de quelques régions éloignées* » [« Avis », non paginé ; nous soulignons] ; ce qui laisse perplexe sur la nature de la relation entre l'auteur et son préfacier…

L'impudent anonyme, que l'on connaît[29], et qui a forgé ce tissu de fables, selon sa pratique ordinaire, n'a eu d'autre vue, après l'espoir de quelque vil et honteux profit, que celle d'insulter, contre toute justice, une personne qu'il devrait honorer, et qui l'épargne depuis trop longtemps. Il est bon de faire quelquefois remarquer au public, certains vilains tours qu'on lui joue, et dont il n'y a que peu de personnes qui s'aperçoivent.

III. Voici ce qu'on a dit encore. Quand on m'a vu, tantôt malade à mourir, d'un cruel scorbut : tantôt, persécuté par des armées de rats : tantôt exposé à la fureur des tempêtes de mer, et des ouragans : tantôt, servant de jouet à un petit tyran ; on m'a dit : « Pourquoi vous engagiez-vous dans une pareille entreprise ? Ne saviez-vous pas qu'il n'y a rien de plus incertain, ni de plus difficile, que tous ces établissements dans de nouveaux mondes, de quelques belles couleurs que ceux qui y ont un intérêt particulier les dépeignent ? Et pouviez-vous ignorer les grands travaux, et les grands dangers, qui accompagnent toujours l'exécution de ces projets-là ? »

Voici donc quelle fut ma raison. Après avoir été contraint de quitter ma patrie, avec tant de milliers de mes frères ; d'abandonner mon petit héritage, et de m'éloigner pour jamais, selon la plus grande apparence, des personnes qui m'étaient chères, sans trouver dans le nouveau pays où je fus d'abord transporté, le secours suffisant que demandait ma pressante nécessité, je me livrai tout entier, pour ainsi dire, à la Providence. Je me déterminai humblement, et patiemment, à me servir du moyen présent qui m'était offert de maintenir, peut-être, ma vie. Las du tracas du Monde, et fatigué des peines que j'y avais souffertes, j'en quittai la vanité et le tumulte, sans aucun regret ; et dans un âge déjà avancé, je songeai à tâcher de vivre et de mourir en paix, hors de ses ordinaires, et fréquents dangers. N'ayant plus rien à perdre, je ne risquais rien, et je pouvais espérer beaucoup. Je pouvais espérer pour toujours, le délicieux repos que je n'ai trouvé que pour un temps, dans l'île où j'ai très doucement passé deux

29 Il s'agit de Casimir Freschot, journaliste et compilateur auteur de nombreuses publications, moine défroqué installé en Hollande et vieil ennemi de Misson. Ce dernier est violemment et nommément pris à partie dès l'introduction de cet ouvrage, anonyme en effet : « Car enfin, que pourroit répondre aujourd'hui p. e. M. Misson à ceux qui le feroit réfléchir sur les pauvretez qu'il rapporte çà et là dans son *Voyage d'Italie*, & qui font rire ses Lecteurs un peu instruits, non pas des sotises incroyables dont il s'est chargé, mais de la crédulité avec laquelle il les a reçû ? », *Remarques historiques et critiques*, Cologne, Jacques le Sincère, 1705, t. I, Préface (non paginée). Nous respectons l'orthographe de cette diatribe, qui se prolonge dans la suite de l'ouvrage.

années ; et où j'aurais, sans doute, heureusement achevé ma course, si le méchant homme qui nous y conduisit[30] ne nous eût pas trahis, et n'eût pas fait échouer le dessein qui avait été formé en Hollande.

Après tout, j'ai respiré là un air admirable, sans la moindre altération de ma santé. J'y ai été nourri en Prince, dans l'aise et dans l'abondance, sans pain et sans valets. J'y ai été riche, sans diamants et sans or, comme sans ambition. J'y ai goûté un secret et indicible contentement, de ce que j'étais moins exposé qu'à l'ordinaire, aux tentations de pécher. Recueilli très profondément en moi-même, mes sérieuses réflexions m'ont fait voir là, comme au doigt et à l'œil, le néant d'une infinité de choses qui sont en grande vogue parmi les habitants de cette malheureuse Terre ; de cette Terre où l'Art détruit presque toujours la Nature, sous prétexte de l'embellir ; où l'Artifice, pire que l'Art, l'Hypocrisie, la Fraude, la Superstition, la Rapine, exercent un tyrannique empire ; où tout, pour ainsi dire, n'est qu'Erreur, Vanité, Désordre, Corruption, Malice et Misère[31].

Et j'ajouterai par avance ici, que quelque inconvénient qu'il y eût à demeurer plus longtemps dans cette île, ç'a été la force seule qui m'en a fait sortir. Ce n'a été que l'humeur bouillante, la précipitation indomptable, et la téméraire entreprise de sept jeunes gens, inconsidérés EN CELA, qui m'ont arraché de ce tranquille séjour.

Mais non, c'est l'ouvrage de la Providence, de cette Providence même qui m'y avait conduit. C'est Elle qui m'a fait traverser sûrement tant d'abîmes ; et qui, après m'avoir garanti et délivré de mille périls, m'a heureusement transporté de mes îles désertes, dans la vaste, puissante et glorieuse île de la GRANDE-BRETAGNE, où la charité de ses généreux habitants m'a tendu la main, et a enfin fixé le repos que je pouvais attendre ici-bas[32].

*

30 L'allusion paraît viser Valleau, le capitaine de *L'Hirondelle*.

31 Fondé sur la thématique chrétienne du « mépris du monde » et sur la positivité paradoxale de l'expérience de la solitude insulaire, ce développement semble bien avoir inspiré la méditation sur laquelle s'ouvre l'anniversaire de la quatrième année du naufrage qui a jeté Robinson dans l'île ; voir Daniel Defoe, *Vie et aventures de Robinson Crusoé*, éd. F. Ledoux, Paris, Gallimard, « Bibliothèque de la Pléiade », 1959, p. 128-129.

32 Esquissant le glissement de la poétique du récit de voyage (vérité et mensonge, autorité du témoignage) vers une problématique personnelle du ressourcement dans la solitude insulaire, ces développements conclusifs pourraient être attribués non plus à Misson mais à Leguat, si l'on admet que ce dernier est responsable d'une partie de la préface comme le croit North-Coombes. Mais il est difficile d'en apporter la preuve formelle.

LE VOYAGE ET LES AVENTURES DE FRANÇOIS LEGUAT, GENTILHOMME BRESSAN

PREMIÈRE PARTIE

[PRÉPARATIFS DE L'EXPÉDITION]

L'état des affaires de la religion en France, m'ayant obligé de chercher quelque moyen d'en sortir, je me servis de celui que la Providence me fournit pour passer en Hollande ; et j'y arrivai le 6 d'août, l'an 1689.

À peine avais-je commencé à goûter dans cet heureux séjour la précieuse liberté dont j'avais été privé pendant les quatre dernières années de ma vie, depuis la révocation de l'édit de Nantes en 1685, que j'appris que M. le Marquis DUQUESNE[1], sous le bon plaisir et sous la protection de MESSIEURS LES ÉTATS-GÉNÉRAUX, et de Messieurs les Directeurs de la Compagnie des Indes Orientales, faisait des préparatifs pour un établissement dans l'île de Mascareigne. Pour cet effet, il armait à Amsterdam deux gros vaisseaux sur lesquels on devait recevoir *gratis*[2] tous les Français protestants réfugiés qui voudraient être de cette colonie. La description qui parut alors de cette île, à laquelle on donnait le nom d'Éden à cause de son excellence, m'en donna une si bonne opinion, que je fus tenté de l'aller visiter, résolu d'y finir mes jours hors des embarras du monde, si j'y trouvais seulement une bonne partie des choses que l'on en disait.

1 Henri Abraham, son frère, devait aussi être de la compagnie [N.D.A.]. Il doit s'agir d'Abraham III Duquesne-Monros (1663-1695), capitaine de vaisseau, passé en Hollande en 1689.

2 En réalité, comme le stipule le troisième *Mémoire* de Duquesne, les futurs colons devaient payer leur passage.

FIG. 4 – « Nos patria pulsos… » (frontispice).

La facilité qu'il y avait à entrer dans cette colonie, jointe à l'idée du repos et de la douceur dont j'espérais jouir dans une si belle île, levèrent tous les obstacles qui d'ailleurs semblaient pouvoir m'arrêter. Je me présentai donc à Messieurs les intéressés, ils me reçurent avec bonté, et ils m'honorèrent de la charge, ou du nom de major du plus grand des deux vaisseaux (nommé *La Droite*).

L'embarquement de tout ce qui était nécessaire étant fait, et toutes choses étant prêtes pour mettre à la voile ; comme on n'attendait plus que le vent pour partir, on apprit que le roi de France, qui avait autrefois pris possession de cette île[3], envoyait une escadre de sept vaisseaux de ce côté-là. L'incertitude où l'on fut du dessein de cette petite flotte, et une juste crainte fondée sur quelques avis que l'on avait reçus depuis peu de France, furent des motifs assez puissants pour obliger M. DUQUESNE à désarmer : il appréhendait d'exposer au danger de pauvres gens déjà assez misérables, dont même la plus grande partie n'était composée que de femmes, et d'autres personnes sans défense. Mais afin d'être pleinement informé des desseins de cette escadre, s'il y en avait, il résolut d'armer une petite frégate, et de l'envoyer à la découverte. Quelques personnes choisies la montèrent et furent chargées des ordres qui concernaient le dessein du voyage. Ces ordres portaient en substance :

1. Que l'on eût à visiter les îles qui se trouveraient sur la route du cap de Bonne-Espérance ; et surtout, celles de Martin-Vas, et de Tristan.
2. Que l'on passât ensuite au cap de Bonne-Espérance, pour y apprendre, s'il était possible, des nouvelles plus sûres de l'île d'Éden, et du dessein de l'escadre française que l'on disait être en mer[4].
3. Que l'on prît possession de l'île de Mascareigne au nom dudit Marquis, qui était autorisé par les États-Généraux, en cas qu'il n'y eût point de Français.

---

3 Première prise de possession de l'île au nom du roi (elle est alors nommée Mascarin, ou Mascareigne, ou Appolonia) par le capitaine du *Saint-Alexis* Salomon Goubert (1640), renouvelée en 1642 par l'agent de la « Société de l'Orient » Jacques de Pronis, puis en 1649 par le capitaine du *Saint-Laurent* Roger Le Bourg, représentant du gouverneur de la colonie de Fort-Dauphin Étienne de Flacourt, qui lui donna le nom de Bourbon.

4 Il s'agit de l'escadre de l'expédition de Siam (1687), à laquelle participèrent, outre Abraham Duquesne-Guitton (1653-1724), petit-neveu converti au catholicisme du « Grand Duquesne », le P. Tachard et l'abbé de Choisy, auteurs de récits auxquels le *Voyage de François Leguat* fait allusion (voir l'introduction). Mais elle ne passa pas par Bourbon.

4. Que, si l'on n'y pouvait entrer sans risquer considérablement, on passât jusqu'à l'île de Diego-Ruys, que nos Français ont appelée Rodrigue.
5. Que si l'on jugeait que cette île fût suffisamment pourvue des choses nécessaires pour faire un quartier d'assemblée[5], et pour la subsistance de ceux qui voudraient y demeurer, l'on en prît possession au nom dudit Marquis.
6. Que l'on renvoyât le vaisseau, après qu'on en aurait déchargé les choses qui étaient destinées pour l'établissement de ceux qu'on laisserait dans ce nouveau monde.
7. Et enfin, que l'on fît une relation exacte de l'île dans laquelle on demeurerait, jusqu'à l'arrivée de la colonie, qui ne tarderait tout au plus que deux ans, et qui s'emparerait ensuite de l'île d'Éden, sous la protection, et avec les secours suffisants de Messieurs de la Compagnie.

Ce projet étant formé, on travailla à l'exécuter avec tant d'ardeur et de promptitude, que le bâtiment fut en état de mettre à la voile en fort peu de temps. On eut soin de le munir de toutes les choses que l'on jugea être nécessaires pour une semblable expédition ; et à cause de la légèreté et de la vitesse de ce petit vaisseau, on le nomma *L'Hirondelle*. Le pavillon, aux armes de Monsieur Duquesne, avait pour devise celle du sage pape Adrien VI, *Libertas, sine licentia*[6]. Cette petite frégate fut montée de six pièces de canon et de dix hommes d'équipage, et commandée par Antoine Valleau, de l'île de Ré. Mais, quand on fut prêt à partir, plusieurs de ceux qui s'étaient enrôlés perdirent courage ou changèrent d'avis ; de sorte que de vingt-cinq que nous étions, nous nous trouvâmes réduits au nombre de dix :

---

5 Quartier d'assemblée : « On nomme *Quartier d'assemblée*, un lieu choisi sur la frontière, ou dans le Royaume, où les troupes se rendent, pour de là marcher en corps à l'ennemi » (*Acad. 1762*). Cet emploi militaire confirme les projets d'invasion de l'île Bourbon prêtés alors aux Hollandais, auxquels le point suivant fait allusion ; mais le mot *quartie*r désigne aussi aux Mascareignes une subdivision territoriale au sens administratif.

6 Curieux choix pour un équipage de huguenots. C'est en réalité une variation sur la devise de l'imprimeur figurant sur la vignette de la page de titre dans certains exemplaires de l'édition originale, *Libertas sine scientia licentia est.* Élu contre son gré, Adrien VI ou Adrien d'Utrecht, pape de 1522 à 1523 et le seul qui ait été d'origine hollandaise, eut à gérer le schisme de Luther. Connu pour sa piété et l'austérité de ses mœurs, il s'attira l'hostilité de la cour pontificale en la rendant responsable par sa corruption de la crise de la Réforme. C'est une addition de Misson, qui lui rend hommage dans l'édition anglaise de son *Nouveau voyage d'Italie* selon Pasfield Oliver (éd. citée, p. 5, n. 2).

FIG. 5 – Le pavillon de l'Hirondelle.

Paul Be***le[7], âgé de vingt ans, fils d'un marchand de Metz.
Jacques de La Case, âgé de trente ans, fils d'un marchand de Nérac ; il avait été officier dans les troupes de Brandebourg.
Jean Testard, droguiste, âgé de vingt-six ans, fils d'un marchand de Saint-Quentin en Picardie[8].
Isaac Boyer, marchand, âgé de près de vingt-sept ans ; fils d'un apothicaire d'auprès de Nérac[9].
Jean de La Haye, orfèvre, âgé de vingt-trois ans, de Rouen[10].
Jacques Guiguer, âgé de vingt ans, fils d'un marchand de Lyon.
Jean Pagny, âgé de trente ans, prosélyte, et praticien[11] à Rouen.
Robert Anselin, âgé de dix-huit ans, fils d'un meunier, de Picardie.
Pierrot, âgé de douze ans ; de Rouen ;
et François Leguat, écuyer[12], âgé de plus de cinquante-deux ans, de la province de Bourgogne, que l'on mit en tête des autres[13].

---

7 Bénelle, installé à Amsterdam, étant le seul des survivants de l'expédition susceptible d'être aisément identifié par le public (La Case est alors en Amérique), on peut voir dans l'occultation de son nom par l'imprimeur un motif de discrétion, sa famille étant bien connue dans la ville. Toutefois d'autres explications ont été avancées, notamment par ceux qui supposent que Bénelle, qui aurait tenu un journal de son voyage, aurait aussi pu être le véritable auteur de la version primitive du récit. Selon l'hypothèse de l'ornithologue A. E. H. Swaen (rapportée par I. H. van Eeghen, art. cité p. 401), Misson aurait préféré mettre en avant en tant qu'auteur un « homme de paille », savoir Leguat. On trouvera dans cette même étude diverses informations biographiques concernant Bénelle, mort à Amsterdam en 1746.

8 Sur Testard, parent et allié de Paul Bénelle, lequel épousa en 1703 sa demi-sœur Henriette, voir le témoignage familial de son oncle Jacob Crommelin sur sa participation à l'expédition dans I. H. van Eeghen, art. cité, p. 407-408.

9 I. H. van Eeghen, art. cité, p. 405, a retrouvé la trace de l'admission le 3 août 1687 à l'Église Wallonne d'Amsterdam, sur la base d'une attestation délivrée en France à Loudun, d'un Isaac Boyer, vraisemblablement le même.

10 Natif de Bolbec, près de Rouen, il devint citoyen d'Amsterdam le 27 juillet 1787 et membre de l'Église wallonne le 27 décembre 1689 (voir I. H. van Eeghen, art. cité, p. 405).

11 Praticien : Au XVIIIe siècle, le terme désigne les employés de l'administration judiciaire et dans certains cas les chirurgiens.

12 Écuyer : « Aujourd'hui, l'Écuyer est le titre que portent les simples Gentilshommes et les Annoblis. *Il est défendu de prendre la qualité d'Écuyer, si l'on n'est noble* » (*Acad. 1762*). Toutefois, à la différence du titre de chevalier, cette qualification n'est pas reconnue comme titre de noblesse. Sur la biographie de Leguat et les débats concernant sa responsabilité dans l'ouvrage publié sous son nom, voir l'introduction.

13 P. Thomas oublié [N.D.A.]. Pierre Thomas, pilote de *L'Hirondelle* brouillé avec le capitaine Valleau et signataire de la pétition contre lui adressée au gouverneur du Cap Simon Van der Stel, choisit à l'arrivée à Rodrigue de rester sur place avec le groupe.

[DÉPART DE « L'HIRONDELLE »]

Quoique ce nous fût un sujet de douleur de nous voir privés, lorsque nous nous y attendions le moins, de quinze compagnons apparemment destinés à même fortune, qui nous auraient pu être en secours et en consolation, nous nous abandonnâmes de bon cœur à la Providence, et nous partîmes d'Amsterdam le 10 juillet 1690. Nous arrivâmes le 13 à la rade du Texel[14], et nous y demeurâmes jusqu'au quatrième de septembre suivant. Nous remîmes à la voile accompagnés de vingt-quatre vaisseaux tant anglais que hollandais, et nous prîmes la route du nord, à la faveur d'un vent est-sud-est, qui enflait nos voiles à souhait : mais la nuit suivante, il devint contraire, et il s'éleva une tempête, qui ne nous fit pourtant d'autre mal que celui de nous faire payer à la mer le tribut accoutumé[15]. Le 14, le vent ayant sauté au sud-ouest, notre amiral tira un coup de canon pour faire tenir route au nord. Et le lendemain nous aperçûmes les îles de Shetland, étant à la hauteur de vingt-neuf degrés quarante-deux minutes. Le 18, nous approchâmes de ces îles et notre vaisseau mit le cap au nord-nord-ouest pour les parer ; ce qu'il ne fit pas sans peine. Notre intention était de passer par les Orcades méridionales, sans nous éloigner si fort vers le nord, mais le vent ne le permit pas. Celui qui était au gouvernail, et qui ne s'apercevait pas qu'un courant rapide emportait le vaisseau, fut bien surpris quand il vit un rocher plat qui n'était couvert que d'un pied d'eau, et qui n'était éloigné que de sept ou huit brasses. Il fit un cri d'effroi qui nous saisit tous, et chacun se mit à se dépouiller, pour tâcher de gagner l'île à la nage. Mais l'eau suffisamment profonde, à côté de ce même rocher, donna passage à la pauvre petite frégate, et nous eûmes le bonheur d'éviter cet écueil.

Ceux qui ont été jusqu'à ce bout du monde, dit un ancien auteur, jusqu'à cette fameuse Thulé[16], ont le droit de mentir impunément, et d'en faire accroire, sans crainte d'être repris. Et certainement, le nombre de ceux qui se sont mis en possession de ce privilège est fort grand,

14 Cette rade protégée par une île de l'archipel de la Frise est au XVIIe siècle l'un des grands ports de la V.O.C. à destination des Indes Orientales.

15 Tribut : Cet euphémisme traditionnel désigne les effets du mal de mer.

16 Shetland [N.D.A.]. Thulé, qui a désigné les terres semi-légendaires de l'extrême nord, notamment l'Islande et le Groenland, est aussi le nom antique des Shetland et des Orcades. Les conflits franco-anglo-hollandais de la guerre de la ligue d'Augsbourg expliquent la précaution prise de contourner par le nord les îles Britanniques afin d'éviter la flotte française de la Manche.

conformément aussi à notre vieux proverbe : *A beau mentir qui vient de loin.* Pour nous, nous dirons scrupuleusement la vérité pure, tout comme si nous n'avions point été à Thulé.

Cette île nous fit peur encore, en nous montrant un second rocher, qui s'opposait à notre route. Et comme nous étions occupés à nous garantir de ce nouveau danger, un de nos matelots aperçut un capre[17] français qui forçait de voiles, pour nous attraper. On fit la prière, et nous nous préparâmes à la défense ; mais nous fûmes assez heureux pour échapper aussi à cet ennemi. Dès que nous eûmes paré le cap qui nous mangeait le vent, il ne gagna plus rien sur nous, et la nuit survenant après six heures de fuite, nous déroba à sa vue, et favorisa la fausse route que nous fîmes pour nous sauver. Nous fûmes fortement persuadés par cette double délivrance dans un même jour, d'une singulière protection de Dieu ; et nous lui en rendîmes nos actions de grâce.

Le 22, nous prîmes à la main une espèce de corlieu[18] qui se vint jeter sur nos voiles. Quantité d'alouettes de mer nous accompagnaient en volant autour de nous.

Le 28, nous passâmes en revue une armée innombrable de marsouins qui nous donna du plaisir. Il nous semblait effectivement qu'ils marchaient en ordre de bataille, et qu'ils sautaient tour à tour, en gardant leurs rangs. Ils venaient vers nous, et ils s'en approchèrent si bien, qu'on en harponna un ; on n'en voulut pas davantage. On les darde avec un trident qui est attaché au bout d'une corde. Quand ils sont percés, ils s'affaiblissent par la perte de leur sang, et alors on les enlève facilement. Ces animaux ont le sang chaud ; et ils portent leurs petits dans le ventre, de même que les baleines, les lamantins, et quelques autres poissons[19]. Le dedans de leur corps est fort semblable à celui du pourceau ; mais la chair en est huileuse, et de mauvais goût.

Le 6 d'octobre, nous aperçûmes une escadre de treize gros vaisseaux de guerre hollandais, dont l'un se détacha pour nous donner la chasse, ne nous connaissant point. Quand il nous eut atteint, il arbora son pavillon, et nous le nôtre, et chacun continua sa route.

---

17 Capre : Vaisseau corsaire (*Littré*).

18 Corlieu : Selon *Acad. 1694*, synonyme de courlis, « sorte d'oiseaû de riviere du genre de ceux qui n'ont pas le pied plat, lequel a le bec fort long & courbé, & est haut enjambé de couleur grise, marqueté de taches rouges & noires ».

19 Poisson : « Animal qui naist, & qui vit dans l'eau » (*Acad. 1694*). Le terme s'applique donc aussi aux mammifères marins ; Leguat suit ordinairement cet usage.

Le 22 au clair de la lune, nous aperçûmes les îles Canaries ; et là, nous rencontrâmes les vents alizés, qui ne nous quittèrent, ou que nous ne quittâmes que vers le neuvième degré. Nous nous croyions, par estime, à plus de cinquante lieues au vent de Palma[20], et nous nous trouvâmes entre Forte-Ventura et la Grande Canarie. Nous côtoyâmes la première à bâbord tout le long du jour ; et sur le soir, à soleil couchant nous découvrîmes la Grande Canarie. Nous la passâmes pendant la nuit sans voir aucun vaisseau, quoique d'ordinaire on y en rencontre, et surtout des Turcs. Ils se mettent là en embuscade, pour attraper les navires qui vont charger des vins.

[POISSONS VOLANTS]

Le 28 à la hauteur du vingt-quatre degré vingt-neuf minutes, nous vîmes tout autour de nous un grand nombre de poissons volants. J'en considérai un avec beaucoup d'exactitude qui avait environ dix pouces de long : il y en a peu de plus grands, et beaucoup d'un peu plus petits. Le dos est d'un brun roussâtre, marqueté de taches bleues, tirant sur le vert, avec un peu de noir. Le ventre nué[21] de blanc et de bleu ; et les côtés couverts de petites écailles d'un roux obscur. Les grandes ailes ou nageoires sont brunes, parsemées de taches de vert de mer : les petites sont d'un gris clair, et la queue aussi. L'œil est grand et élevé, la prunelle large et bleue, et le reste blanc. Ce qui est pointillé à la tête, est grisâtre, et comme une espèce de chagrin fort rude.

20 Donc très à l'ouest de l'île la plus occidentale de l'archipel (les autres îles mentionnées sont nettement plus à l'est). Faute de garde-temps précis (la mise au point des chronomètres de marine n'est pas antérieure aux années 1775), l'appréciation de la longitude nécessite des observations astronomiques souvent irréalisables en mer plus des calculs complexes, ou à défaut oblige à s'en remettre aux observations empiriques et à l'expérience du pilote. De tels incidents de navigation sont par conséquent extrêmement dangereux, mais d'une grande banalité. Spécialiste de la question des longitudes, l'astronome Pingré relate ainsi dans son *Voyage à Rodrigue* de 1761 une erreur similaire, le navire sur lequel il se trouve ayant sans le savoir traversé nuitamment plus au sud l'archipel du Cap Vert, dont on se croyait fort éloigné (A. G. Pingré, *Voyage à Rodrigue*, *op. cit.*, p. 60-61).

21 Nuer : « Assortir de couleurs dans des ouvrages de laine ou de soye, de manière qu'il se fasse une diminution insensible d'une couleur à l'autre [...] » (*Acad. 1694*). *Nuancer* n'apparaît que dans l'édition de 1762.

FIG. 6 – Marsouin.

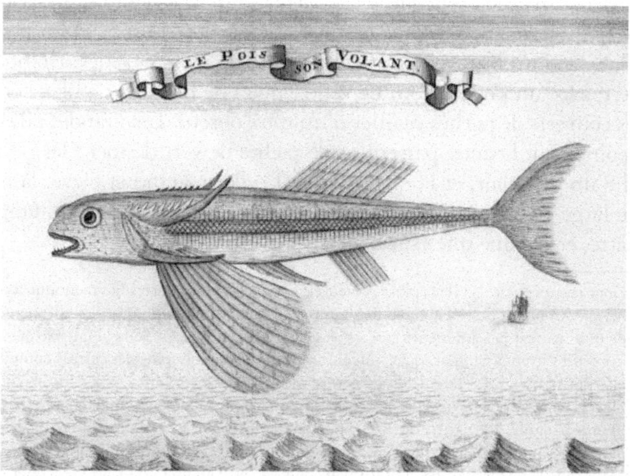

FIG. 7 – Le poisson volant.

Nos livres nous représentaient ce poisson d'une autre manière, et je ne doute point aussi qu'il n'y en ait de diverses figures ; car tout varie dans la nature. Les chevaux d'Irlande ne sont point faits comme les chevaux de Frise : ni les vaches de Kent, comme celles de Middlesex, quoique ces provinces soient contiguës : moins encore comme celles d'Islande, qui n'ont point de cornes. Et sans sortir de notre espèce, autre est un Nègre, autre un Allemand, et autre un Chinois.

Mais revenons à nos poissons. Un naturaliste a nommé celui qui est marqué A, *Hirondelle de mer*, et il lui attribue quantité de propriétés que je laisse. Celui que j'ai marqué B est appelé *Mulet* dans le journal de Sanson Mathurin, fameux pilote de la Méditerranée, qui en a vu dans le golfe du Lion, et ailleurs. Le trois marqué C a été tiré du cabinet du roi de Danemark, où j'ai quelque opinion qu'il n'a pas été fort exactement dessiné ; car quand ces animaux-là viennent à se sécher, il est difficile d'en observer la véritable forme. Il s'en trouve qui ont quatre ailes. Ceux que nous avons mangés ont assez le goût du hareng.

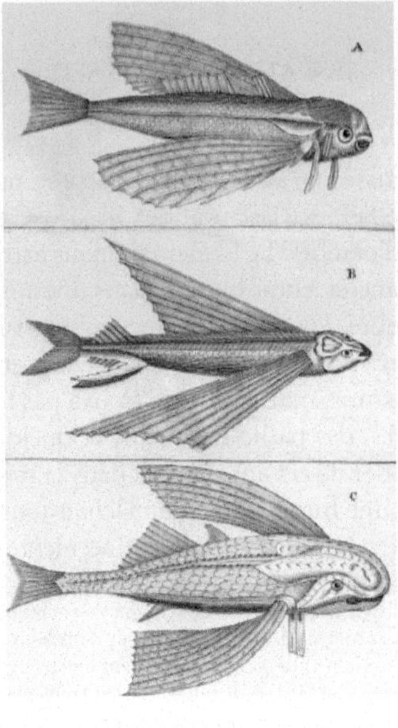

FIG. 8 – Autres poissons volants.

Ces pauvres petites bêtes, qu'on pourrait prendre pour le symbole d'une perpétuelle frayeur, sont aussi continuellement en fuite ; et en s'élevant pour se sauver, ils viennent assez souvent donner dans les voiles. Ils volent aussi longtemps qu'il reste de l'humidité dans leurs ailes qui, dès qu'elles sont sèches, redeviennent aussitôt nageoires ; force leur étant de retomber dans l'eau. Autrement, ils ont si grand peur, qu'ils s'en iraient au bout du monde.

Ces efforts qu'ils font de devenir plutôt habitants de l'air que de l'eau, sont pour éviter la persécution des dorades et des bonites qui leur font une guerre éternelle. Mais les pauvres malheureux n'évitent un péril que pour se jeter incontinent dans un autre, de cruels oiseaux, leurs ennemis irréconciliables, étant toujours au guet et en grosses bandes pour les engloutir dès qu'ils entrent dans le nouvel élément où ils croyaient trouver un asile. Les marsouins font la même guerre aux dorades ; et tout cela nous est une image de la vie humaine, où l'on est en perpétuels dangers, et où le faible est ordinairement la victime du fort[22].

[ESCALE À L'ÎLE DE SEL]

Comme notre vaisseau n'avait pas assez de lest, nous résolûmes d'en aller faire à l'île de Sel, qui est une des îles du Cap-Vert, et nous la découvrîmes le 29 d'octobre. Le lendemain nous arrivâmes à la rade ; et nous jetâmes deux ancres à huit brasses, dans une anse qui est au sud de l'île. Un grand nombre d'oiseaux de mer vinrent visiter notre vaisseau, et se percher sur nos vergues, où ils se laissaient prendre à la main. On en mangea quelques-uns, mais on ne les trouva pas fort bons : il y avait des fous, des frégates, des paille-en-queue, et quelques autres : j'aurai peut-être lieu de parler de ces animaux-là dans la suite. Nous avions eu depuis les Canaries une hirondelle qu'on lâchait tous les matins, et qui revenait tous les soirs : elle fut tuée là par accident.

22 Le spectacle de la « chasse de poissons », associé aux poissons volants des mers tropicales poursuivis dans les airs comme dans l'eau, constitue dans les relations de voyage depuis le XVIe siècle un lieu commun allégorique alimentant une réflexion morale ou religieuse. Voir Frank Lestringant, « La "chasse de poissons". Un emblème de l'humaine condition dans l'histoire naturelle à la Renaissance », in Luisa Rotondi Secchi Tarugi (éd.), *L'Uomo e la Natura nel Rinascimento*, Milano, Nuovi Orizzonti, 1996, p. 331-353.

Le 31 de bon matin, nous allâmes à terre avec nos armes et nos chiens, pour chasser. Nous trouvâmes d'abord une prodigieuse quantité de boucs, et de chèvres sauvages, que nous découvrîmes facilement de loin, parce que cette île extrêmement sèche, sans arbres ni broussailles, ne produit qu'une herbe fort courte ; du moins dans la grande partie que nous en avons vue. Nous tuâmes quelques-uns de ces chevreaux, et nous les laissâmes sur une hauteur, pour les reprendre au retour de notre chasse. Nous courûmes deux ou trois heures pour chercher de l'eau, mais il nous fut impossible d'en trouver qui ne fût *somache*[23], pour parler le langage de nos matelots, c'est-à-dire un peu salée ; tellement que nous souffrîmes une grande soif. Le soleil est là très ardent, et comme nous ne trouvâmes aucun ombrage, la chaleur nous fut fort incommode. Nous creusâmes en plusieurs endroits pour trouver de l'eau, et toujours inutilement. Nous retournâmes donc à nos chevreaux, et ensuite vers le bord de la mer où nous arrivâmes fort fatigués à soleil couché. En revenant, nous vîmes un cheval parfaitement beau, et fier. C'était un alezan brûlé, dont les crins et la queue traînaient à terre ; jamais cheval n'eut corps mieux fait, ni l'encolure plus magnifique. Il partit brusquement, et nous fit voir qu'il avait bonne jambe. Je ne savais quel nom donner à un autre animal que nous vîmes aussi, et qui était un peu plus loin. Je crois que c'était une espèce de chat ; mais l'un d'entre nous voulut que ce fût un renard. Et je suis trompé s'il rencontra plus heureusement que les traducteurs de nos psaumes, quand ils ont fait dire à David, que ses ennemis seraient la proie des renards[24].

Nous trouvâmes une partie de notre équipage à terre. Ils étaient descendus pour attraper quelques tortues. Nous nous mîmes de nouveau à creuser en divers endroits avec eux, pour trouver de l'eau douce, mais ce fut en vain. La nuit vint, et nous nous endormîmes sur le sable à la belle étoile, non moins affaiblis de faim et de soif, que fatigués par la chasse. Comme nous étions tous dans un assez tranquille sommeil, nous fûmes réveillés en sursaut par la brayante musique d'un rustique régiment d'ânes, dont nous ne pûmes nous débarrasser qu'en brayant

---

23 Somache : Inconnu du *Dictionnaire de l'Académie*, ce vocable du « parler matelot » n'apparaît, sous la graphie *saumache* ou *saumâtre*, que dans le *Dictionnaire critique de la langue française* de J.-F. Féraud en 1787.

24 Leguat veut dire que cette identification zoologique n'est pas plus satisfaisante que celle que propose la traduction latine de la Vulgate pour le verset 11 du psaume LXII (« *Partes vulpium erunt* » : « Ils seront la pâture des renards »).

comme eux, et en leur tirant quelques coups de fusil. Mais ils ne nous eurent pas sitôt tourné le dos, qu'une autre troupe de pareilles bêtes nous vint régaler de la même chanson. Ils étaient accompagnés de plus de cinq cents boucs, qui nous environnèrent, et nous ne pûmes nous rendormir. Enfin, ces animaux se retirèrent, et nous jugeâmes que si nous les suivions, ils nous conduiraient peut-être à quelque source cachée. En effet, il s'en fit un détachement qui descendit dans une petite profondeur, où il y avait de l'eau, dont ils burent. Nous nous en réjouîmes, comme si nous eussions trouvé un trésor. Mais cette eau était encore salée. Ces animaux ayant été contraints d'en boire dès leur naissance, cela leur est tourné en coutume.

Le jour vint, et la faim nous pressant, il nous prit envie de faire rôtir quelque gigot de bouc ; je ne dis pas de chevreau, terme trop honorable dont je me repens de m'être servi. Faute de bois, nous ramassâmes de la fiente sèche d'ânes et de chevreaux ; nous en fîmes une pyramide comme de tourbe hollandaise ; et nos morceaux de bouc pendus à des cordes, firent là tant de tours, sans bouger d'une place, qu'il ne tint qu'à nous d'en manger. Ah ! la méchante chair ! Le vilain goût ! Quelle odeur ! L'envie de vomir me prend quand j'y pense. Mais il n'est sauce que d'appétit, chacun se servit donc de ses dents, arracha, rongea, mâcha comme il put ; et point d'eau. Ne me dites pas ici, cher lecteur, que nous avions grand tort de nous amuser dans cette vilaine île au lieu de nous en aller manger, boire et dormir dans notre vaisseau. Ceux qui nous avaient mis à terre, et qui avaient apporté aussi une partie de notre équipage, s'en étaient retournés avec la chaloupe ; et malgré nous, il fallait les attendre. Pour eux, ils ne s'imaginaient pas que nous fussions si mal à notre aise. Ils nous voyaient de loin, faire grande chère et beau feu, et ils ne doutaient point du tout que nous ne nous trouvassions fort bien là. Enfin ils vinrent sur le midi et nous ramenèrent à notre *Hirondelle.* C'était le 1er de novembre.

L'île de Sel n'a pas huit lieues de tour ; on l'appelle ainsi parce que les vaisseaux y abordent pour y faire des provisions d'un excellent sel engendré sans art[25], par la mer et par le soleil, et qu'on trouve en grande abondance dans les creux des rochers, du côté du midi. On y vient aussi tourner la tortue ; c'est le terme, parce qu'on met la tortue sur le dos, pour s'en rendre maître. Tout le rivage est couvert de ces animaux,

25 Sans art : Naturellement.

particulièrement dans le temps de leur ponte. Nous tournâmes donc quelques-unes de ces lourdes et stupides bêtes, et deux entre autres qui, selon l'estime des connaisseurs, pesaient autour de cinq cents livres chacune. Nous en portâmes l'essentiel à bord.

Que dirai-je encore de l'île de Sel ? Nous y rencontrâmes quelques bouses de vaches, mais nous ne vîmes point la bête. Et pour tout oiseau, nous ne trouvâmes que des moineaux. Ils ressemblent aux nôtres, à la grosseur près, car ils sont de moitié plus petits.

Il ne faut pas oublier le beau coquillage qui est répandu partout. Il y en a une variété charmante ; et je n'en ai point vu ailleurs qui approchât de la beauté de celui-là. C'est assurément l'ouvrage d'un excellent ouvrier. La brillante vivacité de l'émail, le mélange et la diversité des couleurs, la forme, la délicatesse, la symétrie, tout charme, et fait admirer ce grand ouvrier. Je m'en allais aux Indes, aux antipodes, je ne sais où dans des îles désertes, d'où je m'imaginais ne revenir jamais ; et l'esprit plein de ces pensées, je ne m'amusai pas à ramasser des coquilles. Mais si, à mon retour, j'avais passé par là, j'en aurais fait une bonne provision.

Je dirai encore, puisqu'il m'en souvient, que j'eus du chagrin, en me promenant dans cette île, de n'y rencontrer pas un seul de ces grands et beaux oiseaux qu'on appelle *flamants*, c'est-à-dire *flambants* ou *flamboyants*, et qui, au rapport de divers voyageurs, sont des plus considérables du lieu. Je n'avais pas une pure et simple envie de voir ces oiseaux ; le plus grand plaisir que je me proposais, c'était de confronter avec l'original, les différents portraits qu'on en fait. Car tous ceux qui les ont décrits, excepté Mr. Willougby[26], du moins tous les auteurs (en assez grand nombre) qui se sont rencontrés sous ma main, donnent à ces oiseaux un bec qui finit en cuillère, ou en spatule ; et Mr. Willougby leur dessine un bec fort pointu.

Ce curieux naturaliste ajoute qu'il croit que ce même oiseau porte le nom de *flamant*, plutôt parce qu'il a quelques plumes de couleur de feu qui éclate, que parce que ces animaux soient originaires de Flandres. Et certainement, ce savant auteur a raison ; car il est très constant que ces sortes de flamants-là, ne sont pas moins étrangers en Flandres qu'en Angleterre.

---

26 Francis Willoughby (1635-1672), naturaliste, membre de la Royal Society, auteur notamment d'un traité d'ornithologie (*Ornithologiae libri tres*, Londres, 1676) et d'un ouvrage d'ichtyologie (*Historia piscium*, Londres, 1686) abondamment illustrés, publiés après sa mort prématurée par son ami John Ray.

Le 6 nous levâmes l'ancre, le vent nous étant devenu favorable ; et nous fîmes voile vers les îles de Martin-Vas, selon les ordres que nous avions reçus.

Le 7 nous courûmes au plus près du vent, après avoir vu et paré l'île Bone-Viste[27], qui ne nous parut pas valoir mieux que l'île de Sel ; elle est plus longue et plus montagneuse. Nous n'y aperçûmes aucun arbre, non plus que dans l'autre.

Le 11 nous essuyâmes la première fois une de ces courtes quoique assez fâcheuses tempêtes que les gens de mer appellent des *grains*, et nous en souffrîmes de temps en temps jusqu'au-delà de la ligne. Ces *grains* sont une espèce de tourbillons violents, mêlés de pluie, qui se forment tout d'un coup, mais qui ne durèrent pas ordinairement un quart d'heure. On se prépare à les recevoir, parce qu'on les voit venir de loin ; on cargue incontinent les *huniers*, qui autrement seraient emportés, et les mâts de *hune* rompus.

Lorsque le vent est trop fort, on abaisse toutes les voiles, ou on n'en porte que le moins qu'on peut. Pendant ce temps-là, la mer est extrêmement agitée et paraît tout en feu. Il arrive souvent que ces *grains* reviennent plusieurs fois en un même jour, tellement que l'équipage est toujours aux écoutes[28] ; le calme succède ordinairement à cet orage en très peu de temps. Nous évitâmes aussi plusieurs dragons d'eau[29] ; et le 12 le vent cessa à la hauteur de sept degrés quinze minutes.

Sur le soir nous attrapâmes un oiseau à peu près fait comme une bécasse qui avait volé autour de notre vaisseau pendant tout le jour : les matelots le tuèrent, moins pour avoir le plaisir de le manger, quoiqu'il en valût la peine, que pour se venger de ce qu'il avait fait déserter quatre hirondelles qui nous avaient suivis depuis quelques jours, et qui nous avaient donné soir et matin une musique d'autant plus agréable qu'elle nous faisait souvenir de cette chère terre qu'on aime tant, quand on vogue au milieu du vaste Océan.

Le 13 de novembre, une heure avant le jour, il vint un *grain* furieux, qui jeta bas notre grand mât de hune, ayant brisé le lien de fer qui l'attachait ; je ne remarque cela, que parce que tout l'équipage en fut étonné.

27 Ces deux îles appartiennent à l'archipel des îles du Cap-Vert.
28 Écoutes : cordages permettant de régler la tension des voiles.
29 Dragon d'eau : trombe d'eau, tornade en mer.

[DORADES ET BONITES]

Le 14, nous rencontrâmes un prodigieux nombre de ces dorades et de ces bonites dont j'ai parlé. Comme ces poissons sont assez connus, je ne les ai pas décrits ; mais, puisque l'occasion se présente de les nommer encore, j'ai envie de dire comment sont faits ceux que j'ai vus. Les dorades de l'Amérique dont parle M. de Rochefort[30] ont, dit-il, « le devant de la tête fait en pointe » ; je ne connais point ces dorades-là. Celles que j'ai diverses fois considérées, ont, tout au contraire, le museau camus et arrondi ; ce qui leur donne une certaine physionomie que je n'aime pas beaucoup. Je ne crois pas aussi que personne fasse consister la beauté de ce poisson dans sa forme. Mais, pour les couleurs, elles sont admirables. Il y a de deux sortes de dorades. Celle dont on peut voir ici la figure a tout le dos émaillé de taches d'un vert bleuâtre, qui brillent comme autant d'aigues-marines sur un fond obscur. Le ventre est d'un clair argentin. La queue et les nageoires sont dorées de fin or. Rien n'est plus vif ni plus éclatant, quand l'animal est dans son élément, ou quand il n'a pas encore souffert de mortification : ce qui arrive en très peu de temps. Ce poisson est long de quatre à cinq pieds, et n'a pas plus d'épaisseur que le saumon. Rondelet[31] l'appelle brême de mer. J'apprends de nos matelots que l'autre espèce de dorade ne diffère de celle-ci, qu'en ce que les deux extrémités des mâchoires s'avancent un peu plus ; et en ce que les taches sont d'un bel azur sur un fond d'or. La chair de ces poissons est ferme et d'un fort bon goût.

30 Charles de Rochefort (1605-1683), voyageur et pasteur protestant, auteur d'une *Histoire naturelle et morale des îles Antilles de l'Amérique*, Rotterdam, 1658, et d'un *Tableau de l'île de Tobago*, Leyde, 1665.

31 Guillaume Rondelet (1507-1566), médecin et naturaliste, est l'auteur de divers ouvrages de médecine et d'ichtyologie, notamment d'un catalogue raisonné des poissons marins abondamment illustré (*De piscibus marinis libri XVIII*, Lyon, M. Bonhomme, 1554, trad. française sous le titre *L'Histoire entière des poissons… avec leurs portraits au naïf*, *ibid.*, 1558).

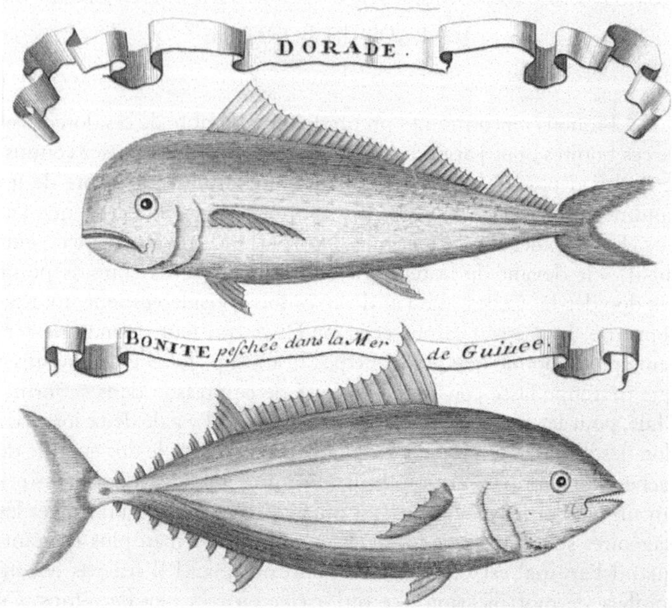

FIG. 9 – Dorade et bonite.

La bonite est ordinairement longue de trois à quatre pieds, est fort épaisse et charnue, et a le dos couvert d'une petite écaille si serrée qu'à peine l'aperçoit-on ; cela est d'une couleur d'ardoise, qui en quelques endroits tient un peu du vert. Le ventre est gris de perle et se rembrunit en approchant du dos. Quatre raies jaunâtres qui naissent du côté de la tête, règnent le long du corps en distance à peu près parallèle, et se réunissent à la queue, qui a assez l'air d'une queue de maquereau. L'œil grand et vif, est comme une perle de jayet[32] environnée d'un cercle d'argent. On peut voir ici la forme du corps, et la disposition des nageoires. Proche de la queue, sur le dos, il y a six petites espèces de nageoires carrées qui n'ont pas un pouce d'élévation ; et vis-à-vis, sous le ventre, il y en a sept.

32 Jayet : Jais.

Comme j'écrivais ceci, un de mes amis qui ne se lasse jamais d'admirer les divines merveilles de la Nature, et qui les considère avec une grande exactitude, me dit qu'il avait compassé[33] et dessiné une bonite qui fut pêchée en 1702, proche de La Rye, dans la province de Kent, et qui diffère en diverses choses de celles dont je viens de parler. On ne sera pas fâché que je donne ici le billet que cet ami m'écrivit sur cela[34], en m'envoyant la figure de cette bonite.

> Le poisson qu'on appelle *bonite* dans les mers des Indes, est connu sur toutes les côtes de France, et particulièrement entre la Loire et la Garonne, sous le nom de germon. Il n'entre que rarement dans la Manche, ce qui est, pour le dire en passant, tout le contraire de ce que fait le maquereau, dont les côtes de Normandie fourmillent, surtout en Bessin et en Cotentin ; au lieu qu'à La Rochelle, on n'en voit jamais, ou très rarement. Le germon donc, ou la bonite de nos mers, est certainement un poisson du genre de ces bonites que vous avez vues dans nos voyages, mais l'espèce varie un peu : chose que l'on remarque en toutes sortes d'animaux, aussitôt qu'on change de pays, comme vous l'avez vous-même observé. La dernière bonite que j'ai vue, et qu'on prit proche de la Rye, au commencement de juin 1702, était justement longue de trois pieds, et avait le corps proportionnément plus gros que celle dont vous m'avez fait voir la figure : puisque trois largeurs du corps plein, en faisaient l'entière longueur. Je vous en envoie un dessin exact. Au premier aspect, on jugerait que la gueule de ce poisson ne s'ouvrirait pas beaucoup ? [*sic*] mais il y a un ressort secret, et elle s'ouvre jusqu'à l'endroit qui est marqué a. Les dents, dessus et dessous, sont si menues, si courtes et si faibles, qu'il semble que cela ne soit fait que pour égratigner. La langue est large, noirâtre et dure jusqu'à la racine, mais mollette et un peu rouge à l'extrémité. L'œil a un grand pouce de diamètre ; la prunelle est comme un cristal fort blanc et fort transparent, et le cercle qui l'environne est plus brillant que de l'or poli.
>
> La couleur de ce poisson est la même que de celui que vous avez décrit, quoiqu'il n'ait point d'écailles au dos. Il n'a qu'une peau lisse, au dos et au ventre, et sur le côté, entre la queue et la nageoire qui est proche des ouïes, il y a une bande écaillée de deux pouces de large, d'écailles si petites et si fines qu'elles sont imperceptibles. Les deux nageoires, si je les puis appeler ainsi, qui sont marquées b, sont ossues et immobiles. À l'endroit le plus étroit de la queue, il y a de chaque côté un nœud, d'où sort une petite touffe chevelue qui n'a qu'un pouce et demi de long.

---

33 Compasser : mesurer.

34 Ces observations effectuées sur la côte sud-est de l'Angleterre (Rye est alors un important port maritime à la limite du Sussex et du Kent) suggèrent qu'il s'agit probablement d'une addition de Misson.

Au lieu que votre poisson n'a que six de ces petites nageoires que vous avez représentées, sur le dos, vers la queue, et sept en bas, celui-ci en a neuf en haut et huit en bas ; c.c. marque les ouïes, qui s'entrouvrent aisément. Et d.d. est comme une grande écaille, que l'on ne peut soulever que fort peu tout autour.

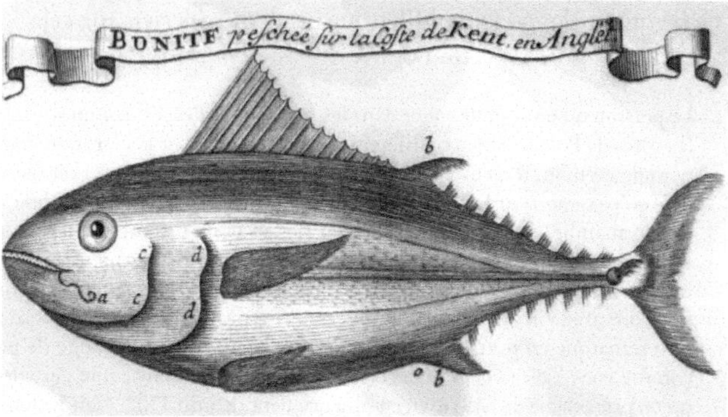

FIG. 10 – Bonite pêchée sur la côte de Kent en Angleterre.

[PASSAGE DE LA LIGNE]

Les vents alizés nous ayant quittés dès le neuvième degré, nous n'eûmes jusqu'à la Ligne que *grains* et que calmes ; c'était toujours à recommencer. La chaleur n'était pas excessive, et ne nous obligeait pas à quitter nos robes de chambre pendant la nuit.

Nous passâmes la Ligne le 23 novembre et il nous fallut essuyer l'impertinente cérémonie qu'on appelle du *baptême* ; du moins ceux qui ne s'étaient pas rencontrés à pareille fête, ou qui ne voulurent pas se racheter pour de l'argent.

C'est une coutume ancienne qu'on aurait bien de la peine à abolir[35]. Cela se fait quelquefois aussi lorsqu'on passe sous les tropiques. Voici en

35 Épisode obligé des relations de voyage sur la route des Indes, cette cérémonie burlesque organisée à l'occasion du franchissement de l'équateur marque syboliquement le

peu de mots comme cette belle cérémonie se fit sur notre vaisseau. Un des matelots qui avaient déjà passé la Ligne s'habilla de haillons, se fit une ceinture de corde, des cheveux et une barbe d'étoupe, et se noircit le visage de suie détrempée avec de l'huile. Dans cet équipage, tenant une carte marine en une main, un sabre dans l'autre, et du noir à noircir, il se présenta sur le pont, accompagné de ses suffragants[36] habillés aussi grotesquement que lui, armés de grils, de poêles, de chaudrons, de petites cloches, et faisant avec ces instruments la musique qu'on peut s'imaginer.

Ils appelèrent un à un ceux qui devaient être initiés, et, après les avoir fait asseoir sur un cuveau plein d'eau, ils leur firent mettre la main sur la carte, et promettre qu'en pareille occasion ils feraient faire aux autres, la même chose qu'on exigeait présentement d'eux. Ensuite, ils leur firent une marque au front avec le noir, leur mouillèrent le visage avec l'eau de mer, et leur demandèrent s'ils voulaient donner à l'équipage quelque chose pour boire, leur promettant que moyennant cette libéralité ils les tiendraient quittes. Ceux qui donnèrent furent incontinent relâchés, et quelques-uns même évitèrent ce désagréable prélude, en donnant un peu plus grassement. Il ne m'en coûta qu'un écu pour avoir le privilège de ces derniers. Pour les autres, on leur fit faire la culbute dans le cuveau, où on les lava et les décrassa de tous les côtés avec les balais du vaisseau ; et je pense bien que cela dura un peu plus longtemps qu'ils ne l'auraient voulu.

Comme la frégate et la chaloupe n'avaient jamais passé la ligne, il fallut qu'elles subissent la même loi. Le capitaine fut obligé de racheter l'éperon de son vaisseau, les matelots disant qu'ils étaient en droit de couper le nez au bâtiment. L'argent que l'équipage ramassa fut destiné à se divertir en commun à la première occasion. Au reste, chaque nation pratique cette ridicule cérémonie avec quelque diversité.

Nous courûmes en droiture vers les îles de Martin-Vas[37], qui sont à vingt degrés sud, et nous dîmes au capitaine de nous y faire mettre pied

---

renversement temporaire des hiérarchies qui accompagne le passage dans le *mundus inversus* de l'hémisphère sud. Voir Sophy-Jenny Linon, « Le passage de la Ligne ou le carnaval de la mer, Luillier 1705 et Leguat 1707 », *Dix-huitième Siècle*, 22, 1990, p. 185-194.

36 Suffragant : Suppléant ou subordonné. Le terme s'applique notamment à la hiérarchie ecclésiastique (pasteur suffragant, évêque suffragant).

37 Groupe d'îlots rocheux (aujourd'hui brésilien) situé à environ 20°31' de latitude sud et 29° 20' de longitude ouest. Cet itinéraire oblige à un détour important vers l'ouest en

à terre pour les visiter suivant nos ordres. Comme son intention n'était pas de le faire, il nous répondit que, les barres de notre hune d'avant, étant à demi rompues, nous aurions de la peine à gagner ces îles, parce qu'il faudrait serrer le vent de près, et aller toujours à la bouline. Il changea donc de route malgré nos instances, et le peu de cas que nous témoignâmes faire de sa fausse et frivole raison. Et nous mîmes le cap sur l'île de Tristan d'Acugna [*sic*] qui est au trente-septième degré de latitude méridionale.

Le 10 décembre nous passâmes le tropique du Capricorne, et nous entrâmes dans la zone tempérée du Sud.

Le 13 plusieurs oiseaux nous vinrent visiter. Il y en avait quantité de ceux qu'on appelle *grands-gosiers*[38], et que l'on devrait plutôt appeler *gros-jabots* à cause de leurs grosses gorges pendantes ; ils approchent de la grosseur d'une oie, et sont fort haut montés et n'ont ni beauté ni bonté ; car c'est une chair dure et d'un étrange goût. Ils ont la tête grosse, le bec long et pointu, le corps blanc, les ailes brunes ou roussâtres ; et le col tantôt long, tantôt court, selon qu'il leur plaît de l'allonger, ou de se rengoncer. C'est un animal mélancolique qui passe des jours entiers planté sur un rocher à fleur d'eau, comme un pêcheur à la ligne, pour tâcher d'attraper quelque petit poisson. Quoique cette figure de bête n'ait rien de fort réjouissant à la vue, nous ne laissâmes pas de recevoir agréablement leur visite. C'est qu'on s'ennuie de ne voir que de l'eau, et que les moindres objets nouveaux divertissent ; justement comme dans ces petites cours reculées, où les altesses sont toujours seules, ou bien dans ces couvents solitaires de tristes nonnains qui sont si avides de compagnie.

---

direction du Brésil, ce qui peut expliquer le refus du capitaine.

38 Grand gosier : Nom vulgaire du pélican. Mais la gravure accompagnant la description représente manifestement un autre oiseau.

FIG. 11 – Grand gosier.

[BALEINE]

Le 17 on cria, à la baleine, autre plaisir marin. Et chacun se leva promptement, pour aller saluer l'éminence d'un gros dos noir qui rôdait lentement autour de notre vaisseau.

Un moment après, on en vit paraître quinze ou vingt autres, qui me firent souvenir de ce que dit élégamment M. de Godeau[39].

Pour la beauté de l'Univers,
De monstres en formes divers
Tu peuplas les humides plaines ;
Et voulus qu'en leur vaste enclos,
Tous rendissent hommage à ces lourdes baleines
Qu'on prend pour des écueils sur la face des flots.

En effet, ceux qui n'ont pas plus d'expérience de la mer qu'en avait le bon Aloysio Cadamusto[40], et tout l'équipage de son vaisseau, s'imaginent que ces grosses bêtes les cherchent pour les renverser. Ce célèbre voyageur nous raconte dans le chapitre I de l'histoire de sa navigation, qu'ils eurent grand peur d'un monstre épouvantable dont les nageoires étaient comme les ailes d'un moulin à vent, et qui venait sur eux : mais qu'ils mirent toutes les voiles au vent, et qu'ils échappèrent heureusement de ce grand danger. Pour nous, loin d'être ainsi effrayés, nous prîmes un singulier plaisir à voir ces colosses se jouer dans les ondes, avec autant d'agilité qu'un oiseau vole en air. L'une de ces baleines surpassait de beaucoup les autres en grosseur, et formait quelquefois une petite île, et en même temps une petite montagne, sur la superficie tranquille de la mer.

39 Antoine Godeau (1605-1672), poète mondain et homme d'esprit, habitué des salons précieux et familier de l'hôtel de Rambouillet (où il fut surnommé « le nain de Julie »), entra dans les ordres et devint évêque de Grasse, puis de Vence. L'un des premiers membres de l'Académie française, il est l'auteur d'une œuvre considérable, notamment poétique. La citation, extraite de ses paraphrases de l'Écriture en vers (*Paraphrase des Pseaumes de David, en vers françois*, par Mr Antoine Godeau, Paris, Pierre Le Petit, 1676, p. 338), reflète l'intérêt de Leguat (ou de Misson ?) pour les tentatives de restitution modernes de la poésie sacrée ; pour sa part, tout en conservant le modèle des *Psaumes*, il optera pour la prose poétique.

40 Alvise Cadamosto ou Ca' da Mosto (1429-1488), navigateur vénitien du XVe siècle, explora pour le compte du Portugal les côtes du Sénégal et de Gambie. Il décrivit aussi les archipels des Canaries et du Cap-Vert. Son journal de voyage (*Navigatio ad terras ignotas*, Milan, 1507), fut très lu au XVIe siècle.

Je doute que cette prodigieuse moitié de mâchoire que l'on n'a pas jugée indigne d'être attachée contre le mur du Palais Royal de St. James, à Londres[41], ait été d'un animal plus monstrueux en grosseur. Nos matelots, qui avaient la relation de Patrice [*sic*] Vertomanni[42], ne pouvaient s'empêcher de rire quand ils lisaient ce que dit ce fameux auteur, des baleines qui poussent leur urine si haut.

Mais s'ils avaient lu Pline et Solin[43], anciens vénérables, avec leurs baleines longues de neuf cent soixante pieds, leur envie de rire aurait pu se changer en frayeur, par le danger d'être tous avalés, et le navire, et les ancres, et les voiles, et les mâts, tout l'équipage et tout l'attirail. Car encore, que ceux que l'on appelle communément naturalistes prennent depuis quelque temps la coutume de dire que Jonas n'a pu être englouti par une baleine, à cause que les baleines ont le gosier si étroit, qu'à peine une sardine y saurait passer ; tout le monde ne compte pas sur cela, comme sur un fait assuré. Il y a peu de gens qui aient disséqué eux-mêmes des baleines, et qui aient vu de leurs yeux comment elles ont la gorge faite. D'ailleurs, il faut considérer qu'il y a beaucoup d'espèces différentes de ces monstres marins. Et comme je ne puis pas refuser de croire le P. Georges Fournier, homme très curieux, et très savant en toutes les choses qui concernent la mer, lequel nous assure dans son *Hydrographie*[44], qu'on trouva deux hommes dans le ventre d'une baleine qui échoua à Valence sur la côte d'Espagne, dans la Méditerranée, et dont on a gardé une mâchoire à l'Escurial, je suis persuadé qu'une baleine de la taille de celle dont parle Solin nous aurait tous gobés, comme on gobe à Genève une cuillerée de millecanton[45]. Le Signor Cadamusto dit que

41 Cette « curiosité » est décrite par Misson dans ses *Mémoires et observations faites par un voyageur en Angleterre*, La Haye, 1698, p. 19.

42 L'aventurier italien Ludovico di Berthema (vers 1470-1517), connu sous divers états-civils (Varthema, Varthème, Vertomanni, Vertomannus…), converti à l'islam et devenu mamelouk, visita La Mecque, le Yémen et parcourut de nombreux pays d'Orient et d'Extrême-Orient. Il publia à Rome en 1510 avec un énorme succès européen, sous le titre *Itinerario*, le récit de ses voyages. Voir l'édition moderne (*Voyage de Ludovico di Varthema en Arabie et aux Indes Orientales*, trad. P. Teyssier, Paris, Chandeigne, 2004).

43 L'*Histoire naturelle* de Pline l'Ancien (23-79) a surtout été connue par l'abrégé du compilateur Caïus Julius Solinus, ou Solin, dans son *Polyhistor* (IIIe siècle), qui en retient particulièrement les anecdotes fabuleuses. La mise en cause ironique du témoignage des Anciens suggère une fois de plus la main de Misson dans ce développement riche en références savantes.

44 Le savant jésuite Georges Fournier (1595-1652) est notamment l'auteur d'un grand traité de navigation (*Hydrographie*, Paris, M. Soly, 1643).

45 Millecanton : Frai de poisson ou alevins.

son Léviathan était plus gros que la baleine ; mais c'est une dispute de mots. Ce que l'on appelle baleine, en toutes langues, est le plus gros de tous les poissons, et même de tous les animaux. Et de là vient ce que M. Bochart[46] en a écrit (*Phal.*, tome II, livre I, chap. 1) que le mot de baleine est un mot syriaque qui signifie seigneur des poissons.

Je dirais volontiers encore un mot sur cet article, pendant que j'y suis, pour réfuter l'erreur de ceux qui s'imaginent que ces *lames* de baleine dont on se sert pour les corps de robe des femmes, se tirent de la queue et des nageoires ; et je leur apprendrais, comme le sachant bien, que cela ne se trouve jamais ailleurs que dans la gueule des diverses espèces de ceux de ces animaux, qui n'ont point de dents ; mais il est temps de continuer la route. Et afin qu'on ne m'accuse pas d'aimer les digressions, je n'ajouterai rien ici de ce que nos marins nous racontèrent du combat de l'espadon et de la baleine, quoique je le pusse faire sans digression, et que la chose soit assez curieuse ; beaucoup plus même que les combats des coqs ; ou que ceux des chiens et des ours, dont il y a des nations entières qui se font un si grand plaisir.

Le 21 nous vîmes encore quantité de baleines ; et il y en eut une qui vint, je crois, se gratter contre nos vaisseaux ; mais elle se gratta si bien qu'elle s'écorcha ; elle trouva quelque accroc qui la déchira, de sorte que la navire en fut un peu ébranlé. Nous la vîmes toute sanglante comme elle s'éloignait de nous.

[L'ÎLE DE TRISTAN]

Étant arrivés à la hauteur de Tristan, nous portâmes à l'est, pour tâcher de gagner cette île, mais nous ne pûmes réussir, à cause des brouillards épais qui durèrent cinq ou six jours ; et pendant lesquels nous étions toujours à la *dérive*, pour ne nous pas trop éloigner, et pour n'en pas trop approcher aussi. Comme ces brouillards ne se dissipaient point, nous craignîmes de perdre là notre temps, et

46 Samuel Bochart, grand érudit versé dans l'exégèse biblique, ministre protestant (1599-1667), auteur d'une sorte d'encyclopédie géographique et zoologique de l'Écriture sainte (*Geographia sacra, seu Phaleg et Chanaan*, Caen, P. de Cardonnel, 1646 ; *Hierozoicon, sive bipartitum opus de animalibus Sacrae Scripturae*, Londres, Th. Roycroft, 1663).

nous résolûmes de profiter du vent favorable que nous avions, qui pouvait nous pousser en peu de jours au cap de Bonne-Espérance. Mais nous n'eûmes pas tenu cette route pendant six heures, que le vent sauta tout d'un coup de l'avant, ce qui obligea le capitaine de dire qu'il fallait faire une nouvelle tentative sur l'île de Tristan. Le prétendu dessein réussit alors en quelque manière ; nous vîmes cette île le mardi 27 de décembre, sur les six heures du matin, et nous la côtoyâmes du nord au sud par l'est ; mais nous ne pûmes trouver aucun endroit pour mouiller. On avait toujours la sonde à la main, sans trouver fond.

Nos yeux nous convainquirent clairement que la carte du capitaine était fausse, puisqu'elle marquait une baie dans la partie que nous voyions, où il est certain qu'il n'y en a point du tout. Comme il n'avait pas dessein que nous y descendissions, il voulut nous persuader que l'île n'avait point d'accès ; mais nous étions sûrs que des vaisseaux y avaient autrefois mouillé, et nous étions confirmés dans cette opinion par une bonne carte qu'avait le sieur Testard, laquelle marquait une baie dans un autre endroit vers l'ouest, et représentait les côtes qui étaient devant nous fort hautes et fort escarpées, telles qu'elles l'étaient en effet.

Nous remarquâmes vers le sud une petite île, mais nous n'en approchâmes point. Ce côté de l'île Tristan que nous vîmes a tout au plus deux lieues de long. Il nous parut extrêmement agréable, quoique fort escarpé, comme je l'ai dit, et quoique nous eussions aussi de temps en temps des brouillards qui nous en dérobaient la vue en partie, qui même nous la cachaient quelquefois tout à fait. Les coteaux étaient remplis depuis le haut jusqu'en bas de la plus belle verdure du monde, et on voyait le ciel avec plaisir au travers des troncs d'arbres hauts et droits dont les cimes des montagnes étaient couvertes. Les oiseaux volaient de tous côtés. Des eaux vives coulaient abondamment en plusieurs endroits et formaient des nappes d'eau qui, tombant de bassin en bassin, faisaient d'admirables cascades ; et après avoir roulé avec rapidité jusqu'au pied des coteaux, elles s'allaient précipiter dans la mer. Toutes ces différentes beautés produisaient en nous, quoique en vain, un extrême désir de les considérer de plus près et de nous aller du moins rafraîchir dans un si charmant lieu[47].

47 Découverte en 1506 dans l'Atlantique sud par le navigateur portugais du même nom, Tristan da Cunha, surnommée « île de la Désolation », ne ressemble guère d'après tous

La mer était toute couverte de baleines, et de loups marins[48] qui nageaient jusqu'au bord de l'île, en se jouant dans l'eau ; et qui même venaient tout contre notre frégate. Un grand nombre d'oiseaux de mer, de plusieurs espèces, les uns gros comme des oies, d'autres comme des canards, volaient autour de nous, et tout cela répandait une certaine joie dans nos âmes. Mais ce fut inutilement que nous nous flattâmes de l'espérance de jouir, au moins pendant quelque temps, de cet agréable séjour, et d'en considérer plus particulièrement les beautés. Peut-être aussi nous auraient-elles tenté d'y faire un plus long séjour que nous ne l'aurions dû. Il y avait d'autant plus d'apparence à cela que notre santé commençait à s'altérer beaucoup ; les plus vigoureux même étant fort incommodés ; mais nous ne trouvâmes ni baie ni port, notre capitaine n'ayant pas fait tout ce qui était en son pouvoir pour en chercher. Comme nous n'osions demeurer près de terre pendant la nuit ; et que d'ailleurs nous étions trop exposés aux rafales, ou gros coups de vent, qui venaient sur nous d'entre les montagnes, nous reprîmes la route du Cap.

La nuit, il s'éleva un vent qui donna bien de l'occupation à l'équipage. Les vagues s'élevèrent à la hauteur des mâts, et il tomba une si grande quantité d'eau sur le pont, que notre jeune garçon y aurait été noyé, si on ne l'eût promptement secouru.

Le premier jour de l'an 1691 nous eûmes le plaisir de voir assez distinctement une vache marine de couleur roussâtre, qui faisait voir la tête entière, et quelquefois plus de la moitié du corps hors de l'eau. Elle était ronde et épaisse, et paraissait plus massive que nos plus grandes vaches. L'œil gros, les dents, ou défenses longues ; et le mufle un peu retroussé. Un de nos matelots nous assura que ces animaux avaient les pieds, comme vous le pouvez voir dans la figure que voici[49].

---

les témoignages à ce tableau idyllique. Son abordage est réputé extrêmement périlleux, ce qui explique la décision de Valleau.

48 Loups marins : Phoques.

49 « Vache marine : le morse, le lamantin, le dugong » (*Littré*). Ces mammifères marins n'ont évidemment aucun rapport avec l'hippopotame représenté sur la gravure (empruntée au *Voyage de Siam* du P. Tachard), animal dont la présence en pleine mer serait pour le moins incongrue !

FIG. 12 – Vache marine.

Le 11 et le 12 nous vîmes quantité d'oiseaux gros comme des perdrix, et à peu près de la même couleur, que les gens de l'équipage connaissaient sous le nom de grisards. Il y en avait aussi beaucoup d'autres de diverses espèces, les uns et les autres différents de ceux de notre continent. Ces nouveaux objets ne nous étaient pas désagréables ; mais ce qui nous en plaisait le plus, c'est qu'ils nous étaient une marque certaine que nous n'étions pas éloignés de terre.

[LE CAP]

Le 13 sur le soir, on la vit, et on reconnut que c'était le cap de Bonne-Espérance ; mais un gros brouillard qui s'éleva tout d'un coup nous en déroba la vue, et nous obligea de nous mettre au large pendant la nuit.

Le lendemain, nous nous rapprochâmes, et nous vîmes l'île Robben, qui est à l'entrée du port[50]. Cette petite île est plate, et n'a d'habitations que quelques huttes pour des faiseurs de chaux.

Chacun aspirait, il y avait longtemps, à la joie d'arriver au Cap ; car nous avions un extrême besoin de nous rafraîchir, étant presque tous fortement attaqués du scorbut ; et comme les raisins commençaient à mûrir, la saison nous était tout à fait favorable. Après que nous eûmes côtoyé le Cap pendant deux jours, en louvoyant continuellement bord sur bord, à cause du vent et du courant contraire, nous entrâmes enfin dans la baie le 26 de janvier 1691[51] et nous y jetâmes l'ancre, sur les quatre heures du soir.

Quoique cette baie paraisse admirable, son vaste bassin étant fermé d'un côté par une chaîne de montagnes ; et de l'autre, par une longue jetée de terre qui lui sert de môle, elle est pourtant souvent fort mauvaise. Et la raison de cela est en partie, que l'une de ces montagnes qui devrait toujours lui servir d'abri, est quelquefois, et même souvent, une fatale source de ces *rafales* impétueuses qui mettent soudainement tous les vaisseaux dans un terrible désordre. D'ailleurs, les vents de mer sont furieux encore. Ils soufflent avec une violence épouvantable, et comme l'ancrage n'est pas fort bon, les vaisseaux sont en grand danger d'être jetés sur la côte. Il est défendu alors aux chaloupes qui sont à terre de tenter de retourner à bord. Cette mauvaise montagne est vers la pointe du Cap, et on l'appelle la montagne du Diable, à cause des maux qu'elle fait. Ce fut l'an 1493 que Barthélemy Diaz, envoyé par Jean II, roi de

50 Robben Island (« île aux Phoques »), à l'entrée de la baie de la Table. Le *Voyage de Siam* du P. Tachard signale que les « faiseurs de chaux » dont parle Leguat sont des individus bannis de la colonie du Cap, l'île Robben remplissant déjà la fonction de lieu de relégation qui sera la sienne jusqu'à l'abolition de l'apartheid (Nelson Mandela y sera détenu de nombreuses années).

51 Erreur d'impression pour le 6 janvier (la date d'arrivée exacte est confirmée par les archives du Cap). La colonie hollandaise du Cap, fondée en 1652 par Johan Van Riebeek, était la principale station de « rafraîchissement » de la V.O.C. sur la route maritime des Indes, la durée du trajet maritime jusqu'à Batavia imposant au minimum une escale de ravitaillement en vivres frais sous peine d'une mortalité excessive du fait du scorbut.

Portugal, découvrit ce cap de l'Afrique. Mais il rapporta que les vents terribles qui y régnaient, ne lui avaient pas permis d'y descendre, et que par cette raison il avait appelé ce lieu-là *Tourmenteaux*[52]. L'histoire ajoute que le Roi répondit qu'il ne fallait pas ainsi se décourager ; et qu'il voulait, lui, donner à cette terre-là, le nom de *Cap de Bonne-Espérance.*

Proche de cette montagne, il y en a deux autres, dont l'une est nommée la montagne du Lion, à cause que quand on la voit de la baie, elle a, dit-on, aux yeux de quelques-uns, la figure d'un lion accroupi. Sur le sommet, il y a un corps de garde, et dix pièces de canon. Et, lorsqu'on aperçoit de là les vaisseaux en mer, on avertit le fort.

L'autre montagne est appelée la montagne de la Table, et avec raison, parce qu'ayant le sommet horizontalement coupé, elle représente assez naturellement la figure d'une table. Un petit lac, ou étang qui est sur le haut, fournit de l'eau à une partie des terres cultivées qui sont en bas. Des diverses cartes, et vues que nous avions de la baie, celle-ci nous parut la meilleure[53].

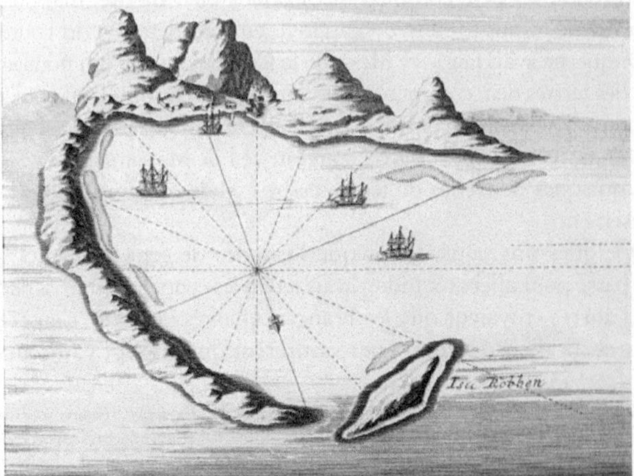

FIG. 13 – La Baie du Cap de Bonne-Espérance.

52 *Cabo Tormentoso*, cap des Tourmentes ou des Tempêtes. Chargée par le roi Jean II de Portugal de vérifier la possibilité d'une route maritime vers l'Inde et de s'enquérir du mythique royaume africain du Prêtre Jean, l'expédition de Bartolomeu Dias (1487-1488) fut en effet la première à doubler le cap des Tempêtes pour pénétrer dans l'océan Indien jusqu'à la baie d'Algoa.

53 La gravure est empruntée au *Voyage de Siam* du P. Tachard.

Nous y rencontrâmes quatre vaisseaux, deux hollandais (*Le Lion noir* et *La Montagne de la Chine*), un anglais et un danois. Comme notre canon était encore à fond de cale, nous ne pûmes saluer dès l'abord, selon la coutume ; nous ne le fîmes que le lendemain, et même assez mal à propos, quoique heureusement ; car l'un de nos canons, qui était chargé à boulet depuis le Texel, sans que l'on s'en souvînt, alla frapper la muraille du fort, après avoir passé au milieu de trente personnes et frisé la moustache d'un sergent qui nous rendit le boulet. Nous en fûmes quittes pour quelques reproches. Je me souviens d'avoir lu dans la description que Lambard a fait de la province de Kent, en Angleterre[54], qu'un pareil boulet de violente salutation traversa le Palais Royal de Greenwich, et fit entendre son sifflement aux oreilles de la reine Marie. Les rois n'aiment point ces sortes d'honneurs ; et notre sergent était du goût des rois.

Le lendemain nous allâmes rendre nos lettres au Gouverneur[55], qui nous gronda un peu, comme nous l'avions bien mérité, mais il nous fit en même temps un fort bon accueil, en considération du traité que M. Duquesne avait fait avec Mess. de la Compagnie, de qui nous avions aussi des lettres de recommandation. Nous nous enquîmes ensuite, de ce qui pouvait servir à la continuation de notre voyage ; particulièrement, si les Français s'étaient saisis de nouveau de l'île Mascareigne ? et si l'on avait quelques nouvelles de leur escadre ? Mais on nous répondit fort diversement.

Quelques-uns nous dirent que l'escadre de sept vaisseaux[56] qui avait passé pour aller aux Indes, avait jeté trois cents hommes dans cette île : d'autres croyaient que les Français chassés de Siam, s'en étaient emparés. Et d'autres enfin nous assurèrent que les sept vaisseaux n'y

54 William Lambard, *A Perambulation of Kent : Conteining the Description, Hystorie, and Customes of that Shyre…* [1576], London, Edm. Bollifant, 1596. Cette anecdote transposée et dont la réalité est douteuse pourrait bien résulter d'un emprunt de Misson, d'ailleurs à demi avoué.

55 Simon van der Stel, commandant puis gouverneur de la colonie du Cap de 1679 à 1699.

56 Il s'agit de l'escadre française de Siam à laquelle appartenait Duquesne-Guiton, arrivée en vue du Cap en juin 1687 (voir Leibbrandt, *Rambles through the Archives of the colony of the Cape of Good-Hope, 1688-1800*, Cape Town, 1887). Cette escadre ne passa pas par Bourbon. L'ignorance des autorités hollandaises du Cap sur la situation à Bourbon est assez étonnante mais peut s'expliquer si l'on tient compte des difficultés de communication dues au conflit franco-hollandais, conséquence de la guerre de la ligue d'Augsbourg (1688-1697).

avaient point mouillé, et qu'il n'y avait à Mascareigne que quelques familles qui y étaient habituées depuis longtemps[57]. Comme ces différents rapports n'avaient rien de certain, nous n'en pûmes faire aucun usage. Ce qui passait pour incontestable, c'était, que rien ne pouvait être égal à la beauté et à la bonté de l'île de Mascareigne ; que les blés, le vin, et toutes les autres choses propres à la nourriture de l'homme, y venaient abondamment, et presque sans culture. Tout cela nous fit résoudre, de partir au premier jour pour l'île Maurice, qui n'est pas fort éloignée de celle de Mascareigne, ou d'Éden, et où nous devions prendre nos mesures, selon les choses que nous y apprendrions, pour nous conformer ainsi aux ordres que nous avions reçus en Hollande.

Ceux d'entre nous qui étaient les plus malades, descendirent au Cap en arrivant, pour s'y guérir du scorbut : le séjour de terre étant le vrai et souverain remède de cette maladie.

Comme nous abordâmes dans ce lieu, dans le temps que les raisins commençaient à être mûrs, (ce qui fut pour l'équipage un excellent rafraîchissement), nous demeurâmes au Cap pendant trois semaines, tant pour rétablir notre santé, que pour radouber notre vaisseau. Mon dessein étant de parler du Cap plus amplement, dans la suite, et des choses que j'y ai remarquées, je remets à en entretenir le lecteur jusqu'à notre retour.

[TEMPÊTE]

Notre *Hirondelle* ayant eu ses rafraîchissements aussi bien que nous ; et tout le monde se trouvant dans une parfaite santé, après trois semaines de repos à terre, nous levâmes l'ancre le 5 de février 1691. Nous saluâmes le fort de cinq coups de canon, et nous partîmes, quoique le vent ne nous fût pas tout à fait favorable. Après avoir louvoyé quelque temps, nous fîmes route en droiture pour doubler le cap des Aiguilles. Nous

57 L'occupation permanente de l'île remonte aux années 1663-1665 (par Louis Payen, puis Étienne Regnault). Le recensement de Firelin (1690) dénombre 46 chefs de famille, soit un peu plus de 300 habitants.

montâmes jusqu'au quarantième degré, et le vent fut toujours variable jusqu'au 15 de mars, auquel jour nous eûmes tous les présages d'une grande tempête.

Le vent devint impétueux en fort peu de temps ; et la mer écumant et soulevant ses ondes, formait des montagnes qui paraissaient plus hautes que nos mâts. L'air se changeant tout en feu, les éclairs nous éblouissaient, et nous faisaient voir d'épouvantables lames d'eau qui sautaient de moment en moment sur le pont. Et le feu Saint-Elme s'étant attaché à nos mâts contribuait à redoubler les frayeurs de tout l'équipage. Notre vaisseau qui avait été regardé au Cap, avec étonnement à cause de sa petitesse, était poussé d'une vitesse inconcevable. Tout était dans un embarras, et dans un désordre horribles : les amarres toutes brisées : les coffres, les armes, les lits, les matelots, et les passagers roulaient pêle-mêle d'une étrange façon, et le ciel qui nous avait paru au commencement tout embrasé, s'y couvrit tout d'un coup de noires ténèbres, de la profonde épaisseur desquelles tombèrent des torrents qui semblaient vouloir abîmer ceux qui faisaient la manœuvre.

Le pont était toujours couvert d'un pied d'eau, parce qu'elle tombait comme à pleins seaux ; et que la mer en jetait aussi plus abondamment qu'il n'en pouvait sortir. Mais ce qui redoublait la crainte dont nous étions saisis, c'est que personne n'avait encore vu ce que nous expérimentions pendant cette extraordinaire tempête. Le même vent s'augmenta toujours jusqu'à un certain point, après quoi tous les autres, se succédant, et s'entremêlant quelquefois avec une égale fureur, se faisaient un triste jouet de notre pauvre petit vaisseau, qu'ils portaient et rapportaient en un moment de la terre au ciel. En dix heures que dura ce furieux orage, tous les vents conspirés firent absolument le tour du compas ; et presque pendant tout ce temps-là, comme il était impossible de manœuvrer, on fut obligé de s'abandonner au caprice et à l'impétuosité des vagues.

Enfin l'orage diminuant peu à peu, nos espérances presque perdues se relevèrent ; nous nous félicitâmes de bon cœur sur notre commune délivrance, chacun se sentant une secrète joie que personne n'aurait goûtée, si une grande et juste frayeur ne l'eût pas indirectement causée ; et nous rendîmes tous ensemble nos actions de grâce à celui qui par son admirable bonté, nous avait conservés au milieu de si grands dangers.

Quand nous fûmes un peu revenus à nous-mêmes, et qu'échappés des plus furieux assauts, nous ne regardâmes plus que comme un jeu ces houles épouvantables qui semblaient pourtant vouloir encore nous engloutir, nous vînmes à penser qu'il fallait sans doute donner le nom d'ouragan[58] à cette épouvantable tempête. Nous en trouvâmes une vraie et énergique description dans le psaume CVII que nous lûmes avec grand plaisir et admiration, aussi bien que le XXIX.

Qu'on vante tant qu'on voudra les idées du fameux Virgile, sur un pareil sujet : ce qu'il dit ne saurait approcher du sublime de ces deux psaumes. Comme aussi tous ces endroits admirés par les pédants, chez les poètes grecs et latins, ne sont que fort peu de chose, en comparaison des magnifiques et inimitables cantiques de David[59].

Notre entretien roula assez longtemps, sur les terribles et presque incroyables effets de cette matière de l'air, apparemment si douce et si faible, légère, invisible, et semblable au néant ; qui dans l'impétueuse agitation de ses tourbillons, déracine pourtant les plus gros arbres, fracasse les vaisseaux, renverse les maisons, et cause en si peu de temps de si grands désordres.

Ce qu'il y a d'admirable encore, c'est qu'un des plus assurés présages de l'ouragan (mot indien que nous avions adopté) c'est un calme parfait ; la mer prend un maintien trompeur ; tous ses sillons s'aplanissent, ses moindres rides s'effacent entièrement, et tout son air devient riant et gai.

Je voudrais bien que ces Messieurs qu'on appelle des philosophes, nous fissent voir distinctement les secrets ressorts de ces divers mouvements admirables ; au lieu de toutes les petites raisons superficielles, et presque toujours fausses et badines, dont ils remplissent leurs fameux écrits. Les vrais sages avouent humblement que la nature a des profondeurs impénétrables, et qu'à proprement parler elles le sont toutes, aussi bien que

---

58 Ouragan : « Tempeste violente accompagnée de tourbillons » (*Acad. 1694*). L'édition de 1762 précise, comme plus loin Leguat, que ce mot est « emprunté de l'indien ». Il s'agit en réalité d'un terme espagnol d'origine caraïbe (*huracan*) passé en français au XVIe siècle désignant spécifiquement les tempêtes cycloniques tropicales.

59 Leguat doit penser notamment aux versets 23 à 27 du psaume 107 (« Ceux qui voguent sur la mer, dans des navires, / Et qui trafiquent sur les grandes eaux, / Ceux-là voient les œuvres de l'Éternel, / Et ses merveilles dans les profondeurs de l'abîme… »). La thèse de la supériorité de la poésie biblique sur les modèles de la tradition classique que sont notamment Homère et Virgile renvoie à la fois à la culture protestante et au contexte de l'actualité littéraire : la Querelle des Anciens et des Modernes a débuté en 1687 avec le poème de Charles Perrault *Le siècle de Louis le Grand* et se poursuivra jusqu'en 1715 avec la « Querelle d'Homère ».

celles des choses divines. Et ils reconnaissent qu'une des plus grandes sciences du véritable philosophe, c'est de n'ignorer pas son ignorance.

On croit avoir remarqué que la pluie est salée, dans la plus grande force de l'ouragan ; et plusieurs voyageurs l'ont écrit. Mais quoique je ne veuille pas absolument nier ce fait ; j'ai bien du penchant à croire que l'on confond les rejaillissements des flots réduits en poussière, ou en gouttes, avec la véritable pluie. Si l'on dit qu'on a trouvé la pluie salée sur terre ; au milieu de certaines îles, je répondrai premièrement que j'en doute ; et j'ajouterai que ces mêmes tourbillons qui transportent les plus grands vaisseaux, peuvent enlever aussi de grosses portions de ces vagues amoncelées, dont la hauteur se confond déjà avec celle des nues les plus élevées, et que cela peut être porté bien avant dans les îles, ou dans les autres terres éloignées de la mer.

Je n'ai dit qu'un mot de ce feu Saint-Elme, que je vis attaché à un de nos mâts, au fort de l'orage, parce que je n'ai fait aucune observation particulière sur ce phénomène. Je ne l'aperçus que par hasard, m'étant retiré dans ma cabane [*sic*] ; et mon esprit étant alors occupé de tout autres pensées, que de pensées de curiosité. Je vis une masse de feu bleuâtre, comme collée à un des mâts, et je ne regardai pas s'il y en avait davantage. Ce qui me fait croire aujourd'hui qu'il n'y en avait qu'un, c'est que nos matelots en furent effrayés, au lieu que, quand il en paraît deux, ces pauvres espèces de gens ont accoutumé d'en tirer un heureux augure. Ce fut selon cette idée, sans doute, qu'on ne donna pas le nom d'un de ces deux feux-là seulement, au navire dont parle saint Paul[60], mais des deux ensemble. Je dis de deux, parce qu'on ne parlait alors que de deux : de ces deux enfants éclos avec Hélène et Clytemnestre, de deux œufs de Léda, que les uns transformèrent en la constellation des Gémeaux, et que d'autres adorèrent sous leur premier nom de Castor et de Pollux, comme dieux de la mer, parce qu'ils en avaient chassé les

60 Allusion à un épisode des navigations de saint Paul relatées dans les *Actes des Apôtres* : après la tempête et le naufrage sur l'île de Malte (*Actes*, 27 : 14-44), Paul, qui se dirige vers Rome, s'embarque « sur un navire d'Alexandrie, qui avait passé l'hiver dans l'île, et qui avait pour enseigne les Dioscures » (*Actes*, 28 : 11). Il parviendra à destination sain et sauf après ces tribulations, ce qui a pu justifier théologiquement dans la culture chrétienne elle-même le rôle protecteur prêté chez les Anciens aux jumeaux divins Castor et Pollux, parfois christianisés plus tard sous les noms de Pierre et Paul ou de Côme et Damien. Le P. Tachard, témoin du même phénomène, s'étonne dans son *Voyage de Siam* (Paris, A. Seneuze et D. Hortemels, 1686, p. 48) que « cette superstition se soit ainsi introduite parmi les Chrétiens ».

pirates. Mais je sais qu'il en paraît quelquefois quatre ou cinq ensemble, et peut-être plus. Au reste, comment Monsieur Saint Elme a succédé à Monsieur Saint Castor et à Monsieur Saint Pollux, c'est une question que je laisse à faire et à décider à quelque séraphique Docteur[61].

[L'ÎLE D'ÉDEN]

Le 3 d'avril, nous vîmes terre ; grande nouvelle ! Ce que c'était, on n'en savait rien ; car nous avions perdu la tramontane[62]. Toutefois, on voulut se flatter de la douce pensée que ce pourrait être l'île d'Éden ; et on prépara plusieurs choses, en se divertissant, comme pour aller bientôt habiter cette île tant désirée. Le vent était un esprit de contradiction, qui nous en voulait éloigner, mais nous disputâmes si efficacement contre lui, que, malgré son opiniâtreté, nous le vainquîmes, et nous approchâmes enfin de cette terre premièrement inconnue, qui, après un examen attentif, se trouva être celle que nous cherchions, à notre grand contentement.

De l'endroit où nous nous arrêtâmes, pour jeter les yeux pendant quelques moments sur cet admirable pays, nous en découvrîmes diverses beautés. Des montagnes s'élèvent vers le milieu, mais toute la partie de l'île qui se présentait de notre côté, nous parut être un pays presque uni[63]. Et nous pouvions aisément discerner l'agréable mélange de bois, de ruisseaux et de plaines émaillées d'une ravissante verdure. Si notre vue était parfaitement satisfaite, notre odorat ne l'était pas moins ; car

61 Le titre de « Docteur séraphique » est traditionnellement attribué par l'Église à saint Bonaventure (1221-1274), théologien et mystique franciscain. Les feux Saint-Elme, considérés comme d'heureux présage lorsqu'ils sont doubles, sont dans la tradition antique l'émanation des Dioscures Castor et Pollux, protecteurs de la navigation. L'allusion ironique au culte des saints et à la christianisation des superstitions païennes dans le catholicisme populaire porte la marque de Misson.

62 Tramontane : au sens propre, l'étoile polaire ou étoile du nord ; par extension, la direction suivie.

63 Cette description s'applique assez mal à l'« île Mascareigne » (aujourd'hui La Réunion), où la plaine littorale est presque inexistante, sauf dans la région nord-est ; en revanche, elle convient mieux à la configuration de l'île Maurice. D'après Alfred North-Coombes (*The Vindication of François Leguat*, Port-Louis, 1979), qui appuie son hypothèse sur les temps de traversée indiqués dans le récit, la terre entrevue par Leguat serait bien l'île Maurice ; ce qui expliquerait le refus de Valleau d'y débarquer.

l'air était parfumé d'une odeur charmante qui venait de l'île ; et qui apparemment s'exhalait en partie des citronniers et des orangers qui y sont en grande abondance. Nous fûmes tous également frappés de cette suave odeur, à une certaine distance de l'île. Quelques-uns se plaignirent agréablement que ces parfums les avaient empêchés de dormir ; et d'autres dirent qu'ils en avaient été si embaumés qu'ils se sentaient rafraîchis, comme s'ils avaient été quinze jours à terre.

La relation qui a été publiée par les soins de M. Duquesne n'a pas rapporté cette circonstance, mais Mr. Delon [*sic*] ne l'a pas oubliée[64], et même il a écrit, qu'il croit que ce qui est cause qu'il n'y a dans l'île ni serpents, ni rats, ni insectes venimeux, c'est que le grand nombre de fleurs odorantes dont elle est couverte, sont un poison pour ces animaux-là : ce qu'il dit avoir expérimenté. Nous ne pouvions nous lasser tous de dire du bien de cette île, excepté le capitaine qui affectait de tenir un langage contraire. Quelque semblant qu'il fît et quelques positifs que fussent les ordres qu'il avait reçus, son dessein n'était pas d'y descendre ; et ce n'était que le hasard qui l'en avait fait approcher ; car il croyait en être à plus de quarante lieues, lorsqu'on la découvrit. Il fut extrêmement étonné, quand le pilote lui dit qu'il voyait terre, et que ce pourrait bien être ce qu'on cherchait. Je ne pénétrerai point ici dans les raisons secrètes de la conduite de cet homme, parce que je n'ai que des conjectures ; et qu'après tout, cet examen n'est pas nécessaire. Quoi qu'il en soit (en vérité, la plume me tombe de la main), ce fourbe, ce scélérat, profita de notre faiblesse ; il s'éloigna peu à peu, et il prit la route de Diego-Ruys. Il disposait de son équipage ; et nous, qui étions tous malades, nous ne nous trouvâmes point en état de le forcer à s'acquitter de sa commission. On peut juger de notre surprise et de notre douleur.

Au reste, puisque je n'ai pas été assez heureux pour visiter cet aimable pays, dont le lecteur s'est attendu dès le commencement que je l'entretiendrais, je crois que je ferai une chose qui ne lui déplaira pas si j'ai recours à un moyen par lequel il ne soit pas tout à fait frustré de sa juste attente. Dans cette vue donc, je lui ferai un abrégé des singularités les plus remarquables de l'île d'Éden, selon le recueil qui en fut fait un peu avant notre départ, par les

64 « Il n'y a [à l'île Bourbon] ny serpents, ny scorpions, ny aucune autre sorte de reptile ou d'insecte dangereux, la bonté de l'air les tuë, & c'est une experience que les François ont faite sur les rats » (Charles Dellon, *Relation d'un voyage des Indes Orientales. Dedié à Monseigneur l'Évêque de Meaux. Par Mr Dellon, Docteur en Médecine*, Paris, Claude Barbin, 1685, t. I, p. 25).

soins de M. Duquesne[65]. Il est vrai que cette relation pourrait être suspecte à ceux qui pensent qu'il était de son intérêt de préoccuper les esprits d'une manière qui fût avantageuse à ce nouveau monde qu'il avait dessein d'aller habiter. Mais j'ai premièrement à dire sur cela, que loin de rien ajouter à la vérité, M. Duquesne ne voulut point que l'on insérât dans le petit livre qu'il fit publier, aucune de ces sortes de choses, qui auraient le moindre air d'exagération, encore qu'elles passent pour vraies. Et j'ajouterai en second lieu, qu'à Maurice, à Batavia et au Cap, je suis témoin que tout le monde convient qu'il n'y a rien dans cette relation qui ne soit très conforme à la vérité.

> « Cette île fut premièrement nommée Mascarenas, par les Portugais qui s'en emparèrent, sous leur roi Jean IV, l'an 1545. M. de Flacour[66] y planta l'étendard de France, cent huit ans après, au nom de Louis XIV, présentement régnant, et lui donna l'illustre nom de Bourbon. On peut voir ce qu'il en a écrit. Il posa les armes de France, sur le monument même, où il trouva celles de Portugal, après avoir fait la même chose à Madagascar.
>
> « Je crois que les Français ont comme abandonné cette petite île[67]. D'autres, qui y sont descendus depuis, l'ont trouvée si excellente et si belle qu'ils l'ont regardée comme un petit paradis terrestre et qu'ils lui ont donné le beau nom d'ÉDEN, c'est-à-dire PAYS DE DÉLICES ».

---

65 Leguat ne se borne pas ici à reproduire le quatrième des *Mémoires* de Duquesne, consacré à la « Description particulière de l'île d'Éden ». Si ce texte est bien le noyau de sa description, l'auteur a résumé parfois, modifié l'ordre d'exposition en redistribuant les matériaux fournis par Duquesne, supprimé quelques indications un peu inquiétantes relatives à la présence d'un volcan, et surtout ajouté de nombreux éléments empruntés aux voyages de Dellon et Du Bois (*Les Voyages faits par le sieur D. B. aux isles Dauphine ou Madagascar et Bourbon ou Mascarenne, ès années 1669, 70, 71, et 72*, Paris, Claude Barbin, 1674). Pour une analyse des sources viatiques et de leur utilisation par Duquesne puis Leguat, voir Jean-Michel Racault, « L'imaginaire de l'île déserte et les littératures de voyages : l'exemple des Mascareignes, de la topique à l'utopie », in Christian Zonza, *L'île au XVIIe siècle : jeux et enjeux*, Actes du Xe colloque du C.I.R. 17, Ajaccio, 3-5 avril 2008, Tübingen, Narr Verlag (*Biblio 17*, 190), 2010, p. 27-47.

66 Étienne de Flacourt, *Histoire de la Grande Isle Madagascar*, Troyes, Nicolas Oudot, et Paris, Gervais Clousier, seconde édition augmentée, 1661. Voir aussi, pour sa très riche annotation, l'édition critique moderne de Claude Allibert, Paris, INALCO-Karthala, 1995. Contrairement à ce qu'avance Leguat, Flacourt, gouverneur de la colonie de Fort-Dauphin à Madagascar, n'a pas visité Bourbon. Sa description résulte des rapports enthousiastes présentés d'abord par les mutins de Fort-Dauphin qui y furent déportés par son prédécesseur Pronis (1646-1649), puis par un autre colon, Antoine Thoreau, exilé par mesure disciplinaire sur ordre de Flacourt lui-même de 1654 à 1658 et auteur d'un bref « Memoire touchant l'Isle de Bourbon, ou autrement Mascaregne » que Flacourt inséra dans l'ouvrage (p. 431-433).

67 Cette formulation prudente, qui laisse ouverte la question cruciale de l'occupation de l'île par les Français (en réalité officiellement colonie depuis 1665), ne se trouve pas dans le Mémoire de Duquesne.

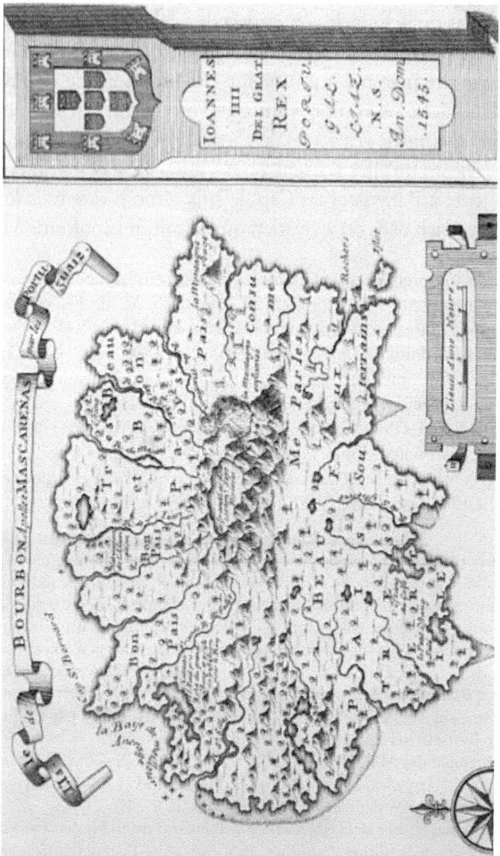

FIG. 14 – L'île de Bourbon appelée Mascarenas par les Portugais.

(La relation dont je donne un extrait, dit mal à propos que personne n'a parcouru cette île). La carte[68] que je mets ici, a été faite sur la description de ceux qui l'ont visitée partout, pendant un séjour de plusieurs années.

« Quoi qu'il en soit, ajoute M. Duquesne, il est certain que l'île d'Éden est d'une étendue suffisante, pour contenir aisément une longue suite de générations, de quelque colonie qui s'y voudrait établir.

Il est très vrai, ajoute notre auteur, que les voyageurs ne nous ont parlé d'aucun pays où l'air soit plus sain qu'il l'est dans cette île ; ce qui est un article très important. On sait que quantité de malades y sont descendus, et s'y sont parfaitement rétablis en fort peu de temps. On a le même témoignage de ceux qui y ont fait du séjour, encore que divers secours et commodités ordinaires leur aient manqué, et qu'ils aient été trop exposés tantôt au soleil, tantôt au serein. Le ciel en est pur, et les exhalaisons de la terre, ainsi que des plantes et des fleurs aromatiques dont elle est couverte, en parfument l'air, et y font respirer un esprit de baume qui n'est pas moins salutaire qu'il est agréable.

Cette charmante île, qui est entre le vingt-et-unième et le vingt-deuxième degré de latitude méridionale, a cet avantage commun avec la plupart des autres pays qui ne sont pas éloignés de la Ligne, que la chaleur en est tempérée par de certains petits vents frais et réglés, que la Providence toujours admirable a disposés pour rendre ce pays commodément habitable.

C'est une des singularités de cette île, que la quantité de fontaines que l'on y rencontre. L'eau en est pure et saine, et quelques-unes sont purgatives. De ces sources naissent des ruisseaux, et même de petites rivières qui arrosent toutes les plaines, et qui sont si poissonneuses que quelques voyageurs ont assuré *que la quantité du poisson fait chanceler ceux qui passent ces rivières à gué.* Il y a plusieurs lacs ; et un entre autres dont les sources sont si abondantes qu'il en sort sept gros ruisseaux qu'on voit serpenter dans une vaste et riche campagne[69].

Il n'y a aucun animal venimeux, ni dans l'eau, ni sur la terre. Au lieu que presque tous les autres pays chauds sont pleins de serpents et d'autres telles sortes de bêtes dont la piqûre ou la morsure sont dangereuses, et même mortelles. On assure la même chose des plantes et des fruits.

Je ne dirai rien du coquillage admirable dont les bords de la mer sont remplis ; ni du corail, et de l'ambre gris qu'on y trouve, quoique cela ait son utilité. Mais je dirai que la mer est fort poissonneuse, et que les seules tortues qu'elle fournit, font une nourriture abondante et délicieuse. Les tortues de terre sont aussi une des richesses de l'île ; car il y en a quantité ; la chair en est très délicate, et la graisse l'emporte sur le beurre, et sur la meilleure huile, pour toutes sortes de sauces. Il y a des tortues de mer qui pèsent plus de cinq cents livres. Celles de terre ne sont pas de cette grosseur ; mais les grandes portent plus aisément un homme, qu'un homme ne les pourrait porter. Cette huile de tortue, car c'est une graisse qui ne fige point, est un remède très bon pour plusieurs sortes de maladies.

68 Il s'agit de la carte insérée dans l'ouvrage de Flacourt sur la base des observations de Thoreau.

69 Quoique reposant sur les indications fournies par le mémoire de Thoreau, le lac central figuré sur la carte de Flacourt n'existe pas. Mais il est cohérent avec le mythe de l'île paradis : dans la *Genèse* (2 : 10-14), le jardin d'Éden est arrosé par un fleuve se divisant en quatre branches.

Les forêts ne sont pas si épaisses, qu'on ne les puisse traverser aisément ; et l'ombrage n'empêche pas que les fruits n'y mûrissent. Il y a quantité de cèdres, d'ébéniers, et d'arbres propres pour la charpente. Il y a des palmiers, des figuiers, des lataniers, des orangers, des citronniers et des acajous de diverses sortes. On pourrait nommer vingt autres espèces d'arbres dont les fruits sont bons à manger, et dont la variété est toute propre à satisfaire la diversité des goûts. L'aloès, l'esquine, l'indigo, les cannes de sucre, le coton, l'ananas, les bananes, le tabac, les patates, les citrouilles, les melons de terre et d'eau, les concombres, les choux-caraïbes, les oumines, les fèves antaques, les haricots ambriques, les cambares[70], certains pois du pays, et cent autres plantes, fruits, ou racines de cette nature croissent naturellement partout, jusque sur les montagnes. On sait par expérience que le blé de Turquie, le mil, le riz, le froment, l'orge et l'avoine y réussissent très bien ; et qu'on peut faire plus d'une récolte par an de tous ces grains-là. On a aussi eu la curiosité d'y semer de tous nos légumes, et de toutes les herbes de nos jardins (dont je m'abstiendrai de faire une ennuyeuse énumération), et tout cela est venu à merveille. C'est que le terroir est excellent, et que le Père de la Nature le rend admirablement fécond. Puisqu'on y a mangé de fort bon raisin, il y a tout lieu de croire qu'on y pourrait boire aussi de bon vin. Et il ne faut pas douter non plus, ce me semble, que l'on y élevât avec succès la plus grande partie des arbres fruitiers de notre continent.

Les bœufs, les cochons, et les chèvres qui furent autrefois portés par les Portugais, y ont tellement multiplié, qu'on les trouve par bandes dans les forêts. Et on peut raisonnablement s'assurer que les cerfs, les daims, les moutons, et tous les autres animaux que l'on voit ailleurs sous le même climat, y réussiraient de la même manière.

Entre les oiseaux communs dans cette île, je nommerai les perdrix, les tourterelles, les ramiers, les bécasses, les râles, les merles, les grives, les huppes, les oies, les butors, les canards, les poules d'eau, les pintades, les perroquets, les aigrettes, les géants[71], les fous, les frégates, les moineaux, et quantité d'autres petits oiseaux. Plusieurs sortes d'oiseaux de proie, et d'oiseaux de mer. Il y a des chauves-souris qui ont le corps plus gros que des poules, et dont on mange avec plaisir, quand on peut vaincre cette sorte de répugnance qui n'est causée que par un préjugé. On fait aussi bonne chère des perroquets. Les géants sont de grands oiseaux montés sur des échasses, qui fréquentent les rivières et les lacs, et dont la chair est à peu près du goût de celle du butor. Les perdrix sont toutes grises, et la moitié plus

---

70 Dans cette liste de légumes et autres productions tropicales, la squine (ou esquine) est une plante utilisée en décoctions, le chou-caraïbe (songe, ou taro, ou colocase) est une racine comestible, l'oumine (ou zoumine) est un rhizome comestible, l'antaque (ou dolique) est une sorte de pois, l'ambrique (ou ambérique) une variété de haricot, le cambare ou cambarre une variété d'igname.

71 Sur les difficultés d'identification de cette espèce aujourd'hui éteinte (*Leguatia Gigantea* Schlegel) et pour un historique détaillé des débats entre ornithologues, voir le chapitre 17, p 219-229, de l'ouvrage cité d'A. North-Coombes ajouté à la seconde édition de *The Vindication…*

petites que les nôtres. Les mâles des moineaux[72] ont la gorge rouge, et plus rouge qu'à l'ordinaire quand ils font l'amour ; mais ces petits animaux, qui comme les fleurs et les papillons ne semblent avoir été faits que pour embellir la nature, se sont multipliés en si grand nombre que, pour dire la vérité, ils sont devenus beaucoup incommodes. Ils viennent par gros nuages, enlever en un moment les grains qu'on a semés, si on n'y prend garde : et cela est un inconvénient sans doute. Mais il est à croire que la poudre à canon les effaroucherait en assez peu de temps. Il y a aussi des chenilles et des mouches qui sont quelquefois assez embarrassantes. Et enfin (car il faut tout dire quand on veut donner une vraie et entière idée des choses), ces effroyables tempêtes que l'on connaît sous le nom d'ouragans, sont encore un article fâcheux. On assure bien qu'ils sont beaucoup moins violents que ceux de l'Amérique ; et on dit qu'après tout, cela ne dure que vingt-quatre heures. On considère aussi que, comme ces terribles orages n'arrivent qu'une fois par an, et précisément dans la même saison, il y a des moyens de se précautionner qui sont infaillibles. On ajoute que pour un mauvais jour, il y en a trois cent soixante-quatre qui sont admirablement beaux. Et effectivement ces pensées-là sont consolantes. Les gens sages, ceux particulièrement qui ont un peu vécu, et un peu voyagé, savent qu'il ne se faut attendre à aucune félicité parfaite en ce monde, ni sous la Ligne, ni sous les Pôles. Tout a son pour et contre, et le meilleur n'est que le moins mauvais. Ce qu'il y a donc à faire, en cette occasion, comme en toute autre, c'est de prendre la balance, et de peser les choses, avant que de se déterminer. Si quelques inconvénients de notre Éden vous font de la peine, disait M. Duquesne[73], mettez dans un des bassins de votre balance, les chenilles, les mouches, et les moineaux de cette île, avec un ouragan par an ; et joignez la SANTÉ, la LIBERTÉ, la SURETÉ, l'ABONDANCE, et la TRANQUILLITÉ. Dans l'autre bassin, pour contrepeser les trois espèces de petits animaux importuns que nous avons nommés, mettez toutes ces étranges bêtes que notre célèbre Molière appelle des Harpagons, des Grapignants, des Purgons, des Macrotons, des Mascarilles, des Métaphrastes, des Trissotins et des Sot-en-Ville[74]. Ajoutez à cela des Dragons, et des Escobars[75], des Rats-de-Cave, et des Rats-de-Grenier[76], l'esclavage, la pauvreté, les alarmes, et mille misères ; et après cela, levez la balance ».

---

72 Il s'agit du foudi ou cardinal (*Foudia madagascariensis*), semblable en effet à un moineau hors de la période de reproduction (où le mâle arbore un plumage rouge).

73 Le développement qui suit ne se trouve évidemment ni dans Duquesne ni dans aucun des voyageurs dont il a pu s'inspirer. En raison de ses similitudes avec les dernières pages de la préface, on est fortement tenté de l'attribuer à Misson.

74 Dans cette galerie de personnages symbolisant ridicules et vices sociaux, il en est un qui ne semble pas provenir du théâtre de Molière : personnage associé à Arlequin dans la comédie italienne, Grapignan(t) apparaît par exemple dans la comédie de Dufresny *La matrone d'Éphèse, ou Arlequin Grapignan* (1700). Ce nom deviendra plus tard un synonyme satirique de *procureur*.

75 Antonio Escobar y Mendoza (1598-1669), jésuite espagnol attaqué par Pascal dans les *Provinciales*, symbole de l'intolérance religieuse au même titre que les dragons envoyés dans les provinces à partir de 1681 pour obtenir la conversion forcée des protestants.

76 Rats-de grenier : Commis des aides et plus spécialement agents des gabelles chargés de perquisitionner à la recherche des marchandises non déclarées.

Ce fut donc à notre très grand regret, je le dirai encore, que nous nous vîmes éloignés de cette île charmante, que nous avions tant de fois désirée. Dans notre faiblesse et dans notre douleur, nous consentîmes à ce que nous ne pouvions empêcher, et le commandant de notre Hirondelle s'efforça de nous persuader qu'il nous mettrait dans un lieu qui ne céderait en rien, à celui qui nous avait semblé si beau. Il n'y avait que cent cinquante lieues à faire pour trouver cette île nouvelle ; mais les vents nous furent si contraires, que nous ne fîmes que louvoyer pendant un mois entier.

Le pauvre Jean Pagni, l'un de nos compagnons, mourut dans ce temps-là, entre l'île manquée et l'île espérée. Il ne put résister davantage au scorbut et à l'oppression qui le tourmentaient.

[ARRIVÉE À RODRIGUE]

Enfin, un beau samedi matin 25 d'avril (vieux style) 1691, nous aperçûmes une nouvelle terre. C'était la petite île de Diego-Ruys où notre capitaine avait résolu de nous mettre. Nous en approchâmes fort près, par la pointe de l'est, en cinglant vers le sud. Elle nous parut de difficile accès à cause de ces rochers qu'on appelle *brisants* dont elle est tout environnée, et qui s'étendent beaucoup au large. Nous n'aperçûmes d'abord ni port, ni baie, ni aucun endroit où nous jugeassions qu'on pût descendre commodément. Sur le soir on sonda, et on trouva fond de *roche-pourrie* à trois lieues de terre. Nous jetâmes l'ancre, et je ne sais quelle raison, jointe au calme, nous fit demeurer là jusqu'au lundi 27. Nous employâmes ce jour-là et le suivant à considérer le dehors de l'île autant que cela se put, pour tâcher de découvrir quelque endroit accessible. Le 28 sur les quatre heures après-midi, nous remarquâmes une ouverture que nous crûmes propre pour notre dessein. Mais, la nuit survenant, nous nous remîmes un peu au large, et nous battîmes la mer jusqu'au point du jour. Sur les onze heures du matin, le 29 le calme nous prit et nous jeta dans un grand danger ; car un courant rapide nous portait à vue d'œil entre des rochers qui s'avançaient plus d'une lieue avant dans la mer. Nous en étions si près, qu'il n'y avait aucune apparence d'éviter ces écueils, lorsque, par une grâce toute particulière du Ciel, il se leva soudainement un vent favorable qui nous repoussa. Nous remîmes le cap à terre, vers la pointe du nord ; et à midi, le capitaine mit la chaloupe à l'eau pour chercher quelque entrée. Sur le soir nous fîmes voile sur la pointe du nord-est, et la chaloupe nous donna un signal pour nous faire entendre qu'elle avait trouvé un ancrage. Comme nous étions sur la roche et huit brasses de fond seulement, cela nous obligea d'aller toujours la sonde à la main. Nous jetâmes l'ancre à neuf brasses, fond de vase, presque sable, après nous être fait remorquer avec la chaloupe, attendant jusqu'au lendemain pour nous mieux placer. Le lendemain donc, 30 avril, de grand matin, nous jetâmes l'ancre à neuf brasses, bon fond de sable vaseux, et à l'abri des vents d'est et de sud-est, qui sont les vents régnants dans ce pays-là[77].

L'île nous parut extrêmement belle, et de loin et de près. Le capitaine, qui avait eu ses raisons pour ne nous mettre ni à Tristan, ni à Mascareigne, ne demandait pas mieux, que de nous laisser à Rodrigue[78], et dans cette vue, il en exalta beaucoup toutes les beautés et tous les avantages. Effectivement ce petit monde nouveau, nous paraissait tout rempli de charmes et de délices. À la vérité, nous n'y voyions pas voler tant d'oiseaux, que nous en avions vus sur les côtes de l'île Tristan ; et notre rade n'était pas parfumée des fleurs de la terre voisine, comme était celle du jardin d'Éden où nous avions passé il y avait un mois. Mais nous ne pouvions pas néanmoins conclure de là qu'il n'y eût ni fleurs, ni beaucoup d'oiseaux dans cette île nouvelle ; et d'ailleurs, nous en trouvions tout l'aspect admirable. Nous ne pouvions nous lasser de regarder les petites montagnes dont elle est presque toute composée, tant elles étaient richement couvertes de grands et beaux arbres. Les ruisseaux que nous en voyions découler, tombaient dans des vallons de la fertilité desquels il nous était impossible de douter ; et après s'être répandus dans quelques espaces de terrain uni, auxquels je ne donnerai le nom ni de forêt ni de plaine, quoiqu'ils pussent recevoir l'un et l'autre, ils se venaient jeter à nos yeux dans la mer.

77 L'île Rodrigue, entourée de toute part de récifs coralliens, ne possède que deux havres d'accès difficile, l'un à Port Sud-Est, l'autre sur le côté nord correspondant à l'actuel Port Mathurin, aujourd'hui le chef-lieu. C'est dans ce second site que Leguat a débarqué.

78 Leguat n'explicite jamais les sombres desseins qu'il attribue à Valleau, ni les raisons qui l'auraient poussé à refuser de débarquer à Tristan, puis à Bourbon.

Quelqu'un de nous se souvint du fameux Lignon, et de ces divers endroits enchantés qui sont si agréablement décrits dans le roman de M. d'Urfé[79], mais notre esprit se porta incontinent à une tout autre pensée. Nous admirâmes les secrets et divins ressorts de la Providence, qui après avoir permis que nous eussions été ruinés, dans notre patrie, nous en avait ensuite arrachés par diverses merveilles, et voulut enfin essuyer nos larmes dans le Paradis terrestre, qu'elle nous montrait, et où il ne tiendrait qu'à nous d'être riches, libres et heureux ; si dans le mépris des vaines richesses, nous voulions employer notre tranquille vie à le glorifier, et à sauver nos âmes.

Nous étions tous ensemble plus occupés de ces douces méditations, que possédés d'une joie bruyante, lorsque, la chaloupe ayant été mise en mer, on demanda qui voulait aller à terre. Sur cela, chacun se leva, avec empressement, quoiqu'il n'y eût aucun qui ne fût malade. Tous mes compagnons descendirent ; mais comme je vis que la chaloupe était assez pleine, je ne me hâtai pas de m'y mettre. Beaucoup plus âgé qu'aucun d'eux, je me possédai davantage, et tout rempli de je ne sais quel mélange de tristesse et de joie, je passai ainsi le reste du jour, dans un grand silence.

Sur le soir, le capitaine revint, et me raconta des merveilles : mais il exagéra beaucoup, comme j'ai eu tout le temps d'en être convaincu dans la suite. Il me parla d'animaux et de fruits qui n'ont jamais été vus dans cette île. Il est vrai qu'il apporta diverses sortes d'oiseaux gras et bons ; cela était réellement vrai, et je fis un agréable repas de ces mets nouveaux et inconnus. Le lendemain (1er mai 1691) j'allai trouver mes compagnons.

Cette île que l'on appelle ou Diego-Rodrigo, ou Diego-Ruys, ou Rodrigue, est située sous le dix-neuvième degré de latitude méridionale. Son circuit est d'environ vingt lieues ; sa longueur (de l'est à l'ouest), et sa forme, sont, comme on le peut voir dans la carte[80].

79 L'action de *L'Astrée* (1607) d'Honoré d'Urfé, prototype du roman pastoral, se déroule dans le Forez sur les bords du Lignon. Ce récit au long cours est resté très lu jusqu'au début du XVIIIe siècle : Rousseau enfant y apprit à lire.

80 La carte de Leguat est fantaisiste et n'a que de lointains rapports avec la configuration réelle de l'île. Située à quelque 580 km à l'est de Maurice par 19°43' E. sur 63°25' O., cette petite île (110 km carrés) abrite aujourd'hui environ 43 000 habitants.

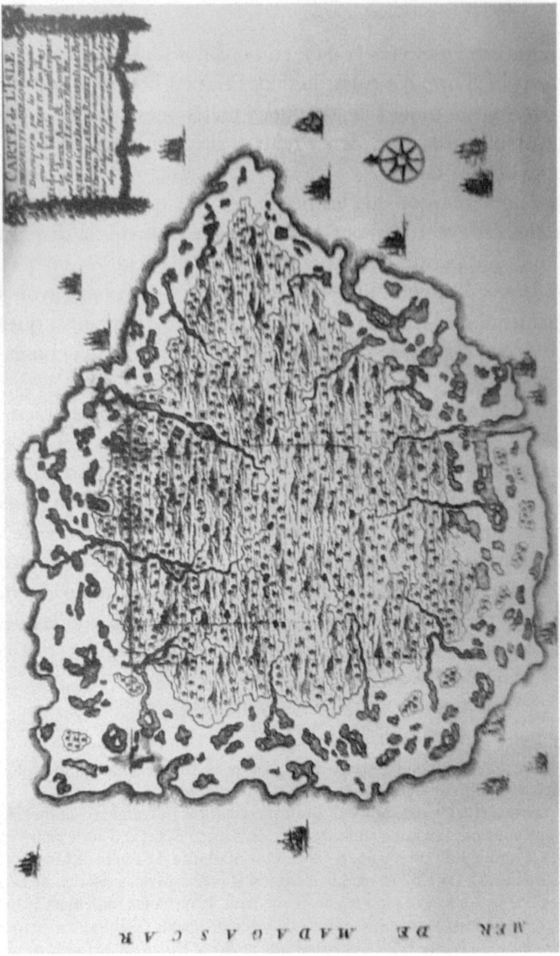

FIG. 15 – Carte de l'île de Diego-Ruys ou Diego-Rodrigo.

[INSTALLATION DANS L'ÎLE]

Nous nous plaçâmes vers la mer, au nord-nord-ouest, dans un beau vallon, et proche d'un gros ruisseau dont l'eau est bonne et belle. Et ce fut après avoir visité toute l'île, que nous préférâmes ainsi à tout autre endroit, celui auquel la Providence nous avait premièrement conduits, lorsque nous débarquâmes.

J'ai toujours remarqué que les personnes avec qui je me suis entretenu de toutes ces aventures, ont eu la curiosité de savoir la disposition particulière de nos petites habitations. C'est par cette raison-là, que j'en ai voulu mettre ici un plan. Et je comprends fort bien, pour l'avoir souvent expérimenté moi-même, que quand on a pu se faire ainsi quelque idée des lieux, on s'intéresse plus particulièrement aussi aux choses qui y sont arrivées.

Jetez donc les yeux, cher lecteur, puisque vous le voulez bien, sur cette carte que je vous présente. Vous voyez que je l'ai détachée du plan général de l'île, où les mêmes choses n'ont pu être marquées si distinctement. Et au reste, pardonnez, je vous prie, à mon peu de capacité, car je ne suis pas fort habile dessinateur : je vous donne ce que j'ai, et je ne saurais vous donner davantage. Comme je ne vous raconte qu'imparfaitement les choses, je ne vous les montre qu'imparfaitement non plus, dans cette petite délinéation[81]. Mais j'espère que les défectuosités de ce que je vous présente, ne seront pas si grandes, que vous ne puissiez y suppléer assez aisément[82].

---

81 Délinéation : « Description faite avec des lignes qu'on appelle aussi Ichnographie. *La simple delineation fait voir l'estenduë de cette place* » (*Acad. 1694*).

82 Les descriptions et les cartes du XVIIIe siècle mentionnent l'« enfoncement de François Leguat », situé au nord de l'île à faible distance de la mer, de part et d'autre de la Grande Rivière, à la limite de l'actuelle bourgade de Port-Mathurin. Le comte de Maudave, qui fait escale dans l'île en 1757 et rend hommage à la précision de la relation de Leguat, ajoute : « Une petite rivière y porte encore son nom. Je reconnus facilement le lieu de son habitation et des divers emplacements où ses compagnons s'établirent » (manuscrit de la *Relation d'un voyage aux Indes Orientales*, in *Revue Historique et Littéraire de l'Île Maurice*, vol. 7, 1894, p. 167, cité par A. North-Coombes, *The Vindication…*, *op. cit.*, p. 44.) L'astronome Pingré, en 1761, y installa ses instruments pour l'observation du passage de Vénus.

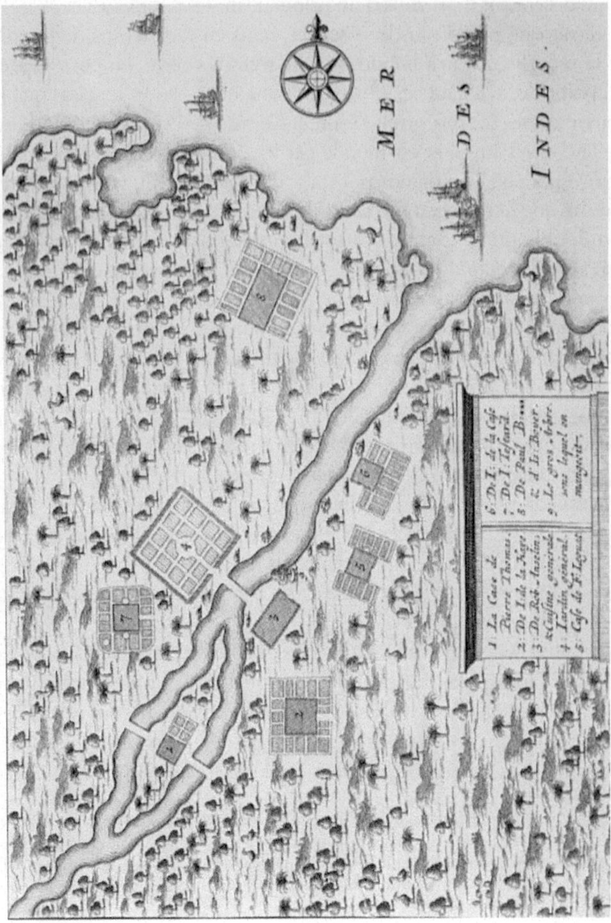

FIG. 16 – Plan de l'habitation.

La petite rivière que vous voyez vient de devers le milieu de l'île, et à quatre ou cinq mille pas communs, au-dessus de nos petites cabanes, elle forme, en tombant de rocher en rocher, diverses cascades, bassins, et nappes d'eau, qui orneraient les jardins d'un prince. Dans les temps secs et chauds, elle ne reçoit que peu d'eau de sa source, mais en tous temps, le flux de la mer la remplit, jusqu'à l'endroit où le terrain s'élève. Le petit espace que j'ai pointillé, à la gauche, et vers l'embouchure, est un lieu bas que la mer couvre toutes les fois qu'elle monte. Ce côté de l'eau, en général, est moins élevé que l'autre, et est inondé par les grosses pluies des ouragans.

Pierre Thomas, l'un de nos pilotes[83], dont je parlerai, voulut habiter la petite île que le ruisseau forme. Il fit là sa cabane, et son petit jardin, avec un double pont. C'était un fort bon garçon. Il demeura juché là, dans un arbre, lors de l'inondation ; ce qui me fit souvenir du glorieux monarque Charles II lorsqu'il était perché dans ce fameux chêne de Boscobel, dont les reliques sont encore aujourd'hui vénérées[84]. Mais au lieu que le roi n'osait dire mot, ou qu'il parlait tout bas avec le capitaine Sans Souci, son compagnon de fortune[85], Maître Pierre Thomas jouait de la flûte, ou chantait, et causait librement avec ses amis. Il était le seul de la compagnie qui prît du tabac en fumée : aussi était-il matelot. Quand son tabac fut fini, il fuma des feuilles.

La cabane la plus proche de l'île, à droite en allant vers la mer, était le logement de M. de La Haye. Il était orfèvre, et avait construit une forge, de sorte qu'il fut obligé de faire sa maison un peu plus grande que celle des autres. La Haye chantait des psaumes, soit en travaillant, soit en se promenant.

Ces cabanes étaient de dix à quinze pieds en carré, les unes plus, et les autres moins, au gré des bâtisseurs. Des troncs de lataniers en faisaient les murs, et les grandes feuilles de ce même arbre en couvraient les toits. Les points qui renferment un petit espace autour de ces cabanes, marquent les palissades qui faisaient la clôture de nos jardins : et les

83 Ce personnage, qui ne figure pas dans la liste initiale des colons, est le pilote de l'*Hirondelle*. Brouillé avec Valleau et cosignataire de la pétition du Cap, il choisit de rester dans l'île.

84 Allusion à un célèbre épisode de l'histoire de la Révolution anglaise, la fuite de Charles II après sa défaite face à Cromwell lors de la bataille de Worcester en 1651. Misson y fait référence dans le *Nouveau Voyage d'Italie*.

85 « Le nom de ce capitaine qui tint compagnie au roi, dans le chêne de Boscobel, était Careless, mot anglais qui signifie négligent, sans soin, sans souci. Mais le roi trouva à propos de changer le nom de *Careless* en celui de *Carlos* (voir Sylvanus Morgan, *Spheres of Gentry*, et *L'État d'Angleterre* du Dr. Chamberlain t. I, chap. IV) ». [N.D.A.]

portes sont aussi marquées. On peut juger par ce plan, à quelle distance ces maisonnettes étaient l'une de l'autre.

Proche de celle du pauvre La Haye, du même côté du ruisseau et fort près de l'eau, était l'Hôtel de Ville, ou si l'on veut, le rendez-vous de la République, dans lequel les principales délibérations concernaient la cuisine. Cet édifice avait environ la double grandeur des autres ; et Robert Anselin y couchait. C'était là qu'on préparait les sauces, mais on allait les manger sous un grand et gros arbre que j'ai marqué sur le bord du ruisseau, du côté de la porte de cette cabane. Cet arbre répandait sur nous un branchage épais, et nous garantissait des rayons ardents de ce pays-là. Ce fut dans le tronc fort dur de ce même arbre, que nous creusâmes une espèce de niche, pour y laisser les mémoriaux, et les monuments dont je parlerai dans la suite.

De l'autre côté de l'eau, précisément à l'opposite de l'Hôtel général, était aussi le Jardin général. Il avait cinquante ou soixante pieds en carré ; et la palissade qui l'environnait à hauteur d'homme, était fort serrée : de sorte que les plus petites tortues mêmes, n'y pouvaient passer. C'était, comme on le peut penser, l'unique raison qui nous obligeait à fermer nos jardins.

Mais repassons le pont, et revenons à la cabane de François Leguat, auteur de cette relation. Vous la voyez entre deux parterres, et appuyée contre un grand arbre dont elle était aussi couverte, du côté de la mer. Cet arbre porte un fruit assez semblable à l'olive, et les perroquets en aiment beaucoup les noyaux.

Un peu plus bas, et plus près de l'eau, du même côté encore, était la loge de Mr. de La Case. Ce galant homme, qui est présentement dans l'Amérique, avait été officier dans les troupes de Brandebourg, et savait déjà, ce que c'était que d'habiter sous des tentes. C'est un homme de bonne mine, un homme ingénieux, plein d'honneur, de courage et d'esprit.

De l'autre côté du ruisseau, entre l'îlot et le grand jardin, le pauvre Mr. Testard, dont on verra bientôt la triste destinée, avait bâti sa cabane. C'était un brave homme, et que j'ai beaucoup regretté.

Mess. Be***le et Boyer s'étaient mis ensemble et avaient établi leur domicile à quelque petit éloignement du ruisseau, et plus près de la mer. On verra le portrait du bon Isaac Boyer, dans son épitaphe, car je dirai par avance ici, que ce cher compagnon de nos premières aventures, a laissé ses os à Rodrigue. Et puisque j'ai donné quelque caractère de ceux dont j'ai déjà parlé, j'ajouterai, touchant M. Be***le (aujourd'hui plein de santé, grâces au Seigneur), que nous l'aimions tous beaucoup, à cause des bonnes qualités dont il est orné. Je remarquais avec plaisir dans ce jeune homme, car il n'avait pas plus de vingt ans, un esprit également droit, honnête, doux et vif tout ensemble. Les études qu'il avait faites, lui donnaient des lumières que tous n'avaient pas[86]. Il était toujours gai, toujours obligeant, et du meilleur naturel du monde. Et c'est principalement à son génie inventif, et à son adresse, que nous devons la construction du rare vaisseau dont il sera parlé dans la suite, aussi bien que la manufacture des petits chapeaux du rocher, qui nous ont procuré de grandes consolations dans nos grandes détresses. Et au reste, je ne serai pas fâché de faire remarquer ici en passant qu'à l'exception de P. Thomas, et R. Anselin, gens de petite fortune, tous les autres amis dont j'ai parlé, n'avaient pas été chassés d'Europe par la misère, et ne s'étaient pas jetés en désespérés dans ces îles désertes, comme ne sachant où poser le pied dans le monde. C'étaient des gens de famille honorable, et qui avaient du bien. Mais comme cette colonie de M. Duquesne faisait du bruit et qu'ils étaient jeunes, sains et gaillards, sans aucun lien ni de familles ni d'affaires, l'envie les prit de faire ce voyage.

J'ai cru, lecteur, que vous entendriez avec plus de plaisir la continuation de nos aventures, si je vous faisais un peu connaître le lieu, et les personnes dont il s'agit.

Vous voyez des arbres semés çà et là, dans notre petite ville. C'est le reste d'un beaucoup plus grand nombre que nous trouvâmes à propos d'ôter. La chose nous fut aisée, car la terre est extrêmement légère, et les racines s'enlèvent aisément. Vous riez sans doute, quand je vous parle de notre petite ville ; mais qu'était la fameuse Rome dans son commencement ? Des femmes, et dans cent ans d'ici, on aurait compté sept paroisses, où vous remarquez nos sept huttes.

Quand nous eûmes achevé de préparer ces petites habitations : le capitaine qui avait demeuré quinze jours à la rade, leva l'ancre après nous avoir laissé la plus grande partie de ce qui nous avait été destiné, et s'être pourvu des rafraîchissements nécessaires. Nous lui donnâmes des lettres pour la Hollande, qui faisaient son éloge comme il le méritait, mais il ne fut pas si fou que de les rendre à leur adresse, comme nous

---

86 Cette éducation soignée et le fait (confirmé par une tradition familiale) qu'il ait tenu un journal lors de son séjour expliquent que Bénelle (et non Leguat) ait pu être tenu pour le véritable auteur de la version authentique du *Voyage en deux îles désertes*, défiguré ensuite par l'intervention de Misson, si l'on en croit les accusations de Casimir Freschot dans sa *Nouvelle relation de la ville et république de Venise* (Utrecht, 1709, p. 411). Voir A. North-Coombes, *A Vindication…*, *op. cit.*, p. 95.

l'avons appris depuis, et comme nous l'avions bien pensé aussi. Voici ce qu'il nous laissa.

Du biscuit, des fusils et d'autres armes : de la poudre et du plomb ; des outils pour l'agriculture, et pour la construction de nos cabanes, comme scies, haches, clous, marteaux et ciseaux ; des ustensiles de ménage jusqu'à des moulins, et un tourne-broche ; des toiles ; des filets à pêcher ; de tout, en un mot, excepté des drogues pour des remèdes ; petits secours dont nous nous trouvâmes privés plutôt, par oubli, si j'en juge bien, que par la malice du capitaine. Outre cela, chacun avait ses hardes, et ses provisions particulières.

Pierre Thomas, dont j'ai parlé, qui avait eu querelle avec le capitaine, et qui craignait de retourner avec lui, voulut demeurer dans l'île ; et cela aurait réparé la perte de celui de nos compagnons qui était mort en mer auprès de Mascareigne ; mais le capitaine, la veille de son départ, vint à terre et nous enleva deux de nos autres hommes (Jacques Guiguier et Pierrot), de sorte que nous ne demeurâmes que huit.

Quand le vaisseau fut parti, et que chacun se vit bien rétabli de toutes ses fatigues, ce fut alors que nous fîmes le tour de l'île, pour voir, comme je l'ai déjà dit, si nous pourrions découvrir quelque endroit meilleur que celui auquel nous nous étions d'abord arrêtés, mais nous trouvâmes que c'était presque partout la même chose ; et même, bien qu'il y eût environ vingt espaces de terrain uni, et à peu près commodes comme était le nôtre, nous n'en trouvâmes point qui ne lui fût un peu inférieur en beauté, et en bonté, de sorte que nous résolûmes de demeurer au premier endroit.

[PLANTATIONS]

Aussitôt que nous eûmes défriché autant de terre qu'il en fut nécessaire, pour notre grand jardin, nous y semâmes toutes nos graines. Nous en avions en quantité, et de toutes les sortes ; mais celles qui venaient de Hollande se trouvèrent toutes gâtées par l'air de la mer, ayant oublié de les mettre dans des vaisseaux de verre et de les bien sceller ; nous avions pris les autres au Cap de Bonne-Espérance. Il ne leva que cinq graines de melons ordinaires, et autant de melons d'eau ; trois de chicorée, trois de froment ; des artichauts ; du pourpier ; des raves ; de la moutarde ; des giroflées ; et du trèfle. Les giroflées devinrent grandes, mais elles ne fleurirent point, et enfin elles périrent toutes.

Les raves en firent de même, et furent entièrement détruites par les vers avant qu'on en pût manger. Les melons que j'appellerai de terre, pour les distinguer de ceux qu'on nomme melons d'eau, vinrent presque sans culture, en fort grande abondance, d'une grosseur prodigieuse, et d'un goût exquis. Je ne crois pas qu'il y en ait en aucun lieu de plus excellents. Et nous avons aussi expérimenté qu'ils ont cette propriété rare, que l'on en peut manger avec quelque excès, sans qu'on en soit incommodé.

Nous en mettions en toutes sauces, et nous les trouvions toujours merveilleux. On en peut avoir toute l'année ; mais nous avons remarqué que ceux qui viennent durant l'hiver, c'est-à-dire, dans le temps le moins chaud, vers les mois de juin et de juillet, sont beaucoup meilleurs que les autres. Nous pensions d'abord, qu'il les fallait exposer au soleil, selon notre méthode de France, mais nous reconnûmes bientôt qu'ils réussissaient bien mieux sous les arbres ; ce qui est causé, comme on peut le juger, par la différence du climat et du terroir.

Entre nos cinq plantes de melons d'eau, il s'en trouva de deux sortes, de rouges et de blancs ; les premiers étaient les meilleurs. L'écorce en est verte, et le dedans rouge ; ils sont rafraîchissants, et ne font jamais de mal, non plus que les autres. Ils sont si pleins d'eau qu'on peut aisément se passer de boire quand on en mange. Il s'en rencontrait quelquefois de si gros, que nous n'en pouvions manger un, tous huit ensemble.

Ces diverses espèces de melons viennent facilement, comme je l'ai dit, et produisent des fruits en très grande abondance. Quand nous mêlions un peu de cendres avec la terre, dans l'endroit où nous les semions, cela les faisait extraordinairement croître et fructifier ; et les fruits acquéraient un nouveau degré de délicatesse.

Les artichauts nous donnèrent une grande espérance ; ils croissaient à vue d'œil, et ils s'étendirent beaucoup, mais ils ne produisirent qu'un méchant petit fruit. Il est vrai que nous n'étions pas bien assurés que la graine fût de véritables artichauts, quoiqu'elle en eût toute la figure, et la plante aussi ; car nous l'avions apportée du Cap de Bonne-Espérance, sans savoir exactement ce que c'était. Nous mîmes tout en œuvre pour en faire blanchir les côtes, mais inutilement, quoique nous n'ignorassions pas les manières différentes qu'on emploie pour cela. Ce fut en vain aussi que nous fîmes le même effort pour la chicorée. Elle vint à merveille, aussi bien que le pourpier et la moutarde ; mais quoi que nous fissions, nous ne lui pûmes jamais ôter son amertume. Des trois grains de froment qui levèrent, nous n'en pûmes conserver qu'une plante : elle poussa plus de deux cents tuyaux, et nous remplit ainsi d'une grande espérance, mais la plante dégénéra, et ne produisit enfin qu'une espèce d'ivraie ; ce qui nous affligea, comme on le peut penser, puisque nous nous vîmes privés du plaisir de manger du pain.

Au reste, on ne doit pas conclure que ce changement de blé en ivraie doive arriver toujours, puisqu'on voit souvent de pareilles *dégénérations* en Europe. Et si nos jeunes gens, au lieu de semer précipitamment en un même lieu et en un même jour, tout ce que nous avions de grains de froment, ainsi que d'autres graines, en avaient réservé pour d'autres terroirs, et pour d'autres saisons, nous aurions peut-être fait une ample moisson et de plus heureuses expériences, à tous égards.

[DESCRIPTION DE L'ÎLE RODRIGUE]

L'air de Rodrigue est admirablement pur et sain ; et une grande preuve de cela, c'est qu'aucun de nous n'y a été malade, pendant les deux années du séjour que nous y avons fait, nonobstant la grande différence du climat et de la nourriture. Celui qui y mourut, lors du départ, comme je le dirai dans la suite, ne fut accablé que par une violente fatigue.

L'air est riant et serein ; et les chaleurs de l'été, sont fort modérées, parce que précisément à huit heures du matin, il se lève tous les jours un petit vent nord-est, ou nord-ouest, qui rafraîchit agréablement l'air, et qui tempérant la plus ardente saison, fait que l'année entière est un printemps, et une automne continuels, sans qu'aucun de ces temps mérite le nom d'hiver ; aussi peut-on s'y baigner toute l'année. Les nuits ont une fraîcheur douce et restaurante. Il ne pleut que fort rarement ; du moins, nous n'avons vu pleuvoir que pendant quatre ou cinq semaines, après l'ouragan, c'est-à-dire, entre janvier et février : une heure après que l'eau est tombée, on peut se promener comme à l'ordinaire. Les rosées qui sont grandes, et qui ne manquent guère, tiennent lieu de pluies. Pour le tonnerre, qui, quelquefois est si formidable[87], dans notre Europe, et en divers autres endroits du monde, je ne crois pas qu'on l'ait jamais entendu dans cette île.

Elle n'est, comme je l'ai déjà remarqué, qu'un continu d'agréables coteaux tout couverts parfaitement de beaux arbres, dont la verdure perpétuelle est tout à fait charmante. Ces arbres sont fort rarement embarrassés de broussailles, et ils forment quelquefois très heureusement des allées naturelles, qui en garantissant des ardeurs du soleil, forment en même temps une perspective qui est merveilleusement embellie par la vaste étendue de mer qu'on entrevoit quelquefois au travers de leurs troncs élevés et unis.

Au pied de ces coteaux, il y a des vallons de la plus excellente terre qui soit au monde. On en sera convaincu si on considère que ce terroir est rempli, pénétré, et presque tout formé d'arbres pourris, dont la matière se réduisant en son premier être, s'écoule, dans le temps des pluies, du haut des coteaux jusqu'au pied. Cette terre, qui est fort mouvante, et fort légère, produit presque sans culture, et abonde en sucs très féconds.

Les vallons sont couverts de palmiers, de lataniers, d'ébéniers, et de beaucoup d'autres espèces d'arbres, dont le branchage et le feuillage ne cèdent point en beauté, à celui de nos plus beaux arbres d'Europe. Et dans les endroits bas de ces mêmes vallons, on rencontre très fréquemment des ruisseaux d'eaux vives, dont les sources sont toutes vers le milieu de l'île. Ces beaux ruisseaux ne tarissent point, et quand on avait [*sic* pour aurait] disposé exprès leur cours, pour leur faire arroser tout ce petit pays à égales distances, il n'aurait pas été possible de mieux réussir[88]. Quel dommage, qu'un lieu si délicieux en toutes manières, soit inutile aux habitants du monde ! J'insiste un peu sur ces charmants ruisseaux, parce qu'il y a une infinité d'îles qui n'en ont point du tout, et que c'est une chose doublement admirable d'en trouver tant ici, et de les y avoir distribués si heureusement.

Il y en a plusieurs autres que celui dont j'ai parlé proche duquel nous avions construit nos cabanes, qui font des nappes et des cascades, en tombant du haut des rochers : j'ai compté jusqu'à sept bassins, et autant de cascades, qui paraissaient ensemble, et qui étaient formées par le même ruisseau.

On trouve dans ces eaux une grande quantité d'anguilles, parmi lesquelles il y en a d'une grosseur extraordinaire ; et toutes sont d'un goût excellent. Nous en avons pris de si monstrueuses, je n'ose quasi le

---

87 Formidable : « Redoutable, qui est à craindre » (*Acad. 1694*).

88 Trente-cinq ans plus tard (1726), la relation de Tafforet souligne au contraire la sécheresse de l'île. L'île Rodrigue ne possède plus aujourd'hui que quelques maigres cours d'eau permanents du fait du déboisement et de la dégradation des sols.

dire, qu'il fallait deux hommes pour en porter une seule[89]. La pêche en est très facile, car à peine l'hameçon a-t-il touché l'eau, que le poisson le mord. Cette eau est rarement profonde ; et comme elle est extrêmement transparente, on voit clairement ces grosses anguilles qui rampent lentement au fond, et on les darde si l'on veut, avec un harpon. Nous en avons quelquefois tué à coups de fusil, avec de la dragée à lièvre[90].

Les vallons dont j'ai parlé, et que ces petites rivières arrosent et fertilisent, s'élargissent insensiblement, à mesure qu'ils approchent de la mer ; et forment un terrain de niveau dont la largeur et la longueur sont quelquefois de plus de deux mille pas. Ce sont ces petites plaines dont le terroir est si excellent, jusqu'à huit et dix pieds de profondeur. Et c'est là, que croissent à l'envi ces arbres hauts et droits, entre lesquels on se peut promener aisément, et dont le branchage admirable fait respirer à l'ombre, en plein midi, une douce et salutaire fraîcheur qui rendrait la vie aux mourants. Leurs cimes vastes et touffues qui montent presque toujours à même hauteur, se joignent ensemble comme si c'étaient autant de dais ou de parasols, et forment de concert un plafond de verdure éternelle, soutenu par les piliers naturels qui les élèvent et qui les nourrissent. Cette architecture est assurément divine[91].

[PALMIERS]

Mais ce qu'il y a de remarquable encore, c'est que la plupart des arbres de ce petit Éden ne sont pas moins utiles, ou nécessaires, qu'ils sont propres à récréer les yeux et l'esprit. Les diverses sortes de palmiers et de lataniers, par exemple, ne sont-ce pas autant de magasins admirables de tout ce qui est nécessaire à la vie de ces hommes sages qui croient et qui pratiquent

89 Presque tous les voyageurs venus dans les Mascareignes au XVIIe siècle notent la présence dans les cours d'eau d'anguilles d'une taille impressionnante. Ainsi Du Bois, dans la relation de son séjour à Bourbon (*Voyages faits par le sieur D. B…*, Paris, 1674), rapporte-t-il avoir pêché « des anguilles monstrueuses [...] qui pesaient plus de soixante livres ».

90 Dragée à lièvre : Menu plomb de chasse.

91 Leguat formule donc l'idée d'une « architecture naturelle » – c'est-à-dire en réalité divine, la nature non déchue du « petit Éden » insulaire reflétant l'ordre divin – et corrélativement d'une correspondance entre le paysage de l'île déserte et les constructions humaines. Sur l'histoire de ce motif, bien antérieur aux textes de l'époque romantique sur l'analogie entre la forêt primitive et la cathédrale gothique (Chateaubriand), voir notamment Joseph Rykwert, *La maison d'Adam au Paradis*, Paris, Le Seuil, 1976.

ce que dit saint Paul ? Leur fruit est excellent et l'eau que les troncs de ces arbres fournissent, et qui coule de source sans préparation, est une liqueur délicieuse et bienfaisante. De certaines feuilles se mangent, et sont excellentes. D'autres sont comme des linges, ou des étoffes de soie. Et ces merveilleux arbres se trouvent abondamment par toute notre île. Mais peut-être voudra-t-on que j'explique un peu tout cela.

Je n'entreprendrai point de faire un discours sur les palmiers et les lataniers ; mille et mille gens en ont écrit, et je sais qu'il y en a de plus de trente espèces. Je ne m'arrêterai pas non plus à décrire ceux dont je parle, avec beaucoup d'exactitude. Mais j'en donnerai quelque idée, en faveur de ceux qui ne connaissent point ces sortes d'arbres.

Nos palmiers sont communément hauts de trente à quarante pieds. Ils ont le tronc droit, et sans feuilles, mais tout couvert de je ne sais quelle sorte d'écailles aiguës, dont la pointe se relève un peu. D'autres ont l'écorce presque unie. Du haut de ce tronc naissent ces rameaux de palmes, qu'il n'y a guère de gens qui n'aient vu en peinture. Ces branches forment un gros bouquet, et tombent tout autour en panaches. Et du bas de ces grands rameaux, ou plutôt du tronc dont ils sortent, naissent de longues grappes, dont chaque fruit, ou grain, est vert, gros comme un œuf de poule, et de même forme. Cela est connu sous le nom de dattes[92].

Dans le centre de ce gros bouquet, et sur la sommité du tronc, est ce qu'on appelle le chou. Cela ne paraît pas, étant caché par les branches qui s'élèvent un peu, tout autour, et qui le surmontent. Cette cime est toute composée de feuilles tendres qui s'embrassent étroitement, s'unissent, et forment une masse à peu près pareille à celle d'un chou cabus, ou d'une laitue pommée. Cela est haut d'environ deux pieds, quand l'arbre est grand ; et la grosseur est 1a même que celle du tronc. Les grandes feuilles extérieures de cette masse sont blanches, douces, maniables, et fortes. Ce sont des peaux de chevreau habilement préparées, c'est du linge, c'est du satin, ce sont des nappes ou des serviettes, c'est tout ce qu'il vous plaira. Les membranes, ou feuilles du cœur, sont tendres et cassantes, comme un cœur de laitue. Cela est bon à manger cru, et a le goût de noisette. Mais nous en faisions un merveilleux ragoût, quand nous le fricassions avec la graisse et le foie de nos tortues de terre. Nous en mettions aussi dans nos potages.

---

92 D'après le naturaliste Balfour, cité par Pasfield Oliver (éd. citée, p. 61-62, n. 2), il pourrait s'agir de deux espèces différentes, *Dictyosperma album* et *Hyophorbe Verschaffeltii* (« palmiste marron »), l'aspect des fruits, que Leguat appelle dattes, ne convenant d'ailleurs ni à l'une ni à l'autre.

Venons à la liqueur, au nectar de l'île Rodrigue. Par toutes les Indes, on a donné à cela le nom de vin de palme. Nous avions deux manières d'extraire ce suc. Dans le tronc de l'arbre, à hauteur d'homme, nous faisions un trou à mettre les deux poings ; et nous attachions immédiatement au-dessous, un vaisseau qui se remplissait, en assez peu de temps, des précieuses gouttes qui en découlaient. Autrement, nous creusions le chou, et nous faisions sur sa tête une petite citerne. Il n'y avait qu'à aller deux ou trois fois par jour, puiser d'excellent vin dans ces sources. Le vin du tronc et le vin du chou, étaient, à mon avis, également bons.

Mais ceux qui voudraient ménager les arbres (car pour nous, nous ne les ménagions point), ils feraient beaucoup mieux de se servir de la première manière que de la seconde ; parce qu'après que la source, ou le réservoir du *chou* a fourni sa liqueur pendant un mois, ou environ, ce *chou* se flétrit, et l'arbre tombe aussi en consomption et meurt. C'en est plus tôt fait encore, quand on arrache le même *chou* ; dès qu'il n'a plus ni tête ni cervelle, il meurt presque subitement.

Au lieu de cela, l'arbre ne périt pas, quand on ne fait que lui percer le flanc, pourvu que la plaie ne soit pas trop profonde. Mais la liqueur ne tombe de cette ouverture que pendant quatre jours. Après cela, il faut donner à l'arbre blessé, le temps de reprendre de nouvelles forces. Je ne sais pas ce qui se fait ailleurs, mais ce que je dis ici, je le sais par l'expérience journalière de deux ans entiers. L'écorce de ces arbres est fort dure, jusqu'à l'épaisseur d'un pouce ; le dedans est poreux et tendre. Si on fait une grande brèche au tronc, pour en tirer le vin, il est à craindre que l'arbre affaibli, par cet endroit-là, ne soit rompu par l'ouragan.

[LE LATANIER]

Le latanier est une espèce de palmier, et est mis par les arboristes, dans la même catégorie. Nos lataniers ont un tronc droit, qui semble être formé de larges anneaux d'égale grosseur, et qui n'est pas hérissé de ces écailles épineuses dont j'ai parlé. À la cime du tronc, il y a un *chou* fort semblable à celui que je viens de décrire. Et du pied de ce *chou*, au lieu des rameaux de palmes, sortes [*sic* pour *sortent ?*] de grandes feuilles, dont les queues ont six ou sept pieds de long. Les feuilles sont fortes et épaisses, et ressemblent à un éventail ouvert, dont les bâtons paraissent, sortent un peu de la circonférence, et finissent en pointe aiguë. Il y a de ces feuilles qui ont huit pieds de diamètre : de sorte qu'elles nous servaient à couvrir commodément nos cases. Nous les découpions par bandes et par morceaux, et nous en faisions des chapeaux et des parasols. La queue est creuse, large de quatre doigts, épaisse d'un bon pouce, et un peu arrondie sur les côtés. En bas, où elle tient à l'arbre, elle s'élargit, et se forme en coquille plate qui serre le tronc et l'embrasse en partie. Cette patte large et concave, a quelquefois plus d'un pied de diamètre, et est de l'épaisseur d'un écu. Nous en faisions des plats, des assiettes et des cuillères. La première écorce des queues nous servait de cordes ; et la seconde nous donnait des fibres, qui étaient de bon fil à coudre. On en ferait de la toile, si cela était préparé[93].

Nous ne trouvions aucune différence de goût, ni d'autres qualités, entre le vin du palmier, et celui de latanier. Cette liqueur est blanche comme du petit lait, et d'une douceur qui a quelque chose de relevé, si je puis juger par mon goût, de celui des autres. Plus elle est nouvelle, plus elle est agréable. Le trois ou quatrième jour, elle commence à aigrir ; et le sept ou huitième, elle est aussi piquante et aussi âpre que le plus fort vinaigre, sans changer de couleur.

Les dattes du latanier sont plus grosses que celles du palmier. Comme nous avions quantité de meilleures choses, chair et poisson, fruits, etc., nous abandonnions ces dattes aux tortues, et aux oiseaux, particulièrement aux solitaires, dont nous parlerons dans la suite.

Autour du *chou* du latanier, vers le bas, et entre les queues de ses grandes feuilles, il y a une espèce de coton : tirant sur la couleur du citron, que l'on connaît par toutes les Indes sous le nom de *capoc*. Nous en faisions de très bons matelas. Et cela peut être filé, et mis en œuvre pour toutes sortes d'usages, comme le coton ordinaire. Nous aurions peut-être pensé à fabriquer quelque espèce d'étoffe, tant avec ce *capoc* qu'avec les fibres, ou filaments nerveux de nos feuilles de lataniers. Mais nous avions de la toile pour longtemps, et la douceur de l'air est si grande, que nous ne nous servions guère de nos habits ; heureux de les avoir épargnés, quand la persécution du nouveau *Dieu-donné*[94], dont

93 Latanier : Le latanier, dont Leguat décrit avec précision les usages traditionnels, est un palmier des régions tropicales de la famille des Arécacées caractérisé par de très grandes feuilles disposées en éventail utilisées pour la couverture des cases. Il en existe de nombreuses variétés.

94 Diodati [N.D.A.].

nous parlerons, nous exposa à tant de misères, sur le rocher fatal, où ce méchant homme nous relégua.

Cette île a encore divers autres arbres qui produisent des fruits passablement bons. Ceux qui portent une espèce de poivre ressemblent assez à des pruniers de médiocre grandeur, et ont la feuille à peu près comme celle du jasmin ; ils portent leurs fruits par petits bouquets ; nous nous en servions dans nos sauces.

La mer nous ayant apporté des cocos qui faisaient paraître leur germe, nous plantâmes de ces fruits quelques mois après notre arrivée, et quand nous partîmes, l'arbre était déjà haut de quatre pieds.

Je laisse au lecteur à tirer ses conjectures sur la manière dont ces cocos, qui pesaient quelquefois cinq ou six livres, pouvaient avoir été poussés sur les côtes de l'île Rodrigue, et avaient fait un trajet de soixante ou quatre-vingts lieues de mer sans être corrompus. Car nous tenions pour certain qu'ils venaient de l'île de Saint-Brande, qui est au vent, et au nord-est de la nôtre, à la distance que j'ai marquée, pour le moins[95].

La mer ne nous apportait rien que de ce côté-là, ce qui peut raisonnablement faire croire qu'il y a des courants qui contribuent avec le vent et la marée, à jeter quantité de choses sur le rivage. Dans la saison de l'ouragan, on pourrait dire que le tourbillon aurait enlevé ces fruits dans l'île de Saint-Brande, et les aurait jetés bien avant dans la mer, d'où ensuite ils auraient été apportés par le flux et par les courants.

[LE BANIAN]

Il se trouve aussi à Rodrigue un arbre admirablement beau, dont le branchage s'étend en rond, et est tellement épais qu'il est impossible aux rayons du soleil de le pénétrer. On voit de ces arbres qui sont si grands, que deux ou trois cents personnes pourraient se mettre dessous à l'abri.

95 Aujourd'hui dépendance administrative de l'île Maurice, le banc de Saint-Brandon (ou groupe des Cargados Carajos) est un ensemble d'îlots et d'écueils rattachés à l'archipel des Mascareignes, dépourvus de population permanente et situés par 16° 35' S. et 59° 37' E., à plus de 400 km au nord-nord-est de Maurice (et au nord-ouest de Rodrigue, non au nord-est comme l'écrit Leguat). Ces îles abritant en effet de nombreux cocotiers à l'époque, l'explication est plausible. Cette observation a été commentée par Bernardin de Saint-Pierre dans les *Études de la Nature* (voir l'Étude XI).

Ce qui fait cette vaste étendue, c'est que des grosses branches, il en sort quelques-unes qui tendent naturellement en bas, et qui gagnant la terre, y prennent racine et deviennent elles-mêmes de nouveaux troncs ; ce qui forme une petite forêt.

La première fois que j'aperçus cet arbre, je me souvins d'avoir lu dans les relations de quelques voyageurs, qu'il s'en trouve presque partout dans les Grandes Indes ; et qu'il y en a aussi dans le continent et dans les îles de l'Amérique. Je ne pense pas qu'il y en ait en Europe. Les idolâtres de l'Orient l'ont en grande vénération, et bâtissent ordinairement leurs pagodes dessous[96].

La Boulaye le Gouz a écrit qu'ils appellent cet arbre sacré, *kasta*, et qu'ils disent qu'il est chéri des saints, parce que leur dieu Kan se divertissait à jouer de la flûte à l'ombre de ses épais feuillages.

Ce même auteur ajoute qu'ils n'osent prendre une seule de ses feuilles, de crainte de mourir dans l'an ; et il renvoie son lecteur à ce qu'en ont autrefois écrit Hérodote et Quinte Curce. Tavernier en parle aussi, et dit qu'il est nommé *lul* par les Persans, mais que les Francs lui ont donné le nom d'arbre des Banianes, parce que les pénitents faquirs, et les banianes font leur cuisine, et leurs dévotions sous cet arbre. M. de Rochefort l'appelle parétuvier [*sic*] dans son *Histoire naturelle des Antilles*, et dit qu'il a la feuille verte, épaisse, et assez longue, sans parler de son fruit ; et les deux voyageurs que je viens de citer, ne disent rien ni du fruit, ni des feuilles.

Les *kastas* de l'île Rodrigue, (car je me dois servir aux Indes du nom indien) ont la feuille large comme la main, assez épaisse, faite à peu près en cœur comme celle du lilas, et au toucher elles sont plus douces que du satin. Ils ont la fleur blanche, et de bonne odeur, et le fruit rouge, rond et de la grosseur d'une prune de Damas noire ; la peau en est dure, et renferme une semence menue, assez semblable à celle qu'on voit dans les figues. Le fruit n'est pas malfaisant, mais il est insipide. C'est la nourriture ordinaire des chauves-souris, qui nichent par multitude dans les branches touffues de cet arbre.

---

96 Le figuier banian *(Ficus Bengalensis)*, arbre sacré des Hindous, se développe par de nouveaux troncs à partir des racines aériennes des branches. Comme l'indique peut-être le mot indo-portugais *kasta* (qui signifie *caste*), il est associé à la caste indienne des marchands (« Banyanes ») et à plusieurs divinités du panthéon hindouiste. Cet arbre n'a aucun rapport avec le palétuvier dont parle Rochefort, sinon le mode de propagation par des racines aériennes. Les références de Leguat renvoient aux *Voyages et Observations…* de François de La Boullaye-Le-Gouz (Paris, N. Oudot et G. Clousier, 1653) et aux *Six voyages… en Turquie, en Perse et aux Indes* de Jean-Baptiste Tavernier (Paris, G. Clouzier et Cl. Barbin, 1676), deux « classiques » du voyage en Orient.

FIG. 17 – Kasta ou Paretuvier.

En général, le bois de tous les arbres de cette île est fort dur. Nous avons eu occasion de remarquer que celui dont nous nous sommes servis pour nos cabanes, se remplit de vers quelques semaines après qu'il est coupé, si pour prévenir cet inconvénient, on ne le laisse tremper trois semaines ou un mois dans la mer : car alors le ver ne s'y met plus.

Il y a un arbre que nous appelions bois puant, à cause de sa mauvaise odeur ; c'est le meilleur de tous pour la charpente, mais nous ne nous souciions pas de nous en servir, parce qu'il empuantissait tous les lieux où il était, d'une manière très incommode[97].

Nous n'avons trouvé dans cette île aucune sorte de plante, ni arbre, ni arbrisseaux, ni herbe, qui croisse naturellement dans les parties de l'Europe qui nous étaient connues, à la seule exception du pourpier, qui est petit, et vert. Il y en a beaucoup en quelques endroits des vallées ; et celui que nous avions semé de la graine apportée du Cap, est venu parfaitement semblable à ce pourpier naturel de l'île.

97 Selon Pasfield Oliver (éd. citée, p. 69 n. 4), il pourrait s'agir du « Bois cabri » (*Clerodendrum laciniatum*).

[TORTUES]

Il ne s'y trouve aucun animal à quatre pieds, que des rats, des lézards et des tortues de terre, desquelles il y a trois différentes espèces[98]. J'en ai vu qui pèsent autour de cent livres, et qui ont assez de chair pour donner à manger à bon nombre de personnes. Cette chair est fort saine, et d'un goût qui approche celui du mouton, mais plus délicat. La graisse en est extrêmement blanche, et ne se fige point, ni ne cause jamais de rapports[99], quelque quantité qu'on en mange ; nous l'avons unanimement trouvée beaucoup meilleure que le plus excellent beurre de l'Europe. S'oindre de cette huile, est un remède merveilleux contre les foulures, les froideurs, et les engourdissements des nerfs, et contre plusieurs autres maux. Le foie est d'une délicatesse extrême, et fort gros à proportion de l'animal ; car une tortue qui n'a que quinze livres de chair, a le foie de cinq à six livres. Il est si délicieux qu'on peut dire qu'il porte toujours sa sauce avec soi, de quelque manière qu'on le prépare.

Les os de ces tortues sont massifs, je veux dire qu'ils n'ont point de moelle. Chacun sait que ces animaux en général font des œufs. Ceux-ci, j'entends les tortues de terre, posent les leurs dans le sable, et les en couvrent, pour les faire éclore doucement au soleil. Ces œufs sont ronds en tous sens, comme des billes de billard, et de la grosseur des œufs de poules. L'écaille, ou plutôt la coque, en est molle, et la substance du dedans est bonne à manger. Il y a dans cette île une si grande abondance de ces tortues, que l'on en voit quelquefois des troupes de deux ou trois mille ; de sorte que l'on peut faire plus de cent pas sur leurs dos, ou sur leur carapace, pour parler proprement, sans mettre le pied à terre[100]. Elles se

---

98 Sur la valeur zoologique des observations de Leguat, en particulier concernant les tortues de terre de Rodrigue, voir A. North-Coombes, *The Vindication…*, *op. cit.*, p. 169-186. Longtemps contestées par les spécialistes, les trois espèces différentes signalées par Leguat puis Tafforet (voire quatre) semblent aujourd'hui admises (Bour et Arnold, cités in *op. cit.*, p. 235).

99 Rapport : « Se prend aussi pour une Vapeur desagreable, qui provient d'indigestion, & monte de l'estomac à la bouche » (*Acad. 1694*). Régurgitation.

100 Détail *a priori* peu croyable, mais Tafforet note lui aussi l'extraordinaire abondance des tortues de terre lors de son séjour à Rodrigue en 1725-1726. Le chiffre énorme des captures effectuées au cours du XVIIIe siècle (200 000 individus d'après l'estimation d'A. North-Coombes) rend également cette observation vraisemblable : un poste de collecte, établi en 1736 pour le ravitaillement des vaisseaux faisant escale à l'île de France et surtout

rassemblent sur le soir dans les lieux frais, et se mettent si près l'une de l'autre qu'il semble que la place en soit pavée. Elles font une autre chose qui est singulière, c'est qu'elles posent toujours de quatre côtés, à quelques pas de leur troupe, des sentinelles qui tournent le dos au camp, et qui semblent avoir l'œil au guet ; c'est ce que nous avons toujours remarqué, mais ce mystère me paraît d'autant plus difficile à comprendre, que ces animaux sont incapables de se défendre, et de s'enfuir[101].

Nous avions aussi des tortues de mer en grande abondance. Leur chair a le goût de celle du bœuf, et la poitrine surtout en est admirable. La graisse est aussi bonne que la moelle de veau. Comme elle est verte, cela a un air d'onguent, qui est d'abord un peu dégoûtant. Cette graisse est non seulement délicate, mais elle est saine et purge doucement. Les Indiens s'en servent comme d'un souverain remède contre les maux vénériens. Quand on a mangé de cette graisse (voudra-t-on bien que je le dise ?), l'eau qu'on rend est d'un vert d'émeraude admirable.

Ces tortues de mer sont d'une grosseur prodigieuse : nous en avons vu qui pesaient plus de cinq cents livres. Quand on veut les prendre, on les tourne sur le dos, à force de bras, ou avec des leviers, et quand elles sont ainsi renversées, il est impossible qu'elles se retournent jamais. Elles pondent en des endroits sablonneux proche de[102] la mer, toujours pendant la nuit : elles font un trou profond d'environ trois pieds, et large d'un pied, et posent là leurs œufs. Les plus grandes en font près de deux cents en moins de deux heures ; elles les couvrent de sable et, au bout de six semaines, la chaleur du soleil les fait tous éclore. Alors tous ces petits animaux qui ne sont pas si gros qu'un poulet sortant de la coque, éclosent tous dans l'espace d'une heure, et vont droit à la mer, quelque chose qu'on fasse pour les en empêcher. Nous avons quelquefois pris plaisir à en porter quelques-uns, à un demi-quart de lieue, sur la montagne ; et d'abord que nous les mettions à terre ils prenaient le droit chemin de la mer. Elles marchent alors plus vite que quand elles sont devenues grosses.

Les frégates, les fous, et divers autres oiseaux qui les attendent sur les arbres, en détruisent une très grande quantité, de sorte que de cent,

---

pour le traitement des scorbutiques, fonctionna jusqu'en 1769, date à laquelle le cheptel était pratiquement anéanti. La dernière aurait été vue en 1804 dans un lieu inaccessible.

101 On ne trouve aucune observation faisant état d'un tel comportement chez la tortue terrestre.

102 S'il ne s'agit pas d'une coquille, il doit s'agir d'un emploi prépositionnel de *proche*, invariable en ce cas (« *les maisons qui sont proche de la ville* », *Acad. 1694*).

il ne s'en sauve peut-être pas dix. Cependant, il y en a un nombre si prodigieux qu'on s'en étonnerait, si on ne se souvenait pas que chaque tortue fait tous les ans mille ou douze cents œufs, à diverses reprises ; et qu'elles multiplient ainsi depuis le commencement du monde, peut-être, sans avoir trouvé encore d'autres destructeurs que nous[103].

Ces œufs ne sont pas tout à fait si bons à manger que ceux des tortues de terre ; comme la chair de l'animal n'est pas non plus si délicate. Ils sont de la même forme, et le blanc des uns et des autres ne se cuit que très difficilement ; et même à la longue il se dissipe absolument de sorte qu'il ne reste proprement que le jaune.

Le foie de ces tortues de mer n'a presque point de goût, et est fort malsain ; s'il sent quelque chose, c'est la mauvaise huile, ou une espèce de sauvagin ; et il cause des rapports, longtemps après qu'on en a mangé.

Ces animaux se nourrissent d'herbes au fond de la mer, et ne viennent jamais à terre que pour pondre. Je remarquerai en passant, qu'avant la ponte, ils demeurent neuf jours unis dans l'accouplement.

Leur graisse demeure liquide, quand elle a été fondue, et est d'un goût excellent aussi bien que celle des tortues de terre. On peut s'en servir en toutes sortes de ragoûts, tant de chair que de poisson.

La tortue a le sang froid ; elle peut vivre plus d'un mois sans manger, pourvu qu'elle soit déchargée de ses œufs, et qu'on l'arrose de temps en temps de quelques seaux d'eau de mer.

[LAMANTINS]

Le lamantin, que d'autres nations appellent *manati*[104], pour dire *ayant des mains*, se trouve aussi en grande abondance dans les mers de cette île, et paraît par troupes nombreuses. Sa tête ressemble extrêmement

---

103 Il est difficile de dire si Leguat se réfère ici à un lieu commun moral venu de Montaigne et de Charron, ou bien s'il anticipe les notions modernes d'extinction des espèces et d'action anthropique sur l'environnement.

104 Lamantin : Le mammifère aquatique décrit par Leguat n'est pas en réalité le lamantin ou manatee, animal des côtes et des fleuves de l'Amérique centrale et méridionale, mais un autre sirénien, le dugong *(Dugong dugong)* de l'océan Indien, jadis très répandu dans les Mascareignes et aujourd'hui entièrement disparu dans cette zone (voir sur ce point North-Coombes, *The Vindication…*, ainsi que l'édition Pasfield Oliver).

à celle du pourceau, quoi qu'en dise le *Dictionnaire des Arts et des Sciences* de M. Corneille, qui sur l'article de ce poisson, comme sur celui des différents palmiers, et en beaucoup d'autres choses qui sont de ma connaissance certaine, est sujet à de fréquentes et grossières erreurs, comme il est d'ailleurs le dictionnaire le plus incomplet qui ait jamais été fait[105]. Il emprunte les têtes d'un bœuf, d'une taupe, d'un cheval, et d'un cochon, pour en composer celle du lamantin ; et il tombe en cette occasion dans l'inévitable embarras de tous ceux qui entreprennent de décrire, et de représenter des choses qu'ils n'ont pas vues, et dont ils n'ont pas d'idées distinctes. Pour moi qui ai vu et considéré de près, avec soin, plusieurs lamantins, je répète encore que non seulement moi, mais mes compagnons, nous trouvions tous ensemble une ressemblance très grande entre la tête de cet animal et celle du porc, excepté qu'il n'a pas le groin si pointu.

FIG. 18 – Le lamantin.

Les plus grands ont autour de vingt pieds de long, et n'ont aucune autre nageoire que la queue et les deux pattes. Le corps est assez gros jusque vers le nombril, et la queue a cela de particulier avec celle des

105 Thomas Corneille, *Le Dictionnaire des Arts et des Sciences*, Paris, Coignard, 1694. La description donnée de l'animal à l'article *Lamantin* (I, p. 597-598), dont il est précisé qu'« il y a un grand nombre dans la rivière des Amazones », diffère en effet de celle de Leguat, mais l'erreur, on l'a vu, incombe à ce dernier…

baleines, que la largeur en est horizontale, lorsque l'animal est posé sur le ventre. Il a le sang chaud, la peau noirâtre, fort rude et fort dure, avec quelques poils si clairsemés qu'on ne les aperçoit qu'à peine, les yeux petits, et deux trous qu'il serre et qu'il ouvre, que l'on peut avec raison appeler ses ouïes, et ses oreilles. Comme il retire assez souvent la langue, qui n'est pas fort grande, plusieurs ont dit qu'il n'en avait point. Il a des dents mâchelières, et même des défenses qui paraissent comme à un sanglier, mais il n'a point de dents devant ; ses gencives sont assez dures, pour arracher et pour brouter l'herbe. La chair en est excellente, et a le goût fort approchant de celui du meilleur veau ; c'est une viande fort saine.

La femelle a les mamelles comme celles des femmes. Plusieurs assurent qu'elle fait ordinairement deux petits à la fois et qu'elle les allaite ensemble, les portant tous deux à son sein, avec ses deux espèces de mains. Mais, comme je ne lui en ai jamais vu embrasser qu'un, j'ai du penchant à croire qu'elle n'en produit pas davantage à la fois.

Je ne voyais jamais cette extraordinaire nourrice sans me souvenir avec double raison, vu l'état de mon triste exil, du passage des *Lamentations de Jérémie*, où le prophète se complaint ainsi : « Les monstres marins mêmes tendent les mamelles à leurs petits, et les allaitent ; mais la fille de mon peuple a affaire à des gens cruels » (*Lament.*, chap. III)[106].

Nous prenions ce poisson[107] fort facilement. Il paît par troupeaux comme des moutons, à trois ou quatre pieds d'eau seulement, et quand nous entrions au milieu d'eux, ils ne fuyaient point ; tellement que nous pouvions prendre celui que nous voulions, le tirer à bout touchant avec un fusil si bon nous semblait, ou nous jeter sur lui deux ou trois, sans armes, et le traîner à force de bras sur le rivage. Nous en trouvions quelquefois trois ou quatre cents ensemble qui paissaient l'herbe au fond de l'eau, et ils étaient si peu effarouchés, que souvent nous les tâtions pour choisir le plus gras ; nous leur passions une corde à la queue pour les tirer hors de l'eau. Nous ne prenions pas les plus gros, parce qu'ils nous auraient donné beaucoup de peine, et auraient même, peut-être, été maîtres de nous ; outre que leur chair n'est pas si délicate que celle des petits.

---

106 Appelée par le mot *lamantin*, la citation biblique a été altérée pour les besoins de la cause (« Même les chacals tendent leurs mamelles, allaitent leurs petits ; les filles de mon peuple sont devenues cruelles comme les autruches au désert », *Lamentations*, 4 : 3).

107 Rappelons que ce terme inclut l'ensemble des animaux aquatiques, y compris les mammifères marins et les mollusques (Leguat l'applique plus loin aux huîtres).

Ils ont un lard ferme qui est excellent. Il n'y a personne qui à la vue, et au goût, ne prît la chair de ce poisson pour de la viande de boucherie. Ce pauvre animal meurt aussitôt qu'il a perdu un peu de son sang. Ce qui nous fit découvrir qu'il y en avait dans ces mers, c'est que, quelques mois après notre arrivée dans l'île, nous en trouvâmes un mort sur le rivage. Nous n'avons pas remarqué que cet animal vienne jamais à terre ; je doute qu'il s'y pût traîner, et je ne crois pas qu'il soit amphibie.

On trouve quantité d'autres sortes de poissons ; à l'exception des huîtres et des anguilles, ils sont tous différents de ceux de notre Europe.

Nous prenions facilement à la ligne des anguilles de mer, aussi bien que d'eau douce. Depuis les brisants jusqu'à terre, il y a de grands espaces qui sont couverts à mer haute, et qui demeurent à sec quand la mer se retire. Dans cette étendue il y a des fosses, ou des espèces de réservoirs que la mer a creusés, et qui demeurant pleins d'eau, demeurent aussi remplis de poissons. C'est là où l'on peut pêcher à la ligne avec facilité et plaisir ; parce que, ces eaux étant fort claires, on voit le poisson qui vient avec précipitation se jeter à l'hameçon, autour duquel il se livre une espèce de combat à qui s'attachera le premier ; tellement qu'on peut faire une pêche abondante en très peu de temps.

La pêche du filet n'est pas moins divertissante ; on a le plaisir de prendre un grand nombre de poissons dont la diversité est très agréable.

À mille pas de nos loges, il y a une anse qui se remplit d'eau à mer haute, et à l'entrée de laquelle nous tendions un filet : de sorte que la mer s'étant retirée, il restait un grand nombre de divers poissons à sec, et nous choisissions ceux que nous voulions, laissant passer le reste pendant qu'il y avait encore un peu d'eau.

Nous avions aussi une autre anse, en deçà de nos habitations, qui était toute remplie d'huîtres attachées sur le rocher. Nous allions souvent déjeuner là ; et nous en rapportions dont nous faisions un ragoût excellent avec des choux de palmiers, et de la graisse de tortue.

[LE SOLITAIRE]

De tous les oiseaux de l'île, l'espèce la plus remarquable est celle, à laquelle on a donné le nom de *solitaires*, parce qu'on les voit rarement en troupes, quoiqu'il y en ait beaucoup[108].

Les mâles ont le plumage ordinairement grisâtre et brun, les pieds de coq d'Inde, et le bec aussi, mais un peu plus crochu. Ils n'ont presque point de queue, et leur derrière couvert de plumes est arrondi comme une croupe de cheval. Ils sont plus haut montés que les coqs d'Inde, et ont le cou droit, un peu plus long, à proportion, que ne l'a cet oiseau quand il lève la tête. L'œil noir et vif, et la tête sans crête ni houppe. Ils ne volent point, leurs ailes sont trop petites, pour soutenir le poids de leur corps. Ils ne s'en servent que pour se battre, et pour faire le moulinet, quand ils veulent s'appeler l'un l'autre. Ils font avec vitesse vingt ou trente pirouettes tout de suite, du même côté, pendant l'espace de quatre ou cinq minutes : le mouvement de leurs ailes fait alors un bruit qui approche fort de celui d'une crécerelle ; et on l'entend de plus de deux cents pas. L'os de l'aileron grossit à l'extrémité et forme sous la plume une petite masse ronde comme une balle de mousquet[109] ; cela et le bec, sont la principale défense de cet oiseau. On a bien de la peine à les attraper dans les bois, mais, comme on court plus vite qu'eux dans les lieux dégagés, il n'est pas fort difficile d'en prendre. Quelquefois même on en approche fort aisément. Depuis le mois de mars jusqu'au mois de septembre, ils sont extraordinairement gras, et le goût en est excellent, surtout quand ils sont jeunes. On trouve des mâles qui pèsent jusqu'à quarante-cinq livres.

---

108 L'auteur se réfère donc à une appellation déjà établie. Le nom de solitaire semble avoir été attribué au XVIIe siècle à divers oiseaux éteints des îles de l'océan Indien, notamment à un oiseau de l'île Bourbon appartenant en réalité à une espèce différente. Quoique lointainement apparentés (famille des Colombidés, sous-famille des Raphinaés selon la taxinomie actuelle), le solitaire de Rodrigue (*Pezophaps solitaria*) ne se confond pas avec le dodo mauricien (*Raphus cucullatus*). Pour l'ensemble des informations et des controverses relatives à cet oiseau, dont l'existence a été contestée par les naturalistes puis définitivement établie par les frères Alfred et Edward Newton après les découvertes de squelettes subfossiles de l'animal dans les grottes de l'île dans la seconde moitié du XIXe siècle, voir A. North-Coombes, *The Vindication…*, *op. cit.*, particulièrement chap. 4 et 5 (p. 39-58).

109 Ce détail anatomique a été pleinement confirmé par l'étude ostéologique des restes fossiles.

FIG. 19 – Le solitaire.

La femelle est d'une beauté admirable ; il y en a de blondes et de brunes ; j'appelle blond, une couleur de cheveux blonds. Elles ont une espèce de bandeau comme un bandeau de veuve au haut du bec qui est de couleur tannée. Une plume ne passe pas l'autre sur tout leur corps, parce qu'elles ont un grand soin de les ajuster, et de se polir avec le bec. Les plumes qui accompagnent les cuisses sont arrondies par le bout en coquilles ; et comme elles sont fort épaisses en cet endroit-là, cela produit un agréable effet. Elles ont deux élévations sur le jabot, d'un plumage plus blanc que le reste, et qui représente merveilleusement un beau sein de femme. Elles marchent avec tant de fierté et de bonne grâce tout ensemble, qu'on ne peut s'empêcher de les admirer et de les aimer ; de sorte que souvent leur bonne mine leur a sauvé la vie.

Quoique ces oiseaux s'approchent quelquefois assez familièrement quand on ne court pas après eux, on ne peut jamais les apprivoiser : sitôt qu'on les a arrêtés, ils jettent des larmes sans crier, et refusent opiniâtrement toute sorte de nourriture, jusqu'à ce qu'ils meurent enfin. On leur trouve toujours dans le gésier (aussi bien qu'aux mâles) une pierre brune de la grosseur d'un œuf de poule ; elle est un peu raboteuse, plate d'un côté et arrondie de l'autre, fort pesante et fort dure[110]. Nous avons jugé que cette pierre naît avec eux ; parce que quelque jeunes qu'ils soient, ils en ont toujours, et n'en ont jamais qu'une ; et qu'outre cela, le canal qui va du jabot au gésier, est trop étroit de moitié pour donner passage à une pareille masse. Nous nous en servions préférablement à aucune autre pierre, pour aiguiser nos couteaux.

Quand ces oiseaux veulent bâtir leurs nids, ils choisissent un lieu net, et ils l'élèvent à un pied et demi de terre sur un tas de feuilles de palmiers qu'ils ont ramassées pour ce dessein. Ils ne font qu'un œuf, qui est beaucoup plus gros que celui d'une oie. Le mâle et la femelle couvent tour à tour, et il n'éclôt qu'après sept semaines. Pendant tout le temps qu'ils couvent, ou qu'ils élèvent leur petit, qui n'est capable de pourvoir seul à ses besoins qu'après plusieurs mois, ils ne souffrent aucun oiseau de leur espèce à plus de deux cents pas à la ronde ; et ce qui est assez singulier, c'est que le mâle ne chasse jamais les femelles ; seulement, quand il en aperçoit quelqu'une, il fait en pirouettant son

110 Pure fabulation et preuve du caractère mensonger de la relation de Leguat aux yeux d'Atkinson (*The Extraordinary Voyage in French Litterature from 1700 to 1720*, Paris, 1922) ; mais l'observation est confirmée par la découverte de nouveaux fossiles de solitaires en 1874 par J. Caldwell.

bruit ordinaire, pour appeler la femelle qui vient donner aussitôt la chasse à l'étrangère, et qui ne la quitte que lorsqu'elle l'a conduite hors de ses limites. La femelle en fait de même et laisse chasser les mâles par le sien. C'est une particularité que nous avons tant de fois observée, que j'en parle avec certitude[111].

Ces combats durent quelquefois assez longtemps, parce que l'étranger ne fuit qu'en tournant, sans s'éloigner directement du nid ; cependant, les autres ne l'abandonnent jamais qu'ils ne l'aient chassé. Après que ces oiseaux ont élevé leur petit et l'ont abandonné à lui-même, ils ne se déparient pas comme font tous les autres, mais ils demeurent toujours unis et compagnons, quoiqu'ils aillent quelquefois se mêler parmi d'autres de leur espèce. Nous avons souvent remarqué que, quelques jours après que le jeune était sorti du nid, une compagnie de trente ou quarante en amenaient [*sic*] un autre jeune, et que le nouveau déniché avec ses père et mère, se joignant à la bande, s'en allaient [*sic*] dans un lieu écarté. Comme nous les suivions souvent, nous voyions qu'après cela, les vieux se retiraient chacun de leur côté, ou seuls, ou couple à couple, et laissaient les deux jeunes ensemble ; et nous appelions cela un mariage.

Il y a dans cette nouvelle circonstance quelque chose qui semble un peu fabuleux ; mais ce sont pourtant des vérités pures, et des choses que j'ai bien souvent remarquées avec soin, et avec plaisir. Je ne pouvais m'empêcher non plus, d'abandonner mon esprit à diverses réflexions. J'envoyais l'homme à l'école des bêtes[112]. Je louais mes solitaires de ce qu'ils se mariaient jeunes (ce qui est une sagesse de nos Juifs), de

111 Il n'existe qu'une autre description détaillée du solitaire du Rodrigue, celle de Tafforet (1726), qui confirme sur presque tous les points les observations de Leguat. Toutefois, les détails anatomiques donnés par Tafforet (disposition du plumage, présence d'une excroissance osseuse sur l'aile et d'une pierre dans le gésier, etc.) sont formulés dans des termes si proches de ceux de Leguat qu'on peut se demander s'il n'a pas purement et simplement démarqué la description de son prédécesseur. En revanche, le développement qui suit sur le « mariage » des solitaires n'a aucun équivalent dans le manuscrit de Tafforet.

112 La formule « envoyer l'homme à l'école des bêtes » n'est pas nouvelle. D'Ésope à La Fontaine (« Je me sers d'animaux pour instruire les hommes »), elle est présente sous des formes diverses dans la fable animalière. Le *Dictionnaire historique et critique* de Pierre Bayle réfléchit sur les deux faces de ce topos, l'une positive, l'autre négative. « C'est un des plus beaux lieux communs de la Morale, que de faire voir à l'homme ses desordres, en comparant sa conduite dereglée avec la regularité des bêtes ». Mais, ajoute-t-il, « N'apprendrai-je pas à l'école où vous m'envoyez la barbarie la plus denaturée ? n'y a-t-il pas des bêtes qui devorent leurs petits ? N'y apprendrai-je pas l'inceste ? » (article « Barbe, femme de l'empereur Sigismond, remarque C », *Dictionnaire Historique et critique*, tome I, Rotterdam, Reinier Leers, 1697).

ce qu'ils satisfaisaient à la nature, dans le temps propre, et dès que la nature a besoin d'être satisfaite, selon l'état de cette même nature, et conformément à l'intention du Créateur. J'admirais le bonheur de ces couples innocents et fidèles, qui vivaient si tranquillement, dans un constant amour. Je disais que si notre ambition, et notre friandise[113] étaient refrénées, si les hommes étaient, ou avaient toujours été aussi sages que le sont les oiseaux, pour dire tout en un mot, on se marierait comme se marient les oiseaux, sans autre attirail ni cérémonies; sans contrats, et sans testaments; sans *mien*, sans *tien*, sans sujétion à aucunes lois, et sans nulle offense; au soulagement de la Nature, et de la République; car les lois divines et humaines, ne sont que des précautions contre nos désordres[114]. Lecteur, ma principale occupation était de penser, dans notre île déserte; souffrez donc que je vous dise quelquefois mes pensées. Il me semble vous avoir averti que vous ne deviez pas vous attendre à des dissertations sur l'antiquité des accents grecs des manuscrits de notre Éden, ni sur celle de ses médailles; non plus qu'à des descriptions de ses amphithéâtres, et de ses basiliques[115].

[FAUNE DE L'ÎLE]

Nos gélinottes[116] sont grasses, pendant toute l'année, et d'un goût très délicat. Elles sont toutes d'un gris clair, n'y ayant que très peu de différence de plumage, entre les deux sexes. Elles cachent si bien leurs nids, que nous n'en avons pu découvrir, ni par conséquent goûter de leurs œufs. Elles ont un ourlet rouge autour de l'œil. Et leur bec qui est droit et pointu, est rouge aussi, long d'environ deux pouces. Elles ne sauraient guère voler, la graisse les rendant trop pesantes. Si on leur

113 Friandise : « L'amour que l'on a pour les bons morceaux. *La friandise n'est pas si honteuse que la gourmandise* » (*Acad.* 1694).

114 Réminiscence de *Matthieu*, 6 : 26 : « Regardez les oiseaux du ciel : ils ne sèment, ni ne moissonnent, ils n'amassent pas dans des greniers; et votre Père céleste les nourrit. »

115 Dans ce développement satirique sur la manie de l'antiquaille, qui reprend les thèmes de la préface et les attaques contre les voyages érudits du P. Mabillon et du P. de Montfaucon en Italie, on retrouve la main de Misson.

116 Autre espèce éteinte apparentée à l'*Aphanapteryx* de l'île Maurice, baptisée *Erythromachus Leguati* (Newton; voir édition Pasfield Oliver). Cet oiseau est également décrit par Tafforet.

présente quelque chose de rouge, cela les irrite si fort qu'elles viennent l'attaquer pour tâcher de l'emporter ; si bien que dans l'ardeur du combat on a l'occasion de les prendre facilement. Nous avions beaucoup de butors[117] aussi gros et aussi bons que des chapons. Ils sont plus familiers et plus aisés à prendre que les gélinottes.

Les pigeons[118] sont un peu plus petits que les nôtres, tous de couleur d'ardoise et toujours fort gras et fort bons. Ils perchent et nichent sur les arbres et on les prend très aisément. Ils sont si peu farouches, qu'il y en avait toujours une cinquantaine autour de nous, quand nous étions à table, parce qu'ils avaient pris goût à la graine de nos melons. On les prenait quand on voulait, et nous leur attachions quelquefois aux jambes de petits morceaux d'étoffe de diverses couleurs afin de les reconnaître. Ils ne manquaient pas de venir à tous nos repas ; nous les appelions nos poules. Ils ne nichent jamais dans l'île, mais dans les îlots qui en sont proches. Nous avons jugé que c'était pour éviter la persécution des rats, dont le nombre est très grand dans l'île, comme je le dirai dans la suite, mais qui ne passent jamais dans les îlots. Les fous, les frégates, les paille-en-queue, et peut-être quelques oiseaux de mer, qui ne vivent que de poisson, font pourtant leur nid sur les arbres ; mais les ferrets et quelques autres, couvent sur le sable, dans les mêmes îlots des pigeons : et tous ces oiseaux ont un goût sauvagin qui n'est pas agréable ; en récompense, leurs œufs sont fort bons. Les fous viennent se reposer la nuit dans l'île ; et les frégates, qui sont plus grands [*sic*], et qu'on appelle ainsi parce qu'ils sont légers et admirablement bons voiliers, les attendent tous les soirs au guet, sur la cime des arbres ; ils s'élèvent fort haut, et fondent sur eux comme le faucon sur la proie, non pour les tuer ; mais pour leur faire rendre gorge. Le fou frappé de cette manière par la frégate est obligé de rendre le poisson qu'il a dans le jabot, et la frégate ne manque pas d'attraper ce poisson en l'air. Le fou crie, et fait souvent difficulté d'abandonner sa proie, mais la frégate plus hardie et plus vigoureuse, se moque de ses cris, s'élève, et s'élance de nouveau jusqu'à ce qu'elle l'ait contraint d'obéir[119].

La frégate est noirâtre, de la grosseur d'un canard ; les ailes extraordinairement étendues. C'est une espèce d'oiseau de proie, puisqu'il en a

117 Sans doute un héron nocturne (*Nycticorax megacephala*, Gunther et Newton).
118 Autre espèce éteinte (*Allectrœnas rodricana*).
119 Nous respectons l'accord flottant du mot *frégate*, tantôt masculin tantôt féminin dans l'original.

les griffes, et que son bec long d'un demi-pied est un peu crochu par le bout. Les vieux mâles ont une espèce de chair rouge comme une crête, sous la gorge comme en ont nos coqs.

Les fous ont été nommés ainsi, parce qu'ils viennent se jeter inconsidérément sur les vaisseaux, et qu'ils s'y laissent prendre innocemment. Leur simplicité est si grande, qu'ils jugent d'autrui par eux-mêmes, et qu'ils ne prennent pas les hommes pour des animaux malfaisants. Ils ont le dos châtain, et le ventre blanchâtre ; le bec pointu, long de quatre pouces, fort gros vers la tête, et un peu dentelé par les côtés ; les jambes courtes, les pieds à peu près en pieds de canard, et d'un jaune pâle.

Le paille-en-queue, de la grosseur d'un pigeon, est tout blanc, et a le bec court et fort. Il a une plume à la queue longue d'un pied et demi, d'où il a pris son nom. Ces oiseaux nous faisaient une plaisante guerre, ou plutôt ils faisaient la guerre à nos bonnets. Ils nous surprenaient par-derrière, et nous les enlevaient de dessus la tête. Et cela était si fréquent et si importun, que nous étions obligés d'avoir toujours des bâtons pour nous défendre d'eux. Nous les prévenions quelquefois, lorsque nous apercevions devant nous leur ombre, au moment qu'ils étaient prêts à faire leur coup. Nous n'avons jamais pu savoir de quel usage leur pouvaient être des bonnets, ni ce qu'ils ont fait de ceux qu'ils nous ont attrapés.

Je parlerai du ferret et du pluton dans l'île Maurice.

À Rodrigue, il n'y a qu'une seule sorte de petits oiseaux ; ils ne ressemblent pas mal aux serins des Canaries, nous ne les avons jamais entendus chanter ; encore qu'ils soient si familiers, qu'ils viennent se poser sur un livre qu'on tient à la main.

Les perroquets verts et bleus s'y trouvent en quantité, et surtout de médiocre et d'égale grosseur[120]. Quand ils sont jeunes, la chair n'en est pas moins bonne que des pigeonneaux.

Il y a des alouettes de mer, et des bécassines. Nous n'avons vu que très peu d'hirondelles.

Les chauves-souris[121] volent de jour comme les autres oiseaux ; elles sont de la grosseur d'un bon poulet, et ont chaque aile longue de près de deux pieds. Elles ne perchent pas, mais elles s'accrochent par les pieds aux branches des arbres, la tête pendant en bas ; et comme leurs

120 D'après Tafforet, qui en donne une description détaillée, il existait à Rodrigue trois espèces indigènes de perroquets, toutes disparues aujourd'hui.

121 Cette espèce de chauve-souris de grande taille, en voie de disparition, ne compte plus aujourd'hui que quelques dizaines d'individus.

ailes sont aussi fournies de plusieurs crochets, elles ne tombent pas aisément quand on les a frappées ; elles demeurent toujours attachées par quelque crochet. Quand on les voit d'un peu loin, pendantes et enveloppées de leurs ailes, on les prend plutôt, pour des fruits que pour des oiseaux. Les Hollandais que j'ai connus à l'île Maurice en faisaient un mets précieux et les préféraient au gibier le plus délicat. Chacun a son goût ; pour nous, nous trouvions dans celui-ci je ne sais quoi qui ne nous accommodait pas ; et comme nous avions beaucoup de choses que nous trouvions meilleures, nous ne mangions point de ces vilaines bêtes. Elles portent leurs petits avec elles, et ne les abandonnent que lorsqu'ils peuvent voler. Nous avons remarqué qu'elles en avaient toujours deux.

Les palmiers et les lataniers sont tous chargés de lézards[122] de la longueur d'un pied : on ne saurait se lasser d'en considérer la beauté. Il y en a de noirs, de bleus, de verts, de rouges, de gris, et de tout cela du plus vif, et du plus éclatant. Leur nourriture la plus ordinaire est le fruit du palmier. Ils ne sont nullement malfaisants, et sont si familiers qu'ils venaient souvent manger nos melons sur la table en notre présence, et même entre nos mains. Ils servent souvent de proie aux oiseaux, surtout aux butors. Quand nous les faisions tomber des arbres, avec une perche, ces oiseaux accouraient et venaient les engloutir devant nous, quoi que nous puissions faire pour les en empêcher ; et lorsque nous en faisions seulement le semblant, ils venaient de la même manière, et nous suivaient toujours.

Il y a une autre espèce de lézards nocturnes, de couleur grisâtre, dont la figure est fort vilaine ; ils sont gros et longs comme le bras, et la chair n'en est pas mauvaise. Ils aiment beaucoup les lataniers.

On trouverait du sel suffisamment dans les trous des rochers élevés qui sont sur la côte, quand même l'île serait toute habitée. L'eau de la mer est portée dans ces concavités par le rejaillissement des vagues ; et le soleil, cet admirable ouvrier de toutes les métamorphoses de la Nature, la convertit en sel.

La mer apporte de l'ambre jaune, et de l'ambre gris. Nous en avons trouvé un gros morceau de ce dernier que nous ne connaissions pas, et qui a été la source de tous les maux qui nous sont arrivés après, comme

122 Ces lézards aujourd'hui disparus ont été identifiés par J. et J. M. Vinson (« The saurian fauna of the Mascarene Islands », *The Mauritius Institute Bulletin*, *VI* [4], 1969) sous les noms de *Phelsuma edwardnewtonii* (pour l'espèce diurne) et *Phelsuma gigas* (pour l'espèce nocturne).

je le dirai dans la suite. Nous trouvions aussi quantité d'une espèce de bitume noir, auquel nous donnions le nom d'ambre, mais je crois que c'est proprement du jayet.

Cette île a une certaine fleur d'une odeur admirable, et que je préférerais au jasmin d'Espagne[123] ; elle est aussi blanche que le lys, et presque formée comme celle du jasmin commun. Cela naît particulièrement sur les troncs d'arbres pourris, et comme réduits en substance de terre. L'odeur de ces fleurs frappe agréablement à plus de cent pas.

L'air de l'île ne souffre ni poux, ni puces[124], comme on peut s'en être assuré par expérience après un débarquement comme le nôtre. On n'est incommodé non plus d'aucune sorte de ces moucherons piquants, ni de ces autres petits insectes qui sont en plusieurs endroits si importuns, ou plutôt si insupportables pendant la nuit.

Dans ces petites îles dont j'ai parlé[125], où nichent les pigeons, il y a un nombre infini d'oiseaux de mer : la chair n'en est pas agréable au goût, ni même bien saine, mais les œufs en sont fort bons. L'abondance de ces oiseaux est si grande que, lorsqu'ils se lèvent de terre, l'air en est quelquefois obscurci.

Ils couvent sur le sable, et si près l'un de l'autre qu'ils s'entretouchent, quoique de différentes espèces, et ces pauvres bêtes sont si peu farouches, et si peu défiantes qu'ils [*sic*] ne s'élèvent point, quoique l'on soit, pour ainsi dire, sur eux : il faut les frapper pour les faire partir. Ils pondent trois fois l'année, et ne font qu'un œuf à chaque ponte, non plus que les solitaires ; ce qui est une singularité d'autant plus notable, que, si je ne me trompe, nous n'avons aucun exemple de chose semblable entre les oiseaux que nous connaissons en Europe. J'ajouterai quelques particularités de quelques-uns de ces oiseaux, lorsque je parlerai de l'île Maurice.

123 Sans doute une sorte d'orchidée.

124 Traditionnellement associée à la mythologie édénique du cadre insulaire, l'absence d'insectes nuisibles – et aussi de serpents – reçoit souvent dans les descriptions des Mascareignes une explication « médicale » par les qualités de l'air : selon Dellon, s'il n'existe à Bourbon « ni serpents, ni scorpions, ni aucune autre sorte de reptile ni d'insecte dangereux », c'est, on l'a vu, que « la bonté de l'air les tue » (Ch. Dellon, *Relation d'un voyage des Indes Orientales…*, *op. cit.*, Paris, Barbin, 1685, t. I, p. 25).

125 Il s'agit des îlots, au nombre d'une douzaine, situés à l'intérieur du lagon ou à son pourtour. La relation de Tafforet en donne une description détaillée avec un recensement de la faune qui s'y trouve.

[INCOMMODITÉS DE L'ÎLE]

Voilà ce que nous avons remarqué de plus considérable et de plus avantageux dans cette île et aux environs ; il faut présentement, pour en donner une idée juste, que je fasse connaître ce qu'elle a de désagréments et d'incommodités.

Je commencerai par ce que nous vîmes d'abord : ce fut un nombre prodigieux de certaines petites mouches. Aussitôt que nous fûmes descendus, elles nous environnèrent, et nous couvrirent, et il était inutile d'en tuer, parce que la multitude en était si grande qu'en écraser dix mille, c'était ôter dix gouttes d'eau de la mer. Il est vrai que ces bestioles ne piquent pas : l'incommodité qu'on en souffre, c'est un petit chatouillement importun, lorsqu'elles se viennent poser sur le visage. Elles se retirent sur les arbres dès que le soleil est couché, et elles reparaissent au lever de cet astre : comme elles cherchent toujours l'abri, et l'air doux, dès que nous eûmes défriché une assez grande étendue de terre, le vent qui soufflait en liberté autour de nos cabanes, les chassa dans les bois, et nous en délivra dans l'étendue entière de notre habitation ; mais nous les trouvions partout ailleurs quand nous nous promenions dans l'île.

Il y a aussi une espèce de grosses mouches qui ne craignent pas le vent comme les autres, et qui sont extrêmement incommodes. Elles ont le ventre rempli de vers vivants, qu'elles posent sur la viande et qu'elles y laissent tomber même en volant[126] : de sorte que comme ces provisions se gâtaient aussi quand, au lieu de les laisser à l'air, nous les enveloppions d'un linge, le seul moyen que nous trouvâmes pour les garantir fut de les tremper de temps en temps dans de l'eau de mer. Les nerfs ou filaments des queues de nos feuilles de latanier auraient pu servir à faire une espèce de treillis clair, mais impénétrable à ces mouches, dont on aurait garni un garde-manger ; mais nous ne nous avisâmes point de faire cette machine.

Les rats furent notre second fléau. Ces animaux sont semblables à ceux d'Europe, et ils sont en fort grand nombre et fort incommodes.

---

126 Même observation dans Tafforet : « Il y a de grosses mouches qui chient des vers tout en vie, qui ensuite deviennent en mouches au bout de dix à douze (jours ?) »

Non seulement ils mangeaient les graines que nous semions, mais ils venaient encore ronger tout ce que nous avions dans nos cabanes. Je douterais volontiers un peu que M. de Rochefort[127] eût été bien informé, quand il a écrit qu'il n'y avait point de rats dans les îles de l'Amérique avant nos navigations, car j'ai souvent trouvé dans les relations des voyageurs qu'ils en avaient rencontré des quantités prodigieuses dans les îles désertes et inconnues. Il est vrai qu'il n'est pas impossible que quelque vaisseau ait autrefois échoué sur ces terres-là ; mais, malgré tout ce que la plupart des philosophes d'aujourd'hui en disent, j'ai de fort bonnes raisons pour croire que les rats, de même que diverses autres espèces de vermine naissent quelquefois de corruption encore qu'ils soient produits aussi par la voie ordinaire de la génération : le bon plaisir du grand ouvrier et du maître du monde, ayant été tel, et qu'ainsi, rien n'empêcherait qu'il ne s'en trouvât dans les îles dont jamais aucun navire n'aurait approché[128].

Au lieu que les Américains ont des couleuvres naturellement exterminatrices de cette vilaine engeance, des chats, et des chiens même qui sont dressés à leur faire la guerre, nous n'avions que le secours des hiboux[129] et de nos trébuchets. Avec cela nous les bannîmes en assez peu de temps de notre quartier : mais il est vrai qu'il en revenait quelquefois des peuplades qui nous occupaient de nouveau.

Le plus prompt et le plus sûr moyen pour en réduire la multitude comme infinie, à un nombre peu considérable, serait de répandre d'abord des mets empoisonnés. L'île n'étant pas grande, on en aurait bientôt raison ; et cette mortalité n'aurait aucun accident qu'on pût craindre, si elle arrivait avant que les habitants s'établissent.

---

127 Charles de Rochefort attribue au trafic maritime les rats qui, souligne-t-il, « étoient autrefois inconnus aus Caraïbes » (*Histoire naturelle et morale des isles Antilles de l'Amerique…*, seconde édition, Rotterdam, Arnout Leers, 1685, p. 277).

128 Preuve de la toute-puissance divine pour les chrétiens ou du dynamisme interne de la matière pour les épicuriens, la thèse de la génération spontanée des « vermines » à partir des matières en décomposition est encore très généralement acceptée au début du XVIIIe siècle. Les rats en réalité ont vraisemblablement été introduits dans l'île à l'occasion des relâches de vaisseaux portugais ou hollandais, relativement nombreuses depuis le XVIe siècle. Les dégâts provoqués par l'extraordinaire prolifération de ces animaux sont encore signalés dans la seconde moitié du XVIIIe siècle, à Rodrigue par Pingré (1761), à Maurice par Bernardin de Saint-Pierre (1773).

129 Il existait en effet une espèce indigène de hibou (*Strix Murivora*), aujourd'hui éteinte, attestée par les ossements fossiles retrouvés par Newton en 1875.

Les diverses grandes incommodités que ces animaux apportent, quand ils vont ainsi par armées, rendent aisément croyable ce que l'on dit du jeune aventurier anglais (Richard Whittington, en 1397), qui fit fortune avec un chat qu'il avait apporté de son pays comme par hasard, et dont il fit présent à un seigneur de quelque île des Indes. Le petit prince, charmé de la chasse admirable du chat, récompensa libéralement celui de qui il l'avait reçu ; et celui-ci ayant fait valoir le talent revint riche, et devint enfin maire de Londres. On le voit souvent peint avec son chat, et en habit de maire servant d'enseigne entre celles de Londres[130].

[LES CRABES]

Les crabes[131] de terre furent nos troisièmes ennemis ; il est presque impossible de les détruire à cause de leur prodigieuse quantité dans la plupart des lieux bas, et de la grande difficulté qu'il y a à les déterrer dans leurs trous. Elles se logent en terre, et creusent jusqu'à ce qu'elles aient trouvé de l'eau ; leur tanière est large et a plusieurs issues, et elles ne s'en éloignent que fort peu, se tenant toujours sur leurs gardes.

Elles arrachaient nos plantes dans nos jardins, jour et nuit ; et si nous renfermions ces plantes sous des espèces de cages, dans l'espérance de les garantir, si elles n'étaient pas fort loin elles approfondissaient leurs tanières, et se faisant une nouvelle route, venaient par-dessous la cage arracher la plante. Le dos, ou la coque, ou coquille, de cette crabe est d'un roussâtre salé, à peu près rond, et d'environ quatre pouces de diamètre. Elle marche en tous sens sur huit pattes qui s'élèvent à quatre doigts de terre ; et elle a deux serres dentelées de grandeur inégale, comme on sait qu'en ont toutes les espèces d'écrevisses : la serre, ou patte droite étant plus grosse et plus forte que la gauche. On ne voit pas sa bouche, quand elle marche, parce qu'elle l'a par-dessous, mais

130 Richard Whittington (1354-1423), marchand et banquier richissime qui fut quatre fois lord-maire de Londres, aurait fait fortune dans les circonstances rapportées ici. Cette anecdote semi-légendaire est probablement une addition de Misson. L'allusion à la parabole des talents renvoie à *Matthieu*, 25 : 14-30, et à *Luc*, 19 : 12-27.

131 Mot féminin, conformément à l'usage du temps, d'où les accords ci-après.

ses yeux, à peu près comme ceux des crabes que nous avons en France et en Angleterre, s'élèvent à un bon pouce l'un de l'autre sur le bord et au-devant de la coque.

Quand on en approche, elle est extrêmement prompte à se retirer ; et comme elle court toujours après les pierres qu'on lui jette, on a tout le loisir de lui en jeter jusqu'à ce qu'on la frappe. Il est dangereux de s'exposer à en être pincé. Cet animal nettoie fréquemment son trou ; et après qu'il y a fait un petit tas des ordures qu'il y rencontre, il les emporte dehors, en les pressant avec les serres contre son ventre ; il fait cela si souvent, et avec tant de diligence, qu'il a bientôt ôté ce qui l'incommode. La chair en est assez bonne, et approche du goût des écrevisses de nos rivières.

Un peu avant, et après les pleines lunes de juillet et d'août, ces crabes vont par milliers, de tous les endroits de l'île à la mer ; nous n'y en avons vu aucune qui ne fût chargée d'œufs. On en peut alors détruire beaucoup, parce qu'elles marchent en troupes prodigieuses et qu'étant éloignées de leurs trous, elles n'ont aucune retraite. Nous en avons quelquefois tué à coups de bâton plus de trois mille en un soir, sans nous apercevoir le lendemain que le nombre en fût diminué. La seconde année de notre séjour dans l'île, nous nous avisâmes, pour nous en débarrasser, de semer beaucoup de graines dans les lieux qu'elles habitaient le plus, afin de les amuser dans ces endroits-là : comme elles y trouvaient assez d'occupation, et même trop, nos plantes se trouvaient épargnées ; et pourvu qu'elles eussent le temps de grossir, elles étaient hors de danger ; aussi [avions-nous] la précaution de semer les graines de plantes que nous voulions cultiver, dans les endroits qu'elles ne fréquentaient pas, outre celles que nous semions dans nos jardins, comme dans les lieux élevés, et éloignés des ruisseaux, et dans ceux dont le fond est de roche.

L'un de nos gens, qui, à tout hasard, avait apporté deux grands coffres pleins de marchandises propres pour les Indes, et une assez bonne quantité de louis d'or, mais qui était pour le moins aussi défiant que riche, fut plaisamment attrapé par une de ces petites bêtes. Il avait ses pistoles en plusieurs bourses, et pour peu qu'il s'éloignât de sa cabane, nous remarquions qu'il les prenait avec lui. Avant que de se coucher, il ne manquait jamais non plus de les cacher en divers endroits, le plus adroitement qu'il pouvait ; mais, quelque fin qu'il fût, il trouva plus fin que lui encore ; et fut la dupe d'un voleur dont il ne s'était pas défié : je veux dire de quelque crabe ou de quelque rat qui lui enleva un de ses sachets, dont le cuir étant un peu gras, se trouva sans doute au goût du voleur. Le lendemain, comme on s'aperçut qu'il était chagrin et qu'on le vit chercher quelque chose avec beaucoup d'application, on le pressa tant que, soit par importunité soit parce qu'il était bien aise qu'on lui aidât, il raconta naïvement l'aventure. Quoiqu'il fût difficile de n'en pas rire un peu, on se mit pourtant en quête avec lui ; mais, quelque perquisition que l'on fît, on ne trouva rien, et il fallut que le volé se consolât de sa perte. Il est vrai qu'il eut une permanente rancune contre toute la nation des crabes, et que dans la guerre que nous leurs faisions souvent, il n'en tua jamais aucune sans lui donner encore quelques coups après sa mort.

Les crabes de mer sont beaucoup meilleures et beaucoup plus grosses que celles de terre ; et la chair en est aisée à digérer.

Il y en a encore d'une autre espèce qui, à ce que j'apprends, porte le nom de tourlouroux[132] dans les Antilles, et qui sont à peu près de la figure des premières dont j'ai parlé, mais un peu plus petites. Elles habitent véritablement entre la mer et la terre, en vraies amphibies qu'elles sont ; de telle manière que le flux remplit leurs loges deux fois le jour ; et elles travaillent continuellement à les nettoyer.

[OURAGANS]

L'ouragan que l'on essuie tous les ans dans les mois de janvier ou de février, comme je l'ai déjà marqué, est encore un terrible ennemi. Nous avons senti deux fois ses rudes assauts. Ce vent furieux s'élève ordinairement après un temps doux, et même après un grand calme ; et sa plus grande violence dure au moins une heure. Alors nous vîmes plusieurs gros arbres renversés en un moment, et nos cabanes toutes fracassées. La mer bruyante et écumante, faisait des mugissements

---

132 Tourlourou : « Nom vulgaire, aux Antilles, des espèces du genre Gécarcin (décapodes) et particulièrement du gécarcin ruricole de Latreille, qui est le cancer ruricole de Linné, ou crabe de terre, dit tourlourou par les matelots, qui le comparent au fantassin dans l'armée de terre » (*Littré*).

épouvantables ; et élevant ses flots comme des montagnes, elle les poussait contre les coteaux avec tant d'impétuosité qu'il semblait que la Nature hors d'elle-même dût bientôt retourner dans son premier Chaos. Le ciel se mêlait avec la terre. L'air s'épaississait, et couvrait tout de ténèbres ; les nues entassées fondaient enfin, et versaient une si grande abondance d'eau, que nos beaux et fertiles vallons inondés devenaient un nouvel océan. Tout ce que ces torrents rencontraient était terrassé, et rapidement entraîné. Et je crois que, si cette violence eût duré trois heures, il n'y aurait pas eu un seul arbre qui eût résisté. Les animaux, par un instinct naturel que leur a donné la bonne et sage Providence, prévoient ces orages avant qu'ils arrivent, et se sauvent dans les trous des montagnes ; mais dès le lendemain ils paraissent comme auparavant, parce que le temps redevient aussi beau et aussi calme que jamais. Le dernier des deux ouragans que nous ayons essuyés à Rodrigue, fut beaucoup plus terrible que le premier. Au milieu de sa plus grande force, il se fit tout d'un coup un calme si grand, que l'on aurait entendu le moindre bruit, tellement que l'on crut que tout était passé ; mais il recommença bientôt avec plus de furie qu'auparavant. Il détruisit absolument tous nos jardins, parce que la violence de ce vent, élevant en l'air les eaux de la mer, porta partout un déluge d'eau salée, qui brûla ou tua absolument tout ce que nous avions planté. Mais comme cela ne préjudicia pas au fond du terroir, dès que nous fûmes sortis des trous des rochers où nous nous étions mis à l'abri, nous vînmes semer comme auparavant[133].

Enfin le quatrième et le dernier ennemi que nous eûmes à combattre, ce furent de petites chenilles vertes, qui succèdent toujours aux ouragans, et qui en sont infailliblement une secrète production. Ces insectes nous incommodaient beaucoup depuis le mois de février jusqu'au mois d'avril, parce qu'ils mangeaient nos melons ; ils n'en laissaient pas une seule feuille. L'expérience nous a appris que pour les garantir, il fallait les bien couvrir la nuit, et ne les découvrir qu'après le lever du soleil. Des cloches de verre leur auraient été un heureux bouclier. Comme cette vermine ne touchait ni à la chicorée ni au pourpier, on peut raisonnablement présumer qu'elle n'attaquerait pas non plus diverses

133 La relation de l'ouragan combine l'exactitude météorologique (le calme soudain suivi d'une reprise violente de la tempête correspond au passage de l'œil du cyclone) à de nombreuses réminiscences du récit biblique du Déluge (*Genèse*, 7 : 17-24 et 8 : 1-14).

autres sortes d'herbes et de légumes, qui ne se rencontreraient pas être plus à leur goût.

On trouve de petits scorpions en quelques endroits, particulièrement sur les lataniers ; mais nous savons qu'ils ne sont nullement dangereux, puisque nous en avons été plusieurs fois piqués sans inconvénient. La piqûre fait seulement une petite douleur d'un moment, comme quand on est piqué d'une épingle.

[REQUINS]

Quand nous nous baignions dans la mer, ou lorsque nous étions obligés d'y marcher en pêchant, nous nous sommes souvent trouvés environnés de grandes troupes de requins, parmi lesquels il y en avait des plus gros, qui ne nous ont jamais attaqués. Et comme nous étions sur ce fatal rocher de l'île Maurice, duquel je parlerai dans la suite, j'ai vu cent fois une grande meute de chiens qui poursuivaient un cerf à la nage dans la mer, et dans les endroits où l'on voit beaucoup de requins, sans qu'il leur en arrivât jamais aucun accident, non plus qu'à nous, qui nous y baignions fréquemment. Je laisse au lecteur à juger si cet animal est aussi vorace qu'on dit, ou si les requins de ces mers sont d'une nature différente des autres. Comme les relations de ceux qui ont voyagé en Amérique, et en diverses autres parties du monde, nous disent unanimement que les requins de ces mers-là sont extraordinairement dangereux et gloutons, et que plusieurs parlent en témoins oculaires, il est raisonnable de les croire, et de conclure plutôt que tous les requins ne sont pas de même espèce. Ce poisson a communément quinze ou seize pieds de long. De la manière dont il a la gueule faite, il faut nécessairement, qu'il se tourne sur le dos pour engloutir sa proie, ou qu'il élève la moitié de la tête hors de l'eau. Il a plusieurs rangs de dents qui sont extrêmement pointues, tranchantes et faites en scie. J'ai ouï dire à Batavia, et ailleurs, que la cervelle de requin a la vertu de faire accoucher les femmes. Mais une pareille expérience ne se pouvait faire dans notre île. Quelques-uns disent que le petit poisson qu'on appelait sucet, ou pilote du requin, lui sert de guide, mais c'est une chimère que le père Tachard a fort bien réfutée[134]. Ce sucet, que l'on juge assez vraisemblablement être la rémore que ces bonnes gens du temps de jadis (qu'on appelle vénérablement *les Anciens*, et qui fort souvent ne savent pas trop ce qu'ils disent) ont rendu si fameuse et si redoutable[135], ce sucet, dis-je, a sur la tête, et même un peu avant sur le cou, une membrane cartilagineuse, plate et ridée, par le moyen de laquelle il s'applique et se colle étroitement au dos des requins et des chiens de mer, et apparemment à des choses inanimées, puisqu'on les voit s'attacher quelquefois ainsi au bois, sur le pont du vaisseau (en se tournant le ventre en haut) quand il est tout sortant de l'eau. Il y en a de deux espèces, pour le moins, qui diffèrent aussi en grandeur et couleur, mais qui ont à peu près la même forme. Ils n'ont point d'écailles ; et leur peau est gluante et visqueuse comme celle des anguilles. Ceux de la plus grande espèce sont communément longs de deux à trois pieds, et ont le dos d'un brun verdâtre qui s'éclaircit un peu sous le ventre. La longueur des autres ne passe pas celle des harengs, et l'atteint assez rarement. Ils ont le museau plus court, et la couleur moins obscure. La chair des uns et des autres n'est pas ferme, mais d'un goût qui ne déplaît pas. Comme ils sont pourvus de beaucoup de nageoires, et qu'ils sont d'une forme longue et menue, ils fendent aussi l'eau comme une flèche fend l'air. Leurs dents sont petites, arrondies par le bout, et si courtes qu'à peine les aperçoit-on. Il est très certain que ces poissons s'attachent souvent aux vaisseaux dans l'eau, et quand le nombre en est grand, il ne faut pas douter qu'ils ne soient un obstacle à la course de ces édifices flottants, puisqu'ils les empêchent de couler légèrement sur les ondes. J'ai voulu parler exactement de ce petit animal, parce que les autres ne l'ont pas fait. Pour le dire en passant, je me suis quelquefois étonné de la grande réputation que s'est acquise le fameux Rondelet[136], car, lorsque je l'ai consulté sur les choses que je connais bien, je l'ai toujours trouvé fort défectueux et fort sec.

---

134 P. Guy Tachard, *Voyage de Siam des Pères Jésuites*, Paris, Arnould Seneuze et Daniel Hortemels, 1686 ; sur les requins, voir p. 39-42.

135 Le rémora (dont le nom latin signifie « retard »), est censé avoir la capacité de ralentir les bateaux auxquels il s'attache. Il est ici confondu avec le poisson-pilote. D'après la légende, le navire de Marc-Antoine aurait été immobilisé par un rémora, provoquant ainsi sa défaite à la bataille d'Actium. Cette parenthèse, critique envers les auteurs classiques, porte la marque de Misson.

136 Rondelet, *De piscibus marinis*, Lyon, 1554. [voir note antérieure].

FIG. 20 – Le succet ou la remore.

[VIE QUOTIDIENNE]

Nos occupations pendant le séjour que nous avons fait dans cette île n'étaient pas fort importantes, comme on peut bien se l'imaginer ; mais encore fallait-il faire quelque chose. L'entretien de nos cabanes, et la culture de nos jardins occupaient une partie de notre temps. La promenade en faisait une autre. Nous passions souvent au sud de l'île, soit en la traversant, soit en en faisant le tour ; et elle n'a aucun endroit que nous n'ayons visité plusieurs fois très exactement. Il n'y a ni hautes montagnes ni coteaux dénués de verdure, quoiqu'ils soient fort remplis de rochers. Le fond, qui est de roc, est couvert de deux ou trois, ou quatre pieds de terre ; et entre les pierres, même dans les endroits où il ne paraît point du tout de terre, il ne laisse pas de croître des arbres extrêmement gros, grands et droits. De loin, cela donne une idée de l'île plus avantageuse qu'elle ne le mérite, parce qu'on la croit composée universellement d'un terroir excellent.

On peut aller partout aisément, puisqu'il n'y a point ou très peu d'endroits qui ne soient de facile accès, et qu'on rencontre partout abondamment de quoi manger et boire. En quelque lieu qu'on se trouve, si on n'aperçoit pas de gibier, il n'y a qu'à frapper sur un arbre, ou à crier de toute sa force, et le gibier qui entend ce bruit accourt incontinent, de sorte qu'il n'y a qu'à choisir, et à frapper sur celui que l'on veut avoir à coups de pierres ou à coups de bâton[137]. Ç'a été le hasard qui nous a fait faire cette expérience ; parce que, quand nous nous promenions ensemble et que, nous étant écartés dans les bois, nous nous trouvions obligés de crier fort haut pour nous rejoindre, nous étions tous étonnés de voir les oiseaux voler ou accourir de toutes parts pour se mettre à l'entour de nous. Alors la Providence nous disait *tue et mange*[138], et nous n'avions qu'à battre le fusil et à faire du feu pour faire grande chère. On trouve aussi partout des tortues ; et pour l'air il est si doux et si tempéré que l'on peut coucher sans crainte à la belle étoile. Mais si l'on veut, on se met aisément à couvert en faisant une espèce de hutte avec cinq ou six feuilles de ces lataniers dont nous avons parlé.

[CULTES]

Pour revenir à ce que j'ai commencé à dire de nos occupations, j'ajouterai, sans pharisaïsme, que nous avions tous les jours nos exercices de dévotion réglés. Le dimanche, nous faisions à peu près ce qui se pratiquait dans nos Églises de France, parce que nous avions la Bible entière, nos saints cantiques, un ample commentaire sur tout le Nouveau

---

137 La profusion du gibier accourant de lui-même à l'appel du chasseur appartient aux représentations populaires du *mundus inversus* et à la mythologie du Pays de Cocagne célébrée par le tableau fameux de Pieter Brueghel l'Ancien. Mais les témoignages – authentiques ou non – sur les premières escales aux Mascareignes abondent en scènes similaires : à l'île Bourbon, selon Souchu de Rennefort (*Relation du premier voyage de la Compagnie des Indes Orientales en l'isle de Madagascar ou Dauphine*, Paris, P. Aubouin, 1668, p. 160-169), « les oiseaux, bien loin de s'épouvanter à la mort d'un de leur espèce et de la vue du chasseur, venaient les entourer et se laissaient choisir à l'apparence de leur embonpoint ».

138 Paroles de l'ange à Simon Pierre invité à consommer « des quadrupèdes de toute espèce, des reptiles de la terre et des oiseaux du ciel », car « ce que Dieu a purifié, ne le regarde pas comme souillé ! » (*Actes des Apôtres*, 10 : 10-15). La bénédiction divine change toutefois de sens ici : il ne s'agit plus de s'affranchir des interdits alimentaires de l'ancienne loi mosaïque, mais de justifier une économie prédatrice dont l'auteur ne paraît pas saisir les conséquences à long terme.

Testament, et plusieurs sermons de la vieille roche[139], qui étaient des discours raisonnables. Si nous eussions cru passer là le reste de nos jours, ou y demeurer du moins fort longtemps, rien n'aurait empêché, ce me semble, que le plus sage d'entre nous n'eût été légitimement appelé par les autres à la charge du Saint Ministère et que ces deux ou trois assemblés *au nom de Dieu* n'eussent pris la forme parfaite d'une vraie Église[140], et n'en eussent aussi reçu les particulières consolations, telle qu'est celle de participer ensemble à la sainte Communion ; et j'eus diverses fois la pensée d'en faire la proposition. Mais d'un côté je voyais tous mes compagnons disposés à tenter bientôt, au péril de leur vie, tous les moyens imaginables de retourner dans le monde habité. Et d'ailleurs, j'avais lieu de craindre qu'ils ne trouvassent dans ce dessein quelque sorte d'affectation qui ne leur aurait pas plu. Car, dans les réflexions que nous faisions quelquefois sur la religion, comme nous nous trouvions heureux d'être unis en un même esprit, sans cette fausse *sapience des sages* et cette pernicieuse *intelligence des entendus*, et des *disputeurs et novateurs de ce siècle*[141], qui ont causé tant de funestes partialités, et tant d'autres désordres dans le monde chrétien ; nous nous tenions extraordinairement sur nos gardes, contre toute pratique, et contre toute idée, qui aurait semblé avoir du penchant vers la superstition, la plus dangereuse et la plus fatale peste du christianisme. Le malentendu de ceux de la Communion Romaine, et de quelques autres, sur le fait de la nécessité du Baptême, devant être une leçon contre une semblable méprise dans l'usage de l'autre sacrement[142], nous crûmes qu'il ne fallait

139 Vieille roche : « *On appelle turquoise de la vieille roche*, les Turquoises tirées d'une roche decouverte il y a tres-longtemps. Et on dit fig. d'un homme d'une probité connuë, que *c'est un homme de la vieille roche* (*Acad. 1695*).

140 « En vérité je vous dis encore que, si deux d'entre vous sur la terre s'accordent pour demander quoi que ce soit, ils l'obtiendront de mon Père, qui est dans les cieux. Car là où deux ou trois sont réunis en mon nom, je suis au milieu d'eux » (*Matthieu*, 18 : 19-20). Cette référence évangélique a parfois été invoquée par la théologie réformée pour justifier le principe du sacerdoce universel et la création d'Églises autocéphales.

141 Leguat reprend, après Montaigne, Pascal et beaucoup d'autres, le début de la première épître aux Corinthiens où saint Paul (citant *Esaïe*, 29 : 14) oppose la « folie de la croix » à la prétendue sagesse du monde : « Aussi est-il écrit : "Je détruirai la sagesse des sages et j'anéantirai l'intelligence des intelligents". Où est le sage ? Où est le scribe ? Où est le disputeur de ce siècle ? Dieu n'a-t-il pas convaincu de folie la sagesse de ce monde ? » (I *Corinthiens*, 1 : 17-20).

142 L'Eucharistie. Le « malentendu » concernant le premier sacrement, celui du baptême, se rapporte à la question controversée de sa validité canonique, du point de vue des catholiques, lorsqu'il est administré par un pasteur protestant.

point entreprendre une chose dont la pratique n'est pas nécessaire en elle-même, du consentement de tous les chrétiens qui vivent aujourd'hui. Nous trouvions une consolation très grande à nous tenir ainsi fermement retranchés dans cette pure et primitive doctrine évangélique, que tous nos théologiens, sans exception, disent contenir l'âme et l'essentiel de la religion salutaire ; sans vouloir nous engager dans aucun examen qui nous entraînât vers la moindre curiosité, ou inutilité. Nous aimions, et nous répétions souvent ces beaux passages ; « Je ne me suis rien proposé de savoir, sinon Jésus-Christ, et icelui crucifié[143]. C'est ici la vie éternelle, de te connaître seul vrai Dieu, et celui que tu as envoyé Jésus-Christ. Si tu confesses le Seigneur Jésus de ta bouche, et si tu crois en ton cœur que Dieu l'a ressuscité des morts, tu seras sauvé. Qui croit en moi a la vie éternelle. Quiconque invoquera le nom du Seigneur sera sauvé. Je vous ai annoncé TOUT LE CONSEIL DE DIEU – savoir – la repentance envers Dieu, et la foi en Jésus-Christ. La religion pure et sans tache envers notre Dieu et Père, c'est de visiter les orphelins et les veuves dans leurs tribulations, et de se garder des souillures du monde, etc. » Délivrés de cette théologie accidentelle de controverses, contre des idées chimériques ou hérétiques, que nous regardions comme n'ayant jamais été, nous goûtions délicieusement l'excellence de la religion simple et pure, déchargée de toutes superstitieuses puérilités, de toute immondicité scolastique ; de toutes pensées vaines, ineptes, téméraires et non moins pernicieuses à l'âme qu'à l'esprit. Nous abhorrions avec les auteurs sacrés, ces faiseurs ou accommodeurs de religion[144], qui ajustent à leur gré la doctrine et le culte divin, voulant être plus sages que la SAGESSE même. En simplicité et humilité de cœur, nous adorions Dieu notre créateur, Père, Fils et Saint-Esprit, dans les termes, et dans les bornes de la Révélation, sans nous piquer follement de prétendre expliquer ni développer aucun des MYSTÈRES, qui de l'aveu de tous, sont nécessairement et seront toujours aux hommes mortels, des choses cachées, et impénétrables à leurs yeux, tant qu'elles seront Mystères.

143 La citation de saint Paul (I *Corinthiens*, 2 : 2) ouvre une sorte de confession de foi mêlant fragments du credo réformé et emprunts bibliques multiples.

144 Les allusions peuvent renvoyer, pour les « faiseurs de religion » du côté protestant, aux nouvelles sectes puritaines radicales comme celle des Quakers, jugés très sévèrement dans les *Mémoires et observations…* (*op. cit.*, p. 359-361), d'autre part à la « cabale des accommodeurs de religion », qui face aux dragonnades et à la Révocation, tenta vainement à l'Assemblée du Clergé de 1685 d'aplanir les incompatibilités de dogme entre réformés et catholiques.

Nous invoquions ainsi Dieu avec joie et avec confiance (en tâchant à faire du bien) par la médiation de Jésus notre Rédempteur, notre pleige[145], et notre rançon ; le chemin, la vérité et la vie[146]. Et dans ces dispositions bienheureuses, nous attendions paisiblement la mort, non comme un squelette affreux, mais comme une messagère de bonnes nouvelles.

Outre ces grandes promenades ou ces petits voyages dont j'ai parlé, nous ne manquions guère de prendre au soir le plaisir des petites promenades voisines. Nous en avions une entre autres sur le bord de la mer, à la gauche de notre ruisseau, qui était parfaitement belle. C'était une avenue naturelle, droite comme si elle avait été plantée au cordeau, à une distance parallèle de la mer, et longue d'environ douze cents pas communs, ce qui est justement la longueur du Mail de Londres, dans le beau parc de St. James[147]. Nous aurions pu l'étendre jusqu'à sept ou huit milles, si nous eussions voulu ; et cela sur un terrain ferme et d'un parfait niveau. D'un côté, nous avions dans ce bel endroit la vue de la vaste étendue de la mer, dont le flux, ou reflux perpétuel, venant à se rompre contre les *brisants* qui étaient à une lieue de là, faisait un murmure confus, qui n'était pas capable d'interrompre nos conversations ; seulement, il nous jetait quelquefois dans une rêverie à laquelle nous nous abandonnions d'autant plus volontiers, que nous avions peu de choses à nous dire.

De l'autre côté, dans l'île, de charmants coteaux, nous bornaient agréablement la vue, et les vallées, qui s'étendaient jusques à nous étaient comme un beau verger dans la plus douce et la plus riche saison de l'automne.

Parmi le grand nombre, et la grande diversité d'arbres que la Nature y a plantés, il y en a un admirable, et digne d'être particulièrement observé, pour sa beauté, sa grandeur, la rondeur et la rare symétrie de son magnifique branchage. Les extrémités de ses branches sont partout extraordinairement touffues ; et ce gros et épais feuillage, retombe tout autour presque jusqu'à terre. De sorte que de quelque côté qu'on aborde de [*sic*] ce bel arbre, on ne peut apercevoir qu'une fort petite partie du bas de son tronc ; quelquefois même, on n'en découvre rien du tout.

---

145 Pleige : « Celui qui sert de garant, de caution » (*Littré*).

146 *Jean*, 14 : 6.

147 Le mail de Saint-James est décrit dans les *Mémoires et observations…* (*op. cit.*, p. 284). La longueur de la promenade est de 880 pas, en réalité 1200 si l'on ajoute les deux extrémités, soit la distance indiquée ici.

FIG. 21 – Pavillon, Arbre nouvellement découvert.

Le milieu de tout cela étant ombragé, comme on peut se l'imaginer, les branches sont en dedans comme des perches sèches, qui semblent n'être là que comme une charpente faite exprès pour soutenir les pennaches[148] qui sont tout à l'entour, et pour former ainsi de l'arbre, une espèce de cage ou de tente. À la vérité, la plus grande beauté de cette tente est au-dehors, où elle est toute charmante, mais l'abri et la fraîcheur du dedans ont aussi leurs délices. Malheureusement, le fruit de ce merveilleux arbre n'est pas bon à manger. Ceux d'entre nous qui ont eu la curiosité d'en goûter l'ont trouvé âpre, et savent par expérience qu'il n'est pas non plus dangereux. Il a une odeur fort semblable à celle du coing bien mûr. C'est une grappe dont les grains sont serrés ; et le tout ensemble nous paraissait quelquefois de loin comme le fruit de l'ananas : ce qui fit qu'on s'accoutuma à donner à cet arbre le nom d'ananas, quoiqu'il y ait une différence extrême entre ces deux plantes. Pour moi je le voulais nommer *pavillon*. Les feuilles, d'un vert admirable, ont la queue si courte qu'elles paraissent être immédiatement attachées au bois. Les plus grandes ont quatre à cinq pouces de large

148 Forme ancienne de *panache*.

par le haut, et finissent en pointe, leur longueur étant d'environ quinze pouces. Elles forment de gros bouquets, et laissent entrevoir çà et là les grappes, qui sont de diverses couleurs, selon qu'elles sont plus ou moins avancées. J'ai souvent fait le tour de ce palais naturel, toujours également ravi de sa grande et singulière beauté[149].

Nous jouions quelquefois aux échecs, au trictrac, aux dames, à la boule et aux quilles. La chasse et la pêche étaient un peu trop aisées pour y prendre un fort grand plaisir. Nous en trouvions quelquefois à instruire des perroquets, dont le nombre, comme je l'ai dit, est fort grand dans cette île. Nous en portâmes un dans l'île Maurice qui parlait français et flamand.

On verra bientôt, que pendant la dernière année nous étions souvent occupés à la construction de la belle barque, dont il sera parlé. Et si l'on veut savoir avec quel secret nous chassions les ténèbres quand nous en avions envie, j'ajouterai que nous avions apporté des lampes, et que nous en faisions un fort bon usage avec de l'huile, ou graisse de nos tortues, laquelle, comme je l'ai dit, ne se fige jamais. Nous nous servions de verres ardents pour allumer le feu.

Puisque nous avions chair et poissons à notre choix et en abondance ; du rôti, du bouilli, des soupes, des ragoûts, des herbes, des racines, d'excellents melons avec d'autres fruits, de bon vin de palme, et de l'eau douce et pure ; le lecteur n'a pas eu peur, sans doute, de voir mourir de faim les pauvres aventuriers de Rodrigue.

Mais, puisqu'il a assez de bonté pour s'intéresser un peu à leur extraordinaire état, je lui dirai plus, et je l'assurerai qu'ils faisaient une chère admirable, sans dégoût, sans indigestion, sans aucune sorte de maladie, grâces au Seigneur, et sans pain. Le capitaine leur avait laissé deux grands barils de biscuit, mais ils ne s'en servaient que rarement pour faire des potages ; et souvent ils n'y pensaient pas.

---

149 La gravure qui accompagne ce texte est informe et n'autorise aucune identification. Néanmoins, l'odeur et l'aspect caractéristique du fruit, la disposition étagée des branches, le mode d'insertion des feuilles, ne permettent pas l'hésitation : il s'agit du pandanus, également nommé vacoa (ou vaquois) dans l'ensemble des Mascareignes. L'espèce décrite ici semble être l'espèce littorale *(Pandanus heterocarpus).*

[CONSTRUCTION D'UNE EMBARCATION]

Nous avions déjà demeuré un peu plus d'un an dans notre île nouvelle, lorsqu'étonnés de ne voir paraître aucun vaisseau (car il faut dire toute la vérité), quelques-uns de nous commencèrent à s'ennuyer. Ils regrettèrent la perte de leur jeunesse, et s'affligèrent dans la pensée qu'ils seraient peut-être obligés de passer les plus beaux de leurs jours, dans une étrange solitude, et dans une tuante fainéantise. Après diverses délibérations, il fut donc presque unanimement conclu qu'après avoir attendu deux ans entiers des nouvelles de M. Duquesne, comme il avait été premièrement résolu, s'il n'en venait point, on mettrait tout en œuvre pour tâcher d'aller à l'île Maurice qui appartient aux Hollandais, et où l'on peut s'embarquer pour aller où l'on veut, parce qu'il y a un gouverneur, et qu'il y vient tous les ans des vaisseaux du Cap de Bonne-Espérance. Cette île est à plus de cent soixante lieues de Rodrigue[150] ; grande traversée ; mais, comme on se mit en tête, et qu'il était en quelque manière vrai qu'un vent régnant soufflait ordinairement de ce côté-là[151], il fut arrêté qu'on travaillerait incessamment à faire une barque du mieux qu'on pourrait, et que s'il y avait quelque apparence qu'elle pût servir, on tenterait de faire le trajet dans cette petite arche, après avoir imploré l'assistance de celui qui commande aux vents et à la mer.

Cette entreprise parut très difficile à ceux mêmes qui la formèrent, mais non tout à fait impossible. Il fallait bâtir une barque assez grande, sans ouvriers intelligents, et avec peu d'outils ; on n'avait ni goudron, ni cordages, ni ancres, ni boussole, ni cent autres choses nécessaires ; et près de deux cents lieues de mer était un grand voyage. Mille autres difficultés se présentèrent à l'imagination des plus prudents, et leur firent appréhender que ce dessein n'eût pas un heureux succès. Mais

150 L'île Rodrigue est située à environ 580 km à l'est de l'île Maurice.

151 La zone des Mascareignes étant soumise à un régime d'alizés du sud-est dominant, sauf en période cyclonique, il est possible d'effectuer le trajet Rodrigue-Maurice en ayant pratiquement vent arrière ; l'entreprise est donc un peu moins hasardeuse qu'il n'y paraît. L'exploit de Leguat et de ses compagnons aurait été réédité dans les années 1704-1706 par deux groupes de pirates ayant quitté Rodrigue dans des conditions similaires (A. North-Coombes. *The Vindication…*, *op. cit.*, « Chronology »).

ceux qui avaient formé le projet tenant ferme, il fut résolu qu'on se préparerait à tenter cette voie, et que par manière de divertissement on entreprendrait la construction d'une barque, au hasard de perdre sa peine. Aussitôt dit, aussitôt fait ; nous devînmes tous huit en un moment sans apprentissage, charpentiers, forgerons, cordiers, matelots, et généralement tout ce qu'il fallut être. La nécessité nous tint lieu de loi, suppléa à tout, et nous rendit industrieux dans notre besoin. Chacun proposait ce qu'il croyait être le plus propre et le plus avantageux ; et on travaillait d'affection, en bonne intelligence, et avec plaisir.

Nous avions entre autres instruments, une grande scie et une petite. Avec cela, nous commençâmes par scier des planches, et nous nous servîmes fort heureusement d'une grosse poutre de chêne, taillée en carré, et longue de soixante pieds, que la mer avait jetée quelque temps auparavant sur notre rivage. Si le lecteur curieux demande par parenthèse d'où cette poutre venait ; je lui répondrai avec vérité que je n'en sais rien. Quoi qu'il en soit, la mer nous l'apporta et nous nous en servîmes. Nous en fîmes quelques bonnes planches, mais, comme la grande scie ne valait rien ; qu'elle rompit même trois fois, et qu'elle était maniée par des gens peu habiles, la plupart de ces planches étaient d'épaisseur inégale, et par conséquent très mal faites.

Nous donnâmes à la barque vingt-deux pieds de quille, six de largeur, et quatre de hauteur ; et nous l'arrondîmes par les deux bouts. Nous avions quelques clous ; mais Jean de La Haye, qui était orfèvre, et qui avait quelques instruments en forgea, comme aussi quelques autres ferrements, de même qu'il avait ressoudé la scie. Pour calfater, nous nous servîmes de vieux linge, et de cette espèce de jayet dont j'ai parlé, qui nous tenait lieu de goudron, étant mêlé avec de la gomme que nous trouvions sur les arbres et que nous délayions avec de l'huile de tortue. Nous fîmes diverses sortes de cordes avec des fils ou nerfs de queues de feuilles de lataniers ; et ces cordes étaient assez fortes, mais elles n'étaient pas souples, et ne se trouvèrent guère propres qu'aux manœuvres dormantes ; parce qu'elles s'éraillaient en peu de temps quand on les employait aux manœuvres courantes[152]. Au lieu d'ancre nous nous pourvûmes d'une

152 Les manœuvres dormantes désignent les cordages fixes destinés à soutenir le mât, les manœuvres courantes les cordages mobiles permettant le réglage des voiles à l'aide d'une poulie.

roche dure qui pesait autour de cent cinquante livres ; et nous fîmes une voile comme nous pûmes.

Chacun ayant ainsi contribué de toute son industrie, et les deux ans à peu près écoulés, on fit tant qu'on poussa la barque dans l'eau, à force de bras et d'épaules.

Pour munition de bouche, nous fîmes boucaner du lamantin. Nous remplîmes d'eau douce les barils qui avaient déjà servi à cela ; nous prîmes le peu de biscuit, qui restait, et nous nous fournîmes de bon nombre de melons de terre et d'eau : ces derniers se pouvant garder un assez long temps.

J'ai dit avec vérité que nous avions entrepris notre galion sans compter sur aucune boussole ; mais dans la recherche que chacun fit de tout ce qui pourrait être de quelque utilité, l'un de nous rencontra un petit cadran solaire aimanté, qui lui avait coûté trois sols à Amsterdam ; et quoiqu'il ne fût pas bon, on se réjouit dans l'espérance qu'on en pourrait tirer quelque usage.

Quand la barque fut en mer on demeura tout surpris de voir qu'elle n'obéissait point au gouvernail, et que pour la faire tourner il se fallait servir d'un aviron.

[TENTATIVE DE DÉPART]

Le jour du départ fut fixé au samedi dix-neuvième d'avril 1693. La lune étant à peu près dans son plein, la mer devait être haute, et il était par conséquent plus aisé de passer dessus les *brisants*. Ce qui fut cause que nous ne choisîmes pas le jour même du plein de la lune, c'est que nous songions à profiter plus longtemps de sa lumière.

Ces *brisants*[153] dont j'ai plusieurs fois parlé (pour dire en passant ce que c'est à ceux qui n'entendent pas ce terme) sont des rochers élevés dans la mer comme une espèce de muraille, dont l'île est environnée à inégale distance, excepté deux endroits, où il y a une ouverture de dix ou douze pieds, qui donnent deux accès vers l'île. On peut voir cela dans la carte.

153 La barrière corallienne, qui entoure l'île de toute part.

Lorsque nous arrivâmes dans l'île nous aperçûmes sur l'écorce de plusieurs arbres les noms de quelques Hollandais qui y étaient descendus il y avait quelques années, et qui y avaient marqué le temps de leur aventure ; et cela nous donna la pensée d'en faire autant quand nous en partirions. Nous écrivîmes donc l'abrégé de notre histoire en français et en flamand, marquant la date de notre arrivée, le temps de notre séjour, et celui de notre départ. Nous mîmes cela dans une fiole, avec un avis de regarder dedans ; et nous plaçâmes cette bouteille dans une espèce de niche profonde, creusée dans le tronc d'un gros arbre sur lequel nous avions accoutumé de manger, et que nous savions être à l'épreuve des ouragans[154].

Enfin, le jour qui avait été marqué, et auquel mes jeunes compagnons aspiraient avec tant d'ardeur, étant arrivé ; après avoir imploré le divin secours dont nous avions un si grand besoin, nous nous embarquâmes, sur le point de midi, avec nos provisions et nos hardes. Le jour était extrêmement beau, et le vent favorable, et quoique nous fussions fort mal en boussole, en gouvernail, en avirons, en cordages, en ancre, et généralement en tous les agrès de notre pauvre petit esquif, faible et mal construit, nous étions pourtant tout remplis de bonne espérance. On comptait que si le beau temps continuait, cette espèce de vent alizé dont j'ai parlé, qui selon notre calcul fondé sur certaines choses que nous avions ouï dire en venant à notre capitaine, et aux matelots, devait régner alors, nous porterait en moins de deux jours et deux nuits à l'île Maurice.

154 D'après A. Pitot (*T'Eylandt Mauritius, esquisses historiques, 1598-1710*, Port-Louis, Coignet Frères, 1905), ce document aurait été retrouvé, intact, en 1810 ; pure légende sans doute, car il n'en existe aucune trace, et l'historien mauricien n'indique pas les sources de son information.

FIG. 22 – Domine salva nos.

[NAUFRAGE]

Nous partîmes donc avec quelque sorte de joie et pleins du désir de nous retrouver bientôt parmi les habitants du monde. L'espace qui est entre les brisants et l'île, fut traversé avec beaucoup de vitesse. Mais au lieu de chercher une des deux ouvertures qui est entre les rochers dont j'ai parlé, et de traîner la barque, ou par terre ou par eau, vers un des endroits dont l'issue est facile, on se fia trop à sa bonne fortune ; on tenta de passer sans détour, et malheureusement on toucha. Comme nous voguions avec beaucoup de légèreté, nous ne sentîmes presque pas le coup ; nous crûmes que nous n'avions fait qu'effleurer l'écueil. Nous avançâmes donc environ cinquante pas au-delà du brisant, nous flattant d'avoir passé le plus grand danger ; mais nous ne demeurâmes pas longtemps dans cette erreur ; car l'eau paraissant tout incontinent, et croissant à vue d'œil, on s'écria qu'il fallait promptement retourner en arrière, et regagner terre. Cependant la pauvre nacelle se remplissait, le gouvernail ne gouvernait point, le vent nous poussait au loin malgré nous, la frayeur achevait de nous rendre inhabiles ; et j'avoue en mon particulier que je crus que c'en était fait. Dans ce pressant et épouvantable péril, chacun se peut représenter notre état. L'envie de vivre nous faisait faire quelques mouvements encore, mais la vérité est que nous perdîmes tous la tramontane. L'un prétendait vider la barque, qui était presque pleine, avec son chapeau ; l'autre s'amusait à quelques manœuvres également inutiles ; et tous criaient, ou priaient en gens qui périssent. Enfin pourtant, quelqu'un se servit si heureusement d'une rame, que la barque vira à l'autre bord, et comme le vent était largue[155], il la repoussa en quatre minutes de l'autre côté du brisant ; mais trente pas au-delà de ce même brisant, vers l'île, elle coula tout d'un coup à fond. Si ce malheur nous fût arrivé un demi-quart d'heure plus tôt nous aurions été perdus sans ressource ; mais n'y ayant en cet endroit qu'environ six pieds d'eau, comme la barque ne se renversa pas, nous nous trouvâmes tout debout sur le pont, ayant l'eau jusqu'à

155 Largue : « Terme de marine. Il n'a guère d'usage qu'en ces phrases, *Prendre le largue, tenir le largue*, pour dire, prendre la haute mer, tenir la haute mer. Il s'emploie aussi adjectivement. On dit, *Vent largue*, de celui qui s'écarte au moins d'un quartier de la route que l'on tient » (*Acad. 1762*).

la ceinture. Heureux dans cette disgrâce, de ce que le brisant qui nous brisa, fit une ouverture si grande à la pauvre chaloupe, qu'on vit entrer l'eau d'abord, et en quantité, car si le mal ne se fût pas ainsi manifesté promptement et visiblement, nous eussions continué notre route, et nous aurions infailliblement péri. Nous étions cependant fort désagréablement plantés dans l'eau sur notre bout de pont, quoique la mer commençât à descendre, et que nous ne fussions qu'à une demi-lieue de terre, et nous ne savions quasi à quoi nous résoudre. Il fut conclu après y avoir un peu pensé, que nous prendrions encore patience, jusqu'à ce que l'eau se trouvât à une hauteur telle que nous puissions gagner la terre en tirant nos coffres flottants et attachés ensemble.

Cela fut exécuté, mais non sans essuyer de très grandes fatigues : car il fallut faire plusieurs voyages, quelquefois dans l'eau jusqu'au cou, le fond étant inégal ; et souvent même il fallait nager, et tirer les coffres en nageant avec une corde attachée à la ceinture. Comme nous nous étions entièrement dépouillés, pour nous mieux sauver à la nage, les pierres aiguës et tranchantes, nous mettaient les pieds tout en sang : et pour comble de chagrin, nous perdions toujours quelque chose que les courants nous emportaient. Cependant, nous sauvâmes le même jour la plus grande partie de nos meilleures hardes, et nous mîmes hors de la barque sur le sable, les choses pesantes que la mer ne pouvait pas emporter, et que nous ne pouvions pas facilement entraîner alors ; dans le dessein de les venir prendre le lendemain, et de les ramener avec la pauvre chaloupe. Nous l'attachâmes avec des cordes à des pointes de rochers. Et nous regagnâmes ainsi l'île avec beaucoup de joie et beaucoup de tristesse, éprouvant par une cruelle et par une heureuse expérience que les biens et les maux sont enchaînés ensemble.

Le lendemain, dès la pointe du jour nous allâmes radouber grossièrement la barque, et après que le flot eut un peu monté, nous la ramenâmes à terre avec tout ce que nous avions laissé. Chacun perdit quelque chose dans ce naufrage, et les hardes furent généralement gâtées ; mais nos vies ayant été conservées comme par miracle, nous en rendîmes nos très humbles actions de grâces au bon et puissant Protecteur qui nous avait accordé son secours.

[MORT D'ISAAC BOYER]

Cependant, l'un de nous, qui paraissait le plus fort et le plus vigoureux de tous, se trouva extrêmement incommodé de la grande fatigue qu'il avait eue. En arrivant à terre, nu et transi qu'il était, il s'étendit de son long sur le sable, que les rayons du soleil échauffaient extraordinairement. Il crut d'abord qu'il ne lui fallait qu'un peu de repos : mais son visage devint peu de temps après rouge comme de l'écarlate : il sentit une grande pesanteur de tête, et son mal augmenta de moment en moment. Nous le menâmes dans sa cabane, quoiqu'à grand-peine ; et comme il était d'une complexion vigoureuse, il résista trois ou quatre jours avant que de se mettre tout à fait au lit ; mais enfin, il fallut céder. La tête lui enfla, et elle apostuma[156] de tant de côtés qu'à peine pouvait-on suffire à faire assez d'ouvertures pour en faire sortir le pus. Nous eûmes d'abord quelque regret de ce que notre scélérat de capitaine ne nous avait laissé ni onguents, ni autres drogues, comme je crois l'avoir déjà dit. Mais après avoir considéré, d'un côté, que nous n'étions pas capables de bien administrer ces choses-là, quand même nous les aurions eues, et nous souvenant d'ailleurs, que tout bien compté, ce qu'on appelle médecine, et pharmacie, dans la pratique ordinaire, n'est qu'une forfanterie beaucoup plus pernicieuse qu'utile au genre humain, nous nous consolâmes fort aisément. Il fut pourtant mis en question si on tâcherait de saigner le malade, ou si on ne le ferait pas. Les uns crièrent qu'il mourrait dans l'opération, si on lui ôtait une seule goutte de sang ; les autres crièrent beaucoup plus haut, qu'il expirerait avant qu'il fût trois minutes, si on ne le saignait pas. Et dans ce moment-là il n'y a personne qui ne nous eût pris pour de vrais médecins. Nous n'en vînmes pourtant pas des paroles aux coups de poing ; et comme de sept voix, il y en eut quatre pour la saignée, il ne fut pas nécessaire de tirer au court fétu pour résoudre la question, ce qui est l'unique moyen de décision, quand il y a contrariété d'opinions entre les sacrés ministres d'Esculape. Le plus hardi des quatre *phlébotomes*[157] aiguisa donc le mieux qu'il put la pointe de sa serpette, ou

156 Apostumer : Se gonfler de pustules, suppurer.

157 Phlébotome : ce néologisme plaisant (« coupeur de veine »), appliqué ici aux apprentis chirurgiens, n'est pas enregistré en ce sens par les dictionnaires. *Littré* signale le mot, mais pour désigner l'instrument (lancette).

de son canif, et en incisa en plusieurs endroits le bras du pauvre mourant ; mais ce fut en vain de toute manière. La fièvre augmenta, et le transport s'étant fait au cerveau, il tomba en délire, et y demeura pendant quelques jours. Notre unique recours fut donc au grand Médecin du corps et de l'âme, comme il l'avait été dès le commencement. Avant la fin de ce rude combat, nous eûmes la consolation de voir notre cher frère rentrer dans son bon sens, et nous donner toutes les plus certaines, et les plus édifiantes marques d'une repentance sincère, d'une sainte espérance, et de son Salut. Enfin il rendit son âme à Dieu, le huit mai mille six cent quatre-vingt-treize, après trois semaines de maladie, âgé d'environ vingt-neuf ans. Et ainsi mourut en Isaac Boyer la huitième partie des rois et des habitants de l'île Rodrigue. Afin qu'il vous revienne, lecteur, quelque monument[158] de ce nouveau monde, vous lirez, si bon vous semble, l'épitaphe que j'ajoute ici.

À L'OMBRE DE CES PALMIERS IMMORTELS,
Dans le sein fidèle d'une terre vierge,
Ont été pieusement déposés

LES OS

D'ISAAC BOYER,
HONNÊTE ET FIDÈLE GASCON DESCENDU D'ADAM,

D'un sang aussi noble qu'aucun des humains ses frères,
Qui tous, comptent, à coup sûr, entre leurs ancêtres,

DES ÉVÊQUES ET DES MEUNIERS.

Si tous les hommes vivaient comme il a vécu,
La danse, la dentelle, les sergents, les serrures,
Les canons, les prisons, les maltôtiers[159]*, les monarques*
Seraient des choses inutiles au monde.

---

158 Monument : « Marque publique que l'on laisse à la postérité pour conserver la memoire de quelque personne illustre, ou de quelque action celebre » (*Acad. 1694*). Dans l'édition originale (Londres, David Mortier, 1708 [1707 en réalité]) l'épitaphe d'Isaac Boyer, traitée en gravure hors-texte, est surmontée de l'inscription latine *Nascimur pares, pares morimur* (« Nous naissons égaux, nous mourons égaux »), accompagnée d'un écusson portant des caractères hébraïques flanqué à gauche d'une nef représentant le « voyage de la vie » et à droite d'un phénix, symbole de résurrection.

159 Maltôtier : percepteur d'impôts, « terme de dénigrement » selon *Littré* (la maltôte était un ancien impôt levé sous Philippe le Bel).

Plus philosophe que les philosophes, il était sage.
Plus théologien que les théologiens, il était chrétien.
Plus docte que les docteurs, il connaissait son ignorance.
Plus indépendant que les souverains,
Il n'avait ni peste de flatteurs, ni ivresse d'ambition.
Et
Plus riche que les potentats, il ne lui manquait rien,
Qu'une FEMME.

Dans le temps d'exécrable mémoire
Qui fait frémir ma plume d'horreur,

IL FUT CONTRAINT D'ABANDONNER SA CHÈRE PATRIE,
ET TOUT AVEC ELLE ;

Pour
Se dérober aux

MINISTRES FURIEUX DE LA GRANDE TRIBULATION[160].

Il traversa en fuyant les monts et les mers,
Et venant échouer dans cette île,
Il y trouva le vrai port de Salut.
Lui, et sept compagnons de même fortune,
En ont été deux ans entiers,

PEUPLE ET DOMINATEURS.

Il aurait plus longtemps joui
Des délices de ce nouveau monde,
Si le secret désir de son cœur
Pour

LE SEXE TROP AIMABLE,

Ne l'eût pas engagé dans une entreprise
Qui lui causa la mort.
Il lutta vaillamment avec cette terrible ennemie,
Et fut victorieux :

---

160 Grande Tribulation : la « grande tribulation », période de désordres et de souffrances de la fin des temps précédant la parousie, est mentionnée dans les trois Évangiles synoptiques et annoncée dans l'*Apocalypse* (7 : 14). Dans l'eschatologie réformée, la formule est employée de façon polémique pour stigmatiser la Révocation de 1685 et l'exil forcé des huguenots, le pape se voyant attribuer le rôle de l'Antéchrist.

Puisqu'en même temps qu'il céda la terre à la Terre,
Et qu'il procura l'honneur à l'île RODRIGUE
De
Pouvoir rendre au Seigneur un Ressuscité bienheureux,
SON ÂME
Alla glorieusement triompher
Dans

LE PALAIS DE L'IMMORTALITÉ.

Ses jours courts et mauvais
N'ont été, tout au plus, que

DIX MILLE SIX CENTS.

Et

Celui de son dernier adieu au monde,
Fut le huitième du mois de mai : l'an de notre Rédemption,
*** M. DC. XCIII. ***

QUI QUE TU SOIS, PASSANT, QUI LIRAS CECI,

Souviens-toi que

TU MOURRAS BIENTÔT,
ET
Profite du temps.
A * Ω

Le deuil que nous eûmes de la privation d'un ami qui nous était et cher et nécessaire, non plus que le mauvais succès de la première entreprise, n'empêcha pas qu'on ne songeât encore à sortir de l'île. Ces jeunes gens avaient, comme dit Horace, « un cœur de chêne et de bronze, qui leur faisait librement exposer leur vie dans la plus fragile de toutes les barques[161] », et braver témérairement la rage des vents. Ils persistèrent donc opiniâtrement dans leur première résolution, et ajoutèrent aux

161 Il s'agit de la troisième des *Odes* d'Horace appelant la protection de Vénus et des Dioscures sur le navire qui transporte Virgile en Grèce (v. 9-12 : « *Illi robur et aes triplex / Circa pectus erat, qui fragilem truci / Commisit pelago ratem / Primus* (…). » Ces vers célèbres, qui font de l'invention de la navigation une sorte de défi lancé aux dieux, sont réinterprétés dans le sens du providentialisme chrétien pour annoncer aux yeux de l'auteur les malheurs à venir.

raisons fondamentales alléguées dès le commencement, qu'on profiterait du malheur qui était arrivé, et qu'on prendrait de meilleures mesures. Ils dirent qu'ils fortifieraient la barque en la réparant, qu'ils planteraient des balises pour s'assurer d'une meilleure route ; et qu'ils partiraient à l'heure de la plus haute mer pour n'être pas exposés au péril de toucher les *brisants*, sans s'amuser à chercher d'autres issues, supposé qu'on ne pût pas suivre exactement le chemin des balises.

Je trouvais aussi bien qu'eux, quelque chose de désagréable à se voir confiné pour le reste de ses jours dans une île des antipodes ; mais il ne me semblait pas qu'une misérable gondole comme était celle qu'ils avaient fabriquée, fût capable de faire un si grand trajet ; et surtout n'ayant pas les équipements nécessaires. Aussi m'étais-je beaucoup opposé à l'exécution du premier dessein. Quelque résolus qu'ils me parussent à partir une seconde fois, je les priai donc, avec les expressions de la plus grande douceur, de faire un peu plus de réflexion à ce qu'ils allaient entreprendre, et de peser bien tout. Pour ne les pas effaroucher, d'abord, je commençai par louer en quelque manière leur courage, et je consentis à leurs meilleures raisons. Mais je les conjurai aussi de considérer que ceci était une affaire de la dernière importance, et pour le corps et pour l'âme. Que ce serait un second miracle, si nous ne faisions pas un second naufrage ; et qu'alors, des reproches assez semblables au désespoir, seraient comme inévitables à des gens qui auraient voulu tenter Dieu. J'ajouterai que l'expérience nous devait avoir rendus plus sages qu'auparavant ; qu'il en avait déjà coûté la vie à un de nos compagnons ; et que nous devions regarder cette triste aventure, comme un avertissement de la Providence, et une manifestation de la volonté de Dieu, à qui nous avions demandé, avec jeûne et résignation, qu'il lui plût de nous inspirer ce que nous aurions à faire. Je leur dis encore que, puisqu'on ne nous avait promis de venir à nous qu'après deux ans accomplis, il était à propos d'attendre un peu au-delà de ce terme ; que peut-être, le secours était en mer, et qu'il pourrait venir, dans le temps même que nous serions le déplorable jouet des ondes, si nous n'avions pas déjà été la pâture des monstres marins. Qu'au reste, puisque nous étions dans un bon lieu, nous pouvions d'autant plus aisément patienter encore ; et cependant, avoir recours à un moyen raisonnable auquel personne n'avait pensé, qui était d'allumer de grands feux sur quelques hauteurs, et d'élever divers fanaux autour de l'île, pour convier les vaisseaux passant à venir à notre secours[162]. Notre coton de latanier, et notre huile de tortue, rendaient l'exécution de ce dessein facile ; et nous avions de la toile pour environner les fanaux, et en faire une espèce de lanterne s'il eût été nécessaire.

[DÉBAT SUR LES FEMMES]

J'aurais eu mille choses à alléguer encore, si j'avais eu à faire à des gens mûrs, et bien revenus de la folie du monde ; car tout bien compté, qu'y a-t-il de pareil à la douceur, à l'innocence, à tous les avantages, et à toutes les délices de la solitude, dans un paradis terrestre comme était le nôtre ? Que peut-on imaginer de plus heureux, après avoir gémi et souffert sous le joug de la tyrannie, que de vivre dans l'indépendance, et dans l'aise, hors des dangers et des tentations du monde ? Mais quand on est jeune, on n'est pas capable de ces réflexions. Je finis donc ma harangue, en leur représentant encore la longueur du voyage, la faiblesse du vaisseau, le mauvais assortiment de tous les agrès ; tout cela joint à la raison de notre incapacité. Ils m'écoutèrent patiemment, il me semblait que plusieurs étaient ébranlés, lorsque l'un d'entre eux[163] que le bât blessait, comme on dit, en un endroit à quoi je ne pensais pas, allégua brusquement une nouvelle raison pour partir, laquelle se trouva si fort du goût de presque tous les autres, qu'on en fit le seul sujet d'un nouveau discours ; et que tout mon plaidoyer fut comme oublié. « Est-ce que vous vous imaginez, dit ce jeune homme, que nous voulions nous condamner nous-mêmes à passer toute notre vie sans FEMMES ? Pensez-vous que votre Paradis terrestre soit plus excellent que celui que Dieu avait préparé, et enrichi pour Adam, où il prononça de sa propre bouche QU'IL N'ÉTAIT PAS BON QUE L'HOMME FÛT SEUL[164] ? » – « Mon cher ami, répondit quelqu'un, la femme d'Adam fit une si belle besogne, qu'il ne nous saurait arriver pis, que d'avoir une pareille ouvrière ici ».

162 Leguat préfigure dans cette page divers motifs topiques appelés à être développés ultérieurement par le genre de la robinsonnade, notamment la réflexion sur le sens religieux de l'épreuve insulaire et la nécessité d'accepter la solitude.

163 Paul Bénelle.

164 *Genèse*, 2 : 18.

On se mit à rire, et le chapitre des dames, dont je ne pense pas que nous nous fussions encore entretenus, devint, comme on dit, l'Évangile du jour : de l'abondance du cœur la bouche parla. Il ne me fut pas difficile de voir où gisait le lièvre, (si je puis ajouter proverbe à proverbe) et sous le règne des quolibets, quelque bel esprit aurait pu dire sûrement ici, qu'il n'y avait pas un de mes aventuriers qui n'eût beaucoup mieux aimé *Chimène* qu'il n'aimait *Rodrigue*[165]. Celui de la compagnie qui était le plus modéré, (on peut bien commencer à l'être quand on a été rafraîchi par cinquante, et je ne sais combien d'hivers[166]) prit son sérieux du mieux qu'il put ; et comme le fait du mariage et des femmes, est une affaire fort problématique, il y en eut plus d'un qui demeurèrent assez d'accord avec lui des inconvénients du ménage. On dit qu'il y avait une sorte d'incompatibilité entre un éternel esclavage, et le juste et naturel amour de la liberté. Que c'était une résolution étrange, que celle de se soumettre volontairement à une servitude sans fin : et que, si tous les animaux étaient nés, avec un désir de se joindre, la Nature ne les avait pas mis pour cela dans les fers. On allégua les soucis et les tribulations dont parle saint Paul[167]. On ajouta que la beauté des femmes n'était pas beaucoup plus durable que celle des fleurs. Que les douceurs dont on se flattait le plus avec elles, n'avaient guère de solidité ; et qu'après tout, cette juste devise des gens mariés subsistait toujours, « Pour un plaisir mille douleurs ». Que malgré toutes les précautions qu'on tâchait de prendre, on se trouvait souvent associé avec des harpies et des infidèles ; et que la rage de la jalousie, avec tous les autres malheurs qui l'accompagnent, était souvent un fruit du plus grand amour. Ces *riotteuses*[168] et ces *gouttières*[169] importunes dont parle Salomon ne furent point oubliées ; non plus que les fameux passages des chapitres XXV, et XLII, du beau livre de l'*Ecclésiastique*[170], où il est dit que « toute malice

165 Cette plaisanterie quelque peu prévisible sera reprise par d'autres visiteurs de l'île Rodrigue, notamment Pingré.

166 Leguat est alors âgé de 54 ans.

167 Bien que la référence ne soit pas spécifiée, il doit s'agir de I, *Corinthiens*, 7. Ce chapitre de la lettre de saint Paul aux Corinthiens est tout entier consacré aux femmes et aux avantages et inconvénients comparés du mariage et du célibat, sujet du débat qui va suivre.

168 Riotteuses : Querelleuses (*Littré*).

169 « Les criailleries d'une femme sont une gargouille qui ne cesse de couler » (*Proverbes*, 19 : 13).

170 Il est un peu curieux de trouver une référence à ce texte, considéré comme l'un des livres sapientiaux par les catholiques, mais absent des Bibles réformées, car tenu pour apocryphe par les protestants.

est petite et toute méchanceté supportable, pourvu qu'on en excepte la malignité de la femme : et que l'iniquité de l'homme vaut mieux que la femme qui fait du bien », ou, « que la bonté de la femme », comme il y en a d'autres qui l'ont traduit. On considéra encore qu'après tout, si l'union avait été grande entre deux époux, chose qui à la vérité n'était pas inouïe, la douleur d'une inévitable séparation devait être plus cuisante et plus amère.

Comme le texte est abondant, il donna lieu à diverses autres réflexions contre le sexe, dont je ne fatiguerai point ici les oreilles des dames qui voudront bien porter leurs beaux yeux sur ma relation.

Un des plus jeunes dit sur tout cela, d'un air modeste et agréable, qu'il ne croyait pas que personne de la compagnie songeât pour le présent, ni au mariage, ni à la débauche ; mais qu'effectivement il était bien dur de se voir nécessairement privé pour jamais, de la compagnie des femmes ; et d'autant plus, que Dieu même en avait ordonné d'une autre manière dès le commencement, comme cela avait été dit. Que tout le mal qu'on disait d'elles, en général, lui paraissait très injuste ; et que pour lui, il les regardait comme la plus aimable moitié du monde.

Il est à votre choix, lecteur, de lire ou du doigt[171]*, ou des yeux, les suites de cet entretien. Quand une fois la matière eut été mise en mouvement, nos jeunes gens, qui ne manquaient pas d'esprit, dirent en divers temps, d'assez jolies choses que je mets ici ensemble, d'autant plus volontiers, qu'il me semble que ces sujets-là ne sont jamais trouvés désagréables.*

> Ce n'est pas assez, interrompit d'un ton haut, celui qui avait demandé des Èves pour les Adams de notre nouvel Éden ; les femmes ne sont pas seulement la plus aimable moitié du monde, elles en sont la meilleure partie » (Comme il a l'esprit vif, ses expressions sont aussi quelquefois un peu vigoureuses). « C'est une chose honteuse aux hommes, continua-t-il, d'avoir parlé des femmes comme quelques-uns l'ont fait ; et leurs folles injures me sont insupportables. S'il y a de méchantes femmes, le nombre des hommes scélérats est incomparablement plus grand. S'il y a des femmes impudiques, ç'a été certainement par les infâmes persécutions des hommes qu'elles ont été corrompues. Et quiconque a dit et pensé que *les méchancetés des hommes sont préférables aux bonnes actions des femmes* a dit une chose si outrée, et si impertinente, qu'elle ne mérite pas d'être réfutée. Personne ne nie qu'il n'y ait des femmes *riotteuses* et des femmes *gouttières*, puisqu'il faut qu'on se serve d'un si beau mot. Mais qu'est-ce que cela conclut en faveur des hommes querelleurs

171 Autrement dit de sauter le passage.

et méchants ? Et quelle conséquence en veut-on tirer contre les femmes sages et vertueuses dont parle le même Salomon ; contre ces dignes FEMMES, qui selon lui, font le BONHEUR, la JOIE, et la COURONNE de leurs maris ; un DON de Dieu et une FAVEUR du Ciel[172] ? Contre ces femmes excellentes que saint Paul dit être la GLOIRE de l'homme, et dont la première a été le chef-d'œuvre et le couronnement de la Création ?

Disons avec assurance que la volonté positive, et la destination certaine et manifestée du Maître du monde, a été que tous les descendants d'Adam eussent chacun leur aide semblable à celle qui avait été faite exprès pour leur premier père. Ces *continents* dont parle saint Paul[173], soit que leurs macérations aient vaincu ou accablé la Nature, soit qu'étant nés d'un tempérament qui les rend des monstres, c'est-à-dire, des animaux dont la conformation est contraire à l'ordre de cette même Nature ? ces gens-là, dis-je, sont des espèces particulières, et si rares, que les lois ne sont pas faites pour eux. FOISONNEZ ET MULTIPLIEZ. IL N'EST PAS BON QUE L'HOMME SOIT SEUL. L'HOMME QUITTERA SON PÈRE ET SA MÈRE, ET SE JOINDRA À SA FEMME[174]. Voilà les oracles prononcés dès le commencement du monde : voilà les lois primitives et indispensables qui devraient être profondément gravées sur le marbre et l'airain, et qu'il faudrait transmettre en caractères d'or à la postérité, dans toutes les républiques bien policées. Je dis des lois ; et non simplement un pouvoir accordé, qui laisse l'homme dans la liberté de se conduire à son gré, ou selon son caprice. La première Ève, n'a point été faite pour demeurer vierge, mais POUR DEVENIR MÈRE, et pour commencer à peupler le monde ; et les Èves des siècles suivants ne nous sont données, telles qu'elles sont, que pour PERPÉTUER L'ŒUVRE DE LA CRÉATION. S'il y a quelque espèce d'hommes, qui semblables à ces vils insectes dont quelques-uns parlent, naissent de boue et de corruption ; que ces sortes de gens fassent bande à part, à la bonne heure ; et qu'ils croupissent tant qu'ils voudront dans la fange et l'ordure de leur origine[175]. Mais ce n'est pas ainsi que s'immortalise la noble race des enfants d'Adam. L'homme seul, et la femme seule, ne sont chacun, à proprement parler, qu'une partie d'eux-mêmes : ce sont deux moitiés qui font ensemble un tout. Avec quelle injustice et quelle cruauté tiendrait-on dans la séparation et dans la langueur, ces deux portions incomplètes qui cherchent si naturellement à s'unir, et qui sont destinées à l'union par la Sagesse éternelle[176] ? Concluons donc, mes chers compagnons, que les FEMMES sont tout ensemble ce qu'il y a de plus beau, de plus aimable et de plus nécessaire au monde ; et qu'on doit trouver un contentement

172 *Proverbes*, 18 : 22.
173 I *Corinthiens*, 7 : 7-9.
174 *Genèse*, 1 : 22 ; 1 : 28 ; 2 : 18 ; 2 : 24.
175 L'allusion oppose deux ontogénèses, l'une « ignoble », censée expliquer l'apparition des insectes et autres vermines par génération spontanée au sein des matières en décomposition, l'autre « noble », sexuée et seule digne de l'homme, laquelle exige le concours des deux sexes, donc la présence de femmes.
176 Réminiscence du mythe platonicien de l'Androgyne exposé dans *Le Banquet* ?

indicible à les aimer, et à en être aimé ; ainsi qu'à voir naître, et à élever les gages qu'elles nous donnent d'un mutuel amour. Qu'on donne tant qu'on voudra les noms odieux, de joug et de fers à la douce union de deux cœurs ; mais souvenons-nous qu'on ne s'ennuie jamais de posséder ce que l'on chérit ; qu'on ne trouve point de fâcheux esclavage à garder longtemps son trésor. Ici, notre triste et imparfaite société n'a ni ressource ni appui. Nous mourrons, et notre île demeurera déserte. Le dernier qui mourra, n'aura personne qui l'assiste et qui le console ; et son cadavre n'aura d'autre sépulture que le ventre de ces vilains rats qui semblent déjà nous vouloir dévorer tout vifs. Un peu d'eau le soulagerait peut-être dans son lit de langueurs, mais sa faiblesse ne lui permettant pas d'en aller chercher ; il se verra consumer d'une ardeur sans remède, et toutes ses détresses seront extrêmes. Sauvons-nous donc pour aller former quelque société plus heureuse. Nous avons des philosophes qui aiment, disent-ils, leur liberté ; eh bien, qu'ils en jouissent ; l'île est à eux, qu'ils demeurent libres dans ses forêts. Je ne pense pas qu'aucune nymphe y vienne troubler les plaisirs de leur vie contemplative. Pour nous, allons nous soumettre à l'agréable joug (puisque c'est un joug), au joug aimable de celles dont les charmes vainqueurs doivent être préférés, selon mon sentiment, à la plus douce huile de nos tortues. Mais nous perdons le temps ; c'est assez discouru ; suivez-moi, mes amis, et songeons au plus tôt à ce que nous devons faire pour partir d'ici.

En effet, on se leva brusquement ; et comme si la question eût été décidée par un oracle, on ne parla plus que de radouber la barque, et de préparer les choses nécessaires pour le départ. Je fis pourtant quelque proposition nouvelle qui tendait à gagner du temps ; mais on ne m'écouta point, et il fut résolu qu'on se rembarquerait le jour de la pleine lune prochaine.

Comme il ne me pouvait guère arriver pis que de vivre et de mourir seul dans une île de l'autre monde, je me résolus, non sans balancer, à partir avec eux. Le jour marqué étant venu, nous fîmes donc nos derniers adieux à notre île charmante, et qui pis est, à nos vrais et nobles titres d'HOMMES LIBRES, pour devenir bientôt le jouet et la proie d'un chétif tyranneau.

J'ai dit que la veille de notre premier départ, nous avions laissé un petit monument dans un vase, pour informer de nos aventures ceux qui pourraient quelque jour descendre dans l'île après nous. Mais comme cela était fort court, et ne contenait que des choses générales, il me prit envie, avant le second départ, d'ajouter quelques particularités dans un petit écrit dont je ne ferai pas difficulté de joindre ici la copie, parce que, si le lecteur trouve que cela interrompe le fil de l'histoire qu'il cherche, il lui sera fort aisé de tourner le feuillet, comme je l'en ai une autre fois averti.

CHER AVENTURIER,

Lis, si tu veux, ce fragile et léger monument.

FRANÇOIS LEGUAT,

Qui trace maintenant ces lignes de sa propre main,
Est né, et a été honorablement élevé
Dans la bonne petite province de Bresse,
Que nos prédécesseurs appelaient le pays des Solusiens[177]*,*
il y a MM. ans.
C'est une péninsule féconde,
Formée par le Rhône et la Saône,
Et favorisée des plus bénins aspects du Père de la Nature.
Là, je vivais innocemment en prospérité, et en paix,
Lorsqu'une éruption de bêtes féroces,
Qui sortirent du puits de l'abîme,
Comme un vomissement enflammé,
Tombe impétueusement de l'épouvantable Vésuve,
Vint cruellement saccager mon habitation.
Incontinent après, un ouragan m'enleva tout d'un coup,
Et me transporta avec plusieurs de mes compatriotes,
Dans la RÉPUBLIQUE *bénie du ciel,*
Qui s'est rendue célèbre par tout l'univers,
Sous le nom de

HOLLANDE.

À peine commençais-je à revenir de l'étonnement où j'étais,
Qui me semblait avoir été causé par un songe,
Lorsqu'une voix m'appela,
De dedans un vaisseau prêt à faire voile.
J'y courus,
Et après une longue et dangereuse navigation,
Je fus amené dans cette île avec mes compagnons,
De qui les noms ne te sont pas inconnus,
Et l'un desquels est parti il n'y a qu'un moment,
Pour sa véritable patrie.
Nous avons vu dans ce délicieux séjour,
Deux entières révolutions d'années,
Qui m'ont paru comme un petit siècle d'or,
À moi qui, dans l'âge des réflexions,
Ne souhaite plus rien que le vrai nécessaire.
Mais, mes compagnons, qui ne faisant encore qu'entrer au monde,

177 Tribu gauloise dont le territoire s'étendait entre le Rhône et la Saône.

N'en connaissent pas le néant
Crient qu'ils veulent des femmes.
DES FEMMES ! disent-ils, L'UNIQUE JOIE DE L'HOMME !
Et LE CHEF-D'ŒUVRE DU CRÉATEUR !
Le feu couvé de leur imagination s'allume,
Ils veulent des femmes.
Et voilà un chétif pont-volant[178] *qu'ils ont fait,*
Pour aller chercher leur souverain bien.
Il faut donc, ou que je demeure seul,
Ou que l'impétuosité du torrent m'arrache de mon repos,
Et m'entraîne au milieu de mille dangers ;
Plains mon sort, je te prie,
Cher confident de mes aventures !
Et que jamais autre mal ne t'arrive,
Que celui que je te voudrais faire !
Au reste,
Je n'ai pu te laisser ce mémorial
Dans une langue qui fût plus universelle, et plus honorée,
Que l'est celle de la glorieuse et redoutable France,
Ma chère et désolée Patrie[179].

Fait au palais des huit rois de Rodrigue,
Le vingt et unième jour du mois que nous appelons mai
Et l'an que le peuple chrétien, successeur de l'israélite,
Compte être le mil six cent quatre-vingt-treizième,
Après la venue du Messie,
L'an quatrième du règne
Des très sages et très puissants princes
GUILLAUME et MARIE[180],

178 Pont-volant : « On appelle *Pont volant*, une sorte de pont composé de deux ou trois bateaux garnis de grosses poutres par-dessus, dont on se sert pour transporter des troupes d'un bord à l'autre » (*Acad. 1762*).

179 C'est évidemment la dignité culturelle du latin qu'appelle traditionnellement ce genre de message. L'inscription latine laissée sur une stèle dressée face à la mer par Flacourt avant son départ de Fort-Dauphin a pu servir ici de modèle, ou plutôt d'anti-modèle. Le texte (qui met en garde les voyageurs contre la perfidie des autochtones) est reproduit dans l'édition de 1661 de son *Histoire de la Grande Isle Madagascar*, ouvrage selon toute vraisemblance connu de Leguat, en tout cas de son éditeur Misson, qui lui a emprunté la carte de l'« île d'Éden ». Pour une analyse comparée des deux inscriptions, voir Sophie Linon-Chipon, « La poétique des stèles. Du *padrão* portugais d'Anossy (1508) au frontispice rodriguais de Leguat (1708) », *Revue d'Histoire Maritime*, « Rivalités maritimes européennes (XVIe-XIXe siècles) », n° 4, 2005, p. 51-69. La transcription s'efforce de respecter les particularités typographiques de l'original.

180 Guillaume III d'Orange-Nassau, Stathouder de Hollande (1674-1702), devenu roi d'Angleterre (1689-1702) par son mariage avec la reine Marie (Marie II Stuart), champion du protestantisme et adversaire de Louis XIV.

Les Défenseurs de la Foi ;
Les Restaurateurs de la Religion,
Et de la liberté, que l'Europe voyait ébranlée
L'An du Monde qu'aucun vrai savant
N'aura jamais la témérité de prétendre marquer.

TOI,

PETITE ÎLE AIMABLE[181] *!*

Que je rendrais fameuse entre les îles de l'Orient,
Si mon pouvoir répondait à mes vœux ;
Ma bouche te dira de l'abondance du cœur,
Que mon âme est émue d'un triste regret,
Lorsque je me vois prêt à quitter ton air salutaire ;
Ton bon vin de palmes ; tes excellents melons ;
Tes solitaires ; tes lamantins ;
Tes coteaux toujours verdoyants ;
L'onde pure de tes ruisseaux, ;
Ton fécond et riant soleil ;
Et toutes tes innocentes et rares délices.
Que dirais-je du précieux trésor de la liberté ?
Tu ne seras plus appelée stérile,
Puisque tu nous as abondamment nourris de mets très exquis[182] *;*
Et qu'au jour du Rétablissement éternel,
Un nouvel ISAAC qui a été semé en corruption dans ta terre,
Y renaîtra en Immortalité, et en Gloire.
Ô ! ILE TRÈS DÉSIRABLE ENTRE LES FILLES DE L'OCÉAN !
Que des choses bonnes et louables puissent être dites de toi !
Qu'un peuple plus sage, et plus heureux que nous,
Puisse un jour cultiver, avec joie, ton terroir !
Et jouir, sans interruption, de toutes tes naturelles richesses !
Que ce peuple se multiplie !
Qu'il prospère sans trouble, et sans alarme !
Et que nul successeur au Gouvernement[183]*,*

181 Cette « ode à l'île » est très vraisemblablement l'œuvre de Misson. On y retrouve sa volonté de promouvoir une forme poétique nouvelle, inspirée de l'exemple des psaumes bibliques, délivrée de l'imitation des modèles gréco-latins et du carcan de la versification traditionnelle.

182 Tout ce texte comporte de nombreuses réminiscences des Livres Prophétiques. Ici, référence probable au poème d'Isaïe sur la restauration de Jérusalem : « On ne te nommera plus "Délaissée", Ni la terre "Abandonnée". Mais on t'appellera "Ma plaisance". Et ta terre "Épousée". Car tu plais à Yahvé. Et la terre aura un époux », *Isaïe*, 62 : 4.

183 Gouvernement : parmi les emplois relevés dans *Acad. 1762* figurent « La charge de Gouverneur ("*Le roi lui a donné le Gouvernement de Normandie*") » et « L'hôtel du Gouverneur ("*J'ai dîné au Gouvernement*") ». Le contexte est compatible avec l'un ou l'autre.

Ne se dise jamais héritier de tes habitants,
Ni n'en devienne l'ennemi et le destructeur !
Que jamais roi, ni vice-roi, ne suce ton sang
Ni ne ronge tes os !
Que le ciel te garde de tout juge inique !
De tout prétendu distributeur de justice,
Qui préside sur le siège de la discorde, de la rapine,
Et de l'iniquité !
Que le ciel te garde de l'orgueil des grands,
Et de l'ivresse des enrichis !
Que le ciel te garde à jamais,
De la pernicieuse engeance de tout animal,
Qui, sans sagesse, sans vertu, sans cœur, et sans honneur,
Se prétend glorifier du beau nom de Noble !
Que jamais clameur de pauvre en détresse,
Ne soit ouïe entre tes rivages !
Que jamais Ambassadeur gueux
Portant sur ses épaules
Le malheureux train crotté qui semble le suivre,
Ne fasse pitié à tes peuples !
Que jamais, ni méchant hérétique, ni ses orthodoxes,
Ni religieux scélérat,
Ne troublent ta paix !
Que ta sainte religion ne dépende jamais
Ni du sabre, ni de la coutume !
Que nuls vendeurs et acheteurs de choses sacrées
Ne mettent jamais le pied sur ta terre !
Que nul orgueilleux jouvenceau, et inepte déclamateur,
Ne fasse jamais retentir chez toi ses malheureux discours,
Ni ses antichrétiennes satires,
Sous le nom de prédication !
Que jamais malhabile copiste, ni hardi perroquet,
N'ait la liberté d'entreprendre d'enseigner ton peuple !
Que jamais tes sacrés sanctuaires,
(Les palais de la sainteté du grand Dieu)
Ne soient misérablement changés
Ni en théâtres, ni en boutiques, ni en cavernes de brigands !
Que jamais dispute de mot n'engendre parmi tes enfants,
Ni schisme, ni haine, ni cruauté[184] *!*
Que jamais ignorant et superstitieux bigot,
Ne corrompe ni ne déshonore les lois divines,
Par ses puérilités, ou par ses fables !

184 Selon Pasfield Oliver (éd. citée, p. 131, n. 1), c'est une allusion au schisme des Églises d'Orient et d'Occident sur l'interprétation du mot *filioque*.

Que jamais extravagant dévot
N'expose la piété en risée !
Ni ne rende les vérités sacrées suspectes, scandaleuses, ou ridicules,
À ceux qui manquent de connaissance, et de discernement !
Que le ciel te préserve, jusqu'à la fin des siècles,
De tout présomptueux ver de terre,
Qui se vante, audacieusement, d'expliquer les mystères !
Et qui s'érige en embellisseur de créance, et de culte,
Selon sa folle et téméraire sagesse !
Que ta république bien policée ne souffre jamais aucun astrologue !
Aucun appreneur *de passages d'Homère*[185] *!*
Aucun esclave d'Othons rouillés[186] *!*
Aucun chercheur de pierre philosophale !
Aucun poète poétisant !
Et que nul ne soit jamais assez ridicule,
Pour prétendre tirer de la gloire des sciences vaines,
Ou des autres semblables choses qu'il s'est acquises,
Et que les sages ne connaissent qu'avec mépris !
Que tu puisses être à jamais garantie
De la pauvre misérable secte des Anciennistes,
Race de singes, ou de perroquets, et non d'animaux raisonnables !
Que jamais pédant insensé
Ne destine, déplorablement, chez toi le bref cours de sa vie,
(Qui doit être employée aux importants devoirs)
À ces sortes d'études qui n'apportent aucun contentement au cœur !
Et qu'une misérable coutume, seulement
Fondée sur un préjugé populaire,
A rendues célèbres !
Que jamais écho de la multitude
Ne soit écouté chez toi que comme un Echo !
Que nul honnête larron, et meurtrier,
Ne se fasse jamais un obligeant métier
D'attraper ton argent,
En abrégeant impunément les jours de tes habitants,

---

185 L'avant-propos du *Nouveau Voyage d'Italie* s'en prend à ceux qui, « cherchant le solide et le quintessentiel des sciences les plus sublimes dans les perpétuelles impertinences de cette rhapsodie qu'on appelle Homère, se moquent en même temps des choses qui sont tous les jours des sujets d'agréables entretiens dans les compagnies les plus sages ». Engagée dès la fin du XVIIe siècle, la « querelle d'Homère » – qui battra son plein dans les années 1713-1715 – est l'un des terrains d'affrontement privilégiés des Anciens et des Modernes. Comme le prouve le développement qui suit, Misson se range avec virulence dans le camp des Modernes.

186 S'il s'agit d'une allusion historique, elle est peu claire. Outre un empereur romain, plusieurs empereurs germaniques ont régné sous ce nom. Mais la locution « vieux comme Othon » est attestée.

Après les avoir martyrisés dans leur lit de langueur[187] *!*
Que jamais faiseur de visites inutiles
Ne vienne troubler les bonnes occupations de tes sages !
Que jamais ni dragons, ni altesses, ni moines,
Ni Louvres, ni cachots,
Ni représailles, ni compliments,
Ni esclavage, ni mode incommode,
Ni poudre à poudrer, ni poudre à canon,
Ne soient des choses connues
Dans ta paisible, raisonnable et heureuse société !
Sois à jamais exempte
De fraude, d'ambition, d'avarice,
De tyrannie,
Et de toute méchanceté !
Que
La vérité, la sagesse, la fidélité, l'innocence,
La justice, la sûreté, l'abondance,
Le bonheur, la paix et la joie,
Rendent à l'envi ton petit Paradis Terrestre,
Comme une montre, et un échantillon
DU PARADIS QUE LES ANGES
HABITENT !

Comme j'achevais d'écrire ces vœux pour ma chère île, je me souvins d'avoir lu, dans l'*Histoire de la guerre des Vandales*, écrite par Procope[188], que comme cet auteur était en Afrique, avec Bélisaire, il trouva dans une ville de Numidie, deux colonnes de pierre, sur lesquelles était gravée cette inscription en langage phénicien : NOUS SOMMES DU NOMBRE DE CEUX QUI S'EN SONT FUIS, DE DEVANT LE GRAND VOLEUR JOSUÉ. Je n'avais ni pierre, ni marbre pour faire une chose semblable ; mais il me restait un morceau de vélin, qui pouvait durer autant que le bronze, s'il était conservé dans cette fiole de verre dont j'ai parlé. Je dessinai une colonne, le mieux que je pus, érigeant au-dessus les Croix et les Épines de nos tribulations. D'un côté j'écrivis nos noms, et de l'autre les paroles que voici :

187 Il s'agit des exactions diverses (vols, spoliations, exécutions, tortures) pratiquées par les dragons sur leurs hôtes forcés afin d'extorquer des conversions. Le P. de la Chaise, confesseur jésuite de Louis XIV, est considéré comme l'un des principaux inspirateurs de la persécution des Réformés.

188 Historien byzantin du VIe siècle, secrétaire de Bélisaire, le général chargé par Justinien d'une expédition contre les Vandales en Afrique du Nord. L'inscription dont parle Procope fait référence à la légende selon laquelle les Maures d'Afrique du Nord seraient les descendants des nations chassées de Palestine lorsque Josué conquit la Terre promise.

NOUS SOMMES DU NOMBRE
DES
CENTAINES DE MILLIERS
À QUI DES AILES ONT ÉTÉ
DONNÉES
POUR
ÉCHAPPER DES DRAGONS FURIEUX
DU
GRAND LOYOLA[189].

Mais après y avoir fait réflexion, deux choses m'obligèrent à effacer cette inscription. Premièrement, il me sembla que la comparaison n'était pas fort juste. Et pour seconde raison, je pensai que cela pourrait déplaire aux *Jésuites*, Société vénérable, un peu équivoque à la vérité, mais à qui nos compagnons et moi avions de grandes obligations. J'ôtai donc cela, sans me rendre esclave de ma première pensée ; et pour ne la détruire pas absolument, en brisant la colonne, je fis succéder à l'inscription deux vers de Virgile, qui représentaient assez bien notre état ; on les verra dans la colonne que je mets ici. Je n'aime guère le latin dans les livres français, et même, j'ai presque tout oublié ce que je savais de cette langue ; mais il serait difficile de traduire ces vers, sans en ôter la force et l'agrément.

Fin du premier tome

---

189 Ignace de Loyola (1491-1556), fondateur de la Compagnie de Jésus (1541), ordre missionnaire organisé militairement. Selon P. Oliver, éd. citée, p. 136, n. 1, il pourrait s'agir d'une allusion aux cruautés commises par les dragons de l'armée espagnole du duc d'Albe contre les protestants lors de la guerre de Hollande (1568-1572). Mais certains jésuites furent également les inspirateurs des dragonnades ordonnées par Louis XIV dans les années 1680 afin d'obtenir la conversion forcée des protestants. La gravure représente deux stèles couronnées de croix et d'épines portant les inscriptions suivantes, dont le début est inspiré de Virgile (*Énéide*, livre VIII, v. 333-335) : *Nos patria pulsos pelagique extrema sequentes, Fortuna omnipotens et ineluctabile fatum his posuere locis. An. Dom. MDCXCI, XXX Aprilis. Biennio cum 21 diebus ibidem peractis, fragilem truci pelago commisimus ratem. Die XX Maj. An. Dom. MDCXCIII.* Suivent sur la seconde stèle les noms des huit « rois de Rodrigue », en dernier lieu celui d'Isaac Boyer, mort le 8 mai 1693. Leguat a « adapté » la citation, transformant « *Me pulsum patria* » en « *Nos patria pulsos* » ; chez Virgile, le roi Évandre, chassé d'Arcadie, évoque son sort à la première personne du singulier, en des termes que Leguat applique à la fois, sur le mode du « nous », à l'exode des huguenots français chassés par la Révocation et à l'exil lointain des « huit rois de Rodrigue » : « Chassé de ma patrie, je voulais gagner l'extrémité des mers : ce sont la Fortune toute-puissante et l'inéluctable destin qui m'ont établi en ces lieux » (trad. de la *Bibliotheca Classica Selecta* de Louvain).

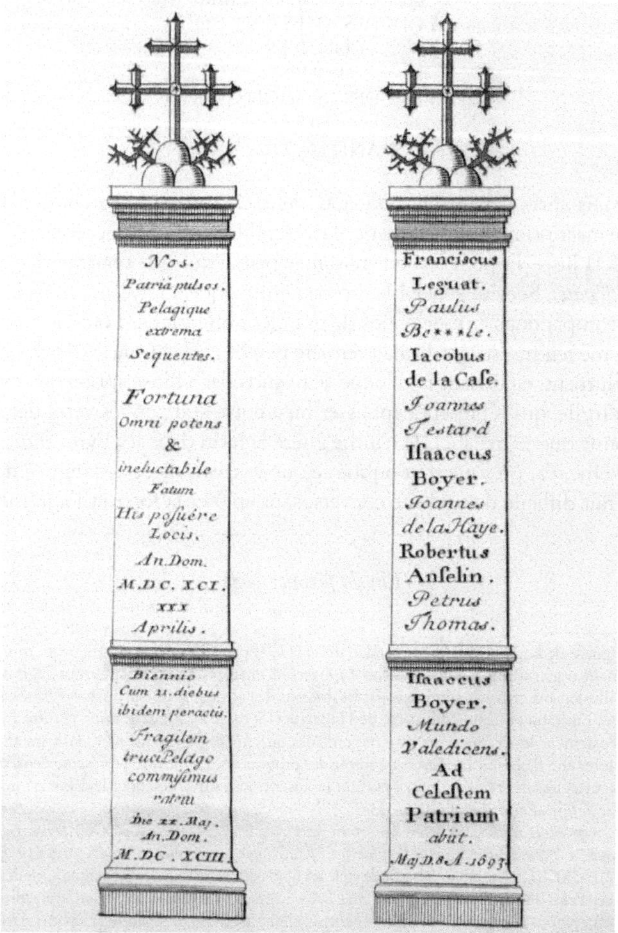

FIG. 23 – Stèles commémoratives.

DEUXIÈME PARTIE

[DÉPART POUR L'ÎLE MAURICE]

Enfin, le moment de partir vint. Et après nous être recommandés à la Toute-Puissance adorable, à qui les vents et la mer obéissent[1], nous nous rembarquâmes dans notre pauvre galère, le 21 de mai, 1693. Nous allâmes d'abord à la rame, n'y ayant presque point de vent ; et aussi pour suivre plus exactement les balises que nous avions plantées ; de sorte que nous passâmes heureusement les *brisants*. Mais un moment après un de nos avirons se rompit, comme nous nous en servions avec effort pour échapper de la rapidité d'un courant qui nous aurait portés dans un endroit dangereux. Et le calme, rendant la voile inutile, nous ne jugeâmes pas qu'il fût possible d'éviter le naufrage. La vérité est, que nous fûmes saisis d'une grande frayeur, et j'ose assurer qu'il n'y eut aucun d'entre nous, qui n'eût préféré un vent favorable à toutes les belles femmes de l'univers. Quoi qu'il en soit, un peu de *frais* s'éleva qui, secondé par notre autre rame, nous servit à parer justement l'écueil. Il y avait une autre pointe à deux lieues de là, vers laquelle, le courant, plus fort que le vent, nous portait encore. Mais, comme nous eûmes le temps de raccommoder notre aviron, nous nous en servîmes si heureusement, que nous évitâmes aussi ce second danger. J'ai honte de dire que l'aveuglement des entrepreneurs[2] avait été si grand, qu'ils ne s'étaient pourvus que de deux seules rames. Ils avaient cru, comme

1 « Ses disciples, s'étant approchés, le réveillèrent en disant : "Seigneur, sauve-nous, nous périssons !" Il leur dit : "Pourquoi avez-vous peur, gens de peu de foi ?" Alors, s'étant levé, il imposa silence aux vents et à la mer ; et il se fit un grand calme. Et, saisis d'admiration, ils disaient : "Qui donc est-il ? Même les vents et la mer lui obéissent" » (*Matt.*, 8 : 25-27). Cet épisode évangélique où le Christ apaise miraculeusement la tempête a inspiré la gravure représentant une barque dans l'orage sous l'inscription « *Domine salva nos* ».

2 Les responsables de l'entreprise.

je l'ai peut-être déjà dit, que cette précaution n'était pas nécessaire, parce qu'ils comptaient sur un vent *alizé* qu'ils auraient, disaient-ils, toujours infailliblement en poupe. Bien nous prit, cependant, d'avoir pu remettre en état cet instrument de notre délivrance, car le courant nous entraînait avec rapidité, malgré le petit frais qui nous secourait. La mer qui brisait d'une manière impétueuse contre le rocher que nous appréhendions, faisait des mugissements horribles, et l'inconvénient de la nuit nous était un redoublement de peine et d'effroi. Pour comble de misère, le mal de mer causé par la grande agitation de notre petit vaisseau nous mettait dans un accablement, qui ne nous laissait presque point de force. Et notre harangueur lui-même, le champion qui s'était mis à la tête de son parti, était immobile au fond de la barque. Lui et les autres auteurs de cette entreprise eurent lieu alors d'être convaincus de la vanité de leurs imaginations, lorsqu'ils s'étaient formé l'idée de ce trajet comme d'une chose tout à fait aisée ; et il n'y eut sans doute aucun d'eux qui n'eût bien voulu retourner en arrière et regagner l'île, mais la chose était impossible. Nous demeurâmes dans ce triste état depuis onze heures du soir, jusqu'à deux heures après minuit ; auquel temps nous jugeâmes que nous avions passé toutes les pointes, et que nous étions assez avant en mer, parce que nous n'entendions presque plus le bruit des *brisants*. Nous avions toujours ramé jusque-là, mais alors nous ne nous servîmes plus que de la voile, et nous commençâmes un peu à respirer. Le lendemain, nous eûmes un vent fort variable ; et les six jours suivants, il nous fut tout à fait contraire, ce qui est, nous a-t-on dit depuis, fort extraordinaire dans ces mers-là. Je dirai cependant qu'il m'en souvient, que nous fûmes contraints de jeter nos provisions de viandes cuites, parce qu'elles se trouvèrent remplies de vers, il ne nous resta qu'un peu de lamantin boucané avec quelques melons d'eau ; et ainsi nous prîmes de bonne heure la résolution de nous contenter de deux ou trois onces de cette viande par jour, dans l'intention d'allonger le plus que nous pourrions notre misérable vie, s'il arrivait que nous eussions le malheur de manquer l'île Maurice, qui était la terre la plus proche de nous, et le but auquel j'ai dit que nous tendions. Cette crainte n'était que trop bien fondée, et ce ne fut que par une espèce de miracle que nous rencontrâmes cette île, comme je le dirai dans la suite. Le vent que nous avions presque toujours eu contraire, jusqu'au commencement du huitième jour de notre navigation fut suivi d'une violente tempête.

Le jour était fort serein, mais sur le midi le ciel se couvrit, et versa une si prodigieuse abondance d'eau qu'elle aurait rempli la barque en fort peu de temps, si nous n'avions pas continuellement travaillé à la vider. Cette pluie dura quatre grandes heures sans autre orage. Mais la nuit survenant le vent s'augmenta, et la faible lueur qui nous restait, fut suivie d'une profonde obscurité.

[TEMPÊTE]

La tempête se renforçant on fut obligé de mettre bas la grande voile ; et comme on ne put conserver de feu faute d'avoir imaginé quelque espèce de lanterne avant le départ, ni par conséquent consulter la petite boussole, on ne tint plus de route, et on se contenta de gouverner vent arrière avec la *trinquette*[3]. L'obscurité n'étant pas toujours également noire, on apercevait quelquefois la girouette, et on ne la quittait point de vue, s'il était possible, parce que si l'on n'eût pas pris un soin extrême de *parer la vague*, une seule *lame* aurait été capable de nous engloutir. Ce qui faisait plus craindre ce danger, c'est que la barque n'était pontée que par un bout, comme je l'ai remarqué ; faute qui avait eu pour fondement la vaine espérance qu'un beau temps nous accompagnerait toujours. Nous nous trouvâmes bien éloignés de notre calcul, et cette nuit fut la plus épouvantable qu'il soit possible d'imaginer. L'ouragan que nous avions essuyé entre le cap de Bonne-Espérance et l'île de Mascareigne avait été terrible. Mais nous étions entre les mains de gens expérimentés, et notre vaisseau était incomparablement plus capable de résister, que ne l'était cette pauvre petite nacelle, dont ma plume est incapable de représenter ici le déplorable état.

Au milieu des mêmes ténèbres, le ciel fondit encore un coup sur nous, et nous accabla sous un nouveau déluge. Le vent, qu'une petite pluie abat quelquefois, n'en devint que plus furieux. Tantôt nous étions guindés[4] dans les nues, tantôt précipités au fond des abîmes. Un certain bruit au fond de la barque causé, comme nous l'avons observé depuis, par l'eau qui roulait entre deux planches, mais qui nous faisait juger à

3 Trinquette : voile latine triangulaire.
4 Guinder : projeter, élever.

chaque secousse qu'elle allait s'entrouvrir, faisait jeter des cris de temps en temps aux plus assurés comme si c'eût été notre dernière heure. Nous regardions effectivement la mort comme inévitable ; la route était perdue ; il n'y avait nulle apparence, selon notre calcul, de rencontrer ni l'île Maurice, ni apparemment aucune autre terre ; et dans cette espèce de désespoir la fatigue nous avait fait mettre en délibération, si nous abandonnerions le gouvernail, et si, sans plus rien fonder sur la prudence humaine, nous ferions autre chose qu'attendre, en prières, notre dernier moment ; mais il fut arrêté que notre devoir était de faire tous nos efforts jusqu'à la fin. Nous ne perdîmes donc jamais tout à fait courage, et quelques-uns mêmes se préparaient à nager, quand la barque serait engloutie, pour prier et bénir Dieu quelques moments encore. Si l'abattement extrême où nous nous trouvions, était causé par le grand travail, par l'inanition, par des sollicitations à un sommeil impossible, par les frayeurs redoublées qui nous environnaient, il était sans doute beaucoup augmenté par les secrets reproches que les uns se faisaient de s'être ainsi témérairement exposés, et les autres d'avoir été trop faciles à se laisser persuader. Néanmoins, on dissimula toutes ces pensées-là, et on s'exhorta les uns les autres en toute douceur et charité fraternelle.

[ARRIVÉE MIRACULEUSE À L'ÎLE MAURICE]

Nous étions ainsi entre la vie et la mort, lorsque le soleil commençant à blanchir l'horizon, la fureur des vents se calma ; le ciel s'éclaircit, et la lumière, comme une messagère de bonnes nouvelles, nous fit apercevoir un gros cap qui était de l'île Maurice[5]. Ces charmes vainqueurs dont nous vous avons tantôt parlé n'ont, je crois, jamais causé tant de douces agitations dans une âme que cet objet brut et confus en causa dans la nôtre. Lorsque chacun se développa de dedans son manteau ou sa couverture, où il s'était comme enseveli en attendant la mort, on nous aurait tous pris, avec juste raison, pour autant de ressuscités. Une bonne espérance occupa tout d'un coup la place de nos funestes

5 Peut-être la montagne du Morne-Brabant, sur la côte sud-ouest de l'île, visible de très loin en mer.

épouvantements ; la force nous revint en même temps que la joie ; et nous commençâmes à faire des réflexions à notre aise. Entre autres choses, nous ne manquâmes pas d'admirer la Providence, qui avait tourné en bien le malheur de ce terrible orage ; car il est certain que si nous n'avions pas été ainsi transportés hors de la route que nous nous étions proposée, jamais nous n'aurions rencontré l'île où nous avions dessein d'aborder ; nous étions perdus, si nous n'eussions été perdus[6].

Sur les cinq heures du soir le vingt-neuvième de mai, et le neuvième de notre navigation, nous arrivâmes donc enfin dans une petite baie de l'île Maurice. Nous entrâmes dans une assez jolie rivière, la marée montant, et nous descendîmes dans un endroit agréable au pied d'un coteau tout couvert de grands arbres. Nous étions si étourdis du bateau que nous chancelions comme des gens ivres, et que nous nous laissions tomber même, sans pouvoir résister à nos espèces de vertiges. Mais un bon sommeil, avec quelques rafraîchissements que la chasse nous fournit sans beaucoup de peine, nous rétablit parfaitement en deux ou trois jours. Ainsi nous sauvâmes-nous des déserts de Rodrigue, et des grands dangers d'un terrible orage. Mais hélas ! notre nouvelle île ne nous fut point un port de salut ; et nous n'échappâmes des premiers abîmes que pour retomber dans un autre, comme on le verra dans la suite.

Nous étant ainsi un peu rétablis nous rentrâmes dans notre barque, et nous côtoyâmes l'île, en cherchant quelque endroit habité. Après cinq ou six stations sur la côte, où nous allions toujours coucher, nous arrivâmes enfin à la Rivière-Noire[7] où nous trouvâmes trois ou quatre loges[8] habitées par quelques familles hollandaises, qui nous firent un très bon accueil. Ces gens-là ont défriché et découvert autant de terrains qu'ils en ont voulu avoir, dans une bonne et agréable vallée. Ils ont la plupart de nos plantes dans leurs jardins, aussi bien que de celles des Indes, et ils cultivent beaucoup de tabac. Leurs cours sont remplies de nos volailles ; ce qui nous fit bien du plaisir à voir, après le long séjour de notre île, où nous n'avions presque rien trouvé qui nous eût été auparavant connu. Je m'étais imaginé que mes compagnons, dont les yeux étaient si affamés de

6 La formule vient de Plutarque, qui l'attribue à Thémistocle, recueilli dans son exil par le roi de Perse Artaxerxès, après qu'il eut été frappé d'ostracisme et chassé d'Athènes.

7 La Rivière-Noire (*Zwarte Rivier* sur les cartes hollandaises) se trouve sur la côte ouest de l'île, à une trentaine de kilomètres au sud de l'actuelle capitale, Port-Louis.

8 Loge : dans la langue classique, le terme désigne une hutte ou une maisonnette. Il est utilisé plus loin, avec une capitale, pour désigner la résidence du Gouverneur.

femmes, ne pourraient s'empêcher d'éclater de joie, la première fois qu'ils apercevraient quelqu'un de ces aimables objets ; et que du moins ils ne pourraient se saouler de les regarder. Mais ils en furent moins émus que de la vue des vaches ; tant il est vrai qu'une ombre de jouissance amortit quelquefois beaucoup de désirs : je parle de la jouissance des yeux. Les cabanes de cette petite colonie ne sont couvertes que de feuilles de lataniers, comme l'étaient les nôtres, mais elles sont plus grandes et plus hautes, parce que cette île est moins exposée que Rodrigue, aux tempêtes des ouragans.

[RENCONTRE AVEC DIODATI]

Ces bonnes gens vivent en partie de chasse, et ils ont des chiens propres pour cela. Après que nous eûmes demeuré un mois avec eux, cinq d'entre nous eurent commission d'aller donner avis au gouverneur de notre arrivée. Le lieu où il demeure porte le nom de Frédéric Henri[9] et est au sud-est de l'île, à 28 lieues de l'endroit où nous étions. Ce gouverneur ou plutôt commandant s'appelle Rudolphe Diodati, et est de Genève[10]. Comme nos députés allaient le chercher (l'un desquels, pour le dire en passant, pensa mourir de faim dans les bois où il s'était écarté des autres) il arriva justement qu'il passa par le lieu où nous étions, faisant le tour de l'île, comme il avait accoutumé de le faire tous les ans. Dès que je le sus, j'allai avec celui qui était resté avec moi, lui demander sa protection, et il nous l'accorda avec toute l'honnêteté que nous pouvions souhaiter, et nous fit un fort agréable accueil[11]. Après avoir entendu notre histoire, lui et ceux

9 Fort Frederik Hendrik, à l'emplacement de l'actuel village de Vieux-Grand-Port, dans la rade de Mahébourg (« Port Sud-Est »), alors principal port de l'île.

10 Roelof Diodati, né en 1660 à Dordrecht, était le fils d'un pasteur de l'Église Wallonne de Leyde issu d'une dynastie de pasteurs et de théologiens genevois d'origine italienne (Lucques) dont le représentant le plus connu est Jean Diodati (1576-1649), traducteur de la Bible. Nommé en août 1692 *Opperhoofd* de l'île Maurice, grade inférieur à celui de gouverneur, il occupa ce poste jusqu'en juillet 1703 en dépit de ses demandes réitérées pour recevoir une nouvelle affectation. Il poursuivit sa carrière au service de la Compagnie hollandaise des Indes Orientales d'abord à Batavia, puis en qualité d'*opperhoofd* au Japon, où il dirigea le comptoir hollandais de Deshima, installé sur un îlot artificiel de la baie de Nagasaki, où il mourut vers 1721.

11 La rencontre est rapportée par la lettre de Diodati du 2 juillet 1694 adressée à Batavia (Leibbrandt, *Precis of the Archives of the Cape of Good-Hope – Letters received, 1695-1708*, Cape-Town, 1896).

qui l'accompagnaient jetant les yeux sur notre chétive barque, trouvèrent que notre entreprise avait été téméraire. Il nous promit de nous envoyer une ancre que nous trouverions en passant au Port du Nord-Ouest[12] afin que nous pussions nous en servir au besoin en allant à la *Loge :* c'est ainsi qu'on nomme en français le logement du gouverneur de ces îles, de quelque manière qu'il soit construit. Il nous assura en même temps fort obligeamment que rien ne nous manquerait ; ajoutant que nous pourrions attendre doucement ainsi un vaisseau qui devait venir dans peu de temps.

Sur ces bonnes paroles, qu'il réitéra plusieurs fois, nous partîmes de la Rivière-Noire, où nos députés nous avaient rejoints ; et nous arrivâmes heureusement au Port du Nord-Ouest. Comme pour prélude des malheurs qui nous devaient arriver, nous ne trouvâmes point l'ancre que le commandant nous avait promis d'y envoyer ; et on ne nous donna pas même les instructions qui auraient été nécessaires ; car, au lieu de nous enseigner comment nous pouvions continuer notre route par eau jusqu'à la Loge, on nous dit qu'il fallait nous résoudre à porter nos hardes jusqu'au Flac[13], petit hameau où est le jardin de la Compagnie, à huit lieues de là. Comme c'était un faire le faut, nous prîmes bientôt notre résolution, et nous transportâmes notre bagage en sept ou huit voyages fort fatigants, en traversant des forêts sans route, où nous nous égarions quelquefois.

[SUITE DU VOYAGE DE *L'HIRONDELLE*]

Avant que de continuer la suite de cette relation, il ne sera, je crois, pas mal à propos de dire ici que, quand nous arrivâmes à la Loge, nous y rencontrâmes le chirurgien de notre vaisseau (appelé Clas[14]) et le Sieur Jacques Guiguer, l'un de nos pèlerins dont j'ai parlé, que Valleau, notre capitaine, nous avait enlevé à Rodrigue. Il avait eu ses raisons pour nous

12 Actuelle rade de Port-Louis. Diodati explique que si les réfugiés ont dû transporter leur bagage par voie de terre, c'est que des vents contraires empêchant de doubler la pointe nord-ouest de l'île excluaient un trajet maritime.

13 Petit établissement hollandais situé sur la côte est (*Noortwyk Vlatke*).

14 La signature d'un « François Clas, chirurgien » figure en effet aux côtés de celle de Valleau dans le « Projet » adressé au Cap par le capitaine de *l'Hirondelle* au gouverneur Van der Stel dénonçant le comportement « séditieux » de ses passagers ; voir l'introduction.

jouer ce tour, et il en avait d'autres pour laisser Guiguer avec Clas dans l'île Maurice[15]. Je ne m'amuserai point à pénétrer dans ces raisons-là, et je dirai seulement en peu de mots, ce que ces deux hommes nous apprirent. Ils nous racontèrent que peu après qu'ils eurent levé l'ancre à la rade de Rodrigue, le capitaine avait ouvert nos lettres, les avait lues sans façon à tout l'équipage, et les avait jetées dans la mer. Les plaintes que nous faisions de son mauvais traitement, et de toute son infidèle conduite, n'avaient eu garde de lui plaire : et à la vérité, nous nous étions bien attendus que nos lettres auraient cette destinée. Ils nous dirent aussi que deux jours après leur arrivée à Maurice, Valleau y étant encore, un capitaine anglais, avec son équipage, y avait abordé dans une chaloupe, se sauvant du naufrage de son vaisseau qui était échoué sur un banc de sable (sans espoir d'être relevé par le flot) assez auprès de Rodrigue. Que ce capitaine avait proposé à Valleau d'aller à ce vaisseau, qui apparemment paraîtrait encore, dans l'espérance de s'enrichir, de plusieurs bonnes marchandises qu'ils en pourraient tirer : que Valleau topa, et qu'ils firent un pieux serment, les deux capitaines et leur équipage, de tenir leur vol bien secret[16]. Valleau, qui avait quelque compte à rendre de ses actions au Commandant de Maurice (c'était alors le Sieur Lamocius[17]) s'avisa, pour couvrir son jeu, de lui dire que les huit aventuriers qu'il avait laissés à Rodrigue pourraient bien tomber dans de grands besoins, et qu'il croyait qu'il était de la charité de nous envoyer diverses choses dont il dit une longue liste. Le commandant, à qui le gouverneur du cap de Bonne-Espérance nous avait beaucoup recommandés, donna aisément dans ce panneau ; et par ses ordres notre *Hirondelle* fut en peu de temps chargée de cerfs, veaux, chèvres, pourceaux, dindons, canards, volaille, citronniers, orangers, ananas, bananiers, ceps de vigne, tabac, patates, riz, mil, arbres, fruits, grains et graines en abondance. Mais tout cela

15 La dépêche de Diodati à Batavia du 2 juillet 1694, qui relate l'arrivée des huguenots à l'île Maurice et leur arrestation, dissocie leur cas de celui de Guiguer et de Clas, « qui pendant leur séjour ici ont eu une conduite honnête et se sont révélés être de véritables réfugiés et réformés » (Leibrandt, *Precis…*, p. 27-28).

16 Il s'agit du navire anglais *Shrewsbury*, échoué sur le banc de Cardonio de Grajos (Cargados Carajos ?) à environ 80 milles au nord de Maurice. Voir H. Dehérain, « Le voyage de François Leguat dans l'océan Indien est-il imaginaire ? », *Bulletin de la Section de Géographie*, Ministère de l'Instruction Publique, t. XLI, 1926, p. 159-177.

17 Isaac Lamotius, prédécesseur de Diodati comme *Opperhoofd* de l'île Maurice, destitué en 1692 pour son comportement despotique, et aussi pour ses relations trop amicales avec les équipages anglais de passage dans l'île.

n'était qu'un prétexte pour notre bon capitaine[18]. Il passa et repassa à la vue de notre île ; et, partie par malice, dont il était bien pourvu ; partie par chagrin du mauvais succès de son entreprise, car ils furent rudement et dangereusement ballottés, par les flots vengeurs, autour du navire échoué, sans en pouvoir jamais rien arracher, il nous priva vilainement de choses qui auraient fait de notre Rodrigue un véritable Éden ; si ce fut pour notre mal ou pour notre bien, Dieu le sait. Voilà ce que nous apprîmes du Sieur Guiguer et de Clas ; revenons présentement à notre malheureuse histoire.

[AFFAIRE DE L'AMBRE GRIS]

Jean de La Haye, notre orfèvre, qui avait quantité d'outils fort pesants, et par conséquent fort incommodes en voyage, se résolut d'en vendre une partie à un homme de même profession qui se rencontra en même temps que nous au Port du Nord-Ouest. Parmi ces outils, était le fatal morceau d'ambre gris, qui avait été trouvé à Rodrigue, et duquel nous avons parlé[19] ; il pesait environ six livres. La Haye ayant demandé à l'orfèvre ce que c'était, celui-ci répondit froidement que c'était une gomme dont on se servait comme de goudron, dans l'île Maurice : qu'on en trouvait quantité autour de certains arbres, mais que cela ne valait pas grand-chose. La Haye qui

18 Comme à son ordinaire, Leguat laisse planer sans bien les expliciter de lourds sous-entendus sur les motivations de Valleau. Les aventures ultérieures du capitaine de *L'Hirondelle* sont retracées par sa déposition à son escale au Cap, complétée par celle d'un Noir créole de l'île Bourbon nommé Athanase Garel qu'il avait retenu à son bord (Leibbrandt, *Rambles*..., p. 126-130). Valleau n'y évoque ni le projet de pillage du navire anglais, ni la prétendue expédition de secours à Rodrigue, mais l'itinéraire qu'il décrit laisse perplexe sur ses intentions : il dit s'être rendu à Madagascar, en baie de Saint-Augustin, pour y acheter une cargaison de riz et des esclaves, en avoir été chassé par un bateau pirate, puis avoir fait le tour de l'île Bourbon sans pouvoir y débarquer en raison de l'hostilité des habitants. La frégate *L'Hirondelle* fut capturée par les Français sur l'itinéraire du retour. Valleau aurait été jugé et exécuté pour trahison.

19 Ambre gris : cette substance rare à l'origine mystérieuse trouvée sur les plages des mers tropicales (il s'agit en réalité d'une secrétion intestinale du cachalot), utilisée en apothicairerie et en parfumerie, était alors estimée à plusieurs fois son poids d'or. Comme l'explique plus loin Leguat, la Compagnie hollandaise des Indes Orientales avait un droit exclusif sur tout ambre gris trouvé sur les côtes de l'île Maurice, mais non sur celui trouvé à Rodrigue.

le crut bonnement, et qui n'avait pas besoin de goudron, lui abandonna volontiers ce morceau de gomme dans le marché qu'ils firent ensemble ; et il en garda seulement quelques petits morceaux par curiosité.

Le lendemain, quelqu'un lui ayant appris que cette prétendue méchante gomme, était de l'ambre gris, il alla au plus vite trouver son marchand pour lui redemander la pièce de goudron ; mais ce dernier répondit qu'il en avait déjà enduit des seaux. Il y eut de grandes contestations, et ils se séparèrent avec beaucoup d'aigreur : celui qui avait été surpris menaçant l'autre de faire ses plaintes au commandant. Comme l'orfèvre de l'île avait diverses fois trouvé de l'ambre gris à Maurice, et qu'il savait qu'il était défendu aux habitants d'en vendre ni d'en acheter de qui que ce fût sous de grosses peines (chacun étant obligé de céder à la Compagnie pour un certain prix tout ce qu'il en trouvait), il prévint le pauvre La Haye, et alla incontinent porter ce morceau d'ambre au commandant, lui racontant de quelle manière cela était tombé entre ses mains. La Haye, l'ayant su, alla incontinent faire ses plaintes ; mais le juge inique, préparé et intéressé, l'assura que ce morceau de je-ne-sais-quoi, dont il s'agissait, n'était pas de l'ambre gris ; que c'était une certaine gomme qui ne valait presque rien, et qu'il le savait par expérience. Le suppliant[20] répliqua qu'il en avait gardé quelques morceaux qui justifieraient la vérité, et qu'il demandait justice. Ce qui aidait bien encore à faire voir que c'était du véritable ambre ; c'est que l'orfèvre de l'île, quelques jours après la contestation, avait été si mal avisé que d'offrir au nôtre soixante écus pour les morceaux qu'il avait gardés : nous avons jugé que cette offre avait été faite par l'ordre secret du commandant qui ne put pas davantage dissimuler que ce ne fût de l'ambre. Il apparut par leurs ruses, que la plus grande partie de cet ambre avait été fondu, sans qu'on sût ce que c'était, et qu'il n'en était resté qu'une petite portion laquelle fut représentée, adjugée au profit de la Compagnie, et envoyée à Batavia[21]. Celui de notre compagnie qui était droguiste, et qui était aussi fort entendu dans sa profession, avait su dès Rodrigue, lorsque ce morceau de prétendue gomme fut trouvé, que c'était de l'ambre gris ; mais il l'avait toujours dissimulé, et avait même assuré, malgré les soupçons de tous, que ce n'en était pas, dans l'espérance qu'il avait sans doute que cela étant négligé et abandonné, il pourrait secrètement se l'approprier. Faute

20 Suppliant : plaignant. « Il se dit des personnes qui supplient & presentent des Requestes en justice, ou à quelque puissance, pour obtenir quelque chose » (*Acad. 1694*).

21 Une lettre de Diodati adressée à Batavia en date du 26 septembre 1696 (Leibbrandt, *Rambles…*, p. 131-135) confirme en gros cette version.

d'autant plus grande, qu'au lieu de nous jeter dans le malheur qui nous arriva dans la suite, nous manquâmes l'occasion de nous enrichir tous, en cherchant de cet ambre que nous n'aurions pas manqué apparemment de trouver en grande quantité à Rodrigue pendant les deux années de notre séjour. Il y a de l'apparence aussi que nous y aurions demeuré plus longtemps à cause de cela. Je pourrais alléguer ici diverses raisons qui feraient voir manifestement que le droguiste avait connu l'ambre dès le moment qu'il fut apporté dans la cabane, à Rodrigue, par La Haye ; mais je n'insisterai pas sur cela davantage. Ce fut lui qui ayant appris à Maurice que La Haye avait donné gratis un si grand trésor, avertit, mais trop tard, que c'était de l'ambre. J'ai dit que la première fois que nous saluâmes le commandant, il nous avait reçus avec beaucoup de civilité, et nous avait promis tout le bon traitement que nous pouvions souhaiter. Mais après cette affaire nous éprouvâmes tout le contraire de ces belles promesses. Comme nous ne pouvions attribuer ce changement à nos manières qui étaient toujours également respectueuses, nous ne doutâmes pas que sa mauvaise humeur ne procédât de ce qu'il avait manqué son coup. Il avait lieu de craindre que nous ne racontassions cette histoire à Batavia ; et que la Compagnie ne lui fît rendre compte, à ses grands périls, du vol qu'il avait fait, à nous premièrement, qui ayant trouvé cet ambre dans une île qui n'appartenait à personne, en devions être légitimes et incontestables possesseurs ; et à la Compagnie ensuite, supposé que cet ambre eût dû lui être adjugé. Ce fut pour cela, qu'il forma la résolution de nous perdre par les barbares et infâmes moyens qu'on verra dans la suite. La première injustice qu'il nous fit, fut de s'emparer de notre barque, sans nous en parler et de la faire brûler quelques jours après[22].

Au lieu de nous rendre nos voiles qui étaient faites d'une belle et bonne pièce de toile de Flandres ; il les donna à ses chasseurs pour s'en faire des habits, quelques instances que nous fissions pour les ravoir.

Il commença à nous donner aussi des marques de sa haine et de son dépit, en nous logeant dans une hutte, et en ne nous donnant pour nourriture que le reste de ce qui avait été servi aux serviteurs de la Compagnie.

Ensuite, il nous tint en quelque façon prisonniers, nous défendant de nous éloigner de notre hutte plus loin que mille pas[23]. Il nous ôta

---

22 D'après Diodati (lettre du 2 juillet 1694, Leibbrandt, *Précis…*, p. 27-28) « leur chaloupe fut brûlée par un de leur troupe pour en récupérer les clous. »

23 Tout cela est confirmé par la lettre de Diodati du 2 juillet 1694 (Leibbrandt, *Précis…*, *ibid.*).

le valet qui nous était resté[24], et le mit au service de la Compagnie ; de sorte que comme celui que nous avions amené de Rodrigue, avait déjà pris parti avec lui, notre nombre fut réduit à cinq[25].

Ces manières d'agir si contraires aux premières honnêtetés, que nous avions reçues, nous firent craindre avec raison les suites que pouvaient avoir des commencements si fâcheux ; cependant nous nous reposions sur la Providence, qui nous avait déjà aidés en tant de différentes occasions.

[PROJETS DE FUITE]

Mais, comme dans toutes les sociétés, il y a toujours des esprits plus inquiets, et plus impatients que les autres, deux d'entre nous, les Sieurs La Case et Testard, projetèrent de se tirer de ce mauvais pas où nous nous trouvions engagés, par un moyen qui, à la vérité, n'était pas exactement juste. Pour le paiement de la barque et des voiles, ils résolurent de se saisir d'une chaloupe de la Compagnie, et de se sauver à Mascareigne qui n'est qu'à vingt-cinq lieues de Maurice. Et comme ils jugèrent bien que quelques couleurs qu'ils pussent donner à leur dessein ; les deux autres et moi le désapprouverions, et nous y opposerions infailliblement, ils n'osèrent jamais nous en faire la moindre ouverture. Ils se cachèrent même si soigneusement que nous n'eûmes aucune connaissance de ce qu'ils voulaient faire. Mais, comme ils avaient besoin de quelque secours pour l'exécution de leur entreprise, ils s'adressèrent à un soldat de la Compagnie (Jean Namur)[26] qui leur avait témoigné qu'il était fort mal satisfait du commandant ; et ils lui proposèrent d'être de la partie pour

24 Il s'agit de Robert Anselin, engagé comme soldat de la Compagnie. « Il a donné satisfaction, écrit Diodati (lettre du 26 septembre 1696, Leibbrandt, *Rambles…*, p. 132), et pourra vous dire avec quelle tyrannie et quelle inhumanité il a été traité par ses compagnons. À son arrivée ici, il a supplié à genoux d'être délivré de leur tyrannie et d'entrer à notre service ».

25 Le second « valet » est probablement Pierre Thomas, qui, d'après la dépêche de Diodati déjà citée (Leibbrandt, *Précis…*, p. 27), a dépeint ses compagnons comme « une troupe de coquins en qui on ne pouvait avoir confiance » et obtenu un logement séparé. Nulle part dans la première partie Ancelin et Thomas ne sont présentés comme des domestiques, statut évidemment peu conforme à l'égalitarisme de la micro-société de Rodrigue telle qu'elle a été dépeinte dans le récit de Leguat.

26 Jan Fameurs ou Van Meurs. Interrogé le 23 décembre 1693 (voir Rainer, *op. cit.*, p. 90), il reconnaît avoir été corrompu par La Case et Testard.

s'en aller avec eux. Ce soldat alla incontinent révéler au commandant la proposition qui lui avait été faite ; ajoutant, que les trois camarades des deux complices ne savaient rien du complot, et en étaient par conséquent tout à fait innocents. Quelques semaines se passèrent sans que le commandant témoignât aucune chose, faisant pourtant exactement observer toutes nos démarches, de même que celles des accusés. Mais voyant que le dessein qui lui avait été découvert par le soldat n'avait aucune suite ; et craignant, sans doute, que ces pensées, dont il ne faisait qu'attendre l'exécution pour user hardiment de grande rigueur, n'eussent été aussitôt dissipées que conçues, il nous envoya (le 15 janvier pendant la nuit) une troupe de soldats armés, qui s'étant saisis de nous, nous conduisirent tous cinq devant lui. Ses premières paroles furent la justification de mes deux camarades innocents et de moi ; déclarant qu'il savait que nous n'étions point coupables, et qu'il n'avait rien à dire contre nous trois. Après avoir fait quelques questions aux deux autres, ils lui avouèrent ingénument la vérité de la pensée qu'ils avaient eue, ajoutant néanmoins que la barque qu'on leur avait ôtée, valait mieux que la chaloupe qu'ils avaient eu dessein de prendre, et qu'outre cette raison, leur intention avait été de laisser de l'argent pour le paiement de cette chaloupe, comme le soldat lui-même convenait qu'ils n'avaient pas proposé la chose autrement. Nous fûmes cependant conduits tous ensemble, innocents et prétendus coupables, dans une prison obscure, à laquelle je puis bien donner le nom de cachot ; et là on nous mit les pieds aux *stombs*[27]. Ces *stombs* sont composés de deux pièces de bois assez grosses, dont l'une s'abaisse sur l'autre ; et qui ayant chacune une double échancrure faite en demi-rond, l'une vis-à-vis de l'autre, font ensemble, quand elles sont approchées, deux trous où les jambes se trouvent passées et prises si au juste, qu'il n'est pas possible de les retirer. D'ailleurs, il faut être toujours couché durement sur le dos, la tête beaucoup plus basse que les pieds ; posture qu'on jugera bien n'être point commode, sans que je l'affirme beaucoup. La différence qu'il y eut entre mes deux camarades et moi, et les accusés, c'est que le lendemain, on leur ajouta des fers qui pesaient trente livres. Nous demeurâmes dans cet état deux jours et deux nuits ; après quoi les deux autres innocents et moi fûmes mis pour quelque temps en liberté. On nous conduisit d'abord au Commandant, qui nous déclara de nouveau ce qu'il savait de notre

27 Stombs : terme inconnu, qui désigne le supplice du carcan immobilisant les jambes des condamnés. Ce mot ne semble pas issu du hollandais. Il apparaît sous la graphie *stomps* dans l'édition Mortier de 1707.

innocence ; et il nous dit encore, que nous avions été entièrement justifiés, tant par l'accusant que par les accusés. Il ajouta traîtreusement, ce *Dieu-donné*[28] indigne, que sa bonne volonté envers nous ne changerait point, et que le traitement qu'on nous ferait à l'avenir serait conforme à celui de notre arrivée, oubliant alors, ou ne faisant aucun compte de l'injustice et du mal qu'il venait de nous faire, il prétendait que nous lui étions fort redevables de ce qu'il avait trouvé notre toile digne d'habiller ses chasseurs, et des os qu'il nous avait donnés à ronger, après ces [ses ?] valets. Cependant, les promesses qu'il nous fit s'évanouirent en un moment ; et presque aussitôt après, il nous donna des gardes qui jour et nuit étaient avec nous. Quelques jours après, on vint de sa part se saisir de tout ce que nous avions : argent, armes, instruments d'agriculture, ustensiles de cuisine, draps de lit, linge de table, et généralement de tout ce que nous avions, excepté de quelque peu de linge, de nos lits, de nos habits, et d'une partie de nos livres. On prit même à notre orfèvre, tous ses outils sans lui permettre d'en garder un seul. Ensuite, on nous mit dans une chaloupe avec les accusés, qui étaient nus en chemise, et qui avaient les fers aux deux pieds, sans nous dire ce que l'on voulait faire de nous ; mais nous l'apprîmes bientôt à notre grand chagrin. On nous mena sur un rocher tout sec et affreux, de deux cents pas de long et de cent de large, à deux lieues de terre, où il était presque impossible de marcher parce que l'on ne pouvait poser les pieds que dans des trous ou sur des pointes aiguës : il est vrai que nous pouvions quelquefois passer dans deux îlots voisins, comme je le dirai dans la suite[29]. On nous planta là dans une méchante cabane bâtie sur une hauteur, toute proche des brisants, à deux pas de la mer quand elle était pleine ; et justement dans la saison des ouragans. Cette loge demi-ruinée, et qu'il nous était impossible de réparer, tout nous manquant pour le faire, avait déjà servi de prison à des criminels qui quelques années auparavant y avaient été relégués.

---

28 Équivalent français du nom de Diodati.

29 Le lieu de détention de Leguat et de ses compagnons serait l'actuelle île aux Vacoas, située sur le récif corallien à proximité de la passe sud donnant accès à la rade Mahébourg actuelle, exactement en face de Vieux-Grand-Port (Fort Fredrick Hendrik), à 5 km de la côte. Cet îlot minuscule est flanqué de deux autres rochers, accessibles aux grandes marées, nommés île de la Passe et île aux Fouquets. Diodati explique ce choix par l'absence au Fort d'une véritable prison, précisant que les intéressés disposent d'une maison dans l'îlot et sont régulièrement approvisionnés en viande, eau, patates douces, sel, bois, etc. (lettre du 2 juillet 1694 adressée à Batavia, Leibbrandt, *Precis…*, *op. cit.*, p. 24-28). Il doit s'agir de l'îlot où son prédécesseur Lamotius avait auparavant déporté pour conspiration un officier de la Compagnie nommé Jean-Baptiste Dubertin (voir P. J. Moree, *A Concise History of Dutch Mauritius, 1598-1710*, *op. cit.*).

[DÉPORTATION SUR L'ÎLOT]

Voilà le lieu où Monseigneur Diodati trouva à propos de nous envoyer, et où il a plu à Son *Excellence* de nous laisser pendant près de trois ans : j'entends ceux qui ne périrent pas avant ce temps-là. Nous devînmes ainsi les tristes images de ces malheureux poissons volants, qui ne sont pas sitôt échappés de la gueule d'un ennemi qu'ils retombent dans les griffes d'un autre[30]. Il ne nous nourrit que de chairs salées, et très souvent corrompues, ce qui ne sera pas difficile à croire, si l'on considère la chaleur qui est toujours excessive dans ce pays-là. Notre eau était aussi presque toujours puante, parce qu'on nous l'apportait dans des vaisseaux[31] qui n'étaient pas nets ; et encore en envoyait-on moins qu'il ne nous en fallait. Au commencement, on nous apportait nos provisions tous les huit jours, mais ensuite on ne vint que de quinze en quinze, et quelquefois plus rarement, sans nous faire avoir aucun rafraîchissement. Ainsi, ou par la malice de notre persécuteur ; ou par la négligence des pourvoyeurs ; ou souvent aussi à cause du mauvais temps, nous étions obligés de manger et de boire à plus petites mesures que nous n'aurions fait, quelque dégoûtante, et quelque malsaine que fût la misérable nourriture qu'on nous apportait. Cela fit que nous demandâmes de nos filets pour pêcher, et quelqu'un de nos tonneaux pour recueillir de l'eau de pluie, mais l'un et l'autre nous furent refusés. Il était bien difficile qu'une telle demeure, et de si mauvais aliments n'altérassent pas bientôt notre santé ; et particulièrement la mienne, car j'étais âgé de plus de cinquante-trois ans. D'abord je fus attaqué d'une maladie que nos Français appellent en ce pays-là *le perse*[32] : c'est un flux de sang continuel. En fort peu de temps je fus réduit dans un très pitoyable état. Ma maladie s'augmentant dangereusement, on en avertit le commandant, et on le pria de me faire ramener dans l'île. Il envoya un chirurgien qui après m'avoir visité, déclara que si l'on

30 Sur ce lieu commun moral de la littérature de voyage, voir la note au début de la première partie.

31 Vaisseau : « On appelle ainsi, les diverses ustenciles de menage qui servent à contenir quelque liqueur, comme une cruche, une pinte, une cuve, une tonne, &c. » (*Acad. 1694*).

32 Perse : probablement une forme de dysenterie. Le terme est inconnu des dictionnaires.

voulait rétablir ma santé, il fallait nécessairement me mettre à terre. Mais ses conseils n'eurent pas un plus heureux succès que mes prières envers le cruel homme qui ne demandait pas mieux que de nous voir bientôt périr tous. On le conjura ensuite d'envoyer, au moins tous les quinze jours, quelques morceaux de viande fraîche, afin de pouvoir me donner quelquefois des bouillons ; et cela fut encore refusé ; si bien que, tout me manquant, je fus en fort peu de temps réduit à l'extrémité. On désespéra de ma guérison ; mais comme il n'y avait personne sur ce rocher qui entreprît de me faire mourir *dans les formes*[33], la Nature se fortifia peu à peu d'elle-même ; et *en de meilleures formes*, je me trouvai bientôt en quelque façon rétabli. Si le bon lecteur est touché de me voir dans ce triste lieu, et dans ce triste état, il voudra bien, sans doute, que je lui dise aussi que le jour que je croyais devoir être le dernier de ma vie, et la fin de toutes mes misères, Dieu me fit la grâce de me donner assez de présence d'esprit pour adresser à mes compagnons diverses exhortations, qui, à ce que je crois, ne leur ont pas été inutiles ; et pour leur donner aussi des marques qui les édifièrent, de ma résignation, et de mon Espérance. Les jeunes gens ont beau faire et beau dire ; après avoir vécu il faut mourir : il faut en venir là. Et heureux, véritablement et uniquement heureux, quiconque n'oubliant jamais l'inévitable nécessité de ce dernier départ, se tient toujours prêt à le faire. Les Sieurs La Case et Testard, les deux accusés, furent aussi attaqués quelque temps après de la même maladie, mais, comme ils étaient jeunes et de complexion forte, ils résistèrent plus vigoureusement que moi. Nous avions demeuré près de quatre mois dans ce misérable état, lorsque, le 15 de mars 1694, nous vîmes un vaisseau hollandais, appelé *La Persévérance*, aborder à la rade de l'île, qui selon la loi du pays devait nous transporter à Batavia ou au Cap criminels ou non. Mais nous apprîmes par nos pourvoyeurs, que nous ne devions pas nous attendre à partir par ce vaisseau-là[34]. Cela fut

33 Allusion à l'acte II, scène v, de *L'Amour médecin* : « Ce n'est pas qu'avec cela votre fille ne puisse mourir, mais au moins vous aurez fait quelque chose, et vous aurez la consolation qu'elle sera morte dans les formes. » Cette plaisanterie traditionnellement associée à la satire des médecins apparaît dans plusieurs comédies de Molière.

34 Diodati dit n'avoir pu envoyer les prévenus sur le vaisseau *Standvastigheid* (*La Persévérance*) parce que celui-ci était occupé par un convoi d'esclaves (lettre du 2 juillet 1694, Leibbrandt, *Précis*..., p. 28). Il annonce cependant le départ sur ce navire « de Pierre Toma [Thomas] et de deux autres de *L'Hirondelle* qui ont été laissés ici – l'un chirurgien, l'autre un

cause que mes deux camarades et moi, qui n'étions pas dans le cas des accusés, prîmes la résolution de tout risquer pour tâcher d'aller à terre, pendant que les officiers du vaisseau nouvellement arrivés y étaient, afin de faire nos plaintes en leur présence. Mais l'exécution de ce dessein était très difficile : nous manquions de tout ; le trajet était de deux lieues ; et de plus, nous ne pouvions pas juger si le courant portait à terre ou en pleine mer. Cependant pour n'avoir rien à nous reprocher, nous entreprîmes de faire un radeau avec des herbes de mer. Nous attachâmes aux deux extrémités les deux barriques dans lesquelles était l'eau qu'on nous envoyait, et les Sieurs Bénelle et La Haye, mes deux compagnons reconnus innocents quoique traités en coupables, plus hardis nageurs que moi et plus capables de fatigue, hasardèrent de faire le trajet sur cette espèce de pont-volant. En douze heures, ils gagnèrent l'île.

FIG. 24 – Site du « Rocher d'exil ».

passager – lesquels durant leur séjour se sont conduits convenablement en véritables réfugiés et réformés. Pour cette raison nous n'avons pas fait obstacle à leur demande (leurs noms sont François Claes et Jean André Guyguer) ».

Ils trouvèrent chez le commandant, qui fut bien étonné de les voir, les officiers du vaisseau ; et en leur présence ils firent leurs plaintes, demandant que nous fussions renvoyés, selon les ordres généraux, et la pratique de la Compagnie ; et selon les justes promesses qui en avaient été faites par le commandant. Ils ajoutèrent que s'il devait retenir les accusés, c'était un fait à examiner, mais que pour les innocents vingt fois déclarés tels, ils devaient être autrement traités.

Diodati, ne pouvant s'empêcher de rendre de nouveau témoignage à la vérité, répondit qu'il ne se plaignait pas de nous trois ; mais que si l'on ne nous traitait pas tout à fait de la manière que nous l'avions d'abord espérée, nous en devions imputer la faute à nos camarades ; qu'étant tous Français et associés, il ne pouvait pas plus se fier aux uns qu'aux autres. Raison véritablement impertinente, qui fut aussi relevée comme elle méritait.

Les officiers entendant cette déclaration, et voyant d'ailleurs que notre procédé si hardi et si sincère, ne pouvait venir que d'une bonne conscience, conçurent pour nous des sentiments favorables ; et quoiqu'ils eussent été prévenus par notre ennemi, qui leur avait dit que nous étions tous des gens de néant et des scélérats[35], ils jugèrent bien qu'on leur en avait imposé. Mais ils ne pouvaient guère nous servir, n'étant pas en droit de demander à entendre les témoins, pour juger de la chose. Seulement espérions-nous qu'ils intercéderaient en notre faveur, et qu'ils voudraient bien rapporter notre état à leurs maîtres. Comme nos deux amis virent que le commandant prétextait toujours la raison d'une chimérique appréhension que nous ne nous évadassions avec quelqu'une de ses chaloupes, ils offrirent d'être mis aux fers, aimant mieux se soumettre à cette peine que de rester plus longtemps sur ce misérable rocher : mais cela leur fut refusé ; on les envoya en prison, où on les mit aux *stombs* ; et dès le lendemain ils furent renvoyés avec nous, avec défense de sortir de là, sous peine d'une punition exemplaire. Et afin qu'on ne pût plus essayer de venir à terre comme ils avaient fait, il n'envoya plus qu'une barrique, et même qui n'avait qu'un fond.

35 Il doit s'agir de Pierre Thomas, l'ancien pilote de L'Hirondelle, qui selon la même lettre de Diodati a présenté ses compagnons comme une troupe de coquins indignes de toute confiance et a obtenu d'être logé séparément.

[ESPOIRS DÉÇUS]

Les officiers du vaisseau furent cependant suffisamment informés de notre état, tant par ce qu'ils avaient entendu de la propre bouche du commandant et de nos deux camarades, que par une requête circonstanciée que ceux-ci leur donnèrent adroitement, et dans laquelle, entre autres choses, ils étaient suppliés de faire savoir notre état à nos parents en Hollande, afin qu'ils tâchassent d'y apporter du remède. Ces messieurs touchés de notre lamentable condition, eurent la bonté de nous venir voir sur notre misérable rocher, afin de s'instruire plus exactement encore de la vérité par eux-mêmes. Ils furent alors convaincus par leurs propres yeux que nous n'avions rien avancé que de vrai dans notre requête par rapport à notre misérable état ; et ils furent si indignés du vilain traitement qu'on nous faisait, qu'ils nous protestèrent qu'ils mettraient tout en œuvre pour tâcher de nous soulager ; nous assurant qu'il ne tenait pas à eux qu'ils ne nous reçussent sur leur bord, mais qu'ils ne le pouvaient faire ouvertement sans le consentement du scélérat de commandant qu'ils voyaient être fort éloigné de le permettre. Qu'au reste, si nous pouvions nous rendre à leur vaisseau, sans qu'ils vinssent nous prendre ni nous aider en aucune manière avec leur chaloupe, ils pourraient nous recevoir, et nous recevraient effectivement de grand cœur. Quelques jours après, ils nous envoyèrent charitablement trois cents livres de riz, du biscuit blanc, quelques flacons d'eau-de-vie, et du vin d'Espagne. Tout cela nous fut d'une très grande utilité dans la suite, et particulièrement le riz, à cause de la disette, où nous nous trouvâmes quelquefois. Nous eûmes la précaution de cacher soigneusement ces provisions dans les trous de notre rocher, afin d'en ôter la connaissance aux matelots qui nous apportaient notre nourriture ; et de peur que la malice diabolique de M. Diodati, ne nous l'enlevât. Comme nous étions assurés sur la parole des bons officiers, qu'ils nous recevraient sur leur bord, si nous pouvions nous y rendre sans aucune sorte de secours de leur part, mais comme des gens qui s'accrochent à tout de peur de se noyer, nous fîmes deux tentatives pour cela. La Caze qui était très bon nageur essaya d'aller à eux en nageant. Le péril était grand tant parce que le trajet était d'une grande demi-lieue, que parce que cette mer est pleine de requins qui passent pour être des animaux fort dangereux. Malgré cela, après que nous eûmes tous longtemps travaillé à rompre les fers du pauvre prisonnier en les usant avec des pierres et autrement, il se mit à la nage. Quand il eut fait les trois quarts du chemin, les forces commencèrent à lui manquer ; le vent et la marée lui étant devenus contraires, il ne pouvait plus avancer ; et les flots qui le couvraient à tous moments, l'empêchaient de demander du secours. Mais les matelots qui le regardaient, et qui jugèrent bien qu'il était prêt à succomber, sautèrent promptement dans la chaloupe, et arrivèrent assez à temps pour lui sauver la vie. Le capitaine le fit monter, et le retint jusqu'à ce qu'il eût bien repris ses esprits, mais il le renvoya, lui témoignant que c'était à son grand déplaisir. J'avoue que je trouve aujourd'hui toute cette délicatesse mal entendue ; et je suis persuadé que si l'on y avait bien pensé, on aurait pu prendre avec ces messieurs pendant qu'ils étaient avec nous, des mesures telles qu'ils nous auraient pu sauver, sans rien faire d'injuste, et sans s'exposer à aucun danger. Comme au fond, ils étaient parfaitement assurés que nous étions injustement détenus, et cruellement traités par un voleur et un bourreau, qui avait été témoin et juge en sa propre cause, ils pouvaient ou faciliter notre évasion, en jetant l'ancre, comme sans dessein, plus près de notre rocher, ce qui leur était libre ; ou, en passer assez près en partant, et sauver en passant des hommes qu'ils auraient rencontrés flottant sur des planches sans s'informer de rien autre chose. Il n'était pas hors de probabilité que quelque vaisseau entrouvert eût été englouti dans ces mers-là, la nuit précédente, et que cinq hommes de l'équipage, combattant contre la mort avec le secours de quelques pièces de bois, n'eussent été rencontrés par un vaisseau faisant route, qui, sans autre raison que celle de l'humanité, pouvait les délivrer. Qu'on imagine telle difficulté qu'on voudra, il y avait moyen de parer à tout ; et s'il y avait eu du danger à craindre en Hollande ou à Batavia, ce n'aurait été que pour nous, qui aurions rompu nos fers, et surpris nos libérateurs. Mais rien de cela ne fut mis en question, et le pauvre La Case revint le même soir, fort affligé d'avoir perdu sa peine. Son exemple fut cause que ceux qui avaient pensé à tenter la même voie, je veux dire, à se sauver à la nage changèrent de sentiment, voyant qu'il leur serait impossible de réussir.

Quelques jours après le vaisseau s'éloigna de nous d'une grande lieue ; cependant, nous résolûmes de faire une seconde et nouvelle tentative. Nous liâmes tous nos coffres ensemble le mieux qu'il nous fut possible, nous les remplîmes de nos hardes, et nous en fîmes une espèce de radeau avec lequel nous espérions de nous rendre au bâtiment ; et nous attendîmes la nuit, pour l'exécution de cette entreprise, afin qu'on ne nous aperçût pas de l'île. Comme j'étais toujours malade on me transporta sur cette machine, et nous nous mîmes en chemin ; mais, ayant bientôt rencontré des courants rapides et contraires, il nous fut impossible de les vaincre ; nous fûmes tout heureux de pouvoir retourner en arrière ; et nous perdîmes alors toute espérance de nous tirer de ce triste lieu, par ces moyens-là. Peu de temps après, nous vîmes partir le vaisseau, avec le chagrin qu'on peut s'imaginer de ne nous en aller pas avec lui. Un jour, comme le commandant s'allait marier avec la fille d'un ancien habitant de l'île, dans la bonne humeur où le mit la fête, il s'avisa d'ordonner qu'on m'amenât à terre : il y avait huit mois que je languissais dans un état qu'il n'avait pas ignoré. Je ne le vis point, et je ne pus rien faire en faveur de mes compagnons ; mais le bien qui me revint de ce petit voyage, c'est que de meilleurs aliments, et un meilleur air, me rendirent mes premières forces. Pendant ce temps-là, les deux autres innocents qui étaient demeurés avec les accusés, après avoir résisté longtemps par leur vigueur et par leur jeunesse, tombèrent enfin dans la même maladie que j'avais eue.

Ils écrivirent au commandant, et le supplièrent de vouloir les faire mettre aussi à terre, s'offrant de travailler sans gages pour le service de la Compagnie ; mais ils ne furent point écoutés. Et comme ils se réduisirent à le prier de leur envoyer quelque viande fraîche ; il s'humanisa un jour, jusqu'au point de leur envoyer un veau, leur faisant en même temps déclarer, que si aucun était assez hardi pour penser seulement à venir dans l'île, de quelque manière que ce fût, il s'en repentirait le reste de sa vie.

[LA VIE SUR L'ÎLOT]

Ils demeurèrent dans ce triste état jusqu'au temps des pluies et des vents, qui augmentèrent beaucoup leurs incommodités. Le neuvième de février ils essuyèrent un furieux ouragan[36]. Cette horrible tempête

36 Le rapport de Diodati daté du 30 septembre 1695 relate en détail le passage du cyclone du 9 février 1695 (Leibbrandt, *Precis...*, p. 47-48), d'une violence sans équivalent selon lui depuis vingt-deux années, au point que « nous fûmes tentés de croire que le Jour du Seigneur était

renversa la plus grande partie des cabanes, et des habitations plus solides de l'île ; tous les plantages furent détruits, et quantité d'arbres arrachés. On ne savait où se cacher, et ceux mêmes qui étaient dans de fortes maisons de pierre, n'y furent pas tous en sûreté.

Que devinrent alors nos pauvres exilés ? dont l'un, savoir le sieur Testard, s'était saigné ce jour-là avec un canif ? Leur chétive cabane fut emportée comme une paille ; ce qui leur était resté de hardes, fut soudainement pénétré et gâté par la pluie : et ils auraient été enlevés eux-mêmes par le tourbillon, si la Providence ne leur avait préparé des trous dans le rocher, où ils chantèrent paisiblement ses louanges, au milieu du plus fort orage, quoique travaillés de faim, de froid et de maladie. Ils demeurèrent là vingt-quatre heures entières, sans oser sortir, et les pauvres malades souffrirent extraordinairement. Le dénaturé commandant, avec son cœur de *Pharaon*[37], n'eut point pitié d'eux. Au contraire, deux jours après ces nouveaux tourments soufferts, il eut l'inhumanité, sans aucune raison, ni prétexte, de faire attacher ensemble les deux accusés, quoiqu'ils fussent déjà dans les fers, accablés de mal, et si faibles qu'à peine se pouvaient-ils traîner.

Outre le flux de sang dont l'un était tourmenté depuis plus d'un an, il était aussi attaqué du poumon. Il est vrai qu'ils ne furent ainsi liés que dix jours. On leur laissa seulement leurs premiers fers, et le plus malade fut conduit à terre, en prison et mis aux *stombs*. Quinze jours après, le tyran qui se jouait de nous comme le chat fait de la souris, le renvoya sur le rocher, quoi que le chirurgien pût dire ; et il ordonna que je fusse ramené avec lui, sans vouloir permettre que je lui parlasse. Quoique j'eusse été assez bien rétabli, je fus repris de flux de sang, presque aussitôt après mon triste retour ; et les instances que je fis pour être reporté dans l'île furent toutes méprisées. Ce *Busiris*[38] voulait nous faire mourir à petit feu, n'osant pas nous assommer tout d'un coup.

---

advenu, et qu'il avait plu à Sa Divine Majesté de mettre un terme à toute vie. La mer s'éleva à une hauteur extraordinaire, et les deux vagues qui se succédèrent sans aucun reflux, accompagnées de pluies torrentielles, submergèrent comme d'un drap blanc les basses terres de l'île ».

37 Allusion à l'épisode biblique de la sortie d'Égypte sous la conduite de Moïse et d'Aaron et aux paroles de Dieu annonçant les douze plaies d'Égypte : « Alors l'Éternel dit à Moïse : – Maintenant que tu retournes en Égypte, considère tous les prodiges que j'ai mis dans ta main. Tu les accompliras en présence du Pharaon ; mais j'endurcirai son cœur, et il ne laissera point partir le peuple » (*Exode*, 4 : 21).

38 Souverain légendaire d'Égypte à qui un devin avait conseillé d'immoler les étrangers pour apaiser la colère des dieux.

Le sieur Testard, l'un des accusés, voyant augmenter dangereusement son mal, mit tout en œuvre pour obtenir la grâce d'être mis à terre. Il écrivit lettre sur lettre ; il offrit tout ce qu'il avait au monde ; et il consentit même à être mis aux fers et aux *stombs* en prison ; mais rien de tout cela ne fut écouté.

Voyant donc que toutes ces tentatives étaient inutiles, il résolut de passer le trajet sans congé, s'il en pouvait venir à bout, et d'aller chercher dans les bois et parmi les brutes, le secours que des hommes, qui portaient le nom de Chrétien, lui refusaient si obstinément. Mais avant que de rapporter sa funeste aventure, et pour interrompre un peu ces désagréables récits, je crois que l'on ne sera pas fâché que je raconte ici quelques particularités du lieu de notre exil, et diverses choses qui nous y arrivèrent.

Comme nous faisions tout notre possible pour contrebarrer notre mélancolie, quelqu'un de nous qui était ingénieux et adroit, s'avisa de faire des chapeaux de feuilles de lataniers : il y en avait quelques-uns dans l'une des deux petites îles situées des deux côtés de notre rocher ; comme on le peut voir dans la carte. On pouvait passer dans ces îlots à mer basse, dans le plein et dans le renouvellement de la lune ; de sorte qu'il ne nous était pas fort difficile d'avoir de ces feuilles. Cette invention ne servit pas seulement à nous désennuyer un peu, mais elle nous procura des secours ; car ces chapeaux parurent si jolis à ceux qui nous apportaient nos provisions, que nous gagnâmes leur affection par le présent que nous leur fîmes de quelques-uns. Et quand les habitants des colonies de l'île virent ces petits ouvrages, ils les trouvèrent aussi tellement à leur gré, que plusieurs de ceux à qui nous en donnâmes nous envoyèrent en reconnaissance, à l'insu du sieur Diodati, divers rafraîchissements qui nous furent de grande utilité. Ceux qui nous apportaient nos provisions, y joignaient aussi quelquefois un peu de viande fraîche dont ils nous faisaient présent ; ce qui nous faisait beaucoup de bien. Comme nous souhaitions de pouvoir prendre du poisson, pour aider à subvenir à nos besoins, et qu'on nous avait toujours refusé quelques bouts de nos propres filets pour pêcher ; nous nous avisâmes d'attacher au bout d'une espèce de perche échappée du débris de notre cabane, un assez grand clou que nous trouvâmes parmi des morceaux de vieilles planches qu'on nous avait apportées pour faire du feu. Et avec cet instrument nous dardions quelquefois du poisson. Entre le rocher et la rade où les vaisseaux sont à l'ancre, il y a un grand espace qui demeure à sec quand la mer est basse dans la pleine et dans la nouvelle lune. Là, il se trouve de lieu en lieu des fosses profondes, de deux ou trois pieds, où la mer laisse quelque poisson quand elle se retire ; et c'était là que nous en dardions avec notre bâton ferré.

[LE « SERPENT MARIN »]

Depuis que nous eûmes trouvé cette invention, nous en fîmes un si bon usage que le poisson ne nous manqua plus. Nous en faisions provision pour huit ou dix jours ; et nous avions un moyen de le conserver frais. Il nous arriva un jour d'en pêcher, ou plutôt d'en assommer un, qui nous pensa coûter à tous la vie. C'était un effroyable serpent qui pesait plus de soixante livres, et que nous prîmes, en notre grande simplicité, pour une lamproie, ou pour une anguille. Cette prétendue anguille nous parut, à la vérité, fort extraordinaire. Mais l'animal avait des nageoires, et nous ne savions pas qu'il y eût des serpents marins[39]. D'ailleurs, nous étions si accoutumés à découvrir des choses qui nous étaient nouvelles, sur terre et sur mer, que la figure de cette bête ne nous fit rien conclure autre chose, sinon que c'était une espèce d'anguille que nous n'avions pas vue encore et qui ressemblait beaucoup plus à un serpent, que ne font les anguilles communes. Effectivement, celle-ci avait une tête de serpent ou de crocodile, armée de dents crochues, longues et aiguës, (de la forme de celles du serpent-sonnette si connu partout, en Amérique) mais d'une tout autre grosseur. Voilà une étrange anguille ; disions-nous ; quel monstre ! quelles terribles dents ! Mais les requins, les brochets, et mille autres poissons, n'ont-ils pas des dents ? N'importe, dents ou non, il en faut goûter. Nous lui cassâmes donc la gueule et la tête à grands coups de perche, et nous l'emportâmes en triomphe, chacun de nous se croyant un saint Georges vainqueur du dragon.

39 La gravure représentant le « serpent marin » montre un animal d'aspect assez fantasmagorique et difficilement identifiable ; mais, on l'a déjà signalé, il est vraisemblable que bon nombre des planches illustrant la relation de Leguat sont fantaisistes. Il pourrait s'agir à la rigueur d'une très grosse murène ; toutefois, ce poisson étant très commun dans les lagons mauriciens, Leguat aurait dû normalement l'identifier. Dans sa *Relation de l'île Rodrigue* Tafforet fait mention d'une capture analogue : « J'ai pris un poisson de la forme d'une lamproie ayant la gueule de serpent, avec des dents fort aiguës. Je n'ai pas jugé à propos d'en manger, ne le connaissant point. »

FIG. 25 – Serpent marin.

Nous trouvâmes cette vilaine chair-là fort dure, et de mauvais goût, de sorte qu'heureusement, nous n'en mangeâmes guère. C'était un vrai poison[40]. Nous tombâmes tous en faiblesse ; nous suâmes extraordinairement, nous vomîmes jusqu'au sang, et en mon particulier, je puis dire avec entière certitude que je fus fort malade. Pendant un mois entier, je sentis des douleurs aiguës dans le bas-ventre ; et tous les jours sur le soir, je tombais dans un accès de fièvre ; accident d'autant plus notable que la fièvre est une maladie inconnue dans ce pays-là. Mes compagnons étaient tous fort mal aussi ; et dans ce triste état nous fîmes des signaux pour demander du secours ; ce qui fut inutile. Quand nos pourvoyeurs vinrent, nous leur racontâmes toute notre aventure, et nous leur montrâmes la tête de notre anguille : ils nous dirent seulement qu'ils n'en avaient jamais vu de pareille ; ces sortes de gens-là ne prennent garde à rien. Enfin, nous nous rétablîmes peu à peu, bien résolus de ne plus manger de cette espèce d'anguille ; car jamais il ne nous vint dans la pensée que ce fût un serpent. Cependant, nous pensâmes tous crever, à la grande joie et consolation de M. le Commandant, qui nous envoyait tantôt de la biche en rut, et tantôt de certains méchants citrons de son île qui sont très malfaisants ; ayant des raisons par-devers lui, pour ne nous assassiner pas, ou ne nous empoisonner pas tout ouvertement.

Comme nous n'avions aucune espérance prochaine de sortir de ce malheureux séjour, il était à propos de ménager beaucoup le riz que les officiers du vaisseau nous avaient donné. Nous n'en mangions que deux fois la semaine, et c'était pour nous des jours de festin. Après l'avoir mis en farine, nous en mêlions environ deux livres avec de certaines espèces de citrouilles d'assez bon goût, que quelques-uns de nos correspondants de l'île nous envoyaient secrètement, en échange de nos chapeaux. Je ne sais qui d'entre nous s'avisa d'une badinerie que je trouvai un peu ridicule, mais à laquelle je ne m'opposai pourtant point ; et qui servit de divertissement aux autres. C'est qu'ils voulurent que le gâteau ne fût partagé qu'en quatre parties, et qu'on jouât, à qui aurait la sienne ; en sorte que l'un des cinq fût exclu, et eût recours à quelque petite espèce de philosophie d'apprenti-moine, pour voir manger les autres, sans en faire paraître du chagrin.

40 Certains poissons des mers tropicales contiennent un principe toxique (ciguareta) et peuvent provoquer des empoisonnements graves. La toxicité, qui varie en fonction de la taille des poissons, des lieux de pêche et de la saison, semble liée à la présence dans l'eau de mer de certains organismes microscopiques.

Dans les galères, dans les cachots mêmes, et dans les états les plus fâcheux de la vie qui tirent en longueur, on se fait une certaine habitude de sa misère, et on charme en quelque façon ses maux par quelques amusements. J'ai dit que notre rocher était situé entre deux petites îles, où l'on pouvait aller à mer basse, quoiqu'un peu difficilement ; et que dans l'un de ces îlots, entre autres arbres, il y avait quelques lataniers ; l'autre était tout découvert. C'est tous les soirs le rendez-vous général de quantité de certains oiseaux de mer, qui sont de la grosseur d'un pigeon et à peu près semblables ; ils pondent leurs œufs sur le sable tout proche l'un de l'autre, et ils ne font qu'un œuf à chaque ponte. Si on leur enlève cet œuf, ils s'apparient de nouveau et le remplacent d'un autre jusqu'à trois fois. Ces oiseaux que nous appelions des *ferrets*[41], parce que quelqu'un de nous croyait les avoir entendus nommer ainsi ailleurs, ont encore ceci de particulier, que si on prend quelques-uns de leurs petits, les pères, et mères des autres abandonnent entièrement les leurs dans tout cet endroit-là. Si l'on garde ces petits en vie, et qu'on les expose à la vue des pères et mères, ceux-ci viennent voler tout autour, mais ils ne leur apportent jamais rien ; et quoiqu'apparemment sensibles aux cris de ces pauvres petits animaux affamés qui leur demandent incessamment à manger, ils les laissent néanmoins périr sans aucun secours. La première fois que nous allâmes dans cette île, nous apportâmes trois ou quatre douzaines de ces jeunes oiseaux avec quelques vieux. Comme les premiers étaient fort gras et avaient bonne mine, nous en fîmes rôtir et nous les trouvâmes à peu près du goût de la bécassine, comme ils en ont aussi la couleur ; mais ils nous firent beaucoup de mal, et nous ne fûmes jamais tentés d'en goûter depuis, les vieux ont un goût fort et sont très mauvais. Étant retournés en cette île quelques jours après que nous eûmes enlevé ces jeunes oiseaux dont je viens de parler, nous trouvâmes que tous les petits des autres qui étaient en fort grand nombre, avaient été abandonnés de leurs pères et mères ; les uns déjà morts, les autres secs comme du bois et mourants. Si la chair de ce gibier était indigeste et malsaine, la délicatesse de leurs œufs nous récompensait bien ; j'ai calculé que pendant notre séjour nous en avons mangé pour le moins douze mille, et nous n'en avons jamais été incommodés. Ces œufs sont tachetés de gris et plus gros que des œufs de pigeon. Il arrive justement que les trois mois que ces oiseaux pondent sont le temps que les cerfs sont en rut. De sorte que comme la chair de ces

41 Probablement une espèce de sterne.

animaux, qui faisait notre nourriture la plus ordinaire, est d'une puanteur insupportable, et malsaine en cette saison-là, nous nous dédommagions sur nos œufs ; surtout quand notre pêche n'était pas heureuse. Quoique plusieurs de ces œufs fussent prêts à éclore, nous mêlions tout dans la fricassée, et nous croquions tout de bon appétit, encore qu'un pareil ragoût fasse horreur à ceux dont la cuisine se gouverne par la mode ; et qui aiment ou n'aiment pas les choses, selon le caprice de la coutume et du préjugé. Je me souvenais du fameux Guzman d'Alfarache[42] qui se plaignait que ses boyaux s'avançaient sur le bord de ses lèvres, quand il faisait craquer sous ses dents dans une omelette, les tendres ossements des poulets mort-nés qu'il mangeait ; et ce souvenir ne me dégoûtait point ; tant est vrai le proverbe, dont je me suis, ce me semble, déjà servi, qu'il n'est sauce que d'appétit ; particulièrement quand ce que l'on mange n'est mauvais que par opinion. Il venait aussi sur notre rocher d'autres oiseaux, que nous appelions Plutons, parce qu'ils sont tout noirs comme des corbeaux[43]. Ils en ont à peu près aussi la forme et la grosseur, mais le bec est plus long et crochu par le bout ; le pied est en pied de canard. Ces oiseaux demeurent six mois de l'année en mer, sans qu'on les voie paraître ; et les autres six mois, ceux du voisinage venaient les passer sur notre rocher, et y faisaient leur ponte. Ils ont le cri presque aussi fort que le mugissement d'un veau ; et ils font un fort grand bruit la nuit : pendant le jour ils étaient fort tranquilles, et si peu farouches, qu'on leur prenait leurs œufs sous eux sans qu'ils se remuassent. Ils pondent dans les trous du rocher, le plus avant qu'ils peuvent. Ces oiseaux sont fort gras, de fort mauvais goût, puant extrêmement, et très malsains. Quoique leurs œufs ne soient guère meilleurs que leur chair, nous ne laissions pas d'en manger dans la nécessité : ils sont blancs, et aussi gros que ceux de nos poules. Quand on les leur avait ôtés, ils se retiraient de leurs trous, et se battaient les uns contre les autres jusqu'à se mettre tout en sang.

Nous promenant un soir nous trouvâmes une tortue de mer qui nous vint le plus à propos du monde, car nous avions un besoin extrême d'un pareil rafraîchissement. Elle était fort grosse, et elle nous donna près de

42 *La vie du picaro Guzman de Alfarache*, roman picaresque espagnol de Mateo Aleman publié en deux parties (Madrid, 1599 ; Lisbonne, 1604), connut un grand succès dans l'ensemble de l'Europe, notamment en France, où l'on relève au moins trois traductions différentes et de nombreuses éditions au XVIIe siècle. L'épisode de l'omelette d'œufs couvés servie dans une auberge au jeune héros se trouve au début du roman.

43 Sans doute le pétrel noir (*Puffinus pacificus*).

cent cinquante œufs. C'est le seul de ces animaux que nous ayons vu pendant tout le temps que nous avons demeuré là. Dans le lieu où nous allions darder le poisson nous trouvions des coquilles qu'on appelle de Vénus, de figure ovale et admirablement tachetées comme une peau de tigre ; on s'en peut servir comme de tasses.

[INCENDIE DU FORT]

Enfin, la trop juste crainte où nous étions que quand il arriverait quelque vaisseau, le commandant, toujours inexorable, ne nous voulût pas renvoyer, nous fit prendre la résolution d'aviser de nouveau, à quelque moyen de nous rendre de nous-mêmes au premier vaisseau qui viendrait. Pour cela nous formâmes le dessein de construire quelque espèce de barque. Comme nous avions gagné l'amitié de nos pourvoyeurs, ainsi que de plusieurs gens de l'île à qui nous envoyions de nos petits chapeaux, nous obtînmes d'eux plusieurs peaux de cerf et de bœuf sous le prétexte que nous leur alléguâmes que nous avions besoin de ces peaux pour nous faire des espèces de souliers. Ils nous donnèrent aussi quelques perches que nous leur demandâmes ; et nous leur attrapâmes à diverses fois sous quelque autre prétexte, une assez bonne quantité de goudron. Nous nous pourvûmes ainsi bientôt de ce qui nous était le plus nécessaire. Nous couvrîmes la carcasse du bateau de peaux cousues ensemble ; et après l'avoir achevée de notre mieux nous trouvâmes par l'épreuve que nous en fîmes, que cela nous pourrait servir. Afin que ceux qui nous apportaient nos provisions ne s'aperçussent de rien, nous cachions soigneusement ce nouvel esquif dans un trou du roc. Il arriva une nuit qu'un d'entre nous s'éveillant, et portant par hasard la vue vers l'île, aperçut un grand feu : il nous appela, et nous jugeâmes que c'était le Fort qui brûlait[44] ; (l'appartement du commandant, le magasin, et le corps de garde étaient

44 L'incendie criminel de la Loge (18 juin 1695), qui provoqua la perte des marchandises et des livres de comptes, est annoncé par Diodati dans la lettre du 30 septembre 1695 (Leibbrandt, *Précis…*, p. 49). Son prédécesseur Lamotius avait lui-même perdu sa femme et sa fille en 1679 dans les mêmes circonstances. Un nouvel incendie, le 15 novembre 1707, alors que Abraham Mommer van de Velde avait succédé à Diodati au poste d'Opperhoofd, détruisit entièrement le Fort Frederik Hendrick avec tout ce qu'il contenait, marchandises,

de pierre ; mais les autres logements, et même le petit temple n'étaient que de branches et de feuillages). Nous conjecturâmes que, si l'on ne découvrait pas bientôt les auteurs de cet incendie que nous jugeâmes bien avoir été quelque coup de malice, le commandant ne manquerait pas de nous soupçonner, ou du moins d'en faire le semblant, pour avoir occasion de nous maltraiter encore plus qu'à l'ordinaire. Il nous vint dans l'esprit qu'on pourrait bien nous venir visiter ; et nous pensâmes qu'en ce cas-là, si l'on découvrait notre bateau, cela ferait un grand préjugé contre nous. Nous démontâmes donc la machine, et nous en séparâmes les pièces d'une telle manière, qu'elles ne pouvaient pas faire naître le moindre soupçon. Peu de jours après, l'expérience nous fit voir que nous ne nous étions pas trompés dans nos conjectures ; car nos pourvoyeurs nous apprirent que nous avions été soupçonnés. Ils nous racontèrent aussi quelques circonstances de cet incendie, que j'ajouterai ici si le lecteur me le permet. Le commandant, qui avait su qu'un esclave nègre avait fait quelque friponnerie dans la cuisine, lui dit qu'il le ferait châtier. La punition qu'on fait à cette sorte de gens, quand ils sont trouvés en faute, c'est de les lier tout nus sur une échelle, et de les fouetter, avec une verge faite de petits roseaux découpés en aiguillettes ; après que cela a mis le corps tout en sang on les frotte de poivre et de vinaigre. Ce misérable nègre craignant un semblable traitement, se sauva aussitôt après qu'il eût été menacé, et complota avec un de ses camarades, et deux négresses, de mettre le feu au Fort. Ils exécutèrent leur dessein ; mais ils furent pris tous quatre et punis selon leur mérite, les deux hommes furent roués vifs, et les deux femmes pendues[45]. Nous avons été si bien assurés d'une circonstance singulière qui fut la dernière action d'un de ces malheureux, que je n'en saurais douter, quelque étrange qu'elle paraisse. Il avait toujours eu une passion excessive pour le jeu de dés ; et comme il était au lieu du supplice, il demanda avec grande instance, que quelque assistant voulût lui faire la charité de jouer encore quelques coups de rafle avec lui ; protestant qu'après cela il mourrait sans regret. S'il avait quelque dessein secret, c'est ce qu'on n'a pas deviné ; quoi qu'il en soit, personne ne se trouva d'humeur à le satisfaire.

---

comptabilité et archives, entraînant l'abandon définitif de la colonie par la VOC, effectif en 1710.

45 Dans la suite de la précédente correspondance Diodati justifie par la gravité des faits la procédure adoptée, juridiquement irrégulière, et relate en détail l'exécution sanglante des coupables.

Au reste, le commandant s'émancipa, en cette occasion : car les injustices de plusieurs de ceux qui l'avaient précédé, avaient obligé Messieurs de la Compagnie, de leur laisser seulement le pouvoir de faire les instructions des procès, tant des Noirs que des Blancs[46] ; et une fois il l'avoua lui-même, dans l'affaire de nos accusés. Car, comme l'un d'eux le priait de les juger, et de ne les pas garder si longtemps aux fers ; il répondit naïvement qu'il ne tenait pas à lui, et que s'il en avait le pouvoir ils seraient bientôt dépêchés. Puisque je me suis engagé dans ces petites digressions, je dirai encore que ce fut tout ce que le commandant put faire, lui et quelques autres qui étaient dans son logement, de se sauver en chemise. Ils furent redevables de leur vie à un prisonnier qui était aux fers dans le corps de garde, et qui aperçut le feu le premier. Ce qu'il y avait de meilleur au magasin fut aussi sauvé.

À peu près dans ce temps-là, il arriva à la rade du Nordouest-Haven deux bâtiments anglais[47] ; mais comme cet endroit est éloigné de notre rocher de plus de douze lieues, nous n'en eûmes aucune connaissance. Le commandant avait défendu sous de grandes peines à nos matelots de nous en donner avis, parce qu'il jugeait que nous ferions tous nos efforts pour y aller.

On nous a dit depuis, qu'un des capitaines de ces vaisseaux ayant appris notre détention, eut dessein de nous envoyer prendre, tant parce qu'il fut touché de compassion pour nous, que parce qu'il avait besoin de monde. Sa chaloupe fut mise à l'eau, et même armée de quelques petites pièces de canon pour nous venir enlever ; mais un mauvais temps survint et empêcha l'exécution.

[DISPARITION DE TESTARD]

Je viens présentement au dessein que le sieur Testard avait formé de tâcher d'aller à terre, à quelque prix que ce fût. Ce pauvre homme était un des accusés. Voyant que son mal augmentait, que le commandant ne voulait écouter, ni prières ni promesses, et que par conséquent il n'y avait

46 En cette affaire, Diodati a parfaitement conscience, en effet, d'avoir outrepassé ses droits et s'efforce de s'en justifier auprès de Van der Stel (même lettre, *ibid.*, p. 49-50).

47 Ces arrivées (le 14 et le 22 août) sont mentionnées par Diodati dans la même dépêche. Le Port Nord-Ouest (actuellement Port-Louis) se trouve sur la côte opposée.

aucune apparence d'être bientôt délivrés, quand même il serait arrivé quelque nouveau vaisseau ; ce pauvre homme, dis-je, ne put résister plus longtemps à la violente passion qu'il avait de respirer un meilleur air, et d'aller chercher au milieu des bois des aliments plus propres pour sa santé. Il nous communiqua son projet, et nous le trouvâmes fort difficile, et fort dangereux, de quelque côté que nous le considérassions. On voulut lui en faire comprendre toutes les suites. On lui représenta que le trajet était de plus de deux lieues ; que son radeau ne pouvait être fait que d'herbes, puisque nous n'avions plus de barriques pour les mettre aux extrémités, comme on en avait attaché au radeau de l'orfèvre ; que, supposé que par un grand bonheur il pût pourtant arriver à terre, il lui serait impossible de vivre dans les bois, parce qu'il n'en était pas de même dans cette île comme à Rodrigue, où l'on trouvait partout de quoi se nourrir ; n'y ayant que très peu de tortues à Maurice, et les oiseaux ne s'y laissant pas prendre à la main, non plus que les autres animaux : que bientôt il serait sans habits exposé à toutes les injures de l'air ; et qu'après tout, il était comme inévitable que les chasseurs ne le rencontrassent, et qu'il ne retombât entre les mains de son ennemi. Nous ajoutâmes, que quand il ne se trouverait plus parmi nous, ce malin persécuteur nous accuserait peut-être de l'avoir tué dans quelque querelle et qu'il fallait du moins qu'il laissât une lettre pour lui, et une pour nous dans quelque coin de la cabane, afin que cela servît à nous garantir après son départ. En un mot nous n'oubliâmes rien pour le détourner de cette funeste résolution. Mais tout ce que nous pûmes dire fut inutile. Il travailla seul à son radeau, personne ne voulant lui aider à faire l'instrument de sa perte. Il le composa de bottes d'herbes, et de quelques perches liées ensemble, mais cela était fort mal ; et il n'aurait pas été mieux quand on lui aurait aidé. Cependant, il résolut de s'en servir ; et il nous dit en partant, qu'il ne manquerait pas de paraître tous les mois, sur une montagne qui est vis-à-vis du rocher[48] ; que là il ferait du feu vers le commencement de la nuit qui précéderait ou qui suivrait le plein de la lune ; que si nous étions toujours dans le même lieu nous lui répondrions par un pareil signal ; ou qu'autrement il prendrait ce défaut pour une marque que nous serions à terre, et qu'ainsi il se trouverait dans le même temps en un certain lieu dont nous convînmes. Mais qu'au reste aussitôt qu'il apercevrait quelque vaisseau en quelque lieu de l'île que ce pût être, il

48 La montagne du Lion, qui surplombe Vieux-Grand-Port.

tâcherait de s'y rendre secrètement. Le jour destiné à son départ étant venu, après qu'il eut attaché son radeau à un piquet devant la cabane, il vint nous embrasser et nous dire un dernier adieu. Mais, comme il fut assez longtemps à nous entretenir de ses desseins, il arriva que la mer qui montait enleva sa fragile barque et l'emmena ; ce qui l'affligea extrêmement. Pour nous, nous en eûmes d'autant plus de joie, que nous vîmes qu'elle prenait le large, au lieu d'aller vers l'île, et qu'elle était poussée bien loin par un courant qui l'entraînait vers la pleine mer : de sorte que si cet accident ne fût pas arrivé nous aurions infailliblement bientôt vu périr notre ami, sans lui pouvoir donner du secours. Il semblait que cet heureux malheur devait le rendre plus sage et lui faire perdre sa première envie : cependant il ferma obstinément les yeux au danger, et ne voulut pas profiter des raisons que nous lui alléguâmes pour lui faire comprendre que cela n'était pas arrivé par hasard ; qu'il devait en faire son profit et se résoudre à la patience comme nous, puisque Dieu le voulait ainsi. Comme rien de tout cela ne le touchait efficacement, et qu'il nous protesta, qu'il ferait bientôt un autre radeau, pour exécuter son premier dessein, je crus devoir lui dire d'une manière un peu forte que nous nous trouvions obligés en conscience de l'en empêcher ; qu'il fallait le traiter comme un furieux qui voulait se précipiter[49] ; et que, quand je serais seul, je ferais tous mes efforts pour le retenir. Il ne dit mot et fit semblant d'acquiescer à ce que je disais, s'imaginant sans doute que nous étions effectivement résolus de nous rendre maîtres de lui ; mais il continua de méditer la même entreprise. Voyant qu'il lui était absolument impossible de faire un second radeau sans notre consentement, il résolut de bâtir un petit bateau de peaux de bêtes, sans que nous le sussions. Comme il avait travaillé à celui que nous avions construit tous ensemble, et qu'il savait que nous avions mis des peaux de cerfs sous nos matelas, il en prit adroitement une partie qu'il porta dans une grotte du rocher, où il travaillait à moments dérobés. Il acheva sa machine en peu de temps, et il partit la nuit du samedi au dimanche 10 janvier 1696 sans rien dire à personne. Le lendemain matin, l'ayant appelé pour assister à notre exercice ordinaire de piété, nous fûmes bien surpris de voir qu'il était éclipsé. On peut juger de notre douleur ; nous allâmes incontinent chercher dans ses hardes, nous doutant que s'il était parti, il aurait laissé quelque lettre : et nous en trouvâmes effectivement

49 Comme un fou prêt à se jeter dans le vide.

deux. Dans l'une, qui était pour nous, il nous marquait au long ses intentions ; il nous assurait que si Dieu lui faisait la grâce d'arriver heureusement à terre, il romprait son petit bateau ; qu'il enfoncerait les peaux dans la mer sous un tas de pierres, et qu'il disposerait si bien du reste qu'on ne pourrait jamais découvrir comment il aurait échappé du rocher, ni nous soupçonner d'avoir une part à son évasion[50]. L'autre lettre était pour le commandant : elle contenait en substance que c'était lui qui l'avait contraint à prendre cette funeste résolution, par le cruel et opiniâtre refus qu'il avait fait de le laisser aller à terre, pour tâcher de rétablir sa santé ; qu'il allait dans les bois pour ce seul dessein ; et qu'il ne se dérobait pas à la justice, puisqu'il ne manquerait pas de se remettre entre ses mains aussitôt qu'un vaisseau serait arrivé dans le port. Il n'emporta avec lui qu'un petit poêlon, un verre ardent pour allumer du feu, un livre de prières, et quelque peu de hardes.

Depuis ce funeste départ, nous n'avons pu apprendre aucune de ses nouvelles, quelques soins que nous ayons pris. Nous n'avons aperçu aucun des signaux qu'il nous avait dit qu'il nous donnerait ; et toutes nos recherches ont été inutiles.

Selon toutes les apparences, ce pauvre homme périt en faisant le trajet, ou mourut de misère au milieu des bois dès les premiers jours de son arrivée dans l'île. Quelque bruit, à la vérité, est parvenu à nos oreilles, comme si l'on avait trouvé la carcasse de son bateau en un bloc, de la manière qu'il nous avait écrit qu'il la mettrait, mais cela n'a point été avéré. Et environ deux ans après, comme nous étions au Cap de Bonne-Espérance, un vaisseau qui venait de Maurice nous assura qu'on n'en avait jamais rien pu découvrir. Voilà comment notre triste compagnie fut réduite au nombre de quatre personnes, par la tyrannie de M. le commandant. Après qu'il eut été averti de l'évasion du Sieur Testard, tant par nos pourvoyeurs, que par la lettre que nous lui envoyâmes, il n'en devint pas meilleur, et ne changea pas pour cela de conduite, à l'égard de ceux qui restaient. Au contraire, il fit mettre les fers aux pieds au Sieur de La Haye, quoiqu'il ne l'accusât de rien, et qu'il fût fort malade, et il traita les autres comme à l'ordinaire.

---

50 Nous avons ces deux lettres en original [N.D.A.]

[NOUVELLE TENTATIVE D'ÉVASION]

Comme le Sieur La Case vit que son mal allait en empirant, et qu'il craignit de se voir bientôt obligé de garder le lit ; il résolut pendant qu'il le pouvait d'imiter le sieur Testard dans son entreprise, et d'aller dans les bois chercher de la santé, avec quelque sorte de liberté. Il nous communiqua son dessein et nous pria de ne nous y point opposer, parce que ce serait inutilement : ajoutant que si nous n'y consentions pas, il hasarderait de faire de nuit le trajet à la nage, plutôt que de demeurer plus longtemps dans ce misérable séjour. Voyant donc sa résolution si absolue, et craignant qu'il ne se portât à quelque action plutôt désespérée que téméraire ; loin de nous opposer à ce qu'il désirait, nous lui aidâmes à construire un radeau d'herbes et de branches : et même, nous nous repentîmes beaucoup de n'avoir pas accordé la même assistance au pauvre Testard. Nous attachâmes une natte de toile de latanier au radeau pour lui servir de voile. Il attendit le soir que le vent fût fort, et la mer haute, et convint avec nous des mêmes choses dont nous avions été entretenus par le sieur Testard. Le vent qui était fort violent, fit tourner deux fois la machine ; mais comme La Case était bon nageur, il remonta toujours sur sa bête, et gagna terre en peu de temps, la faveur du vent l'ayant garanti du danger du courant. Aussitôt qu'il fut arrivé il fit du feu au bord de la mer ; et nous reconnûmes ce signal. Il se jeta ensuite dans l'épaisseur du bois, et y passa le reste de la nuit. Le lendemain, comme il nous l'a depuis raconté, il marcha tout le jour, sans savoir où il allait, et sans rien trouver à manger. Ce fut la même chose les huit jours suivants ; de sorte que, s'il n'eût pris quelques provisions en partant, il serait mort de faim et de fatigue et d'autant plus tôt que sa maladie augmentait toujours. Le huitième jour il pêcha une anguille qu'il mangea toute crue. Et le neuvième il trouva un sentier qui le conduisit au logement d'un habitant de l'île, qui au lieu de le secourir, le livra à des soldats qui le ramenèrent au Fort[51].

Le commandant appréhendant que nous ne lui échappassions les uns après les autres, et les gens qui nous apportaient nos provisions se plaignant

51 On trouve une allusion à ces deux tentatives d'évasion dans le rapport de Diodati du 26 septembre 1696 : « Les deux hommes qui avaient été mis aux fers ont plus tard brisé leurs chaînes et se sont évadés dans les forêts. Jacques La Case a été capturé, mais Jean Tettait (Testard) est encore en fuite » (Leibbrandt, *Rambles…*, p. 132).

sans cesse de la peine que cela leur donnait, il fut enfin contraint, par ces raisons et par quelques autres, de nous faire venir tous à terre. Mais afin que cette sorte d'élargissement ne nous apportât pas une dangereuse joie, il eut la charité de la tempérer, en nous dérobant environ cent livres de riz qui nous restaient de celui qui nous avait été donné, et que nous avions jusque-là si soigneusement ménagé. C'était justement dans le temps que les patates ne valent absolument rien, et que les soldats étaient contraints d'acheter du riz du commandant, sur son propre compte. Il faisait entendre que c'était le sien propre, celui qu'il avait sauvé de l'embrasement ; disant que le riz de la Compagnie, qui est destiné à la nourriture des soldats, avait été tout consumé. Pour nous, nous ne pouvions acheter ni cela ni autre chose, faute d'argent ; le larron qu'il est, nous avait tout ôté.

Comme j'avais laissé quelques mémoriaux à Rodrigue, j'en mis aussi dans une caverne de notre rocher (que j'appelle par une double raison le rocher de Zochelet[52], I, *Rois*, 1, 9). Et j'ajoutai un abrégé de l'histoire de notre longue et cruelle détention, dans ce triste et aride séjour. Je n'oubliai pas de remarquer dans ce petit narré, qu'un malheureux morceau de gomme inconnue, et longtemps méprisée, avait été la cause d'une tyrannique persécution, et de la déplorable mort de l'un de nos chers compagnons. Tant est vrai ce que dit saint Paul, que la convoitise des richesses est la racine de tous les maux ; et que ceux qui veulent devenir riches tombent dans les pièges du diable, et en plusieurs pernicieux désirs, qui les précipitent dans l'abîme de perdition[53].

---

52 Le rocher de Zochelet (traduit par « la Pierre-qui-glisse » dans la *Bible de Jérusalem*) est le lieu du sacrifice offert par Adonias, frère de Salomon, et son concurrent à la succession du trône de David. Adonias immola en ce lieu, où il avait invité ses frères et les hommes de Juda, mais non son frère Salomon ni le prophète Nathan, des bœufs et des veaux gras. La « double raison » qui justifie cette référence biblique n'apparaît pas clairement : Leguat reproche à Diodati de s'être approprié la réserve de riz sur laquelle il n'avait aucun droit, mais on saisit mal en quoi le thème de l'usurpation du pouvoir légitime peut concerner Leguat et ses compagnons. Signalons toutefois la solution proposée par Frédéric Tinguely, qui fait remarquer que *zochelet* signifie aussi *serpent* en hébreu et y voit une allusion au monstrueux « serpent marin » responsable de l'empoisonnement du groupe (« L'île est un piège. Les aventures de François Leguat et de Geoffoy Atkinson », in Frank Lestringant et Alexandre Tarrête (éds.), *Îles et insulaires (XVIe-XVIIIe siècle)*, Paris, PUPS, Cahiers V. L. Saulnier, 34, 2017, p. 97-110).

53 « Car l'amour de l'argent est la racine de tous les maux, et quelques-uns, pour s'y être adonnés, se sont détournés de la foi et se sont attiré beaucoup de tourments » (*Timothée*, 6 : 10).

[DÉPART POUR BATAVIA]

Lorsque la bonne nouvelle de notre délivrance nous fut annoncée, et celle de notre départ de l'île Maurice pour Batavia, j'en eus une grande joie : car j'avoue que quelque industrieux que je fusse à chercher du divertissement, et même à paraître gai pour tâcher de consoler ces pauvres jeunes gens avec qui j'étais, je n'avais l'esprit guère moins accablé que le corps. Et outre cela, je ne puis dissimuler que j'étais rongé, sinon de haine, contre notre malin et acharné persécuteur, du moins, d'un mépris et d'une indignation extrêmes. Je ne pouvais pas même souffrir qu'il portât le beau nom de Diodati, et qu'il se dît enfant de Genève (d'autres assuraient qu'il était né à Dort[54]). Si quelque mahométan d'Alger m'avait fait plus de maux encore, je les aurais plus patiemment supportés.

Dans cette joie qui me pénétra, mon âme s'éleva vers mon Libérateur, et j'écrivis un cantique d'action de grâces, et de bénédiction, que je composai de divers passages de l'Écriture, si heureusement liés et unis ensemble, je le puis bien dire, que cela convenait parfaitement à nos divers états. Je m'occupai délicieusement tout un jour, à faire ce consolant recueil ; et comme c'est la parole de Dieu toute pure, je le joindrais volontiers ici, comme une chose qui devrait être agréable. Mais je vois des gens, de loin, qui prennent un air moqueur ; je les entends qui disent, nous avons bien à faire de ton cantique. Car, autrefois, c'étaient les insensés qui s'imaginaient qu'il n'y avait point de Dieu ; mais aujourd'hui, ce sont les esprits forts[55]. Eh bien, messieurs les beaux esprits, vous n'aurez

54 Ces deux affirmations sont exactes : Roelof Diodati, dont on trouvera la biographie détaillée dans l'ouvrage de Rainer (*op. cit.*, p. 181-187), né à Dort (aujourd'hui Dordrecht, en Hollande-Méridionale) en 1660, est le descendant d'une vieille famille protestante d'origine italienne (Lucques) riche en pasteurs et en théologiens, installée à Genève au XVIe siècle. Une branche émigra en Hollande. Philippe, père de Roelof Diodati, devint pasteur de l'église wallonne de Leyde en 1651.

55 S'appuyant sur une citation biblique bien connue (« L'insensé dit en son cœur : "Il n'y a point de Dieu !" », *Psaumes*, 14, 1), Leguat – ou peut-être à travers lui Misson, si ce dernier est bien l'auteur du « cantique » en question – tient à se démarquer sans équivoque des athées, libertins, « déniaisés » et autres « esprits forts », d'autant que l'imputation de spinozisme, voire d'athéisme caché, fait partie des accusations habituelles des controversistes catholiques envers les intellectuels du Refuge de Hollande. Sur le psaume XIV et la polémique protestante contre les athées, voir Inès Kirschleger, « L'athéisme au prisme des psaumes :

point mon cantique : vous en êtes indignes. Les choses saintes ne sont pas pour les chiens, et ces perles ne sont pas pour vous. Je les garde pour des gens de bien ; pour vous, sage et honnête lecteur, qui n'êtes pas entraîné par le torrent de la perversité : voyez à la fin de cette relation, vous y trouverez mon cantique.

Le 6 de septembre 1696 le vaisseau appelé *Suraag*[56] arriva, et apporta des ordres pour nous renvoyer. Nos généreux amis, les officiers de *La Persévérance*, dont j'ai parlé, avaient eu la bonté de présenter nos lettres, et nos requêtes, à Messieurs les Directeurs Généraux, en Hollande. Comme le commandant vit qu'il lui était impossible de nous retenir davantage, force lui fut de nous avertir de ce qui était arrivé : il nous en parla le premier et nous dit de nous préparer à nous embarquer. Nous nous étions attendus que selon la coutume lorsqu'il arrive un vaisseau, on tiendrait une assemblée dans laquelle chacun pourrait faire ses plaintes en toute liberté, mais il trouva le moyen d'empêcher cela, et nous fûmes envoyés à bord sans qu'on nous dît rien et sans qu'on se mît en devoir de rendre aucune partie de nos effets. Cela nous obligea de présenter une requête aux officiers du vaisseau pour les informer du traitement que notre persécuteur nous avait fait et continuait de nous faire avec tant de tyrannie et d'injustice. Il vint au vaisseau où, ayant vu notre requête, il fit appeler l'un de nous, qu'il traita de maudit coquin, et lui demanda pourquoi il présentait de semblables requêtes. Comme on se voyait à peu près hors de ses pattes, on lui répondit assez fermement, qu'il pouvait bien juger que ce n'était pas pour vanter beaucoup ses bienfaits, mais pour informer en sa propre présence les officiers du vaisseau qui venaient enfin à notre secours, de la manière étrange dont il usait envers nous, jusqu'au dernier moment, et qu'ils pussent témoigner que l'on s'en était plaint dès Maurice. Après quelques injures, il ajouta d'un air moqueur que nous n'avions qu'à chercher justice à Batavia devant le général et son conseil[57] ; et nous lui répondîmes que c'était aussi notre résolution. L'après-midi, il nous fit appeler, et nous dit en présence du conseil du vaisseau, qu'auparavant il avait donné ordre que nous fussions reçus comme passagers, sans être obligés à rien faire ; mais qu'à cause

---

étude comparée de quatre sermons réformés sur le psaume XIV au XVIIe siècle », *Cahiers d'étude du religieux. Recherches interdisciplinaires* [en ligne], 5, 2009, consulté le 25/05/2021.

56 Erreur de Leguat ou de son imprimeur pour *Swaag.* Dans la lettre déjà citée (Leibbrandt, *Rambles…*, p. 132), Diodati annonce le départ des quatre hommes pour Batavia sur ce vaisseau.

57 Le gouverneur général de Batavia et le Conseil des Indes.

de notre belle requête, nous n'avions qu'à nous attendre à travailler comme les soldats et seulement pour notre nourriture. « Pour M. de La Case, ajouta-t-il, il trouvera bon qu'on le mette aux fers pendant le voyage ; et vous aurez ainsi de quoi faire de nouvelles plaintes quand vous viendrez à Batavia ».

[DESCRIPTION DE L'ÎLE MAURICE]

Avant que de partir de l'île Maurice, je dirai quelque chose de ce que j'y ai vu, et de ce que j'en ai appris. On sait que cette île est située sous le vingt et unième degré de latitude méridionale. Elle est assez ronde, et son circuit est d'environ cinquante lieues. J'ai lu quelque part que ce sont les Portugais qui l'ont découverte : ils la nommèrent *Cerne*[58]. Mais quand les Hollandais s'en emparèrent (le 20 septembre 1598), ils lui donnèrent le nom du prince Maurice de Nassau, alors gouverneur des Provinces-Unies[59].

On peut mouiller en trois endroits principaux ; au Fort, à la Rivière-Noire et au Nord-Ouest Haven.

La Compagnie entretient au Fort une garnison d'environ cinquante hommes ; et il y a trente ou quarante familles hollandaises dispersées en divers endroits de l'île[60].

---

58 Ce nom, qui remonte en réalité aux géographes de l'antiquité (Pline), semble s'appliquer aux terres situées aux limites du monde connu à l'ouest (*Cernè Atlantica* correspondrait à Madère) et à l'est : *Cernè Ethiopica* est traditionnellement identifiée soit à Madagascar, soit à l'île Maurice. Cette dernière aurait été découverte, par les Portugais probablement, soit dès 1500 (par Diogo Dias), soit en 1510 (par Lopes Sequeira), voire plus tard (par Domingo Fernandez ou Pedro Mascarenhas, 1516).

59 Cette prise de possession, effectuée en effet le 20 septembre 1598 par cinq navires de la flotte de Van Neck et Warwyck, donna lieu à un récit largement diffusé, illustré par une série de gravures des frères De Bry, fixant pour longtemps la thématique de l'île-Paradis terrestre à laquelle se rattache encore la relation de Leguat.

60 Selon le rapport de Diodati adressé à Batavia le 2 juillet 1694 (in Leibbrandt, *Precis…*, *op. cit.*, p. 26), « l'ensemble de la garnison, le commandant inclus, ne compte que 28 hommes. La plupart des esclaves sont âgés et infirmes, et un fardeau pour nous ». À la destitution de Lamotius, son prédécesseur, l'île abritait 32 familles de colons ou *vrijburgers* (voir P. J. Moree, *A concise History of Dutch Mauritius, 1598-1710*, London and New York, Kegan Paul, and Amsterdam, ILAS, 1998, p. 84-87).

Après que le feu eut détruit une grande partie du Fort, comme nous l'avons dit, on le rebâtit de pierre : on y a mis, si je m'en souviens bien, une vingtaine de bonnes pièces de canon de fonte.

Le terroir de cette île est presque partout rougeâtre, et généralement bon : mais autour du Fort, il ne vaut rien du tout.

La rade, vis-à-vis, est dangereuse et de difficile sortie, quoiqu'elle ait deux issues ; parce qu'il faut nécessairement un certain vent de terre qui arrive rarement ; et que les profonds calmes sont fréquents dans toute cette plage : les deux autres rades sont assez bonnes.

On trouve dans l'île quantité d'ébéniers noirs et rouges : le noir est le plus dur. Les soldats, que l'on occupe à scier ce bois, en scient vingt pieds du rouge, en aussi peu de temps que douze du noir : et c'est leur tâche ordinaire d'un jour.

Il y a des orangers doux et aigres ; quantité de citronniers aussi doux et aigres ; et diverses sortes de grands arbres propres pour la charpente. À un bon quart de lieue du Fort ils ont une forêt de limoniers, et autour de là, ainsi qu'en plusieurs autres endroits on cultive du tabac qui est d'une force extrême. On plante aussi beaucoup de cannes de sucre. L'eau-de-vie qu'on en tire, et qu'ils appellent *araque*[61], est forte et malfaisante quand elle est nouvelle. Je ne dirais rien des ananas, des bananes, beaux et excellents fruits qu'ils ont en abondance, parce que toutes les relations en ont parlé, s'il n'y en avait pas de diverses sortes. L'ananas de l'île Maurice sort de terre comme un artichaut, et il se provigne de même ; sa semence est dans le bouquet qui couronne le fruit. La plante n'en porte qu'un seul ; il est communément de la grosseur d'un médiocre melon, formé à peu près en pomme de pin, et brillant de toutes les plus belles et les plus vives couleurs. Il porte une espèce de couronne, et on ne peut se lasser de le regarder, non plus que d'en admirer la douceur et la délicatesse exquise : mais, comme il est extrêmement froid, il en faut user avec beaucoup de modération. La feuille, grande, épaisse, et armée de pointes par les côtés, a quelque ressemblance à celle de l'aloès. La description qu'on nous fait des ananas du Brésil, les représente un peu différents de ceux-ci. Ils ont de petites feuilles qui sortent de tous côtés d'entre les grains du fruit.

---

61 Araque ou arack : terme générique, entré en français vers 1525, désignant en contexte colonial divers alcools obtenus, selon les régions, par distillation de la canne à sucre, du vin de palme, de l'eau de coco, du riz fermenté notamment.

FIG. 26 – Ananas.

Le bananier est une grande et parfaitement belle plante, qui s'élève à la hauteur de dix à douze pieds avec de très grandes feuilles de figure ovale, et qui porte un fruit long comme la main, de la grosseur du poignet d'un enfant de quatre ans ; il est jaune quand il est mûr, blanc en dedans, un peu pâteux comme la chair d'abricot, et d'un goût délicat et relevé.

On trouve encore dans cette île des cocos, des palmiers, des lataniers, et diverses sortes d'arbres fruitiers.

Il y a une espèce d'arbuste qu'ils appellent *Stront-boom*, ou arbre de M*rde, qui est extrêmement venimeux. Le milieu de son tronc est plus gros que ni le haut ni le bas. Le bois est mollasse ; et la feuille ressemblerait beaucoup à celle de nos saules, si elle n'était pas un peu plus large. Je n'y ai vu ni fleurs ni fruits[62]. Le bois et l'écorce sont un poison prompt et violent, et à ce qu'on m'a dit est sans remède. Un jour, comme je passais dans les bois, au retour de la chasse, j'en rompis par hasard une petite branche et j'en portai sans réflexion, et sans avoir jamais ouï parler de cet arbre, un petit éclat à ma bouche. Je le rejetai incontinent, sans rien avaler, et cependant j'en pensai mourir. Pendant vingt-quatre heures, il me semblait que quelqu'un me serrait la gorge, et je l'avais si enflée qu'à peine pouvais-je respirer. Dans les pays qu'on ne connaît pas il faut être d'une grande circonspection sur ces sortes de choses. On m'a assuré que la manière ordinaire, dans ces îles, de discerner les fruits venimeux d'avec ceux qui ne le sont pas, c'est de les présenter à quelque singe de l'île même ; parce qu'on peut à coup sûr manger de ce qu'il mange, comme on doit aussi laisser ce qu'il persiste à refuser.

Au milieu du pays dans une grande plaine environnée de montagnes, il y a un bois où il est fort dangereux de s'engager. Les branches des arbres sont si épaisses par le haut, et si entrelacées les unes avec les autres, qu'il est impossible de voir le soleil. Ainsi comme on ne sait où on va, on s'égare comme dans un labyrinthe : et cet accident est d'autant plus fâcheux, qu'on ne trouve rien à manger.

Le commandant qui était à Maurice avant celui-ci, entra un jour dans ce bois, et s'y enfonça fort avant, contre son intention. Lui et les gens qui l'accompagnaient achevèrent bientôt leurs provisions, et ils étaient déjà tous résolus à la mort, lorsque par un grand bonheur ils trouvèrent enfin une issue, après en avoir cherché inutilement pendant quatre jours.

---

62 Sans doute le « bois de mapou » (*Vitis Mappia*).

Les autres bois de cette île sont assez faciles à percer. Il y en a de fort agréables, et où l'on trouve des singes de diverses espèces. Ces malignes bêtes causent beaucoup de dommage aux habitants, en ce qu'ils prennent plaisir à arracher tout ce que ceux-ci sèment[63].

L'île en général est fort montagneuse et fort couverte d'arbres, ainsi que la plupart des pays peu habités. Elle est arrosée de plusieurs rivières rapides et assez poissonneuses, sur quelques-unes desquelles on a bâti des moulins à scier des planches.

De chaque côté de ces rivières on trouve fréquemment des petits vallons, dont le terroir est admirablement bon. Il y a de grands espaces assez unis, surtout dans ce lieu dont j'ai parlé qu'on appelle *Flac*, ou terre plate[64]. C'est là aussi que s'est ramassée la meilleure partie de la colonie. Je ne sais si je n'ai pas déjà dit que la Compagnie y a un grand jardin, qui est fourni de presque toutes les plantes que nous avons en Europe : du moins de tout ce qui a pu être cultivé avec succès, dans ce climat étranger. Le froment n'y réussit pas, ni aucune autre sorte de nos blés.

La vigne croît assez, et j'y ai vu de fort belles treilles ; mais le raisin ne mûrit pas bien ; ce qui vient peut-être en partie de l'ignorance et de la paresse de ceux qui la cultivent mal, ou qui ne la cultivent point du tout.

C'est de ce jardin que la Compagnie tire ses patates, et tous les fruits dont elle a besoin pour nourrir la garnison, les esclaves nègres, et tous ceux qu'elle entretient au Fort. Un bateau va toutes les semaines deux fois à la Grande Rivière[65], d'où l'on transporte tout ce qu'on y a porté du *Flac* sur des chariots pour les provisions de la Loge ou Fort. Cela est incommode et de grand frais, car il y a plus de huit lieues du *Flac* à la Loge, et il faut faire ce chemin partie par eau, partie par terre. Le terroir autour du Fort est extrêmement ingrat ; et l'eau n'est pas bonne non plus, étant toute salpêtreuse. Il y a dans l'île un canton qu'on appelle *le pays brûlé*, parce que les arbres qui le couvraient autrefois ont

63 Les méfaits dans les cultures des singes macaques de l'île Maurice (devenue île de France après le départ des Hollandais) sont un lieu commun chez les voyageurs du XVIIIe siècle. Voir par exemple la lettre IX du *Voyage à l'île de France* de Bernardin de Saint-Pierre (1773), lequel les croit indigènes de l'île, contre la thèse de leur introduction par les Portugais soutenue par l'abbé de la Caille.

64 Du hollandais *Vlatke*, aujourd'hui orthographié Flacq, dans la partie est de l'île.

65 La Grande Rivière Sud-Est, dont l'embouchure est située entre Flacq et Mahébourg.

été brûlés : il en est revenu plusieurs en quelques endroits, quoique ce soit un fond de rocher.

Les patates réussissent fort bien partout, et elles sont la nourriture la plus ordinaire des habitants. Ces espèces de topinambours leur servent de pain, comme au commun peuple d'Irlande. Quand ils veulent du riz, ils l'achètent de la Compagnie. Ce n'est pas qu'il n'en pût croître là, car en plusieurs endroits l'eau et le terroir sont propres pour cela ; mais ces gens-là sont trop paresseux pour se donner la peine de cultiver cette sorte de grain qui demande un soin tout particulier. La viande la plus commune c'est le cerf. Ces animaux sont si gras, qu'après qu'ils ont couru un quart de lieue, ils sont forcés de s'abandonner à la merci des chiens. Il y a des boucs et des chèvres en quantité ; ils sont gras aussi : et la chair n'en est pas mauvaise. On en mange beaucoup, dans le temps que le cerf est en rut, parce qu'alors cette venaison a un goût puant et insupportable. Il y a des cochons de race de la Chine. Encore que les sauvages soient moins bons de beaucoup que nos sangliers, on ne laisse pas d'en manger : ces bêtes font beaucoup de tort aux habitants parce qu'ils mangent tous les autres jeunes animaux qu'ils peuvent attraper[66].

Les taureaux et les vaches de la meilleure espèce ont été amenés de Madagascar, et ont abondamment multiplié : ils ont une bosse sur le dos. Les vaches donnent fort peu de lait : une de Hollande en fournirait plus que six de Maurice[67], la chair de ces animaux n'est pas non plus si bonne que celle des nôtres. On en trouve de sauvages qui sont originaires de l'île ; ou du moins qui y furent trouvées par ceux qui la découvrirent au siècle passé ; car il faut bien qu'elles aient été autrefois apportées de quelque endroit. Il y a aussi beaucoup de chevaux sauvages, on en tue quelquefois pour nourrir les chiens. Ces deux espèces d'animaux, je veux dire les chiens et les chevaux, sont sujets au haut mal, et il en meurt beaucoup, surtout pendant qu'ils sont jeunes.

L'île était autrefois toute remplie d'oies et de canards sauvages ; de poules d'eau ; de gélinottes ; de tortues de mer et de terre ; mais tout

---

66 Comme les cerfs et les chèvres, les porcs sauvages (« cochons marrons »), ainsi que les vaches et chevaux retournés à l'état sauvage aujourd'hui disparus, ont été introduits par les premiers visiteurs européens ; ils ont beaucoup contribué à l'extinction de la faune primitive de l'île.

67 Remarques similaires de Bernardin de Saint-Pierre dans le *Voyage à l'île de France*, lettre XV, concernant les zébus originaires de Madagascar.

cela est devenu rare[68]. Les lamantins mêmes, et d'autres animaux marins se sont éloignés, depuis qu'on a commencé à leur tendre des pièges. On voit de grandes volées de butors, et beaucoup de certains oiseaux qu'on appelle géants, parce que leur tête s'élève à la hauteur d'environ six pieds[69]. Ils sont extrêmement haut montés et ont le cou fort long. Le corps n'est pas plus gros que celui d'une oie. Ils sont tout blancs, excepté un endroit sous l'aile qui est un peu rouge. Ils ont un bec d'oie, mais un peu plus pointu : et les doigts des pieds séparés, et fort longs. Ils paissent dans les lieux marécageux, et les chiens les surprennent souvent, à cause qu'il leur faut beaucoup de temps pour s'élever de terre. Nous en vîmes un jour un à Rodrigue, et nous le prîmes à la main tant il était gras ; c'est le seul que nous y ayons remarqué ; ce qui me fait croire qu'il y avait été poussé par quelque vent à la force duquel il n'avait pu résister. Ce gibier est assez bon.

---

68 Pour s'en tenir au seul exemple des tortues de terre, dont la taille monstrueuse et l'extraordinaire abondance ont été popularisées par les gravures des frères De Bry illustrant la première visite des Hollandais à l'île Maurice en 1598, Diodati signale dans son rapport du 26 décembre 1698 qu'« elles ont été capturées en telles quantités par Lamotius que c'est à peine si l'on en voit une seule à présent », ajoutant qu'en cinq ans de séjour deux seulement ont été servies à sa table (Leibbrandt, *Precis…*, *op. cit.*, p. 170).

69 Sur les difficultés d'identification de cette espèce disparue pour laquelle la description de Leguat constitue la principale source d'information, voir l'édition Pasfield Oliver (*Appendix* D, *On extinct birds of the Mascarene Islands*, t. II, p 359-372), ainsi que, plus récemment, l'étude d'Alfred North-Coombes (« François Leguat, *Le Géant* and the Flamingo in the Mascarene islands », *Proceeding of the Royal Society of Arts and Sciences of Mauritius*, vol. IV, III, 1983, p. 1-30).

FIG. 27 – Le géant.

Il y a une espèce de petits oiseaux qui sont assez faits comme nos moineaux, excepté qu'ils ont la gorge rouge. Les perroquets de toutes les sortes, s'y trouvent en abondance. Il y a des pigeons et des merles, mais peu. Les chauves-souris, dont on fait grand cas en ce pays-là, y sont en grande quantité, et les lézards aussi. Les rats y fourmillent et causent de grands dommages à la Compagnie et aux habitants, parce qu'ils rongent les cannes de sucre, et mangent les légumes[70]. Si l'on voulait pratiquer ce que nous faisions à Rodrigue, on en détruirait beaucoup, et on se garantirait d'une grande partie des désordres que ces animaux font. Mais quelques régiments de chats leur livreraient infailliblement une vigoureuse guerre ; et ce serait sans doute le meilleur moyen d'exterminer cette vilaine engeance.

Les chenilles petites et vertes règnent pendant trois ou quatre mois de l'année, et rongent presque tout.

On y voit des crabes de mer et de terre, mais peu.

Il n'y a aucune sorte de serpents, et le peuple dit qu'ils ont été miraculeusement chassés de cette île, comme les Irlandais disent que saint Patrice a banni tous les animaux venimeux de la leur[71].

Il n'y a ni poux, ni puces, ni crapauds, ni grenouilles, non plus qu'à Rodrigue, ni, je pense, dans les autres îles de ce pays-là.

La mer est fort poissonneuse : et elle apporte quelquefois de l'ambre jaune, et de l'ambre gris, de même qu'à Rodrigue.

Les ouragans étaient autrefois très fréquents et très furieux dans cette île, mais depuis vingt ans ou environ, on n'y en a souffert que celui dont j'ai parlé, que nous essuyâmes sur notre rocher. Il est vrai qu'en leur place il règne, en certaines saisons, des vents qui sont fort violents aussi, et accompagnés de fort grosses pluies.

C'est une chose bien singulière à cette île, si ce que tous m'ont dit avec grande affirmation est véritable, que, quand il arrive un ouragan, ce n'est jamais que le neuvième de février : cela passe pour un fait certain.

Les habitants font leurs semailles dans le temps des pluies, qui sont continuelles pendant cinq ou six semaines. Cette île n'est pas malsaine, quoique les chaleurs y soient quelquefois excessives. Le beau temps y dure ordinairement depuis le mois de juin jusqu'au mois de février.

---

70 La prolifération des rats est signalée par de nombreux voyageurs à l'île Maurice jusqu'à la fin du XVIIIe siècle. Dans le *Voyage à l'île de France* (1773), Bernardin de Saint-Pierre rapporte qu'elle aurait été la cause de l'abandon de l'île par les Hollandais.

71 Dans les *Mémoires et observations faites par un voyageur en Angleterre*, on trouve un long développement (p. 267-269) sur les causes de l'absence de serpents et d'animaux venimeux en Irlande.

Après avoir attendu un temps favorable pendant plus de trois semaines, nous mîmes enfin à la voile sur les six heures du matin, et nous échappâmes ainsi des pattes dangereuses du Sieur Rodolphe Diodati.

Le vent ayant incontinent changé nous fûmes obligés de rejeter l'ancre ; sur le midi, s'étant tourné au sud-est, nous sortîmes, mais nous eûmes ensuite tant de calme, que le neuvième jour nous voyions encore l'île. Nous retournâmes jusqu'au trente-neuvième degré, pour trouver les vents d'ouest, qui nous conduisirent dans la barre de Batavia, sans aucune aventure extraordinaire.

[ARRIVÉE À BATAVIA ; VAINES DÉMARCHES JUDICIAIRES]

Comme le commandant de Maurice nous avait mis en arrêt dans son île, nous y fûmes toujours jusqu'à Batavia. À notre arrivée, on nous mit en prison, et nous y demeurâmes jusqu'au lendemain (16 décembre).

Le Conseil d'État des Indes, s'assembla ce jour-là, et l'on nous y fit conduire. Nous présentâmes une requête, dans laquelle nous déduisions[72] amplement toutes les injustices qui nous avaient été faites à l'île Maurice ; et le Conseil ayant d'abord reconnu la justice de notre cause, on nous rendit la liberté dont nous avions été privés depuis si longtemps et on nous logea au Saphir[73], qui est un des bastions du fort. La flotte était prête à partir, mais le Conseil se trouva si accablé d'affaires qu'il ne put entreprendre la nôtre ; de sorte que le Général[74] le 4 janvier 1697 fit appeler celui de nous qui parlait flamand et lui dit que le temps était trop court pour examiner nos prétentions[75] ; et que nous ne nous en retournerions pas en

72 Déduire : exposer oralement.

73 Avec La Perle, Le Diamant et Le Rubis, Le Saphir est le nom de l'un des quatre bastions de la forteresse édifiée par les Hollandais à Batavia, comme Leguat l'indique plus loin.

74 Le Gouverneur Général, incarnant le pouvoir exécutif au sein de la V.O.C., assisté du Conseil des Indes, lequel comporte cinq conseillers ordinaires, neuf extraordinaires et deux secrétaires.

75 « Nous renverrons plus tard les quatre Français arrivés ici de l'île Maurice sur le *Swaag*, n'ayant pas encore eu le temps d'examiner les charges contre eux ni leur défense » (lettre de Batavia au gouverneur du Cap du 16 février 1697, Leibbrandt, *Précis…*, p. 141).

Hollande avant que leurs plus pressantes affaires fussent décidées, mais qu'il fallait laisser partir cette flotte, et que, si notre procès ne pouvait être vidé dans cinq ou six semaines (auquel temps deux vaisseaux que l'on attendait devaient repartir), notre pis-aller serait de demeurer un an à Batavia, où, parce que nous étions dénués de tout on nous prendrait pour soldats, et on nous en donnerait les gages, jusqu'au jour de notre arrivée en Hollande. Le Général ajouta que pendant ce temps-là il enverrait un vaisseau à Maurice, qui serait en état de partir, et qu'ainsi nos affaires se termineraient pleinement. Nous témoignâmes que ces conditions ne nous pouvaient pas être extrêmement agréables, représentant que nous n'étions pas des gens de la lie du peuple, et que, si nous étions présentement pauvres et misérables, cela ne venait que de ce que nous avions été pillés par le commandant de Maurice, qui était officier de la Compagnie, contre lequel nous demandions justice, et que si on nous la faisait sans délai ; nous nous trouverions en état de subsister par nous-mêmes d'une manière plus agréable que dans la condition de soldats. Mais quelque bonnes que fussent nos raisons, si elles ne furent pas contredites, aussi ne furent-elles presque pas écoutées. Notre persécuteur avait ses amis ; et nous, pauvres, décharnés et couverts de haillons, nous faisions une figure qui n'imposait pas beaucoup de respect ; de sorte qu'il fallut en passer par où on voulut, et devenir soldats. On nous mit en différents endroits ; et comme le Sieur Be***le, qui parlait flamand, l'écrivait aussi fort bien, on le jugea propre pour remplir la place d'écrivain du fort, où il fut logé.

Le Sieur de La Case était cependant toujours en prison ; mais, après quelques requêtes que nous présentâmes conjointement avec lui pour son élargissement, le Conseil ayant reçu l'information qui avait été envoyée de Maurice, et ayant vu que tout son crime ne consistait qu'en un simple projet, qu'il n'avait jamais exécuté, ni même tâché d'exécuter, on le déclara innocent, et on le fit soldat comme les autres.

Notre ambre gris nous tenait au cœur, et toutes les autres choses qui nous avaient volées ; or en lingot, argent monnayé, hardes, outils et ustensiles, jusqu'à la valeur d'environ deux mille écus sans compter la barque. Mais les diverses requêtes que nous présentâmes pour demander restitution, furent toujours renvoyées à un autre temps ; rendre étant d'ordinaire une chose peu agréable aux rendeurs.

Après que nous eûmes demeuré cinq ou six mois dans cet état à Batavia, M. le Général envoya chercher celui de nous à qui on avait donné l'emploi d'écrivain et lui dit qu'on n'avait pas encore eu occasion de faire venir le commandant de Maurice pour répondre en personne à nos accusations ; et qu'ainsi notre affaire ne pouvait pas être pour le présent jugée à fond ; mais que sans doute on nous rendrait justice en Hollande, si nous voulions l'y poursuivre, et que nous n'avions qu'à nous tenir prêts pour partir avec la première flotte.

Voilà la manière dont il plut aux supérieurs de terminer nos procès à Batavia. Il n'était pas fort nécessaire de nous y arrêter si longtemps, pour ne nous donner pas d'autre satisfaction : on n'avait qu'à nous renvoyer d'abord comme nous l'avions souhaité, au hasard même de servir sur le vaisseau sans gages, comme nous avions fait en partant de Maurice. Mais ceux qui étaient secrètement dans les intérêts de notre voleur jugeaient qu'un allongement de temps affaiblirait en quelque manière l'idée de ses infamies ; les vieux péchés ne paraissant pas si criants que ceux qui sont si tout récents. [*sic*]

Quelque temps après, le Sieur de La Haye, l'un de nos compagnons de fortune, mourut de flux de sang à Batavia, qui est une des maladies ordinaires de ce pays-là, de sorte que nous demeurâmes plus que trois, les sieurs Be***le, La Case et moi.

Quoique l'on ait déjà plusieurs relations de Batavia, j'espère que le lecteur ne sera pas fâché, que je lui fasse part ici, de ce que j'y ai remarqué de mes yeux, pendant une année de séjour ; sans m'arrêter du tout aux descriptions qu'en ont faites les autres.

[DESCRIPTION DE BATAVIA]

Cette ville est si belle et si considérable à tous égards, qu'elle peut fournir des sujets de nouvelles observations à tous les voyageurs, et surtout aux derniers venus, qui ne manquent guère d'y trouver quelque changement[76].

76 Batavia, fondée en 1619 par Jan Pieterszoon Coen sur l'emplacement de l'ancienne ville de Jacatra (Djakarta), était le centre géographique et administratif de l'empire commercial de *l'Oost Indische Compagnie*, dont les comptoirs s'étendaient du Cap au Japon.

Elle est située en pays plat, dans l'île de Java, au sixième degré de latitude méridionale, et bâtie tout à fait à la manière de Hollande, mais de pierre blanche. Sa forme est un carré long, à un angle duquel, vers le nord-ouest, est la mer et le fort ou la citadelle. La longueur du tout est d'environ deux mille pas communs, sur quinze cents de large. Les maisons, en général, étaient autrefois basses, mais on a pris la méthode de les bâtir plus hautes : n'y ayant point d'ouragan à craindre : de sorte que la ville est devenue beaucoup plus belle. Les rues droites et larges, ont pour l'ordinaire de beaux canaux bordés de grands arbres comme en Hollande avec cette différence avantageuse à Batavia, que les arbres y sont toujours verts.

Les canaux sont remplis de l'eau vive d'une assez belle rivière, qui après avoir traversé la ville en se communiquant çà et là, se va décharger dans la mer. La ville est environnée de fortes murailles flanquées de plusieurs bons bastions munis de canons.

La citadelle est un fort à quatre bastions royaux revêtus de grands quartiers de pierre de taille : mais bâtis au rez-de-chaussée sans fossé, et par conséquent sans eau, quoi qu'en dise M. l'abbé de Choisy, qui d'ailleurs, a fait une si agréable relation de son voyage[77]. À une distance du rempart qui n'est pas égale de chaque côté, il y a à la vérité des canaux de vingt à vingt-cinq pieds de large qui défendent en quelque manière l'approche du fort, quoiqu'ils soient guéables presque partout, comme je le puis savoir avec certitude, m'y étant assez souvent embarqué. On traverse le fort du nord au sud, y ayant au milieu des deux courtines[78] deux portes qui font face l'une à l'autre. Comme on n'appréhende pas un siège en surprise, on ne s'est pas soucié de laisser la place d'armes vide, ainsi qu'elle le devrait être : au contraire, on l'a remplie de belles maisons, et c'est là que demeurent le Général, le Directeur général, les conseillers ordinaires et extraordinaires, et divers autres officiers ou gens appartenant à la Compagnie. Ce fort commande la rade et la ville, et est muni d'environ soixante pièces de canon, dont il y en a quinze ou seize aux armes de France, ayant été pris sur les Français. Les quatre bastions s'appellent le Diamant, le Rubis, la Perle et le Saphir. Entre la ville et

77 François-Timoléon de Choisy, *Journal du voyage de Siam fait en 1685 & 1686*, Paris, Sébastien Mabre-Cramoisy, 1687. Le jugement sur Choisy écrivain est moins favorable dans la préface.

78 Courtine : muraille joignant deux bastions.

le fort, au sud du fort, il y a une assez grande place où des moutons paissent, et qui est traversée d'une belle allée d'arbres qui conduit à la porte du fort, à l'entrée de laquelle il y a un corps de garde. On voit là, entre quatre palissades, une fort grande quantité de pièces de canon pour les vaisseaux. À peu près dans le milieu de la ville, il y a une grande place carrée, où l'on pourrait aisément faire revue de la garnison qui est d'environ mille hommes. M. Grevenbrook, officier dans cette garnison, et homme très vertueux, a usé de tant de bonté et de générosité envers moi, que je voudrais bien lui en pouvoir témoigner ici quelque reconnaissance. D'un côté, à l'ouest de cette place, est la grande église ; au sud, la maison de ville ; au nord, un long rang de belles maisons ; et à l'est un des grands canaux. Outre cette grande église où l'exercice[79] se fait en flamand, il y en a une dans la citadelle.

Les Portugais réformés en ont deux, l'une dans la ville, l'autre dans le faubourg, et ces assemblées sont nombreuses, parce qu'elles sont en partie composées de divers étrangers qui parlent la langue portugaise. Les Malais prosélytes et réformés ont aussi dans la ville un temple, où le service se fait en leur langue ; c'est une traduction de la liturgie hollandaise. Ce temple est grand, et contient une belle assemblée. Les catholiques romains ont toute liberté de conscience, et vivent chez eux comme bon leur semble, sans que le magistrat s'informe de ce qu'ils font en particulier ; mais ils n'ont point d'exercice public.

La ville est environnée d'un faubourg universel qui s'étend à plus d'une demi-lieue avant dans les terres, et qui formant une seconde ville beaucoup plus grande que la première, renferme aussi beaucoup plus d'habitants. C'est particulièrement là que sont les Chinois à cause qu'ils y ont leurs cimetières et leurs pagodes. Ils ont aussi un quartier dans la ville, et même un hôpital. Ces faubourgs sont entrecoupés de canaux de diverses grandeurs, avec de doubles rangs d'arbres. Outre le grand canal du milieu, il y en a deux petits de chaque côté, larges de quinze à vingt pieds, qui mouillent les fondements des maisons, de sorte qu'on n'y peut entrer que par un pont-levis. Derrière sont de grands jardins et vergers qui fournissent Batavia de fruits et de légumes ; les jardins de la ville étant petits, et en petit nombre. Les maisons des

79 Exercice : le culte.

jardiniers, et d'autres telles simples gens dans ces mêmes faubourgs, sont bâties de bamboches[80], qui sont une espèce de cannes creuses, légères, très dures, grosses comme la cuisse et assez communément longues de quarante à cinquante pieds. On se sert très utilement de ces bamboches à diverses choses, parce qu'elles résistent fort longtemps aux injures de l'air. Ils ont aussi plusieurs autres sortes de cannes. Il est fort ordinaire de trouver au haut d'une de ces sortes de cannes, de gros nids de fourmis, suspendus, et faits d'une terre grasse que ces petits animaux y apportent, s'étant fait une route par le dedans du roseau. Dans ces nids, chaque fourmi a sa petite cellule à peu près comme en font les abeilles. C'est là qu'elles font leur demeure, à cause des pluies fortes et fréquentes, qui inondent le pays pendant quatre ou cinq mois de l'année, et qui les noieraient si elles ne se trouvaient le secret de se mettre au-dessus du danger.

La rade de Batavia est des plus belles et des plus sûres qui soient au monde : les vaisseaux y demeurent sans aucun danger pendant toute l'année ; et la mer n'y est presque jamais agitée, tant parce que cette baie est entrecoupée d'un grand nombre de petites îles qui brisent les vagues, que parce que les vents n'y sont jamais violents. Tous les jours sans jamais manquer, sur les dix heures du matin, il se lève un petit vent de mer qui amène les chaloupes dans la ville ; et à dix heures du soir, il en vient un de terre qui reconduit les mêmes chaloupes en mer. L'un tient du nord et l'autre du sud.

Ces chaloupes et quelques bateaux de pêcheurs vont et viennent par un canal droit qui sort de la ville, et qui est formé par deux lignes parallèles soutenues de pilotis et remplies de terre comme le sont quelques digues de Hollande, ou plutôt celles de Dunkerque.

Ce canal est long de douze cents pas communs, et chaque digue a environ vingt-cinq pieds de large. Ce seraient des promenades extraordinairement belles, si elles étaient ombragées d'un double rang d'arbres qui formeraient une charmante allée. Comme il n'y a là aucun mauvais vent, ces arbres croîtraient bien sans doute, et il me semble que leurs racines ne feraient que lier et fortifier le terrain de la digue.

Batavia étant non seulement le magasin général de la Compagnie, et le lieu d'où elle fait partir la plus grande partie de ses flottes pour

80 Bamboche : bambou.

toutes les parties du monde; mais étant aussi l'abord et souvent l'asile des vaisseaux de toutes les autres nations, il est aisé de se représenter que la vue de cette baie remplie de tant de grands navires est admirable : surtout encore si l'on se souvient que l'on y voit distinctement quinze ou vingt petites îles très jolies qui sont toujours couvertes de grands arbres verts. La Compagnie fait bâtir ses vaisseaux dans une petite île nommée Onrut[81], à deux lieues de Batavia : elle est bien fortifiée et munie de bonne artillerie.

Quoique Batavia soit bien avant dans la zone torride, la chaleur y est fort supportable, parce que les vents de mer dont j'ai parlé rafraîchissent extrêmement l'air, et le rendent assez tempéré, même en plein midi.

Les pluies sont fort fréquentes depuis le mois de novembre jusqu'au mois d'avril[82], qui est justement le temps que les chaleurs devraient être les plus violentes, puisque ce sont les six mois d'été de ce pays-là. À la vérité, les jours étant toujours presque égaux aux nuits pendant toute l'année, et le froid étant inconnu, on peut dire que l'été est perpétuel. On juge de la récolte par le plus ou le moins de pluie qui tombe pendant ces six mois-là; car quand il ne pleut guère, la terre produit tant d'insectes que les fruits, les herbes, les légumes et particulièrement le riz, en sont tout rongés et gâtés.

[RESSOURCES DE LA COLONIE]

Le riz est si commun dans toute cette île, (qui a autour de deux cents lieues de long sur cinquante de large) qu'un homme en peut à peine manger pour un liard par jour, quoiqu'il en faille une quantité prodigieuse, ce grain étant le pain ordinaire des habitants. Il ne croît aucune autre sorte de blé dans l'île : celui qu'on y a vient de Bengale, où il ne coûte qu'un liard la livre. On en apporte beaucoup à Batavia de cette province du Mogol, et le pain de froment ne s'y vend pas plus cher qu'en Hollande. Les naturels du pays ne s'en soucient point.

81 L'île d'Onrut ou Onrust, située à l'intérieur de la baie, abritait un important chantier naval.
82 Époque de la mousson.

Il n'y a point de vignobles non plus dans aucun endroit de Java ; mais à Batavia et aux environs on cultive beaucoup de vignes en treilles, et le raisin en est assez bon à manger, quoiqu'il ne parvienne jamais à une parfaite maturité. Ces treilles produisent jusqu'à sept fois en deux ans. Aussitôt qu'on a coupé le raisin, on taille la vigne, et au bout de trois mois et demi, l'on a de nouveau raisin autant mûr qu'il le peut être. La vigne rend du fruit dès la première année qu'elle a été plantée, et pousse plus en une année, comme aussi tous les autres arbres, qu'elle ne le fait en huit en Europe. Cependant, on n'y fait point de vin ; celui qu'on y boit le plus communément vient de Perse ou d'Espagne, et vaut près d'un écu la pinte (la quarte d'Angleterre). La bière de Brunsvik, qu'on appelle *mun*, y est aussi fort chère ; mais l'on en fait sur les lieux d'assez bonne qui ne se vend qu'un sol. Le soldat y boit pour le même prix une certaine liqueur qu'on appelle *knip*, qui est une espèce de brandevin[83] fait de jus de fruits, avec une certaine écume de mer. C'est une boisson plus malfaisante encore que ne l'est l'*araque* de l'île Maurice, quand elle est nouvelle.

La boisson ordinaire de Batavia, et la moins chère de celles qu'on y peut avoir, c'est le thé ; et ce sont les Chinois qui tiennent ces sortes de cabarets. Pour deux sols, monnaie de Hollande, ils présentent quatre coupes de différentes confitures qui en contiennent chacune près d'une demi-livre, avec une autre pareille coupe pleine de sucre candi blanc ; et outre cela, ils apportent autant de thé que quatre personnes en peuvent, ou en veulent boire. Ils ne donnent ordinairement que du meilleur thé commun, qui se vend dix sols la livre. Celui qu'on appelle de l'Empereur vaut le double. Dans ces mêmes lieux on peut avoir aussi du café, mais son prix est d'un sol la tasse comme en Angleterre et en Hollande.

On a à Batavia diverses sortes de très bons fruits, entre lesquels il n'y a que le raisin, et peut-être les melons d'eau, qui soient connus en Europe.

Les ananas, les cocos, les bananiers, s'y trouvent en abondance.

Chacun sait ce que c'est que la feuille de *bethel*, et la noix d'*arequa*, que tous les habitants de ces îles, hommes et femmes et enfants, mâchent incessamment, pour se fortifier les gencives et l'estomac ; car quelquefois

83 Brandevin : eau-de-vie.

ils en avalent le suc. Ce suc est rouge comme du sang et donne une si forte teinture à la salive qu'il fait naître abondamment, qu'il faut perpétuellement cracher ; de sorte que ceux qui font usage de cette drogue, ont toujours les lèvres comme ensanglantées ; chose assez dégoûtante. Quand on n'est pas accoutumé à cela, on en trouve le goût d'une âpreté insupportable, mais il en est comme du tabac, quand une fois on en a pris l'habitude, il est impossible de la quitter. Si ce bétel raffermit les gencives, comme tous l'assurent, j'y consens et je m'en rapporte à ce qui en est ; mais, d'un autre côté, il noircit les dents d'une manière effroyable, et ne permet pas que ces nations connaissent jamais la douceur et les charmes d'une belle bouche. Le bétel est un arbrisseau à peu près de la figure du poivrier, mais la feuille en est triangulaire et verte en toute saison. L'arbre qui porte cette noix qu'on appelle arèque est fort haut et fort droit. On enveloppe un quart de noix d'arèque dans quelques feuilles de bétel, et on mâche cela ensemble : plusieurs y ajoutent quelque peu de chaux éteinte, mais ce n'est pas la méthode ordinaire à Batavia.

La mangue est un fruit du pays qui passe pour très bon et très sain : il est communément de la grosseur d'un œuf, mais plus long et un peu recourbé comme un petit concombre. La peau est verte et épaisse. Quelques-uns m'ont dit qu'il y en avait aussi de rouges. La chair en est blanche, et a du rapport au goût du raisin muscat : elle est fort attachée par des fibres au noyau qui est gros. Ce fruit croît à un grand arbre, dont le bois est propre pour la charpente. Il y a une espèce de mangue qui n'a point de noyau, et qui se confit aussi au vinaigre, comme l'autre, avec de l'ail, de l'anis et quelques autres ingrédients.

Les jardins de Batavia fournissent des herbages, et des légumes de notre Europe d'où on a porté les graines ; et outre cela l'île a, comme on peut penser, ses plantes particulières. En voici deux, qu'un de mes amis qui s'est appliqué à ces choses-là, a curieusement dessinées, et qui sont peu connues. On dit qu'elles ne se trouvent naturellement, que dans quelques-unes de ces fort petites îles, qui sont entre Bornéo et Java.

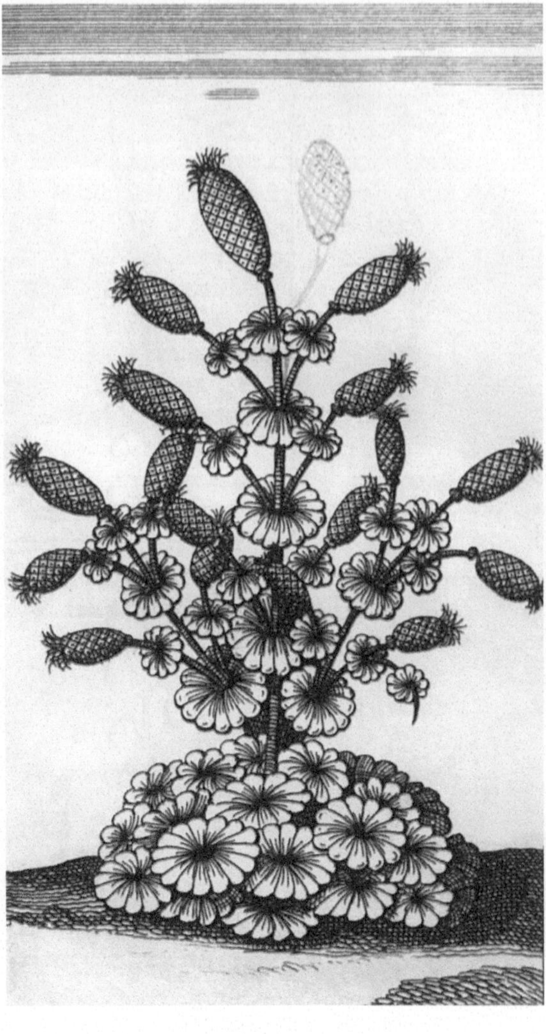

FIG. 28 – Plante de Java.

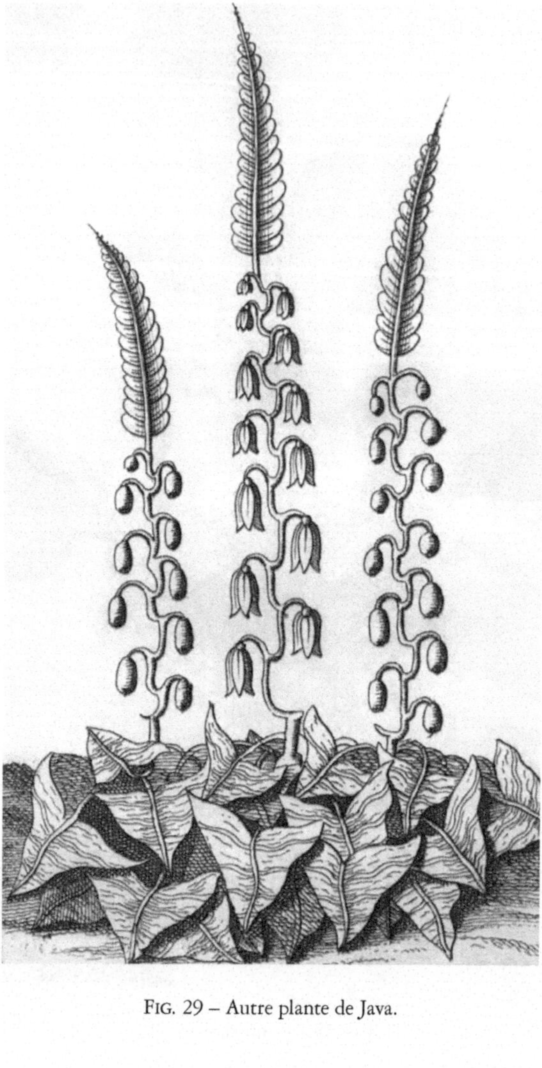

FIG. 29 – Autre plante de Java.

Le bœuf et le buffle coûtent deux sols la livre, et ne valent pas mieux l'un que l'autre, comme ils sont aussi de même prix. Le pays est rempli d'espèces de sangliers, ou pourceaux sauvages que l'on a à très bon marché. Le mouton est extrêmement cher, et n'est que pour les bonnes tables. La raison de cela est qu'on a peine à élever ces sortes d'animaux, le pâturage ne leur étant pas favorable, et la rosée surtout leur étant fort contraire : ils enflent et meurent en fort peu de temps. Le porc qu'on appelle de la Chine, parce que la race en vient, se vend cinq sols la livre. On a des poules, des canards, et des pigeons, qui coûtent à peu près autant qu'en Europe. Le gibier est rare excepté les pintades, dont nous avons parlé, et dont il y a deux ou trois espèces. On a abondamment du poisson, et presque pour rien. Il n'y a guère qu'une maladie régnante ou ordinaire dans l'île de Java, mais aussi, elle est fort dangereuse et cause d'extrêmes douleurs. Les Français de Batavia[84] appellent cela *le perse*, et c'est un flux de sang continuel. Comme il n'y a point de remède contre ce mal, on attend patiemment, en vivant de régime, et en laissant agir la Nature : méthode qui est la plus sûre et la meilleure, avec peu d'exception[s], en toutes sortes de maladies. Car on peut dire avec vérité, et selon l'étymologie du mot[85], que les drogues de la *pharmacie*, à parler généralement, sont un amas de poisons plutôt que de remèdes : et on croit à Java parmi les insulaires, que presque tous ceux qui se mêlent de nous les ordonner dans notre Europe (plus coupables de beaucoup que ceux qui les vendent) sont des *pestes du genre humain*. L'opinion commune est que la chair de buffle contribue aussi bien que les fruits à causer cette maladie : et cependant c'est la viande dont il se vend le plus à la boucherie.

Pour dire naïvement la vérité, Batavia n'est point un pays de bonne chère. Quantité de choses y manquent, et celles qui leur sont communes avec nous, sont rares, à haut prix, et mauvaises, en comparaison des nôtres. Le cochon de la Chine dont je viens de parler, est une viande douceâtre et insipide. La volaille n'est pas beaucoup meilleure, ni les œufs par conséquent. Le pâturage tout différent de celui d'Europe, engendre de mauvaise chair, de mauvais

---

84 D'après Auguste Toussaint, *L'océan Indien au* XVIII*e siècle*, Paris, Flammarion, 1974, p. 210, il existait à Batavia une petite colonie de huguenots.

85 Le grec *Pharmakon* signifie à la fois *poison* et *remède.*

lait, et de mauvais beurre ; et tout cela même, ne se trouve qu'en petite quantité.

Ce que je viens de dire de la volaille me fait souvenir de la joute des coqs, qui est un des plus grands, et des plus ordinaires divertissements des peuples de l'île. Ils élèvent exprès beaucoup de ces animaux, et ils leur arment l'ergot d'un fer tranchant, dont ils se servent avec plus d'adresse que de force. Les Javans sont les directeurs de ces jeux et y assiste qui veut *gratis*. Presque tout le monde s'intéresse par des paris, et il s'en fait de très considérables. Au lieu qu'en Angleterre, où cette joute est aussi un des principaux divertissements, on défigure les coqs en leur coupant la queue, et en leur ôtant la plume en quelques autres endroits du corps, comme les athlètes ont accoutumé de se débarrasser de leurs habits pour être plus agiles ; ici, on laisse ces animaux dans leur état naturel. Il est vrai qu'ils n'en sont pas si agiles, mais au fond, l'inconvénient étant égal des deux côtés, la partie demeure aussi égale, et les combattants paraissent plus beaux et plus fiers. Il y a tel de ces coqs, qui a bien enrichi son maître.

[FAUNE DE JAVA]

Il se trouve dans cette île des bêtes féroces comme des rhinocéros, et des tigres. Ceux-ci sont d'une prodigieuse grosseur. Pour les loups, ils sont inconnus dans tous ces pays, aussi bien que les renards.

Il y a quantité de cerfs, et de singes de toutes espèces. On craint extrêmement les crocodiles. La Compagnie donne trente florins à quiconque en tue un. Il s'en voit qui ont vingt à trente pieds de long. L'opinion commune est en ces pays-là comme parmi les anciens naturalistes que cet animal croît tant qu'il vit. Mais cela a tout l'air d'une fable. Je laisse les autres contes qu'on en fait. Les coups de fusil ne peuvent le blesser sur le dos ; il faut le frapper au ventre. Il est fort vite à la course, et quand on en est poursuivi, il faut fuir en biaisant, parce que comme son corps fort long n'est point du tout flexible, il lui faut du temps pour se tourner, et on gagne pays[86] pendant ce temps-là. Il aime beaucoup la chair de chien ; et on dit qu'il n'est pas moins friand de celle de l'homme, mais on fait en sorte qu'il n'a que très rarement ce dernier régal. On en prend quelques-uns avec un gros hameçon attaché au bout d'une chaîne, auquel on met pour amorce quelques morceaux de chair de chien ou de brebis. J'en ai vu prendre un avec un filet dans la mer, à cinq cents pas de Batavia : il avait treize pieds de long. La chair en est blanche, et un peu musquée : elle est assez bonne. Quelques personnes qui demeurent depuis longtemps à Batavia, m'ont assuré qu'il y a une espèce de crocodile qui fait particulièrement la guerre aux poules. Ces animaux vivent ordinairement dans la mer, et dans les embouchures des rivières. Il y a aussi des serpents dans cette île. Un jour, comme le Sieur de La Case était à la chasse dans un bois, autour de Batavia, il en aperçut un qui descendait d'un arbre en sifflant. Il était de la grosseur du bras, et long de sept à huit pieds. Comme ce serpent s'approchait, et se dressait furieusement contre le chasseur, celui-ci le tua d'un coup de fusil. Il avait sur la tête une espèce de chaperon ; à peu près comme celui dont parle Tavernier. M. de La Case avait été tellement effrayé de cet animal, et il craignait si fort d'en rencontrer quelque autre encore, qu'il ne s'amusa pas à chercher la pierre que ces serpents ont, dit-on, sous leur chaperon ; et qui est un si admirable andidote[87]. Il y a d'autres sortes de serpents qui ont jusqu'à cinquante pieds de long. On garde à Batavia la peau de celui qui avala une jeune fille, et qui n'en a pas plus de vingt.

---

86 Gagner pays : « On dit, *gagner chemin, gagner pays*, pour dire Avancer, faire du chemin » (*Acad. 1694*).

87 La gravure représente une sorte de naja.

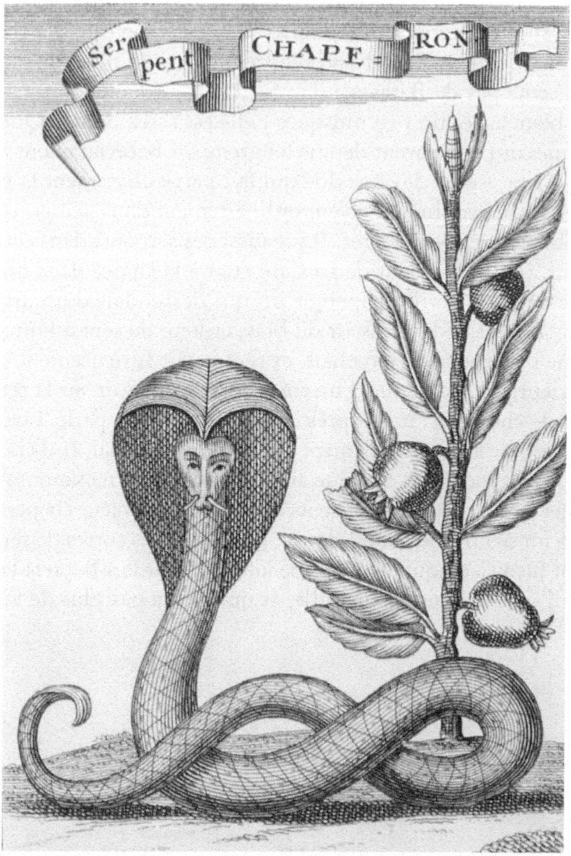

FIG. 30 – Serpent chaperon.

Pendant que je suis sur l'article des animaux de Java, je dirai quelque chose d'un singe extraordinaire que j'y ai souvent vu (sur la pointe du bastion qu'on appelle le Saphir, où il avait une petite maisonnette). C'était une femelle. Elle était de grande taille, et marchait souvent fort droit, sur ses pieds de derrière. Alors elle cachait d'une de ses mains, qui n'était velue ni dessus ni dedans, l'endroit de son corps, qui distingue son sexe. Elle avait le visage sans autre poil que celui des sourcils, et elle ressemblait assez en général à ces faces grotesques des femmes *hottentotes* que j'ai vues au Cap. Elle faisait tous les jours promptement son lit, s'y couchait, la tête sur un oreiller, et se couvrait d'une couverture, de la même manière que cela se pratique communément parmi les hommes. Quand elle avait mal à la tête, elle se servait d'un mouchoir, et c'était un plaisir de la voir ainsi coiffée dans son lit. Je pourrais en raconter diverses autres petites choses qui paraissent extrêmement singulières ; mais j'avoue que je ne pouvais pas admettre cela autant que le faisait la multitude, ni en tirer les mêmes conséquences ; parce que comme je n'ignorais pas le dessein, qu'on avait de porter cet animal en Europe pour le faire voir, j'avais beaucoup de penchant à supposer qu'on l'avait dressé à la plupart des singeries que le peuple regardait comme lui étant naturelles : à la vérité, c'était une supposition. Il mourut à la hauteur du Cap (j'entends celui de Bonne-Espérance) dans un des vaisseaux de la flotte sur laquelle j'étais. Il est certain que la figure de ce singe ressemblait beaucoup à celle de l'homme. Les uns disaient que c'était une espèce particulière, qui ne se trouve que dans l'île de Java[88]. Mais il y avait peu de gens de ce sentiment, et l'opinion commune était que cette bête était née d'un singe et d'une femme. Quand quelque misérable fille esclave a fait une grande faute, et qu'elle a beaucoup lieu d'appréhender quelqu'un des châtiments sévères qu'on a coutume d'infliger en pareil cas, à ces sortes de gens-là ; il arrive souvent qu'elle s'enfuit comme une bête effrayée, au milieu des bois, et qu'elle y vit à peu près de la même manière. Et la Nature qui ne s'oppose pas au mélange des chevaux et des ânes, peut bien souffrir aussi celui d'un singe avec un animal femelle qui lui ressemble, quand celui-ci n'est

88 L'illustration, de facture assez maladroite, ne permet pas d'identification sûre, mais il doit s'agir d'un orang-outan ; les trois espèces existantes sont réparties aujourd'hui sur les îles de Sumatra et de Bornéo, mais étaient aussi présentes anciennement dans l'île de Java.

retenu par aucun principe. Un singe et un [*sic*] esclave de Négritie, née, et nourrie sans connaissance de Dieu, n'ont guère moins de rapport entre eux, qu'il y en a entre un baudet et une cavale[89].

FIG. 31 – Singe extraordinaire de l'île de Java.

89 Quoique biologiquement fantaisiste, l'hypothèse concernant l'origine de ce singe supérieur d'une troublante humanité soulève une série de questions qui deviendront centrales dans la philosophie des Lumières, comme celle de l'inné et de l'acquis, souvent posée par le cas des « enfants sauvages » (les traits de comportement « civilisés » de la guenon relèvent-ils d'un dressage ou d'une part d'hérédité « humaine » ?), celle de la continuité ou de la discontinuité des espèces, et surtout celle des limites de l'animal et de l'humain, envisagée déjà dans la perspective qui sera celle du *Rêve de d'Alembert*, où Diderot rapporte les paroles du cardinal de Polignac à propos de l'orang-outan du Jardin du Roi : « Parle, et je te baptise ».

J'ajouterai à la figure du singe, celle d'un petit lézard de l'île de Gilolo[90], qu'un de mes amis m'a communiquée, telle qu'on la peut voir ici, dans sa grandeur naturelle. Ce joli petit animal a le bec et les pieds d'oiseau ; la tête d'un vert clair ; le dos rouge-brun ; le ventre citron, tacheté de violet ; la queue annelée. Il est vif, prompt comme le vent ; et il gobe des mouches. C'est la relation que j'en ai reçue.

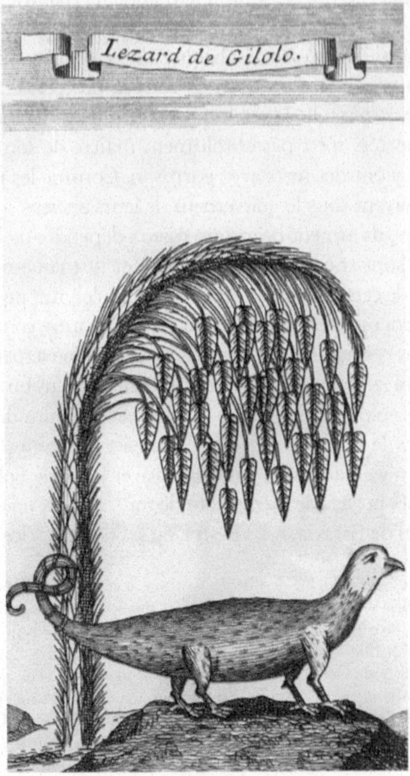

FIG. 32 – Lézard de Gilolo.

90 Dans l'archipel des Moluques. D'après Pasfield Oliver (éd. *citée*, p. 236, n. 1) le lézard décrit par Leguat pourrait être le *Tachydromus sexlineatus*.

[ADMINISTRATION DE LA COLONIE]

Batavia, ville et faubourgs, est peuplée de diverses nations, Européens, Hollandais, Français, Allemands, Portugais, Javans, Chinois, Maures. Et les langues le plus en usage, sont la flamande, la malaise, la portugaise, et la chinoise.

La Compagnie est comme absolue dans l'île, quantité de petits souverains, qui y règnent s'étant mis sous sa protection. On peut dire même que l'empereur du Japar[91], qui est le plus puissant de tous, et le plus hors de portée, n'est pas absolument maître de son pays, puisque les Hollandais y ont des forts avec garnison. Comme les naturels de ces provinces qui vivent sous le gouverneur de leurs anciens souverains, sont dans l'esclavage, ils aiment beaucoup mieux dépendre de la Compagnie, de laquelle ils sont traités politiquement[92] et humainement.

Le Général de cette Compagnie est un roi, qu'on n'appelle pas roi mais Général[93] ; car roi est un mot et général en est un autre comme duc, doge, prince, etc. Tous ces hommes-là sont des chefs qui gouvernent avec plus ou moins d'autorité ; selon que les peuples leur en ont plus ou moins conféré, ou que ces chefs en ont plus ou moins usurpé. Et il y a une différence moins essentielle, dans le fait, entre le duc de Savoie, par exemple, et le roi de Portugal, qu'il n'y en a entre le roi de France et le roi de Pologne, quoique ces deux derniers portent le même nom de roi[94]. Mais revenons à nos moutons. Le Général de Batavia, roi, vice-roi, ou si l'on veut Vice-République[95],

91 Japara, dans la zone médiane de l'île de Java, sur la côte nord. L'expansion territoriale hollandaise à Java s'est réalisée, en jouant sur les rivalités entre les princes indigènes, par l'implantation de comptoirs de la V.O.C. et la signature d'accords de protectorat.

92 D'une manière habile.

93 On donne le titre de Général au gouverneur général de la V.O.C. en poste à Batavia. Désigné en Hollande par l'Assemblée des Directeurs ou *Bewindhebbers* représentant les actionnaires de la Compagnie et les États généraux des Provinces-Unies, le Général, s'appuyant sur le Conseil des Indes qu'il préside, gouverne sur place ses colonies et comptoirs aux Indes Orientales, dirige ses forces navales et militaires, gère ses relations politiques et diplomatiques avec les princes et pouvoirs autochtones. Le Général à l'époque du séjour de Leguat est Willem van Outhoorn, en poste de 1691 à 1704.

94 À la différence de la monarchie française, héréditaire et absolue, la monarchie polonaise est élective et doit composer avec le pouvoir des féodaux. Leguat veut dire que le titre de roi et la souveraineté effective sont deux choses différentes.

95 Le Général représente les Provinces-Unies, qui sont au moins formellement une république.

est élu à la pluralité des voix, par la Compagnie ; et quoiqu'il puisse être révoqué par ses électeurs, de même que l'empereur d'Allemagne, il exerce ordinairement son office pendant sa vie. D'un côté, la politique raisonnable veut qu'il soit révocable ou déposable, de peur qu'il ne s'émancipe selon les démangeaisons ordinaires de ceux qui ont un grand pouvoir : et d'un autre côté aussi, cette même bonne politique veut qu'on le laisse dans son emploi, aussi longtemps qu'il est possible : parce que comme il ne rend aucun compte, et qu'il a de grands moyens de remplir ses coffres, il y a moins d'inconvénient à n'enrichir qu'un homme, qu'à en enrichir plusieurs. Il a une table de roi, et un train de roi. Son carrosse toujours à six chevaux, est précédé d'une compagnie de cavalerie avec les trompettes, et suivi d'une d'infanterie qui est souvent obligée de courir. Devant et aux portières, les hallebardiers accompagnent ou suivent de près, et ne sont pas moins lestes ni moins bigarrés que des Suisses royaux. Je dirai en passant à propos de carrosse, que quoiqu'il y ait des chevaux nés dans le pays, on ne se sert guère que de ceux de Perse. Ils sont plus petits que les nôtres, et fort étroits du devant mais d'une vitesse et d'une légèreté incroyables. Le train de Madame la Générale n'est pas tout à fait si magnifique que celui de Monseigneur son époux : cependant elle a aussi des hallebardiers, et fait belle figure.

Ce serait ici le lieu de parler des autres grands officiers, et de diverses cours de justice ; mais j'apprends que cela a été exactement fait par d'autres.

Les Européens de toutes nations qui sont établis à Batavia sont presque tous riches, et même il y en a qui font, comme on dit, *florès*. Les carrosses sont communs et fort beaux. Les maisons tant de la ville que des faubourgs et même à la campagne, sont présentement presque toutes grandes et bien bâties, et très bien meublées. Les jardins sont embellis de canaux, de berceaux, de parterres ; remplis de toutes sortes de fleurs, et des meilleurs fruits de ce pays-là.

En général, on peut dire que les femmes sont extraordinairement fainéantes. Comme elles vivent dans l'abondance, et que par une certaine coutume, qui a prévalu, elles sont plus maîtresses qu'en aucun lieu du monde, elles ne pensent guère qu'à leurs plaisirs, et elles sont si hautaines et si vindicatives qu'il est dangereux de les offenser.

Au commencement de l'établissement de la Compagnie, elles étaient si rares, que les principaux officiers mêmes étaient souvent contraints d'épouser des Indiennes ; ce qui a sans doute donné lieu à leur fierté. À présent, ce n'est plus la même chose ; elles ont multiplié, et il en arrive quelquefois de pays étrangers, de sorte qu'il y en a suffisamment pour ceux qui n'en font qu'un raisonnable usage. Comme non seulement on ne souffre point de mendiants, mais qu'on assiste considérablement ceux qui tombent en quelque besoin, la plus pauvre de toutes les femmes a, quand elle sort, tout au moins un esclave qui porte un parasol élevé au-dessus de sa tête. Et il en est de même des hommes, à l'exception de ceux qui sont dans les troupes au-dessus de la qualité d'enseigne. La soldatesque étant ordinairement insolente, et la Compagnie voulant que toutes leurs colonies jouissent d'une douce liberté, elle tient extrêmement en bride, et en état d'humilité, tous ceux qui portent les armes. De sorte qu'en cette occasion un savetier, par exemple, ne sort jamais qu'avec un esclave qui lui porte son parasol, et qu'un enseigne[96] de la garnison n'a pas la liberté de faire la même chose.

[LES CHINOIS DE BATAVIA]

Les Européens ne font pas la centième partie des habitants. Après eux la nation chinoise est la plus riche, et celle qui fait la plus belle figure. Quoique les tableaux ou autres ouvrages historiés de peintures qui nous viennent de leur pays et les relations qu'on nous en donne, nous représentent toujours les habitants de cet endroit du monde comme étant basanés ; ayant le visage fort large, le nez camus et les yeux peu ouverts ; je dirai ici que je n'ai remarqué rien de semblable à Batavia, où il y en a plus de dix mille, et où l'on en voit de temps en temps arriver de la Chine même pour négocier.

À parler généralement, tous ces gens-là sont aussi blancs que les Français, et ont le visage formé de la même manière : je ne dis que ce que j'ai vu et observé cent mille fois, contre mon ancien préjugé. On fait compte qu'il y a quarante mille Chinois dans l'île : ils payent un écu par tête par mois, pour tribut à la Compagnie, et ceux qui veulent

96 Enseigne : le terme, qui originellement désignait un porte-drapeau, s'applique aux officiers subalternes de certains corps.

porter une ou plusieurs aiguilles d'or à leurs cheveux, payent un écu de plus pour chaque aiguille. La politique oblige la Compagnie à leur faire beaucoup d'honneur et à leur accorder de grands privilèges. Ils ont un chef qui se trouve au conseil et qui a droit de suffrage, lorsqu'il s'agit de condamner à mort quelqu'un de leur nation. Et ce n'est pas sans de grandes raisons qu'on a tant de ménagements pour eux, puisque sans eux, la ville de Batavia ne vaudrait pas la moitié de ce qu'elle vaut[97]. Ils ne sont pas moins laborieux, industrieux et adroits dans le commerce, que spirituels, et d'une humeur sage et paisible. Ils observent entre eux beaucoup d'équité, mais ils rusent avec les étrangers, et les trompent sans scrupules, quand ils en trouvent l'occasion. Ils jouent beaucoup, et ils le font avec tant de sang-froid, que l'on ne saurait remarquer aucune différente disposition d'esprit entre celui qui gagne et celui qui perd. La bonne intelligence avec laquelle ils vivent ensemble, est une chose très louable et très agréable. Ils se regardent tous comme frères, et ne permettent pas que les différends ou les querelles, qui peuvent survenir entre eux, soient de longue durée. Des entremetteurs agissent promptement pour rétablir la paix et ils paraissent agir sans prévention et sans intérêt. Si quelqu'un a fait naufrage, ou a perdu son bien par quelque autre accident, chacun se cotise incontinent selon ses forces, et on ramasse un fonds égal à celui qui a été perdu pour remettre l'affligé dans son premier état.

La manière charitable, et prompte, avec laquelle ces gens-là s'assistent les uns les autres, en sorte qu'on ne voit parmi eux non seulement aucun mendiant, mais aucune personne qui ne soit raisonnablement à son aise, est une chose si louable et si belle, qu'on ne saurait s'empêcher d'avouer qu'elle fait honte à la plupart des États chrétiens. Et comme les principes des Chinois touchant cette sorte de charité sont à peu près les mêmes que ceux de Moïse, selon les lois duquel il ne devait y avoir aucun *souffreteux*[98] en Israël (*Deut.*, XV), et les mêmes encore que ceux qui sont établis et tant de fois répétés dans l'Évangile[99], je crois que je

97 L'immigration chinoise fut encouragée dès le début du XVIIe siècle par Coen, le fondateur de Batavia, pour favoriser l'expansion commerciale de la ville.

98 Souffreteux : « Qui souffre de la misere, de la pauvreté. Il est bas, et vieilli » (*Acad. 1694*).

99 L'idée selon laquelle les Chinois pratiqueraient un « christianisme naturel » sur lequel pourraient prendre exemple les nations dites chrétiennes est formulée en 1696 par le P. Louis Le Comte dans *ses Nouveaux Mémoires sur l'état présent de la Chine*, Paris, J. Anisson, 3 vol., 1696-1700, dont il sera question plus loin.

ferai une chose qui ne pourra être désagréable, si je donne ici quelques extraits qui m'ont été communiqués d'un de leurs livres intitulé LE LIVRE D'OR, ou LES SENTENCES DORÉES de HOANGTI-XAO, l'un des soixante-douze plus excellents disciples du SAGE ROI DES LETTRES[100] touchant les DROITS DE L'HOMME.

C'est leur célèbre Confucius qu'ils appellent ordinairement LE SAGE ROI DES LETTRES : et ils disent qu'il avait soixante-douze principaux disciples, du nombre desquels était Hoangti-Xao.

Ce LIVRE D'OR contient les [*sic*] maximes politiques et morales, qui n'ont souvent point de liaison ensemble, à peu près comme le livre de Salomon auquel il a plu à nos traducteurs de donner le nom de *Proverbes* au lieu de celui de *Sentences*[101].

Comme les rois de la Chine, ainsi que les autres monarques orientaux, se sont érigés en maîtres souverains des peuples, de qui ils ont extorqué une espèce d'adoration ; les sages se sont aussi quelquefois adroitement opposés à une chose si pernicieuse, et si manifestement contraire à la Justice et à la Raison. Et l'auteur de ces SENTENCES DORÉES[102] fulmine non seulement contre les tyrans, qui s'imaginant être formés d'une

---

100 « Le roi des Lettres » est le titre traditionnellement attribué à Confucius. Il existe en effet dans la tradition confucéenne une liste acceptée des soixante-douze disciples maîtrisant les six Arts qui composent l'enseignement du sage, mais Hoangti-Xao n'y apparaît pas, du moins sous ce nom. Celui-ci a pu être forgé à partir de celui de Hoang-ti (« Empereur jaune »), second successeur du héros civilisateur Fo-hi selon la généalogie fabuleuse des premiers souverains chinois, qui fut un grand administrateur, le créateur des arts et des sciences et, par ses vingt-cinq fils, l'origine des trois premières dynasties.

101 La diffusion en Occident d'un confucianisme « christianisé », ou du moins rendu compatible avec le christianisme, est l'œuvre des missionnaires jésuites, notamment de la mission en Chine, sous la conduite du P. Guy Tachard, de six jésuites français « mathématiciens du roi », mandatés conjointement par la Compagnie de Jésus et par l'Académie des Sciences (1687) afin de prendre contact avec la cour impériale. Parmi les ouvrages nés de cette grande entreprise, le plus influent est celui du P. Le Comte (*Nouveaux mémoires sur l'état présent de la Chine*, 1696-1700), connu de Leguat. La querelle des rites, qui se déroule sur près d'un siècle et aboutira aux condamnations pontificales successives des « rites chinois » de 1704 à 1744, est sans doute un élément de contexte implicite des « Sentences dorées ».

102 Nous respectons les particularités typographiques de l'original ainsi que sa ponctuation. Souvent réimprimé au XVIIIe siècle dans des recueils de mélanges qui donnent le *Voyage de François Leguat* pour seule référence, cet insert manifestement hétérogène, reconnu dans la préface comme faisant partie des « choses qui paraissent s'éloigner du sujet », a-t-il pour autant des sources chinoises authentiques ? Pour Virgile Pinot (*La Chine et la formation de l'esprit philosophique en France, 1640-1740*, Paris, Librairie orientaliste Paul Gueuthner, 1932, p. 400-405), le texte des *Sentences dorées* est purement apocryphe, Hoangti-Xao n'étant que le prête-nom derrière lequel s'abrite Misson pour lancer une prédication politico-religieuse dirigée surtout contre la France louis-quatorzienne. Reste

autre pâte que le reste des hommes, les regardent comme des reptiles, qu'il leur est arbitraire d'épargner, ou d'écraser selon leur caprice. Mais il fulmine aussi contre les GOUVERNEURS, en général, de quelque nom qu'ils soient appelés, qui ne s'occupent pas sans réserve, et au péril de leur propre vie, s'il est nécessaire, à maintenir les PEUPLES, à les défendre, et à les rendre HEUREUX. Il veut que la première chose qu'un roi fasse en montant sur le trône, soit de s'informer avec grand soin de l'état du peuple, afin de pourvoir en toute diligence, aux pressants besoins de ceux qui sont dans une pauvreté dangereuse, et digne de compassion. Il met la LIBÉRALITÉ, avec la PRUDENCE, et le COURAGE, au premier rang des vertus de celui qui a été élevé à L'OFFICE de GOUVERNEUR ; par la raison que de grandes sommes d'argent ne sont apportées de toutes les provinces, dans les coffres de ce HAUT-OFFICIER, que pour l'en faire le distributeur, selon les besoins publics et particuliers.

[SENTENCES DORÉES DE HOANGTI-XAO]

Souviens-toi, dit-il dans un endroit, *ô XANTUNG ! que la loi radicale et fondamentale est QUE TOUT LE MONDE VIVE ; ET QUE, s'il se peut, CHACUN VIVE HEUREUX. (***) Souviens-toi que le droit de chaque créature humaine qui a reçu le don de vie de la HAUTE ET ADORABLE PUISSANCE, est de jouir de tout ce que la bonne et sage Nature produit d'utile, au-dessus et au-dessous de la lune. (***) Souviens-toi que le MAÎTRE SEUL GRAND ET ADORABLE, A FAIT TOUTES LES BONNES CHOSES POUR TOUS : pour sustenter, et pour récréer toute âme vivante. (***)*

*(***-***) Pourquoi donc, ô XANTUNG ! t'es-tu réservé les paons et les esturgeons, pendant que le pauvre KEU-HAN, très bon personnage, né pauvre d'un aussi bon pauvre que lui, est quelquefois réduit à brouter les sommités des ronces, avec les chameaux ? Est-ce que tu crois que la bonne venaison, les bons fruits, et le bon poisson ont été faits pour toi, et non pas pour lui ? Pourquoi, je te prie, ne t'es-tu pas aussi approprié tout l'air salubre qui flatte les délicieux coteaux de Honan, pour n'en permettre la respiration au peuple malheureux,*

---

que, dans la forme, ce texte présente bien des convergences avec la tradition confucéenne, dont il s'écarte cependant par sa critique de l'ordre établi.

qu'après qu'il aurait rafraîchi les lobes de tes poumons ; comme tu voudrais, ce semble, que ce pauvre peuple ne se nourrît aussi que de tes excréments ? Et pourquoi encore n'as-tu pas renfermé le beau et vivifiant soleil dans ton parc, et dans ton palais, pour ton seul usage, ne laissant à cette menue populace, dont le sang n'est pas de la couleur du tien, que la sombre lueur de la plus petite planète [?] Je le sais, ô XANTUNG *! pourquoi tu n'as pas fait ces choses-là. C'est qu'il n'a pas été en ton pouvoir de les faire. Tes longues mains ont été trop courtes. Tu prends bravement ce que tu peux prendre, et tu laisses généreusement ce qui est si haut que tu n'y saurais atteindre.* (***- -***)

KEU-HAN *a faim et froid ; et n'a ni argent, ni métier, ni santé. Tous le rejettent, tous l'abandonnent. Dis-moi, toi qui tiens le timon du gouvernement, toi dont l'office est d'avoir soin du peuple, et qui es payé pour cela, qu'attends-tu que tu ne te hâtes de le secourir ?*(***) *Les prisons regorgent de gens tels que lui : eux, ou leurs pères, par la tyrannie publique ou particulière, ont été rendus pauvres, ou laissés dans la pauvreté*[.] *Ils souffrent, ils languissent, ils défaillent : leurs femmes, et leurs enfants sont au désespoir. Qu'attends-tu ?* GOUVERNEUR DU PEUPLE, *que tu ne délivres ces affligés ?* (*** - - ***)

KEU-HAN *réduit à l'extrémité, a succombé à la naturelle tentation de ne pas mourir de faim : pour s'en garantir, il a pris un pain chez un boulanger ; et pour cela vous l'avez rigoureusement puni. Mais vous avez commis double iniquité, ô vous qui portez le beau titre de Pères de la Patrie. Vous n'avez pas secouru le malheureux prêt à succomber ; et vous l'avez frappé, sans user de miséricorde.* (***) *Établissez de si bonnes lois que nul homme de bien ne soit en danger de périr de misère ; et puis, à la bonne heure, exécutez sévèrement les autres lois contre ceux qui usurpent.* (***) *Mais qu'est-ce que misère ? Vous n'en savez rien, vous qui nagez dans l'abondance et dans les délices : et vous croyez, sans doute, que celui-là seul est misérable qui vous paraît affamé ou transi. Vous pourriez bien penser pourtant qu'une nourriture ordinaire qui n'est pas assez bonne ; et que le manque de secours dans les grands besoins, atténuent le pauvre, attristent son âme, le font cruellement languir, et le mènent lentement au sépulcre.* (***) *Mauvais* GOUVERNEURS *! Vous êtes souvent coupables des péchés du pauvre, comme vous êtes cause de ses malheurs !*

(***) *Il y a une liaison et une dépendance nécessaire entre certaines lois ; en sorte que l'une supporte tellement l'autre ; que celle-ci ne peut subsister quand celle-là n'est pas maintenue. Or la loi qui défend de s'approprier ce qui est possédé par autrui, est fondée sur une autre loi, suivant laquelle il ne faut pas qu'aucun périsse par la malheureuse pauvreté.* (***)

Hauts et puissants Seigneurs, dit ailleurs le philosophe chinois, *voleurs carnassiers et inexorables ! Sangsues opiniâtres et insatiables !* HAUTS ET PUISSANTS LARRONS, *qui vous êtes fièrement emparés de ce qui n'est pas plus à vous qu'aux autres ! ou qui ne rendez pas ce que vos ancêtres ont envahi sans pitié ni justice ! Par quelle loi de nature ou d'équité pensez-vous qu'il faille que vous ayez tout, et que les autres humains n'aient rien ? (***) Vous êtes maintenant applaudis,* SCÉLÉRATS ILLUSTRES ! *Et les gens de bien que vous, ou les vilains dont vous êtes les héritiers, ont volé, tombent la face en terre, quand vous passez dans vos palanquins dorés : mais bientôt, vos indignes âmes ne serviront qu'à faire enfler des dos de crapauds*[103] *; et le pauvre, qui vaut mieux que vous et qui est maintenant oppressé, vous écrasera. (***) Soit que tes propres rapines ou celles de tes pères t'aient enrichi, ô* TI-FA ! *(car de mille riches, à peine y en a-t-il un seul qui ne soit inique, ou héritier d'inique), soit que, peut-être, ton bonheur et ta juste industrie t'aient aussi accumulé de l'or et des perles ; sache que ton abondance n'est point à toi seul ; et que le riche, celui même qui est légitimement enrichi, est voleur, quand il laisse souffrir l'indigent. (***) Ô quel est mon ennui ! quand je contemple cette haute et riche montagne de* KEUANGSI, *qui fait face à la loge où je me retire ! Cet excellent morceau du globe terrestre est tout couvert de beaux pâturages, d'épis dorés, de lin, de gingembre, de cèdres et de plantes aromatiques, au milieu desquelles foisonnent à l'envi les oiseaux les plus beaux, et du goût le plus excellent. Les civettes parfumées y courent par bandes, avec les chamois légers, et les chevreuils bondissants. Et les entrailles de cette admirable montagne enrichissent l'Occident de rubis, d'améthystes et de saphirs. Mais qui est-ce qui possède ce beau petit monde ? Hélas ! trois cents familles qui y étaient autrefois répandues, le partageaient, et vivaient heureuses, lorsque le noble brigand* XAO-TI-CAO, *sous des prétextes faciles à sa rapacité, trouva le moyen, pour sa gloire, de* RÉUNIR *à ses anciens domaines dix-huit ou vingt de ces petits héritages.* YE-VAM *son fils en attrapa trente autres ; et dans l'espace de soixante années, les tristes restes des trois cents familles ruinées, chassées, vagabondes et malheureuses, ont vu la montagne entière entre les mains du grand* TI-HOHAÏ, *qui par raison royale de bienséance, et courant à la gloire comme ses pères, a tout englouti.*

Quel usage fait de toutes ses richesses l'illustre TI-HOHAÏ ? *Il traite magnifiquement ses chiens, ses concubines et ses amis. Il répand extravagamment ; il prodigue sans choix, dans la sphère de quelques faquins qui sont incessamment autour de lui, sans se soucier ni des cris des pauvres, ni des requêtes de ses*

103 Ces peuples-là croient [*sic*] la métempsychose [N.D.A.].

créanciers, ni des besoins de gens de bien. TI-HOHAÏ *a l'âme grande : il hait toutes sortes de lâchetés, et il ne pille qu'en grand seigneur.* (***)

*O féconde et délicieuse montagne ! mes yeux ne peuvent te regarder sans répandre des larmes ! Mais où les porterai-je, ces yeux où l'admiration se pourrait voir peinte avec la douleur ? Voilà de l'autre côté la vaste et riante plaine d'*OCOMSIAO, *de laquelle, un agréable contour du fleuve* HOANG *forme une péninsule, et qui est aussi la proie d'un très noble Seigneur : du Seigneur* KIUMFA, *qui, tout opposé au généreux dissipateur* TI-HOHAÏ, *n'enlève l'or des mines de* SIGHEM, *que pour en faire de nouvelles mines dans ses coffres de fer. Voyez les carcasses affreuses qui traînent malgré elles son vieux char disloqué. Voyez-le lui-même, avec sa maigre mine, et son air effrayé, comme si l'impitoyable Tartare était prêt à saisir ses trésors. Le noble* KIUMFA *s'est enfin totalement acquis, depuis près de cinq ans, l'excellent pays d'Ocomsiao ; et le fatal croc de l'exécuteur a déjà livré aux corbeaux, plusieurs malheureux, qui, ayant été dépouillés par ce* CONQUÉRANT, *avaient osé reprendre dans leur disette extrême, quelque petite portion de ce qu'il leur avait arraché.* (***)

Monterai-je au sommet du KIGEAN, *ou me transporterai-je sur la croupe cornue du haut* CANGHEU *? Et contemplerai-je de là, les riches provinces qui s'étendent jusqu'à la mer ? Mais partout, je trouverai de pareilles conquêtes.* (***) *Tu es trop petite, ô terre universelle ! pour assouvir les désirs d'un seul homme fou ou superbe.* (***)

(***) *Le philosophe* ÏEMAN-XILIN, *qui, hors de la cruelle et ridiculisante nécessité, passe dans sa retraite, une tranquille vie, cultiverait volontiers quelque agréable verger, pour respirer le frais, à l'ombrage d'un figuier qu'il aurait lui-même planté ; et pour écouter là, en de certains moments, les doux et innocents fredons de l'harmonieux rossignol. Il ornerait volontiers ce petit paradis de quelques bordures de fleurs, il y élèverait quelque essaim d'abeilles ; et y ferait serpenter quelque clair ruisseau, qui lui pourrait procurer des bains de santé, et qu'en récompense, il ne dépeuplerait jamais du goujon dont la nature l'aurait pourvu.* (***) *Las des vanités du monde, qu'il connaît par expérience, si de la grotte de sa solitude il pouvait aller de plain-pied délasser son imagination fatiguée dans les divers sentiers de ce petit enclos, et y réparer la perte de ses esprits dissipés par l'étude, il croirait ajouter ainsi quelque chose aux contentements de sa vie : et plein du plus grand mépris pour la multitude insensée qui court aveuglément après des chimères ; il goûterait heureusement là, quelques nouveaux et utiles plaisirs. Mais la terre est toute envahie ; tout est pris. Les* GRANDS *la possèdent, et il n'en reste pas un seul petit coin pour lui. Il faudra même qu'il achète cher, celle que son tombeau doit bientôt occuper.* (***)

C'est ainsi que le naïf auteur des SENTENCES DORÉES s'abandonnant au feu de ses pensées, qui sont, dit-il, des oracles de Confucius, et de ses longues méditations, parle souvent en orateur à la manière de ce pays-là, plutôt qu'en jurisconsulte ou en politique. Et ces maximes ont paru si justes et si bien fondées à ses compatriotes, que si d'un côté, la *Terreur* avec la *Coutume*, deux terribles tyrans, les ont rendus esclaves et idolâtres de leurs rois ; d'un autre côté aussi, les leçons de leur *Sage*, qu'ils ont bien conçues et bien goûtées, les ont portés à se secourir si efficacement les uns les autres, qu'on ne trouve chez eux comme je l'ai dit, aucun indigent[104].

Au reste, pour revenir à ce que j'ai dit des Chinois pauvres, je dois faire remarquer aussi, qu'il n'y a point de mendiants parmi les Européens non plus à Batavia. Peut-être que l'émulation jointe à l'équité naturelle et à la politique, a contribué à l'établissement de ce bon ordre entre les Portugais. Car, pour les Hollandais, chacun sait qu'en Hollande même, et dans toutes les autres provinces de cette *puissante et sage République*, on fournit à tous ceux qui sont capables de travailler, de si bons moyens de gagner leur vie que personne ne se peut plaindre avec justice, d'être forcé à mendier son pain.

[MŒURS DES CHINOIS]

Les Chinois font grande chère, et mangent très proprement quoique sans nappe, ni serviette. Ils ne prennent point la viande avec les doigts ; et comme on la sert toute découpée, ils la portent à la bouche en la serrant entre deux petits bâtons longs de cinq à six pouces, qui sont dorés et vernis proprement.

Ils portent de longues robes, et fort légères, et communément blanches ; et des caleçons amples qui descendent jusqu'aux talons. Ils font grand

104 Pour Virgile Pinot (*op. cit.*, p. 405), Confucius et la Chine ne sont là qu'un prétexte : « Misson est un prédicateur chrétien qui veut appliquer au gouvernement des sociétés le principe moral du christianisme. Comme réformateur, il ne se distingue guère de Fénelon ou de La Bruyère. Mais il y a chez lui quelque chose de plus dangereux, c'est le ton, la virulence contre le roi et contre les Grands, sans parler d'allusions très nettes à Louis XIV, à son désir de gloire et à son appétit de conquêtes. C'est le livre d'un prédicateur chrétien, mais aussi d'un protestant français qui n'a pas oublié la Révocation de l'Édit de Nantes. »

cas de leurs cheveux, qui sont fort longs, et qu'ils laissent toujours croître. Ils les tressent, et se les entortillent par le derrière de la tête, les attachant avec les aiguilles dont j'ai parlé. Je ne me souviens pas d'en avoir remarqué qui eût les cheveux blonds, mais il ne faut pas conclure de là qu'ils aient le teint brun, car, je le répéterai encore, ils sont pour le moins aussi blancs que nous.

Ils ont peu de barbe, et ils l'estiment tant, qu'ils ne la rasent jamais. Non seulement ils aiment la leur propre, mais ils se font un trésor de celle des autres ; et si quelqu'un veut risquer à perdre la sienne ou ses cheveux, il les peut jouer contre une somme considérable : cela est gardé comme une chose précieuse par celui qui l'a gagné, et au contraire le perdant devient tellement infâme que personne ne veut plus avoir de commerce avec lui. Ils portent un éventail dont ils se couvrent la tête de temps en temps, au lieu des parasols dont j'ai parlé, dont se servent les Européens seulement.

Quand ils se saluent à la rencontre familièrement, ils se présentent l'un à l'autre le poing fermé, et puis se serrent et se secouent la main comme le peuple fait en Angleterre.

Ils négocient dans leur pays, et en apportent particulièrement du thé et de la porcelaine. Ceux d'entre eux que j'appellerai étrangers, c'est-à-dire qui ne sont pas habitués[105], domiciliés et comme naturalisés à Batavia n'y peuvent pas séjourner plus de six mois ; et ceux-là ont la tête rasée à la nouvelle mode de leur pays, à l'exception d'un toupet qu'ils réservent au milieu de la tête, et dont ils font une tresse, qui tombe par-derrière. Le Tartare qui règne à présent sur cette nation[106] lui a imposé la loi de ce toupet, qui est la coutume de ses sujets naturels, et les a marqués ainsi d'un signe de servitude.

Ces gens-là en général ont quelque chose de noble, et de somptueux même, en tout ce qu'ils font. Quand un riche Chinois se fiance à Batavia, après que le contrat est signé, il va le soir voir sa maîtresse et se fait porter dans une chaise magnifique, portée par quatre hommes, et précédée par trois ou quatre cents Javans payés pour cela, ou esclaves nègres, qui portent chacun un falot. Il est vrai que le falot, ou la lanterne répond peu au bel air du reste. C'est une vessie de cochon, dans laquelle on a trouvé le moyen d'ajuster une bougie. La chaise est immédiatement

105 Habitué : installé, notamment dans un pays étranger. *S'habituer* « signifie aussi, establir sa demeure en un autre Pays que le sien » (*Acad. 1694*).

106 Depuis 1644, la dynastie chinoise des Ming est remplacée par une dynastie mandchoue.

suivie d'un grand nombre d'instruments de musique à leur manière, qui font à la nôtre un véritable charivari.

Les prêtres viennent après à cheval avec de longues robes violettes, et des bonnets carrés : et un fort grand nombre d'amis répandus çà et là devant et derrière, jettent incessamment des fusées qui représentent en l'air toute sorte d'animaux, ce qui fait un fort agréable spectacle. Le galant va voir sa maîtresse en cet équipage, et s'en retourne de même. On fait les mêmes façons quand ils se promènent ensemble, et quand ils vont s'épouser ; avec cette différence seulement que la femme a une chaise couverte de telle manière qu'elle peut voir tout le monde sans être vue. Quand la cérémonie du mariage est achevée, les hommes dînent tous ensemble en public, et les femmes sont dans une autre chambre où les hommes n'entrent point. Les tables, dans les deux chambres, sont disposées de telle manière que le mari et la mariée se trouvent ce jour-là justement dos à dos, la muraille entre deux. Le soir l'époux fait l'honneur à son épouse de la recevoir à sa table, faveur qui ne lui est jamais plus accordée : car les hommes ont une telle sorte de mépris pour les femmes, que les maris même ne regardent et ne traitent les leurs que comme de véritables esclaves. De même que tous les autres Orientaux, ils sont extrêmement jaloux.

Il n'y avait que trois femmes nées à la Chine à Batavia lorsque j'y étais, de sorte que les Chinois furent d'abord obligés d'épouser des Javanes ; mais leurs familles ont si bien multiplié que présentement il y a assez de filles pour les garçons. Ces gens-là sont extrêmement adonnés au péché qui fit périr Sodome. Au commencement, ils ne s'en cachaient pas, et lorsque quelques-uns d'entre eux furent accusés en justice pour ce crime, ils répondirent que c'était une chose innocente et permise chez eux. On ne laissa pas de les faire mourir.

Leurs femmes et filles sont invisibles, du moins on ne les voit point : elles ne sortent jamais. Je n'en ai aperçu qu'une seule pendant l'année que j'ai été à Batavia, encore était-ce dans sa maison. Ils entretiennent des Javanes, et des négresses, ou s'en servent à la rencontre sans beaucoup de cérémonie.

Comme la petitesse des pieds est une de leurs plus grandes perfections, et ce qui enchante le plus les hommes, dès leur naissance on les leur met dans un moule de fer qui les empêche de croître ; de sorte que quand elles marchent elles ont toutes les peines du monde à se soutenir.

Depuis le premier jour de l'an, pendant six semaines, ils se réjouissent et font grande chère ; c'est une espèce de carnaval qui dure jour et nuit.

Ils dressent des théâtres sur lesquels leurs jeunes gens jouent des manières de comédies, les acteurs ayant des habits faits pour cela. Ordinairement ils représentent la vie ou l'histoire de leurs plus grands personnages. Le soir pendant ce temps-là ils plantent un grand nombre de bamboches[107] de quarante à cinquante pieds de haut, devant la maison des notables de leur nation, et y attachent quantité de feux d'artifice qui coûtent beaucoup et qui durent une grande partie de la nuit, ce qui est une des plus agréables parties de leurs divertissements. Ces gens-là sont fort industrieux et ils ont une adresse toute particulière pour la composition de ces feux-là : entre autres choses, ils représentent fort heureusement la figure de divers animaux. Déguisés comme je l'ai dit, ils courent dans les rues et font voler de ces animaux faits de papier et remplis de feux d'artifice. Ils célèbrent une fête sur l'eau, en mémoire d'une femme de leur nation qui se noya, et dont ils racontent une belle et longue fable. Le principal de cette fête consiste en des courses de petites barques fort légères, comme le sont les régates à Venise. Plusieurs de ces barques également équipées de rameurs partent en même temps, à un signal donné, et celle qui est la première arrivée au but remporte le prix.

Les enterrements des Chinois se font avec de grandes cérémonies. Lorsqu'un malade est à l'article de la mort, tous les parents et les amis s'assemblent autour de lui et lui demandent bonnement où il veut aller et pourquoi il les quitte ; questions fort édifiantes et fort à propos ! Ils lui disent qu'il n'a qu'à savoir ce qu'il lui manque et l'assurent fort obligeamment qu'on le lui donnera tout incontinent.

[RELIGION DES CHINOIS]

Quand il a rendu sa pauvre âme à la merci de son Créateur, on met le corps dans un lit de parade le plus riche ou le plus beau qu'il est possible d'avoir, et quelque temps après il est porté en terre dans ce même lit sur les épaules de plusieurs hommes, de telle manière que tout le monde le voit à découvert. Une grande foule de peuple marche confusément devant et après le corps qui est immédiatement suivi par des prêtres à cheval

107 Bamboche : « Sorte de canne qui a des nœuds, & qui vient des Indes » (*Acad. 1694*). Bambou.

revêtus de ces longues robes violettes dont j'ai parlé et par des pleureuses de profession, qui sont habillées de blanc et qui marchent ensemble sous une espèce de tente de toile ouverte par le haut. Ces pleureuses se tourmentent beaucoup, et demandent toujours au mort pourquoi il a ainsi abandonné le monde ? de quoi il manquait, et pourquoi il ne le veut pas dire ? puisqu'assurément il obtiendrait tout ce qu'il voudrait sur-le-champ.

Ces folles questions me surprenaient moins dans la bouche de ces gens-là que dans celle des Irlandais catholiques qui en certains cantons de cette île, en font de toutes pareilles[108]. C'est ainsi que le corps est porté dans le lieu destiné à sa sépulture, qui est à près d'une demi-lieue de Batavia. On enterre quelques pièces d'argent avec lui, et on porte tous les jours de la viande et des présents sur le tombeau pendant un an, comme dans le dessein de faire du bien et de l'honneur au défunt. Il serait dangereux de manger de ces mets funèbres, parce que souvent on les empoisonne, pour punir l'attentat de ceux qui les oseraient enlever. Démêle qui pourra les idées de ces pauvres gens qui régalent leurs intimes amis du poison même qu'ils préparent pour les voleurs. C'est ainsi que la religion mal entendue dégénère souvent en extravagance. Pour les autres présents, je suis sûr qu'on se donne bien de garde de les empoisonner, le mobile de l'intérêt entraînant toujours celui de la superstition, quelque violent qu'il soit, de même que tous les autres. Parmi leurs tombeaux, il y en a de fort grands et de fort ornés. Ils ont plusieurs pagodes autour de Batavia. Au premier aspect, on trouve que ces temples ressemblent assez aux églises de ceux de la religion romaine.

On y voit des espèces de chapelles, des autels, des cierges, des lampes, de l'eau bénite, des tableaux, des statues et des images de cent façons. Les prêtres même sont revêtus d'ornements qui approchent assez de ceux des prêtres catholiques romains. Ils portent à leur ceinture, ou à leur bras, des chapelets dont les grains ne sont pas tous égaux, et ils s'en servent pour réciter machinalement de certaines prières par compte. Le peuple a aussi ses dévotions affectées pour un marmouset[109] plutôt

108 On trouve effectivement dans les *Mémoires et observations* (*op. cit.*, p. 261-262) un développement similaire sur la coutume irlandaise des discours adressés aux mourants ; dans tout l'ouvrage, l'Irlande papiste fait figure de pays superstitieux et arriéré. Si les observations faites parmi les Chinois de Batavia sont certainement attribuables à Leguat, le commentaire qui les accompagne est donc sans aucun doute un ajout de Misson.

109 Marmouset : petite figure grotesque. Le terme s'applique péjorativement aux idoles des cultes païens.

que pour un autre ; et chaque particulier porte son engin de boulettes enfilées, aussi bien que les prêtres.

Lorsque ceux-ci célèbrent, ils font force génuflexions ; tournent à droite, à gauche, devant, derrière ; l'un faisant des invocations, et l'autre répondant : les assistants paraissent écouter fort respectueusement. Assez souvent, et particulièrement le matin, un prêtre porte et promène dans les rues un petit je-ne-sais-quoi, au-dessus duquel on tient élevé une espèce de dais, et une grande multitude suit dévotement cette idole. Ils font aussi d'autres grandes processions, où ils portent une espèce de croix ; et des étendards de diverses formes et couleurs. Ce sont des choses que j'ai souvent vues[110].

Au reste, quand on demande aux gens sensés d'entre eux ce qu'ils adorent, ils répondent fort bien qu'ils n'adorent qu'un Dieu, non plus que les Hollandais ; que les figures humaines qu'on voit dans leurs temples, sont seulement des représentations d'hommes ou de femmes qui ont autrefois saintement vécu, et qui sont maintenant bienheureux : que le culte qu'ils leur rendent n'est pas du même ordre que celui qu'ils rendent à Dieu : qu'ils les honorent seulement à cause de Dieu, parce qu'ils sont ses intimes amis ; et que pour les autres statues de diverses façons, dont quelques-unes paraissent aux étrangers ou si laides ou si ridicules, on pouvait bien juger qu'ils n'ignoraient pas que ce ne fussent des matières inanimées, mais que cela représentait mystérieusement les diverses vertus, ou attributs, comme nous parlons de la *Très Haute Puissance* qui a fait le monde : que ces figures étaient propres à captiver l'attention du peuple qui ne peut être beaucoup touché de ce qu'il ne voit qu'en imagination, et qui est accoutumé d'appeler *Rien* ce qui est invisible. Qu'un hiéroglyphe à cent bras, par exemple, lui donne l'idée d'une grande puissance, et le porte à des actes d'humiliation profonde ; et qu'il en était de même du reste. Cela me faisait souvenir de la chrétienne *Exposition* que l'habile évêque de Meaux a donnée de la doctrine et des pratiques de sa religion[111]. Ces idolâtres, que l'on ne peut pas se dispenser

110 Ces rapprochements perfides, qui visent à identifier aux rites païens les pratiques de la religion romaine, portent la marque de Misson ; les analogies sont manifestes avec les remarques satiriques sur les processions et pèlerinages qui émaillent le *Nouveau Voyage d'Italie.*

111 *Exposition de la doctrine de l'Église catholique sur les matières de controverse,* de Bossuet (P., S. Mabre-Cramoisy, 1671), ouvrage dirigé contre le protestantisme. La distinction entre la religion des élites et la religion populaire, entachée de superstitions puériles, est familière

d'appeler ainsi, malgré les subterfuges de ceux d'entre eux qui font le meilleur usage de leur lumière naturelle, confessent qu'ils rendent aussi quelque service[112] aux mauvais démons ; non par amour, ou par respect pour ces esprits immondes, mais par la même raison qu'on flatte un chien hargneux, pour s'empêcher d'en être mordu, ou qu'un homme de médiocre condition fait le pied de veau chez un Grand Seigneur, comme le Grand Seigneur lui-même joue un pareil rôle à la Cour.

C'est une vérité incontestable que dans la Chine et ailleurs, parmi toutes les nations idolâtres, les hommes qui ont été capables de réflexion ont cru qu'il n'y avait qu'un seul Souverain Tout-Puissant ; l'autorité véritablement suprême, et absolue, ne pouvant être partagée. Mais les peuples n'ont point ces idées.

Quand leurs divinités subalternes s'opiniâtrent malicieusement, à refuser les choses raisonnables qu'on leur demande, on les châtie fort bien, et d'une manière exemplaire. Quelquefois même on rase leurs temples, et on chasse les prêtres de ces idoles. Le P. Le Comte exprime si bien cela, que je ne ferai pas difficulté de me servir ici de ses propres termes[113].

« Quand le peuple se lasse, ils méprisent, ils injurient, ils battent leurs dieux. Chien d'esprit, lui disent-ils (*comme s'ils parlaient à un méchant roi*), nous te logeons dans un temple magnifique ; tu es bien doré, bien nourri, bien encensé, et tu es assez ingrat pour nous refuser ce qui nous est nécessaire. Ensuite, *ajoute ce père*, on lie le dieu mutin avec des cordes, et on le traîne par les rues, chargé de boues, et de toutes sortes d'immondices, pour lui faire payer les pastilles dont on l'avait auparavant parfumé. Que si durant ce temps-là, ils obtiennent, par hasard, ce qu'ils souhaitent ; alors ils rapportent l'idole, en cérémonie, dans sa niche, après l'avoir bien lavée, et bien essuyée. Ils se prosternent même, en sa présence, et lui font diverses excuses. À la vérité, lui disent-ils, nous nous sommes un peu pressés ; mais au fond, n'avez-vous pas tort d'être

---

à Misson. Tout ce développement fait implicitement référence au débat sur la religion des Chinois (déisme ? athéisme ? christianisme « naturel » ?), ainsi qu'à la christianisation de certaines pratiques religieuses chinoises acceptées par les missionnaires jésuites.

112 Culte ou offrandes.

113 Le développement qui suit reproduit, avec quelques omissions et quelques ajouts, le tableau satirique des pratiques superstitieuses de certaines sectes chinoises, notamment celles des adorateurs du dieu Fo ; voir la troisième édition des *Nouveaux Mémoires sur l'état présent de la Chine*, *op. cit.*, Amsterdam, Henri Desbordes et Antoine Schelte, 1698, tome II, p. 103-104.

si difficile ? Pourquoi vous faire battre à plaisir ? Vous en coûterait-il davantage d'accorder les choses de bonne grâce ? »

Les Chinois ont beaucoup de pratiques dévotes extérieures. J'en ai déjà marqué quelques-unes ; et j'ajouterai que les bouchers bénissent leurs chairs, avant que de les exposer en vente ; et que chacun bénit aussi ses viandes, avant que d'en manger. Le maître de la maison répète diverses prières, et réitère plusieurs génuflexions. Après quoi ils offrent de ce qu'il y a, à ceux qui sont présents. Je sais la chose par expérience et je sais aussi qu'ils tiendraient pour affront, si on refusait de manger ce qu'ils présentent.

[LES JAVANS]

La troisième sorte d'habitants de Batavia, et qui pourraient se plaindre de n'avoir pas été nommés les premiers si l'usage ne voulait pas que les riches allassent devant, ce sont les Javans ou les naturels de l'île. Ils sont basanés, de taille raisonnable et bien prise.

Ils vont demi-nus, et se conservent les cheveux sous le turban, mais ils se font tomber tout le reste. J'ai vu à Batavia un prince javan, qui s'avisa de s'habiller à la hollandaise, en gardant seulement son turban. Leurs huttes, faites de bamboches et couvertes de feuilles, dans le général, sont petites et mal bâties : toute la famille couche, pour ainsi dire, dans une même chambre. Ces gens sont extrêmement sobres, et n'ont pas besoin de manger beaucoup : souvent ils se contentent d'un peu de riz, de fruit, ou de poisson sec. Comme ils sont mahométans, ils ne font pas usage des liqueurs qui enivrent, et le thé est leur boisson ordinaire, ou de l'eau pure. Ils ont la réputation d'avoir beaucoup d'esprit, et de facilité à apprendre. On dit qu'ils sont extrêmement fidèles les uns aux autres ; mais les étrangers s'aperçoivent quelquefois qu'ils ne croient pas être dans la même obligation envers eux, c'est-à-dire qu'ils ont cette inique et pernicieuse maxime, de ne pas garder la foi à ceux qu'ils appellent hérétiques, non seulement en fait de religion, mais en toute occasion. Ils sont laborieux, et surtout, habiles pêcheurs.

Ils portent tous à leur côté, et dans un fourreau, un poignard empoisonné jusqu'au milieu, d'un poison très subtil que quelques-uns savent ôter ou tempérer, en sorte qu'il n'opère que quand et autant qu'ils veulent. Le plus dangereux de ces poisons, c'est le suc d'un arbre qui croît dans l'île de Bornéo. Les habitants de cette île ne manquent pas d'en empoisonner les petits dards qu'ils poussent avec leurs sarbacanes. Les Javans se servent quelquefois d'une certaine boisson pour se rendre furieux, et quand ils sont dans cet état ils crient *amerci, amerci !*, ce qui signifie en leur langue *tue, tue*, et courant çà et là comme des possédés, d'une violence effroyable, ils tuent tous ceux qu'ils rencontrent, et les percent avec beaucoup d'adresse et de promptitude. Pour se garantir il n'y a point d'autre secret que celui de se sauver vite quand on les aperçoit de loin, si on ne se sent pas en état de les prévenir en les tuant eux-mêmes.

Ces coutumes leur sont communes avec les peuples de Macassar[114], leurs voisins, et ceux de l'île Célèbes, à l'est de Java. Ceux-ci se servent aussi du *crit*, ou *crik*[115], empoisonné, avec des manières superstitieuses et diaboliques. Ils se rendent furieux de même que les Javans, avec leur opium liquide, dont ils boivent une certaine dose pour devenir intrépides, et pour se mettre en fureur. Ils crient *moka, moka !* au lieu de l'*amerci* des Javans. Dans cet état, ils ne pensent qu'à tuer, ou à se faire tuer[116]. Un seul Macassar, dans cette rage qu'il s'est acquise, affronterait tout un régiment. Ils ont des corselets de fer ; et avec le crik ils portent le sabre, et la sagaie. Ils soufflent aussi de petits dards envenimés, avec la sarbacane. Certains billets en caractères magiques qu'ils portent sur eux, sont, à ce qu'ils croient, un préservatif plus puissant que ni leurs armes ni leurs cuirasses.

Comme j'étais à Batavia, on défendit le *crik* au commun des Javans. Il n'y eut que les officiers, et les autres personnes de distinction, à qui on laissa le privilège d'en porter. On les remarquait par cette arme (dont le manche est ordinairement d'or massif) comme aussi par les gardes dont les gens de quelque qualité se font accompagner ; ceux-ci armés de demi-piques de bois qu'ils portent toutes droites. Les princes, ou les ambassadeurs ont une foule de ces gardes qui les environnent ; et sont portés sur les épaules, dans une espèce de brancard couvert, au milieu duquel ils sont assis sur une planche traversante large d'un bon pied, les jambes croisées comme nos tailleurs.

---

114 Île du groupe Célèbes (aujourd'hui Ujungpandang).

115 Kriss.

116 Il s'agit du phénomène de *l'amok*, manifestation de frénésie meurtrière propre aux civilisations malaises.

[LES FEMMES DE JAVA]

Mesdames les Javanes sont, dit-on, d'une complexion extraordinairement amoureuse ; et ce qu'il y a de rare, c'est que leur passion n'est pas moins constante que forte. Elles se servent souvent de philtres qu'elles font prendre adroitement et avec succès, comme on me l'a assuré, à leurs maris ou à leurs galants afin d'augmenter, et d'assujettir de plus en plus leur amour. Et quand elles soupçonnent que l'un ou l'autre leur est infidèle, elles ne manquent pas de le régaler de quelque drogue, qui le mine peu à peu, et qui l'envoie enfin dans le sombre pays que plusieurs appellent aussi bien que nous, le royaume des taupes. De sorte qu'il faut y regarder à deux fois, avant que de *s'accointer* beaucoup avec ces femelles-là. Il y en a plusieurs qui n'étant pas exposées à la grande fatigue, comme les hommes, sont beaucoup moins basanées qu'eux, et qui seraient trouvées fort gentilles par les plus délicats de nos Européens. Quantité d'entre elles, et surtout les jeunes, comme on peut penser, ont même le visage beau, selon l'idée que nous avons de la beauté. Leur sein élevé et bien fait n'a nul rapport aux abominables tétasses de ces laides Africaines des provinces voisines du Cap. Elles ont le teint uni, et beau, quoique brunet, la main belle, l'air doux, les yeux vifs, et le rire agréable. À mettre tout ensemble, il y en a beaucoup qui sont tout à fait mignonnes. J'en ai vu qui dansaient le plus joliment du monde. Elles vont dans les places de la ville avec un tambourineur à leur mode, qui joue de cet instrument, en battant la mesure ; et après que la fillette a dansé, chacun lui donne quelque petit *encouragement*. Un autre endroit qui plaît beaucoup en elles, c'est qu'elles sont extrêmement nettes et propres : leur religion les obligeant à se laver tout le corps plusieurs fois le jour ; et leur coutume étant, comme je l'ai déjà marqué, de se faire tomber tout ce qui empêcherait la peau d'être entièrement douce et polie. Je ne sais si après tout cela, il est nécessaire de dire que l'île de Java n'est pas un pays où la galanterie soit inconnue : l'amour y règne, finement même, et violemment.

Mais après avoir loué les jolies femmes de ce pays-là, je ne saurais m'empêcher de dire à leur désavantage, que si je dois croire ce que bien des gens m'en ont dit, il s'en faut beaucoup qu'elles n'aient pour leurs maris la fidélité qu'elles veulent qu'ils aient pour elles. Cependant, elles leur paraissent extrêmement soumises : elles sont même couchées à terre, et rampantes en leur présence, lorsqu'ils sont assis ; surtout, quand il y a quelque étranger avec eux (car on peut inférer de tout ce que j'ai dit, qu'elles ne se tiennent pas cachées comme les Chinoises, ni même comme les autres mahométanes de Turquie, de Perse et d'ailleurs). Il est vrai qu'à proprement parler, ces postures de chien couchant ne signifient rien, non plus que toutes les autres choses qui se font par pure coutume. C'est justement comme ces *très humble serviteur* que nous mettons à la fin de nos lettres.

Ces femmes sont coiffées en cheveux, et ont pour habit une petite camisole à manches courtes lacée par-devant qui les serre sans se joindre, et qui est fort échancrée par le haut ; de sorte qu'on leur voit une grande partie du sein. Au-dessous de ce corselet, qui ne descend pas tout à fait jusqu'aux hanches, elles s'enveloppent le corps d'une espèce d'écharpe qui tient lieu de jupe, dont l'étoffe, de diverses couleurs, est mince et légère, et fait deux ou trois tours. Cela les couvre jusqu'aux talons : mais comme elles ne portent point de chemise, il paraît toujours une ceinture de chair brunette (qui n'en vaudrait peut-être pas moins si elle était blanche) entre le bas du petit pourpoint, et la partie supérieure de l'écharpe. Cette enveloppe les bride devant et derrière, aux environs de ce qui est au-dessous de la ceinture, et fait un peu trop voir la forme du corps, à celles qui l'ont mal bâti ; mais a quelque chose de drôle dans les jolies tailles. Les plus riches de ces femmes portent des pantoufles ; et je ne sais si ce n'est pas une marque de distinction, parce que peu en portent quoique cela ne coûte pas grand-chose.

Quand ces femmes-là épousent des Hollandais, ou d'autres chrétiens, elles sont obligées d'épouser aussi la religion chrétienne. Dieu sait quelle sorte de christianisme c'est que celui-là. Et jusqu'à la troisième génération, les filles qui naissent de ces mariages, s'habillent à la javane. Ce sont particulièrement ces espèces de converties qui remplissent l'église malaise, dont j'ai parlé. Le nombre des convertis est beaucoup moins grand, parce qu'il n'y a pas pour les hommes un semblable motif de conversion. Les filles chrétiennes étant rares pour les chrétiens mêmes, il n'y en a point pour les Javans, convertis tant qu'il leur plaira ; au lieu que la disette du sexe fait que les chrétiens d'origine sont obligés de s'accrocher quelquefois aux Javanes.

Les mariages de Javan à Javane se concluent avec peu ou point de cérémonies ; et ils n'en font pas davantage pour les enterrements. Ils se disent de la secte des *Tommi ;* et méprisent les autres mahométans, encore qu'ils soient tous de même sentiment, sur les principaux articles de leur créance : chose dont personne ne se doit pas plus étonner que de voir le christianisme divisé comme il est, bien qu'il soit très vrai que tous conviennent aussi de l'essentiel, ou des points fondamentaux, comme on parle. De sorte que tous feraient une même profession publique, si la pédanterie, et le préjugé n'en empêchaient pas : et si, au lieu de tordre l'Écriture, et de broder, comme on fait, l'ancien Symbole[117], en l'étendant même à droite et à gauche, comme à l'infini ; on s'en tenait sagement et humblement aux purs et simples termes de la Révélation proprement dite, dans toutes les choses, que l'on reconnaît unanimement être mystérieuses, comme dans les autres.

[AUTRES PARTICULARITÉS DE JAVA]

Avant que de sortir de l'île de Java, je ferai remarquer ici quelques particularités légèrement avancées, touchant cette île, par le fameux Louis Vertomanni, dont j'ai déjà parlé. Il me semble, pour le dire en passant, que les voyageurs exacts et fidèles, devraient prendre soin de désabuser leurs lecteurs, aussi bien que de leur dire des choses nouvelles. Vertomanni dit de Java, que c'est l'île de l'Orient où se trouvent les plus belles émeraudes. Je n'ai jamais ouï parler des émeraudes de Java, pendant le séjour d'un an que j'ai fait dans cette île, encore que je me sois informé assez soigneusement de tout. Mais j'opposerai Tavernier à Vertomanni : « C'est une ancienne erreur, *dit Mr Tavernier*, que bien des gens ont, de croire que l'émeraude se trouve originairement dans l'Orient. La plupart des joailliers, d'abord qu'ils voient une émeraude de couleur haute, ont accoutumé de dire que c'est une émeraude orientale. Mais ils se trompent ; je suis assuré que jamais l'Orient n'en a produit, ni dans la terre ferme, ni dans ses îles. J'en ai fait, *ajoute-t-il*, une exacte perquisition dans tous mes voyages. »

117 Symbole : le symbole des Apôtres (Credo).

Il ne se peut rien de plus positif. Et M. Tavernier, assez pauvre auteur (pour dire naïvement la vérité) en toute autre chose, doit être écouté sans doute en matière de pierreries : lui, qui était du métier ; qui avait fait six voyages, par terre, dans les Grandes Indes ; et qui avait visité tout l'Orient pendant tant d'années, jusqu'à l'âge de la décrépitude[118].

Vertomanni ajoute avec la même assurance, que l'île de Java a des mines d'or. Et quand il parle des prétendus anthropophages qui l'habitent, il rapporte bien exactement ce que Diodore de Sicile, Mela, Solin, et je ne sais combien d'autres ont raconté de divers autres pays, qu'on mène les vieillards et les malades au marché pour les vendre, et pour les délivrer, en les mangeant, de leurs infirmités. Mauvaise viande !

Comme je n'ai pas vu ailleurs de si beaux nègres, et de si belles négresses qu'à Batavia, j'ai quelque opinion (car j'ai oublié de m'en informer) qu'on ne les y apporte pas tous des côtes de Guinée, où ils ont presque tous le nez large et plat, et les lèvres fort grosses ; quoi qu'il en soit, j'ai rencontré à Batavia plusieurs fort jolies négresses. Un visage tout à fait formé à l'européenne. Les yeux brillants et bien fendus, les dents admirables, la taille fine, la gorge très belle, et douce, aussi bien que le reste du corps, bien que noire, comme du jayet[119]. Si l'on voulait considérer que cette sorte de teint est presque inaltérable, n'étant sujet à aucune des pâleurs, des rougeurs, des taches et des diverses autres inégalités et assauts que souffre continuellement celui des femmes blanches ; et si on se souvenait d'ailleurs que la couleur noire a son lustre et son prix, aussi bien que les autres, je crois qu'on cesserait de s'étonner du goût de ceux qui aiment autant ou plus une belle *négresse* qu'une autre femme.

Il y a si peu de Maures dans cette île, quoiqu'ils aient un quartier à Batavia, que ce n'est pas la peine d'en parler, non plus que des particuliers des autres nations, qui n'y viennent que pour trafiquer, ou pour accompagner leurs ambassadeurs.

J'ai beaucoup de regret d'avoir oublié de m'informer particulièrement de la nation qu'on appelle *Chacrelats*, à Batavia, et dont j'ai vu plusieurs, tant hommes que femmes. Ils sont blancs et blonds : mais ce qu'il y a de plus particulier en eux, c'est que leurs yeux ne peuvent

---

118 Jean-Baptiste Tavernier (1601-1689), auteur des *Six voyages de J.-B. Tavernier en Turquie, en Perse et aux Indes* (1676), l'un des grands voyageurs protestants du XVIIe siècle, marchand et joaillier, amassa une énorme fortune dans le négoce des pierres précieuses et mourut à Moscou au cours d'un ultime voyage alors qu'il était presque nonagénaire.

119 Jais.

pas supporter le grand jour, et qu'au contraire ils voient fort bien la nuit. Aussi font-ils de la nuit le jour, et du jour la nuit. J'en ai souvent rencontré qui allaient les yeux baissés et presque fermés, quoique vers le soir ; ne pouvant souffrir ce qu'il y avait de lumière[120].

Après avoir demeuré près d'un an à Batavia, nous en partîmes avec la flotte hollandaise composée de dix-sept vaisseaux le 28 novembre 1697[121]. Nous arrivâmes devant Bantam le 30 et nous y séjournâmes jusqu'au sixième du mois suivant. Nous fûmes onze jours entiers à sortir du détroit de la Sonde, que nos matelots appelaient la Manche. Quelquefois, on est plus d'un mois dans ce passage, à cause de la grande inconstance des vents, quoique cette mer n'ait que trente-six lieues de longueur.

[ARRIVÉE AU CAP ; DESCRIPTION]

Il ne nous arriva rien de notable jusqu'au cap de Bonne-Espérance, si ce n'est que comme nous en approchions, nous apprîmes d'un vaisseau hollandais qui s'en allait à Batavia, que la paix avait été conclue et signée à Riswick[122]. Aussitôt que la flotte eut reçu cet avis, on n'entendit que coups de canon en signe de réjouissance ; on fit des libéralités à tous les équipages ;

120 Les « chacrelats » de Java (du malais *Kakurlacko*), qui sont en réalité des albinos, ont alimenté une des plus étranges spéculations anthropologiques du XVIIIe siècle, celle de l'existence d'une race humaine spécifique, l'« homme nocturne », incapable de supporter la lumière du jour, que Linné classe dans la catégorie *Homo troglodyticus* aux côtés de l'orang-outang et de l'*Homo sylvestris* (voir aussi Maupertuis, *Vénus physique (1744)*, II, I, et l'article *Humain* de *L'Encyclopédie ou Dictionnaire raisonné…*, 1779, t. XVII, p. 280). Buffon établira qu'il s'agit d'une variation individuelle et accidentelle, non d'une branche particulière de l'espèce humaine. Voir Frank Tinland, *L'Homme sauvage. Homo ferus et Homo sylvestris, de l'animal à l'homme*, Paris, Payot, 1968.

121 À bord du *Donkervliet*, on relève le nom d'un certain P. Benelen (Paul Bénelle), mais aucune trace de Leguat ni de La Case (« Noms des passagers sur la flotte de retour », liste du 30 novembre 1697, Leibbrandt, *Precis…*, *op. cit.*, p. 133). Bénelle était probablement le seul passager payant, Leguat et La Case ayant été embarqués comme soldats. Une lettre de Van der Stel à Diodati du 11 juillet 1696 (citée par A. Pitot, *T'Eylandt Mauritius*, *op. cit.*, p. 260) nous apprend en effet que le père du jeune homme s'était montré disposé à payer les frais de son rapatriement.

122 La paix de Ryswick (traités du 20 septembre et 30 octobre 1697), par laquelle Louis XIV reconnaissait Guillaume III d'Orange-Nassau, Stathouder des Provinces-Unies, comme roi d'Angleterre, d'Écosse et d'Irlande, mettait fin à la guerre de la ligue d'Augsbourg, donc aux hostilités entre la Hollande et la France.

et tout le monde s'embrassa comme si on ne se fût vu de plusieurs années. On but force santés, et en un mot on témoigna toute la joie imaginable. Mais avec tout cela, on ne laissa pas de juger que cette paix ne durerait pas longtemps. Nous arrivâmes le lendemain à la vue du Cap ; et sur le midi, nous approchâmes de la petite île Robben, qui est à l'entrée du golfe.

On vit alors paraître sur une des montagnes voisines qu'on appelle la Montagne du Diable, un certain brouillard précurseur infaillible de ces vents furieux qui incommodent si fort les vaisseaux dans la baie même ; et notre capitaine, prévoyant ce qui allait arriver, donna promptement ses ordres. Mais à peine toutes choses furent-elles en état, qu'il fallut laisser tomber les ancres pour n'être pas forcés de retourner en mer.

Le vent se renforça de telle manière que les câbles ne purent résister aux violentes secousses qu'il leur donna et qu'ils se brisèrent comme des filets. Il n'y eut pas un vaisseau qui ne perdît quelqu'une de ses ancres ; et plusieurs en perdirent trois. Quatre de ceux qui étaient les moins avancés furent repoussés en mer, et le vice-amiral entre autres. Celui-ci qui avait quelques raisons secrètes de n'être pas trop content se servit du prétexte et du vent, pour s'en aller droit à Sainte-Hélène ; et en repartit pour continuer sa route sans nous attendre. Les autres vaisseaux nous rejoignirent quelques jours après devant l'île Robben. Enfin, le vent s'étant apaisé, et étant devenu favorable, nous mouillâmes dans la baie le 12 février 1698. Le lendemain, nous allâmes à terre, et chacun songea à profiter du temps qu'on y devait être en prenant les divers rafraîchissements auxquels on aspirait.

Puisque nous sommes heureusement revenus au Cap de Bonne-Espérance, je tiendrai volontiers la promesse que j'ai faite d'ajouter quelques particularités aux choses que j'en ai déjà dites.

La pointe du Cap qui est, comme on sait, à trente-cinq degrés de latitude méridionale, avance beaucoup dans la mer. Les bourrasques qui règnent là sont si terribles que les plus habiles mariniers ont besoin de toute leur adresse : de sorte que quoique la baie soit belle en apparence, elle est fort désagréable à cause de ces tempêtes. Les vents de mer y poussent des vagues si grosses avec tant d'impétuosité, qu'il y a peu de câbles qui puissent résister à une violence si grande.

La dernière flotte en avait fait une triste expérience par la perte de plusieurs de ses vaisseaux[123], et si la tempête eût alors duré seulement

123 Selon Pasfield Oliver (éd. citée, p. 273 n. 4), il s'agit de la tempête du 24 mai 1697, cause de la perte de deux navires de la V.O.C., le *Waddingsveen* et l'*Oosterland*.

une demi-heure davantage, on peut dire qu'il n'y en aurait eu aucun qui eût échappé, puisque ceux qui se sauvaient n'évitèrent le péril que par la bonne tenue de leur dernière ancre.

Cette baie paraît fort enfoncée dans les terres, et peut avoir trois lieues de long sur deux de large. L'île Robben est à l'entrée à bâbord ou à gauche. Elle est fort plate, et a environ deux lieues de tour.

Je dis *Robben*, et non pas *Robin*, comme font tous nos voyageurs et nos géographes français, qui pour n'entendre pas ce mot en ont détourné le sens et l'orthographe : chose dont on pourrait rapporter mille exemples. Quand nos Français écrivent *Robin*, ils s'imaginent sans doute que cette île a pris son nom de quelque *Robert*, ou *Robin*, qui est le diminutif de ce nom, et qui est devenu surnom ; mais c'est une erreur. Elle est ainsi nommée des poissons appelés en flamand *Robben*, qui sont une espèce de chiens de mer[124], lesquels se trouvent en abondance autour de cette île, et partout dans ces plages-là.

Le fort est de l'autre côté de la baie à droite, et à peu près au sud-est de cette petite île. Il est couvert par une hauteur, de sorte qu'on ne le peut voir qu'on ne soit bien avant dans la baie : il ne la commande pas toute, comme plusieurs l'ont écrit sans y prendre assez garde. C'est un pentagone régulier revêtu de pierres, sans fossés ni aucun dehors. Il est bien muni d'artillerie, et a cinq cents hommes de garnison. C'est là que logent le Gouverneur et tous les officiers de la Compagnie.

À sept ou huit cents pas du fort, proche de la mer, il y a un bourg d'environ trois cents maisons, dont les rues sont droites au cordeau ; ces maisons sont bâties de pierres blanches, et promettent de loin quelque chose de plus que ce qu'on trouve quand on en approche, néanmoins, on est toujours satisfait, et on y remarque avec plaisir la propreté hollandaise. Il y a quantité d'hôtelleries : et c'est là où l'on prend les rafraîchissements dont on a besoin.

Proche de là est le principal jardin de la Compagnie ; il a environ quinze cents pas de long, sur deux cent cinquante de large ; mais, à parler naïvement, il ne nous parut pas si magnifique que la description qu'on nous en avait faite[125]. Il est vrai qu'on y voit de très agréables allées d'orangers et de citronniers de toutes les espèces ; qui en occupent toute la longueur ; et qu'il

124 Phoques. Sur Robben Island et sa vocation pénitentiaire, voir les notes relatives au premier passage de Leguat au Cap.

125 Ce jardin, dirigé à l'époque de la visite de Leguat par le botaniste Oldenland, est présenté par les voyageurs comme l'une des plus remarquables réalisations des Hollandais du Cap.

est fourni aussi de poiriers, de pommiers, d'abricotiers, de grenadiers, de figuiers, de pêchers, de cognassiers et d'autres arbres fruitiers, tant d'Europe que des Indes. Mais tous ces arbres sont bas, sans être nains, et il s'en faut de beaucoup qu'ils ne [*sic*] réussissent à souhait. On a rempli un espace de ce jardin d'une petite vigne muscate qui donne de beau et bon raisin.

On y a aussi fort abondamment de presque toutes nos espèces d'herbages, de légumes, de fleurs et d'autres plantes. Le jardin est arrosé des ruisseaux qui tombent de divers endroits de la montagne, et qui se distribuent en plusieurs canaux artificiels ; et il y a tout autour beaucoup d'arbres à l'épreuve de ces coups de vent dont j'ai parlé, mais qui pourtant ne peuvent absolument garantir ce jardin ; ce qui est cause qu'il n'est pas dans l'état où il pourrait être ; et ce qui fait aussi que les arbres n'y croissent guère bien, comme je l'ai déjà dit.

Un peu plus loin, sur la pente de la montagne, on voit çà et là plusieurs maisons entourées de vignes, de jardins, et de bosquets, qui tout ensemble font un très agréable aspect.

La Compagnie a un second jardin à une lieue de là, dans un meilleur terroir, et plus à l'abri des mauvais vents. On y voit des allées de chênes aussi longues que la vue se peut étendre, et un grand bois de jeunes arbres de cette même espèce, qui sont venus de glands ; un jour on en pourra faire usage pour des maisons et pour des vaisseaux. On ne trouve présentement d'arbres propres pour la charpente, que dans une forêt qui est à deux lieues du fort.

Le Gouverneur a une maison de plaisance à deux lieues du Cap, qui s'appelle Constantia[126]. C'est où il demeure la plus grande partie de l'année, non seulement parce que l'air y est fort bon, la vue belle, et le terroir excellent, mais aussi à cause de la grande quantité de gibier, qui s'y trouve : car c'est la chasse qui fait le plus grand et le plus utile divertissement de ce pays-là.

À dix lieues du Cap dans les terres, il y a une colonie qu'on appelle Draguestain[127] ; elle est d'environ trois mille personnes, tant Hollandais que Français protestants, réfugiés depuis la révocation de l'édit de Nantes.

---

126 Simon van der Stel (1639-1712), né à l'île Maurice, fut commandant (1679) puis gouverneur de la colonie du Cap de 1691 à 1699. Fondateur de la ville de Stellenbosch, il créa en 1685 le domaine viticole de Groot Constantia, ainsi nommé en l'honneur de sa femme Constance, où il se retira lorsque son fils lui succéda dans sa fonction.

127 Drakenstein. Il y avait également des réfugiés français à Stellenbosch et Fransche Hoek, parfois nommée « La petite Rochelle ».

Cette colonie s'étend à huit ou dix lieues à la ronde, parce que, le terroir n'étant pas également bon partout, il a fallu nécessairement se répandre un peu pour ne cultiver que de bons endroits. La terre y produit, sans beaucoup de travail, du froment et d'autres blés qui rapportent depuis trente jusqu'à soixante pour un : comme chaque grain pousse beaucoup de tuyaux, on sème fort clair ; la moisson se fait au mois de janvier.

La vigne rapporte du fruit deux ans après qu'elle a été plantée, et en produit en abondance sans beaucoup de culture ; jusque-là que mille pieds de vigne rendent six barriques de vin en quelques endroits. Le vin, à la vérité, n'est pas des meilleurs, car il est fort vert ; ce qui procède en partie de ce qu'on ne s'est pas donné la peine de faire choix du plant le plus convenable pour ce terroir-là, et pour le climat, et en partie de ce qu'on ne soutient pas les sarments avec des échalas. On manque aussi en ce qu'on ne l'effeuille point du tout ; car comme le terroir est fort gras, les ceps poussent du bois et des feuilles en si grande abondance, que le soleil ne pénètre pas assez au travers pour bien mûrir le raisin, et cette conjecture est d'autant mieux fondée, que j'ai vu et mangé quelques grappes bien exposées au soleil, qui étaient incomparablement meilleures que le reste, qui demeurait vert et âpre en comparaison, à l'ombre des feuilles. On peut, ce me semble, juger que ce défaut de maturité dans un pays fort près du soleil, où on ne connaît ni neige ni glace, doit être causé par les raisons que j'ai dites[128].

C'est sur la fin de février qu'on fait les vendanges. J'ajouterai sur l'article du vin, puisque l'occasion s'en présente que la Compagnie l'achète tout sur pied de vingt écus la *ligre*, qui est d'environ mille *mingles*, en fournissant la futaille ; de sorte qu'il ne se fait aucun détail que de ce qu'on tient d'elle ; ainsi que cela se pratique à Gênes[129]. Il y a cent écus d'amende pour la première contravention ; le fouet pour la seconde ; et bannissement perpétuel pour la troisième. Cela fait que le vin est cher : il vaut vingt sols la *mingle*, qui est à peu près la *pinte de Paris* et la *quarte d'Angleterre*. Il vient aussi en cet endroit-là des ananas, et des melons d'eau et de terre ; des légumes et toute sorte de racines ; si bien que les habitants de ce canton auraient tout à souhait, s'ils n'étaient tourmentés par ces méchants vents dont j'ai parlé.

---

128 Grâce aux techniques viticoles introduites par les huguenots français, la qualité des vins du Cap allait progressivement s'améliorer, au point de faire du vin de Constance un cru renommé vers la fin du XVIIIe siècle, comme l'atteste Bernardin de Saint-Pierre lorsqu'il visite le domaine en janvier 1771 (*Voyage à l'île de France*, lettre XXI).

129 Ce qui signifie que la Compagnie a le monopole de ce commerce, la vente directe au détail étant interdite.

[BÊTES FÉROCES]

Il se trouve dans le pays une prodigieuse quantité de cerfs ; beaucoup de bœufs, de moutons, de chevreuils, et de singes. Il y a aussi des éléphants, des rhinocéros, des élans, des lions, des tigres, des léopards, des sangliers, des gazelles, des porcs-épics ; des chevaux, ânes, chiens, et chats sauvages. Mais les plus féroces de ces animaux se retirent dans les terres, à mesure qu'on cultive le pays. Les lions et les tigres sont ceux qui s'enhardissent le plus à venir chercher de la proie vers les habitations.

Pour la licorne, c'est une chimère : les plus anciens et les plus curieux habitants du Cap en sont persuadés. Celui qui a fait les *Commentaires de César* était un menteur[130], aussi bien que les autres. Le rhinocéros est la vraie licorne quadrupède ; (car il y a des poissons, des oiseaux et même des reptiles à qui le nom de monocéros appartient). J'aurais fort souhaité de voir un rhinocéros, à cause de toutes les fables qu'on en a racontées, aussi bien que du crocodile, et de cent autres animaux. Mes amis, qui en ont vu, se moquent de toutes les figures que les peintres ont données à cet animal, et dont on peut voir ici quelques échantillons[131]. Il est vrai qu'il n'y a rien de si plaisant que toutes ces prétendues broderies. Tout cela est fabuleux. Le vrai rhinocéros a la peau semblable à celle de l'éléphant ; et plus il est vieux, plus il est ridé ; il en est tout comme de nous autres, à cet égard-là : d'ailleurs nous pouvons bien dire que le rhinocéros n'en a jamais qu'une, malgré tous les conteurs de fables, qu'on appelle naturalistes. Cette corne est sur l'extrémité du nez. Il a une espèce de poil, à la queue, qui est noir, gros comme une grosse aiguille à tricoter, et plus dur que de la baleine. Je ne vous dirai rien des caméléons qui sont communs en ce pays, sinon qu'il n'est pas vrai qu'ils vivent sans manger, ce qu'on appelle vulgairement vivre de l'air. Ils vivent de mouches et d'autres pareilles petites bestioles.

---

130 Description d'une licorne dans la *Guerre des Gaules*, VI, 26. Les doutes sur l'authenticité des écrits attribués à César ont déjà été formulés dans la préface du *Voyage.*

131 Délibérément fantaisistes et même parodiques, ces représentations du rhinocéros s'inspirent de diverses sources, notamment d'une gravure du voyage du P. Tachard.

FIG. 33 – Rhinocéros.

Le gibier le plus ordinaire sont [*sic*] des perdrix, rouges, grises et blanches ; toutes grosses et grasses ; des faisans, des gélinottes, et des tourterelles. Cela fait une bonne partie de la nourriture des habitants. Il est défendu aux nouveaux venus dans la colonie de rien tuer de leurs propres troupeaux, qu'ils n'aient auparavant rendu à la Compagnie l'avance qu'elle leur a faite.

Les bœufs sont de trois espèces, tous assez grands, et fort vites à la course. Les uns ont une bosse sur le dos ; les autres ont la corne extrêmement pendante ; et les autres l'ont fort relevée et fort belle, comme en Angleterre, aux environs de Londres.

Quelques années avant que nous arrivassions au Cap, un lion de monstrueuse grandeur avait sauté dans un enclos de murailles, assez près du fort ; et après avoir étranglé un bœuf, il l'avait emporté presque tout entier sur la montagne de la Table : je dis presque, parce je n'oserais écrire ici, ce que tout le monde m'a très positivement affirmé, qu'il l'avait emporté tout entier. Le lendemain, on fut à la chasse de ce furieux lion, et on lui tendit un piège, où il fut pris et tué. J'ai vu sa peau qui est attachée au plancher du corps de garde par où on passe pour rentrer dans le fort. On y conserve la peau d'un autre lion qui fut trouvé mort, ayant trois pointes de porc-épic dans le corps ; et celle d'un cheval sauvage qui a été tué dans le bois : il n'avait point de queue et était marqué comme un léopard.

Les tigres de ce pays-là sont fort petits[132], au lieu qu'ils sont extrêmement grands dans l'île de Java. Les chiens, qui quelque forts et en

132 Le tigre n'existant pas en Afrique, il est difficile de préciser à quel carnassier Leguat peut faire allusion, peut-être le léopard mentionné plus haut.

quelque nombre qu'ils soient, n'osent jamais poursuivre le lion, donnent hardiment la chasse à ces petits tigres. Quand ces animaux peuvent entrer dans les parcs, ils étranglent quantité de moutons, et ne font qu'en sucer le sang, quand ils ne sont pas beaucoup affamés.

La Compagnie donne vingt écus à celui qui tue un lion ; et dix à celui qui tue un tigre : c'est pourquoi on a imaginé plusieurs stratagèmes pour surprendre ces animaux. Par exemple, on attache un morceau de chair au bout d'un fusil, qui, par le moyen d'un fil d'archal, se lâche aussitôt que la bête veut arracher la chair, la tue ou la blesse.

Le pain ne vaut qu'un sol la livre, quoique les boulangers soient obligés d'acheter leurs grains de la Compagnie ; ainsi qu'on en achète le vin, le bœuf, le mouton, et le tabac. La Compagnie donne aux habitants trois écus d'une mesure de froment qui pèse cent quatre-vingts livres. Le prix du bœuf et du mouton est fixé à deux sols ; et celui du tabac à quarante. Le savon se vend dix-huit sols la livre ; et l'eau-de-vie cent sols la *mingle*. La bière est à fort bon marché.

Les esclaves, tous nègres, valent entre soixante et quatre-vingts écus, selon l'âge et la toile de la bête. L'écu [est] de huit *escalins*, comme en Hollande, et l'*escalin* de six sols ; la livre est de seize onces. La moindre monnaie du Cap est d'un sol comme à Batavia.

[LES HUGUENOTS DU CAP]

La colonie dont j'ai parlé, qui est à dix lieues du Cap, a été augmentée, et l'est tous les jours encore, d'un nombre considérable de protestants français réfugiés. Messieurs de la Compagnie leur entretiennent un ministre et un Lecteur ; et leur donnent tous les jours de nouvelles marques de leur bonté[133].

133 Les premiers huguenots français s'installèrent au Cap en 1688. Plusieurs autres convois d'émigrants arrivèrent en 1688 et 1689. D'autres arrivées sont enregistrées entre 1690 et 1700. Au total, l'apport de population d'origine française, numériquement très faible (environ 300 personnes), est sans rapport avec l'importance du mythe des origines huguenotes dans l'histoire de l'Afrique du Sud. Voir sur ces points Marilyn Garcia-Chapleau, *Le Refuge huguenot du Cap de Bonne-espérance. Genèse, assimilation, héritage*, Paris, Champion, 2016. Les relations entre les réfugiés et les autorités du Cap étaient probablement moins idylliques que ne le dit Leguat. D'après Theal (*Chronicles of Cape*

On me dit, si je m'en souviens bien, pendant que j'étais avec ces bonnes gens-là, que le pasteur de leur église[134], très bon personnage et fort sensé, comme on le verra tout à l'heure, s'occupait depuis quelque temps à faire une nouvelle traduction des psaumes en vers ; ou du moins à corriger de son mieux la version de Marot et de Bèze, pour rendre ces sacrés cantiques intelligibles. C'est une chose étonnante, et déplorable, pour ne pas dire absurde, et criminelle, qu'on ait tardé si longtemps à mettre à exécution le dessein formé en France, dans les derniers temps, de substituer enfin une traduction propre à édifier, au jargon ancien, devenu ridicule, barbare et scandaleux. La nécessité de cette réformation est si grande, et si palpable, qu'il faut, pour ne pas la voir, et pour n'y pas céder, ou le travers d'esprit le plus effroyable, ou quelque secrète raison d'orgueil, ou quelque vilain motif d'intérêt, ou je ne sais quoi d'incompréhensible[135].

Lorsque nos pauvres frères du Cap eurent formé le dessein, en Hollande, de s'aller s'établir dans ce pays-là ; on les gratifia d'une somme considérable, pour les mettre en état de faire le voyage ; on les transporta sans qu'il leur en coûtât rien ; et quand ils furent arrivés, on leur donna autant de terre qu'ils en voulurent. On leur fournit aussi des instruments d'agriculture, des vivres, et des étoffes : tout cela sans tribut annuel, et sans intérêt ; mais à condition de rembourser quand ils auraient acquis des moyens. On fit aussi une collecte considérable pour eux à Batavia,

---

commander, Cape-Town, 1882, p. 284) et Leibbrandt (*Rambles…*, *op. cit.*, p. 41-54), ces dernières opposèrent une certaine méfiance aux tentations de regroupement des huguenots. Leur politique consista à les installer aussi loin que possible du Cap et à les fondre dans la population hollandaise.

134 Pierre Simond, ministre protestant du Refuge d'origine dauphinoise, fut engagé en Hollande par la Compagnie comme pasteur des émigrants français du Cap, où il s'installa en 1688. Ce personnage intraitable suscita de nombreux conflits et s'attira la colère du gouverneur en réclamant pour les réfugiés une complète autonomie religieuse. Il finit par obtenir l'autorisation d'établir une église française à Drakenstein, mais sous contrôle hollandais. D'après Theal, il aurait en effet été l'auteur d'une nouvelle traduction en vers des *Psaumes* qu'il tenta de présenter à un synode réformé en Europe : voir P. Oliver, éd. citée, II, p. 283, n. 2.

135 Il doit s'agir d'un ajout de l'éditeur greffé sur le témoignage de Leguat. Cette diatribe contre la vieille traduction des *Psaumes de David* par Clément Marot et Théodore de Bèze dite « Psautier de Genève » (1551), conforme aux options « modernistes » de Misson dans le domaine littéraire, s'explique également par ses relations conflictuelles, depuis l'affaire des « Prophètes des Cévennes », avec la fraction conservatrice des Églises réformées françaises de Londres, notamment l'Église dite de la Savoie, très attachée à cette version ancienne des *Psaumes*, liée à toute l'histoire de la Réforme.

et cette somme leur a été distribuée à proportion de leurs nécessités[136]. On prend leurs denrées sur le pied que j'ai dit, ce qui est un prix fort raisonnable, surtout dans ce lieu-là, où tout est en abondance. Ce leur est une chose fort avantageuse que les esclaves ne soient pas fort chers. Ils tirent aussi beaucoup de services des habitants naturels de cette province-là, que les Hollandais ont appelés *Hottentots*, à cause qu'on leur entend souvent prononcer ce mot-là. Par une semblable raison les Espagnols donnèrent le nom de Pérou à cette partie du Nouveau Monde, qu'ils envahirent. Et il y a beaucoup d'apparence que ce fut de la même manière que le pain céleste que Dieu donna autrefois à son peuple fut appelé *man* ou *manne* (*Exode*, XVI, 17) soit dit en passant.

Nos réfugiés font travailler les Hottentots à la moisson, à la vendange, et à tout ce qu'ils veulent, pour un peu de tabac, ou de pain. Comme ils ont permission de chasser, la nourriture ne leur coûte presque rien. Il n'y a que le bois qui est un peu rare, mais cela ne tire pas à grande conséquence, parce que, le climat étant chaud, il ne faut de feu que pour la cuisine. C'est par la même raison qu'ils ne sont pas obligés à de grandes dépenses en habits : les moindres étoffes, et les plus légères, sont assez bonnes. Ils achètent aussi beaucoup de choses à très bon marché des matelots qui abordent incessamment au Cap de tous les coins du monde. Il vrai que pour débiter leurs denrées, il faut qu'ils les portent au Cap, qui, comme je l'ai déjà dit, est à dix lieues du centre de la colonie, mais cette incommodité n'est pas fort grande, parce que le chemin est beau et que leurs bœufs, qui marchent bien, le font en un jour.

Chacun peut bien penser que n'y ayant point de commencements sans quelques difficultés, ces bonnes gens ont eu de la peine d'abord ; mais ils ont été très charitablement secourus, comme je l'ai déjà remarqué ; et enfin, Dieu a si bien béni leur labeur qu'ils sont présentement tous à leur aise. Il y en a même qui sont devenus riches.

En quelques endroits du Cap, le paysage est le plus beau du monde, dans l'étendue de pays que ces nouveaux habitants cultivent ; et l'air

136 Ces détails sont confirmés par une dépêche de Van der Stel adressée à Batavia en date du 22 avril 1689 (Leibbrandt, *Rambles…*, *op. cit.*, p. 39). Le gouverneur du Cap s'y plaint de la charge financière que représente pour la colonie l'assistance aux réfugiés. Sur les conditions d'accueil des huguenots au Cap, plus généreuses que celles proposées aux futurs citoyens de la « République de l'île d'Éden » puisque le voyage était généralement pris en charge, voir l'ouvrage cité de M. Garcia-Chapleau.

est admirablement bon. De beaux et gros ruisseaux contribuent à la fertilité du terroir, qui fournit abondamment le vin dont j'ai parlé, avec toutes sortes de blés. Les coteaux [sont] tout remplis de vignes à l'abri des mauvais vents, au plus bel aspect du soleil. Des eaux vives coulent au pied de ces coteaux, et arrosent en passant les jardins et les vergers qui sont remplis de toutes sortes de fruits, d'herbages et de légumes, tant d'Europe que des Indes.

Un de ces réfugiés nommé Taillefer[137], fort honnête homme, et homme d'esprit, curieux même en toute sorte de choses, a un jardin qui peut assurément passer pour beau. Rien n'y manque, et tout est d'un ordre, d'une symétrie et d'une propreté charmantes. Il a aussi une basse-cour bien remplie, et une grande quantité de bœufs, de moutons, et de chevaux, qui, à la manière du pays, paissent toute l'année dehors, et y trouvent abondamment leur nourriture sans qu'il faille faire provision de foin, ce qui est extrêmement commode. Ce galant homme reçoit parfaitement bien ceux qui le vont voir et il les régale à merveille. Son vin est le meilleur du pays et approche de nos petits vins de champagne.

À mettre tout ensemble, il est certain que le Cap est un charmant refuge pour les pauvres protestants français. Ils y goûtent paisiblement leur bonheur, et vivent dans une heureuse société avec les Hollandais qui sont, comme on sait, d'une humeur franche et bienfaisante[138].

137 Isaac Taillefer figure dans la liste des huguenots secourus en 1690 grâce au produit de la collecte de Batavia.

138 Déjà plus qu'esquissée chez Leguat, la vision idyllique du bonheur patriarcal des colons du Cap prendra chez Bernardin de Saint-Pierre la dimension d'un contre-modèle utopique, primitiviste et vertueux, face à la corruption urbaine des mœurs européennes. Il déplore toutefois que les descendants des réfugiés français de la « petite Rochelle » (Fransche-Hoek), rongés par la nostalgie et le sentiment d'exil, s'en excluent eux-mêmes : « Sans cesse ils parlent de la France, ils l'admirent, ils la louent et ils s'en plaignent comme d'une mère qui leur fut trop sévère. Ils troublent ainsi le bonheur du pays où ils vivent par le regret de celui où ils n'ont jamais été » (*Voyage à l'île de France*, Lettre XXIII).

[MŒURS DES HOTTENTOTS]

Les *Cafres Hottentots*[139] sont des gens de laide et de vilaine figure ; si l'on peut donner le nom d'hommes à de pareils animaux. Ils vont par bandes, et habitent dans des trous ou sous de petites chaumières ; et n'ont d'autre soin que d'élever et de nourrir du bétail. Mais quoiqu'ils en aient abondamment, mes amis m'ont généralement assuré qu'ils n'en tuent pas ordinairement pour leur usage, et qu'ils ne mangent que celui qui meurt de maladie. Ils sont extrêmement paresseux et aimeraient mieux souffrir quelquefois la faim que de consentir à s'appliquer à aucun travail, se contentant de ce que la Nature produit d'elle-même. Ils font un grand usage d'une racine qui ressemble à notre chervis[140] ; ils la rôtissent, et souvent ils la réduisent en pâte dont ils font une espèce de pain qui a quelque chose du goût de la châtaigne. Ils mangent la viande crue, et le poisson de même, trouvant l'un et l'autre meilleur ainsi, et tout autrement savoureux que quand on la cuit. Et ils s'embarrassent si peu de cuisine que, s'ils rencontrent quelque bête morte ils l'éventrent sans autre façon, fraîche ou puante, en pressent un peu les boyaux entre deux doigts, pour en faire sortir le plus gros de la moelle, et font ainsi grande chère de tripes à bon marché.

Ces espèces d'hommes sont presque tous de taille que nous appelons médiocre. Ils ont le nez écrasé, les yeux ronds, la bouche grande, et les oreilles de même, le front petit, très peu de barbe, noire et cotonnée, et les cheveux fort crépus. Ils naissent peu basanés ; mais ils se barbouillent soigneusement de suie détrempée, dans de la graisse, ou dans quelque espèce d'huile, pour se rendre noirs le plus qu'ils peuvent ; et après qu'ils

139 Les deux ethnonymes se recouvrent partiellement : le mot *Cafre* (qui selon Moréri vient de *Cafir*, « que les Arabes appliquent à tous ceux qui nient l'unité d'un Dieu ») s'applique au XVIIe siècle à l'ensemble des populations bantoues non islamisées des côtes d'Afrique australe, entre autres aux Hottentots (aujourd'hui Khoikhoi ou Khoisan), peuple pasteur et nomade vivant dans la région du Cap à l'arrivée des Hollandais, dont le nom dérive peut-être d'une onomatopée imitant la « langue à clics » qui singularise leur idiome. Les Hottentots constituent une rubrique obligée des récits de voyage au Cap et seront à l'époque des Lumières le support d'une réflexion anthropologique sur la définition de l'homme. Voir François-Xavier Fauvelle-Aymar, *L'invention du Hottentot : histoire du regard occidental sur les Khoisan, XVe-XIXe siècle*, Paris, Publications de la Sorbonne, 2002.

140 Chervis : racine comestible analogue au salsifis.

se sont bien proprement frottés de ce bel onguent, ou de quelque autre pareil, ils s'étendent sur le dos la face du soleil, pour mieux faire pénétrer la couleur. Cet embellissement les rend si puants, surtout quand il fait chaud, qu'on ne saurait approcher d'eux sans se sentir soulever le cœur.

FIG. 34 – Un Hottentot en habit d'été.

En été ils sont nus, excepté ce que les hommes mettent dans un étui juste et fait exprès, qui est attaché avec un petit cordon à l'entour des reins. Et en hiver, ils se couvrent ordinairement les épaules d'une peau de mouton : ils n'ont jamais rien sur la tête. Leur chevelure [est] fort crépue, grasse et poudrée de sable, et toute par petites touffes collées ensemble ; et à chaque flocon est attaché quelque morceau de verre, ou quelque petite lame de cuivre ou d'autre métal. Ils se passent dans le bas de l'oreille, qui est grand et ample, un morceau de bois arrondi, long comme le doigt, et beaucoup plus gros que le pouce ; et au bout de cette lardoire[141] ils attachent des coquilles et d'autres semblables colifichets, comme ils en ont à leurs cheveux ; ce qui fait, comme on le peut juger, un agréable cliquetis, et un galant effet en toute manière. Chose étrange que ces vilains salots[142] qui vivent comme des cochons, soient pourtant capables de penser à des ajustements ! À proprement parler, ils n'ont point de religion. Cependant on m'a dit qu'ils font quelquefois certaines cérémonies si mystérieuses, qu'ils semblent avoir quelque idée d'un Être Souverain. Je les ai plusieurs fois vus danser et frapper des mains, en regardant la lune, et je sais qu'ils la saluent de temps en temps ainsi, depuis le jour qu'elle a renouvelé jusqu'à celui de son déclin ; il semble que ce soit une espèce de culte qu'ils rendent à cet astre ; mais peut-être aussi n'est-ce qu'une simple démonstration de joie à cause de la lumière qu'il leur apporte[143].

Quelques-uns prennent pour une espèce de circoncision, ce que font les mères à leurs enfants mâles nouveau-nés, lorsqu'elles leur arrachent avec les dents le testicule droit, et qu'elles le mangent. Mais je m'arrête plus volontiers à ce que les autres disent qu'elles prétendent par là rendre les enfants plus agiles, et plus propres à la chasse. Quoi qu'il en soit, c'est une pratique générale entre les Hottentots dans la province du Cap. Après que ces vilaines mères ont ainsi mutilé leurs pauvres petits enfants, elles leur font boire de l'eau de mer, et leur mettent du tabac dans la bouche, croyant que ces deux choses jointes au retranchement

141 Lardoire : « Sorte de brochette creusée et fendue par un des bouts et servant à larder la viande » (*Acad. 1694*).

142 Salot : Personne négligée. Le terme, absent des dictionnaires, *Littré* excepté (sous une forme adjectivale), est peu fréquent et considéré comme « bas » mais non argotique (orthographe plus usuelle : *salop*).

143 Bizarrement, le même culte lunaire est attribué dans les *Mémoires et observations…* (*op. cit.*, p. 261-262) aux Irlandais natifs, présentés comme « des demi-sauvages ».

qu'elles ont fait, les rendent si forts et si souples, qu'ils pourront attraper des chevreuils à la course[144].

Au reste avec toute la saleté, et tout le hideux ridicule de ces gens-là, on ne laisse pas de s'en servir fort utilement ; et pour un morceau de pain, ou de tabac, on les fait travailler tout un jour. Mais il faut prendre garde à deux choses ; premièrement, à user plutôt avec eux de promesses que de menaces ; et à ne choquer jamais en rien leur liberté ; car ils ne souffriraient, disent-ils, jamais ces sortes de subordinations inutiles qui au lieu de servir à maintenir la justice et la paix dans la société (ce qui est le vrai et ancien but de ceux qui ont établi les dignités et les charges publiques), y autorisent en quelque manière la tyrannie et le brigandage. Et secondement à ne leur donner à manger qu'après que leur ouvrage est fini ; cette même liberté qu'ils aiment si fort, les portant toujours à vivre en repos ; et la nécessité étant le seul aiguillon qui les pousse au travail.

Ces méchantes huttes dont j'ai déjà parlé sont basses, et à peu près rondes ; faites de terre, de branches, de feuilles, et si mal bâties, que la pluie y pénètre de tous côtés. Le feu est au milieu, et ils se couchent tout autour pêle-mêle parmi les cendres. Je ne voudrais pas affirmer que les deux sexes fussent toujours là dans une retenue fort grande ; mais quoi qu'il en soit, ces barbares, tout barbares qu'ils sont, font profession non seulement de se contenir dans les bornes du mariage, mais de punir sévèrement l'adultère. Ils font mourir sous le bâton ceux qui ont été surpris commettant ce crime ; et ils font souffrir le même supplice aux larrons, et aux assassins. J'avais lu quelque part, que quand les femmes se remariaient on leur coupait la jointure du petit doigt d'une des mains ; et que l'on continuait à en couper toujours d'autres, en avançant jusqu'au pouce à mesure qu'elles prenaient de nouveaux maris. Mais des gens dignes de foi, qui sont parmi eux depuis plusieurs années, m'ont dit la chose autrement, et m'ont assuré qu'on coupe aux

144 Ce portrait des Hottentots, ainsi érigés en paradigmes de l'animalité et de la barbarie, ne fait que récapituler les divers traits, réels ou imaginaires, qui leur sont prêtés par les voyageurs jusqu'à la fin du XVIIIe siècle et dont Michèle Duchet a montré la remarquable stabilité (*Anthropologie et histoire au siècle des Lumières*, Paris, Maspero, 1971, p. 33-34). Il coexiste curieusement avec une idéalisation primitiviste du « bon sauvage » (voir les traits beaucoup plus positifs mentionnés dans la suite du texte) qui aboutira à la célèbre apostrophe aux Hottentots insérée dans l'*Histoire des deux Indes* de l'abbé Raynal (Genève, Pellet, édition de 1782, t. I, livre II, ch. XVIII, p. 254-259), morceau probablement rédigé par Diderot).

femmes les jointures du petit doigt de la main gauche quand elles se marient, et que cela est comme un symbole de leur sujétion. Les hommes peuvent prendre plusieurs femmes, mais communément ils n'en ont qu'une, du moins autour du Cap de Bonne-Espérance. Ces créatures ont quelque chose de plus laid encore et de plus dégoûtant que leurs maris, car outre qu'elles sont aussi noires et aussi sales qu'eux, elles ont la vilaine coutume de porter quantité de boyaux liés autour du cou et des jambes, en guise de colliers et de jarretières : ce qui est un laid et puant ornement.

Elles portent aussi des coquilles, et des morceaux de corail et de verre attachés aux cheveux et aux doigts, et de gros anneaux d'ivoire au-dessus du coude.

Mais ce qu'il y a en elles de plus effroyable, c'est la gorge : il semble que deux longues vessies de cochon, demi-sèches et demi-enflées, leur pendent au cou. Ces vilaines mamelles dont la peau est noire, ridée, et rude comme du chagrin, leur descendent plus bas que le nombril, et ont un bout feuille morte plus gros que celui des tétines de vaches. À la vérité, ces amples tétasses ont cela de commode qu'on les conduit à droite et à gauche, devant et derrière tout comme on veut. Ordinairement, elles les jettent par-dessus l'épaule pour allaiter l'enfant qui est attaché derrière. Avec tout cela, la vanité de ces laides *pécores* est incroyable ; elles s'imaginent être les plus belles dames de l'univers ; et elles nous regardaient du haut en bas, les mains sur les côtés, jetant sur nous des regards dédaigneux. On dit qu'elles sont d'un tempérament terrible, et qu'elles ont de certains temps de fureur, pendant lesquels il s'exhale de leurs corps une vapeur forte, comme des biches qui sont en saison. Une espèce de cotillon les couvre ordinairement depuis la ceinture jusqu'aux genoux, chose qui ne leur serait pas nécessaire, pour couvrir, ce que des peaux pendantes en falbala, de la partie supérieure, déroberaient assez à la vue des passants. Plusieurs m'ont dit qu'ils ont eu la curiosité de voir ces voiles, et qu'on peut satisfaire ainsi ses yeux pour un bouc de tabac[145].

145 Il s'agit du fameux « tablier » des femmes hottentotes, sujet de tant de débats parmi les voyageurs des XVIIe et XVIIIe siècles ; sur la réalité anatomique (macronymphie) de cette observation et sur ses interprétations anthropologiques à l'Âge Classique, voir l'ouvrage cité de F.-X. Fauvelle-Aymar. Le « bouc » (dont l'un des sens est *outre* selon *Littré*) pourrait désigner ici une blague à tabac en peau ; à moins qu'il ne s'agisse d'une coquille pour le mot *bout*, lequel apparaît dans l'édition Mortier de 1707 (p. 160).

FIG. 35 – Une Hottentote sans son cotillon.

Les hommes ne se mêlent point dehors avec les femmes ; chaque sexe vaque à ses affaires, et marche en bandes séparées. Ils ne connaissent ni or ni argent, ni n'avaient aucun usage de monnaie, avant que les Hollandais s'établissent au Cap. L'humanité qu'ils ont les uns pour les autres ne cède en rien à celle des Chinois : ils se secourent mutuellement dans tous leurs besoins, d'une manière telle qu'on pourrait bien dire qu'ils ne possèdent rien en propre. Et effectivement, la lumière naturelle devrait porter les hommes à en user ainsi. Leur adresse est singulière à lancer leur sagaie, qui est une espèce de demi-pique ferrée, ou garnie par le bout de quelque autre matière dure et aiguë. Ils sont si justes quand ils la lancent, qu'ils donnent toujours dans la largeur d'un écu. C'est avec cela qu'ils dardent le poisson, sans le manquer presque jamais.

[POLITIQUE DE LA COMPAGNIE À L'ÉGARD DES HOTTENTOTS]

La Compagnie entretient avec ces gens-là un commerce qui peut passer pour considérable, puisqu'elle tire d'eux presque tout son bétail. Ils amènent force bœufs et moutons, et Messieurs de la Compagnie leur donnent pour le prix de chaque animal, ou du tabac en corde qui est de la grosseur du pouce, mesurant la longueur de cette corde à la longueur de la bête entre le front et la racine de la queue ; ou une certaine mesure d'eau-de-vie ; selon que les traitants en sont convenus. Ce négoce est rigoureusement défendu aux nouveaux habitants ; et il ne leur est pas permis d'acquérir du bétail des Hottentots de quelque manière ce soit, sous peine pour la première fois de cinquante écus d'amende ; de deux cents pour la seconde ; et d'être fouettés et bannis pour la troisième. La Compagnie revend chaque bœuf vingt-cinq florins, et les moutons sept ; de sorte que sans tyranniser l'acheteur et sans risque ces Messieurs font un très grand profit.

Quelque ignorants, ou plutôt quelque bêtes que soient les Hottentots, ils connaissent les simples, et s'en servent heureusement. Que l'on soit mordu d'une bête venimeuse, ou que l'on soit blessé ou ulcéré, qu'il y ait enflure, ou inflammation, etc., ils connaissent à point nommé la plante nécessaire pour la guérison, et administrent ce remède avec plus de succès que nous n'employons les nôtres. Les malades qui ont abordé au Cap l'ont diverses fois expérimenté ; et des plaies que des chirurgiens qui passaient pour habiles avaient abandonnées, ont souvent été guéries en fort peu de temps par ces gens-là. Leur manière la plus ordinaire, est de piler ces herbes, et de les appliquer ainsi sur la plaie ; mais ils avalent aussi des sucs exprimés de ces mêmes herbes.

Ni cette nation, ni les autres de la pointe méridionale de l'Afrique ne sont pas absolument sans gouvernement. Ils ont des chefs héréditaires même, et auxquels on peut d'autant plus raisonnablement donner le nom de rois, qu'ils portent des espèces de couronnes, comme m'en a diverses fois assuré un curieux voyageur qui a pénétré deux cents lieues avant dans le pays. Mais quoique ces chefs aient peut-être de droit, une inspection générale sur toute la conduite des peuples ; le fait est qu'ils n'exercent guère leur office qu'en guerre, et même pas toujours. Les habitants répandus çà et là forment par cantons de petites espèces de républiques, où ils observent de certaines coutumes, qui leur sont devenues des lois politiques. J'ai déjà dit qu'ils punissent sévèrement le meurtre volontaire, l'adultère, et le larcin. Ils ont diverses autres pratiques constantes, fondées sur l'équité naturelle, pour la conservation de l'espèce, et de la République.

La Compagnie vit d'ordinaire en bonne intelligence avec ces diverses nations. Mais comme il y en a qui font quelquefois la guerre aux Hottentots voisins du Cap, et qu'il est de l'intérêt des Hollandais de protéger ceux-ci, ils se trouvent quelquefois aussi dans l'obligation d'agir offensivement contre les autres.

Lorsque nous passâmes au Cap la première fois, nous vîmes revenir un détachement de trente ou quarante soldats hollandais que le gouverneur avait envoyé en guerre avec cinq ou six mille Hottentots voisins et amis. Ils étaient entrés cent lieues avant dans le pays, et avaient mis à la raison une armée de huit ou dix mille ennemis. Aussitôt que le mousquet en eut jeté quelques-uns à terre, ils parlementèrent, et promirent de vivre paisiblement. On leur avait pris plus de dix mille bœufs, mais on les leur rendit, et on leur donna même quelque peu de tabac et de brandevin[146], pour leur faire voir que c'était une paix sans rancune.

J'ajouterai encore trois ou quatre choses sur leur article. Ils n'ont aucun usage de lecture, ni par conséquent d'écriture. Quelque relation que je

146 Eau-de-vie.

me souviens confusément d'avoir lue, parle d'eux comme d'astrologues, mais il faut que leur astrologie soit bien peu de chose : du moins suis-je assuré qu'ils ne font aucune division des temps ; et qu'ils ne distinguent ni semaines, ni mois, ni années. La plupart de ceux qui sont voisins du Cap ont appris à parler hollandais.

Dans les réjouissances, leurs cris, ou leurs hurlements, tiennent lieu de chansons. Ils rient quelquefois d'éclat ; et leurs danses sont grotesques et indécentes, quoique les femmes n'en soient pas, et qu'elles dansent seules entre elles.

J'ai souvent vu leurs jeunes gens faire l'amour d'une manière extrêmement galante : l'amoureux s'approche de sa belle, qui l'attend debout ou assise ; et sans lui rien dire, il lui présente, en souriant, le second doigt de la main droite, vis-à-vis des yeux, comme s'il les lui voulait crever ; et après qu'il a ainsi remué le doigt, pendant un quart d'heure, en riant toujours, le portant incessamment d'un œil à l'autre, il s'en va comme il était venu. Leurs mariages se font sans façon.

Quelquefois ils s'assemblent par douzaines ou par vingtaines, et s'accroupissent sur leurs talons, sans toucher autrement à terre. Le cercle étant ainsi formé, ils se présentent l'un à l'autre une pipe ambulante, dont chacun prend une bouchée, jusqu'à ce qu'elle soit finie. Je n'ai jamais aperçu que cette concorde fut interrompue par aucune querelle ; et effectivement ils ne sont pas mutins. Ils paissent et couchent, et vivent ensemble comme un troupeau de bœufs et de vaches, faisant, comme ces bêtes, leurs fonctions naturelles en simplicité. Comme l'avarice n'est point une passion dominante en eux ; et que ceux qui tombent dans la disette sont toujours secourus par les autres, il arrive rarement qu'aucun d'eux s'avise de dérober : de sorte que les nouveaux habitants qu'ils servent, les laissent aller et venir sans crainte d'infidélité[147].

---

147 Le tableau des Hottentots selon Leguat n'est pas le premier, ni le plus influent (cette place revient à celui du compilateur Olfert Dapper dans sa *Description de l'Afrique* [1668-1676], traduite du flamand, Amsterdam, Wolfgang, Wesberge, Boom & van Someren, 1686, p. 385-390), mais il figure parmi les plus anciens et les plus complexes. Il combine observations directes, propos rapportés et lectures postérieures de divers voyageurs. Il associe vraisemblablement deux rédactions, celle initiale de Leguat et sa réécriture par Misson. Il fait coexister deux types de vision, la première très négative, marquée par un « racisme biologique » brutal qui s'exprime sans fard, la seconde plus nuancée, hésitant entre la conscience d'une réalité anthropologique complexe (les Hottentots ont des règles sociales indiscutablement humaines) et la justification par l'innocence de l'état de nature de leur apparente animalité.

Il y a au Cap quantité de Nègres qui y sont venus de Madagascar, de Ceylan, et d'autres îles ou pays voisins où leur fortune les avait répandus. Ceux d'entre eux qui sont esclaves vont presque nus, et sont traités comme chacun sait ; mais ceux qui sont libres ont des maisons à eux, et sont habillés[148]. Ils disent qu'ils adorent un seul Dieu créateur de toutes choses ; et ils ajoutent qu'ils ont aussi de la vénération pour le soleil, et la lune ses deux premiers ministres, dont la commission principale est de vivifier la terre, et tous les animaux qui l'habitent ; mais cette adoration est secrète et intérieure. Ils n'ont ni images, ni cérémonies, ni aucune sorte de culte sensible, et n'admettent d'autre loi que la naturelle. S'ils font des fêtes et des danses au renouvellement de la lune, ce n'est pas pour lui témoigner du respect, mais pour se réjouir comme les Hottentots, de l'usage qu'ils font de son retour et de sa lumière. En un mot, ce sont de véritables déistes. Sur quoi je ne saurais m'empêcher de dire en passant, contre l'opinion commune, qu'il n'y a aucune réelle distinction à faire entre ces sortes de gens et ceux qu'on appelle athées, puisque le *Dieu indolent* des déistes n'est point Dieu, et qu'ils sont en cela moins orthodoxes que les mauvais démons, qui ont une plus juste idée de la divinité[149].

D'ailleurs dire qu'on adore Dieu, sans l'aimer, sans le craindre, sans lui rien demander, et sans rien attendre de lui ; sans s'en soucier en façon quelconque ; à proprement parler, c'est être sans Dieu : et être sans Dieu c'est être athée[150].

---

148 Les esclaves noirs introduits dans la colonie du Cap à partir de 1657 proviennent soit d'Afrique ou de Madagascar, soit d'Indonésie. Parmi ces derniers, certains ont le statut de « libres » et forment un groupe particulier dit « Malais du Cap ».

149 Le rapprochement incongru – et ici manifestement polémique – entre la religion naturelle des Noirs du Cap et le *Deus otiosus* des déistes européens n'est pas une nouveauté dans les relations du XVIIe siècle. Ainsi François Martin retient de son séjour à Madagascar que « pendant plus de trois ans que j'ai resté dans l'île, je n'ai vu faire aucun exercice de religion parmi les Noirs. Ils avancent pourtant qu'il y a un Dieu, qu'ils reconnaissent pour l'auteur de tous les êtres et qu'ils font tout bon : ils le nomment *Zanhaare* ; comme ils croient qu'ils n'ont rien à en appréhender, ils ont la pensée qu'il n'est pas nécessaire de le prier. Mais ils craignent fort le diable, qu'ils nomment *Belitche* [Bilisy ou Iblis] » (F. Martin, *Mémoires, 1665-1696*, éd. A Martineau, Paris, Société d'Éditions Géographiques, Maritimes et Coloniales, 1931, tome I, p. 154).

150 Ce développement est vraisemblablement l'œuvre de Misson. Les thèses déistes commençaient à s'exprimer en Angleterre dans le débat public à travers les écrits de John Toland notamment (*Christianity not mysterious*, 1696) et les controverses pour ou contre les déistes animées par le journaliste Charles Gildon dans les années 1700-1710 (*The Deist's Manual*, 1705).

Quand ces esclaves nègres acquièrent leur liberté, c'est pour eux un bonheur fatal, car, lorsqu'ils sont esclaves, l'autorité que l'on a sur eux fait qu'on prend soin de leur enseigner la religion, comme aussi à lire, à écrire. Et les réfugiés français, surtout s'emploient à cela avec beaucoup de zèle. Mais quand ils deviennent libres, étant encore jeunes, ils deviennent en même temps libertins. Il serait, ce me semble, à souhaiter que l'on prît soin aussi de l'éducation des enfants des Hottentots, avec qui on a le plus d'habitude.

Ferai-je souvenir le lecteur, en partant du Cap, que ce continent fut découvert par Barthélemy Diaz, Portugais, l'an 1493 ? Diaz essuya bien de la tempête, avant que de descendre ; et il dit au roi son maître (Jean II), étant de retour, qu'il avait nommé cette terre, *le Cap des Tourmentes*. Mais le roi lui répondit qu'après la pluie venait le beau temps, et qu'il fallait l'appeler le *Cap de Bonne-Espérance*[151].

[ESCALE À SAINTE-HÉLÈNE]

Après nous y être rafraîchis pendant près d'un mois, nous en partîmes le 8 mars 1698 et nous prîmes la route de Sainte-Hélène, île qui, comme on sait, appartient présentement aux Anglais. Nous la découvrîmes le jour de Pâques. Elle nous parut extrêmement haute, et comme inaccessible dans toute la partie qui se présentait à nos yeux.

En effet de ce côté-là, elle est environnée de rochers extraordinairement escarpés, jusque sur le bord de la mer. À un quart de lieue, du côté du midi, on aperçoit de loin une montagne de pierre sèche, sur laquelle il ne croît rien du tout. On y voit un nombre infini de ces fous et de ces frégates dont j'ai parlé. Nous abordâmes au fort qui est sur le rivage dans un petit espace que l'on a pratiqué il n'y a pas longtemps au pied du rocher. Autrefois il était sur une éminence escarpée où il fallait monter par des degrés, comme avec une échelle pendant un espace considérable ; ce qui même ne se pouvait faire sans quelque danger. Il y a deux endroits sur cette côte, où l'on peut jeter l'ancre ; le meilleur est celui où nous étions tant à cause du fond qui est très bon qu'à cause

151 L'anecdote a déjà été rapportée à l'occasion du voyage aller.

de l'eau, qui tombe de la montagne tout proche de là ; et qui est excellente. De ce côté-là il n'y a, comme je l'ai dit, aucun terrain uni, car la montagne d'où vient cette source commence dès le bord de la mer. Cette montagne nous parut de loin tout à fait stérile ; mais, quand nous en fûmes fort près, nous y aperçûmes quelques arbres sur le sommet[152].

L'autre rade n'est pas, à beaucoup près, si bonne ; mais en récompense, quand on est à terre, on trouve une fort belle plaine, où tout ce que l'on sème vient admirablement bien.

Cette île est environ au seizième degré de latitude méridionale ; et peut avoir six lieues de circuit. L'air y est très bon, et les ardeurs du soleil y sont tempérées par des vents rafraîchissants, comme la sécheresse du terroir est rendue féconde par de grandes rosées, et par de petites pluies qui sont fréquentes. Les arbres fruitiers, les légumes, les herbages, et toutes les plantes que les Portugais y portèrent, peu après qu'ils en eurent fait la découverte, y ont admirablement bien réussi et s'y trouvent aujourd'hui de tous côtés en abondance : orangers, citronniers, grenadiers, ananas, bananiers, vignes, melons, riz, pois, fèves, raves, navets, etc. avec toutes sortes de blés. Ces mêmes Portugais eurent soin d'y transporter aussi du bétail qui a beaucoup multiplié ; bœufs, chèvres, moutons, etc. Les chevaux sont devenus extrêmement farouches. On y trouve des perdrix, des pintades, des tourterelles, et diverses autres sortes de gibier. La mer fournit beaucoup de bon poisson ; et on peut dire que le peu d'habitants qui sont dans cette île (en quelques plantations anglaises) y jouiraient abondamment et sans trouble de toutes les commodités de la vie, si une prodigieuse quantité de rats ne gâtaient pas souvent leurs fruits, et leurs grains.

Après avoir pris les rafraîchissements qui nous étaient nécessaires à Sainte-Hélène, nous en partîmes avec un vent favorable le vingt-sixième d'avril, sur le midi, et nous ne perdîmes la vue de l'île qu'à huit ou dix lieues avant en mer. Nous considérions avec beaucoup de plaisir la masse

---

152 La configuration de l'île de Sainte-Hélène, entourée de falaises élevées qui en rendent l'abordage impossible, sauf en deux ou trois points, a sollicité l'imagination des romanciers comme site d'élection des « expériences de pensée » et des fictions philosophiques ; elle est probablement le modèle de l'« Île Inaccessible » du *Polexandre* de Gomberville (1637) ; Francis Godwin y situe un épisode de son voyage imaginaire *The Man in the Moon* (1638) ; elle sert de décor à l'histoire d'Andrenio, l'« enfant de la Nature », qui ouvre le roman philosophique de Baltasar Gracian *El Criticon* (1651-1657) ; dans un épisode du *Cleveland* de l'Abbé Prévost (1731-1739), elle abrite la société utopique de la « Colonie Rochelloise ».

assemblée de ses hauts rochers au milieu d'une vaste étendue de mer, dont les flots impétueux et terribles semblaient devoir l'engloutir à chaque moment.

Quelques jours après nous nous trouvâmes à la hauteur de l'île de l'Ascension, qui est à sept degrés et demi de la même latitude ; mais nous ne l'aperçûmes point ; et notre dessein n'était pas d'y descendre.

Cette île n'a ni eau ni plantages, ni aucune qualité qui puisse attirer des habitants. Elle est toute couverte de divers oiseaux, dont la chair est de mauvais goût et malsaine : leurs œufs sont assez bons. On y aborde quelquefois pour y prendre de la tortue, qui s'y trouve en abondance et qui est un grand rafraîchissement pour les vaisseaux.

[PASSAGE DE LA LIGNE ET RETOUR VERS L'EUROPE]

Nous repassâmes la ligne avec un bon vent comme la première fois, sans être obligés de quitter nos habits à cause de la chaleur. Nous en avons trouvé de beaucoup plus grandes en d'autres endroits : cela dépend des circonstances de l'air.

Je remarquerai aussi que notre eau non plus que nos autres provisions, ne reçut point d'altération extraordinaire en traversant toute cette zone torride ; ce qui ne s'accorde guère à ce qu'ont écrit sur cela divers voyageurs. Quoique chaque vaisseau de notre flotte eût deux hommes gagés qui dessalaient tous les jours une certaine quantité d'eau de mer, comme nous trouvions cette eau douceâtre, et moins agréable que l'autre, tout l'usage qu'on en faisait était d'en donner à boire aux animaux, veaux, moutons, cochons, poules, canards, et peut-être s'en servait-on aussi pour faire cuire la viande.

Après quelques jours de navigation, nous rencontrâmes une grande plage, où la mer était toute couverte d'herbes flottantes dont la feuille ressemble à celle de l'olivier. On trouve toujours quantité de ces herbes en cet endroit-là, dans un espace de plus de vingt lieues ; nos pilotes nous en avaient averti. Ils appellent cette plage la mer des herbes. C'est une espèce d'algue que l'agitation des flots détache des rochers[153]. Comme

153 L'accumulation d'algues et de déchets résultant des courants marins nommée « mer des Sargasses » occupe la partie centrale de l'Atlantique nord.

nous étions partis de Batavia dans la bonne saison, nous trouvâmes l'été partout ; et notre navigation, pendant sept mois, jusqu'à notre arrivée en Hollande, fut parfaitement douce et heureuse : toujours vent favorable, nul calme, ni aucune tempête. Mais dans le plus beau temps du monde il nous arriva un accident qui pensa faire périr notre vaisseau et un autre. Toute la flotte devant changer de bord, au signal que l'amiral en donnerait, chacun se prépara à exécuter l'ordre, et tous le firent dès que le signal fut donné, excepté notre vaisseau. Dans le temps de cette manœuvre, un bâtiment de la flotte même qui avait tourné, venait sur nous à pleines voiles, et nous crûmes qu'il était impossible de l'éviter.

Les officiers criaient d'un côté, et l'équipage de l'autre, mais malgré cela notre vaisseau n'obéissait point : de sorte que la consternation devint tout d'un coup générale : et le péril si grand et si proche, que le premier pilote même, jugea qu'on ne se garantirait pas. Cependant le capitaine ne perdit point la présence d'esprit qui est si nécessaire en pareilles occasions : il fit faire promptement vent arrière, et le navire qui venait sur nous, courant par conséquent le même danger, parce qu'il était de même grandeur, ayant fait aussi une manœuvre heureuse, nous nous évitâmes par le plus grand bonheur du monde. On chercha ensuite la cause de ce qui avait empêché le vaisseau d'obéir : et il se trouva que c'était par la faute du matelot qui était au gouvernail, qui n'avait pas mis la barre du côté qu'il fallait, soit pour n'avoir pas bien ouï le commandement, soit par méprise et pour avoir un peu trop bu d'araque. Le dernier pilote, qui était de quart et qui avait fait le commandement, fut fort blâmé, parce qu'il devait aller voir lui-même si le matelot avait obéi. Voilà comme il arrive souvent qu'on est à la veille d'un grand danger au moment même qu'on y pense le moins.

Quelques jours avant que nous arrivassions vers les côtes d'Irlande, la mer nous y parut de loin extrêmement grosse, ce qui nous fit juger qu'il y avait eu un fort mauvais temps à cette hauteur ; et cela se trouva véritable ; car notre vice-amiral, qui était parti deux jours avant nous, y avait essuyé une tempête qui lui avait emporté son grand mât de hune.

Nous fûmes ensuite quinze jours sans pouvoir prendre hauteur[154], à cause des grands brouillards qui nous environnèrent pendant tout ce

154 Prendre hauteur : « On dit, *Prendre la hauteur du Soleil*, ou simplement, *Prendre hauteur*, pour dire, observer avec un instrument l'élévation du soleil sur l'horizon à l'heure de midi » (*Acad. 1762*). Cette opération est indispensable au calcul de la position du navire.

temps-là. Ils étaient si épais que non seulement on n'apercevait aucun vaisseau de la flotte, mais qu'on avait peine à se voir sur le pont. Pour prévenir le danger de s'écarter les uns des autres, on eut la précaution de tirer de chaque bord quelques coups de canon, de temps en temps, jour et nuit ; mais l'ignorance où nous étions de la latitude, fut cause que nous allâmes vers le nord beaucoup plus haut que Dungesby-Head, qui est la pointe la plus éloignée de l'Écosse, à la vue de laquelle nous aurions pu passer. Enfin, la bonne Providence nous fit arriver à Flessingue[155], le vingt-huitième juin 1698. Notre navigation dura justement sept mois depuis Batavia, et le voyage entier fut de huit ans moins douze jours.

FIN

****

CANTIQUE D'ACTION DE GRÂCES, ET DE BÉNÉDICTIONS,

Dont il est parlé dans la page 61 du tome II[156].
Composé dans l'île Maurice, à l'occasion
des heureuses nouvelles de ma
Délivrance.
F.L.

*

Chantons à l'Éternel un nouveau cantique !
Venez ! réjouissons-nous,
En la présence de l'Éternel !

*

Bénissons notre Dieu,
Et faisons retentir le son de ses louanges ;
Car il vient rendre la vie à nos âmes.
Il délivre nos âmes de captivité, afin que nous célébrions son Nom.

---

155 Flessingue (Vlissingen), en Zélande, est alors l'un des grands ports de la V.O.C.

156 Pour la présente édition, voir p. 254. Comme celui qui sert de conclusion à la première partie, ce « cantique » est à la fois une récapitulation de l'aventure individuellement vécue, une évocation historique de l'exil huguenot et un montage de références bibliques.

Notre demeure a été en lieu rude :
Notre habitation a été dans les trous des rochers :
Le sanguinaire oppresseur a poursuivi nos âmes.
Il a foulé aux pieds notre vie :
Il nous a enterrés tout vifs,
Dans les lieux ténébreux.

*

Mais l'Éternel nous a délivrés de la main de notre ennemi !
Il a rendu honteux
Celui qui nous voulait engloutir !
L'ÉTERNEL,
LE ROCHER DES SIÈCLES,
LE ROCHER DE NOTRE SALUT,
Nous a été une haute Retraite,
Dans le Rocher de notre Captivité !
Il nous a cachés dans sa Loge pendant le mauvais temps !
Il a été notre Forteresse,
Et notre libérateur !

*

Venez !
Vous qui êtes ses bien-aimés !
Que nos bouches racontent ses merveilles,
Et qu'elles le bénissent à perpétuité !
Venez !
Habitants des rochers,
Réjouissons-nous avec chant de triomphe !

*

Nos jours avaient presque défailli :
Nos os s'étaient desséchés :
Nous étions devenus comme les cormorans du Désert,
Comme les chouettes,
Qui se retirent dans les lieux sauvages.
Nous étions gisants dans l'ombre de la mort !
Nous étions chargés
d'afflictions et de fers :

*

Mais l'Éternel a brisé nos liens !
Il a fortifié les mains lâches, et les genoux tremblants !
Il a dit à ceux qui avaient le cœur troublé,
Prenez courage et ne craignez plus !

*

Venez donc, célébrons l'Éternel !
Car il est bon.
Magnifions ! Exaltons son Nom tous ensemble !
Car il a fait des choses grandes ;
Et sa bénignité dure éternellement !

*

Le DRAGON roux, le DRAGON furieux,
qui fait la guerre aux Saints,
Est descendu contre nous
pour nous dévorer.

*

Nous nous sommes enfuis aux Déserts,
Dans un lieu préparé par la main de Dieu ;
Ses compassions y sont descendues sur nous,
Et sa bonté nous y a consolés.

*

Les gouffres profonds
Nous ont menacés de nous engloutir :
Les orages impétueux,
Nous ont fait monter jusqu'aux nues,
Et descendre jusqu'aux abîmes.
Mais,
Le Tout-Puissant qui habite aux cieux,
A été plus puissant que les grosses Eaux,
Et que les fortes vagues de l'océan.
L'Éternel a commandé aux vents ;
Il a rompu la mer ;
Il a changé la tempête en calme ;
Et les flots bruyants se sont apaisés.

*

L'Éternel
Nous a fait traverser sûrement

les déserts, et les mers.
Il nous a délivrés du courant des eaux
qui nous emportaient.
Bénissons sans fin son saint Nom !
Publions sa gloire !
C'est une belle chose de louer l'Éternel !
Il abonde en compassions !
Et sa bénignité dure éternellement !

*

Rochers !
Bénissez l'Éternel !
Îles !
Bénissez l'Éternel !
Océan, tourbillons, vagues, calme, tempête !
Bénissez l'Éternel !
Montagnes, abîmes !
Bénissez l'Éternel !
Fleuves !
Frappez des mains ! Célébrez l'Éternel !
Poissons ! Oiseaux ! Reptiles !
Baleines ! Éléphants !
Louez l'Éternel.
Cieux, étoiles, lune, soleil !
Hommes, Anges !
Célébrez l'Éternel !
Mon âme !
Bénis l'Éternel !
Que tout ce qui est au-dedans de moi,
Bénisse le nom de sa Sainteté !

*

Je bénirai l'Éternel en tout temps :
Sa louange
Sera continuellement en ma bouche.
Tant que je respirerai
je louerai l'Éternel.
Louons, bénissons, célébrons l'Éternel.

*

SEIGNEUR !
Tu es digne de recevoir
Gloire, Honneur et Puissance.
SAINT ! SAINT ! SAINT !
est le Seigneur DIEU Tout-Puissant !
*
À Celui qui est assis sur le Trône,
Et à l'Agneau,
Soit Louange, et Honneur, et Gloire,
et Force,
Au siècle des siècles !
Amen !

[Fin de la seconde partie]

ANNEXE I

Julien Tafforet, *Relation de l'île Rodrigue* (1726)

Attribuée à un marin nommé Julien Tafforet (ou Stafforet), cette description de l'île Rodrigue est, comme celle de Leguat, le résultat indirect d'un projet de colonisation avorté, à l'initiative cette fois du Conseil supérieur de l'île Bourbon[1]. *Inspirée apparemment par la lecture du livre de Leguat, motivée par la crainte d'une implantation anglaise et le souhait du gouverneur de Bourbon Desforges-Boucher de se débarrasser de quelques indésirables, une tentative de colonisation agricole de Rodrigue fut confiée au comte de Roburent. Trente-huit colons y furent acheminés début septembre 1725 à bord de la corvette* La Ressource. *Tafforet, le second, fut envoyé en reconnaissance. Il se trouvait à terre avec quatre hommes lorsque le navire, ayant perdu son ancre, dut regagner l'île Bourbon. Disposant d'une chaloupe, à la différence de son prédécesseur, il mit à profit son séjour forcé de neuf mois (septembre 1725-juin 1726) pour explorer l'île mais aussi le lagon. Son inventaire exhaustif de la faune de la douzaine d'îlots alentour, qui n'avait jamais été décrite, élargit considérablement les observations de Leguat, dont il valide au demeurant sans équivoque le témoignage souvent contesté, et constitue un document clé pour l'histoire environnementale des Mascareignes, en particulier du point de vue ornithologique. La redécouverte du manuscrit en 1874 dans les archives du Ministère de la Marine fut saluée comme un événement par les spécialistes tels que Edward et Alfred Newton ou Alphonse Milne-Edwards, lequel en fit dans une revue scientifique une édition que nous n'avons pu consulter*[2].

Le recensement des espèces animales, leur répartition géographique, les indications très précises concernant leur alimentation, leurs comportements et leurs interactions, les hypothèses qu'on peut en tirer quant à la datation et aux causes du processus

1 Pour une synthèse historique sur cette tentative de colonisation, qui resta sans suite immédiate, et sur la mésaventure de Tafforet, voir Alfred North-Coombes, *The Island of Rodrigues*, *op. cit.*, p. 34-39.

2 A. Milne-Edwards, « Nouveaux documents sur l'époque de la disparition de la faune ancienne de l'île Rodrigue », *Ann. Sci. Nat., Zoologie*, 6e série, vol. 2 (4), 1875, 1-20.

d'extinction, sont en effet les apports essentiels de cette relation, du moins pour un naturaliste. Tafforet n'est pas un écrivain, c'est le moins qu'on puisse dire, mais c'est assurément un navigateur compétent – on admirera la précision des manœuvres nautiques complexes indispensables pour accéder au port – et surtout un excellent observateur de la vie animale. À première vue, celle-ci paraît aussi foisonnante qu'à l'époque de Leguat, et on pourrait croire le système écologique de l'île complètement intact encore. Pourtant, l'observateur souligne à de nombreuses reprises l'assèchement des cours d'eau, dont certains ne descendent plus jusqu'à la mer, la rareté des grands arbres et la propagation des broussailles, le déséquilibre entre la population désormais excessive des tortues de terre et la faiblesse des ressources alimentaires à leur disposition, que « la disette d'herbe » limite aux feuilles et aux graines des arbres tombées à terre. Le manque d'eau et la rareté des terres cultivables ne sont guère compatibles non plus avec le projet de colonie agricole, que Tafforet s'abstient d'appuyer, concluant sa relation sur les dégâts des crabes de terre et surtout des rats, qui « détruiraient beaucoup les plantages ».

Dans quelle mesure l'auteur est-il conscient de la tonalité mitigée de son constat ? Il est difficile d'en juger. Peu enclin à apparaître en qualité de personnage dans sa narration ou à exprimer des opinions personnelles, il est de surcroît prisonnier du genre factuel et neutre auquel son discours se rattache, celui du rapport administratif adressé à l'autorité qui en a commandé la rédaction – le Conseil Supérieur de Bourbon en l'occurrence. Nulle part en tout cas n'apparaît le mythe édénique si prégnant chez Leguat, si ce n'est pour rappeler brièvement l'absence d'animaux venimeux et la salubrité du climat. Dépourvu d'engagement personnel, ce texte est fort éloigné de toute préoccupation « littéraire ». Très négligé dans la forme, il bouscule les règles élémentaires de l'orthographe et de la syntaxe. Il n'est pourtant pas littérairement inintéressant : il incarne dans son prosaïsme et sa minutie descriptive une forme extrême de la relation de voyage « pure » réduite au constat documentaire, à l'opposé en somme du « roman véritable » dont se réclame Leguat. Mais il offre aussi la version authentique de ce « parler matelot » et de cette attention méticuleuse au monde concret qu'un Defoe, par exemple, s'efforce d'imiter lorsqu'il crée, dans son Robinson Crusoé, *le nouveau paradigme du réalisme romanesque moderne*[3].

Notre transcription du manuscrit de Tafforet[4] *normalise l'orthographe et restitue une ponctuation à peu près grammaticale – celle de l'original,*

3 Voir Ian Watt, *The Rise of the Novel. Studies in Defoe, Richardson and Fielding*, Harmondsworth, Penguin Books, 1977.

4 « Relation de l'isle Rodrigue » [par Julien Tafforet, 1726], Ms, Arch. Nat., Fonds des Colonies, Correspondance de l'Île de France, C4, vol. 12, n° 48 [ex Ministère de la Marine, n° 29, 1], XXVIII p.

*particulièrement chaotique, ne facilite pas la lecture – mais s'efforce de ne modifier en rien le contenu. On voudra bien accepter les bizarreries de la syntaxe, signalées par [*sic*]. Quelques lacunes manifestes ont été restituées ; elles sont indiquées entre crochets. Nous respectons les indications numériques, données tantôt en chiffres, tantôt en lettres. La pagination du manuscrit, en chiffres romains comme dans l'original, est reproduite entre crochets. L'annotation s'abstient en général de proposer des identifications botaniques ou zoologiques. Le lecteur trouvera toutes les informations utiles dans les ouvrages spécialisés, notamment dans la somme d'Anthony Cheke et Julian Hume* Lost Land of the Dodo. An Ecological History of Mauritius, Réunion & Rodrigues *(London, T. & A. D. Poyser, 2008).*

Jean-Michel Racault

RELATION DE L'ÎLE RODRIGUE
Située par la latitude de 19 degrés 25 minutes sud

[I] L'île Rodrigue peut se voir par beau temps de 13 lieues. De loin elle paraît ronde et plate, mais en approchant elle paraît montagneuse, entrecoupée de vallons et ravines. Elle est longue de l'est à l'ouest de six lieues et large du nord au sud de deux lieues. L'aspect en est fort beau lorsqu'on en est à trois ou quatre lieues à cause des coteaux et de la verdure qui paraît. Elle est de difficile accès à cause des brisants ou écueils qui l'environnent et qui, en certains endroits, jettent environ deux lieues et demie au large. Du côté de l'est les brisants joignent la pointe Saint-François, qui est la pointe la plus à l'est de l'île. Du côté du nord et du sud les brisants s'éloignent peu à peu de ladite île en courant sur l'ouest. Vers l'ouest de l'île, les brisants sont éloignés de terre d'environ deux lieues. Les bateaux ne peuvent mettre à terre dans aucun endroit de l'île, parce que la mer est fort mauvaise sur le bord des récifs. Ils peuvent cependant donner vis-à-vis de l'habitation de François Le Guat, qui est le lieu où est le port et le meilleur de toute l'île[5] ; mais il faut bien prendre ses précautions, parce que les courants de l'est à l'ouest sont très violents. Pour aborder cette île il faut se diriger de façon qu'on en puisse être à la pointe du jour à trois ou quatre lieues à l'ouest d'elle,

5 Actuel site de Port-Mathurin, aménagé à présent pour permettre l'accès aux navires de moyen tonnage. Un autre site non aménagé existe sur la côte opposée à Port Sud-Est.

ensuite il faut faire servir[6] et gouverner sur ladite île et passer du côté du nord, en rangeant[7] les brisants à une demi-lieue ou trois quarts de lieue de distance, ainsi qu'on le juge à propos, y ayant bonne eau tout le long, gouvernant sur l'île aux Fols[8], qui est à trois quarts de lieue de terre au nord de la grande île; il faut gouverner, dis-je, dessus, jusqu'à ce qu'on soit doublé la pointe des récifs qui est au nord de la pointe des Lataniers, qu'il faut laisser à bâbord en entrant, gouvernant tout d'un coup au S.S.O. pour ensuite [II] mouiller l'ancre; ou bien on gouverne, comme j'ai déjà dit, sur l'île aux Fols, jusqu'à ce qu'on ait amené le piton de François Le Guat au S.S.O., puis on gouverne dessus jusqu'à ce qu'on soit dans le port, rangeant toujours la pointe qu'on laisse à bâbord en entrant le plus qu'on pourra, étant toujours maître d'arriver[9] lorsque le fond le requiert plutôt que de venir au vent. Le piton de François Le Guat est assez connaissable, étant dans le milieu de l'île, et le plus pointu et le plus haut de tous. L'entrée du port peut avoir environ deux encâblures de largeur, ce qui fait qu'il est un peu difficile d'y entrer, y allant toujours à la bouline[10]; le moins qu'il peut y avoir d'eau dans cette entrée est trois brasses et demi, fond de corail. La passe n'est pas longue; on mouille dans le port par les 10-11-12-13-14 et 15 brasses d'eau, fond de sable gris vasard. Le port peut avoir, de long, près d'une demi-lieue, et de large, environ un quart de lieue. Il y a quelquefois beaucoup de levée, parce qu'il y vente sans cesse de E.S.E., S.E. et S.S.E., le dernier étant le plus mauvais, parce qu'il arrive ordinairement au temps des nouvelle et pleine lune, et par conséquent la mer fort mauvaise[11]. Le port est fermé par une barre de cayes[12] qui sont sous l'eau et où il y a 2-3-4-5 brasses d'eau, fond de roche, et la mer dans les ouragans y brise continuellement, de façon que le port est tout environné par dehors de ces cayes, et à terre dessus il y a des brisants qui brisent aussi sans cesse.

---

6 Faire servir : orienter la voilure de manière à faire route, après avoir mis en panne par exemple.

7 Ranger : naviguer à petite distance le long de la côte.

8 Fol : forme ancienne de *fou*, nom donné à divers oiseaux marins palmipèdes.

9 Arriver : « Manœuvrer pour que le cap du voilier s'écarte de la direction d'où vient le vent et pour que ce dernier arrive plutôt par l'arrière. »

10 Aller à la bouline : tenir le plus près du vent en orientant la voile de biais.

11 J'ai entendu du tonnerre par trois fois, et dans les saisons des pluies elle tombe avec force [note de l'auteur, en marge].

12 Cayes : « Terme de géographie. Dans la mer des Antilles, îles basses, rochers, bancs formés de vase, de corail et de madrépores » (*Littré*). La graphie de l'original, *quayes*, est inconnue des dictionnaires.

Il y a dans le S.S.O. du port un petit canal où les chaloupes peuvent mettre à terre dans les récifs quoique la mer y brise souvent des deux côtés. [III] En prenant bien ses mesures, on y peut aller charger des tortues de terre et de mer qui y sont en quantité. Dehors le fond y est de corail, avec quelque place de sable fin de distance en distance ; la levée[13] y est grande eu égard au vent qui y bat son plein. C'est pourquoi je conseille aux vaisseaux qui y voudraient mouiller de fourrer[14] bien leurs câbles à 10 à 12 brasses de l'étalingure[15].

Il y a des changements de vent aux nouvelle et pleine lune et aux quadratures[16]. Ils viennent au N.E. puis au nord et au N.O., ensuite à l'ouest où ils y restent 2 ou 3 jours petit frais ; je les ai vus rester une fois 8 jours de suite. Quelquefois les vents viennent au N.E. puis tout d'un coup au sud et au S.O. avec quelques petits grains de pluie, ensuite ils viennent à l'ouest où il vente bon frais.

Il y a des saisons comme dans janvier, février, mars et avril où ils changent rarement, mais dans octobre, novembre et décembre, aussi mai et juin, ils changent souvent ; alors ce sont les beaux temps ; la mer y monte plus de 7 pieds à plomb, elle monte de grande mer plus de 5 pieds et demi dans les récifs, et plus bas que les récifs elle baisse plus de un pied et demi. Les courants, comme j'ai déjà dit, sont très violents, qui portent de l'est à l'ouest sans cesse. Les marées y sont cependant réglées dans les nouvelle et pleine lune, la mer y est dans la plus haute élévation vers midi et vers minuit, et est tout à fait basse à 6 heures du [IV] matin et du soir ; et dans les quadratures la mer y est haute à 6 heures du matin et du soir et est basse à midi et à minuit ; alors il est morte eau[17] et la mer monte et baisse fort peu.

Il y a si grande quantité de poisson dans les récifs et alentour qu'on ne peut jeter un morceau de viande à la mer qu'il n'y ait sur-le-champ une trentaine de poissons qui l'environnent et qui l'ont aussitôt avalé. Il y en a de toutes les sortes, dont je cite les noms de quelques-uns qui

---

13 Levée : élévation de l'avant ou de l'arrière du bateau au-dessus de la ligne de flottaison.

14 Fourrer : terme de marine : protéger par une toile un cordage exposé au frottement.

15 Étalingure : terme de marine : « Nœud qui fixe le bout d'un câble à l'organeau d'une ancre ; nœud d'un orin sur la croisée d'une ancre » (*Littré*).

16 Quadrature : terme de marine : aspect de la lune dans son plus petit quartier ; marée dite « de morte eau » se produisant au moment du premier et du dernier quartier de la lune.

17 Morte eau : période de faible amplitude des marées (correspondant aux quadratures lunaires).

me sont connus. Le requin, entre autres, est d'une prodigieuse grandeur ; j'en ai vu jusqu'à de 12 pieds de long. Il y en a quantité de petits et de différentes grandeurs et grosseurs, lesquels sont si affamés que si un homme avait le malheur de tomber à la mer, ils le déchireraient à belles dents ; une preuve de cela, c'est que le lendemain de notre débarquement, en allant sonder, ils arrachèrent les avirons des rameurs et nous troublèrent beaucoup. Nous l'avons expérimenté pendant tout le temps que nous avons resté dans l'île. Il y a un poisson, de la grosseur à peu près du requin et de la même forme, qu'on nomme à l'île Bourbon endormi[18] ; ils le sont en effet, car ils dorment dans l'eau. Alors si l'on veut en prendre il faut avec un cordage leur amarrer la queue et les haler à terre, alors ils se réveillent et ne cherchent point [V] à mordre, au contraire ils cherchent à fuir. La peau est à peu près comme du chagrin et est de la couleur de celle du requin.

La carangue y est excellente. La plus grande que j'aie vue était de 3 pieds et demi de long. Ces carangues poursuivent les autres petits poissons qui fuient pour les éviter et retombent après dans la gueule des requins, qui ne leur font pas plus de grâce que les premiers. Les mulets y sont en quantité ; les plus grands que j'aie vus y sont de 2 pieds et demi. Il y a beaucoup de raies ; des poissons en quantité qu'on nomme capitaine. J'ai pris un poisson de la forme d'une lamproie ayant la gueule de serpent, avec des dents fort aiguës ; je n'ai pas jugé à propos d'en manger, ne le connaissant point[19]. Les rougets y sont communs, aussi bien que plusieurs autres poissons dont je ne sais pas les noms.

Le lamantin[20] y est abondant, entre autres dans le temps qu'ils sont en chaleurs. J'en ai vu 30 à 40 d'une bande à paître l'herbe à 2 ou 3 pieds d'eau. Il y en a de 15 à 18 pieds de long. Les femelles allaitent leurs petits de la même façon qu'une femme ; je ne leur en ai vu allaiter qu'un à la fois. Ils ont deux espèces de pattes ou mains avec lesquels ils tiennent leurs petits. Ils n'ont point d'ailerons ; leur queue est large et horizontale. Lorsque le lamantin est sur le ventre, la peau est dure et

---

18 Les requins dormeurs appartiennent à diverses espèces (requin-nourrice, requin-zèbre…), notamment à celles appartenant au genre *Heterodontus*.

19 Il pourrait s'agir d'une espèce similaire à celle du « serpent marin » qui provoqua l'empoisonnement de Leguat et de ses compagnons à Maurice.

20 Tafforet commet la même confusion que Leguat. Jusqu'au XIXe siècle le nom de lamantin semble avoir été donné dans l'océan Indien au dugong, terme connu des seuls naturalistes.

épaisse de plus d'un pouce. [VI] la chair est à peu près du goût de celle du veau et la graisse plus ferme que celle du cochon.

La tortue de mer y est en si grande abondance qu'on en trouve quantité d'échouées dans les récifs. Lorsque la mer est basse, et non en toute saison, c'est dans le temps de leur ponte ou de leur cavalage, c'est-à-dire l'accouplement de ces animaux-là, lesquels restent de cette manière jusqu'à 9 jours ; ensuite leurs œufs se forment, mais je n'ai pu savoir combien [de temps] ils les portent, quelque diligence que j'y aie apportée. J'ai remarqué seulement que deux ou 3 jours avant que de pondre, ils viennent goûter le sable, et s'ils le trouvent bon et bien chaud, ils y viennent pondre de cette manière : ils creusent un trou dans le sable où la mer ne va point, environ 3 pieds, et y mettent leurs œufs qui, au bout de 31 jours, sortent toutes les petites tortues par le même trou [*sic*]. J'ai remarqué une chose extraordinaire, qui est que si on mettait ces animaux-là à une demi-lieue de la mer, ils la chercheraient toujours ; et aussitôt qu'ils y sont, s'ils n'ont pas soin de se cacher sous quelque roche, les poissons, entre autres les requins, en détruisent beaucoup. On prend les tortues de mer avec facilité, ni sans bateau ; on les épie la nuit lorsqu'ils viennent pondre ; alors on les tourne sur le dos ; ils y restent. [VII] J'ai vu des tortues de mer pondre jusqu'à 200 œufs.

Il y a des crabes de cinq ou six espèces. Je n'ai vu ni homards ni écrevisses, quelques peines que j'aie prises.

L'île que nous avons nommée l'île aux Fols est un roc fait en pointe par le haut à peu près [ainsi] qu'un coin de fer, sans terre ni herbe, et peut avoir environ un quart de lieue de tour. Ce roc est couvert d'oiseaux qu'on nomme fols et qui pondent trois fois l'année. Ces animaux sont de la grosseur d'un jeune pigeon gris-noir. On les tue à coups de pierres et de bâtons. Ils ne pondent point depuis le mois de janvier jusqu'en avril ; leurs œufs sont de la [même] grosseur que ceux des poules et sont fort bons à manger, et même nous servaient de savon pour laver. L'île au Diamant, qui est au sud de la précédente, est à peu près de la même forme, de la même grandeur et de la même matière. Il y a aussi des fols dessus qui vivent de poisson. Il n'y a point de tortues de terre sur ces deux îles.

Les deux îles de sable qui sont au N.O. de l'île couvrent des grands coups de vent, excepté la grande qui est la plus à l'ouest, qui ne couvre pas tout à fait et qui est remplie de chiendent aussi bien que de fouquets. Il n'y a de la tortue de terre ni sur l'une ni sur l'autre de ces deux îles.

[VIII] L'île aux Frégates peut avoir un bon tiers de lieue de circuit. Il y a quelques arbres dessus qui croissent pour ainsi dire dans le roc, y ayant fort peu de terre. Il y a quelques tortues dessus, et est remplie de frégates qui y pondent deux fois par an et c'est la seule où ils [*sic*] pondent. Ces frégates sont toutes des paresseuses qui se perchent de jour sur les arbres au bord de la mer en attendant les autres oiseaux qui viennent de la pêche ; ils leur font rendre gorge ; après une assez grande résistance ils sont contraints de vomir la pêche qu'ils ont dans leur gosier. Alors la frégate le ramasse avant qu'elle soit dans l'eau. Mais dès lors que les plus gros de ces oiseaux sont quatre ou cinq de bande, la frégate, quelque forte et quelque agile qu'elle puisse être, n'ose les attaquer, et ainsi font subsister leurs petits qui s'attendent là-dessus [*sic*]. Les mâles des frégates ont au-dessous de la gorge une peau rouge qui lorsqu'ils sont en amour s'enfle et devient ronde et grosse comme une bouteille d'une chopine et rouge comme de l'écarlate ; et auparavant cette peau est toute plate.

La petite île qui est au N.N.E. de l'île aux Frégates est un roc sans terre dessus, où il y a des fouquets dessus ; il y a quelques tortues de terre, mais fort peu, parce que l'île n'est pas grande. [IX] Le petit îlot qui est à l'est de la pointe des Palmiers est un roc où il y a quelques fouquets dessus. L'île Désiré peut avoir près d'une demi-lieue de tour. Il y a un peu de bois dessus et de la tortue aussi bien que dessus sa camarade, et sont un peu hautes.

La Grande Île peut avoir environ une lieue et demi de tour. Avec fort peu de terre, il y a cependant des arbres dessus, presque aussi belle [*sic*] qu'à la Grande Terre. Il n'y a point d'eau dans les temps de sécheresse, non plus que sur les autres. Elle est haute par son milieu et les deux bouts sont plats. La tortue de terre n'y manque pas.

Les sept îles qui sont au sud de la Grande Terre sont toutes plates et petites, la plus grande n'ayant pas un quart de lieue de tour. Sur les plus grandes il y a quelques tortues et quelques petites broussailles sans eau, et ce sont toutes pierres à chaux très aiguës.

L'île au Mât, ainsi appelée parce que nous y avons trouvé un mât de hune de cinquante pieds de long, qui était de sapin et qui n'avait été garni[21]. Cette île peut avoir une bonne lieue de tour avec quelque peu de bois dessus, aussi bien que de la tortue, mais sans eau, parce qu'elle est toute plate et est presque toute composée de pierre à chaux[22]. Elle est aussi remplie de fols et de fouquets.

[X] L'île aux Fols et Fouquets a, de circuit, une lieue. Elle est plate et composée de pierre à chaux ; il y a quelques broussailles dessus. Les fols et fouquets y sont en grande quantité comme aussi les équerrets[23] ; elle est couverte des œufs de ces oiseaux-là.

L'île Plate, qui est au sud de la dernière : il n'y a rien de plus, et elle est aussi de pierre à chaux et fort petite ; il y a cependant quelques petits oiseaux qui vivent de poisson.

L'île de Roche est ainsi nommée parce qu'il n'y a point de terre dessus ; il y a néanmoins quelques arbrisseaux qui croissent dans les roches. Il y a dessus quelques tortues, aussi bien des oiseaux pêcheurs. Elle est un peu haute et peut avoir de tour un quart de lieue.

Des oiseaux qui vivent de poisson :

Il y en a de treize sortes, savoir :

La frégate, qui lorsqu'elle va à la pêche, ce qui n'arrive pas souvent, va au plus loin 20-25-30 lieues au large. *Les bœufs* sont de grosseur d'un bon chapon ; leur plumage est tout blanc à l'exception de quelques plumes des ailes et de la queue qui sont noires. Il a le bec long d'environ cinq pouces, et qui vient en pointe par le bout, et en dedans est semblable à une scie. [XI] On le nomme bœuf parce qu'il crie comme un bœuf. Il fait fort souvent un bruit avec ses ailes en volant qu'on dirait que ce serait un coup de vent si cela continuait aussi bien qu'il est passager. Ils pondent ordinairement sur des branches d'arbres où ils font leur nid, et le mâle et la femelle couvent l'œuf tour à tour, parce qu'ils ne font qu'un œuf pendant que l'un ou l'autre va à la pêche. *Le tra tra*, ainsi appelé parce qu'il crie toujours ainsi, est un oiseau qui n'est pas si gros que le bœuf et a le bec approchant de celui du bœuf et est de couleur grise, un peu blanc sous le ventre. Ils perchent et font leurs nids dans les arbres et couvent tour à tour, mais ils sont en plus grande

21 Garnir : gréer un mât en y fixant poulies, ferrures et manœuvres.

22 Les « pierres à chaux » souvent mentionnées, dont la présence peut surprendre dans une île volcanique, sont des zones constituées de sables calcaires d'origine corallienne qui occupent une partie de la côte sud. Les cavernes qui s'y formèrent abritaient les squelettes subfossiles trouvés au XIXe siècle.

23 Équerret : « Nom de plusieurs oiseaux du genre des mauves » (*Littré*).

quantité que les bœufs. Lorsqu'ils sont petits ils sont tout blancs et le bec tout noir, et lorsqu'ils sont grands ils sont gris et le bec verdâtre. Les frégates n'osent les approcher lorsqu'ils sont posés à terre ou sur les arbres, ou dans l'eau. Alors ils se défendent, et lorsqu'ils sont délassés ils prennent leur vol pour aller dans l'endroit où est leur nid, et ne s'y trompent guère quoiqu'il fasse quelquefois un peu nuit. Lorsqu'elle arrive, on en voit venir une quantité prodigieuse depuis quatre heures du soir jusqu'à la nuit. [XII] *Le fol* est comme j'ai dit de la grosseur d'un petit pigeon. Il va à la pêche deux lieues au large le plus loin. *Le fouquet* est de la couleur des fols, mais un peu plus gros, et a le bec plus long et crochu comme la frégate. Il ne va pas loin à la pêche et n'y va que la nuit. Il y en a qui prétendent qu'ils ne peuvent pas voler le jour à cause que la clarté leur éblouit la vue. J'en ai cependant vu le jour qui voltigeaient sans tenir de route assurée. Ils sont dans des trous de roches et ils crient comme des petits enfants. La nuit, lorsqu'ils sont à la pêche, j'en ai fait tomber plusieurs par terre en cette manière : lorsqu'ils sortent de leur trou et qu'on les entend crier, il faut avoir une feuille de latanier sèche et y mettre tout d'un coup le feu, et lorsqu'ils voient la lumière, ils tombent par terre. Au contraire s'ils ne la voient point ils continuent leur route. Il y a aussi des *fouquets de montagne*, mais fort peu ; je n'ai vu ceux-là qu'en volant, c'est pourquoi je n'en peux parler pertinemment. Ils nichent dans des trous dans la terre et dans les hauts de la montagne.

Les *mouettes* sont en petit nombre et ne vont à la pêche pas plus d'une lieue au large. Je n'ai pu découvrir où ils font leurs œufs. Il y a beaucoup de *paille-en-queue*, lesquels sont tout blancs, et d'autres d'un blanc roux. [XIII] Ces paille-en-queue nichent ordinairement dans des trous de remparts ou dans des arbres creux qui sont en grand nombre, entre autres le benjoin. Il y a quelques *corlieux* qui pêchent le long du rivage, et de mer basse dans les récifs où il reste quelque peu d'eau et de petits poissons. Je n'en ai point tué parce qu'il ne se laisse point approcher ; au contraire lorsqu'ils voient du monde ils prennent leur vol en criant. Il y a aussi un oiseau qu'on nomme en France *équerret* ; ils sont de la grosseur d'un pigeon, le dessous du ventre est tout blanc, aussi bien que le dessous des ailes. Le dos est noir et le dessus de leurs ailes de même. Le bec, long de deux ou trois pouces, est pointu. Ils sont sur les îles qui sont au sud de la

Grande Terre et y font leurs œufs. Il y a un autre petit oiseau qui est de la grosseur d'une huppe, qui est tout blanc et le bec noir. Ils sont aussi sur les îlots du sud de l'île. Ceux-là sont en petit nombre.

L'oiseau que nous avons nommé *sentinelle* : il [l'] est en effet, parce que dès qu'il aperçoit du monde venir, il prend son vol en criant sans cesse. On ne peut les approcher plus près que de soixante pas. Ils pêchent sur le bord des ruisseaux ou des mares. Ils sont de couleur [XIV] noirâtre entremêlée de gris blanc. Il est un peu plus gros qu'une huppe et n'est pas en grande quantité.

Il y a quelques *alouettes de mer* mais fort peu. Les œufs de tous ces oiseaux sont fort bons à manger, comme aussi leur viande, mais elle a goût d'huile.

La *tortue de terre* y est très abondante. Elle n'est pas beaucoup grasse, eu égard à la grande quantité qu'il y a et à la disette d'herbe. Ils mangent les feuilles et les graines des arbres que le vent fait tomber à terre. Il y a de la tortue de trois espèces, et les plus grandes que j'ai vues sont de trois pieds à trois pieds huit pouces de longueur d'écaille. Elle n'est pas si commune dans les hauts comme dans les ravines à cause de la disette d'eau dans le temps des sécheresses.

L'île est comme j'ai dit montagneuse du côté de l'est et par son milieu, mais du côté de l'ouest elle est plate. Les montagnes sont entrecoupées de vallons et ravines qui vont en serpentant jusqu'à une lieue dans les montagnes et qui viennent en s'élargissant au bord de la mer ; ce qui fait que l'eau, dans les sécheresses, se perd en allant en bas, et il n'y a d'eau qu'en haut dans les bas [*sic*].

[XV] Il y a fort peu de terre cultivable. Toutes les ravines qui sont autour de l'île en sont un peu partagées, les unes plus, les autres moins ; et presque de tous ces enfoncements-là, il n'y en a guère qui ne soit inondé d'eau douce et d'eau de mer dans le temps des ouragans. On pourrait cependant prescrire des bornes à la mer et l'empêcher d'aller dans ces enfoncements avec peu de travail[24].

Les plus considérables de ces enfoncements : premièrement est un qui est une demi-lieue à l'ouest de la pointe du Sel et qui peut avoir environ cinquante toises en carré ; la terre dans cet endroit peut avoir cinq pieds de profondeur. Le Grand Enfoncement peut avoir environ

24 Les « enfoncements » sont des zones sableuses et parfois inondables situées à la limite du lagon à l'embouchure des ravines. Si Leguat insistait sur la fertilité des sols de l'île, Tafforet souligne au contraire la rareté des terres cultivables.

trente à quarante toises en carré de bonne terre. La mer y va bien proche dans les grandes mers, les coups de vent et ouragans.

Les habitations de François Le Gat [*sic*] peuvent avoir une quarantaine de toises en carré[25]. Je parle de carré quoique le terrain ne le soit pas ; ce n'est qu'une estime que j'en fais. Tout proche des habitations que je viens de nommer est un plat pays au sud du banc de sable qui est proche les habitations. [XVI] Cet espace de terrain a trois cent quarante toises de long sur deux de large, terre labourable sans bois ni roche, mais la mer y entre dans les grandes mers et y monte à plomb 2 pieds à 2 pieds et demi par les deux embouchures des rivières, qui peuvent se boucher par le moyen d'une digue à écluse pour faire évacuer l'eau douce dans les saisons des grandes pluies.

L'enfoncement des Huîtres a autant de terre que ceux que j'ai cités ci-devant.

À la montagne, trois quarts de lieue au-dessus de l'enfoncement des Huîtres, est un morceau de terre qui paraît assez bon, mais il n'est pas beaucoup profond et l'eau n'y est pas commune ; au pied du piton de François Le Gat[26] est un autre morceau de terre qui n'est pas non plus bien profond, mais l'eau n'est pas bien loin. Au-dessus de la ravine à Maturin il y a un bon morceau de terre à trois quarts de lieues du rivage et qui peut avoir trois ou quatre pieds de profondeur aussi bien que les autres, et dans la plus grande disette d'eau il faut aller la chercher plus d'une demi-lieue. Au sud de l'île, à la ravine aux Anguilles, est un autre morceau de terre, mais la mer y va de grande mer [*sic*] ; l'on peut y faire une digue [XVII] pour empêcher l'eau d'y aller. L'eau douce n'y manque pas en toute saison et cette rivière est abondante en anguilles. Tous les autres enfoncements sont pourvus de quelque peu de terre, mais il n'y a pas de l'eau en tout temps, ce qui contribue à la maigreur des tortues, qui y sont en très grand nombre.

Dans le S.E. de l'île il y a des dunes de sable l'espace de près d'une lieue qui sont de la hauteur de dix ou douze pieds, où la mer bat au pied ; de ces dunes à aller au pied de la montagne, il y a un espace de terrain

---

25 L'« enfoncement de François Leguat » était situé près de l'actuelle agglomération de Port-Mathurin, non loin de l'embouchure de la Grande Rivière. La formulation laisse supposer que les emplacements des cabanes édifiées à cet endroit par les huguenots étaient encore visibles en 1726.

26 Apparaissant sous cette appellation sur les cartes anciennes, ce sommet semble correspondre au Mont Limon, point culminant de l'île (398 m.).

qui paraît fort bon. Je n'ai pu le visiter tout parce que les broussailles m'en empêchaient, joint à l'eau qui n'y est pas commune, puisque dans toute l'année il n'y en a pas pendant deux mois de temps. Depuis ces dunes de sable, en venant vers l'est près de deux lieues de chemin, ce sont tout pierres à chaux fort aiguës.

La pointe au Diamant, ainsi appelée à cause qu'il y a un enfoncement à l'est d'elle et au sud de l'île au Diamant où on trouve quantité de pierres qui ressemblent proprement au diamant et sont transparentes comme du verre ; les plus grosses que j'ai pu voir sont de la grosseur d'un œuf de pigeon. [XVIII] Il y a encore d'autres pierres dans le même endroit qui ne sont pas tout à fait si claires et beaucoup plus grosses, qui battent du feu comme les pierres à fusil ; et ceux [*sic*] qui sont claires en battent aussi.

Environ une demi-lieue à l'ouest de la pointe des Palmiers, il m'est arrivé un accident en faisant le tour de l'île, lequel est qu'en mettant le compas à terre pour relever mes objets, le compas a varié de trois ou quatre pointes, ce qui m'a obligé d'y séjourner une journée pour raccommoder le compas du mieux que j'ai pu, et le lendemain ai continué ma route avec peine à relever pendant une lieue de chemin, parce que chacune des petites pointes qui sont marquées sur le plan ont eu chacune une observation[27] : la pointe du ouest de l'île [*sic*] depuis où il a été ponctué, ce sont toutes pierres à chaux et basse terre, c'est-à-dire que du côté du ouest il y a près de cinq lieues de pierres à chaux ; et du côté de l'est il y a deux lieues, dont la pointe Saint-François est droit dans le milieu. Du côté du nord, du sud et du ouest de l'île, les huîtres et les crabes n'y manquent pas, mais du côté de l'est il n'y en a point.

[XIX] Le grand bois n'est pas commun à l'île Rodrigue, car les plus beaux n'ont pas plus de cinquante pieds de haut. Encore la plupart n'est pas droit. Je mets ici leurs noms comme ils sont appelés à l'île Bourbon[28] et commence par ceux qui sont en plus grand nombre, savoir :

---

27 Ces relevés sur le terrain ont servi à établir un « Plan de l'île Rodrigue » daté de 1726, ainsi que la carte de 1737 attribuée faussement à l'abbé Pingré et annexée au manuscrit 1804 (Bibl. Ste-Geneviève) de sa relation (voir J. F. Dupon, *Recueil de documents pour servir à l'histoire de Rodrigues…*, *op. cit.*, p. 94, documents 28 et 29).

28 L'éditeur s'est abstenu de proposer des identifications botaniques, d'autant que les noms vernaculaires empruntés à l'île Bourbon ne désignent pas forcément les mêmes espèces à l'île Rodrigue. Voir les tableaux recensant les appellations usitées dans les différentes îles des Mascareignes, in Cheke and Hume, *Lost land of the Dodo…*, *op. cit.*, « Appendix 15 », p. 402-404.

Le *bois rouge*, qui est fort gros, mais il n'est pas haut et rempli de branches, propre à faire des membres de vaisseaux.

Le *bois puant* n'est pas gros ni haut mais jette ses branches en bas puis remontant en haut forme un agréable ombrage ; c'est le bois le plus propre à faire des membres de vaisseaux ; j'ai vu un seul de ces arbres couvrir avec ses branches près de soixante pas de terrain.

Le *benjoin* y est en grand nombre et jette de la gomme comme celui de l'île Bourbon. Les plus gros que j'ai vus sont de quarante à cinquante pieds de long et deux brasses et demi de tour ; mais ceux-là sont rares vu qu'ils sont la plupart tors et gâtés par le cœur. Pour d'autres petits benjoins, il y en a assez qui croissent même dans les roches.

Il y a beaucoup d'arbres qu'on nomme *affouches*. Ceux-là n'ont point de corps et sont tous pleins de branches tortes ; ils ont une gomme blanche comme lait.

[XX] Il y a assez grande quantité de *bois d'ébène*, haut d'environ trente à quarante pieds et de grosseur une brasse et demi. Il y a quelque peu de *bois de fer* ; il n'est ni haut ni droit et ne se trouve pas partout. Le *bois de senteur* y est en petite quantité. Le bois de nèfle se trouve en grand nombre, et plus communément sur les montagnes qu'autre part ; il n'est pas grand et est tout tors. Il se trouve d'un bois qu'on nomme à l'île Bourbon *la Face de Judas*, en petite quantité. Le *bois de buis* y est commun et fort petit ; les graines, les perroquets les mangent. Il n'y a pas beaucoup de *bois de pomme*, et n'est propre à rien. Il y a du *bois de reinette*, qui sont de petits arbrisseaux touffus dont le plus haut peut avoir quatre ou cinq pieds. Il y a fort peu de bois à bâtir, quelques chevrons de moyenne maison et quelques gaulettes, encore n'est-il pas bien droit.

Il y a des *lataniers* sur toute l'île, et plus communément dans les enfoncements et les ravines. Il y en a de trois sortes. Les *palmistes* sont en plus grande quantité que pas aucun des autres arbres ; aussi bien que les [XXI] lataniers, les uns et les autres sont partout. Il n'y a qu'une autre espèce de palmiste qu'on nomme à l'île bourbon *palmiste poison*. Il se trouve quantité de petits arbres qu'on nomme à l'île Bourbon *pins*, avec lesquels on fait des nattes et des sacs ; ces arbres sont de la hauteur d'environ dix pieds, et qui forment un rond par en haut qu'ils semblent avoir été taillés exprès [*sic*], car une feuille ne dépasse pas l'autre : on peut s'y mettre à l'ombre, les rayons du soleil ne pouvant pas pénétrer au travers tant il est touffu et ses feuilles bien rangées[29].

Le *bois blanc et rouge* y est rare. Le bois d'éponge n'est pas tout à fait si rare que le précédent. Il y a encore d'autres arbres et arbrisseaux dont je ne sais pas les noms.

Il s'y trouve quelque peu de chiendent, comme aussi du capillaire.

Le *bois de demoiselle* y est assez rare, les petits oiseaux en mangent les graines. Il s'y trouve quelque peu de *bois de l'ostau*, qui approche fort au *bois de coudre* qu'il y a en France.

[XXII] Des oiseaux de terre :

Le *solitaire* est un gros oiseau qui pèse environ quarante à cinquante livres[30]. Ils ont la tête fort grosse avec une manière de bandeau au front qu'on dirait être de velours noir. Leurs plumes ne sont ni plume ni poil. Ils sont d'un gris blanc, le dessus du dos un peu noir, marchant avec fierté et fort souvent seul à seul ou deux à deux. Ils ajustent leurs plumes ou poil avec leur bec et se tiennent d'un grand propre. Ils ont leurs pattes remplies d'écailles fort dures et courent avec vitesse, principalement dans les rochers, où un homme quelque agile qu'il puisse être a beaucoup de peine à les attraper. Ils ont un bec fort court, de la largeur de près d'un pouce, qui est coupant. Ils ne cherchent cependant point à faire de mal que lorsqu'il se trouverait quelqu'un devant eux et qu'ils seraient pressés ; ils pourraient les mordre. Ils ont un petit sicot[31] d'ailes qui a comme une manière de balle de fusil au bout, et cela leur sert de défense. Ils ne volent point, n'ayant point de plumes à leurs ailes, mais ils se battent avec, et font un grand bruit avec leurs ailes lorsqu'ils sont [XXIII] en colère, et le bruit approche fort à celui du tonnerre qu'on a un peu de peine à entendre. Ils ne pondent, à ce que je crois, qu'une fois l'année et ne font même qu'un œuf, non pas que j'aie vu de leurs œufs, car je n'ai pu découvrir

---

29 La description est similaire à celle que Leguat donne de l'arbre qu'il appelle Pavillon, en réalité le pandanus ou vacoa (vaquois), dont le fruit est localement nommé *pinpin*.

30 La description du solitaire selon Tafforet est très proche de celle de Leguat, dont elle pourrait être une version abrégée. Cette similitude valide certes le témoignage antérieur du huguenot, mais Tafforet a pu être aussi influencé par la lecture du *Voyage en deux îles désertes*, dont un exemplaire avait été confié au capitaine de *La Ressource*.

31 Sicot : Variante graphique, attestée sous la forme *cicot* (1553, CNRTL) mais non enregistrée par les dictionnaires, du mot *chicot*, désignant « un reste d'arbre coupé qui sort un peu de terre » ou « un morceau qui reste d'une dent rompue » (*Acad. 1694*). L'étude ostéologique des restes du solitaire a confirmé l'atrophie des ailes et l'éperon osseux décrit par Tafforet comme par Leguat, lequel le compare à « une balle de mousquet ».

où ils pondent, mais seulement ai-je vu un seul petit avec eux, et lorsque quelqu'un voudrait se hasarder d'en approcher, ils les mordraient bien dur. Ils ont le gésier plus gros que le poing, et ce qu'il y a de surprenant, c'est qu'on leur trouve une pièce dedans, de la grosseur d'un œuf de poule, faite en ovale un peu plate, quoique cet animal ne puisse avaler si gros qu'une petite cerise[32]. J'en ai mangé ; ils sont d'assez bon goût.

Il y a une autre sorte d'oiseau, de la grosseur d'une jeune poule, qui a les pattes et le bec rouges. Son bec est à peu près comme celui du courlieu, à l'exception qu'il est un peu plus gros et n'est pas si long. Son plumage est moucheté de blanc et de gris. Ils vivent ordinairement des œufs des tortues de terre, qu'ils prennent dans la terre ; ce qui fait qu'ils sont si gras que souvent ils ont peine à courir. Ils sont fort bons [XXIV] à manger, et leur graisse est d'un jaune rouge qui est excellente pour les douleurs [*sic*]. Ils ont de petits bouts d'ailerons sans plumes, ce qui fait qu'ils ne peuvent pas voler, et au contraire courent assez bien. Leur cri est un sifflement continuel lorsqu'ils voient quelqu'un qui les poursuit, et tirent de leur corps une autre sorte de voix qu'on dirait provenir d'une personne qui a le hoquet et l'estomac oppressé.

Il y a assez de *butors*, qui sont des oiseaux qui ne volent que fort peu et courent parfaitement bien lorsqu'ils sont poursuivis. Ils sont de la grosseur d'une aigrette et faits comme eux.

On trouve un petit oiseau qui n'est pas fort commun, car il ne se trouve point sur la Grande Terre. On n'en voit que sur l'île au [mât ?] qui est au sud de la Grande Terre, et je crois qu'ils se tiennent sur cette île à cause des oiseaux de proie qui sont à la Grande Terre, comme aussi pour vivre avec plus de facilité des œufs de ces oiseaux de pêche qui y pondent ; car ils ne mangent autre chose que ces œufs, ou quelques tortues qui meurent de faim, qu'ils savent bien déchirer. Ces oiseaux sont un peu plus gros qu'un merle et ont le plumage blanc, une partie des ailes et de la queue noire, le bec jaune [XXV] aussi bien que les pattes, et ont un ramage merveilleux ; je dis un ramage, quoiqu'ils en aient plusieurs et tous différents, et chacun des plus jolis. Nous en avons nourri quelques-uns avec de la viande cuite hachée bien menue, qu'ils mangeaient préférablement aux graines des bois.

---

32 Ajout en marge : Ces oiseaux vivent des graines et des feuilles des arbres qu'ils mangent à terre.

Les *perroquets* sont de trois sortes et en quantité. Les plus gros sont plus gros qu'un pigeon et ont une queue fort longue, la tête grosse aussi bien que le bec. La plupart sont sur les îles qui sont au sud de l'île, où ils mangent d'une petite graine noire que produit un petit arbrisseau à qui les feuilles ont l'odeur du citronnier, et viennent à la Grande Terre boire de l'eau ; d'autres restent à la Grande Terre, où ils trouvent de ces petits arbrisseaux. La seconde espèce est un peu plus petite et beaucoup plus belle, parce qu'ils ont leur plumage vert comme les précédents un peu plus bleu [*sic*] et le dessus des ailes un peu rouge, aussi bien que leur bec. La troisième espèce est petite, et est tout vert et le bec noir.

Les *tourterelles* y sont en grand nombre mais sur la Grande Terre on en voit fort peu parce qu'ils vont vivre sur les îles du sud, aussi bien que les [XXVI] perroquets, et viennent boire de même sur la Grande Terre.

On voit un oiseau qui est à peu près comme la *chouette*, et qui mange les petits oiseaux et les petits lézards. Ils demeurent presque toujours dans les arbres, et lorsqu'ils sentent beau temps, ils chantent la nuit, et toujours le même chant. Au contraire lorsqu'ils sentent du mauvais temps on ne les entend point.

La *chauve-souris* y est abondante et n'y est pas beaucoup grasse. Il y a beaucoup de *chardonnerets* qui ont un joli ramage. On voit quelques *lavandières*, avec quelques autres petits oiseaux qui ont un fort joli ramage, mais ils sont toujours en garde des oiseaux de proie qui sont les chouettes dont j'ai parlé ci-devant.

On y voit quelques chenilles. Il y a des grosses mouches qui chient des vers tout en vie, qui ensuite deviennent en mouches au bout de dix à douze [jours]. Ils les chient ordinairement sur du poisson ou sur de la viande, mais pour la graisse ils n'y touchent pas. C'est la plus grande incommodité qu'on puisse avoir, puisqu'on ne peut pas [XXVII] garder aucun poisson ni viande, ni cuit ni cru, qu'aussitôt il n'en vienne des légions l'assaillir pour y mettre leurs vers qui ensuite croissent et deviennent velus ; puis viennent leurs ailes ; ensuite prennent leur vol.

Les *maringouins*[33] y sont en quantité. Il y a une petite mouche qu'on nomme dans l'Amérique *bigaye* [?], qui est fort incommode et règne le plus ordinairement dans les saisons des pluies aussi bien que les maringouins. Il se trouve une autre espèce de gros moucheron fort importun par ses crieries qui ressemblent proprement à une vielle.

---

33 Maringouin : le terme désigne les moustiques dans les colonies américaines.

Il y a grand nombre de lézards, dont les plus gros que j'ai vus sont de la grosseur du poignet du bras d'un homme. Il y a quelques scorpions dans le bois sec qui ne font aucun mal.

Il n'y a aucune bête venimeuse dans toute l'île. Et elle est fort saine et [a] un fort bon climat, n'y ayant jamais été malade dans tout le temps que j'y ai resté. Voilà tout ce qui est de l'île Rodrigue après avoir bien visité partout. [*ici le mot « Fin », raturé*]. [XXVIII] Il y a une grande quantité de rats ; de plus des crabes de terre, qui sont ordinairement dans les enfoncements, qu'on nomme dans l'Amérique *tourlourous*. Ils sont presque aussi gros que le poing et restent de jour dans les trous dans la terre où il y a de l'eau, et la nuit cherchent à manger.

Les rats et les crabes détruiraient beaucoup les plantages, parce qu'il y en a, à l'exception de la tortue, plus qu'aucun autre animal.

ANNEXE II

Extrait de : Alexandre-Gui Pingré, *Voyage à Rodrigue* (1761-1763)

Astronome de premier plan en son temps, membre de l'Académie des Sciences, l'abbé Pingré (1711-1796) s'illustra par ses recherches sur les comètes (Cométographie, *1783) et ses contributions à la résolution du problème, crucial pour la navigation, de la détermination des longitudes. Auteur d'une méthode qui toutefois nécessitait des calculs complexes et des observations difficilement réalisables en pleine mer, il participa dans les années 1767-1772 à trois voyages scientifiques destinées à tester les premiers chronomètres de marine inventés par Leroy et Berthoud, lesquels apportèrent enfin la solution pratique attendue depuis des siècles. L'expédition dans l'océan Indien qui nous intéresse (1761) est liée à une autre entreprise scientifique, la détermination de la parallaxe du soleil par l'observation du passage de la planète Vénus sur le disque solaire, prévu pour le 6 juin 1761. On en attendait le calcul précis de la distance de l'astre à la terre, et de là l'ensemble des données quantitatives du système solaire, dont Newton avait fixé les principes. L'Académie envoya trois expéditions lointaines en divers points du globe où le phénomène était observable, une à Tobolsk en Sibérie, une autre à Pondichéry en Inde, et enfin une à Rodrigue, confiée à Pingré.*

Les conditions météorologiques médiocres au jour dit expliquent les résultats peu fiables obtenus par Pingré, ce qui aide à comprendre pourquoi il en parle si peu dans le Voyage à Rodrigue, *écrit à son retour à Paris en 1762-1763 à partir des notes prises sur place. Évoquant à peine l'aspect proprement scientifique de l'expédition, la relation de Pingré se situe quelque part entre le récit d'aventures maritimes des plus mouvementées – conquête militaire de l'île par la flotte britannique, puis long séjour forcé sur place, enfin capture du navire de l'astronome par les Anglais sur la route du retour – et le reportage de voyage dans ses deux modalités : si l'auteur narre en mode « journal de bord » les événements des itinéraires d'aller et de retour, il opte pour la monographie méthodique dans sa description de chacune des trois Mascareignes, organisée en rubriques : géographie physique et humaine, géologie, botanique, zoologie.*

Particulièrement développé, le tableau de l'île Rodrigue est assurément le plus complet de ceux dont on dispose jusqu'à une période récente. Savant des Lumières, Pingré est un remarquable observateur dans tous les domaines. Témoin des débuts de l'occupation humaine permanente (justifiée par la collecte des tortues destinées à la flotte française de l'Inde), il est attentif à l'émergence d'une « civilisation des Îles » caractérisée par l'esclavage, mais aussi par la créolisation culturelle. Sans être naturaliste, il va très au-delà du simple recensement des espèces. Comparant ce qu'il voit avec le témoignage de Leguat – sa référence constante – il analyse l'évolution de l'environnement et ses causes, directement ou indirectement humaines : les tortues intensivement exploitées n'ont plus le temps de croître, les lamantins trop chassés ont déserté le lagon, beaucoup d'espèces d'oiseaux, à commencer par le solitaire, sont en cours d'extinction « depuis qu'on a peuplé cette île de chats ».

Soigneusement revu et amendé au fil des rédactions successives de 1761 à 1763, visiblement prêt à être publié, ce récit non exempt d'humour présente à la fois le sérieux documentaire et les péripéties aventureuses de la bonne littérature de voyage. Il a dû pourtant attendre 2004 pour être imprimé, dans une version établie conjointement à partir du manuscrit autographe (MS 1804) de la bibliothèque Sainte-Geneviève et de la copie au net de la bibliothèque du Service Historique de la Marine (SH 158 (2537)[1]*. Nous conservons ci-après les soulignements du MS 1804, transcrits en italiques, mais non les variantes correspondant à des passages raturés.*

Jean-Michel Racault

---

1 Alexandre-Gui Pingré, *Voyage à Rodrigue. Le transit de Vénus de 1761. La mission astronomique de l'abbé Pingré dans l'océan Indien*, édition critique des manuscrits par Sophie Hoarau, Marie-Paule Janiçon et Jean-Michel Racault, Paris, Le Publieur-SEDES, 2004. Nous renvoyons à cet ouvrage pour la bibliographie générale relative à Pingré et au contexte scientifique du transit de Vénus sur le soleil de 1761. Pour une approche littéraire du *Voyage à Rodrigue*, voir Sylviane Léoni, « A. G. Pingré, un arpenteur du monde à la découverte des Mascareignes », in Paolo Carile (dir.), *Sulla via delle Indie Orientali. Aspetti della francofonia nell'Oceano Indiano // Sur la route des Indes Orientales. Aspects de la francophonie dans l'océan Indien*, Fasano, Schena Editore, et Paris, Nizet, 1995, p. 191-201, ainsi que Jean-Michel Racault, « L'observation du passage de Vénus sur le soleil. Le voyage de Pingré dans l'océan Indien », *Dix-Huitième Siècle*, 22 (1990), « Voyager, explorer », p. 107-120.

Le terrain de *Rodrigue* est inégal[2]. Il y a des plaines basses, assez vastes dans l'enfoncement de François Leguat[3], dans le grand enfoncement, dans la plupart des autres enfoncements qui ont quelque étendue. La côte de corail est également basse et a à peu près l'étendue que je lui ai donnée sur le plan. Le reste de l'île est couvert de montagnes, je doute que la plus haute de toutes excède cent toises[4] de hauteur perpendiculaire. Il y a pareillement des montagnes dans l'île de *Mombrani*[5], dans celle aux *Crabes* et dans quelques autres.

Ces montagnes de l'île *Rodrigue* ont le même usage que partout ailleurs : elles servent à la formation de plusieurs ruisseaux d'eau douce qui arrosent l'île. Je n'ai point représenté tous ces ruisseaux sur le plan ; je n'y ai marqué que ceux de l'existence desquels j'ai eu quelque assurance. L'eau de ces ruisseaux est bonne et saine, mais un peu minérale et, à ce qu'il m'a paru, laxative. L'eau du ruisseau qui traverse l'enfoncement de *Puvigné* est saumâtre ; nous n'avons pu en boire ; heureusement le vin ne nous manquait pas encore quand nous avons été obligés de coucher dans cet enfoncement. Ces ruisseaux, formés dans l'intérieur de l'île, serpentent entre les montagnes et se précipitent quelquefois dans les enfoncements par des cascades naturelles, plus belles à mon avis que toutes celles que l'art a préparées. La plus haute de toutes est probablement celle du ruisseau qui nous fournissait habituellement notre provision d'eau ; il coule dans la partie orientale de notre enfoncement de *François Leguat*. Après avoir remonté ce ruisseau jusqu'à une demi-lieue environ de notre habitation, on parvient à la cascade ; l'eau s'y précipite au moins de 80 pieds. Il faut que son mouvement soit bien lent au haut de la montagne car le talus est presque vertical et l'eau descend presque sans quitter

2 Les premières pages de la présentation monographique de l'île, consacrées à la bibliographie, à l'historique de la découverte et aux instructions nautiques pour accéder au port, ont été omises.

3 Les « enfoncements », terrains sableux et à peu près plats situés au débouché des ravines sur le lagon, protégés du vent et alimentés en eau courante, ont été les premiers sites d'implantation humaine dans l'île. Ils portent en général le nom de celui qui s'y installa. L'« enfoncement de François Leguat », jadis site de la petite colonie huguenote où Pingré effectua trois quarts de siècle plus tard ses observations astronomiques avec son adjoint Denis Thuillier, est localisé de part et d'autre de la Grande Rivière à la limite de l'actuelle bourgade de Port Mathurin.

4 Environ 200 mètres. Le Mont Limon, le plus haut sommet de l'île, s'élève en réalité à 398 mètres.

5 Aujourd'hui île Gombrani ; cet îlot est situé dans la partie sud-ouest du lagon, comme l'île aux Crabes.

son lit ; la quantité de l'eau qui se précipite m'a paru être d'environ un pied en carré. Le chemin qui mène à cette cascade est aussi peu aisé que frayé, mais je me suis cru bien récompensé de mes peines lorsque je suis enfin parvenu à ce lieu qui m'a paru charmant.

Au bas de la cascade, il y a un bassin où l'on trouve quelquefois, dit-on, de fort belles anguilles. En regardant la cascade, on a à sa gauche une montagne nue, sauf quelques herbes, et escarpée ; quelques roches menacent de tomber et tomberaient réellement en temps de dégel, mais un dégel n'est point à craindre en un lieu inaccessible à la plus faible gelée. À droite, on voit un spectacle dont on croirait être redevable à l'art : la montagne est presque aussi escarpée que de l'autre côté, mais elle est couverte d'arbres qui forment le plus majestueux amphithéâtre que j'ai vu. Les palmiers, les lataniers, les vacoas[6] n'en font pas le plus bel ornement ; je n'aime point la tournure de ces arbres, je leur préfère nos arbres européens les plus communs. Cependant, en cet endroit, la hauteur de leur tige élevée perpendiculairement, leurs cimes étagées proportionnellement, la variété qu'ils occasionnent, leur donnent un agrément que je ne leur trouvais pas ailleurs. Ils sont entremêlés de plusieurs autres arbres qui ne cèdent point en beauté à nos plus beaux arbres d'Europe ; je n'ai pu distinguer les espèces, à cause de l'éloignement. Vis-à-vis de la cascade, d'autres arbres, la plupart lataniers et vacoas, nous cachaient le chemin raboteux qui nous avait conduits à ce lieu de délice. J'ai remarqué que les arbres qui étaient à notre droite étaient généralement aussi garnis de branches et de feuilles du côté de la montagne que du côté du précipice. Il y a aussi une cascade au ruisseau de l'enfoncement de *Stafforet*[7] : elle est moins haute que la précédente, son élévation n'étant que de 25 ou 30 pieds ; mais la chute de l'eau est plus amusante, vu que l'eau jaillit de rochers en rochers par autant de cascades différentes, au lieu que dans l'autre enfoncement elle ne fait en quelque sorte que couler.

L'île de *Rodrigue* n'est ordinairement habitée que par un officier français qui commande à une douzaine ou une quinzaine de Noirs dont la principale occupation est de ramasser des tortues dans les différentes parties de l'île[8].

---

6 Cet arbre, décrit par Leguat sous le nom de pavillon, est le pandanus (ou vaquois, ou vacoa, ou pinpin dans les parlers de l'océan Indien).

7 Selon North-Coombes, l'« enfoncement de Tafforet » se situait à l'actuelle Anse aux Anglais. Sur Tafforet ou Stafforet, voir l'Annexe 1.

8 Rodrigue a été pendant longtemps la « réserve » à tortues des Mascareignes. Un poste de collecte de tortues créé en 1735 fonctionna jusqu'en 1769.

On rassemble ces tortues dans un parc et on les envoie à l'île de France sur des corvettes que l'on dépêche de temps en temps pour cette cargaison. Ces Noirs, originaires de *Madagascar* ou des Indes, sont la plupart esclaves de la Compagnie. Il y en a cependant quelques-uns de libres ; les travaux de ceux-ci sont payés selon le prix dont ils sont convenus en se louant. Il y avait outre cela à *Rodrigue*, lorsque j'y suis arrivé, un chirurgien et un caporal de l'île, l'un et l'autre Européens. Le commandant peut avoir avec lui sa famille et ses esclaves s'il en a. Telle était la colonie de *Rodrigue* en 1761. Lorsque le gouverneur de l'*île de France* dépêchait une corvette pour charger des tortues, il envoyait en même temps une provision de riz suffisante pour l'entretien de la colonie. Pour sa défense, M. *de Puvigné*[9] avait fait élever sur le bord de la mer une batterie de six pièces de canon de deux livres de balle ; la plupart de ces canons avaient servi de lest à des vaisseaux français. Comme on ne conservait *Rodrigue* que pour profiter de ses tortues, on ne croyait point qu'il fût nécessaire de la mettre en état de défense. On ne s'imaginait pas qu'il viendrait dans l'esprit des Anglais d'en faire un entrepôt pour attaquer l'île *de France* avec plus d'avantage[10].

Tous ceux qui demeuraient à *Rodrigue* faisaient profession d'être chrétiens ; mais chacun l'était à sa manière : celui-ci mangeait de tout, parce que les PP. Capucins qui l'avaient instruit lui avaient représenté que la distinction des viandes usitée dans son pays n'avait pu être dictée que par la superstition ; celui-là s'abstenait de manger du bœuf parce que sa conversion avait été opérée par le ministère d'autres missionnaires, plus accommodants aux opinions des peuples. On appelait ceux-ci *chrétiens Paolistes* comme étant baptisés par ceux qui desservaient l'église de Saint-Paul à *Pondichéry* ; les autres étaient nommés *chrétiens Capouches*. Le culte public se réduisait à *Rodrigue* à faire sonner tous les jours l'*Angélus* que personne ne disait ; de plus le commandant faisait faire exactement la prière à ses esclaves par un esclave qui n'était point encore baptisé. Il n'y avait ni Église, ni Chapelle, il n'y en avait

9 Vincent François Martenne de Puvigné (1718 ? – 1791), lieutenant d'infanterie dans les troupes de la Compagnie des Indes, accueillit l'astronome lors de son séjour. Commandant de l'île Rodrigue à diverses reprises (1752, puis 1759-1763), il était chargé principalement de la collecte des tortues tout en assurant une présence française symbolique.

10 L'auteur anticipe sur la suite de son récit : à la fin juin 1761 eut lieu un débarquement anglais destiné à tester les défenses de l'île Rodrigue – à peu près inexistantes, ainsi que le signale Pingré – dans le but d'en faire la base arrière d'une force de débarquement dirigée contre Bourbon et l'île de France. Cette stratégie fut mise en œuvre avec succès pour la conquête des îles françaises en 1810.

même jamais eu. *François Leguat* et ses compagnons servaient Dieu à leur manière, avec plus d'exactitude que ne l'ont servi les catholiques depuis qu'ils se sont établis dans cette île. Il y a cependant à *Rodrigue* un cimetière béni par quelque aumônier de navire qui aura voulu laisser ce monument du passage d'un ministre de la véritable Église par cette île abandonnée. Au reste, je suis assuré que cet abandon ne doit pas être imputé aux ministres zélés qui cultivent les terres, d'ailleurs presque incultes, de *Bourbon* et de l'île *de France*, mais ces ministres ne peuvent tout ; j'ajouterai même qu'ils ne savent pas tout. Ils m'ont dit n'avoir aucune connaissance d'une fête malabare qui se célèbre tous les ans avec assez de solennité à l'*île de France*, le jour de la pleine lune du mois d'août. J'ai été témoin de cette célébrité à *Rodrigue* ; des jeux, des danses, une musique qui m'étaient inconnus ont fait l'âme de la fête ; la musique s'exécutait en chants qui m'ont paru très indifférents en eux-mêmes, mais ils étaient relevés par le son d'un tambour sur lequel les doigts de nos Indiens voltigeaient avec une volubilité et une cadence surprenante. Tous nos Noirs, chrétiens Capouches, chrétiens Paolistes, se prêtaient également à la fête[11]. On dit qu'elle est assez curieuse à l'île *de France* ; à *Rodrigue* la gaieté seule et la bonne volonté l'animaient. Les moyens ne répondaient point au zèle de nos Malabares. Cette fête doit durer quinze jours ; le premier jour est le plus solennel. J'ai appris depuis que les *gentils* des Indes[12] (c'est le nom qu'on donne fort mal à propos aux idolâtres de ce pays) et les mahométans fondaient cette solennité sur des idées absolument superstitieuses. Je crois cependant que nos chrétiens Capucins ne prenaient part qu'au divertissement isolé de son origine ; quand ces gens-là ont pris une fois sur leurs préjugés de manger du bœuf, il faut les regarder comme absolument détachés des superstitions de leurs ancêtres.

J'ai dit qu'on ne conservait *Rodrigue* que pour en tirer des tortues ; en effet, cette espèce de denrée est d'un grand secours pour l'hôpital de l'île *de France*. La tortue est un excellent remède contre les maladies de mer ; par un effet tout contraire, l'appétit de cette chair rend quelquefois malades ceux dont la santé ne paraissait susceptible d'aucune altération.

11 Pingré est sans doute l'un des premiers voyageurs dans les îles de l'océan Indien à signaler la créolisation des pratiques religieuses hindoues et l'émergence d'une communauté culturelle indianocéanique dépassant les clivages ethniques.

12 Gentils : Au sens strict, les païens qui ont été évangélisés au début de l'expansion du christianisme en Asie Mineure, entre 42 et 70.

À l'arrivée d'une corvette chargée de tortues, les principaux de l'île *de France* sont subitement attaqués du mal de mer ; ils enlèvent les trois quarts de la cargaison, le reste est pour l'hôpital. Si l'on voulait sacrifier cette petite utilité dont l'île *de France* est redevable à celle de *Rodrigue*, je crois que celle-ci pourrait procurer des avantages plus réels et plus abondants à sa voisine ; son air est excellent, son terrain est très bon, ses productions seraient souvent d'un très grand secours. Enfin, il est peut-être essentiel pour la sûreté de l'île *de France* que celle de *Rodrigue*, qui est à son vent, soit peuplée et défendue[13].

L'air de *Rodrigue* est à peu près le même que celui des îles *de France* et de *Bourbon*, c'est-à-dire qu'il est très sain. On pourrait diviser l'année en deux saisons : le printemps durerait depuis le commencement de mars jusqu'en octobre, et même en novembre ; les trois autres mois seraient attribués à l'été. Durant ce long printemps on était autrefois assuré d'un ciel perpétuellement serein. Ce n'est pas toujours sur l'autorité seule de *François Leguat* que je l'avance ; le fait m'a été certifié par tous ceux qui ont eu quelque connaissance de *Rodrigue*. L'année 1760[14] a été pluvieuse ainsi que 1761[15] ; ce changement de température est constant ; quelle en peut être la cause ? M. *de Séligny*[16], officier des vaisseaux de la Compagnie, estimé généralement aux Indes par l'étendue de ses connaissances, par la multiplicité de ses talents, par la simplicité de ses mœurs, par nombre de machines utiles que son génie inventif a créées, est très porté à croire que la constitution de l'air a pu être altérée par le

---

13 La défense de Rodrigue était négligée par les Français ; les Anglais ont pu effectivement y établir une base en 1809 afin d'attaquer Bourbon puis l'île de France.

14 En janvier 1760, trois cyclones frappèrent l'île de France et Bourbon. Le plus terrible eut lieu entre le 27 et le 28 janvier ; il fit peu de dégâts à Bourbon, mais entraîna la perte de nombreux navires en rade de Port-Louis. Le 1er février, un autre cyclone violent fut enregistré ; il fut désastreux pour l'île de France.

15 En 1761, deux cyclones ravagèrent les îles de France et Bourbon. Le 1er février le cyclone fut violemment ressenti dans ces îles. Un autre eut lieu le 1er mars.

16 Jean-Pierre Guillaume de Séligny (1725-1797), navigateur, ingénieur et astronome, fut un des principaux savants de l'île de France, où il arriva dès 1748. Autodidacte, il se distingua en présentant une méthode de détermination des longitudes à la mer, puis, après avoir servi dans l'escadre du comte d'Aché à l'occasion des campagnes de l'Inde (1758-1759), en parvenant à relever le vaisseau *Le Comte de Provence*, jeté sur les récifs par l'ouragan de janvier 1760. Chargé par le gouverneur Dumas de préparer le plan de défense de l'île, commandant du quartier de la Rivière-Noire jusqu'en 1787, il se vit pourtant refuser la croix de Saint-Louis et se retira sur ses terres, où Bernardin de Saint-Pierre lui rendit visite ; le *Voyage à l'Île de France* fait de Séligny le type du citoyen utile victime de l'ingratitude des hommes.

terrible ouragan qu'on a essuyé à l'île *de France* et à *Rodrigue* la nuit du 27 au 28 janvier 1760. On ne se souvenait pas d'en avoir éprouvé d'aussi violent. Avant 1760, le défaut de pluie était compensé par des rosées abondantes qui fournissaient des sucs à la terre et de l'eau à la source des ruisseaux. Dans la saison du printemps le vent souffle toujours de l'est ou du sud-est, rarement du sud-sud-est ou de l'est-nord-est. J'ai remarqué que les grains étaient ordinairement plus fréquents et plus violents par le vent du sud-est que par celui d'est. Durant les trois ou quatre mois d'été, la chaleur est tolérable, les vents d'est et sud-est soufflent le plus souvent ; mais il n'est point rare de voir le vent tourner au nord-est, au nord, au nord-ouest. Alors la chaleur augmente et se termine, comme ici, par des orages, des pluies, des tempêtes. On profite quelquefois de cette saison pour aller en droiture de *Bourbon* à l'île *de France*, et de celle-ci à *Rodrigue* ; pendant les autres mois de l'année, il faut faire un circuit très long. Hors le temps des chaleurs, il n'y a point de tempêtes à craindre dans cette mer ; on y éprouve seulement quelquefois des brises extrêmement fortes ; les marins les appellent *brises carabinées*. Pendant les chaleurs on peut éprouver des tempêtes ; la plus violente de toutes se nomme *ouragan*[17], il semble alors que tous les vents soufflent à la fois, l'agitation de la mer ne peut se décrire, le ciel fond en eau, les ruisseaux se débordent et remplissent des gorges où la veille on les distinguait à peine, les arbres sont renversés, les vallées quelquefois comblées, les habitations détruites, les vaisseaux ont peine à demeurer sur leurs ancres, plusieurs sont emportés et périssent. Quelques auteurs parlent de l'ouragan comme d'une espèce de tribut annuel auquel cette mer est assujettie. L'ouragan, disent-ils, passe tous les ans vers le mois de janvier ou de février. Cela peut être, mais il faut ajouter qu'il passe souvent sans que personne s'en aperçoive, qu'aux années où il se fait sentir, il n'est pas toujours de la même force, qu'enfin il n'étend pas également ses effets sur toute la surface de cette mer. L'ouragan du 28 janvier 1760 a été à l'île *de France* d'une violence extrême. Ce que je dis des effets de l'ouragan en général ne peut donner à mes lecteurs qu'une légère idée de celui-ci ; il n'a pas été moins furieux à *Rodrigue*. Sa mémoire est gravée pour longtemps dans l'histoire de ces deux îles par la main du ravage et de la destruction. *Bourbon* n'est éloignée que

17 Ouragan : Terme d'origine caraïbe utilisé pour désigner spécifiquement les phénomènes cycloniques.

de 36 lieues de l'île *de France* ; à peine se souvient-on d'y avoir éprouvé ce même ouragan, tandis qu'on ne pense encore qu'avec effroi à celui qu'on y a essuyé en 1751.

On ne respire point de brouillard à *Rodrigue*, du moins je n'en ai point aperçu le plus léger vestige en trois mois et demi de séjour que j'ai fait dans cette île.

Le terroir de *Rodrigue* n'est point partout égal. La côte *de corail* est ainsi appelée parce qu'elle est réellement de substance de corail ; on suppose facilement que cette côte doit être stérile ; il y croît cependant du pourpier et de la criste-marine. Il y a aussi des côtes de corail à l'est de l'île *aux Crabes* et au sud-ouest de l'île *Mombrani* ; la côte orientale de *Rodrigue* est bordée de roches d'une semblable substance. Il y a des pierres à chaux aux environs de l'enfoncement qui porte ce nom, ainsi qu'en haut de la montagne voisine et probablement en d'autres endroits de l'île. Les roches de la côte septentrionale sont nommées *giraumonts* : elles sont d'une couleur grise tirant sur le noir, elles m'ont paru très dures ; je n'y ai point remarqué de vestiges décisifs de combustion. L'îlot *du Large* n'est qu'une roche qui paraît au premier coup d'œil de même matière que ces giraumonts, mais les marques de combustion sont ici plus frappantes ; cette roche est en partie spongieuse et très friable ; je la réduisais en poussière entre mes doigts, presque sans effort. Dans l'intérieur de l'île, il y a aussi beaucoup de pierres ; le peu que j'en ai vu est fort analogue aux giraumonts de la côte. Je n'ai rencontré aucun indice certain de mines ; on assure qu'il y a du fer et cela me paraît très probable.

Dans plusieurs enfoncements, et principalement dans celui de *François Leguat*, le fond du terroir n'est que du sable marin, jusqu'à 25 ou 30 toises environ de la côte ; un tel fond ne peut produire que quelques mauvaises herbes. Plus loin on trouve de très bonne terre. Tous les essais de culture faits à *Rodrigue* ont parfaitement réussi, soit dans les vallées, soit sur les montagnes. Incertains quand il plairait à la providence de nous retirer de cette île, quelques-uns d'entre nous jugèrent prudemment qu'il fallait penser à l'avenir. M. *Julienne*[18] fit donc défricher une certaine quantité de terrain entre les montagnes ; on sonda le fond ; on trouva quatre pieds et demi de terre franche, les arbres qui couvraient

18 Capitaine de la corvette l'*Oiseau*, gendre de Puvigné, arrivé à Rodrigue avec sa femme le 26 juin 1761.

l'endroit furent bientôt abattus, on bêcha, on sema, vers la mi-juillet, du blé, du riz et des pois. Le tout approchait de la maturité lorsque nous quittâmes l'île le 8 de septembre suivant. Je crois qu'on pourrait se promettre un succès égal dans toutes les parties de l'île, excepté sur la côte de corail ; il y aurait aussi quelques petites îles susceptibles de culture, telle que celle de *Mombrani*, l'île aux *Crabes*, etc.

L'île *Rodrigue* est couverte de plantes, d'arbrisseaux et d'arbres toujours verts ; il en faut encore excepter la côte de corail. J'ai vu peu d'arbres sur la montagne qui domine les pointes des *Quatre Passes*. Il y a à l'ouest de l'enfoncement *aux huîtres*, une étendue de terrain presque desséchée. Un accident a occasionné ce dessèchement, un Noir, soit par malice, soit par négligence, y ayant mis le feu au mois de février 1761.

Des plantes que *Rodrigue* produit, la plupart lui sont naturelles, quelques-unes lui sont étrangères ; ce sont de nouvelles richesses que M. *de Puvigné* lui a procurées et qu'elle fait fructifier avec usure ; un jardin potager, avant l'arrivée des Anglais, nous fournissait abondamment des laitues, des oignons, mille autres légumes européens[19]. Les orangers et les citronniers étaient chargés de fruits ; mais ici les oranges ne sont pas assez douces ; leur beauté surpasse leur bonté. Nous n'étions point dans la saison de la maturité des ananas. Il restait encore quelques *attes* : ce fruit que l'on appelle en Amérique *pommes de canelle*, m'a paru d'une espèce tout à fait singulière ; je l'ai cru d'abord un fruit plutôt artificiel que naturel. Sous une écorce de couleur céladon, taillée en façon d'artichaut naissant ou de pomme de pin fort aplatie, grosse comme une pomme de reinette, on trouve une consistance de bouillie que l'on prendrait, à la vue et au goût, pour une crème très délicate. Cette bouillie renferme les pépins qui ressemblent fort aux pépins de l'*anone* ou du *cœur de bœuf*, mais c'est l'unique ressemblance qui soit entre ces deux fruits. L'anone est aussi insipide que le goût de l'atte est relevé ; elle a réellement la figure d'un cœur de bœuf. Je crois qu'on la réserve pour engraisser les cochons.

Il y a à *Rodrigue* beaucoup de *bananiers* ; les feuilles de cet arbre, ou plutôt de cette plante, sont très longues. J'en ai vu de 7 à 8 pieds ; elles s'élèvent au-dessus du fruit qui descend comme en forme de longues grappes : chaque grappe contiendrait bien une centaine de bananes

---

19 Les cultures et arbres fruitiers ci-après, non signalés par Leguat ou Tafforet, sont d'introduction récente.

si toutes mûrissaient, mais celles qui approchent de l'extrémité de la grappe parviennent rarement à leur maturité. Ce fruit est vert avant que d'être mûr, il jaunit ensuite ; il a presque la forme d'un cervelas de 6 à 7 pouces de long ; sa chair est pâteuse, mais d'un goût très relevé. On distingue les figues des bananes ; je n'y ai trouvé d'autre différence que dans le goût ; celui des bananes est plus délicat, elles sont aussi plus vertes que les figues. Les figues, d'ailleurs, sont plus longues et plus grosses que les bananes ; on les fait cuire surtout quand elles ne sont pas assez mûres. Il y a trois espèces de bananes dans les Indes ; je n'en ai connu qu'une espèce ou deux tout au plus, en y comprenant celle à laquelle on donne le nom de *figues*.

M. *de Puvigné* avait planté près de son jardin potager deux *manguiers* ; ces arbres étaient parfaitement beaux et tellement couverts de fleurs qu'on distinguait à peine les feuilles. Ces fleurs sont ou blanches ou d'un rouge violet ; les unes et les autres viennent en bouquets comme le lilas ; leur couleur occasionne la distinction de deux espèces de manguiers, le blanc et le rouge. La mangue est un fruit estimé aux Indes ; il est assez rond, de la grosseur d'une pomme de fenouillette, ou même un peu plus gros ; le noyau tient fortement à la chair, il renferme une amande en forme de fève, mais longue d'un bon pouce et grosse à proportion. On tient qu'il faut planter cette amande aussitôt qu'on l'a ôtée du fruit si l'on veut qu'elle reproduise son espèce. Je ne me suis pas trouvé dans le temps de la maturité des mangues : j'en ai mangé seulement de confites à *Rodrigue*, et d'autres à *Bourbon*, en compote, avant leur parfaite maturité ; celles-ci avaient entièrement le goût de pommes de reinette préparées de même. Le manguier vient aussi gros et aussi beau que nos plus beaux marronniers d'Inde.

Le *papayer* de *Rodrigue* et des îles voisines n'est point un arbre hermaphrodite. Il y en a de mâles et de femelles ; l'une et l'autre espèce peut élever un tronc droit jusqu'à la hauteur de 8 à 9 pieds ; une écorce, une espèce d'aubier de l'épaisseur de 2 à 3 lignes, une mœlle de 4 pouces environ de diamètre, voilà la consistance de ce tronc ; aussi je crois qu'un enfant de 9 à 10 ans le romprait avec facilité. Le tronc vers le haut se divise assez souvent en plusieurs branches, la tête forme en dessus une espèce de plate-forme de 4 à 5 pieds de diamètre. Cette plate-forme est beaucoup mieux décidée dans les papayers mâles que dans les femelles. Les feuilles des uns et des autres ressemblent assez à celles de nos figuiers ; elle est cependant moins rude au tact. Il n'y a qu'une feuille à chaque branche. La plate-forme du papayer mâle se couvre de boutons et ensuite de fleurs blanches, assez ressemblantes à celle de la tubéreuse pour la couleur, la figure, la grandeur et même pour l'odeur. Elles ont cinq pétales, dix étamines dont cinq plus élevées que les autres ; je n'y ai point vu de pistil, il est sans doute sur l'arbre femelle. Peu après la naissance des fleurs, on voit les fruits se former au-dessous de la tête du papayer femelle, près du tronc ; ils parviennent souvent à la grosseur d'une bouteille ordinaire de pinte ; leur figure est assez approchante de celle d'une poire de beurré d'Angleterre ; ils sont verts jusqu'à leur maturité, la peau et la chair jaunissent en mûrissant. La chair peut avoir un pouce ou un pouce et demi d'épaisseur. Le cœur, marqué de plusieurs côtes qui le divisent comme autant de capsules, renferme un très grand nombre de graines, noires et raboteuses à l'extérieur, égalant à peine un petit pois en grosseur. Ce fruit, mangé cru, n'est ni bon ni mauvais ; on en fait de très bonnes confitures ; on le fait aussi frire avec succès avec le secours d'une pâte semblable à celle que l'on emploie à Paris pour faire frire les artichauts, les salsifis, les beignets. On m'a montré à *Bourbon* une papaye qui croissait au milieu des fleurs d'un papayer mâle. Cette production m'a été vantée comme monstrueuse et je l'ai d'abord regardée comme telle ; on m'a cependant assuré depuis que ce phénomène n'était pas fort rare ; mais ces sortes de papayes bâtardes ne prospèrent point ; celle que j'ai vue n'excédait pas la grosseur d'une petite poire de rousselet. Quelqu'un cependant m'a assuré à *Bourbon* qu'on en avait vu mûrir. Je n'ai point vu à *Rodrigue* l'espèce de palmier qui porte des dattes et que pour cette raison on nomme *dattier* ; dans l'île de *Bourbon*, il vient moins haut que les autres espèces, il a plus de branches, ses feuilles sont plus petites et plus séparées les unes des autres. Le *palmier* proprement dit, ou le *palmiste*, est très abondant à *Rodrigue* ; ils en distinguent trois espèces ; mais vu la prodigieuse hauteur de cet arbre, on n'a pu me faire voir sur quoi cette distinction est fondée ; il est cependant nécessaire de ne point confondre ces espèces puisqu'il en est une à laquelle on donne le nom de *palmier-poison*, non que son chou soit un poison proprement dit, mais parce qu'il occasionne des incommodités qui peuvent devenir dangereuses. Je n'ai point vu de fruits à ces palmiers ; s'ils en portent, comme il y a lieu de le croire, on n'en fait aucun usage. Si l'on fait une entaille de quelques pouces au tronc d'un palmier, et qu'on attache au-dessous un vase pour recevoir la liqueur qui en découlera, en peu d'heures on aura trois ou quatre pintes d'une liqueur fort douce, qu'on nomme *vin de palmiers*. L'arbre ne meurt pas ; la blessure qu'on lui a faite se consolide, on peut revenir au bout d'un certain temps exiger un nouveau tribut. Le vin de palmiers est d'autant meilleur qu'il est plus nouveau ; au bout de trois ou quatre jours il est aigre. Je n'ai point bu de ce vin, les palmiers étaient trop éloignés de notre habitation ; on en faisait usage à l'habitation de M. *Julienne* où M. *Thuillier* allait souvent se régaler de cette liqueur. Au milieu de la tête du palmier, il s'élève du cœur même de l'arbre un corps cylindrique dans presque toute sa longueur, terminé en pointe par le haut. Sa longueur est à peu près égale à celle des palmes, son diamètre est de 3 à 4 pouces. Ce cylindre est un rouleau de feuilles et c'est en effet la pépinière des feuilles ou palmes qui doivent embellir la tête de l'arbre ; il s'en détache, dit-on, une tous les ans ; on a donné à ce cylindre le nom de *chou*. Un palmier privé de son chou périt bientôt ; en conséquence, comme le palmier est très haut, peu épais, d'une consistance très faible, on ne se hasarde pas d'y monter pour couper le chou, on commence par abattre l'arbre. Le chou étant coupé, on déroule les feuilles qui pourraient être déjà vertes ; l'intérieur est absolument blanc, très bon à manger soit cru, soit dans la soupe en guise de légumes, soit en friture, soit à la sauce blanche, etc. On peut même le faire sécher pour le réduire en farine et en faire du pain. Ce fruit ou ce légume est très doux et fort délicat, mais il est un peu purgatif, au moins pour les estomacs qui n'y sont point accoutumés.

Le *latanier* diffère du palmier par la structure de ses palmes, qui sont plus grandes et plus belles que celles du palmier, quoiqu'elles ne soient composées que d'une seule feuille. Des deux côtés d'une côte, épaisse d'un pouce ou un peu plus, une feuille assez ferme se plie et replie comme en plusieurs feuillets ; telle est la feuille du latanier, laquelle, lorsqu'elle est dépliée ou bien ouverte, prend assez exactement la forme d'un éventail. Ces feuilles ont quelquefois 7 ou 8 pieds de longueur. Lorsqu'elles sont desséchées, on les emploie à la construction et à la couverture des cases ; quelques branches d'arbres forment la carcasse ; les feuilles de latanier entrelacées achèvent la clôture. On n'a besoin à *Rodrigue* ni d'architectes, ni de maçons, ni de charpentiers pour se loger. Les Malabares emploient les feuillets de la feuille du latanier pour écrire, un stylet sert de plume, l'encre est inutile ; j'ai mis de cette écriture au cabinet de notre bibliothèque[20]. Les *dattes* ou, comme on le disait, les *pommes du latanier*, sont de la grosseur d'une noix dans son brou encore vert, et ont à peu près la même figure. Le goût n'en est pas recherché ; les tortues en mangent lorsqu'elles sont tombées ; on s'en sert aussi pour engraisser les cochons. On extrait du vin du latanier comme du palmier ; on ne met pas non plus beaucoup de différence entre les choux de ces deux arbres.

De toutes les espèces de palmiers, le *cocotier* est sans contredit la plus précieuse. Il y en avait une allée près de notre habitation ; elle avait été plantée par M. *de Puvigné.* On sait que lorsque le coco mûrit, il se remplit d'une eau assez agréable au goût et très rafraîchissante. Cette eau se change ensuite en une glaire blanche qui prend de la consistance et forme enfin une amande qui a un goût de noisette fort agréable et assez approchant de celui du chou de palmier. On peut extraire aussi du vin de cocotier, comme on le fait des autres palmiers. Son chou est aussi, dit-on, très délicat ; mais on ménage cet arbre utile que l'extraction de son vin affaiblirait et que l'extirpation du chou ferait périr.

On peut mettre les espèces de palmier dont j'ai fait mention jusqu'ici au nombre des arbres fruitiers ; il n'en est pas de même du *vacoa. François Leguat*, ignorant son nom, lui a donné celui de *pavillon.* Je n'ai vu ni palmiers, ni lataniers naissants ; j'ai vu beaucoup de vacoas sortant de terre, ce qui me porte à croire que cette espèce de palmiers, la plus inutile de toutes, est en même temps la plus féconde. J'avoue cependant qu'entre tous les palmiers le vacoa mérite le prix de la beauté ; il n'est pas même entièrement inutile : son branchage épais m'a quelquefois garanti de l'ardeur du soleil et de la violence de la pluie. Le vacoa naissant pourrait être pris pour une espèce d'aloès ; ses feuilles ont alors 3 ou 4 pieds de longueur et sont armées de pointes dont j'ai quelquefois ressenti les atteintes, en voulant vaincre l'obstacle que ces jeunes plantes opposaient à mon chemin. L'arbre ne montre alors ni tronc, ni branches, ni racines : les unes et les autres paraissent à mesure que l'arbre s'élève. Lorsque l'arbre est formé, à un pied et demi environ de terre, le tronc, en descendant, se divise comme en une vingtaine de troncs plus petits, lesquels, formant un cône droit, gagnent la terre et s'y divisent probablement en plusieurs autres rameaux. À 10, 12, 15 pieds de terre, selon

20 Vraisemblablement la bibliothèque de l'abbaye Sainte-Geneviève, dont Pingré avait la charge.

la grosseur et l'âge de l'arbre, le tronc se divise encore en plusieurs branches, lesquelles se subdivisent en d'autres branches plus petites et cela avec une régularité et une symétrie assez constantes pour former toujours une demi-sphère dont la convexité est tournée vers le ciel. L'extrémité de chaque petite branche porte une espèce de bouquet de feuilles : ces bouquets ressemblent encore à des aloès, mais moins que quand la plante était encore tendre ; les feuilles sont plus petites et les épines émoussées n'ont presque plus de force. Au milieu de chaque bouquet il naît une espèce de grappe qui contient le fruit de l'arbre ; elle ressemble en quelque chose à l'ananas ; les grains qui la composent sont extrêmement serrés ; en les ouvrant on est frappé par une odeur qui est précisément celle d'un coing bien mûr, mais le goût n'est pas le même : le fruit du vacoa est âpre et ne vaut absolument rien.

Outre ces arbres que l'on peut regarder comme fruitiers, excepté le vacoa, l'île de *Rodrigue* en produit encore une infinité d'autres de différentes espèces. Voici les principales. Le *bois d'olive* n'a rien de commun avec nos oliviers, il porte seulement un fruit qui a quelque analogie avec nos olives pour la figure, mais non pour l'usage, ni même pour la grosseur ; il est beaucoup plus petit. Le bois d'olive vient très haut et forme un bel arbre, il est bon pour la charpente ; les levées de notre chaloupe de laquelle je parlerai plus bas étaient faites de ce bois. Le tronc ressemble assez ordinairement à plusieurs troncs réunis ensemble et recouverts de la même écorce ; mais, en le charpentant, on se convainc qu'il n'y a réellement qu'un seul tronc non cylindrique. Les feuilles de cet arbre m'ont offert un phénomène singulier ; lorsque l'arbre est jeune, ses feuilles sont très longues et très étroites, en vieillissant ses feuilles s'accourcissent en devenant plus larges. La différence était si frappante que je n'avais encore pu me persuader que ces arbres jeunes et vieux fussent de la même espèce. Je rencontrai enfin un de ces arbres qui venait de pousser une branche ou un gourmand nouveau : les feuilles du gourmand avaient 4, 5, et même 6 pouces de long sur 6 lignes au plus de large ; celles des vieilles branches étaient longues de 2 à 3 pouces, leur largeur était de 18 lignes et de 2 pouces. La feuille du bois d'olive vieux est assez ressemblante à celle du laurier-cerise, moins longue cependant, moins épaisse et moins arrondie par le bout.

J'ai vu aussi un bois d'olive assez singulier ; on pouvait dire que son tronc avait trente pieds d'épaisseur en un sens. Le fait est que ces arbres ont leurs racines à fleur de terre et que de ces racines il naît quelquefois de jeunes oliviers, ainsi que de nouvelles branches naissent du tronc de nos arbres européens. Or, ou trois de ces arbres auront tellement entrelacé leurs racines que le tronc horizontal de ces racines paraît maintenant unique ; ou le tronc de l'arbre primitif sortant de terre et obligé par quelque cause étrangère de s'étendre horizontalement jusqu'à la distance de trente pieds aura produit ensuite trois branches principales qui forment maintenant comme trois arbres différents. Quoi qu'il en soit, qu'on se figure un tronc d'arbre long de 30 pieds, couché horizontalement, tenant en dessous à la terre par une infinité de racines, qu'on s'imagine ensuite trois arbres s'élevant perpendiculairement des deux extrémités et du milieu de ce tronc couché, on aura une idée de l'arbre ou des trois arbres dont je veux parler ; car je laisse à d'autres à décider si cet arbre doit être regardé comme un ou comme triple.

Le *Benjoin* selon M. l'abbé *de la Caille*[21], est un gros arbre qui n'a aucun rapport avec le benjoin des Indes : il est ainsi appelé au lieu de *bien-joint*, parce que c'est le bois le plus liant du pays ; il ne s'éclate jamais, il est excellent pour le charronnage. Je suis fort incliné à penser de même. Cependant, M. *Préodet*[22], officier des troupes de la Compagnie qui s'occupe à *Bourbon* de l'étude des plantes et qui paraît le faire avec goût et intelligence, est persuadé que le benjoin de *Bourbon* est du véritable benjoin, quoique d'une espèce différente du benjoin des *Moluques*. Le benjoin de *Rodrigue*, qui est certainement le même que celui de Bourbon, distille une gomme qui n'a aucun rapport avec celle du benjoin des Indes.

L'*ébène* n'est pas rare à *Rodrigue*. Je n'en ai vu que de noire ; je ne doute pas qu'il n'y ait aussi de blanche et de veinée. Les jeunes ébéniers n'ont que de l'aubier ; l'ébène, qui est le cœur de l'arbre, ne paraît se former qu'au bout de quelques années.

Le *bois puant* est un bel arbre de haute futaie ; son bois est beau, ferme, bien veiné, excellent pour la charpente et pour la construction des vaisseaux. Il a un inconvénient auquel il est redevable de son nom :

---

21 *Journal historique*, page 227 [note de Pingré]. Illustre astronome, l'abbé de la Caille (1713-1762) effectua une longue mission au Cap et dans les îles de l'océan Indien d'où il rapporta un *Journal historique du voyage fait au cap de Bonne-Espérance* (Paris, Guillyn, 1763).

22 Guyomar de Préodet, ingénieur à l'île Bourbon et auteur d'un plan d'aménagement de la ville de Saint-Denis (1742).

nouvellement employé, il incommode par une odeur infecte à laquelle il est difficile de s'accoutumer.

Le *corallodendrum* est ainsi appelé parce que son bois imite assez la tournure des branches de corail, par les espèces d'articulations qui donnent naissance aux branches. Il a cela de particulier qu'il perd ses feuilles, dans un pays où les autres arbres sont toujours verts. Lorsque je l'ai vu, le 10 d'août, il n'avait point de feuilles, il était chargé de fleurs et de fruits. Cet arbre est à peu près de la taille d'un gros pommier, moins branchu cependant ; les branches sont hérissées d'épines. L'extrémité des branches ou tiges est de la grosseur du petit doigt, sans épines ; c'est là que naît la fleur, en grappes ou en bouquets, comme le lilas, excepté que les grappes ne sont point divisées en petits grappillons. Toutes les fleurs partent immédiatement de la même tige, chaque tige est chargée de 100 ou même de 200 fleurs. La fleur peut avoir 2 pouces de long sur 8 à 10 lignes de largeur ; elle est du genre des fleurs de pois, de balsamines, de gueules de loup ; sa couleur est d'un beau rouge ponceau ; son pistil est entouré de dix étamines. Les fleurs sont en trop grand nombre et trop serrées pour ne se pas gêner. Les plus voisines de la branche étaient passées et étouffées ; les suivantes étaient dans leur plein éclat ; les dernières, à l'extrémité du bouquet, attendaient apparemment leur tour pour éclore. Je n'en ai pas trouvé une seule dont le fruit fût noué ; sans doute les dernières seules réussissent. Le fruit est renfermé dans une silique qui, outre la membrane extérieure, est composée de trois autres membranes assez fortes. Ce fruit ressemble assez à nos fèves ; il est plus rond et d'une couleur rouge assez foncée. Le *corallodendrum* se multiplie facilement par boutures.

Le *pignon d'Inde* se dépouille pareillement de ses feuilles lorsqu'il doit se revêtir de fleurs. Cet arbre est assez petit ; les plus hauts que j'ai vus à *Rodrigue* ne passent pas neuf pieds, y compris leur branchage. La fleur du pignon d'Inde est petite ; elle est soutenue, comme la rose, sur cinq feuilles assez rondes et disposées en forme d'étoiles ; elle est composée de cinq pétales d'un jaune léger tirant sur le vert ; en dedans il y a comme dix petites feuilles que j'ai reconnues à la loupe pour être les étamines de la fleur. J'ai cherché en vain le pistil jusqu'à ce qu'ayant disséqué une de ces fleurs, j'ai découvert que le pied des pétales est entouré de cinq petits globules d'une couleur orangée très éclatante et d'une consistance assez molle ; j'ai regardé ces globules comme tenant lieu de pistil[23]. Le fruit du pignon d'Inde est renfermé dans une capsule de figure ellipsoïde : toutes les capsules que j'ai ouvertes étaient divisées en trois loges ; chaque loge avait son amande, de figure pareillement ellipsoïde, couverte d'une écorce de couleur gris-sale, mais d'une chair assez blanche et d'un goût agréable ; mais il faut s'en défier, ce fruit purge violemment. Il est composé de deux lobes séparés par une pellicule en membrane blanche que l'on prendrait aisément pour une fleur ; cette pellicule paraît être le germe et c'est dans elle seule, dit-on, que réside la vertu purgative de cette amande. En ôtant cette pellicule, on peut manger l'amande sans aucun risque.

J'approchais d'un arbre que je regardais comme vivant, nonobstant une couleur qui me paraissait différente de celle des autres arbres. Placé dessous l'arbre, j'ai été presque tenté de le regarder comme mort. Cet arbre est le *gayac*, ses feuilles en-dessous ont absolument la couleur de feuilles mortes, en-dessus elles sont vertes. Le gayac forme un arbre très haut et très beau.

J'ai vu d'autres arbres qui avaient plusieurs troncs : de leurs branches ils jettent vers la terre des fibres ou des filaments, ces fibres ayant atteint la terre y prennent racine et forment de nouveaux troncs, dont les branches multiplieront de même, de manière qu'un seul de ces arbres pourrait, à la fin, composer une forêt. Un des officiers qui était avec moi à *Rodrigue* donnait à cet arbre le nom de *bauge*. *François Leguat* le confond avec le *paretuvier* ou le *paletuvier* de Rochefort, auquel on donne aussi le nom de *mangle* ou *manglier*. Je crois que c'est une des espèces de *figuiers*, *figuiers d'Inde* ou *figuiers malabars* dont *Jean Ray*[24] donne la description au 2e volume de son *Histoire des plantes*, livre 27 Chapitre 3 page 1436. J'ai remarqué aussi une *fouge* ou une liane qui naît ordinairement dans quelque creux ou réduit du tronc des arbres et de là envoie en bas des filaments qui, ayant touché la terre, deviennent troncs, enveloppent de leurs branches et couvrent quelquefois entièrement le tronc de l'arbre où cette fouge a été produite.

Il y a tant à *Rodrigue* qu'à l'île *de France* et à *Bourbon* un arbrisseau que l'on peut dire être la plus belle de toutes les ronces. À l'île *de France* on

23 En cela je me suis trompé ; selon M. *Adanson* les fleurs sont les unes mâles et les autres femelles, et celles-ci sont situées au-dessous des premières [N.D.A.].

24 John Ray (1627-1705), naturaliste surnommé le « Pline anglais », donna une nouvelle direction à la botanique grâce à ses travaux de classification des plantes dans *Histoire des plantes* (1686-1704). Il enrichit et édita l'ouvrage de l'ornithologiste F. Willoughby (1676), dont il fut l'exécuteur testamentaire.

m'a dit qu'il s'appelait *bois de senteur* parce qu'on ne peut s'en approcher sans sentir la piqûre des épines dont le bois, les feuilles et les fruits sont hérissés. À *Bourbon* on le nomme *cadoque*. C'est absolument le même que celui qui est appelé *caretti* dans le deuxième volume de l'*Hortus Malabaricus*[25], *inimboy* au Brésil selon *Marcgrave*, livre [*sic*] chapitre 8, et le *bonduc* de la grande espèce par les autres naturalistes modernes. J'en ai vu dans nos îles de la hauteur de 7 à 8 pieds. La graine du *caretti* de *Rodrigue* est plus grosse que celle des deux autres îles. Sa couleur de gris-cendré tire beaucoup plus sur le blanc, au lieu qu'à *Bourbon* et à l'île *de France* elle est presque verte. Enfin, à *Rodrigue*, elle a la figure d'un ellipsoïde aplati et dans les autres îles celle d'un ellipsoïde un peu allongé. Cette graine est un très bon vermifuge, le bois et la racine en décoction sont un bon sudorifique. On ajoute dans nos îles que cet arbre est un remède souverain contre la gonorrhée, même virulente. Quelques-uns étendent sa vertu jusqu'aux autres maux vénériens. J'ai ouvert bien des fruits de bonduc, j'y ai toujours trouvé deux graines, jamais de place pour une troisième ; je n'ai point vu l'arbrisseau en fleurs.

Ce qu'on m'a dit à *Rodrigue* s'appeler *bois hollandais* est un très petit arbre ou un arbuste de 4 à 5 pieds de hauteur, y compris les branches ; la feuille ressemble assez à celle du pêcher, elle est d'un vert clair et d'un aspect satisfaisant. Ces arbres forment des petites forêts très incommodes à traverser ; leur bois, quoique petit, est très roide ; et l'on assure que les blessures qu'il pourrait occasionner en se rompant sont extrêmement dangereuses. Je ne l'ai vu ni en fleurs, ni en fruits.

Le *bois de cannelle* est un joli arbrisseau, moins haut encore que le bois hollandais ; il ne pousse des feuilles qu'à l'extrémité de ses branches, de sorte qu'il paraîtrait comme taillé de main d'homme : à l'extrémité de chaque branche est un bouquet de feuilles ; ces feuilles sont d'un très beau vert clair et enduites d'une espèce de gomme. Ce bois est aromatique et très bon, dit-on, pour les bains. Au reste, cet arbrisseau ne ressemble pas plus au cannelier que le bois d'olive à l'olivier. M. l'abbé *de la Caille* (*Journ. Hist.*, p. 226) parle d'un autre bois de cannelle que je n'ai pas connu.

---

25 Publiée en latin en douze volumes (1678-1693) sous la direction du gouverneur hollandais du Malabar Hendrik van Rheede, cette vaste encyclopédie botanique des plantes de l'Inde et de leurs propriétés médicinales est le fruit de la collaboration de divers savants indiens (notamment l'herboriste Achudan) et européens. Georges Marcgrave est l'auteur d'une *Historia Naturalis Brasiliae* (1648).

Le *buis de Rodrigue* forme de fort jolis arbrisseaux ; il m'a paru d'ailleurs absolument semblable au nôtre, excepté que le fruit de celui de *Rodrigue* n'a pas les espèces de pieds de marmite qu'on remarque au nôtre, les trois pointes qui forment ces pieds étant fort voisines et se touchant presque vers le cœur ou l'œil du fruit.

Il y a un autre arbrisseau très ressemblant au précédent ; j'y ai même été trompé d'abord. J'ai été surpris de la facilité avec laquelle j'en arrachais les branches. À peine ai-je eu enlevé avec le couteau quelque partie de l'écorce que mes doigts se sont trouvés ensanglantés ; j'ai cru être blessé, je me suis lavé dans un ruisseau voisin, il n'y avait pas le moindre vestige de blessure. La surpeau de ce buis, si je puis employer ce terme, couvrait une peau fort épaisse, enflée par une espèce de gomme très gluante ; le suc de cette gomme était rouge, son odeur résineuse et très forte. On dit que cet arbrisseau devient arbre et qu'alors ses feuilles ne ressemblent plus à celles du buis ; on ajoute que ses fleurs ont une odeur très suave.

Rodrigue enfin produit des *cannes de sucre* ; des plantes de moutarde dont nous mangions les feuilles en guise d'épinard ; du poivre ou piment et surtout du petit piment, appelé *piment du diable* ou *piment enragé* à cause de sa force ; des *patates à deux rangs*[26] que quelques-uns appellent *patates à Durand*, dont les feuilles tendres, appliquées par le dedans sur des plaies, sont un excellent suppuratif, ainsi que je l'ai éprouvé moi-même ; mais, appliquées par le dehors, elles sont, m'a-t-on dit, un souverain dessiccatif ; du laceron ou laiteron ; du pourpier qu'on ne regarde pas comme bien sain, contre l'autorité de *François Leguat* qui en faisait beaucoup de cas ; des scolopendres dont les feuilles ont 4 à 5 pieds de long sur 8 ou 10 de large, sans être laciniées ; des capillaires, des pavots épineux, des chardons, du chiendent, du tabac. Un arbre assez joli dont on nous servait aussi les feuilles en guise d'épinards sous le nom de *feuilles de séné*, nom qui suffisait seul pour me dégoûter de ce ragoût, quelque persuadé que je fusse que ce n'était pas du véritable séné. Enfin une infinité d'autres arbres, arbrisseaux, plantes et simples, entre lesquelles on assure qu'il n'y en a que deux qui puissent passer pour dangereux ; on n'a pu me dire leur nom. Je serais fort embarrassé de définir le premier de ces deux poisons : c'est une espèce de tithymale

26 Une espèce de convolvulus [N.D.A.]. Les noms vernaculaires résultent de la déformation du nom scientifique : « patate adiran » ou ipomée.

qui n'a point de feuilles ou, si l'on veut, dont les feuilles sont cylindriques, longues de deux ou trois pouces, épaisses d'une ligne. Chaque feuille ou chaque tige est terminée par une sorte de dôme surbaissé qui n'excède pas la circonférence de la tige ; au-dessous de ce dôme il y a un bourgeon qui renferme apparemment le germe de la fleur et du fruit. Le lait de cette plante suspend l'usage des yeux s'il vient à les toucher ; et le lait de femme, ajoute-t-on, est le seul remède que l'on connaisse pour recouvrer la vue.

L'autre plante dangereuse est un poison proprement dit ; son tronc peut être de la grosseur du bras ; il s'élève à trois ou quatre pieds de terre ; il ne peut soutenir ses branches ; il les accroche, s'il peut, aux arbres et arbrisseaux voisins, sinon il les laisse tomber et ramper par terre. Les feuilles ont assez de rapport avec celles du citronnier, excepté qu'elles sont plus arrondies par le haut. En pilant les feuilles, l'écorce et même le bois et les racines de cet arbre, on en extrait un suc ou un poison extrêmement prompt.

Je n'ai point vu à *Rodrigue* de fleur pareille à celle dont parle *François Leguat*[27], tome I, p. 109, mais je n'ai point été par toute l'île.

Rodrigue ne produit point d'ambre ; si la mer y en a apporté et de jaune et de gris du temps de *François Leguat*, c'est par une espèce de hasard qui n'a point eu de suite. Le nom que porte l'enfoncement *des Topas* tirerait-il son origine de quelques topazes qu'on aurait cru y trouver ? Encore actuellement on croit trouver des diamants dans cette île. J'ai eu quelques-uns de ces prétendus diamants, ils se sont dissipés lors de la prise du *Boutin* par les Anglais[28]. Je ne regrette pas du tout cette perte : j'avais essayé de couper un morceau de verre avec un de ces diamants ; l'unique succès de la tentative a été que le diamant s'est éclaté.

Lorsque je suis arrivé à *Rodrigue*, outre une basse-cour que M. *de Puvigné* s'y était procurée, laquelle consistait en poules, poulets, canards, canards d'Inde, oies, coqs d'Inde, etc., il y avait un troupeau de bœufs, quelques moutons, des chèvres et des cabris, etc. qui trouvaient une subsistance abondante dans les pâturages de l'île ; mais ces animaux n'en étaient point originaires, ils y avaient été transportés de l'île *de France*.

27 Il s'agit de la fleur « aussi blanche que le lys et presque formée comme celle du jasmin commun », sans doute une sorte d'orchidée.

28 Allusion à un épisode du retour mouvementé de l'astronome, dont le navire fut intercepté par les Anglais et ses collections d'histoire naturelle saisies par le capitaine des vaisseaux de Sa Majesté Archibald Kennedy.

Les bœufs et les vaches étaient originaires du *cap de Bonne-Espérance* ou de *Madagascar* et étaient de l'espèce de ceux qui ont une bosse sur le cou.

Outre les animaux quadrupèdes naturels à l'île *Rodrigue*, quelques-uns croient pouvoir compter les rats[29]. Lorsque *François Leguat* y a débarqué avec ses compagnons, il y en a trouvé une quantité prodigieuse ; il les a mis au nombre des fléaux de cette île. En effet, ces animaux pénètrent partout, gâtent tout, volent tout et ravagent tout ; ils prenaient leur repas dans mon lit, ils faisaient un sabbat perpétuel toutes les nuits, ils m'ont rongé des livres, des cartes géographiques, des habits, ils m'ont enlevé beaucoup de linge. Leur quantité est telle que, dans les ténèbres, j'en atteignais quelquefois avec un rotin qui était toujours à cet effet auprès de mon lit ; M. *Thuillier* en a percé à la pointe de l'épée. Pour détruire les rats on avait fait venir des chats dans l'île ; ils se sont retirés dans les bois et sont devenus sauvages. Ils semblaient avoir fait alliance avec les rats ; la basse-cour était le théâtre de leurs déprédations.

Nous avions quelques chiens domestiques et un *makis* de *Madagascar* assez familier ; M. *Julienne* avait amené un cheval qui est mort peu après son débarquement. Voilà les seuls animaux quadrupèdes que j'ai vus dans l'île, à moins qu'on ne veuille renfermer dans cette classe les tortues de terre.

La tortue de terre n'est point un bel animal, mais il nous a été le plus utile de ceux que nous avons trouvés à *Rodrigue*. En trois mois et demi que j'ai passés dans cette île, nous ne mangions presque rien autre chose : soupe de tortue, tortues en fricassées, tortues en daube, tortues en godiveau, œufs de tortues, foies de tortues, tels étaient presque nos uniques ragoûts. Cette chair m'a paru aussi bonne le dernier jour que le premier ; je n'en goûtais pas beaucoup les œufs ; le foie me paraissait être la partie la plus délicieuse de l'animal. Après cinq semaines de séjour, je fus attaqué d'un flux de sang que je célai, parce que pour le guérir je comptais plus sur moi que sur le chirurgien de l'île : la diète et le repos me rétablirent en peu de jours ; il ne m'en resta qu'une répugnance extraordinaire et involontaire pour ce foie que j'avais tant aimé jusqu'alors. Dois-je en conséquence le regarder comme la cause de mon indisposition ?

---

29 Dans des îles dépourvues de mammifères terrestres où la nourriture abondait (œufs, oiseaux, jeunes tortues) la prolifération des rats, nullement originaires de l'île, mais anciennement introduits avec les premiers abordages, a été spectaculaire. Elle est relevée par tous les voyageurs à Maurice comme à Rodrigue. Tafforet souligne qu'ils étaient aussi nombreux que les crabes et les tortues.

La graisse de la tortue est très abondante et ne se fige pas ; c'est ce qu'on appelle *huile* de tortue. Cette huile n'a aucun mauvais goût, elle est très saine, nous en assaisonnions nos salades, nous l'employions dans nos fritures et dans toutes nos sauces. Les tortues de *Rodrigue* ont un pied et demi de long sur un pied environ de large ; elles étaient autrefois plus grandes, mais on ne leur donne plus le temps de croître ; lorsqu'on en trouve d'une taille plus grosse, on leur donne le nom de *Carrosses*. Ces carrosses ne peuvent faire de mal à un homme éveillé ; ils ont quelquefois mordu vivement les dormeurs[30]. Les écailles des tortues de terre nous servaient comme de paniers pour transporter des huîtres ou autres provisions semblables. C'est presque l'unique usage qu'on puisse faire de ces écailles. La chair de ces tortues est de la couleur de celle du mouton, elle en approche même pour le goût.

La tortue de mer passe pour plus délicate que celle de terre ; sa chair est plus blanche, sa graisse est verte et de plus la chair est comme environnée d'une espèce de couenne de même couleur, ce qui paraît dégoûtant au premier aspect ; cependant cette graisse et cette couenne sont fort estimées. Le foie de la tortue de mer est malsain ; nous n'en mangions pas à *Rodrigue*. Je regarde même leur chair comme moins saine que celle des tortues de terre ; je l'ai trouvée trop purgative. Heureusement nous en avons mangé peu, tant parce que M. *de Puvigné* les réservait pour l'île *de France* que parce que nous n'étions pas encore dans la saison de leur ponte, cette saison ne commençant à *Rodrigue* qu'en octobre ou novembre. Les tortues viennent alors à terre pour déposer leurs œufs dans le sable ; on les guette et lorsque l'opération est faite, on leur coupe le chemin de la mer à l'aide d'un levier, on les renverse sur le dos ; elles ne peuvent plus se redresser ; cette opération s'appelle *retourner la tortue*. En d'autres saisons, on surprend quelquefois ces tortues dans des trous, entre les récifs, où elles attendent le retour de la marée.

Les tortues de mer sont plus grosses que celles de terre ; les pattes se terminent en nageoires et servent à deux [usages], à nager et à marcher, si cependant des animaux aussi pesants peuvent véritablement nager. Leur bec, si je puis me servir de ce nom, ressemble fort bien à celui d'un perroquet.

---

30 Pingré est le premier à souligner la faible taille des tortues, dont Tafforet avait noté l'abondance, mais aussi la maigreur faute de nourriture suffisante. North-Coombes estime qu'au XVIIIe siècle environ 200 000 tortues furent capturées dans cette île ; le poste de collecte établi en 1736 cessa de fonctionner en 1769, la ressource étant presque épuisée.

Les *chauves-souris*[31] sont mises par les naturalistes au nombre des quadrupèdes. Celles que j'ai vues à *Rodrigue* étaient de la grosseur d'un pigeon, mais plus longues ; la tête ressemble assez à celle d'un renard, le poil est roux, plus foncé sur la tête et sur le cou que sur le reste du corps. Les ailes sont d'une couleur de gris foncé ; étendues ou éployées elles peuvent avoir chacune un pied ou un pied et demi d'envergure. Ces chauves-souris ressemblent d'ailleurs à nos chauves-souris européennes ; elles sont fort grasses : on m'a dit qu'à l'île de France, dans une certaine saison de l'année, chaque chauve-souris fournissait une chopine d'huile ; mais alors elles ne sont pas bonnes à manger, ou du moins il faut les faire préalablement dégraisser. Ce gibier ne m'a pas paru mauvais, cependant je n'ai point trouvé qu'il méritât cette haute réputation de délicatesse où il est en quelques pays des Indes.

La *perruche* me semblait beaucoup plus délicate. Je n'aurais regretté aucun gibier *de France* si celui-ci eut été plus commun à *Rodrigue* ; mais il commence à devenir rare. Il y a encore moins de *perroquets*[32], quoiqu'il y en ait eu autrefois en assez grande quantité selon *François Leguat* ; et en effet une petite île au sud de *Rodrigue* en a encore conservé le nom d'*île aux Perroquets*.

Le *corbigeau* passe pour un très bon gibier : nous en avons poursuivi, mais sans pouvoir les atteindre ; ainsi je n'en ai pas vu à *Rodrigue* de près. On connaît cet oiseau à l'île *de France* et à celle de *Bourbon* ; le nom qu'on lui donne est apparemment nouveau, puisqu'entre mille relations de voyages que j'ai consultées, celle de M. l'abbé *de la Caille* est la seule où le corbigeau soit nommé, mais sans aucune description. J'aurai occasion de revenir à cet oiseau.

Je ne trouve aucun voyageur qui ait parlé du *bœuf*[33], au moins sous ce nom. C'est un oiseau plus gros que le canard, auquel il ressemble assez par la configuration extérieure du corps ; son bec est très fort, à peu près aussi long que celui du canard, de figure pyramidale ou plutôt conique, de couleur cendrée, tirant un peu sur le rouge ; la pointe, qui est un peu crochue, est noire ; les yeux, qui prennent précisément au défaut du bec, sont beaux, noirs et gros ; le cou et le corps sont couverts d'un

31 Espèce de chauves-souris décrite déjà par Leguat et Tafforet, abondante à l'époque ; chassée pour sa chair délicate, elle est aujourd'hui en voie de disparition.

32 Leguat et Tafforet témoignent de l'abondance des perroquets à Rodrigue. Les trois espèces indigènes décrites par Tafforet ont aujourd'hui disparu.

33 Oiseau décrit par Tafforet en termes identiques.

duvet dont la blancheur est éblouissante ; les plumes des ailes et de la queue sont noires ; la couleur des pattes est grise, tirant sur le noir ; les doigts ou ergots sont joints par des membranes ou nageoires. L'animal n'est pas haut monté, son cri est fort rauque, ressemblant en quelque chose au mugissement du bœuf. La chair est presque noire ; son goût, assez approchant de celui de nos oiseaux de mer, n'est pas disgracieux. On trouvait la chair dure, il est vrai, mais c'est qu'on ne lui donnait pas le temps de s'attendrir.

Les fous sont ainsi appelés parce qu'ils viennent imprudemment se faire prendre sur les vaisseaux. *Labat*[34] remarque qu'on pourrait, sans beaucoup hasarder, donner au *fou* le nom de *corbeau de mer*. Il a en effet quelque ressemblance avec le corbeau, mais il n'en a pas la couleur ; son dos et ses ailes sont grises, son ventre blanchâtre. Il y a plusieurs espèces de *fous* sur les deux îles *aux Frégates* ; ils se retirent dans des trous où ils font un bruit semblable au hurlement des chiens. Cette espèce porte à *Rodrigue* le nom de *fouquets* ; ils ont le bec plus crochu que les autres fous.

Les *cordonniers* diffèrent peu des *fous* ; ils ont seulement le ventre plus gris. Je crois que le *touaran* dont j'ai parlé sur le 16 de février n'est autre que le *cordonnier*. Je ne trouve aucun auteur qui ait parlé du *cordonnier*, du *touaran*, ni même du *fouquet* en tant que distingué du *fou*. Peut-être donne-t-on à ces oiseaux d'autres noms qui me sont inconnus. Lorsque nous avons été le 15 de juin à l'îlot *du Large*, nous l'avons trouvé habité par des *cordonniers* qui nous ont bientôt cédé la place, couverte de leurs œufs et de leurs petits. Nous avons fait une provision d'œufs presque aussi gros que des œufs de poule ; mais ils se sont trouvés tous trop avancés, nous n'avons pu en manger. Tous ces oiseaux sont ichtyophages, aussi bien que ceux dont il me reste à parler.

Les *goilettes* sont de l'espèce des oiseaux que les naturalistes appellent *larus* ; quelques voyageurs leur ont donné le nom de *goilands*, d'autres celui de *mouettes*[35]. Il y en a de deux espèces à *Rodrigue*, de blanches et de grises. Les blanches sont réellement blanches comme neige, le bec et les pattes rougeâtres ; il est inutile que j'avertisse que ces oiseaux pêcheurs ont des membranes aux pattes. La goilette grise ne diffère guère de la blanche que par la couleur ; les unes et les autres battent de

---

34 Jean-Baptiste Labat, dominicain français (1663-1738), missionnaire aux Antilles, auteur du *Nouveau Voyage aux îles de l'Amérique* (1722).

35 C'est le cas de Tafforet qui assure qu'ils sont peu nombreux et s'éloignent très peu des côtes, mais les mouettes diffèrent des goélands par leur petite taille.

l'aile en volant, crient presque continuellement, ressemblent assez pour la grosseur et la tournure de leur corps à des pigeons.

François Leguat dit avoir trouvé des pigeons et des tourterelles à *Rodrigue* ; il n'y a vraisemblablement trouvé que des goilettes grises et blanches. Quelqu'un nous avait vanté la chair de ces oiseaux comme assez délicate ; nous avons fait une fricassée de jeunes goilettes blanches : je ne l'ai pas trouvée bonne. Lorsque dans ces mers on aperçoit des goilettes blanches, c'est, dit-on, un signe assuré qu'on n'est pas à 50 lieues de *Rodrigue*.

Les *tratras* sont ainsi appelés à cause de leur cri. Je n'en ai vu que de très jeunes ; ils étaient couverts d'un duvet extrêmement blanc. Je n'assurerai pas cependant que cette blancheur ne soit sujette à aucune altération[36].

Plusieurs auteurs ont parlé de la *frégate*, et l'ont dépeinte assez exactement. Il est assez étonnant qu'aucun des naturalistes que j'ai consultés n'en parle, au moins sous ce nom, qui est le seul qui lui soit donné par les auteurs des dictionnaires les plus estimés et par tous les navigateurs.

La *frégate* est grosse comme un canard, noire sur le dos et sur les ailes, un peu moins noire sous le ventre. Elle a les yeux noirs, le bec assez long, fort, et un peu crochu par le bout, les jambes un peu courtes, mais grosses, les pattes armées de griffes, longues, fortes et aiguës, les ailes très longues ; éployées, elles ont 7 ou 8 pieds d'envergure. Cet oiseau est peut-être celui de tous qui vole le plus haut, le plus facilement et le plus longtemps ; on conjecture, et avec assez de fondement, qu'il vole à trois cents lieues de la terre et qu'il y revient sans s'arrêter, et c'est à cause de l'aisance de son vol qu'on lui a donné le nom de *frégate*, par analogie avec le meilleur voilier de tous les vaisseaux. Les mâles sont distingués des femelles par une membrane rouge qui leur pend sous la gorge, à peu près comme à nos coqs d'Inde ; on prétend aussi que les femelles sont brunes sur le dos et les ailes et grises sous le ventre. Il y a en effet des frégates de cette couleur, mais ceci est peut-être la marque distinctive des jeunes frégates, les jeunes mâles n'ayant point encore la membrane rouge qui doit caractériser leur sexe. La frégate vit de poissons et surtout de poissons volants, lesquels, poursuivis par les bonites et les dorades, changent d'élément, comme je l'ai dit plus haut, et retrouvent dans l'air des ennemis aussi irréconciliables que ceux qu'ils fuyaient dans les eaux.

---

36 Selon Tafforet, à l'âge adulte leur plumage est gris et leur bec verdâtre.

François Leguat rapporte que lorsque le fou est à la pêche, la frégate le guette et fond ensuite sur lui quand il quitte l'eau, non pour lui faire du mal, mais pour le forcer à dégorger le poisson dont il s'est rempli ; le fou, trop faible contre un tel assaillant, vide son jabot, et la frégate attrape subtilement le poisson en l'air. Je n'ai point été témoin du fait, mais il m'a été confirmé par plusieurs officiers qui ont, disent-ils, eu plusieurs fois le plaisir de ce spectacle[37].

On attribue à la graisse de la frégate la vertu d'adoucir les douleurs de la goutte sciatique, et même celle de la goutte, les rhumatismes, etc. Le père *Labat* a trouvé la chair des frégates des Antilles assez bonne et très nourrissante. Nous avons tué de ces oiseaux à *Rodrigue* ; personne ne nous a excités à manger de leur chair.

Le *paille-en-queue* ou *paille-en-cul*[38], car on lui donne ces deux noms, a été connu, du moins en partie, de quelques ornithologistes. *Willugby*[39] est celui qui en a donné une plus ample description[40], mais il ne le représente pas en tout tel que je l'ai vu ; soit que l'oiseau empaillé, sur lequel ce naturaliste faisait sa description, eût été altéré dans ses couleurs et dans la conformation de ses parties, soit qu'il y ait plusieurs espèces de paille-en-queue. Il y en a en effet au cabinet du Roi dont les deux grandes plumes de la queue sont blanches ; celui que j'ai vu et touché avait ces plumes d'un beau jaune de paille, tirant même un peu sur le rouge.

M. l'abbé *de la Caille* dit qu'à l'île *de France* il y a deux espèces de paille-en-queue : *l'une dont le bec, les pattes et les pailles sont blanches, l'autre dont le bec, les pattes et les pailles sont rouges.* Il peut même y avoir encore plus de variété. Celui que j'ai vu était femelle, il n'était guère plus gros qu'un pigeon, mais beaucoup plus long ; il avait la tête à peu près de la grosseur de celle du pigeon, le cou plus long, le bec rouge, fort pointu, de deux pouces au plus de longueur, les plumes des ailes, du corps et de la queue absolument blanches ; je crois cependant y avoir aperçu quelques teintes de rouge plutôt que de noir, mais vu le peu de temps qu'il m'a été permis de considérer l'oiseau, je ne garantirai pas cette dernière circonstance. Le

37 Fait confirmé par Tafforet.

38 S'ils étaient nombreux du temps de Leguat et de Tafforet, ces oiseaux sont aujourd'hui assez rares et ont perdu le caractère familier que leur a accordé le huguenot.

39 Francis Willoughby (1635-1762), célèbre naturaliste anglais, auteur notamment d'une *Ornithologie* (1676) publiée après sa mort par son ami et exécuteur testamentaire John Ray.

40 Livre 3, p. 3, section 2, membr. 1 ch. 6. [N.D.A.]

paille-en-queue a certainement une queue analogue à celle de la plupart des oiseaux ; celui que *Willughby* a décrit avait apparemment perdu en chemin les plumes qui composaient sa queue. Ces plumes peuvent avoir un demi-pied de longueur, comme le dit le père *Labat.* Du milieu de cette queue il sort une paille de quinze ou dix-huit pouces de long, et c'est cette paille qui donne le nom à l'oiseau. Elle est composée de deux plumes accolées qui semblent n'en faire qu'une. J'ai cru, à la première vue, que cette paille n'avait point de barbe ; je me suis assuré depuis qu'elle en avait, mais que cette barbe était extrêmement courte. La paille de mon paille-en-queue était, comme je l'ai dit, d'un beau jaune tirant sur le rouge ; ses pattes étaient aussi rouges et les quatre ergots unis par une membrane de même couleur. Le paille-en-queue a les ailes longues et fortes, moins cependant que la frégate ; on le voit à deux ou trois cents lieues des terres, mais il peut se reposer et peut-être même dormir sur l'eau, ce qu'on ne croit pas que la frégate puisse faire. *François Leguat* dit que ces oiseaux leur faisaient à lui et à ses compagnons une *plaisante guerre* ; ils les surprenaient par derrière et leur enlevaient leurs bonnets de dessus la tête ; ces bonnets étaient faits de feuilles de latanier. On m'a confirmé ce fait à *Rodrigue* par quelques traits qui y étaient assez analogues. Il ne faut pas cependant s'attendre à trouver dans les oiseaux de *Rodrigue* les mêmes apparences de familiarité que *François Leguat* et ses camarades en ont éprouvées. Ces animaux innocents ne connaissaient point encore les hommes ; ils ont eu depuis le temps d'apprendre à se méfier de cette race traîtresse et meurtrière. Je reviens à mon paille-en-queue. Lorsque nous l'abordâmes, il couvait un seul œuf un peu plus petit qu'un œuf de poule ; il ne se serait peut-être pas dérangé si nous n'eussions pas porté la main sur lui ; il se laissa toucher, mais non pas prendre ; nous ne retînmes que sa paille, encore le vent nous l'enleva-t-il bientôt. Le creux d'un arbre, ou plutôt d'une racine d'arbre, constituait sans aucun apprêt le nid de cet oiseau. Nous dérangeâmes son œuf et le plaçâmes sur l'herbe à quelques cinq ou six toises de là ; la tendre mère voltigea longtemps au-dessus, sans cependant le couvrir, à quelque distance que nous nous tinssions d'elle pour lui en faciliter l'accès. Au bout de deux heures, l'œuf était entièrement abandonné.

J'ai donné au paille-en-queue le nom sous lequel seul il est connu de tous les navigateurs et qui le caractérise de manière à ne le pas méconnaître. Quelques auteurs l'ont dénommé *oiseau des tropiques* parce que, disent-ils, on n'en voit jamais qu'entre les deux tropiques ; j'en ai vu à 27 degrés et demi de latitude, et d'ailleurs le paille-en-queue est-il le seul oiseau qui ne s'écarte point de la zone torride ?

Les oiseaux pêcheurs dont j'ai parlé ne font pas leur séjour ordinaire sur l'île *Rodrigue*, mais sur les îlots voisins. Ils viennent cependant rendre quelques visites à la grande terre, c'est ainsi qu'on nommait *Rodrigue*, soit pour y trouver de l'eau douce, soit pour pêcher sur les basses. Lorsque nous avions donné un coup de senne, et que nous avions choisi le poisson qu'il nous plaisait d'emporter, la grève était bientôt couverte d'oiseaux qui venaient profiter du reste de notre pêche. Le petit îlot *du Large* était habité le 15 juin par des cordonniers ; un nombre prodigieux de goilettes, tant grises que blanches, quelques cordonniers, des fous, des frégates, etc. couvraient l'île *des Cocos* lorsque nous y abordâmes le 18 du même mois. Les îles *aux Frégates* ont été ainsi appelées parce que les oiseaux de ce nom les ont choisies pour leur principale habitation. Il y a aussi un grand nombre de fouquets sur ces deux îles. Le 19, à l'île *de Mombrani*, la multitude des goilettes grises que notre abord intimida était telle qu'elles nous servaient exactement de parasol ; elles voltigeaient au-dessus de nous de manière à tempérer sensiblement les ardeurs du soleil. Ce fut là que nous surprîmes un paille-en-queue sur son œuf ; il y avait aussi quelques frégates, quelques tratras, quelques perruches. Je n'ai point vu de nids dans toutes ces îles ; les oiseaux y posent sans façon leurs œufs sur le sable, ou entre des broussailles, ou sur la terre nue. Sur l'île *aux Cocos*, les goilettes nous étourdissaient par leurs cris qui imitaient assez la syllabe *ouai*, deux ou trois fois répétée. Leurs œufs étaient fort près de nous ; elles craignaient de s'en approcher ; quelques mères, lasses de notre long séjour, se posaient enfin sur leurs œufs, mais la crainte ne leur permettait pas d'y rester longtemps. Sur l'île *de Mombrani*, la multitude d'œufs et de petits était encore plus grande ; c'était la plus belle basse-cour qu'il soit possible d'imaginer. Je n'exagère pas : il fallait regarder attentivement à nos pieds, sans cette précaution, nous aurions écrasé à chaque pas ou quelque œuf ou quelque petit nouvellement éclos. J'ai cru remarquer que chaque mère ne couvait qu'un ou deux œufs.

Je n'ai vu à *Rodrigue* qu'une seule espèce de petits oiseaux. Ils ont quelques traits de ressemblance avec nos mésanges et sont à peu près de la même grosseur, peut-être un peu plus petits ; ils ont un petit cri assez doux, mais sans modulation, sans chant. Lorsqu'on les appelle ils s'approchent de branche en branche jusqu'à la portée de la main, mais alors, le moindre geste les fait reculer.

Les *solitaires*[41] étaient communs à *Rodrigue* du temps de *François Leguat*. M. *de Puvigné* m'a assuré que la race n'en était pas encore détruite ; mais ils se sont retirés dans les endroits de l'île les plus inaccessibles. Je n'ai entendu parler ni de gelinottes, ni de butors, ni d'alouettes, ni de bécassines ; il peut y en avoir eu du temps de *François Leguat*, mais ou ils se sont retirés loin des habitations ou plus vraisemblablement la race n'en subsiste plus depuis qu'on a peuplé cette île de chats.

Les principaux insectes de *Rodrigue* sont des mouches[42] de deux sortes ; les unes ressemblent en tout à nos mouches ordinaires ; les autres n'en diffèrent que quant à leur couleur, elle est d'un bleu doré assez éclatant ; les unes et les autres sont extrêmement incommodes par leur excessive multiplicité ; des fourmis en nombre prodigieux ; rien ne peut être tellement fermé qu'il échappe à leur recherche ; des cancrelats, moins nombreux, et par cela même moins incommodes ; des araignées de même espèce qu'en France, au moins en apparence ; d'autres araignées, habitants [*sic*] des bois, grosses comme une noix, filant une toile ou plutôt une soie jaune qui ressemble à celle de nos vers à soie par la couleur, la texture et la force ; des scorpions fort petits dont la piqûre n'est pas dangereuse ; des lézards semblables en tout à nos petits lézards de murs ; d'autres lézards longs de près d'un pied ; les couleurs les plus vives, le bleu, le vert, le jaune, le blanc, etc., semblent se disputer à qui revêtira ces lézards avec plus de vivacité ; cependant le vert et le bleu dominent sur la tête et sur le dos. *François Leguat* prétend en avoir vu de noirs, de bleus, de verts, de rouges et de gris, *et de tout cela*, dit-il, *du plus vif et du plus éclatant*. Voici ce que je suis assuré d'avoir vu. J'avais déjà rencontré à *Rodrigue* quelques-uns de ces lézards sans qu'ils me donnassent le temps de les examiner. J'en ai vu beaucoup sur l'îlot *du Large* ; ils ne pouvaient pas fuir loin, mais ils se cachaient promptement dans les crevasses du rocher : je les poursuivais même dans leurs trous. J'avais vu entrer dans une crevasse un lézard dont les couleurs étaient superbes ; avec une broussaille, je fis sortir de la même crevasse un lézard

41 Les seules descriptions détaillées de cet animal sont celles de Leguat (1691) puis de Tafforet (1726). L'hypothèse de son extinction, considérée par Pingré comme probable en 1761, est fixée par les spécialistes actuels vers 1755.

42 Leguat puis Tafforet avaient noté leur abondance et leur incommodité.

dont la couleur noir sale me fit presque horreur : j'en avais déjà remarqué quelques-uns ainsi décolorés ; je ne doutais pas que ce ne fût une autre espèce. Enfin, j'en considérais un attentivement ; je ne remuais pas de peur de le mettre en fuite ; la vivacité de ses couleurs bleue, verte, jaune, etc. me charmait : un instant après, le lézard m'aperçut ; des taches noires dépareillèrent l'éclat de sa peau, ces taches s'accrurent bientôt et dans un petit nombre de secondes mon lézard, couvert d'un noir hideux dans toute l'étendue de son corps, se réfugia dans l'intérieur du rocher. Je suis assuré, comme je l'ai dit, de ne m'être pas trompé dans cette observation. Ces lézards d'ailleurs sont conformés comme les lézards verts que j'ai vus en Poitou, en Angoumois, etc., du moins autant que j'en ai pu juger au coup d'œil.

En parlant des lézards à la suite des insectes, je ne prétends pas décider qu'il faille les classer dans cette classe d'animaux.

On ne connaît à *Rodrigue* aucun animal dont la piqûre ou la morsure puisse être dangereuse.

La pêche à *Rodrigue* est facile et abondante : au commencement de notre séjour dans cette île, nous allions quelquefois pêcher à la ligne ; en peu de temps nous avions assez de poissons pour notre souper et pour celui de nos Noirs : d'un seul coup de senne nos Noirs mettaient cent cinquante ou deux cents poissons sur la grève ; nous choisissions les meilleurs, les Noirs choisissaient après nous ; le reste était abandonné aux goilettes et aux frégates.

Les ruisseaux même de *Rodrigue* sont poissonneux et nous préférions le poisson qu'ils nous fournissaient à celui que nous tirions de la mer. Nous n'avions point vu, comme *François Leguat*, des anguilles si grosses qu'il fallût deux hommes pour en porter une seule, mais nous en avons eu quelquefois de presque aussi grosses que le bras et de près de trois pieds de long, et d'ailleurs d'un goût excellent. On a donné le nom de *carpe* à un petit poisson qui ne ressemble à nos carpes que par sa figure extérieure ; il n'est guère plus gros que nos goujons, il a la chair blanche et d'un goût très délicat. Les *gros-yeux* sont ainsi nommés parce que leurs yeux sont réellement très gros, à proportion du corps qui n'est pas plus gros que celui de la carpe. Au défaut de carpes, nous mangions des gros-yeux avec plaisir ; on en trouvait aussi quelquefois dans la mer. Le *cabot* pourrait être appelé le poisson dormeur ; nous en prenions quelquefois au filet, le plus souvent on les trouvait dormant sur l'eau et on les tuait d'un coup de bâton sur la tête. Le cabot est de la grosseur de la carpe, mais plus long, la tête plus grosse que le corps, le corps presque cylindrique, la chair blanche, ferme et délicate. Nos ruisseaux nous fournissaient enfin des *mulets* et des *lubines* d'eau douce, presque aussi gros que ceux de la mer auxquels nous les préférions. On pêchait ces poissons au-dessus de la grande cascade dont j'ai parlé plus haut, c'est-à-dire 150 pieds au-dessus du niveau de la mer. Les mulets ont dans le ventre deux substances graisseuses très délicates. Je n'y ai point vu d'autre laite.

La mer de *Rodrigue* nourrit presque une infinité d'espèces de poissons. Le *lamantin* ou *vache-marine*[43] aurait peut-être été le meilleur ; nous en avons vu se jouer sur l'eau, sans pouvoir les approcher. La *pêche-madame* pourrait passer pour une espèce de merlan, mais sa chair est plus ferme et d'un goût bien plus relevé. Je l'ai trouvée assez analogue pour le goût à la chair de la vive, mais plus délicate encore ; on connaît, dit-on, ce poisson dans les grandes Indes ; on n'en trouve plus en deçà de *Rodrigue*. Un capitaine qui, sur le point de quitter *Rodrigue*, a le bonheur de pêcher deux ou trois de ces poissons, se croit dans l'occasion de faire un joli présent à M. le Gouverneur de l'île *de France*, s'il est assez favorisé du vent pour pouvoir les lui présenter avant qu'ils aient commencé à se corrompre. Le peu que j'ai vu de ces poissons n'excédait pas la grosseur d'un gros merlan, mais la chair en est plus compacte et plus nourrissante.

La *carangue* est un poisson gras, tendre et délicat ; celles que nous avons prises pouvaient avoir un pied et demi et plus de longueur. *Labat* donne la description de ce poisson au 6e volume de ses *Voyages aux îles de l'Amérique*.

La *banane* approche de la *carangue* pour la grosseur de son corps et la délicatesse de sa chair ; elle est aussi assez grasse. Ce poisson est gravé dans une planche du 3e volume du recueil des voyages in-4° page 311.

La *vieille* est une espèce de cabliau [*sic*]. Je n'en ai point vu de taille de celles dont *Labat*, au même livre, et plusieurs autres voyageurs ont parlé ; celles-ci excédaient le poids de deux cents livres ; les plus grosses que j'ai vues à *Rodrigue* pouvaient peser sept ou huit livres ou plus ; peut-être en aurait-on trouvé de plus pesantes en pleine mer. D'ailleurs, je ne doute pas que nos *vieilles* ne fussent au moins analogues à celles dont *Labat* a donné la description. La *poule-d'eau* est une espèce de turbot

---

43 Même confusion que chez Leguat et Tafforet, le nom véritable – dugong – n'étant pas en usage dans l'océan Indien.

d'une chair grasse et délicate. Les *raies* sont fort grosses, ont la queue extrêmement longue, armée à sa naissance de plusieurs peignes ou double-scies terminées comme en aiguillon ; la piqûre de ces aiguillons peut être dangereuse, ils entrent facilement dans la chair et n'en peuvent sortir sans occasionner un déchirement douloureux.

J'apportais en France une de ces queues de raies que l'on aurait presque pris pour un fouet de baleine. Elle avait 7 pieds et quelques pouces de long, encore n'était-elle pas entière ; ses peignes pouvaient être longs de 4 à 5 pouces. Nos insulaires de *Rodrigue* estimaient leur raie ; je ne pensais pas comme eux ; il est vrai qu'on la mangeait le jour même qu'elle était pêchée, aussi était-elle coriace.

La *gueule-pavée* est ainsi nommée parce que son palais est comme osseux ; on dirait presque que c'est un pavé à la mosaïque, sauf que les petites pierres qui semblent le composer ne varient point dans leur couleur. Ce poisson est estimé, mais moins que les précédents. Deux petites nageoires, une de chaque côté, et une queue extrêmement petite, empêchent que la *lune* ne soit tout à fait ronde, ou du moins elliptique ; les lunes que j'ai vues n'avaient guère que six à sept pouces de longueur. C'est un assez bon poisson.

Le *capitaine* est une espèce de brème pour la taille et pour la figure, moins plat cependant ; pour l'usage, c'est la morue du pays : on le fait sécher, on le sale, ou le transporte à l'île *de France*, on le vend, on le conserve pour les jours où le poisson frais manquera. Nous prenions plus de capitaines que d'autres poissons, mais nous n'en mangions qu'au défaut de meilleurs ; il n'est cependant pas mauvais.

La tête du *capucin* est faite de manière qu'elle paraît être couverte d'un capuce.

Le *chirurgien* a sur le dos une lancette, c'est-à-dire une arrête ou épine semblable à celle de la vive.

Les *lubines*, les *mulets*, les *rougets* ont beaucoup de rapports avec les poissons de nos mers qui portent les mêmes noms.

La *sèche* paraissait être plus estimée de nos officiers qu'elle ne l'est en Europe. Je ne sais ce qui a fait donner à un poisson de ces mers le nom de *breton*.

Tous les poissons que j'ai nommés sont bons à manger. Il y a cependant une saison de l'année où la plupart deviennent poisons : c'est celle où le *corail* est en fleur[44]. Je me sers de l'expression seule connue dans ces îles. L'escadre anglaise en fit une triste expérience : j'ai dit plus haut qu'elle entra au port de *Rodrigue* le 15 de septembre ; elle en repartit le 25 de décembre, mais après avoir perdu près de la moitié de son équipage par des maladies qu'on a attribuées dans le pays à l'usage immodéré et indiscret du poisson dans une saison où il commençait à être dangereux. La *vieille* passe alors pour le poisson le plus suspect de tous. En pleine mer on pourrait pêcher des *thons*, des *bonites*, des *dorades*, des *marsouins*, etc., mais ces poissons approchent rarement de la côte. Les *requins* sont plus hardis, ils viennent jouer sur les récifs. *François Leguat* s'était persuadé que les requins de *Rodrigue* n'étaient pas malfaisants ; il s'est, dit-il, souvent baigné avec ses compagnons, environné de grandes troupes de requins sans qu'il leur en soit arrivé aucun mal. Il est possible que les requins de *Rodrigue*, trouvant une multitude de poissons suffisante pour satisfaire leur appétit glouton, soient moins friands de chair humaine, mais je crois que le plus sûr est de ne pas s'y fier inconsidérément. Un Noir de *Rodrigue* sortait d'une pirogue avec deux poissons à la main, il lui restait un petit trajet de mer à traverser où la profondeur de l'eau était tout au plus d'un pied, un requin se trouva sur son passage, sauta aux poissons et les enleva avec une partie de la main du pauvre Noir.

On voit aussi dans la mer de *Rodrigue* des *baleines*, des *souffleurs*, des *espadons* ; ce dernier poisson est l'ennemi mortel de la baleine. M. *de Puvigné* m'a dit qu'on avait été quelquefois témoin à *Rodrigue* de leur combat, mais de loin seulement.

Nous avons trouvé sur le bord de la mer un *coffre* desséché ; c'est un petit poisson qui ne ressemble pas mal à un petit coffre aux côtés duquel on ajouterait une tête et une queue de poisson. Nous comptions l'emporter en France ; il s'est trouvé égaré. D'ailleurs nous avons trouvé aux Açores un *Verrès*, grand amateur de toutes les curiosités naturelles, qui ne nous aurait pas permis de l'apporter en France. Nous pêchions souvent un poisson hideux qu'on appelait *crapaud de mer* et dont on ne fait aucun usage ; il est à peu près de la grosseur et de la figure d'un boudin, la tête et la queue [cependant] plus petite que le milieu du

44 Il s'agit de la ciguatera, intoxication neurodigestive provoquée par l'ingestion de divers poissons des mers tropicales contaminés en certaines périodes de l'année par les toxines d'une micro-algue présente dans les récifs coralliens. Le phénomène est fréquent et spécialement dangereux à Rodrigue, comme le montre la mortalité qui frappa la flotte anglaise.

corps, il ne paraît pas avoir de nageoires, il a encore moins d'écailles, la couleur de sa peau est d'un gris sale. Nous le roulions un peu sous le pied et alors ce poisson s'enflait extraordinairement et devenait rond comme une boule, sauf une petite inégalité qui se faisait remarquer au lieu où était sa tête ; lorsqu'il était en cet état, nos jeunes gens appuyaient fortement le pied dessus et le faisaient crever avec bruit.

Les coquillages abondent aussi à *Rodrigue*. Les *huîtres* sont assez grosses ; leur chair est jaunâtre et délicate ; leurs écailles sont comme dentelées, ce qui les rend très difficiles à ouvrir, il faut y employer le marteau ou quelque instrument équivalent. On trouve même dans les ruisseaux des *chevrettes* qui ne m'ont pas paru différer de celles qu'on pêche en Normandie. Les *langoustes* que nos insulaires appelaient *homards* ressemblent à celles de la Méditerranée. Les *crabes* ressemblent, et pour la forme et pour la grosseur, à ceux qu'on pêche dans la Manche et que les Normands appellent *tourteaux*. Il y en a cependant beaucoup d'autres espèces ; les *carangais* passent pour les plus délicats ; ils ressemblent extérieurement aux *étrilles* que l'on pêche près du *Havre*, excepté qu'ils sont rouges et qu'ils n'ont pas les pattes aussi velues ; leur chair est blanche mais couverte d'une peau ou pellicule noire.

J'ai remarqué une espèce de *crabes* qui m'a paru assez singulière. La partie occidentale de notre enfoncement était vaseuse, la mer y entrait durant le flux ; lorsque la mer s'était retirée, la vase était couverte de petits crabes rouges ; leur corps égalait à peine en grosseur celui d'une abeille ; ils n'avaient tous qu'une seule grosse patte ; elle ne leur servait point pour marcher, ils en couvraient leur petit corps, comme pour le garantir des insultes inopinées.

Le crabe le plus commun à *Rodrigue* vit ordinairement hors de la mer. Sa couleur est d'un brun sale en dessus, d'un gris sale en dessous, il est presque aussi gros que le *tourteau*, mais ses grosses pattes, quoique d'une taille assez considérable, sont cependant moins grosses à proportion que celles du *tourteau*. Cet animal est la taupe de l'île *Rodrigue* ; il se creuse en terre des habitations vastes et profondes et ne cesse de jeter hors de son trou les écroulements de la voûte de sa maison. Il arrive de là non seulement que les plantes qui sont au-dessus, ayant peu de terre, non seulement ne peuvent profiter, mais encore, qu'il faut marcher avec beaucoup de précaution aux endroits où on s'aperçoit qu'il y a des habitations de *tourlouroux*, c'est le nom que l'on donne à ce crabe terrestre ; il faut avec une canne, sonder devant soi si le terrain est ferme, autrement on risque d'enfoncer d'un pied ou même plus dans l'habitation dont on aura fait ébouler la voûte. Vers le bord de la mer, on aura de l'eau jusqu'à mi-jambe ; dans les lieux secs on courrait peut-être de plus grands risques. Aussi *François Leguat* compte-t-il les *tourlouroux* au nombre des fléaux de l'île *Rodrigue*, et les Français, depuis qu'ils sont en possession de l'île, paraissent leur avoir déclaré une guerre irréconciliable. L'arrivée d'une corvette à *Rodrigue* est l'avant-coureur de la destruction de plusieurs milliers de ces animaux ; après le départ de la corvette, le nombre ne paraît pas diminué. Lorsque le *tourlourou* est poursuivi, il semble vouloir se défendre en présentant une de ses grosses pattes en l'air ; si on la lui abat avec une baguette, il élève l'autre que l'on peut enlever de même. J'ai remarqué plusieurs fois qu'il ne survit pas à la perte de ses deux pattes. Ce coquillage n'est pas délicat ; nous en mangions cependant quelquefois pour diversifier.

On rencontre un grand nombre de *soldats* le long de la côte de *Rodrigue*, c'est le coquillage auquel plusieurs donnent le nom de *Bernard-l'ermite*. Nous en avions conservé quelques-uns des plus gros après les avoir macérés dans de l'*arack*. M. *Archibald-Kennedy*[45] s'en sera peut-être fait quelque amie à *Lisbonne*.

Il y a des espèces d'huîtres dont l'écaille ovale, plus régulière que celle des huîtres ordinaires, peut avoir un pied ou un pied et demi de longueur dans le sens de son grand axe ; je les crois de l'espèce de celles que les conchyliologistes appellent *imbricata*. M. *de Puvigné* nous en avait fait pêcher quelques-unes, non pour les manger, mais nous comptions en emporter les coquilles ; elles ont été oubliées quelque part.

Le bord de la mer est couvert de coquilles, mais comme ces coquilles ont roulé longtemps sur les récifs, elles sont toutes dégradées. M. *Thuillier* profitait souvent de la basse mer pour aller visiter les récifs et je l'y ai accompagné quelquefois. Outre plusieurs coquilles assez curieuses, nous avions fait une collection nombreuse d'oursins diversifiés par leur forme, leur taille, les couleurs de leurs bâtons, la forme et l'arrangement de leurs mamelons, etc. M. *Thuillier* avait trouvé sur ces récifs un coquillage singulier de la nature des écrevisses ; il était à peine aussi gros qu'une petite écrevisse de rivière et il était long de douze à quinze pouces, ses pattes étaient pareillement fluettes et très longues ; vu la longueur de ces

---

45 Sur ce personnage, qui s'appropria les « curiosités » rassemblées par l'académicien, voir la note antérieure.

pattes, j'aurais donné volontiers à l'animal le nom d'*araignée*, ou même celui de *faucheux* de mer. On connaît ce coquillage à l'île *de France*, mais on y a trouvé le nôtre monstrueux pour la longueur ; on l'appelait, je pense, *loup de mer*, je ne sais par quelle analogie.

Nous avions aussi rassemblé une assez grande quantité de *madrépores* et quelques morceaux de corail[46] ; tout cela s'est dissipé avant notre arrivée en France. Pour ce qui regarde le corail, j'ai trouvé tous les habitants des trois îles également prévenus en faveur de l'ancien système sur sa nature, quelques-uns même ayant préjugé, m'ont-ils dit, sur l'autorité des physiciens européens les plus éclairés, que c'était une véritable plante marine sujette à toutes les mêmes affections que l'on remarque dans les autres plantes[47]. Ce qu'ils appellent la *fleur du corail*, leur paraissait surtout décisif en faveur de leur opinion. Leurs raisons ne m'ont pas convaincu, mais ne m'étant point trouvé dans la saison de la fleur du corail, je n'ai pu faire les observations qui m'auraient semblé les plus propres pour m'éclaircir sur cette question ; trouvant cependant, le 5 août, sur les récifs, du corail de différente dureté, j'en ai arraché quelques branches aussi tendres au moins que de l'éponge, assez ressemblantes, pour la consistance, à plusieurs de nos plantes terrestres. Elles étaient plus minces que les branches du corail formé, mais j'y distinguais clairement la tournure, les configurations, l'essence, s'il est permis de le dire, de ce qu'on prend pour ouvrage d'insectes dans le corail et les madrépores. Dessus le récif même où je pêchais et depuis, étant à terre et plus à tête reposée, j'ai fait tous mes efforts pour découvrir, à la loupe, les insectes auxquels nous pouvions être redevables de cet ouvrage ; j'en ai découvert entre les branches, mais c'était une petite chevrette, une espèce de loche, d'autres animaux semblables, qui n'étaient point ceux que je cherchais. J'ai cru parfois apercevoir quelque mouvement étranger à ces animaux ; j'ai conçu bientôt qu'il pouvait être occasionné par des gouttes d'eau qui, en se desséchant, permettaient la séparation de quelques branches qu'elles tenaient précédemment unies. Ainsi, mes recherches sur ce point ont été parfaitement inutiles car, de ce que je n'ai pas vu ces insectes, je ne conclus point qu'ils soient imaginaires.

---

46 J'ai averti ci-dessus qu'il s'agissait ici d'un corail blanc et par conséquent d'un vrai madrépore. [N.D.A.]

47 Le débat sur la nature du corail (plante, animal ou végétal, ou bien les trois à la fois ?) rejoint les controverses scientifiques et philosophiques de la pensée des Lumières (Diderot) sur l'unité de la nature et les limites incertaines entre le vivant et l'inerte.

Il me resterait à parler des maladies qu'on pouvait craindre à *Rodrigue*, si j'en connaissais de particulières à cette île. L'air m'en a paru très sain ; ceux qui l'ont respiré se réunissent à la regarder comme un séjour de santé, pourvu cependant qu'on soit réservé dans l'usage du poisson pendant la saison de la fleur du corail. Au défaut de maladie, je dirai quelque chose d'une incommodité sur l'existence de laquelle les sentiments étaient partagés. Elle consiste dans une démangeaison qui attaque les pieds, les jambes et les cuisses et quelquefois même les extrémités supérieures ; il n'y a ni tumeur ni rougeur, tout se réduit à la douleur, laquelle ne saurait mieux être comparée qu'à celle qui serait occasionnée par de fines épingles enfoncées dans la chair. Le patient est tranquille tout le jour, le mal ne se fait ressentir que pendant la nuit. Cette maladie ou plutôt cette incommodité n'est, dit-on, connue qu'à *Rodrigue* et même on ne l'éprouve que sur la côte septentrionale ; sur la côte méridionale on en est exempt. Les Noirs *lascars*[48] se plaignaient de ne point dormir la nuit à cause de cette incommodité, à laquelle il leur a plu de donner le nom de *piquémordé* ; M. *de Puvigné*, qui n'a jamais ressenti ce mal, en niait l'existence, ainsi que quelques-uns de nos officiers. Le *piquémordé*, selon eux, n'était qu'une imagination que les lascars prétextaient pour couvrir leur paresse. L'existence du mal a été constatée par ma propre expérience et par celle de quelques officiers de vaisseaux qui en ont ressenti les atteintes. Mon sommeil a été fort troublé durant tout le mois d'août ; malgré cela je ne comparerai point le *piquemordé* ni au mal de dents, ni au mal d'oreille comme le faisait un de nos officiers qui en était apparemment plus tourmenté que moi. Les voyages que j'ai faits sur les récifs ont été suivis de nuits extrêmement tranquilles ; lorsque j'ai commencé à me plaindre du *piquémordé*, il y avait déjà du temps que je ne mangeais plus de poisson de mer. Je cite les deux faits parce que ceux qui se piquaient de raisonner à *Rodrigue* attribuaient cette incommodité, les uns à l'eau de la mer imbibée de l'essence du *corail* dont elle est en quelque sorte parée, les autres au poisson de mer nourri de la fleur de cette même substance. D'ailleurs le *corail* n'était pas encore en fleur. Je reprends le fil de ma narration[49].

48 Matelots indiens engagés sur les navires européens.

49 Après le long tableau descriptif qui précède, Pingré reprend la narration chronologique en mode « journal » afin de relater l'invasion anglaise de l'île et les événements qui marquèrent son retour en Europe.

RECUEIL DE QUELQUES MÉMOIRES SERVANT D'INSTRUCTION POUR L'ÉTABLISSEMENT DE L'ÎLE D'ÉDEN (1689)

Henri Duquesne

Introduction et notes de Paolo Carile

INTRODUCTION

Les îles de l'océan Indien et le « refuge » protestant à la fin du XVIIe siècle : le projet d'Henri Duquesne[1]

LE REFUGE ET LES REFUGES

L'époque de la Contre-Réforme est marquée par une série de tentatives, de la part de certains calvinistes, de créer des « refuges », loin de la France et même de l'Europe, au-delà des océans. En réactivant, à l'aide d'un terme culturellement riche[2], le mythe de la fondation d'une société nouvelle, ces groupes d'exilés pensaient pouvoir vivre librement leur idéal évangélique, dans un contexte rêvé de territoires vierges et édéniques aux confins du globe. La colonie de l'île de Villegagnon, fondée en 1555 dans la baie de Rio de Janeiro, où séjourna le futur pasteur Jean de Léry en 1557[3], peut être considérée, avant même l'éclatement des guerres de Religion[4], comme le premier exemple de ces retraites insulaires ou projetées dans d'autres lieux inhabités.

1 Ce texte est une version remaniée et complétée de l'introduction à l'édition de 1995 qui avait été partiellement utilisée dans le chapitre 15 de *Écritures de l'ailleurs* (2019), Paris-Roma, L'Harmattan-Tab, 2021. Je souhaite exprimer ma reconnaissance à Marc Cheymol et à Sylviane Léoni pour leur collaboration à la mise à jour de ce travail.

2 Il en vint même à désigner l'ensemble de la diaspora protestante : « Le mot de *refuge* appliqué à l'ensemble des réfugiés établis dans les pays qui leur servirent d'asile n'est pas français, nous le savons. Nous l'empruntons à ces écrivains expatriés qu'une situation nouvelle contraignit plus d'une fois à créer des mots nouveaux » (Charles Weiss, *Histoire des réfugiés protestants de France depuis la révocation de l'Édit de Nantes jusqu'à nos jours*, Paris, Charpentier, 1853, vol. I, 1853, p. x).

3 Jean de Léry, *Histoire d'un voyage faict en la terre du Brésil* (1578), édité par Frank Lestringant, Paris, Librairie générale française, Les classiques de poche, 1994.

4 « Avant la grande époque du Refuge, qui commence en 1685, une foule de protestants avait déjà quitté la France, pour aller s'établir en Angleterre, en Hollande, en Suisse et

Après l'échec de cette tentative brésilienne, les capitaines René de Laudonnière et Jean Ribault, appuyés par l'amiral de France Gaspard de Coligny, essayèrent, sans succès, de fonder en 1562 un établissement huguenot en Floride. Un siècle plus tard, des communautés protestantes « non-conformistes » anglaises, limitées dans leurs droits civiques et leur liberté religieuse, voire chassées de leurs paroisses par une série d'Actes manifestant l'intolérance de l'État anglican (*Corporation Act*, 1661 ; *Act of Uniformity*, 1662 ; *Test Acts*, 1673 et 1678), cherchèrent des refuges outre-Atlantique et s'établirent en Amérique du Nord[5]. En France, Coligny œuvra même au développement d'une activité corsaire huguenote dans les eaux caribéennes contre les flottes espagnoles. Une éphémère république de pirates protestants dans l'île de la Tortue vit le jour au cours du XVIIe siècle[6]. La plupart de ces expériences furent malheureusement vouées à l'échec, à cause d'une situation géopolitique hostile, ainsi qu'en témoignent d'autres tentatives d'implantations qui suivirent, sans plus de succès, en Amérique centrale et septentrionale, jusqu'au début du XVIIe siècle[7].

Au lendemain de la révocation de l'édit de Nantes, en 1685, on trouve encore des traces de ce rêve, désormais transformé en mythe, qui avait hanté l'imaginaire calviniste depuis la moitié du XVIe siècle. Les origines culturelles en étaient complexes car ce mythe s'enracinait d'une part dans le courant de pensée utopique qui, au cours de la Renaissance et de l'époque classique, avait nourri certains modèles de sociétés imaginaires alternatives, situées en marge ou en dehors du monde connu par l'Occident. Il s'inspirait, d'autre part, de la culture biblique dont était

---

dans les autres contrées qui avaient embrassé les doctrines nouvelles » (Charles Weiss, *op. cit.*, vol. I, p. 78).

5 Voir par exemple Laura Ducos-Filippi, *Le Refuge inattendu : les Huguenots de Manakin Town, 1692-1780*, Université de Paris-Sorbonne, UFR d'Histoire, 2014. Voir aussi Mickael Augeron, Didier Piton, Bertrand Van Ruymbeke, *Les Huguenots et l'Atlantique*, Paris, Presses de l'Université Paris-Sorbonne, 2 vol., 2009-2010.

6 Voir Alexandre-Olivier Exquemelin (ou Exequemelin), *Histoire des aventuriers qui se sont signalés dans les Indes*, Paris, chez Jacques Le Febvre, 1686 ; Martine Acerra, Guy Martinière (dir.), *Coligny, les Protestants et la mer*, Paris, Presses de l'Université Paris-Sorbonne, 1997 ; Sophie Linon-Chipon, Sylvie Requemora (dir.), *Les Tyrans de la mer : pirates, corsaires et flibustiers*, Paris, Presses de l'Université Paris-Sorbonne, 2002 ; Christiane Guttinger, « Les Utopies marines protestantes », *Huguenots en France*, émission diffusée sur France-Culture le 24 septembre 2010.

7 Voir Miriam Yardeni, *Le Refuge protestant*, Paris, PUF, 1985 ; *Le Refuge huguenot : assimilation et culture*, Paris, Champion, 2012.

profondément imprégnée la communauté réformée française, toujours plus marginalisée au cours du XVIIe siècle, quand elle n'était pas soumise à de véritables persécutions.

Interprétant la difficile condition dans laquelle elle vivait à travers la grille symbolique fournie par l'Écriture Sainte, cette communauté se reconnaissait dans le peuple élu et se sentait encouragée à quitter un État perçu comme « une Babylone perverse[8] » en raison de sa politique d'intolérance. Il ne lui restait plus alors qu'à aller fonder, dans des lieux que l'éloignement et l'isolement avaient préservés de la corruption et de l'injustice, la « Nouvelle Jérusalem », c'est-à-dire une communauté-État conforme à l'idéal de vie évangélique auquel elle faisait référence. Elle prolongeait ainsi, peut-être sans le savoir, le projet qui avait animé, au XVIe siècle, certains explorateurs à la recherche du paradis terrestre, proches de milieux franciscains partisans d'une rénovation de la vie spirituelle et sociale, même quand les objectifs prioritaires de l'expédition semblaient être plutôt la découverte de nouveaux continents et l'exploitation de nouvelles matières premières. Ainsi, Fernandes de Quirós, arrivé à l'île du Pacifique qu'il nomma Espiritu Santo, tenta d'y édifier une « Nouvelle Jérusalem », donna l'ordre de construire une chapelle et fonda l'ordre chevaleresque du Saint-Esprit : actes fortement symboliques qui confirment le caractère essentiellement religieux de son entreprise[9].

Le mythe d'une « république » protestante nourrit une impulsion réitérée, caractérisant, hors de France, de nombreux groupes confessionnels minoritaires, et qui se ravivera périodiquement dans les moments de plus forte tension socioreligieuse en Europe. Un élan semblable se retrouve, sous des formes analogues, dans les mouvements évangéliques qui se sont développés en marge de l'Anglicanisme, à partir de la seconde moitié du XVIIe siècle et qui ont été le point de départ, comme on le sait, du premier mouvement de colonisation anglo-saxonne d'une grande partie

8 L'ancienne capitale de l'empire mésopotamien est décrite, à partir de l'Ancien Testament, en particulier dans *Le Livre de Jérémie* (chapitres 50 et 51) comme une ville maudite, symbole de la corruption. L'expression de « perverse Babylone » se retrouve telle quelle dans les anciennes traductions (par exemple *Œuvres du prophète Jérémie*, traduites de l'hébreu par A. Savary, Paris, Vedrenne, 1855, p. 254 et p. 257). Le nom de Babylone, « la mère des impudiques et des abominations de la terre » (*Apocalypse* 17 : 5) est souvent employé à propos de Rome, sous la plume de polémistes protestants, par exemple celle de Pierre Jurieu (voir note 31).

9 Voir Paolo Carile, *Écritures de l'ailleurs. Négociants, émigrés, missionnaires et galériens*, Paris-Rome, Tab-L'Harmattan, 2021, p. 103-104.

du continent nord-américain[10]. Plus tard, l'élaboration théorique – suivie d'expérimentations concrètes – des *Reducciones* jésuites dans certains pays sud-américains, témoigne de l'ampleur d'un phénomène qui s'est caractérisé par des motivations et des solutions différentes.

Les projets de sociétés alternatives imaginés par les calvinistes présentaient des caractéristiques sociales et des présupposés théologiques spécifiques. Ils s'adressaient à une communauté de femmes et d'hommes qui se sentaient élus par Dieu et qui voulaient s'isoler d'un monde dont la corruption et les injustices les affectaient profondément. Ces projets visaient donc surtout à préserver le « peuple » que l'Éternel, selon eux, avait choisi et auquel il avait élargi sa grâce, après ce qu'ils percevaient comme une modification du cours de l'histoire suite à la Réforme. Contrairement aux ordres missionnaires de l'Église de Rome, les huguenots de l'époque ne se préoccupaient donc pas de porter les frontières de la chrétienté aux confins de la planète par la conversion en masse de populations exotiques, ni d'entreprendre, de manière systématique, des programmes d'acculturation en vue de forger une humanité calquée sur le modèle, conçu comme unique et exemplaire, du christianisme d'obédience romaine.

Les huguenots français n'avaient pas en priorité de finalités missionnaires. Ils s'adressaient à leurs coreligionnaires, non aux autochtones qu'ils appelaient encore « sauvages », selon la terminologie courante à l'époque. Le corps pastoral n'y assumait pas le pouvoir temporel, comme dans les *Reducciones* jésuites. Enfin, loin d'être hiérarchique, l'organisation sociale s'inspirait, de manière plus ou moins cohérente, des principes démocratiques, dont le modèle se trouvait déjà réalisé dans les assemblées et les consistoires qui gouvernaient les Églises réformées. Les femmes y jouaient un rôle égal aux hommes et elles avaient accès à la même formation scolaire ; l'entraide y était institutionnalisée.

Les territoires inhabités ou peu peuplés, le plus souvent insulaires, leur semblaient donc les plus propices à accueillir des communautés qui chercheraient à construire une société autonome et dans une large mesure autarcique, formée d'une population de migrants, homogène du point de vue culturel, linguistique et religieux.

10 Voir note 4.

INVENTION ET MISE EN ŒUVRE DE L'UTOPIE
Une histoire de famille

Le « grand dérangement » provoqué par la révocation de l'édit de Nantes[11] jeta hors de France, parmi tant d'autres, le marquis Henri Duquesne[12], officier de la marine royale et fils aîné du célèbre amiral huguenot de Louis XIV, Abraham Duquesne[13].

11 Les historiens désignent en général par Grand Dérangement la déportation des Acadiens au XVIIIe siècle, mais l'expression, qui a d'ailleurs été utilisée dans un sens figuré par les sciences humaines (voir par exemple le célèbre ouvrage de Georges Balandier, *Le Grand dérangement*, Paris, PUF, 2005, et plus récemment celui de Didier Leschi, *Ce grand dérangement. L'immigration en face*, Paris, Gallimard, 2020) nous semble adéquate pour rendre compte de l'exil massif des protestants hors de France après la révocation de l'édit de Nantes, diaspora que les historiens français appellent aussi « le Refuge » (voir note 1).

12 Né en 1642, Henri Duquesne décède à Genève en 1722. Baron d'Aubonne et marquis du Quesne, il appartenait à une famille protestante de marins de Dieppe. La seule biographie d'Henri Duquesne provient d'un personnage curieux, Emil Rainer, ingénieur juif né en 1882, exilé de Vienne en 1940, embarqué avec 1580 autres réfugiés en provenance d'Autriche, d'Allemagne et d'Europe centrale sur le navire *SS Atlantic* à Tulcea (Roumanie) pour se rendre en Palestine. Refoulé du port d'Haïfa par les autorités britanniques, le bateau aborde finalement, au terme d'une odyssée racontée par Rainer dans un journal inédit *(Unsere Reise Nach Mauritius, Nach eigenen Tagebuchern verfasst von Ing. Emil Rainer ["Our journey to Mauritius", Typewritten Diary written by Ing. Emil Rainer])*, à l'île Maurice alors sous mandat britannique, où les réfugiés sont accueillis dans la prison de Beau-Bassin. Rainer, qui put sortir du camp et consacrer son temps à des recherches sur Leguat dont « l'histoire [...] avait un intérêt tout particulier car j'ai connu, comme lui, l'infortune d'être chassé de ma patrie, exilé de l'Europe et détenu à l'île Maurice », et qui seront publiées à Maurice (Emil Rainer, *Le Cas Leguat*, Port-Louis, Standard Printing Establishment, 1945, p. 1) ; voir Geneviève Pitot, *L'Histoire des juifs détenus dans l'île Maurice de 1940 à 1945*, Port-Louis, Éditions Vizavi, 1998 ; Sonia Dosoruth, « La déportation des Juifs à l'île Maurice en 1940 : entre Histoire et littérature », 2020. Rainer rapporte en outre que, rentré en Autriche après la guerre, et réintégré dans les Chemins de fer fédéraux autrichiens à Innsbruck, il put, après sa retraite, soutenir un doctorat de philosophie à l'Université de Vienne (1951) et se consacrer à une enquête très documentée sur Duquesne et Leguat, publiée en français en 1959. Rainer, que sa formation de juriste et d'ingénieur ne prédisposait pas à un travail d'historien, manque totalement d'empathie et porte des jugements de valeur sur les personnages qu'il examine, se livrant plus à une sorte de réquisitoire, ou de plaidoyer à charge, qu'à une historiographie rigoureuse. Son travail documenté, fondé sur des recherches dans les archives d'État à Genève, les Archives de la Marine à Paris, les Archives communales d'Aubonne, les archives de La Haye, de Prétoria, de Montpellier, et « dans les bibliothèques hollandaises, françaises et anglaises », demeure néanmoins extrêmement précieux.

13 Voir Michel Vergé-Franceschi, *Abraham Duquesne, huguenot et marin du Roi-Soleil*, Paris, France-Empire, 1992.

Déjà dans les années 1619-1620, le père et le grand-père d'Henri, marchands-armateurs de Dieppe, avaient effectué un voyage maritime dans l'océan Indien à la recherche des épices. Il n'est donc pas exclu que le souvenir de cette expédition familiale puisse avoir joué un rôle dans le choix du territoire pour l'établissement de la nouvelle colonie.

Malgré l'origine roturière de la famille Duquesne, et bien avant qu'Henri ne devienne baron d'Aubonne en achetant le domaine dans le Pays de Vaud, Louis XIV avait anobli pour services rendus l'amiral Abraham Duquesne, le père, devenu baron d'Indret en 1650, puis marquis du Quesne en 1682 ; en 1683 Abraham du Quesne avait obtenu, grâce à Colbert, l'autorisation du roi pour marier son fils Henri avec la fille d'une famille huguenote du Languedoc, dans le château de Saint-Jean de Véda, lieu de culte pour les protestants de Montpellier. Abraham, qui n'avait jamais voulu renier la religion dans laquelle il avait été élevé, même au détriment de sa carrière, renonçant plutôt au bâton de maréchal[14], fut l'un des seuls protestants français exemptés de la proscription, en reconnaissance de ses succès militaires ; en revanche la grâce d'émigrer comme son fils lui sera refusée et à sa mort en 1688 ses biens seront mis sous séquestre[15].

En fait, le « Dessein » d'Henri Duquesne s'inscrit dans le mythe de la fondation de refuges huguenots, mais aussi dans un projet familial, qu'il partageait avec son épouse[16] plusieurs années avant la révocation, et qu'il mit en œuvre vraisemblablement avec l'aide de ses deux frères,

14 « Malgré ses succès militaires, Colbert lui écrit de ne pas se faire d'illusions. Certes, Sa Majesté est fort satisfaite des victoires d'Augusta et de Palerme, mais elle est fâchée de cette religion que professe Duquesne et qu'il entend moins que jamais abjurer. Le roi écrit lui-même : "Je voudrais, monsieur, que vous ne m'empêchiez pas de récompenser les services que vous m'avez rendus comme ils méritent de l'être ; mais vous êtes protestant et vous savez quelles sont mes intentions là-dessus." Ce à quoi Duquesne répond, avec son terrible franc-parler : "Sire, quand j'ai combattu pour Votre Majesté, je n'ai pas examiné si Elle était d'une autre religion que moi" » (Jean Mabire, *Grands marins normands*, Saint-Malo, Ancre de Marine Éditions, 1993, p. 150).

15 Jean Mabire, *op. cit.*, p. 154.

16 Sur la genèse et le contexte historique et culturel de ce projet, voir Emil Rainer, *L'Utopie d'une république huguenote du Marquis Henri Duquesne et le voyage de François Leguat*, Paris, Les Écrivains associés, 1959. « Au printemps de 1683, Henri épousa Françoise Bosc, fille de Laurent Bosc, conseiller au parlement de Toulouse. Le mariage coïncide d'une manière si frappante avec sa démission du service et sa décision de fonder un état huguenot, qu'on ne peut que s'apercevoir de l'influence de Françoise, qui d'ailleurs devait dans la suite prendre une part active aux préparatifs pour l'exécution de ce projet [...] Françoise avait pris feu pour ce sujet et c'est sans doute elle qui poussait Henri à agir. Son orgueil

et malgré les réserves de son père[17]. Dès 1683, dans un contexte de plus en plus difficile pour les protestants, Henri avait renoncé à poursuivre sa carrière militaire et s'était marié ; il avait acquis en janvier 1685 le château et la baronnie d'Aubonne dans le pays de Vaud, s'était rendu en Suisse pour les formalités, sans déménager toutefois, puis était revenu en France, probablement pour organiser l'installation de son père et de sa famille. Mais, surpris par la révocation de l'édit de Nantes le 10 septembre 1685 et refusant d'abjurer sa religion, il n'obtint qu'en juin 1686 l'autorisation de se retirer en Suisse, qui était en réalité un bannissement[18]. Travaillant toujours à son projet, il se rend en Hollande pour préparer une expédition, et présente avec son frère le projet aux États généraux le 9 juillet 1689.

Il voulait fonder, aux antipodes de la France devenue par la violence des dragonnades presque entièrement catholique, une petite France australe, calviniste, capable d'accueillir ceux qui étaient « malheureux, fugitifs et errants de contrée en contrée », et où il aurait été possible « de vivre parmi des gens d'une même langue, d'une même nation et d'une même religion ». Il rédigea donc un *Recueil de quelques mémoires servant d'instruction pour l'établissement de l'île d'Éden*[19] et conclut, avec le gouvernement des Pays-Bas et la Compagnie hollandaise des Indes Orientales, un accord de collaboration pour la réalisation du projet, sous la forme d'une convention, ratifiée le 28 juillet 1689, qui présentait, en bonne et due forme, les caractéristiques socio-politiques souhaitées de la colonie-État à fonder, et la description du lieu où elle devait s'installer : « l'île d'Éden », comme il l'appela à la suite de plusieurs voyageurs[20], qui correspond à La Réunion actuelle, connue alors sous le nom d'île Bourbon.

---

prévoyait là une situation plus élevée que celle à laquelle il pouvait aspirer en France » (Rainer, *op. cit.*, p. 13).

17 *Idem*, p. 13-14.

18 « Le 30 juin de cette même année 1686, le roi autorisa Henri, de même que sa femme, à partir pour la Suisse avec trois domestiques bien que ceux-ci fussent catholiques. Naturellement, comme calvinistes, ni Henri ni des membres de sa famille ne pourraient jamais venir en France ; l'acte de grâce du souverain contenait en réalité le bannissement » (*Idem*, p. 14).

19 À Amsterdam, chez Henry Desbordes, dans le Kalver-Straat, près le Dam, 1689, 72 pages.

20 L'image du paradis terrestre pour évoquer l'île Bourbon se trouve déjà dans les pages initiales de la *Relation de l'inquisition de Goa* du médecin Charles Dellon (1649-1710), ouvrage publié anonymement à Leyde et à Paris en 1687 et 1688, qui connut un grand succès à l'époque.

Charles Weiss a raconté, avant Emil Rainer, comment Duquesne aurait soigneusement organisé son projet, et même son expédition, avec l'appui de sa famille, et en profitant de son réseau de contacts commerciaux et politiques aux Pays-Bas :

> Henri, marquis Duquesne, qui avait été associé aux conseils et aux dernières grandes victoires maritimes de son père, était accompagné de son frère Abraham et d'un excellent officier de marine, nommé Charles de Sailly. Par un traité en règle, signé en 1689 avec les États-Généraux, il se fit autoriser à équiper dix vaisseaux pour conduire une colonie de réfugiés aux îles Mascarenhas. La souveraineté de la colonie devait lui appartenir, et, après lui, à ses héritiers légitimes, à condition que chaque nouveau possesseur se reconnaîtrait vassal de la république, et ne conclurait jamais aucun traité ni aucune alliance qui pût porter préjudice à son suzerain. [...] Un capitaine, dans un régiment français au service des Provinces-Unies, Étienne de Frégodière, fut autorisé à accompagner le corps expéditionnaire en qualité d'ingénieur, pour fortifier l'île et pour y rester six ans, tout en conservant son grade dans l'armée *(Archives de La Haye, Résolutions secrètes de leurs hautes puissances)*[21].

Le *Recueil* de « Mémoires » de Duquesne se situe ainsi dans un triple contexte : biographique et même familial, celui d'une lignée de négociants fortunés et de militaires de la marine royale, bien en cour ; religieux – l'impérieuse nécessité de fuir la persécution catholique –, mais aussi, plus largement, culturel : l'attrait du mirage de l'ailleurs qui existait dans l'Europe cultivée de la fin du XVIIe siècle sous forme d'un horizon d'attente[22], plus une sensibilité et un intérêt diffus pour une partie du globe peu connue et d'autant plus désirée. La culture protestante n'eut certes pas l'exclusivité des projets de fondations dans les territoires extra-européens. Il suffit de penser aux expéditions maritimes d'Alvaro de Mendaña et Pedro Fernández de Quirós, à la fin du XVIe siècle[23], et plus tard au « Dessein » d'Augustin de Beaulieu[24]. Comme l'a souligné

21 Charles Weiss, *op. cit.*, vol. II., p. 52.

22 Hans Robert Jauss, *Pour une esthétique de la réception*, Paris, Gallimard, 1978.

23 Voir Paolo Carile, *Écritures de l'ailleurs*, *op. cit.*, chapitre 5, « En quête du continent austral ».

24 Voir Augustin de Beaulieu, *Mémoires d'un voyage aux Indes Orientales (1619-1622). Un marchand normand à Sumatra*, éd. Denys Lombard, Paris, Maisonneuve et Larose, 1996 ; et pour le « Projet d'expédition maritime en vue de l'établissement par les Français d'un fort et d'un comptoir à Madagascar pour servir de centre, de point de départ et d'appui au commerce avec la Perse et avec tous les pays de l'océan Indien, projet soumis, en 1631-1632, au marquis d'Effiat, Maréchal de France, par le capitaine Augustin de Beaulieu », voir Anne Lombard-Jourdan, « Augustin de Beaulieu et son *Dessein touchant les Indes Orientales* (1631-1632) », *Archipel*, vol. 54, *Destins croisés entre l'Insulinde et la France*, 1997, p. 13-26.

Jean-Michel Racault enfin, le mythe des terres australes a alimenté de façon importante les récits de voyage et les romans utopiques à la fin du siècle du Roi Soleil, telle l'*Histoire des Sévarambes (1677-1679)* de Veiras[25]. On peut donc penser que cette tradition textuelle a pu aussi influencer Duquesne dans le choix d'un territoire qu'il ne connaissait pas directement.

LA CITÉ DE DIEU

Le livre de Duquesne comprend quatre textes brefs qui ont sans doute circulé séparément d'abord, pour sensibiliser d'éventuels volontaires disposés à peupler sa colonie.

La diffusion de ces libelles est rapportée en ces termes par Charles Weiss :

> Bientôt de grands préparatifs annoncèrent à tous les réfugiés dispersés en Hollande, en Angleterre, en Suisse et en Allemagne, le départ prochain d'une expédition dirigée contre un pays lointain que l'on désignait vaguement sous le nom d'Éden. Il vint, en effet, un certain nombre de fugitifs déterminés à courir les chances de cette entreprise[26].

Et Théodore Sauzier de préciser :

> Des Mémoires, des circulaires habilement présentées, des *emigrant-traps*, comme on n'en ferait pas aujourd'hui de plus pompeux, annoncèrent à tous les réfugiés en Angleterre, en Suisse, en Allemagne, en Hollande, le prochain départ d'une expédition pour cette terre lointaine dont les premiers prospectus taisaient le nom véritable, mais qu'ils décrivaient comme un Paradis terrestre, sous le nom séduisant et attractif d'île d'Éden[27].

---

25 Voir Jean-Michel Racault, « Pouvoir et croyance chez les Sévarambes : la religion comme imposture, l'imposture comme religion », in *Trois récits utopiques classiques : Gabriel de Foigny, « La Terre Australe connue » ; Denis Veiras, « Histoire des Sévarambes » ; Bernard de Fontenelle, « La République des Philosophes ou Histoire des Ajaoïens »*, Saint-Denis (La Réunion), Presses Universitaires Indianocéaniques, 2020, p. 196-206, ainsi que *L'Utopie narrative en France et en Angleterre, 1675-1761*, « Studies on Voltaire and the Eighteenth Century », Oxford, The Voltaire Foundation, 1991.

26 Charles Weiss, *op. cit.*, vol. II., p. 52.

27 Du Quesne, *Un projet de république à l'île d'Éden (l'île Bourbon) en 1689*, éd. Théodore Sauzier, Paris, 1887, p. 9.

L'auteur constitue ensuite un *Recueil*, publié à Amsterdam en 1689, aussitôt après la diffusion séparée des documents dans les milieux des réfugiés français en Hollande. Ce petit volume, visant à organiser matériellement l'installation et l'administration du refuge choisi, se veut surtout pratique même s'il n'est pas dépourvu de procédés stylistiques propres à en souligner les avantages. Il décrit un ailleurs imaginaire pour le faire exister. C'est l'œuvre d'un officier de marine lettré habité par un fantasme. Resté lettre morte suite à l'échec du projet, ce livre étrange est encore peu connu et peu étudié en Europe, malgré sa réédition par Théodore Sauzier, qui le présentait en 1887 comme la « réimpression d'un ouvrage disparu[28] », et les travaux déjà mentionnés d'Émile Rainer, traduits en français en 1959[29]. Il est, certes, bien plus célèbre à La Réunion car il constitue un des textes fondateurs de la renommée littéraire de l'île.

> La grande publicité donnée à ces prospectus, à ces mémoires, finalement réunis en un petit volume in-12, publié à Amsterdam en 1689, sous le titre de *Recueil de quelques mémoires servans d'instruction pour l'établissement de l'Isle d'Eden*, déterminèrent un grand nombre de personnes à émigrer en cette île. L'armement avait été poussé avec une telle vigueur, que dans les premiers mois de 1690, les vaisseaux à l'ancre au Texel n'attendaient plus que le signal du départ[30].

D'un point de vue discursif les différentes parties du *Recueil* présentent des caractéristiques distinctes : un « Avertissement » justifiant le projet dans le contexte historico-politique de l'époque ; deux « Mémoires », le premier contenant une sorte de théorie de l'État, avec une ébauche de constitution et une description sommaire du lieu géographique choisi ; le second fournissant les indications relatives à l'organisation du voyage et à la structure sociale et administrative de la future colonie ; une *Description particulière de l'île d'Éden*, enfin, faisant valoir les agréments et les avantages de l'île dont l'auteur donne pour la première fois le nom réel, « Bourbon ou Mascareigne », ainsi que sa localisation cartographique.

---

28 Le texte complet de la couverture signale : « *Un projet de république à l'île d'Éden (l'île Bourbon) en 1689*, par le M[arqu]is Henri Du Quesne ; réimpression d'un ouvrage disparu, précédé d'une notice par Théodore Sauzier, Paris, Librairie ancienne et moderne de E. Dufossé, 1887 ».

29 Emil Rainer, *L'Utopie d'une République huguenote du marquis Henri Du Quesne et le voyage de François Leguat*, *op. cit.*

30 Théodore Sauzier, « Introduction », *op. cit.*, p. 9-10.

L'« Avertissement » est une sorte de préface, ajoutée *a posteriori* pour donner au projet, par une mise en situation générale, les lettres de noblesse d'une entreprise que l'auteur considérait comme historique et l'inscrire, du même coup, dans une perspective providentielle, placée sous le signe de la grâce divine. L'ampleur du rythme et des constructions distingue ce document de la plupart des textes de propagande du même type, écrits sans recherches formelles particulières. Rien n'est encore dit du lieu choisi pour l'établissement, si ce n'est son « éloignement » à peine mentionné. D'entrée de jeu Duquesne justifie son projet par « la dispersion des réformés de France et de ceux des vallées de Piémont[31] », à laquelle il oppose une volonté de rassemblement « des gens d'une même langue, d'une même nation et d'une même religion ». Cet argument est suivi de considérations sur la situation politique anglaise qui, avec l'arrivée de Guillaume d'Orange en 1688, est présentée comme le temps « de toutes les espérances » et d'un retour possible des réformés sur le sol natal suite à un retournement de situation en France[32]. À cette ouverture vers un temps d'espoir et un hypothétique avenir meilleur, succède toutefois le douloureux rappel du présent, où les perspectives encore sombres justifient le projet élaboré par Duquesne.

31 Duquesne, bien informé, fait allusion aux « Pâques vaudoises », c'est-à-dire aux persécutions et aux massacres des protestants des vallées piémontaises en 1655, qui avaient suscité des protestations dans les pays du nord de l'Europe.

32 Dans *l'Accomplissement des prophéties*, paru en 1686, puis dans ses *Lettres Pastorales* (à partir du 1er septembre 1686, Abraham Acher, Rotterdam), Pierre Jurieu, en prétendant que Rome, capitale du papisme, était la Babylone de l'Apocalypse, c'est-à-dire de l'empire anti-chrétien, prédisait son effondrement très proche. Il l'annonçait même pour l'année 1689, date à laquelle la France selon lui rétablirait officiellement le culte réformé : « Du ciel, c'est-à-dire de la part de l'autorité et du prince régnant, ils entendront une voix, ils recevront un ordre. Non une petite voix, une voix clandestine, une voix sourde, mais une grande voix. C'est-à-dire un commandement d'éclat, un Édit solennel ; et cette voix leur dira, montez ici. La vérité alors montera sur le trône, et [...] Dieu donnera un prince réformé à la France malgré toutes les oppositions des papistes. Et ils monteront aux cieux dans une nuée. C'est-à-dire que leur élévation et celle de la Religion réformée se fera avec éclat, comme l'élévation d'Élie et de Jésus-Christ, qui ont été élevés sur des nuées. Et leurs ennemis le verront. Le papisme ne sera point encore détruit en France, quand cela arrivera. Les prêtres, le clergé, les moines seront spectateurs de ce grand œuvre ; mais la fin du papisme en France viendra incessamment. » Pierre Jurieu, *L'Accomplissement des prophéties ou la délivrance prochaine de l'Église*, éd. Jean Delumeau, Paris, Imprimerie nationale, 1994, p. 163. Les prédictions apocalyptiques de Pierre Jurieu et les folles espérances qu'elles ont suscitées ont été immédiatement critiquées par Pierre Bayle dans son *Avis aux Réfugiés*, qui souleva de colère une grande partie de l'opinion et suscita un véritable scandale dans le Refuge : voir Émile Kappler, « Le droit de résistance à la tyrannie d'après Jurieu », *Revue d'histoire et de philosophie religieuses*, 17e année n° 3, mai-juin 1937, p. 201-246.

Le premier mémoire commence comme un prêche. Il introduit le thème politico-religieux, qui constitue la structure porteuse du projet, en des termes qui font écho aux épreuves subies par les calvinistes :

> Nous qui par la grâce de Dieu, sommes échappés au naufrage auquel une partie de l'Église a été exposée dans ces derniers temps, après nous être humblement prosternés devant l'Éternel notre Dieu, pour l'adorer et pour lui rendre grâce d'un si grand bienfait, et après avoir imploré sa miséricorde pour la délivrance de ceux de nos frères qui souffrent encore, et sa divine protection et son secours sur l'entreprise que nous formons pour sa gloire, pour le salut de nos âmes et pour le refuge des malheureux, nous avons unanimement résolu les choses suivantes…

Ce préambule solennel, mieux adapté à un sermon qu'à un projet de colonisation, crée un climat propre à évoquer de manière suggestive l'état d'âme et l'horizon mental de la communauté réformée française contrainte à l'exil. Il établit, grâce à l'évocation du lien de la foi, une complicité fraternelle entre l'auteur du texte et les lecteurs, nécessairement renforcée par les épreuves communes. L'union dans la fidélité au verbe divin constitue, pour des hommes par ailleurs de conditions assez différentes[33], le seul point de référence capable d'empêcher, malgré ce que Duquesne appelle « la dispersion » des Réformés de France, la perte de l'identité collective. Ce lien devait donc s'exprimer par un langage fortement dénoté, riche en références scripturaires, identifiable au premier abord comme un code pour initiés, comme l'idiome qui distingue les membres d'une même famille spirituelle.

La Bible apparaît clairement comme une sorte d'« architexte » qui influence de manière diffuse le projet politique et le tissu métaphorique de Duquesne. Le voyage et l'installation dans un pays lointain rappellent le scénario de *l'Exode*, l'initiative d'Henri Duquesne faisant de lui un nouveau Moïse guidant ses coreligionnaires, « ces pauvres brebis éparses […] rassemblées en un troupeau », vers la Terre promise, pour les conduire « dans quelque retraite assurée, pour y servir et louer Dieu publiquement ».

Le projet qui suit ne s'adresse donc pas *urbi et orbi* à quiconque veut s'expatrier, aux marginaux en rupture de ban, aux aventuriers de tout bord. Il est destiné de manière sélective « à ceux que nous estimons devoir être

33 Voir la liste des passagers de *l'Hirondelle*, le bateau qui transporta la première équipe de calvinistes dans l'océan Indien, reproduite par Leguat dans sa relation.

dans les mêmes sentiments que nous », disposés à « composer une colonie [pour] tous ensemble habiter un bon pays où l'on puisse vivre en bons chrétiens ». Afin d'éliminer toute équivoque, le deuxième mémoire déclare indésirables ceux qui, poussés par l'ambition ou l'avarice, recherchent « les faux plaisirs et les vains divertissements du siècle [...] pleins d'un esprit turbulent et inquiet » ou s'abandonnent « au libertinage et à l'oisiveté ».

La république calviniste de Duquesne répond avant tout au projet d'une communauté élitaire[34], fortement sélectionnée, en vue de l'établissement d'un refuge des élus. Le désir prioritaire de reconstruire une communauté confessionnelle homogène, liée aussi bien par la culture que par la langue pour vivre « en harmonie avec la nature et en accord avec Dieu », amène le noble huguenot à donner à cette société des traits à tendance autarcique et à y prévoir une économie orientée vers la simple subsistance[35]. La « Nouvelle Jérusalem » devait, si l'on s'en tient au texte de Duquesne, se suffire à elle-même : n'était-elle pas « la cité de Dieu » ? Cette caractéristique de l'organisation productive, digne d'intérêt bien que l'auteur ne s'y attarde pas beaucoup, révèle aussi la grande faiblesse du projet et l'aspect rudimentaire de ses fondements économiques, malgré une exaltation de la valeur positive du travail.

LE GOUVERNEMENT DES HOMMES

La forme politique et administrative imaginée par Duquesne occupe l'essentiel des deux mémoires, les deuxième et troisième textes du *Recueil*. Duquesne ne se limite pas à fournir un modèle institutionnel et à en expliciter l'articulation pratique. Il fonde un projet politique sur un certain nombre de considérations théoriques concernant le pouvoir de l'État ainsi que les avantages et les inconvénients des différents régimes.

34 Nous employons le mot *élitaire* au sens neutre, voir Nathalie Heinich, « Retour sur la notion d'élite », *Cahiers internationaux de sociologie*, n° 117, 2004/2, p. 313-326 : « Le mot *élite* en effet possède d'emblée une connotation positive, qui devient ambivalente avec l'adjectif *élitaire*, et franchement négative avec l'adjectif *élitiste*. » Ce n'est qu'à partir du début du XIXe siècle que l'on a conçu des utopies *égalitaires*.

35 Du moins dans le projet en question. Cependant la convention avec la Compagnie Hollandaise des Indes Orientales prévoyait la concession d'une zone commerciale dans l'océan Indien. Voir le texte de ce document dans Rainer, *op. cit.*, p. 47-51.

Point de départ de sa « philosophie politique », le concept d'ordre constitue un garant de la société tout entière : « comme l'ordre est l'âme et le soutien des sociétés et du gouvernement des peuples », écrit-il dès le début du premier mémoire, « il nous est absolument nécessaire de choisir d'entre nous quelqu'un pour nous gouverner ». Rien d'original dans une telle affirmation, où se retrouve l'écho d'un des concepts fondamentaux de la réflexion politique de l'époque. On sait à quel point la culture dont les grandes monarchies absolues européennes furent l'expression était nourrie des notions d'autorité, d'ordre et de hiérarchie. L'auteur du projet, qui était un aristocrate et un militaire, aurait difficilement pu échapper à cette structure élémentaire de la pensée du XVIIe siècle, fortement intériorisée par sa classe sociale et sa profession. Si l'on veut trouver des aspects novateurs dans le projet, il faut plutôt les chercher dans le choix d'un conseil de douze sages pour détenir l'autorité suprême, et un Sénat « auquel [notre chef] déférera quand la pluralité des voix l'emportera », ainsi que dans l'instauration de mécanismes de cogestion et de contrôle du pouvoir politique « dans le dessein de mettre des barrières à la tyrannie ». Très explicite sur ce point, Duquesne envisage une forme élémentaire de démocratie, qui étendrait la participation à la gestion de la chose publique sur la base des qualités et des compétences. Cet aspect important du projet a peut-être été influencé aussi par l'organisation presbytéro-synodale des églises calvinistes, fondée sur un régime d'assemblée.

La participation démocratique est assurée, puisque la population serait réunie une fois par an, pour participer aux décisions et pour exprimer le cas échéant suggestions et remontrances. Il y aurait, en outre, un libre accès aux magistratures, sans aucune élimination pour raison censitaire ou de classe : « chacun y pourra parvenir par son mérite et le talent qu'il aura pour être utile au public. » Ce qui est prioritaire, c'est l'intérêt public et « le bien de la République », qui ne requièrent des fonctionnaires que les compétences de leur profession. Ce principe, inhabituel dans une époque de vénalité des charges et de privilèges nobiliaires, annonce d'amples phénomènes de mobilité professionnelle qui caractériseront, dans des temps plus proches de nous, les démocraties libérales.

En outre, tout en étant l'auteur et l'organisateur du projet, à aucun moment Duquesne n'envisage de jouer un rôle prépondérant, ou d'assumer des fonctions de commandement : le chef de la nouvelle « république » protestante et francophone devait être désigné à travers une élection démocratique, et au moment de le mentionner, Duquesne se contente pudiquement de le cacher derrière l'anonymat d'un astérisque :

> Nous avons élu * (*sic*) pour être notre chef et conducteur de notre République, dans l'espérance que nous avons que Dieu lui fera la grâce de nous gouverner sagement et débonnairement, [...] faisant justice à tous sans distinction de personne.

Quoi qu'il en soit, selon Duquesne, il faut « établir un chef [...] dont l'autorité modérée puisse maintenir le peuple dans le respect et dans l'observation des lois et ne puisse néanmoins lui permettre d'en abuser » tout en lui accordant « une honnête liberté ». En d'autres mots, nous sommes en présence d'un projet de gouvernement qui annonce les modèles constitutionnels des démocraties bourgeoises, même s'il est encore tout imprégné de valeurs religieuses et d'appels à la Providence divine afin qu'elle guide l'action de celui qui gouverne.

Ce mélange de valeurs religieuses et démocratiques, qui se retrouve dans plusieurs textes protestants de l'époque, constitue peut-être un élément caractéristique de la crise de la conscience européenne, que Paul Hazard a située au tournant des années 1680[36]. Une époque traversée par de multiples ferments critiques et libertaires, qui ne parviennent pas pour autant à théoriser l'autonomie du politique par rapport au religieux, ni à accepter la laïcisation de la société.

L'organisation politico-administrative proposée par Duquesne semble néanmoins considérablement novatrice, comparée aux expériences contemporaines et aux conceptions politiques dominantes. Même la dimension religieuse se présente sous une forme tolérante, ouverte du point de vue confessionnel. La communauté calviniste ne professe aucun accent anticatholique : « Nous ne gardons aucun ressentiment contre ceux qui [...] nous ont contraints à sortir de notre patrie [...] nous souhaitons de vivre en paix avec tous, nous sommes prêts à leur rendre tous les bons offices qui dépendront de nous. »

---

36 « À peu près toutes les idées qui ont paru révolutionnaires vers 1760 ou même vers 1789, s'étaient déjà exprimées vers 1680. Alors une crise s'est opérée dans la conscience européenne ; entre la Renaissance dont elle procède directement et la Révolution française qu'elle prépare, il n'y en a pas de plus importante dans l'histoire des idées. À une civilisation fondée sur l'idée du devoir, les devoirs envers Dieu, envers le Prince, les "nouveaux philosophes" ont essayé de substituer une nouvelle philosophie fondée sur l'idée de droit : droits de la conscience individuelle, droits de la critique, droits de la raison, droits de l'homme et du citoyen » (Paul Hazard, *La Crise de la Conscience européenne (1680-1715)*, Paris, Boivin, 1934, t. I, p. IV-V).

Toutefois, une lecture plus attentive des emplois prévus par Duquesne révèle un certain nombre de contradictions par rapport au projet d'un État confessionnel pacifique, fondé sur les principes évangéliques. Il n'oublie pas qu'il est par éducation, par tradition et par profession, depuis déjà une vingtaine d'années, un officier de la marine royale, un chef de guerre. Dans l'énumération faite par Duquesne figure, en effet, un nombre important de fonctions et d'organisations militaires qui font songer à un État, sinon militariste, du moins fortement militarisé afin d'assurer sa défense en cas de siège. En effet les hostilités entre la France et la Hollande, qui se développaient même dans l'océan Indien, laissaient craindre des dangers sérieux pour des émigrés français confinés dans un territoire insulaire.

L'importance attribuée aux fonctions militaires et aux préoccupations de guerre défensive ne doit pas faire oublier un certain nombre d'initiatives sociales bien plus conformes au message évangélique, en particulier, le projet de « maisons d'hospitalité pour entretenir les pauvres, les malades et les infirmes, chacun dans des appartements séparés », et celui de collèges pour jeunes filles sans moyens, à qui on reconnaît cependant le droit à l'étude, ou encore le versement d'allocations pour les veuves et les orphelins, la gratuité de toutes les prestations sociales prévues, y compris la justice : « tous ceux qui seront en charge, de quelque nature qu'elle soit, seront obligés d'en faire la fonction sans prendre ni recevoir rien des particuliers ; la justice même se rendra gratis. » Ce programme prévoyait enfin la transparence du budget public et l'abolition de tout privilège face aux obligations fiscales : « personne n'est exempt de cette contribution, pas même le chef, ni aucun autre officier ; tous y sont obligés sans distinction et le sort des grands et des petits est égal[37]. » Les principes qui devaient guider cette communauté s'inspiraient d'un authentique esprit d'égalité, bien différent de certaines initiatives paternalistes qui caractérisaient la plus grande partie des interventions sociales du temps ; il n'est pas sans rappeler les thèses bien plus courageuses et approfondies de François Poullain de La Barre en faveur d'une égalité des sexes en matière d'éducation[38], encore bien étrangère à la mentalité de l'époque.

---

37 Son texte a été écrit une dizaine d'années avant le projet de la Dîme royale (1707) de Vauban qui propose lui aussi une fiscalité plus équitable.

38 Voir François Poullain de La Barre, *De l'égalité des deux sexes, discours physique et moral où l'on voit l'importance de se défaire des préjugés*, Paris, Chez Jean Du Puis, 1673.

En somme, les mémoires réunis dans le *Recueil* de Duquesne représentent un modèle de société démocratique et solidaire, fort en avance sur son temps, même sur l'idéal révolutionnaire qui s'affirmera un siècle plus tard[39], bien qu'il ait une finalité prioritairement religieuse. Duquesne ne fait aucune allusion aux problèmes liés à la rentabilité économique de l'entreprise coloniale, ne parle pas de l'artisanat, de l'industrie, du commerce intérieur et extérieur. Mais la colonie projetée n'est pas pour autant une « utopie » au sens péjoratif qu'Émile Rainer donne à ce mot, celui d'une chimère irréalisable, fort éloignée d'une construction sérieuse[40]. À la lecture du *Recueil*, Duquesne n'apparaît pas non plus, ainsi que le suggère Rainer, comme celui qui aurait décidé tout seul de la constitution et de la législation de la colonie, et aurait imposé son bon vouloir à un Sénat choisi parmi l'élite de ses collaborateurs, instrument docile entre ses mains[41]. La reconstitution de la longue et minutieuse préparation financière, militaire, publicitaire et organisationnelle de l'expédition – qui a duré plus de sept ans –, son état d'avancement, ainsi que l'analyse textuelle attentive des mémoires de Duquesne nous semblent au contraire prouver qu'il a tout prévu dans les moindres détails pour fonder une société viable, égalitaire et juste, même si, confiant en la providence divine, il reste plus flou sur l'organisation économique de la future colonie.

L'UTOPIE À L'ÉPREUVE DU RÉEL

La république calviniste devait s'établir dans une île, sans qu'aucune allusion explicite ne soit jamais faite à ses habitants éventuels. Le texte ne précise pas clairement s'il y a des populations autochtones, des colons européens, ou si elle est inhabitée. En outre, les deux seules phrases qui se réfèrent, encore que de manière indirecte, à un peuplement antérieur se contredisent : quelques pages après avoir prévenu qu'« on ne doit pas

39 Voir Geoffroy Atkinson, *Les Relations de voyages du XVIIe siècle et l'évolution des idées. Contribution à l'étude de la formation de l'esprit du XVIIIe siècle* (1924), rééd. New York, Burt Franklin, 1971, p. 57.

40 Rainer, *op. cit.*, p. 24.

41 Rainer, *op. cit.*, p. 20.

s'attendre à trouver [...] des champs cultivés, des vignes plantées », il affirme qu'« on y a planté de la vigne et semé du blé ». Bien que l'auteur ne connaisse pas avec exactitude la situation la plus récente de l'île, peuplée en 1689, selon Isidore Guët, de 309 personnes[42] et, tout en espérant que celle-ci fût déserte ou semi-déserte, il se préparait – et préparait ses colons – non seulement à un gros travail de mise en valeur agricole, mais aussi à l'éventualité d'une certaine résistance de la part de ses habitants. On doit surtout y voir le souci de sincérité de Duquesne, relevé par François Leguat, un de ceux qui, devant constituer sa future colonie, a pu ultérieurement obtenir confirmation de l'exactitude de son tableau :

> Il est vrai que cette Relation pourrait être suspecte à ceux qui pensent qu'il était de son intérêt de préoccuper les esprits d'une manière qui fût avantageuse à ce nouveau monde qu'il avait dessein d'habiter. Mais j'ai premièrement à dire sur cela, que loin de rien ajouter à la vérité, M. du Quesne ne voulut point qu'on insérât dans le petit livre qu'il fit publier, aucune de ces sortes de choses qui avaient le moindre air d'exagération, encore qu'elles passent pour vraies, et j'ajouterai en second lieu qu'à Maurice, à Batavia et au Cap, je suis témoin que tout le monde convient qu'il n'y a rien dans cette relation qui ne soit très conforme à la vérité[43].

Les travaux d'Emil Rainer permettent de mieux comprendre la chronologie ; s'il est vrai, comme l'avance Sauzier, que les vaisseaux à l'ancre au Texel, dans les premiers mois de 1690, n'attendaient plus que le signal du départ, c'est parce qu'il fallait que la convention soit signée, ce qui ne fut fait que le 28 juillet. À l'horizon, s'annonçait alors un danger bien plus grave que l'éventuelle résistance des premiers occupants de l'île. La France en effet était entrée en guerre contre les Pays-Bas, ce qui exposait la future communauté aux attaques des navires français, risque devenu soudain très concret lorsqu'on apprit à Amsterdam qu'une puissante flotte de la marine royale, à laquelle appartenait le cousin germain d'Henri Duquesne, Abraham Duquesne-Guiton, passé dans le camp catholique, était en train de faire route vers l'océan Indien, pour s'opposer à l'hégémonie commerciale de la Compagnie hollandaise des Indes Orientales, supposait-on. Selon Charles Weiss, les frères Duquesne

42 Isidore Guët, *Les Origines de l'île Bourbon et la colonisation française à Madagascar*, Paris, Charles Bayle, 1886.

43 François Leguat, *Voyages et avantures de François Leguat et de ses compagnons en deux isles désertes des Indes Orientales*, Londres, David Mortier, 1721, p. 50, cité par Théodore Sauzier, *op. cit.*, p. 32-33.

réfugiés en Hollande renoncèrent alors à leur projet primitif afin de ne pas courir le risque de violer leur serment de ne jamais faire la guerre au pavillon français[44].

Les frères Haag précisent que cette promesse avait été faite à leur père :

> Henri du Quesne abandonna ses projets parce qu'il apprit que des vaisseaux de guerre partaient de France avec ordre de s'opposer à son débarquement dans l'île Bourbon, et qu'il ne voulut pas s'exposer à violer le serment qu'il avait fait à son père de ne jamais combattre les Français[45].

L'expédition, envoyée au royaume de Siam avec des objectifs principalement religieux, diplomatiques et militaires, ne s'arrêta pas en réalité à l'île Bourbon. Mais la France avait occupé longtemps quelques points de la côte de Madagascar ainsi que l'île de Bourbon et avait créé en 1664, sur l'initiative de Colbert, la Compagnie française des Indes Orientales pour faire concurrence aux commerces hollandais et anglais ; elle avait intérêt à maintenir une certaine présence militaire dans l'océan Indien, où elle envoyait de temps à autre une expédition navale pour garder le contrôle de ses trafics vers l'Inde. L'abandon de Madagascar, à la suite du massacre des habitants de la colonie de Fort-Dauphin (26 août 1674) ne laissait plus qu'un seul point d'appui dans l'océan Indien, l'île Bourbon, colonie depuis 1665. Face à ces données de politique internationale, on a quelque difficulté à comprendre comment Duquesne pouvait avoir songé à établir un refuge aussi facilement dans une île dont la position s'avérait aussi stratégique. Peut-être était-il convaincu que l'appui du gouvernement hollandais, ajouté à l'aide des émigrés protestants français du Cap, lui aurait permis de sortir victorieux des conflits qu'il aurait dû affronter pour maintenir l'autonomie de sa République confessionnelle. En tout état de cause, la crainte de voir son projet compromis dès le début par une situation de belligérance internationale a sans doute poussé son auteur, dès le début, à prévoir un appareil de défense considérable[46], même si cela était en contradiction avec les principes éthiques constitutifs de la colonie.

---

44 Charles Weiss, *op. cit.*, vol. II., p. 53.

45 Eugène et Émile Haag, *La France protestante ou, Vies des protestants français qui se sont fait un nom dans l'histoire depuis les premiers temps de la réformation jusqu'à la reconnaissance du principe de la liberté des cultes par l'Assemblée nationale*, Paris, J. Cherbuliez, 1846, p. 477.

46 Duquesne embaucha comme expert de fortifications le capitaine français Étienne de Frégodière, qui était en service dans l'armée hollandaise.

L'UTOPIE RÊVÉE

La dernière partie du *Recueil*, consacrée à la description de l'île, est également celle qui présente le caractère littéraire le plus marqué. Après au moins deux siècles de relations de voyages au-delà des océans, les modèles descriptifs, dont l'origine remonterait en partie à l'Antiquité gréco-latine, s'étaient considérablement codifiés. Décrire un paysage signifiait, tout d'abord, s'inscrire dans un genre littéraire et obéir à ses stratégies avec des variations, sur la base d'archétypes implicites et explicites, élaborés par la tradition des récits de voyage[47]. Dans le cas de la « Description particulière de l'île d'Éden » cette intertextualité est déterminée autant par les faits que par les lois du genre. L'auteur n'ayant jamais vu les lieux qu'il décrit, son texte ne pouvait être qu'une paraphrase effectuée à partir d'autres descriptions[48], mais il convient d'analyser comment l'auteur construit une image de « son » île, en s'écartant des textes qu'il consulte, ou en les manipulant.

Comme la plupart des descriptions qui visent implicitement à encourager l'émigration, fréquentes dans les récits de voyage, le tableau brossé par Duquesne est optimiste. Une certaine originalité le distingue cependant, car les modifications apportées aux textes de Flacourt et de Du Bois, ses sources principales, le rendent plus détaillé et donc plus convaincant : ainsi l'archétype du *locus amoenus* est enrichi de détails pittoresques grâce à des noms évocateurs, d'arbres *(estagnier, émeri, benjoin)*, de légumes *(antaques, ambriques, cambares, songes, oumines, pourpiers)* ou de fruits *(figue d'Adam, ananas)*, d'oiseaux *(huppes, perdrix, perroquets, aigrettes)* et d'animaux exotiques comme le *solitaire*, qui ont une fonction d'« indicateurs d'authenticité ». Les images construites à partir de stylèmes tropicaux font donc place à une représentation qui se

47 Sur le problème de la description dans la littérature de voyage, voir Paolo Carile, *Le Regard entravé*, Sillery-Rome, Éditions du Septentrion-Aracne, 2000.

48 Les sources littéraires du *Recueil* (François Cauche 1651, Sir Thomas Herbert 1651, Étienne de Flacourt 1658-1661, Guillaume Isbrantsz Bontekoe 1663-1672, Urbain Souchu de Rennefort 1668, Dubois 1674, Charles Dellon 1685) ont, en grande partie, déjà été identifiées par Théodore Sauzier, *op. cit.*, p. 38-48. Voir aussi Jean-Michel Racault, « L'imaginaire de l'île déserte et les littératures de voyages : l'exemple des Mascareignes, de la topique à l'utopie », in Christian Zonza (éd.), *L'Île au XVIIe siècle : jeux et enjeux*, Tübingen, Gunter Narr Verlag, 2010, p. 27-47.

voudrait plus réaliste et qui s'adresse surtout à des planteurs, car tous les renseignements concernant le climat, la flore et la faune sont vus en fonction de leur utilité agricole.

Aucune allusion, en revanche, n'est faite à la côte, au lagon, à la mer, aux courants, au régime des vents, aux poissons, c'est-à-dire à tout ce qui aurait pu intéresser les marins et les pêcheurs. La navigation côtière, tout autant que les routes maritimes nécessaires au commerce international, La Réunion étant située sur la route des épices, sont absentes. La représentation de l'île d'Éden est donc savamment construite pour en donner une image qui, sans être fausse ou utopique, engage de façon évidente à l'action – une action limitée aux métiers de la terre, ce qui peut paraître étrange sous la plume d'un homme de la mer.

Le discours performatif du *Recueil* s'est soldé par un échec. Mais il a donné lieu, on le sait, à des événements historiques qui, s'ils n'ont pu concerner l'île prévue par Henri Duquesne, se sont réalisés à quelques centaines de kilomètres de là, plus loin vers l'orient, à l'île Rodrigue : la « contre-robinsonnade[49] » de François Leguat et de ses compagnons dont la relation fait l'objet principal de ce volume. Du point de vue discursif, l'ouvrage d'Henri Duquesne est aussi l'expression d'un outillage conceptuel caractéristique d'une époque de transition. Dans le *Recueil* convergent, en effet, des thèmes et des images mythiques de provenance lointaine : le mythe de l'âge d'or, d'une terre édénique, d'une société parfaite, etc. et des perspectives qui, au contraire, s'ouvrent sur des réalités socio-culturelles modernes : l'éthique du travail, la notion d'*homo faber*, la dialectique autorité-démocratie, l'ébauche d'une sécurité sociale, la gratuité de la justice, une réforme équitable des impôts, le développement de l'instruction pour tous, la parité des sexes, etc.

Ainsi, le temps de l'utopie vient s'entrelacer au temps de l'histoire dans un document qui décrit un projet de rupture spatiale mais aussi politique et religieuse, où le recours, si souvent invoqué, à la raison des hommes et à la grâce divine masque mal l'appel aux puissances de l'imaginaire. Il visait à construire, comme l'auteur l'écrit dans le premier mémoire,

49 Si le personnage de Robinson se flatte d'avoir dompté la nature avec son ingéniosité et son travail et d'avoir réussi à réaliser une forme primordiale de civilisation, l'équipe de jeunes gens installés à Rodrigue, au contraire, semble avoir vécu sans aucune organisation productive, aux dépens de ce qu'offrait la nature tropicale.

une « bienheureuse retraite » dans une île édénique, mais nous savons que cette expérience fondatrice sera abandonnée, et que ses protagonistes replongeront dans les troubles de l'histoire et y seront broyés.

*
* *

Nous reproduisons le texte de l'exemplaire de l'édition originale de 1689, conservé à la Bibliothèque Nationale de France, qui est composé de 72 pages en petit format, comme une sorte de livre de poche. La ponctuation et l'orthographe ont été modernisées.

Cet exemplaire porte, sur le verso de la couverture, une notation manuscrite anonyme, probablement du début du XVIIIe siècle :

> Les États des Provinces Unies ayant cédé en fief l'Isle d'Eden à Mr le Marquis Henri Duquesne, il fut l'auteur de ces Mémoires et fit à l'occasion de cette entreprise plus de 100 M. livres de dépenses. Tout était presque prêt pour l'embarquement lorsque les États révoquèrent la donation et firent ainsi échouer le projet, au grand préjudice de Mr Duquesne[50].

Même si la vérification est difficile à faire, il est sans doute vrai que Duquesne avait investi des sommes considérables dans ce projet et préparé le départ de quelques gros bateaux pour transporter plusieurs dizaines de huguenots dans l'océan Indien. Ce départ ayant été annulé pour des raisons diverses – en premier lieu, le début de la guerre entre la France et les Pays-Bas – Duquesne, en grandes difficultés financières, décida d'abandonner le projet et perdit son investissement.

Toutefois, *l'Hirondelle*, une frégate plus légère, avec à son bord une dizaine de migrants, « partit d'Amsterdam le 10 juillet 1690 et arriva trois jours après en rade de Texel, d'où elle appareilla le 4 septembre 1690[51] », et débarqua en 1691 la petite équipe à l'île Rodrigue. Nous connaissons les avatars de cette expédition qui devait constituer l'avant-garde d'une émigration plus importante grâce au récit de François Leguat, qui était le chef de ce groupe.

---

50 Théodore Sauzier, qui avait retrouvé ce volume (aujourd'hui disponible en ligne, voir la bibliographie) et l'a légué à la Bibliothèque Nationale, s'est « demandé si ces lignes n'étaient pas de la main du marquis Henri du Quesne lui-même » (*op. cit.*, p. 53).

51 Emil Rainer, *Le Cas Leguat*, Port-Louis, Mauritius, Standard Printing Establishment, 1945, p. 1.

RECUEIL DE QUELQUES MÉMOIRES SERVANT D'INSTRUCTION POUR L'ÉTABLISSEMENT DE L'ÎLE D'ÉDEN

par Henri Duquesne (1689)

AVERTISSEMENT

Depuis la dispersion des réformés de France[1] et de ceux des vallées de Piémont[2], on n'a parlé que de colonies et de nouveaux établissements : plusieurs en ont fait des projets suivant leurs inclinations et leurs génies, et il s'en est commencé quelques-uns dans les États protestants d'Allemagne, dans quelques provinces de l'Amérique, au cap de Bonne-Espérance[3], et ailleurs ; ce qui semble devoir suffire, et qu'il est inutile de proposer rien de nouveau sur ce sujet ; néanmoins, comme il est certain que la plupart des hommes sont d'un goût différent, et que ce qui plaît aux uns déplaît quelquefois aux autres, on a cru que celui-ci ne déplairait peut-être pas à ceux qui n'ont pas trouvé les autres à leur gré, quand il n'y aurait que l'agrément qui s'y rencontre de vivre parmi des gens

---

1 Allusion à l'exode forcé d'environ 250.000 Français réformés qui, à la suite de la révocation de l'édit de Nantes, en 1685, s'échappèrent plus ou moins clandestinement de France pour ne pas se convertir au catholicisme.

2 Après la révocation de l'édit de Nantes, Louis XIV força le duc de Savoie à faire appliquer sur ses terres une politique analogue, visant à obtenir la conversion forcée de la population vaudoise. À la suite d'une série de répressions violentes, une grande partie des Vaudois du Piémont s'enfuit pour chercher refuge dans la Confédération helvétique et même dans d'autres pays plus éloignés. Un groupe s'établit même à Staten Island aux États-Unis, alors colonie anglaise (c'est aujourd'hui un quartier de New York).

3 Les principaux courants d'émigration des protestants, après la révocation, se dirigèrent surtout en Hollande, en Angleterre, en Suisse et dans les États protestants d'Allemagne, où ils formèrent des communautés francophones calvinistes qui parfois subsistent encore de nos jours. Des groupes moins nombreux s'établirent dans les Nouveaux Mondes, notamment à New York, en Caroline du Sud et aussi à proximité du cap de Bonne Espérance en Afrique du Sud.

d'une même langue, d'une même nation et d'une même religion, et dont les humeurs par conséquent seront moins incompatibles qu'entre ceux qui sont nés dans différents pays, et sous diverses coutumes, ce qui est presque toujours une source de divisions, de querelles, et de plusieurs autres inconvénients.

On pourra peut-être opposer à ceci qu'il est hors de saison de penser à des établissements éloignés, dans le temps que toutes les espérances se renouvellent d'un prompt retour dans la patrie, et il est vrai que l'heureux changement qui est arrivé en Angleterre[4] flatte agréablement plusieurs de cette pensée. On répond à cela que l'on souhaite, autant et plus que qui que ce soit, que Dieu opère efficacement en France pour la délivrance de son Église comme il a fait en Angleterre[5], car, outre la gloire de Dieu et l'intérêt général, ceux qui veulent bien s'éloigner de leur patrie en cette occasion y laissent assez de quoi leur faire souhaiter un si heureux événement[6] ; il est certain même que dans le temps que ce projet a été commencé, on avait lieu de craindre une persécution générale dans toute l'Europe, plutôt qu'une délivrance prochaine de l'Église ; et c'est un des motifs le plus pressant qui ait engagé à cette entreprise, sans lequel on n'y aurait peut-être jamais pensé[7]. Mais quoique, grâce à Dieu, les choses soient présentement dans une autre disposition, on ne laisse pas de persister toujours dans le même dessein, ayant reconnu par un sérieux examen de la chose que, tout bien considéré, il n'y a peut-être

4 Allusion à la « Glorieuse Révolution » anglaise de 1688. À cette occasion, après la fuite de Jacques II, Guillaume d'Orange fut appelé au pouvoir et transforma la monarchie absolue en régime constitutionnel. Il se posa en défenseur du protestantisme face à l'hégémonie française et catholique en Europe.

5 Il y a là, probablement, une référence à la situation anglaise avant la déposition de Jacques II et, en particulier, à la répression sanglante de la rébellion protestante du prétendant au trône d'Angleterre James Scott, premier duc de Monmouth et à son exécution en juillet 1685.

6 Duquesne se réfère, ici, à la prophétie du pasteur Pierre Jurieu qui, sur la base d'une interprétation de l'Apocalypse, prévoyait, à partir de 1689, un revirement historique entraînant la conversion de Louis XIV au protestantisme et la possibilité du retour en France des réformés. Cette prophétie ne se réalisa pas mais suscita cependant beaucoup d'espoirs auprès des réfugiés, qui hésitèrent pendant un certain temps à s'éloigner définitivement de l'Europe. Voir Debora Spini, *Diritti di Dio, diritti dei popoli. Pierre Jurieu e il problema della sovranità*, Turin, Claudiana, 1997.

7 En révoquant l'édit de Nantes Louis XIV avait brisé le pacte, souscrit par son prédécesseur Henri IV, qui liait le souverain français à la partie protestante de son peuple. Beaucoup de huguenots exilés ne se sentaient donc plus en devoir de garder une attitude de fidèle soumission vis-à-vis de leur roi, accusé de félonie. L'attitude de Louis XIV légitimait, à leurs yeux, la formation d'un autre État fondé sur une base contractuelle.

point en quelque lieu que ce soit un État si heureux que celui où l'on espère d'être, si Dieu bénit cette entreprise.

De plus, le retour en France n'est pas encore tout à fait certain ; et même il est hors d'apparence que l'on puisse jamais y être dans une entière sûreté, à moins que Dieu, par un miracle, ne convertisse tout le royaume, l'expérience nous apprenant que tant que notre religion n'est que tolérée, et non pas dominante, cette tolérance ne dure qu'autant que l'on n'est point en état de s'y opposer. Mais quand même les souhaits et les vœux que nous faisons pour cela seraient accomplis, encore qu'il fût libre à ceux qui voudraient s'en revenir de le faire quand ils jugeraient à propos, on doute néanmoins avec raison que personne songeât à sortir d'un lieu où tant d'agréments se rencontrent, d'autant plus que l'éloignement ne préjudicierait point à la part que chacun a le droit d'espérer dans cette prospérité générale, et qu'on en pourrait jouir de loin comme de près.

Au reste, on doit être averti que ces *Mémoires* ont été faits en différents temps ; le premier n'a été publié que comme un essai, après que le projet en fut conçu par quelques amis ; c'est pourquoi les termes en sont plus généraux, et selon que la chose a eu du succès, on a parlé plus positivement dans les mémoires suivants.

MÉMOIRE CONTENANT LE PREMIER PROJET QUI A ÉTÉ FAIT DE CET ÉTABLISSEMENT,

où l'on verra en général le but que l'on s'est proposé, et de quelle manière on a dessein de se gouverner

Nous qui, par la grâce de Dieu, sommes échappés du naufrage auquel une partie de l'Église a été exposée dans ces derniers temps, après nous être humblement prosternés devant l'Éternel notre Dieu, pour l'adorer et pour lui rendre grâces d'un si grand bienfait, et après avoir imploré sa miséricorde pour la délivrance de ceux de nos frères qui souffrent encore, et sa divine protection et son secours sur l'entreprise que nous formons pour sa gloire, pour le salut de nos âmes et pour le refuge des malheureux. Nous avons unanimement résolu les choses suivantes, et jugé à propos d'en faire part à ceux que nous estimons devoir être dans les mêmes sentiments que nous.

Considérant le grand nombre de chrétiens dispersés dans le monde, privés de leur patrie dont ils ont été chassés, ou contraints de sortir, la plupart n'ayant emporté que leur âme pour butin, malheureux, fugitifs, et errants de contrée en contrée pour trouver quelque asile entre leurs frères et quelque subsistance par leur travail, ou par des charitables subventions, et qu'enfin ce nombre augmentant tous les jours, par la bonté de Dieu qui a ouvert la porte aux prisonniers, il est à souhaiter que ces pauvres brebis éparses soient rassemblées en un troupeau, et dans quelque retraite assurée, pour y servir et louer Dieu publiquement, qui par sa grâce les a délivrés ; et afin encore que, s'occupant à un travail légitime selon son commandement, ils puissent manger leur pain avec joie, sans être à charge à leurs frères, mais plutôt en secours aux affligés et en asile aux misérables.

Dans cette vue, nous nous sommes unis, tant nous, à qui Dieu a fait la grâce d'être en état de pouvoir subvenir à une partie des frais de cette entreprise, que ceux auxquels il a mis au cœur de nous suivre pour coopérer en ce qui dépendra d'eux à l'avancement de ce dessein.

Et comme l'ordre est l'âme et le soutien des sociétés et du gouvernement des peuples, et que nous ne pouvons plus compter sur l'amour et sur la protection de nos princes naturels qui nous ont abandonnés, chassés et traités comme ennemis, il nous est absolument nécessaire de choisir d'entre nous quelqu'un pour nous gouverner, et pour être chef de notre colonie ; pour cela, d'une commune voix, nous avons élu *[8] pour être notre chef et conducteur de notre République[9], dans l'espérance que nous avons que Dieu lui fera la grâce de nous gouverner sagement et débonnairement, comme il est convenable à un véritable chrétien avec toute justice et équité, considérant les bons, punissant les coupables, et faisant justice à tous sans distinction de personne.

De plus, comme il est impossible à un seul homme de supporter un si grand poids, et que même il est dangereux que, commettant à un seul l'autorité suprême, il ne vienne enfin à en abuser, nous avons

---

8 [*sic*] : Duquesne laisse en blanc le nom du chef – il se contente de le signaler d'une astérisque – pour conserver l'anonymat d'une personne encore non désignée, et surtout pour éviter de se mettre lui-même en avant.

9 Le chef de la nouvelle « république » protestante et francophone devait donc être désigné à travers une élection démocratique.

jugé à propos de choisir douze des plus sages[10] et des plus avisés d'entre nous, et particulièrement de ceux qui ont le plus contribué à mettre en avant ce projet, et auxquels, après le secours de Dieu, nous en avons la plus grande obligation, pour aider notre chef dans le gouvernement de la République.

Ces douze composeront un sénat où se régleront les affaires les plus importantes ; il s'assemblera par l'ordre du chef, et lui servira de conseil auquel il déférera quand la pluralité des voix l'emportera, la sienne toutefois étant comptée pour trois, car nous estimons que le chef doit avoir quelques prérogatives sur les autres, non seulement parce qu'il représente le pouvoir souverain, mais encore parce qu'il est à présupposer qu'ayant été élu pour cette charge on a reconnu en lui une capacité et des lumières qui doivent donner plus de poids à ses sentiments.

C'est là, en substance, la forme du gouvernement que nous nous proposons d'observer, et nous espérons, avec l'aide de Dieu, que nous éviterons par-là (au moins autant qu'il se peut humainement) la plupart des inconvénients qui se rencontrent dans les monarchies, et dans les républiques, sans vouloir blâmer cependant ni les unes ni les autres, car nous savons que les puissances qui sont en état sont ordonnées de Dieu ; mais nous croyons que cette forme de gouverner préviendra d'une part les longueurs, les indéterminations, les changements d'avis et l'inobservation du secret si dommageables aux républiques gouvernées par trop de têtes, et qu'elle évitera, d'autre côté, les suites fâcheuses du pouvoir souverain, qui tombe quelquefois dans des excès dangereux au peuple qui lui est soumis, lorsqu'il est entre les mains d'un seul homme. Ainsi nous établissons un chef pour être le premier mobile de ce corps, dont l'autorité modérée puisse maintenir le peuple dans le respect et dans l'observation des lois, et ne puisse jamais néanmoins lui permettre d'en abuser.

Ce que nous disons ici n'est que pour donner une idée du gouvernement, et comme un abrégé de nos premières lois, lesquelles on étendra selon le prudent avis des sages, et le consentement général de nous tous, quand Dieu nous aura fait la grâce d'être rassemblés en un corps dans la retraite que nous avons choisie, avec ceux de nos frères qui voudront nous y accompagner.

---

10 On peut remarquer que le nombre des sénateurs est le même que celui des apôtres qui entouraient Jésus-Christ.

Nous ne publions point encore le lieu où se doit transporter cette colonie, pour des raisons importantes, jusqu'à ce que le nombre des gens de bien que nous cherchons soit complet. Mais, comme ceux à qui nous nous confions pour la conduite de cette affaire sont gens sensés et connus dans le monde pour tels et pour n'avoir que des intentions droites et sincères, et que d'ailleurs ils y emploient des sommes assez considérables, ceux qui voudront se joindre à nous doivent être persuadés que l'on n'a aucun dessein de les tromper[11], et que le but que l'on se propose est de les délivrer de la misère, et de tâcher de les rendre heureux, s'il est possible, en les menant dans un pays non seulement habitable, mais qui, de plus, est assez commode, fertile et agréable ; et où ils pourront principalement travailler à leur salut avec joie et tranquillité.

L'on avoue néanmoins qu'il y aura d'abord quelques difficultés, parce que tous les commencements n'en sont jamais exempts, en quelque sorte d'établissement que ce soit, mais l'on espère que l'on ne tardera pas à être récompensé largement des peines que l'on aura prises.

L'on ne prétend pas au reste cacher toujours le lieu de cette bienheureuse retraite, et l'on n'a pas dessein d'obliger ceux qui voudront être de cette partie à se laisser mener sans savoir où. Comme on n'y veut que des gens raisonnables, aussi prétend-on les persuader par la raison, et nullement par une autorité à laquelle ils soient obligés de déférer aveuglément ; c'est pourquoi la chose sera expliquée plus amplement quand il en sera temps, et l'on ne se propose présentement que de faire connaître l'intention où l'on est, afin de convier par là ceux de nos frères réfugiés qui auront quelque inclination de venir avec nous à se disposer à le faire lorsque, connaissant la chose plus exactement, ils y seront entièrement déterminés. Tout ce que l'on demande d'eux à présent, c'est de témoigner en quel sentiment ils sont à cet égard, sans néanmoins que cela les engage à aucune chose.

Mais, afin de leur donner par avance quelque idée de ce qui en est, on a cru devoir leur dire qu'il y a divers endroits dans le monde qui méritent d'être occupés, quoiqu'ils ne le soient pas ; la paresse ou l'impuissance de quelques-uns et quelquefois le peu de connaissance qu'ils en ont étant cause qu'ils sont négligés ou abandonnés, mais surtout le peu

---

11 Cette remarque rassurante s'explique par le fait que de nombreuses brochures, parfois excessivement optimistes et donc trompeuses, encourageaient les réfugiés huguenots établis dans les pays européens.

d'espérance d'y amasser de grandes richesses, car c'est le premier mobile de la plupart des actions des hommes, qui sont si rarement contents de la médiocrité. Mais, pour nous qui n'avons point cette vue, et qui ne cherchons que la douceur de la vie et la tranquillité de la conscience, nous espérons trouver la satisfaction de nos désirs là où les autres n'ont pu assouvir leur ambition déréglée.

Nous ne marquons point ici tous nos règlements, soit pour éviter la longueur, soit parce que nous attendons aussi que notre corps soit complet pour donner la dernière main à cet ouvrage.

Sur quoi l'on doit être informé qu'il y a encore six places à occuper dans notre Conseil, afin que ceux qui auront intention de se joindre à nous, et dont le mérite distingué pourra leur donner lieu d'y prétendre, pensent de bonne heure à se déclarer[12].

Il y a aussi d'autres emplois à donner et ils seront distribués à ceux qui en seront jugés dignes, par rapport au mérite, à la part que l'on sera en état de contribuer pour l'augmentation du fonds nécessaire à cette entreprise, et enfin à ce que l'on se sera présenté des premiers pour les occuper.

Au reste, l'on espère que tous les princes chrétiens et particulièrement les protestants nous seront favorables en cette occasion ; ces derniers seront soulagés par là de quantité de gens qui leur sont à charge, ne prétendant pas les priver de ceux qui leur seront nécessaires ; et même nous ne voulons rien faire sans leur participation et leur aveu[13] ; quant aux autres qui nous regardent comme des objets d'aversion et de mépris, ils doivent être bien aise que nous nous éloignions de leurs yeux ; enfin les uns et les autres, s'ils sont touchés de la charité, qu'ils reconnaissent tous pour la première des vertus chrétiennes, ne sauraient regarder de mauvais œil le soulagement des malheureux.

Nous protestons cependant que nous ne gardons aucun ressentiment contre ceux qui, par un zèle qu'ils ont cru venir de Dieu, nous ont contraints à sortir de notre patrie, et que nous aurons une reconnaissance

---

12 La caractéristique démocratique du projet de colonisation est soulignée à plusieurs reprises.

13 La fuite massive du territoire français de nombreux calvinistes avait provoqué d'importants problèmes économiques et sociaux dans les principaux pays d'accueil. Cependant elle avait permis aussi un transfert, dans ces pays, de technologies et de méthodes nouvelles de travail, fort utiles pour ces derniers. Les artisans et les ouvriers spécialisés étaient donc retenus volontiers, alors que les paysans et d'autres catégories socio-professionnelles trouvaient plus difficilement la possibilité de se réinsérer. C'est peut-être l'une des raisons pour lesquelles Duquesne, dans ce passage, essaie de ménager les intérêts des pays d'accueil.

éternelle pour ceux qui nous ont si charitablement reçus dans leur sein ; que nous souhaitons de vivre en paix avec tous, et que nous sommes prêts à leur rendre tous les bons offices qui dépendront de nous, ainsi que nous l'espérons réciproquement d'eux.

ADDITION AU MÉMOIRE PRÉCÉDENT QUI CONTIENT UNE DESCRIPTION ABRÉGÉE DE L'ENDROIT OÙ L'ON VEUT ALLER

Depuis que nous avons fait savoir le dessein que nous avons de rassembler le plus qu'il nous sera possible de nos frères exilés pour la parole de Dieu, afin d'en composer une colonie et aller tous ensemble habiter un bon pays où l'on puisse vivre en bons chrétiens et y jouir de quelques douceurs pour la vie, il n'y a pas un de ceux à qui nous l'avons communiqué qui n'ait approuvé cette pensée ; et même, plusieurs, animés d'un même courage, se sont offerts très volontiers pour nous y accompagner ; mais quelques-uns ont souhaité savoir l'état du lieu où nous espérons aller, son climat, et les autres circonstances qui peuvent convier ceux qui aiment leurs commodités en ce monde à se déterminer entièrement là-dessus. C'est ce qui nous a portés à en donner ici une idée générale, en attendant que l'expérience que nous en ferons bientôt moyennant l'aide de Dieu nous donne occasion de satisfaire la curiosité de ceux qui veulent savoir jusques aux moindres particularités.

On ne doit pourtant pas s'attendre à une description pompeuse de quelque pays abondant en perles et en pierres précieuses, ou de quelque lac dont le sable ne soit qu'or, comme quelques-uns ont voulu nous faire croire qu'il y en avait au Pérou[14] ; il y en a peut-être, mais, quand cela serait, ce n'est point par là qu'on prétend le vanter ; on ne parlera que des vérités qui nous sont connues et l'on n'y verra que de la simplicité ; on

14 La description des pays exotiques, dans les textes des relations de campagnes coloniales et dans les prospectus encourageant l'émigration, était toujours euphorique. Elle faisait, en outre, appel à des procédés rhétoriques, à des formules descriptives récurrentes et génériques, qui, à la longue, rendaient peu crédibles les représentations des lieux censés attirer des colons. Cela explique la prise de distance de Duquesne à l'égard de ce style stéréotypé et sa préoccupation de fonder son discours sur la « vérité » et la « simplicité ».

n'y trouvera point de quoi satisfaire l'avarice, ni une ambition extraordinaire, mais on y trouvera de la solidité et les choses nécessaires à la vie ; on ne doit pas non plus s'attendre à trouver dans un pays nouvellement habité des champs cultivés, des vignes plantées, et les autres avantages qui se rencontrent dans un pays habité depuis longtemps ; mais, outre qu'on en trouvera d'autres qui équivalent ceux-là, il semble qu'il doit nous suffire que toutes ces choses y soient en puissance, c'est-à-dire que le terrain et le climat puissent permettre d'en espérer une agréable jouissance, après avoir pris les soins nécessaires pour la culture. Voici en peu de mots ce qu'il en est.

Le climat de ce lieu est plus chaud que froid, il y a peu d'hivers qui obligent à se chauffer, et il est à peu près semblable à celui des îles Canaries, que quelques-uns appellent Fortunées ; l'air y est très bon, ce qu'on a remarqué par la prompte guérison des malades que l'on y a quelquefois débarqués, et par la bonne santé[15] de ceux qui y ont fait quelque séjour ; il y a, comme dans la plupart des endroits du monde, des plaines et des montagnes ; il y en a même quelques-unes d'assez hautes, ce qui peut être une des causes qu'il n'y fait pas si chaud que dans d'autres lieux situés sous le même degré ; il y a aussi des rivières et des lacs, mais peu considérables, si ce n'est par le poisson qui y est assez abondant, et parce que l'eau en est très bonne à boire ; il y a beaucoup de forêts, comme dans tous les lieux inhabités ; et ceux qui les ont parcourues disent qu'il y a des bois de toutes espèces, et même de ceux qui sont rares en Europe comme les cèdres, de l'ébène, et d'autres semblables ; enfin il est certain qu'il y en a beaucoup de propres pour la charpente, et c'est le principal ; il y aussi beaucoup de fruits que la terre produit d'elle-même, comme des ananas, des bananes, et des palmiers de toutes sortes, des citronniers, et des orangers doux et aigres, plusieurs sortes de figuiers, et beaucoup d'autres qui ne sont pas connus en Europe et qui sont très agréables ; et il est hors de doute que puisque la terre y produit ces choses sans culture[16] lorsqu'elle sera cultivée et que l'on y plantera des fruits de notre continent, ils y profiteront tout au moins aussi bien, comme ils sont dans les lieux situés sous le même climat ; il est même à remarquer qu'on y a planté de la

15 Ce tableau du climat de l'île et de ses qualités thérapeutiques se trouve dans toutes les relations de voyage précédentes qui parlent de Bourbon.

16 Évocation discrète, mais éloquente, d'une situation édénique où la nature produit ses fruits sans le labeur de l'homme.

vigne et semé du blé[17], qui y ont bien réussi l'un et l'autre sans qu'on y ait apporté beaucoup de précaution ; ainsi on a tout lieu d'espérer que la terre n'y sera pas ingrate ; et si on n'en dit pas davantage, c'est pour en promettre moins que l'on en trouvera, afin qu'on soit surpris agréablement. Il y a par-dessus cela beaucoup de gibier de toutes sortes, et beaucoup d'animaux propres à la nourriture de l'homme, comme des bœufs et des vaches, mais surtout des cochons et des chèvres dont il y a abondance, et que l'on prend sans peine ; l'on n'a pas remarqué qu'il y eût des bêtes sauvages dont la rencontre fût dangereuse, et l'on y peut chasser avec beaucoup de plaisir et sans appréhension. Il y a donc enfin du poisson, de la viande, des légumes et des fruits, ainsi on peut dire que l'on y trouve de tout ; car le blé et la vigne y venant bien, comme on l'a remarqué, il y aura dans peu du pain et du vin ; cependant l'on en emportera provision et on en fera venir d'ailleurs, pour n'en pas manquer jusqu'à ce que la terre en fournisse suffisamment ; et en attendant il y a plusieurs choses qui peuvent être substituées au lieu de cela, car il y a beaucoup de racines qui s'apprêtent de différentes manières, et du mil, et du riz, qui croissent dans les pays voisins, dont on peut avoir abondance pour peu de chose, ce qui dans la nécessité peut tenir lieu de pain ; et au lieu de vin, dont on peut bien se passer quelque temps, puisque la plupart des Turcs s'en passent toute leur vie et ne s'en portent pas plus mal, il y a du vin de palme et du vin de miel, car il y a beaucoup d'abeilles qui se nichent dans les rochers et dans les arbres ; il y croît même des cannes à sucre, dont on pourra tirer un grand usage ; enfin il y a quantité d'autres petites douceurs qui seraient trop longues à déduire.

Il est peut-être à craindre que l'éloignement ne paraisse fâcheux à quelques-uns, et surtout à ceux qui n'ont pas accoutumé de compter la distance du chemin qu'ils font ordinairement par milliers de lieues ; mais ceux qui ont fait des voyages sur mer pourront les rassurer à cet égard ; nous pourrons même en tirer cet avantage que, plus nous serons éloignés, moins l'on songera à venir nous inquiéter, du moins la difficulté en sera plus grande.

---

17 C'est là une des rares allusions au fait que l'île Bourbon a été – ou était – habitée. Dans la réalité, elle a servi plusieurs fois entre 1646 et 1658 de lieu de déportation pour des mutins ou indésirables de la colonie de Fort-Dauphin à Madagascar, puis a été occupée de façon permanente à partir de 1663 (par Louis Payen et Pierre Pau), devenant colonie en 1665 sous la direction d'Étienne Régnault, nommé commandant par la Compagnie des Indes Orientales.

Nous espérons donc que cela ne rebutera pas les bien intentionnés, d'autant plus qu'ils doivent être persuadés que nous prendrons toutes les mesures et toutes les précautions nécessaires pour parvenir à une heureuse réussite, et pour prévenir, autant qu'il se peut humainement, tous les inconvénients ; mais surtout, ce qui doit nous encourager à surmonter les difficultés qui pourront se rencontrer, c'est que nous devons être certains que Dieu sera notre conducteur, et notre protecteur, principalement si nous sentons que nous sommes poussés d'un véritable zèle pour sa gloire ; et en effet nous pouvons être des instruments en sa main pour publier son Évangile parmi les nations, et faire adorer son nom par les peuples les plus reculés de la terre[18], sa bonté nous en fasse la grâce.

AUTRE MÉMOIRE CONTENANT UNE INSTRUCTION PLUS AMPLE DE CE QUI CONCERNE L'ÉTABLISSEMENT DE L'ÎLE D'ÉDEN

On a déjà fait connaître, par le premier mémoire, le but qu'on s'est proposé dans le projet de cet établissement, et l'on a pu remarquer que l'ambition ni l'avarice n'y ont pas beaucoup de part ; ainsi ce n'est point à ceux qui sont possédés de ces deux passions que l'on s'adresse ; ce n'est point non plus à ceux qui ne cherchent que les faux plaisirs et les vains divertissements du siècle ; enfin, ce n'est point à ceux qui, pleins d'un esprit turbulent et inquiet, ne seraient propres qu'à apporter la discorde et à être un obstacle à l'union que nous souhaitons sur toutes choses entretenir parmi nous. Ces sortes de gens ne sont point propres à une entreprise comme celle-là, et ils n'ont pas besoin d'aller si loin pour chercher ce qui leur convient ; car ils le trouveront partout, et le monde en général est fait pour eux. Mais ceci s'adresse aux véritables réfugiés qui le sont de bon cœur, et qui ne regrettent point les oignons d'Égypte ; car c'est à eux que ce pays de Canaan est réservé.

---

18 Cette phrase paraît à tort supposer une population autochtone d'indigènes à Bourbon, alors que l'île était déserte avant l'arrivée des premiers Français vers 1645, et laisse entendre que la colonisation prévue par Duquesne avait aussi une mission évangélisatrice. Ce qui n'était pas toujours le cas dans les établissements coloniaux calvinistes.

Ce n'est pas qu'il n'y en ait un grand nombre de ceux-là, à qui cela ne convient pas ; chacun a ses différentes vues, et sait ce qui lui est propre ; mais c'est seulement afin que personne ne s'y trompe, et qu'on ne s'imagine pas que cela convienne au libertinage et à l'oisiveté : en effet, rien ne lui est plus opposé ; car ici chacun doit nécessairement s'empresser d'employer utilement le talent que Dieu lui a donné, bien loin de l'enfouir par la débauche et par la fainéantise[19].

Et comme ceux qui ont entrepris l'établissement de cette colonie sont eux-mêmes réfugiés, et par conséquent hors d'état de pouvoir soutenir seuls la dépense nécessaire pour la réussite de cette affaire, que d'ailleurs ils n'ont pas voulu être à charge aux puissances qui leur ont accordé leur protection, et que cependant ils ont particulièrement en vue de recueillir ceux qui sont destitués de tout secours, il faut encore que dans cette occasion chacun contribue selon ses forces. Que ceux qui ont de quoi tâchent de subvenir à ceux qui n'ont rien, et que réciproquement ceux-ci contribuent par leur travail ou par leur industrie à l'avancement du bien commun ; afin que, s'entraidant ainsi mutuellement, on puisse parvenir à un heureux établissement et jouir de toutes les douceurs qui se trouvent dans une société composée d'honnêtes gens, établie dans un lieu fertile et agréable où règnent la santé, la liberté, la tranquillité de la conscience, la justice, la charité et enfin l'espérance du salut, qui sont les véritables biens qui méritent qu'on se donne quelques peines pour les acquérir. Mais, afin que dans tout cela on garde un certain ordre d'équité dont tout le monde puisse être content, voici de quelle manière l'on a jugé à propos de régler la chose.

Chaque personne au-dessus de douze ans contribuera pour son passage et sa nourriture pendant le voyage, cent livres monnaie de France, qui font environ quatre-vingt-deux florins, et les enfants moins à proportion, excepté ceux de six ans et au-dessous qui seront francs ; et quand il y aura quelques familles chargées d'enfants et qui seront pauvres, on y aura égard et on leur fera quelque gratification.

Ceux qui voudront être mieux que le commun le pourront en contribuant deux cents livres et encore mieux, s'ils veulent contribuer jusqu'à trois cents, parce que l'on fera les provisions à proportion.

---

19 Référence implicite à la parabole des talents (*Évangile selon Matthieu*, 25 : 14-30). Duquesne joue sur le double sens du mot *talent* : ceux qui font fructifier les talents qu'ils ont reçus sont récompensés ; celui qui ne fait pas fructifier le talent qu'il a reçu – dans la parabole, unité de poids équivalent dans l'Antiquité à environ 30 kg – est puni, et même privé de son talent.

Ceux qui ne seront point en état de faire cette contribution seront néanmoins reçus et on la leur avancera, pourvu qu'ils soient gens de bien et de travail ; et ils seront redevables aux particuliers qui leur auront fourni cette somme, s'il s'en trouve qui en veuillent faire les avances ; sinon, on la fournira des deniers publics, et pour le paiement ils seront obligés envers ceux qui la leur auront avancée de donner deux cents journées de leur travail ; en leur laissant toutefois quelques jours par semaine pour vaquer à leurs propres affaires ; et quand ils se seront ainsi acquittés, ils pourront travailler pour eux-mêmes ou pour qui bon leur semblera ; toutefois, il sera libre avant de partir, de faire telles autres conditions qu'on voudra et elles seront ponctuellement exécutées.

Ceux qui ne seront pas gens de labeur et n'auront pas de quoi faire aussi les avances, mais auront bonne volonté et quelques talents pour posséder des emplois, ou quelque industrie pour exercer des métiers utiles à la colonie, seront aussi reçus et on leur avancera pareillement le passage et la nourriture, avec les autres choses nécessaires pour travailler et s'employer, et ils rendront ces avances lorsque par leur économie et par leurs soins ils seront en état de le faire.

On distribuera les terres à ceux qui voudront contribuer d'avance pour en avoir, sur le pied de cinq livres l'arpent, franches et exemptes à perpétuité de toutes charges, mais elles seraient beaucoup plus chères si l'on attendait que l'on fût arrivé ; parce qu'il est bien plus avantageux pour le public que les contributions se fassent d'avance, à cause des dépenses qu'on est obligé de faire avant de partir.

Et afin de faire les choses par ordre, et d'empêcher la confusion et les disputes qui pourraient arriver dans la distribution des terres, il a été jugé à propos de régler la chose ainsi : c'est qu'à mesure que quelqu'un se présentera pour offrir des contributions, ayant d'ailleurs toutes les qualités requises, il sera inscrit sur un registre tenu exprès pour cela afin de choisir dans le même rang qu'il aura été couché sur le rôle ; et comme il pourrait y avoir des personnes absentes qui n'auraient point d'amis sur les lieux pour se présenter pour eux, ils pourront écrire et adresser leurs lettres à M[20]. à Amsterdam. Cela aura la même force que s'ils y étaient eux-mêmes, et ils seront inscrits du jour que leur lettre

20 Le nom est en blanc dans l'original imprimé, mais, à la main, on y a ajouté celui de « M. Édouard Willet sur le Cingle ».

sera reçue, pourvu qu'ils envoient dans la quinzaine la somme qu'ils auront offerte, soit en argent comptant ou lettre à vue.

Ceux qui ne seront point en état de contribuer pour avoir des terres, mais qui seront gens capables de les faire valoir, soit en les prenant à ferme ou autrement, seront néanmoins reçus ; et l'on pourra traiter avec eux à des conditions raisonnables et dont on conviendra.

Lorsque quelqu'un aura des terres en propriété, à ferme ou autrement, et qu'il n'aura point de graines pour les ensemencer, on lui en fournira, à condition qu'il rende la dîme de la première récolte seulement, sans que cela tire à conséquence pour la suite ni pour les autres.

Il sera libre de contribuer ce que l'on voudra, et on en sera récompensé à proportion dans la distribution du pays.

Il sera libre encore d'employer en terre telle partie qu'on voudra de sa contribution ; il sera tenu un registre exact de ce qu'il aura de surplus, et l'État en paiera l'intérêt aux particuliers sur le pied de cinq pour cent, jusqu'au remboursement du principal, soit en argent, en denrées, ou en journées d'hommes, de la manière qu'on en conviendra, selon le choix et la commodité de chacun.

Il sera libre aussi à ceux qui ne voudront pas mettre tout leur argent dans le trésor public d'en employer une partie en marchandises et denrées propres à l'usage du pays où l'on va, soit pour les débiter dans l'île même, ou pour les troquer dans les lieux compris dans l'octroi que Messieurs les directeurs de la Compagnie des Indes Orientales des Provinces-Unies nous ont fait, mais il faudra payer le fret suivant la pesanteur ou le volume dont on embarrassera le vaisseau.

Chaque personne néanmoins pourra porter avec soi une quantité raisonnable de hardes, sans que cela soit compté.

Le voyage est ordinairement de trois ou quatre mois ; on pourrait le faire en tout temps, mais le plus commode est au commencement du printemps et sur la fin de l'automne.

L'embarquement se fera en Hollande, et il y aura souvent des commodités pour cela, soit par des navires qui iront tout droit, ou par ceux des Messieurs de la Compagnie, sur lesquels on pourra aller jusqu'au cap de Bonne Espérance, comme nous en sommes convenus par un traité fait avec Messieurs les directeurs ; et, y étant arrivé, on y trouvera une personne qui y résidera de notre part pour avoir soin de ceux qui y viendront, et pour les faire embarquer ensuite dans un vaisseau qui ira et viendra exprès pour cela du Cap à l'île d'Éden. Ceux donc qui auront intention de venir s'établir dans ladite île devront se rendre à Amsterdam environ ce temps-là, et s'adresser audit sieur[21] qui recevra les contributions, indiquera ce qu'il y aura à faire et paiera pour ceux qui n'auront pas de quoi, dont chacun apportera un certificat sur lequel on se réglera pour leur établissement dans l'île.

Quand on sera arrivé, on établira des magasins remplis de toutes les choses nécessaires à la vie, des outils, des ustensiles, des graines et de tout ce qui pourra être utile au public ; ce que l'on distribuera à un prix raisonnable et fixé.

On établira une maison d'hospitalité avec un revenu pour entretenir les pauvres, les malades et les infirmes, chacun dans des appartements séparés, afin que, s'il plaît à Dieu de bénir les soins qu'on prendra, personne ne souffre faute de secours[22].

On prendra aussi un soin particulier des veuves et des orphelins ; on fera valoir le bien de ceux qui en auront, s'ils ne sont pas en âge ni en état de le faire, et on fournira d'autres moyens à ceux qui n'en auront point, pour les faire subsister honnêtement chacun selon sa qualité et sa capacité.

Surtout, on prendra soin des filles, demoiselles et autres qui se trouveront sans bien, et sans proches parents chez qui elles puissent se retirer, et il y aura un fonds et une maison destinés particulièrement pour elles, afin qu'elles y puissent vivre dans une honnête société, en s'occupant à des ouvrages convenables à leur qualité jusqu'à ce qu'il y ait occasion à d'autres établissements, soit en se mariant, ou en prenant tel autre parti qu'elles aimeront le mieux. Et l'on aura aussi dès à présent le même soin de celles qui viendront, pourvu qu'elles soient connues et qu'elles aient bon témoignage, et on les mettra pendant le voyage avec des personnes auprès de qui elles seront honnêtement.

Pour ce qui regarde les charges et les emplois, chacun y pourra parvenir par son mérite et le talent qu'il aura pour être utile au public[23] ; car en toutes choses et particulièrement en cela ce sera toujours la première considération que l'on fera ; on aura toutefois les égards raisonnables

---

21 En blanc dans l'original imprimé, mais ici encore le nom d'Édouard Willet sur le Cingle a été rajouté à la main.

22 Ces mesures sociales sont rarement prévues dans une colonie à l'époque.

23 Conception des activités professionnelles se réclamant du bien public et donc opposée à la pratique européenne de la vénalité des charges et des emplois.

que l'on doit avoir soit pour la naissance, ou pour d'autres semblables considérations ; pourvu néanmoins que cela aille toujours au bien de la République, qui est le but principal qu'on se doit proposer.

Voici les charges qu'on a jugé à propos d'établir jusqu'à présent ; on expliquera dans la suite quelles sont leurs fonctions et l'étendue de leur pouvoir, et pour le présent, on se contentera d'en donner ici la liste.

Le chef, à qui on donnera tel titre qui conviendra dans la suite.

Douze conseillers ou sénateurs.

Un capitaine général qui sera toujours du corps de sénat.

Un chancelier.

Un secrétaire.

Un trésorier.

Trois colonels, qui seront aussi gouverneurs, présidents de la justice inférieure, juges civils et criminels et de police.

Ils auront chacun six capitaines sous eux, qui seront conseillers et qui jugeront avec eux tout ce qui sera de leur ressort.

Chacun de ces capitaines aura sa compagnie dans laquelle il aura un lieutenant et une enseigne.

Il y aura un major dans chaque régiment qui servira aussi de secrétaire du colonel et de son conseil.

Et les sergents serviront d'huissiers.

Un capitaine des gardes.

Deux lieutenants et deux sous-lieutenants.

Un capitaine d'artillerie et un lieutenant.

Un ingénieur et un sous-ingénieur.

Un grand voyer et arpenteur sous lui.

Un intendant et trois commissaires.

Quelques inspecteurs ou directeurs des terres du domaine ou des ouvrages qu'on fera faire.

Un bibliothécaire.

Quelques gens pour enseigner la jeunesse.

C'est à peu près là les emplois qui sont nécessaires ; il y en a quelques-uns de remplis et d'autres vacants.

Pour ce qui est des bénéfices attachés à chaque emploi, ils consisteront d'abord dans une certaine étendue de domaine qui sera annexée à la charge, selon le rang qu'elle tiendra, et encore en certaine portion et distribution de vivres, jusqu'à ce que le pays en fournisse suffisamment ;

et ensuite en quelques appointements proportionnés à la force du trésor, qui devra être ménagé d'abord avec grande prudence, jusqu'à ce que Dieu y ayant mis sa bénédiction, comme nous l'espérons et comme nous l'en prions, l'on puisse user de plus grandes libéralités envers ceux dont les soins seront utiles à la République.

Quant aux pasteurs et ministres du saint Évangile, comme on souhaite qu'ils s'attachent uniquement et soigneusement à la fonction de leur ministère, on tâchera de faire en sorte qu'ils n'en soient point détournés par les soins de faire valoir leurs terres et de procurer des établissements à leurs familles ; et pour cet effet on leur donnera de quoi subsister honnêtement et proportionnellement au nombre de leurs enfants, et après leur mort on aura aussi soin de leurs familles et de leurs veuves.

Tous ceux qui seront en charge, de quelque nature qu'elle soit, seront obligés d'en faire la fonction sans prendre ni recevoir rien des particuliers ; la justice même se rendra gratis[24].

On avait eu dessein d'abord de donner ici un détail plus particulier de la forme du gouvernement, de la succession et de la nomination aux charges, des cas où il sera nécessaire que le consentement du peuple intervienne, comme lorsqu'on voudra introduire ou changer quelque loi, quand il s'agira de paix ou de guerre, ou de faire valoir la monnaie plus ou moins ; ou qu'il surviendra une nécessité de faire quelque imposition, ou autre chose semblable s'il s'en rencontre. Mais cela aurait mené dans une longueur excessive, et comme plusieurs personnes ont témoigné désirer avec empressement ce petit recueil tel qu'il est, on remet à éclaircir ces points-là dans un autre mémoire où l'on traitera particulièrement des lois qu'on se propose d'observer dans l'île d'Éden, qui seront les plus succinctes et les plus claires qu'il sera possible. Cependant, on a été bien aise d'en dire ici un mot en passant, pour faire voir qu'on est dans le dessein de mettre des barrières à la tyrannie, si le malheur voulait que le gouvernement tombât, dans la suite, entre les mains de gens qui n'eussent pas d'aussi bonnes intentions que leurs prédécesseurs.

Et pour faire voir outre cela un échantillon du dessein que l'on a de donner encore au peuple une honnête liberté de se plaindre lorsqu'il croira en avoir sujet, et même de proposer les remèdes qu'il croira utiles pour réformer les abus vrais ou faux dans le gouvernement ou sur d'autres sujets, l'on a cru devoir dire ce que l'on se propose à cet égard.

24 La justice est conçue comme un service social dépourvu de toute vénalité.

C'est que tous les seconds jours de l'année, après les prières du matin et le sermon qui sera fait exprès sur ce sujet, tout le peuple assemblé dans chaque communauté défilera par régiment et par compagnie, et en passant chacun pourra jeter dans une boîte faite exprès pour cela un billet non signé et écrit de telle main qu'on voudra, où il sera permis à chacun de dire son sentiment sur toutes les choses, sans que pour cela il en puisse être recherché ; et chacun ayant mis le sien, les boîtes seront fermées et scellées puis portées dans le Sénat pour y être examinées et y avoir ensuite tels égards que la chose le requerra.

Au reste, nous ne nous flattons pas et nous n'osons pas espérer que ceci soit du goût de tout le monde ; tous les hommes sont si différents d'humeurs et d'inclinations qu'il serait impossible d'en attendre une approbation générale. Nous souhaitons néanmoins que les personnes judicieuses en jugent favorablement, et nous avons tâché autant qu'il nous a été possible de ne rien proposer qui ne pût recevoir leur approbation : nous avons essayé de garder un juste milieu entre l'équité et la charité. D'un côté, nous avons voulu aider ceux qui, étant dénués de tout secours, ont pourtant bonne volonté ; et de l'autre nous avons tâché de faire en sorte que ceux qui feront des avances ou qui auront fourni quelque somme considérable au trésor puissent les retrouver avec quelque avantage ; nous voudrions avoir pu mieux faire, et si dans la suite nous reconnaissons que nous avons erré en quelque chose, nous ne ferons pas de difficulté à le réformer, surtout quand ce sera du consentement général, lorsque nous serons tous assemblés. Néanmoins, pour prévenir quelques objections qu'on pourrait faire, on a cru qu'il ne serait pas hors de propos de faire les réflexions suivantes.

La première, que quoiqu'il semble à quelques-uns qu'on ne fasse pas un grand avantage à ceux qui veulent venir s'établir dans cette île, en ce qu'on leur fait payer leur passage et leur nourriture, et que s'ils veulent avoir des terres il faut, en quelque façon, les acheter par les contributions qu'on est obligé de faire pour en avoir, ou par le travail qu'il faut faire pour les acquérir, néanmoins, à bien considérer la chose, ce que l'on donne pour cela est peu au prix du profit qu'on en retire ; car pour cinquante livres on aura dix arpents de terre qui seront capables de nourrir une famille parce qu'on peut faire plusieurs récoltes dans une année, comme on le verra dans une relation plus particulière ; et, outre cela, l'on doit savoir que chaque communauté aura une portion de bois convenable tant pour le chauffage que pour bâtir, et une certaine étendue de prairie pour le pâturage des bestiaux, le tout sans qu'il en coûte rien aux particuliers. Il est vrai qu'en quelques endroits on a donné les terres pour rien ou pour peu de chose ; mais on les a en même temps chargées de redevances qui sont plus incommodes que si on avait payé les fonds ; ainsi l'on croit qu'il est bien plus avantageux de contribuer quelque chose d'abord, et être ensuite francs à perpétuité de toutes censes[25] et rentes, lods et ventes, rachats, dîmes et autres droits de fief, de taille, de gabelle, de douane et autres impôts qui surchargent le peuple et causent une infinité de procès, d'embarras et de chagrins qu'on évitera par ce moyen. Il est vrai qu'il pourra aussi quelquefois arriver des nécessités pressantes où l'on sera obligé de contribuer de son fonds ou de sa personne pour subvenir aux besoins publics, comme cela arrive dans toutes les sociétés du monde, où le bien général doit prévaloir sur le particulier ; mais, outre qu'on espère que cela arrivera rarement ; c'est que ce sera toujours du consentement général, et d'une manière qu'on s'en fera plutôt un plaisir qu'une peine.

La seconde réflexion, c'est que la contribution que l'on exige ne revient au profit de personne en particulier, car les deniers qui en proviennent sont mis au trésor public, pour être employés aux dépenses du voyage et de l'établissement, pour les préparatifs de l'embarquement, pour les munitions, et autres choses nécessaires pour la conservation du bien commun ; et afin qu'il ne se puisse rien détourner frauduleusement, on tiendra un compte exact des reçus et des dépenses, et ce compte pourra être vu et examiné de chacun.

La troisième, c'est que personne n'est exempt de cette contribution, pas même le chef ni aucun autre officier ; tous y sont obligés sans distinction, et le sort des grands et des petits est égal en cette occasion, ce qui marque qu'on n'impose point de fardeau qu'on ne veuille bien porter soi-même[26].

Enfin, le trésor public devant fournir à tout et particulièrement à l'entretien des ministres et des officiers de justice et à d'autres choses qui sont ordinairement à la charge du peuple, il est bien juste que chacun se cotise pour le remplir, n'y en ayant point d'inépuisable, et celui-là

25 « Cense », nom que l'on donnait aux métairies et aux fermes et aussi aux redevances payées pour des terres.

26 Le principe de l'équité fiscale, sans distinction d'ordre et de classe, était à l'opposé de la situation française sous l'Ancien Régime.

moins qu'un autre, n'étant composé que du débris de quelques familles réfugiées. L'on a donc cru qu'il n'y avait point de voie plus douce et plus convenable pour cela que celle qu'on a prise ; toutefois, si quelqu'un veut en proposer de meilleures, on écoutera volontiers ses avis.

On s'était contenté jusqu'ici de donner une description abrégée de l'endroit où l'on a dessein de s'établir et l'on avait même affecté de ne le pas nommer, parce que ce lieu, étant connu pour un des endroits du monde le plus agréable et le meilleur, on avait juste sujet d'appréhender d'en faire naître l'envie à quelqu'un qui aurait peut-être pu nous prévenir, d'autant plus qu'il s'est déjà fait des projets à peu près semblables au nôtre[27]*, mais à présent que nous sommes sur le point de l'exécuter, et qu'il serait difficile à d'autres de le faire sans la protection que nous avons*[28]*, on ne fait plus de difficulté de le faire connaître tel qu'il est, comme on le verra dans la description suivante*[29].

DESCRIPTION PARTICULIÈRE DE L'ÎLE D'ÉDEN

Cette île a été connue sous différents noms : elle a premièrement été nommée Mascarenhas par les Portugais, d'autres l'ont appelée l'île d'Apolonie et les Français du temps qu'ils étaient à Madagascar auprès de qui elle est située la nommaient quelquefois l'île Bourbon ou Mascareigne, corrompant son premier nom ; d'autres enfin l'ont appelée l'île d'Éden, et c'est ce dernier qu'on a retenu comme lui convenant mieux, parce que sa bonté et sa beauté la peuvent faire passer pour un paradis terrestre, et c'est ainsi en effet qu'elle est qualifiée par plusieurs auteurs qui en ont parlé[30].

---

27 Nous avons déjà fait allusion à la multiplication de projets de colonies calvinistes françaises en Caroline, au Maryland, dans les Antilles et ailleurs.

28 Duquesne fait référence à la protection obtenue du gouvernement hollandais et à l'appui de la Compagnie des Indes Orientales.

29 Ce paragraphe est imprimé en italiques dans l'édition originale de 1689.

30 L'image du Paradis terrestre concernant l'île Bourbon se trouve déjà dans les pages initiales de la *Relation de l'inquisition de Goa* du médecin Charles Dellon, publiée anonyme à Leyde et à Paris en 1687 et 1688. Duquesne a certainement connu cet ouvrage qui eut un grand succès à l'époque : « Dès que nos ancres furent jetées nous descendîmes nos malades à terre, et l'air bénin et salutaire de cet agréable pays, que bien des voyageurs ont appelé un Paradis Terrestre, joint aux soins que l'on apporta pour les soulager, les rétablit

Elle a environ soixante lieues de tour, et est presque aussi large que longue.

L'on peut dire sans hyperbole qu'il n'y a point de pays connu où l'air soit si sain que dans cette île ; tous ceux qui y abordent malades recouvrent en peu de temps une santé parfaite, et l'on a expérimenté, de tout temps, que ceux qui y ont fait quelque séjour, quoique dépourvus de plusieurs commodités et exposés au serein et au soleil, s'y sont toujours bien portés : ce qu'on attribue aux bonnes exhalaisons qui sortent continuellement de la terre et des plantes aromatiques qui y sont en abondance et qui remplissent l'air qu'on y respire d'une odeur aussi salutaire qu'agréable.

Et quoiqu'elle soit située entre le vingt-et-unième et le vingt-deuxième degré de latitude, la chaleur y est néanmoins fort modérée, et les petits vents frais qui y règnent ordinairement en rendent le climat si tempéré qu'il y a des fleurs toute l'année.

Elle est arrosée de quantité de fontaines et de rivières, dans lesquelles il y a abondance de poisson et dont l'eau est admirablement bonne et saine ; l'on tient même qu'il y en a de purgative. Il y a aussi quelques lacs, et un entre autres, dont il sort sept petites rivières qui arrosent une belle campagne d'une grande étendue.

Il n'y a dans les eaux ni sur terre de cette île aucun animal ni aucun fruit venimeux ; et quoiqu'il y ait quelques petits scorpions, ils ne font point du tout de mal, et l'on peut manger et boire sans crainte de tout ce qu'elle produit, rien n'y étant contraire à l'homme.

La mer y est aussi fort poissonneuse, et l'on trouve sur ses bords l'ambre gris, le corail et les plus beaux coquillages du monde, mais surtout des tortues d'une grosseur si prodigieuse qu'il faut trois hommes pour les renverser ; c'est ainsi qu'on les arrête quand elles viennent pondre sur

---

si promptement, qu'en quinze jours de temps ils ne paraissaient pas qu'ils eussent été malades » (*Relation*, Paris, 1688, p. 22). Duquesne a pu s'inspirer aussi de sa description de la nature, de la végétation et de la faune du Cap Vert, dont le tableau d'ensemble est cependant assez négatif : « … l'air y est assez sain, le terroir y est fertile, la mer de ces côtes fort poissonneuse, aussi bien que les rivières ; la chasse y est abondante, les peuples y sont noirs et désagréables, ignorants, grossiers, et fort enclins au larcin ; on y trouve des bœufs et des moutons, des fruits de différentes espèces, comme citrons, oranges douces et aigres, ananas et bananes ; la nourriture des habitants est le millet, ils cultivent du riz et du blé, mais en petite quantité… » (*ibid.*, p. 18). Voir surtout la description de Bourbon dans Étienne de Flacourt, *Histoire de la grande isle Madagascar*, Paris, Pierre Bien-Fait, 1661, chap. XXVIII et chap. LXXV.

le rivage. Elles sont d'un fort bon goût et le plastron surtout en est fort estimé ; l'on trouve que leur chair approche de celle du veau, et que la graisse en est fort semblable à la moelle de bœuf ; une seule de ces tortues suffirait pour donner un bon repas à une compagnie d'infanterie.

Les tortues de terre ne sont pas tout à fait si grosses que celles de mer, elles ont deux ou trois pieds de long, un pied et demi de large, et plus d'un d'épaisseur, le col long et la tête faite comme celles d'Europe ; elles ont aussi quatre pieds, et portent plus facilement un homme sur leur dos que l'homme ne peut les porter ; leur chair est comme celle des bœufs, et les tripes ont le même goût ; le foie est fort gros, et c'est un manger très délicat ; à côté des flancs de ces tortues, il y a des pannes[31] de graisse que l'on fond en huile qui ne se fige jamais, et qui est aussi bonne pour toutes choses que le meilleur beurre ; c'est aussi un remède très bon pour plusieurs maux. Ces pannes rendent ordinairement deux pots d'huile et vingt personnes peuvent se rassasier d'une de ces tortues ; elles pondent leurs œufs comme celle de mer, et ils éclosent de même ; il y en a une grande abondance dans cette île.

Elle est pleine de quantité de bois, tous agréables par la facilité qu'il y a de passer au travers et de s'y promener sans rencontrer les broussailles et les épines qui sont ordinairement dans les lieux inhabités ; au lieu de quoi l'on trouve assez souvent des fleurs et des fruits, et de beaux endroits pleins de pâturages ; il y a parmi les bois de l'ébène, des cèdres, du bois rouge, et d'autres bois remplis de veines, qui sont très beaux à travailler en menuiserie ; il y en a aussi de fort propres pour la charpente, et pour faire des planches, de manière que l'on y peut facilement bâtir des maisons et même des vaisseaux, quoique quelques-uns disent que le bois en est trop pesant. Pour ce qui est des maisons, on les peut aussi aisément couvrir que bâtir, car il y a des arbres qu'on appelle *estagnier*[32], qui est une espèce de palmier, dont les feuilles sont si grandes et si larges que deux hommes peuvent aisément se mettre dessous à l'abri de la pluie, et avec un peu d'industrie l'on pourrait en couvrir fort proprement les maisons ; il y a plusieurs sortes de ces palmiers dont quelques-uns ont un fruit qu'on trouve assez bon ; il y a aussi des arbres qui distillent le

---

31 Duquesne applique ici à la tortue le nom donné à la graisse épaisse qui se trouve sous la peau du porc, spécifiquement celle qui enrobe le filet et les rognons, et dont on fait le saindoux.

32 Les mots en italiques sont définis dans le glossaire.

benjouin qui est une résine assez précieuse et d'une très bonne odeur ; et une espèce de figuier sauvage dont l'écorce peut servir à faire de la corde, étant fort souple et liante ; ce bois a cela de particulier que, quand il est sec, il s'allume étant frotté l'un contre l'autre.

Ces bois n'empêchent pourtant pas que le pays ne soit fort aisé à défricher et à cultiver ; les montagnes mêmes y sont habitables, hors une[33] qui est vers le bout méridional de l'île qui a brûlé autrefois, et autour de laquelle les bois sont presque tous consommés et le pays aride.

Partout ailleurs, la terre y est généralement bonne, et tout ce qu'on y a planté et semé jusqu'ici y est fort bien venu et a produit abondamment sans avoir pris beaucoup de peine à le cultiver ; et l'on est convaincu, par expérience, que la vigne et le blé y réussissent bien aussi ; et comme il y a peu d'hivers qui soient sensibles, l'on y peut faire plusieurs récoltes ; et il y a des grains que l'on peut semer et recueillir jusqu'à deux ou trois fois dans une année, et particulièrement le blé de Turquie ou gros mil, et le riz ; l'orge et l'avoine y viennent aussi fort bien, et l'on ne fait point de doute que tous les autres grains de l'Europe n'y viennent aussi en abondance.

Il y a des fèves comme celles du Brésil, qui rapportent sept ans sans replanter ; elles sont aussi bonnes que les grosses fèves d'Europe ; il y en a aussi de petites qu'on appelle des *antaques*, dont la plante se conserve aussi sept ans ; il y en a encore de couleur blanche, jaune et rouge ; les haricots y viennent comme en Europe ; il y en a d'une autre façon qui ont la cosse longue d'un pied, et dont les fèves qui sont dedans ont le même goût ; leur cosse peut se manger quand elle est verte ; il y en a encore d'une autre sorte qu'on nomme *ambricque*, dans la cosse desquelles il y a des petits pois jaunes et verts qui sont très bons.

Les racines blanches y viennent grosses comme la cuisse, mais aussi demeurent-elles neuf mois dans la terre ; il y en a d'une autre sorte qu'on appelle des *cambares*, qui sont grosses comme les deux poings : elles approchent fort du goût du pain quand elles sont cuites au four ou sous la cendre ; mais l'on n'en peut faire qu'une récolte par an. Le *songe*, ou *chou caraïbe*, est une racine grosse comme les précédentes, et qu'on mange aussi cuite au four ; les patates y viennent de différentes grosseurs, quelques-unes sont comme des *raiforts* ; elles approchent du goût de la châtaigne mais elles sont un peu plus sucrées ; l'on en peut

33 Il s'agit du Piton de la Fournaise, volcan actif de 2632 m. au sud-ouest de l'île.

faire plusieurs récoltes par an sans les replanter ; il y a encore d'autres petites racines nommées *oumines* qui sont excellentes à la soupe et en fricassée ; toutes ces racines se multiplient des morceaux que l'on a coupés et qui retombent en terre, ou par le moyen des rejetons ; il y en a même, comme les patates, qui se plantent du bois et des feuilles qu'elles poussent hors de terre.

Il y croît des citrouilles faites comme des potirons mais beaucoup meilleures ; les melons d'eau y viennent aussi fort bien, sont bons et rafraîchissants, ils ont l'écorce verte et la chair rouge comme du sang ; il y a aussi de véritables melons et des concombres comme en Europe ; ceux des Indes y viennent gros comme la cuisse.

Tous les légumes y viennent fort bien. Il y en a pourtant quelques-uns dont on n'a point fait encore d'expérience, comme des choux-fleurs et quelques autres ; mais pour les navets, les carottes, les choux pommés, les choux verts, les *choux cabus* et les *choux de Milan*, les bettes blanches, les raves, les épinards, les laitues pommées, les laitues romaines, la chicorée blanche, douce et amère, l'ail, l'oignon et les échalotes, tout cela y vient parfaitement bien ; le *pourpier* y croît abondamment sans semer. L'on peut manger de ces légumes presque tous les mois de l'année et il n'y a point de doute que tous les autres n'y viennent aussi fort bien, quand on y en portera de la graine.

Le gibier y est partout en abondance et si peu effarouché que l'on n'a presque point de peine à le prendre ; il y a aussi dans les bois des bœufs et des vaches, et tant de cochons et de cabris qu'on en rencontre quelquefois des troupeaux de deux ou trois cents ensemble ; la chair de ces animaux est très délicate et particulièrement celle des cochons.

Entre une infinité d'oiseaux de différentes espèces qui se trouvent en cette île, les meilleurs sont ceux que l'on appelle *solitaires*[34], parce qu'ils sont ordinairement seuls ; ils sont aussi gros qu'une oie et ont le plumage bleu, excepté les extrémités des ailes et de la queue qui sont noires, et où il y a des plumes approchantes de celles de l'autruche ; ils

34 Le solitaire, souvent confondu avec le dodo mauricien, était un oiseau d'assez grande taille incapable de voler, propre à Rodrigue. Voir Alfred North-Coombes, *La Découverte des Mascareignes : rétrospective et mise au point définitive*, 2e éd., Mauritius printing specialists, 1994 ; Anthony S. Cheke & Julian Pender Hume, *Lost Land of the Dodo : An Ecological History of Mauritius, Réunion & Rodrigues*, London, T. & A. D. Poyser, 2008, et surtout la description fort détaillée de Leguat, qui le reproduit même dans une planche de son livre.

ont le col long et le bec fait comme celui d'une bécasse mais plus gros, et les jambes et les pieds comme un poulet d'Inde ; ils se prennent à la course, ne pouvant presque voler à cause de leur graisse ; il y en a aussi d'autres qui sont tout bleus, et qui ont le bec et les pieds rouges ; ceux-ci ne volent point du tout, mais ils courent si vite que les chiens ont peine à les prendre à la course.

Il y a plusieurs sortes de pigeons sauvages, les uns ont le plumage couleur d'ardoise, et les autres d'un rouge roussâtre, et sont un peu plus gros que les pigeons d'Europe et ont les yeux bordés de couleur de feu comme les faisans. Ils sont si gras en certaine saison qu'on ne leur voit point le croupion, et toujours très bons et en abondance ; pour les ramiers, ils sont faits comme ceux d'Europe aussi bien que les tourterelles.

Les perdrix y sont grises et ne sont pas plus grosses que des cailles ; on les prend aussi quelquefois à la course.

Les bécasses, les râles des bois, les merles et les grives sont comme en Europe.

Les huppes ont un bouquet blanc sur la tête et un chaperon noir, et le reste du plumage blanc et gris, le bec fort gros et les pieds comme un oiseau de rapine[35] ; elles sont un peu moins grosses que les pigeons, mais on prétend qu'elles sont meilleures, principalement quand elles sont grasses.

Les perroquets gris valent bien aussi les pigeonneaux, mais on ne mange guère des autres quoiqu'il y en ait de toutes les espèces et de toutes les couleurs.

On y trouve aussi des aigrettes blanches et grises.

Les chauves-souris y sont d'une grosseur extraordinaire, et d'une figure assez dégoûtante ; quelques-uns en mangent pourtant.

Il y a trois sortes d'oiseaux de rapine qui font une grande destruction, même de cochons et de cabris, dont ils emportent les petits quand ils peuvent les attraper ; il y en a même de si familiers qu'ils viennent jusque parmi les gens prendre ce qu'ils rencontrent ; les plus forts sont gros comme des chapons et ne valent pas moins au pot, mais on n'en mange point à cause de la grande quantité de gibier qu'il y a d'ailleurs ; car il y en a encore bien des sortes qu'il serait ennuyeux de rapporter ici ; toutefois il faut dire un mot des oiseaux des rivières, qui ne sont pas à mépriser.

---

35 Oiseau de proie.

Les meilleurs sont ceux que quelques-uns appellent des géants, parce qu'ils sont hauts comme des hommes à cause de l'extrême longueur de leur col et de leurs jambes ; ils ont le corps comme une oie, le plumage blanc, et noir au bout des ailes ; la chair en est rouge et fort délicate ; il y a des oies et des canards sauvages, mais ils sont un peu plus petits qu'en Europe ; du reste, ils sont faits de même et aussi bons. Les poules d'eau y sont aussi grosses que les poules ordinaires, elles sont toutes noires, à l'exception d'une grosse crête blanche qu'elles ont sur la tête ; il y a aussi des butors gros comme des chapons et assez bons à manger ; ils ont le plumage gris taché de blanc à chaque plume, le col, le bec et les pieds comme un héron, et le reste comme un poulet d'Inde.

Tous les oiseaux de rivière aussi bien que les solitaires, les perdrix et les oiseaux bleus ne quittent point le plat pays, mais tous les autres vont nicher à la montagne en certaine saison, d'où ils reviennent extrêmement gras et particulièrement les moineaux qui sont en grand nombre ; ils sont faits comme ceux d'Europe, mais ils ont cela de particulier que quand les mâles sont en amour ils ont la gorge, la tête et les ailes couleur de feu.

On n'a point encore essayé de planter dans cette île les arbres fruitiers qui viennent communément en Europe, mais on ne doute point qu'ils n'y réussissent fort bien, la terre, jusqu'ici, n'ayant point encore en rien paru ingrate ; au contraire, elle donne même libéralement ce qu'on n'a point planté, car plusieurs bons fruits y viennent naturellement ; comme sont les bananes, qu'on appelle autrement figues d'Adam, dont l'arbre qui les porte meurt tous les ans et se reproduit par ses rejetons ; il porte des feuilles de près de deux aunes de long et d'un pied ou deux de large. Il commence à jeter son fruit par un gros bouton de fleur rouge au bout duquel est le fruit ; il en vient ordinairement une centaine à la tige ; il a environ un demi-pied de long et presque aussi gros que le poignet de l'homme ; il y vient encore d'autres figues qui sont plus petites, quoique de même nature, mais elles sont meilleures et plus sucrées.

L'ananas, que tout le monde connaît pour un des meilleurs fruits, est encore meilleur là qu'ailleurs, parce qu'il n'y fait point de mal, quoiqu'il en fasse quelquefois dans les autres pays.

L'acajou y vient sur un arbre fait comme un prunier ; ce fruit est gros comme une pomme ayant son noyau par dehors vers la queue.

Il y a aussi des citrons doux et aigres et des oranges de tous ordres, même d'une façon toute particulière, fort petites mais meilleures que celles de la Chine et du Portugal ; il y a encore plusieurs autres fruits sauvages qui sont aussi passablement bons.

Le tabac y croit aussi fort aisément et est estimé par ceux qui le connaissent ; l'on trouve aussi dans les bois de l'esquine et de l'aloès, et les meilleurs capillaires du monde, du miel en quantité, et de l'émeri sur le bord des rivières ; le sucre, l'indigo et le coton y viennent aussi, et bien d'autres choses qui peuvent être profitables, et qui seraient trop longues à décrire mais qui, étant utilement employées, pourraient devenir considérables et rendraient cette île la meilleure du monde.

Il est vrai que quelques-uns ont regardé comme une grande incommodité une tempête[36] qui y arrive presque tous les ans et qui, parce qu'elle y vient ordinairement dans un certain temps comme font les ouragans de l'Amérique, a été par quelques-uns appelée du même nom ; mais il s'en faut bien qu'elle soit de la violence de celles qu'on ressent en ce pays-là, puisqu'elle n'empêche pas les arbres de porter des fruits et des fleurs toute l'année, comme on l'a déjà remarqué, ce qui est fort différent des effets que font les ouragans de l'Amérique qui abattent non seulement les fruits, mais déracinent quelquefois les arbres. Et si les colonies qui sont en ce pays-là si considérables, et qui composent aujourd'hui non seulement des villes, mais même de grandes provinces, n'ont pas laissé de passer par-dessus cette incommodité, et de trouver qu'elle n'est pas à balancer avec les avantages qu'on y rencontre, on peut bien croire que cela ne doit pas entrer ici pour une grande considération, surtout si l'on remarque que la différence y est notable en toutes choses. Quoi qu'il en soit, on est bienheureux d'en être quitte pour vingt-quatre heures de mauvais temps contre lequel on peut prendre encore des précautions, sachant à peu près quand il doit arriver, et d'être sûr du beau temps tout le reste de l'année. Je ne sais si les tempêtes qui arrivent quelquefois en Europe sont moins à craindre que celle-là, car on en a vu, et même depuis peu, produire des effets aussi violents que ce qui arrive à l'Amérique, et ce qu'elles ont de pire c'est qu'on n'est point averti de leur venue.

On met encore au rang des incommodités le grand nombre de moineaux qu'il y a et qui ordinairement quittent les bois dans une certaine saison de l'année pour venir habiter dans la plaine, où l'on prétend qu'ils détruiront une partie des grains qu'on y sèmera, et effectivement

36 Allusion aux cyclones qui ravagent assez régulièrement les Mascareignes.

cela pourra arriver dans les commencements ; mais on ne doute point qu'on n'y apporte aisément du remède, et quand il y aura beaucoup de monde, ces oiseaux deviendront bien plus sauvages et s'éclairciront par la chasse qu'on leur fera.

Il y vient aussi quelquefois des chenilles dans un certain temps, et ceux qui ont éprouvé ailleurs les incommodités de ces animaux, comme cela n'est pas rare, conviennent qu'il serait à souhaiter qu'il n'y en eût point, aussi bien que de certaines mouches qui y sont six mois de l'année, et qui s'attachent à la viande morte et la corrompent aisément par les vers qu'elles font dessus, si l'on ne prend la précaution de les empêcher.

Si ces deux ou trois derniers articles font de la peine à quelques-uns, on doit considérer qu'il n'y a point de pays qui soit absolument exempt de ces incommodités et qu'au contraire celui-ci l'est de plusieurs qui se rencontrent partout ailleurs : comme sont par exemple les bêtes et les fruits venimeux et les rats et les souris qui ne se trouvent point dans cette île. Enfin, toutes les commodités et les agréments de la vie que l'on peut raisonnablement souhaiter, et qui se trouvent rarement tous ensemble en un même lieu, se rencontrent ici, et la santé que l'on possède dans cette île, de l'aveu général de tous ceux qui la connaissent, est un article si considérable qu'il serait capable de faire surmonter bien des difficultés s'il y en avait, et d'y attirer des lieux même les plus éloignés ceux qui savent que la santé est un des plus grands biens de ce monde, et sans lequel la vie, quoique d'ailleurs pleine de prospérités, serait ennuyeuse.

BIBLIOGRAPHIE

DICTIONNAIRES, OUVRAGES DE RÉFÉRENCE, ANTHOLOGIES

BACZKO Bronislaw, PORRET Michel, ROSSET François (dir.), *Dictionnaire critique de l'utopie au temps des Lumières*, Chêne-Bourg (Suisse), Georg, 2016.

BARBIER, A. A., *Dictionnaire des ouvrages anonymes et pseudonymes* [1806], réimpression, Hildesheim, G. Olms, 1963.

BAYLE, Pierre, *Dictionnaire historique et critique*, Rotterdam, Reinier Leers, 1697.

BRUZEN DE LA MARTINIÈRE, Antoine-Augustin, *Le Grand Dictionnaire géographique et critique*, La Haye, Gosse, Alberts et De Hondt ; Amsterdam, Uytwerf et Changuion ; Rotterdam, J. D. Beman, 1726.

CORNEILLE, Thomas, *Dictionnaire des Arts et des Sciences*, P., Coignard, 1694.

CORNEILLE, Thomas, *Dictionnaire universel geographique et historique*, P., J. B. Coignard, 1708, 3 vol.

Dictionnaire de l'Académie Françoise, dédié au Roy, P., J. B. Coignard, 1694.

FÉRAUD, Jean-François, *Dictionnaire critique de la langue française*, Marseille, 1787-1788.

GOVE, Philip B., *The imaginary voyage in prose fiction, … with an annotated checklist of 215 imaginary voyages from 1700 to 1800*, London, The Holland Press, 1961.

HAAG, Eugène et Émile, *La France protestante : ou vies des protestants français qui se sont fait un nom dans l'histoire…*, nouvelle édition, P., Bordier, 1877, 9 vol., 1877.

LOUGNON, Albert (éd.), *Sous le signe de la tortue. Voyages anciens à l'île Bourbon (1611-1725). Troisième édition. Relations recueillies et publiées par Albert Lougnon*, Saint-Denis de La Réunion, Librairie Jean Gérard, 1970.

MICHAUD, L. G. (dir.), *Biographie universelle ancienne et moderne…* Par une société de gens de Lettres et de savants, P., 1811-1828, 52 vol.

POMEAU, René, *Littérature Française, L'Âge Classique III (1680-1720)*, vol. 8, P., Arthaud, 1971.

QUÉRARD, Joseph-Marie, *La France littéraire, ou Dictionnaire bibliographique…*, 14 vol., 1826-1842, et réimp., 1964.

QUÉRARD, Joseph-Marie, *Les supercheries littéraires dévoilées* [1847], réimpression, Hidelsheim, G. Olms, 1965.

VÉRIN, Pierre, *Maurice avant l'île de France. Anthologie de textes anciens*, P., Nathan, 1983.

BIBLIOGRAPHIE PRIMAIRE
Ouvrages de Duquesne, Leguat, Pingré, Tafforet

DUQUESNE

DUQUESNE, Henri, *Recueil de quelques Memoires servans [sic] d'instruction pour l'Etablissement de l'Isle d'Eden*, À Amsterdam, chez Henry Desbordes, dans le Kalver Straat, prés le Dam, MDCLXXXIX, 72 p.

DUQUESNE, Henri, réimpression in Sauzier, Théodore, *Un projet de république à l'île d'Éden (l'île Bourbon) en 1889, par le M[arqu]is Henri Du Quesne ; réimpression d'un ouvrage disparu, précédé d'une notice par Théodore Sauzier*, P., E. Dufossé, 1887.

LEGUAT

LEGUAT, François, *Voyage et Avantures De François Leguat, et de ses Compagnons, En Deux Isles Desertes Des Indes Orientales. Avec la Rélation des choses les plus remarquables qu'ils ont observées dans l'Isle Maurice, à Batavia, au Cap de Bonne-Ésperance, dans l'Isle St. Helene, & en d'autres endroits de leur Route…* À Londres, Chez David Mortier… MDCCVIII [en réalité 1707], 2 vol.

LEGUAT, François, *Voyage et Avantures De François Leguat, et de ses Compagnons, En Deux Isles Desertes Des Indes Orientales. Avec la Rélation des choses les plus remarquables qu'ils ont observées dans l'Isle Maurice, à Batavia, au Cap de Bonne-Ésperance, dans l'Isle St. Helene, & en d'autres endroits de leur Route…*, Amsterdam, J. L. de Lorme, 1708 [en réalité 1707 ; ces deux éditions identiques constituent l'édition originale].

LEGUAT, François, *A New Voyage To The East-Indies By Francis Leguat And His Companions. Containing their Adventures in two Desart Islands, And an Account of the most Remarkable Things in Maurice Island, Batavia, at the Cape of Good Hope, the Island of St. Helena, and other Places in their Way to and from the Desart Isles…*, London, Printed for R. Bonwicke, W. Freeman, Tim. Goodwin, J. Waltoe, M. Wotton, S. Manship, J. Nicholson, B. Tooke, R. Parker, and R. Smith, MDCCVIII [1707 ?].

LEGUAT, François, *De gevaarlyke en zeldzame Reyzen Van Den Heere François Leguat…*, Te Utrecht, By Willem Broedelet…, 1708.

LEGUAT, François, *Hn. Francisci Leguat, eines Frantzosen, und seiner Gefehrten Reisen und Wunderliche Begebenheiten nach zweyen unbewohnten Ost-Indischen Insuln…*, Franckfurth und Leipzig, Verlegts Michael Rohrlaghs seel. Wittig und Erben, in Liegniz, 1709.

LEGUAT, François, [autre édition française], Londres, s.n., 1710.

LEGUAT, François, [autre édition française], Londres, s.n., 1711.

LEGUAT, François, [autre édition française], Londres, David Mortier, 1720.

LEGUAT, François, [autre édition française], Londres, David Mortier, 1721.

LEGUAT, François, *Der Frantzösische Robinson, Oder Franc. Leguat…*, Franckfurth und Leipzig, Verlegts Michael Rohrlachs sel. Wittib und Erben, Liegnitz, 1723.

LEGUAT, François, *Voyage et aventures de François Leguat, gentilhomme bressan, dans l'Amérique et autres lieux…*, Amsterdam, 1750.

LEGUAT, François, *François Leguat und seine gefarten ; eine ruhrende Seefahregeschichte…* [adaptation allemande], F. Durkheim, Liegnitz, 1792.

LEGUAT, François, *Aventures de François Leguat et de ses compagnons en deux îles désertes des Indes Orientales (1690-1698)*, publiées et annotées par Eugène Muller, P., Maurice Dreyfous, 1883.

LEGUAT, François, *The Voyage of François Leguat of Bresse to Rodriguez, Mauritius, Java and the Cape of Good Hope. Transcribed from the first English edition*, edited and annotated by Captain Pasfield Oliver. London, Hakluyt Society, 1891 [et réimpression, New York, Burt Franklin, 1966]. [Édition critique de référence].

LEGUAT, François, *Voyages et aventures de François Leguat en deux îles désertes (1690-1698)*, édition de Jacques Boulenger, P., Plon, « Nouvelle Bibliothèque des Voyages », 1934.

LEGUAT, François, et DUQUESNE, Henri, *Aventures aux Mascareignes. Voyage et aventures de François Leguat et de ses compagnons en deux îles désertes des Indes Orientales, introduction et notes de Jean-Michel Racault, suivi de Recueil de quelques mémoires servant d'instruction pour l'établissement de l'île d'Éden, par H. Duquesne*, P., La Découverte, « La Découverte illustrée », 1984.

LEGUAT, François, *Voyage et aventures de François Leguat et de ses compagnons en deux îles désertes des Indes Orientales*, introduction et notes de Jean-Michel Racault, suivi de Duquesne, Henri, *Recueil de quelques mémoires servant d'instruction pour l'établissement de l'île d'Éden*, introduction et notes de Paolo Carile, P., Les Éditions de Paris, « Voyages et récits, domaine protestant », 1995.

LEGUAT, François, *Les naufragés de Dieu. Aventures d'un protestant et de ses compagnons exilés en deux îles désertes de l'océan Indien, 1690-1698*, P., Phébus, 1995.

PINGRÉ

PINGRÉ, Alexandre-Gui, « Voyage à Rodrigue », Ms. 1804, Paris, Bibliothèque Sainte-Geneviève.

PINGRÉ, Alexandre-Gui, *id.*, copie au net, SH 158 (2537), Vincennes, Bibliothèque du Service Historique de la Marine.

PINGRÉ, Alexandre-Gui, *id.*, *Voyage à Rodrigue. Le transit de Vénus de 1761. La mission astronomique de l'abbé Pingré dans l'océan Indien*, texte inédit établi d'après les manuscrits, présenté par Sophie Hoarau, Marie-Paule Janiçon & Jean-Michel Racault, Paris, Le Publieur / SEDES et Université de La Réunion, 2004.

TAFFORET

TAFFORET ou STAFFORET, Julien, « Relation de l'isle Rodrigue », Ms, Arch. Nat., Fonds des Colonies, Correspondance de l'île de France, C4, vol. 12, n° 29, n° 48 [ex Ministère de la marine, n° 29, 1], XXVIII p., 1726.

TAFFORET ou STAFFORET, Julien, *idem*, in A. Milne-Edwards, « Nouveaux documents sur l'époque de la disparition de la faune ancienne de l'île Rodrigue », *Ann. Sci. Nat., Zoologie*, 6e série, vol. 2 (4), 1875, 1-20.

AUTRES TEXTES ET OUVRAGES ANTÉRIEURS À 1800

[COLL.] *Trois récits utopiques classiques : Gabriel de Foigny*, La Terre Australe connue [1676] ; *Denis Veiras*, Histoire des Sévarambes [1677-1679] ; *Bernard de Fontenelle*, Histoire des Ajaoïens [1768]. *Textes édités et présentés par Jean-Michel Racault*, Université de La Réunion, Presses Universitaires Indianocéaniques / Numilog, 2020.

[COLL.], *Histoires tragico-maritimes. Trois naufrages portugais au XVIe siècle*, P., Chandeigne, 1992.

[DELLON, Charles], *Relation de l'inquisition de Goa*, Leyde, 1687 ; P., Daniel Horthemels, 1688.

ALEMAN, Mateo, *La vie du picaro Guzman de Alfarache*, Madrid, 1599, puis Lisbonne, 1604.

BERNARDIN DE SAINT-PIERRE, Jacques-Henri, *Études de la Nature* [1784], in *Œuvres Complètes*, tome III, *Œuvres scientifiques*, éd. Colas Duflo, P., Éditions Classiques Garnier, 2019.

BERNARDIN DE SAINT-PIERRE, Jacques-Henri, *Voyage à l'île de France* [1773], édition Angélique Gigan et Vladimir Kapor, in *Œuvres Complètes*, tome II, *Voyages*, P., Éditions Classiques Garnier, 2019.

BOCHART, Samuel, *Geograpia sacra, seu Phaleg et Chanaan*, Caen, P. de Cardonnel, 1646.

BOCHART, Samuel, *Hierozoicon, sive bipartitum opus de animalibus sacrae scripturae*, Londres, Th. Roycroft, 1663.

BOSSUET, Jacques-Bénigne, *Exposition de la doctrine de l'Église catholique sur les matières de controverse*, P., Sébastien Mabre-Cramoisy, 1671.

BUFFON, Georges Louis de, *Histoire naturelle des oiseaux*, 9 vol., P., Imprimerie royale, 1770-1783 [art. « Solitaire » : voir t. I, 1770, p. 485-496].

BUFFON, Georges Louis de, *Histoire naturelle*, t. XIII, 1765 [art. « Lamantin », voir p. 374-394].

CADAMOSTO [ou Ca' da Mosto], Alvise, *Navigatio ad terras ignotas*, Milan, 1507.

CHOISY, François-Timoléon de, *Journal du voyage de Siam fait en 1685-1686* par M.L.D.C., P., S. Mabre-Cramoisy, 1687.

DEFOE, Daniel, *Histoire générale des plus fameux pirates*, trad. H. Thiès et G. Villeneuve, P., Payot, 1992.

DEFOE, Daniel, *The Life and Strange surprizing Adventures of Robinson Crusoe, of York, Mariner… Written by Himself*, London, W. Taylor, 1719.

DEFOE, Daniel, *Vie et aventures de Robinson Crusoé [1719]*, édition établie et annotée par Francis Ledoux, P., Gallimard-Pléiade, 1959.

DELLON, Charles, *Relation d'un voyage des Indes Orientales…*, P., Cl. Barbin, 1685.

DELLON, Charles, *Relation de l'inquisition de Goa*, Leyde, 1687, et P., D. Hortemels, 1688.

DU BOIS, *Les voyages faits par le sieur D. B. aux isles Dauphine et Madagascar et Bourbon ou Mascarenne*, …, P., Cl. Barbin, 1674.

DUQUESNE, Henri, *Réflexions anciennes et nouvelles sur l'Eucharistie*, Genève, Jacques Barillot, 1718.

EXQUEMELIN ou OEXMELIN, Alexandre Olivier, *De Americanensche Zee-Roovers*, 1678.

EXQUEMELIN ou OEXMELIN, Alexandre Olivier, *Histoire des avanturiers, des boucaniers et de la chambre des comptes établie dans les Indes*, trad. et éd. par Jean de FRONTIGNIÈRES, P., chez Jacques Le Febvre, 1686.

EXQUEMELIN ou OEXMELIN, Alexandre Olivier, *Histoire des aventuriers flibustiers qui se sont signalés dans les Indes*, Nouvelle édition corrigée et augmentée, Trévoux, par la Compagnie, 1775.

FLACOURT, Étienne de, *Histoire de la grande Isle Madagascar, seconde édition*, Troyes, Oudot, et P., Clousier, 1661 [édition critique moderne par Claude Allibert, P., INALCO/Karthala, 1995].

FONTENELLE, Bernard de, « Description de l'empire de la poésie », in *Le Mercure galant*, janvier 1678.

FONTENELLE, Bernard de, *Digression sur les Anciens et les Modernes [1688]*, in *Rêveries diverses, opuscules littéraires et philosophiques*, éd. d'Alain Niderst, P., Desjonquères, 1994.

FOURNIER, Georges, *Hydrographie*, P., M. Soly, 1643.

FRESCHOT, Casimir, *Nouvelle relation de la ville & république de Venise...*, Utrecht, Guillaume van Poolsum, 1709.

FRESCHOT, Casimir, *Remarques historiques et critiques faites dans un voyage d'Italie en Hollande dans l'année 1704...*, Cologne, Jacques Le Sincère, 1705.

GODEAU, Antoine, *Paraphrase des Pseaumes de David en vers françois*, P., Pierre Le Petit, 1676.

GRACIAN, Baltasar, *L'homme détrompé ou le Criticon* [1651-1657], trad. Maunory, P., Stock, 1931.

HOUDAR DE LA MOTTE, Antoine, *Odes de M. D***. Avec un Discours sur la poésie en général et sur l'ode en particulier*, P., Grégoire Dupuis, 1707.

HUET, Pierre-Daniel, *Traité de la situation du Paradis terrestre*, P., J. Anisson, 1691.

IBN THUFAIL, *The improvement of human reason, exhibited in the life of Hai Ebn Yokdhan*, ... newly translated from the original Arabick, by Simon Ockley, London, E. Powell and J. Morphew, 1708.

JOHNSON, Capt. Charles [attribué à Daniel Defoe], *A general history of the pyrates...*, London, T. Warner, 1724 [édition critique moderne par Manuel Schornhorn, London, Dent and sons, 1972].

JURIEU, Pierre, *L'Accomplissement des prophéties ou la délivrance prochaine de l'Église*, Rotterdam, Abraham Acher, 1686, 2 vol. in 12. [Le second volume a été réédité par Jean DELUMEAU, P., Imprimerie nationale, 1994].

LA BOULLAYE-LE GOUZ, *Les voyages et observations du sieur de la Boullaye-Le-Gouz, gentilhomme angevin...*, P., N. Oudot et Gervais Clouzier, 1653.

LA CAILLE, abbé Nicolas-Louis de, *Journal historique du voyage fait au cap de bonne-Espérance*, P., Guillyn, 1763.

LAMBARD, William, *A Perambulation of Kent...*, London, Edm. Bollifant, 1596.

LE COMTE, le P. Louis, *Nouveaux mémoires sur l'état présent de la Chine*, P.,

J. Anisson, 3 vol., 1696-1700 [et 3e édition, Amsterdam, H. Desbordes et A. Schelte, 1698].

LÉRY, Jean de, *Histoire d'un voyage faict en la terre du Brésil, Autrement dite Amérique*, La Rochelle, Antoine Chuppin, 1578.

LÉRY, Jean de, *Histoire d'un voyage faict en la terre du Brésil*, édité par Frank LESTRINGANT, Paris, Librairie générale française, 1994.

LOCKE, John, *Deuxième traité du gouvernement civil*, suivi de *Constitutions fondamentales de la Caroline*, édition de B. Gilson, P., Vrin, 1977.

LUCIEN DE SAMOSATE, *Histoire véritable*, traduite et continuée par Perrot d'Ablancourt, in C. G. Th. Garnier (éd.), *Voyages imaginaires*, tome XIII, Amsterdam et Paris, 1787.

MARCHAND, Prosper, *Dictionnaire historique, ou Mémoires critiques et littéraires…*, La Haye, P. de Hondt, 1758.

MAROT, Clément, et DE BÈZE, Théodore, *Les Pseaumes mis en rime françoise…* [1551], Genève, Jean Bonnefoy, 1563.

MARRAGON, Philibert, *Correspondance*, éd. J. Alby et M. Serviable, Sainte-Clotilde (La Réunion), ARS / Terres Créoles, 2017.

MARTIN, François, *Mémoires, 1665-1696*, éd. A. Martineau, P., Société d'Éditions géographiques, maritimes et coloniales, 1931.

MAUDAVE, Louis de Fédherbe, comte de, *Relation d'un voyage aux Indes Orientales* [1757], in *Revue historique et littéraire de l'île Maurice*, vol. 7, 1894.

MISSON DE VALBOURG, Henri, *Memoires et observations faites par un voyageur en Angleterre, sur ce qu'il y a trouvé de plus remarquable, tant à l'égard de la religion, que de la Politique, des mœurs, des curiositez naturelles, & quantité de faits historiques…*, La Haye, Henri van Bulderen, 1698 [ouvrage généralement attribué à F.-M. Misson].

MISSON, François-Maximilien, *Le Théâtre Sacré des Cévennes ; ou récit de diverses merveilles nouvellement opérées dans cette partie de la province du Languedoc*, Londres, Robert Roger, 1707 [et réédition moderne avec introduction et notes par Jean-Pierre Richardot, Brignon, Les Presses du Languedoc, 1978].

MISSON, François-Maximilien, *Nouveau voyage d'Italie, fait en l'année 1688. Avec un Mémoire contenant des avis utiles à ceux qui voudront faire le le mesme voyage*, La Haye, Henri van Bulderen, 1691 [nombreuses rééditions remaniées et augmentées jusqu'en 1743].

MISSON, François-Maximilien, *Voyage d'Italie, édition augmentée de remarques nouvelles et intéressantes*, Amsterdam et P., Clousier, David, Durand et Damonneville, 1743.

MONTFAUCON, Dom Bernard de, *Diarium italicum, sive monumentorum veterum, bibliothecarum, musaeorum, etc. notitiae singulares in itinerario italico collectae*, P., J. Anisson, 1702.

MORERI, Louis, *Le Grand dictionnaire historique*, Volume 8, 1735, dans « Corrections et additions », *s. v.* « Quesne (Abraham du) », p. 545 et « Quesne (Henri, marquis du) », p. 546.

NEVILLE, Henry, *The Isle of Pines, or a late discovery of a fourth island near Terra Australis Incognita by Henry Cornelius van Sloetten*, London, 1668.

NEVILLE, Henry, *The Isle of Pines…*, in Susan Bruce (ed.), *Three early modern utopias*, Oxford, Oxford U.P., 1999.

NEVILLE, Henry, *Découverte d'une isle inconnue ou aventures de Georges Pinès*, trad. par l'abbé Prévost, *Le Pour et le contre*, t. XIII, 1737.

POULLAIN DE LA BARRE, François, *De l'égalité des deux sexes, discours physique et moral où l'on voit l'importance de se défaire des préjugés* [1673], P., chez Jean Du Puis, 1676.

POULLAIN DE LA BARRE, François, *De l'égalité des deux sexes. Discours physique et moral où l'on voit l'importance de se défaire des préjugés* (1673) P., Fayard, « Corpus des œuvres de philosophie en langue française », 1984.

POULLAIN DE LA BARRE, François, *De l'excellence des hommes contre l'égalité des sexes*, P., J. Du Puis, 1675.

RABBI BENJAMIN ou Benjamin de Tudèle, *Voyages de Rabbi Benjamin, fils de Jona de Tudèle, en Europe, en Asie et en Afrique, depuis l'Espagne jusqu'à la Chine* [c. 1165]…, traduits de l'hébreu par J. P. Baratier, À Amsterdam, aux dépens de la Compagnie, 1734.

RAYNAL, Guillaume-Thomas, *Histoire des deux Indes*, Genève, Pellet, 1782.

ROCHEFORT, Charles de, *Histoire naturelle et morale des îles Antilles de l'Amérique*, Rotterdam, 1658.

RONDELET, Guillaume, *L'histoire entière des poissons… avec leurs portraits au naïf*, Lyon, M. Bonhomme, 1558.

SMEEKS, Hendrik [1708], *The mighty kingdom of Krinke Kesmes*, éd. et trad. D. Fausett and R. H. Leek, Amsterdam – Atlanta, Rodopi, 1995.

SOUCHU DE RENNEFORT, Urbain, *Relation du premier voyage de la Compagnie des Indes Orientales en l'isle de Madagascar ou Dauphine*, P., P. Aubouin, 1668.

SWIFT, Jonathan, *Gulliver's travels (Travels into several remote nations of the world. In four parts. By Lemuel Gulliver, first a surgeon, and then a captain of several ships)*, London, Benjamin Motte, 1726.

SWIFT, Jonathan, *Les voyages de Gulliver*, in *Œuvres de Swift*, éd. d'Émile Pons, P., Gallimard-Pléiade, 1965.

TACHARD, P. Guy, *Voyage de Siam des Pères Jésuites envoyés par le Roi aux Indes et à la Chine*, P., Arnould Seneuze et Daniel Hortemels, 1689.

TAVERNIER, Jean-Baptiste, *Six voyages… en Turquie, en Perse et aux Indes*, P., G. Clouzier, et Cl. Barbin, 1676.

THÉVENOT, Melchisedech, *Relation de divers voyages curieux*, P., Mabre-Cramoisy, 1666.

VERTOMANNI, Louis [Ludovico di Berthema, alias Varthema ou Varthème], *Itinerario*, Rome, 1510 [éd. moderne de P. Teyssier, *Voyage de Ludovico di Varthema en Arabie et aux Indes Orientales*, P., Chandeigne, 2004].

WILLOUGHBY, Francis, *Historia Piscium*, Oxonii, E Theatro Sheldoniano, 1686.

WILLOUGHBY, Francis, *Ornithologiae libri tres…*, Londini, Martyn, 1676.

BIBLIOGRAPHIE SECONDAIRE ET PUBLICATIONS POSTÉRIEURES À 1800

ACERRA, Martine ; MARTINIÈRE, Guy (dir.), *Coligny, les Protestants et la mer*, P., Presses de l'Université Paris-Sorbonne, 1997.

ADAMS, Percy G., *Travel literature and the evolution of the novel*, Lexington, Kentucky UP, 1983.

ADAMS, Percy G., *Travelers and travel liars, 1660-1800*, Berkeley and Los Angeles, U. of California Press, 1962.

ARMYTAGE, W. H. G., *Heavens below. Utopian experiments in England, 1560-1960*, London, Routledge and Kegan Paul, 1961.

ASCOLI, Georges, « L'affaire des Prophètes français à Londres », *Revue du dix-huitième siècle*, I-II, 1916, p. 8-28 et p. 85-109.

ATKINSON, Geoffroy, *Les Relations de voyages du XVIIe siècle et l'évolution des idées. Contribution à l'étude de la formation de l'esprit du XVIIIe siècle* (P., Champion, 1924), rééd. New York, Burt Franklin, 1971.

ATKINSON, Geoffroy, « A French desert island novel of 1708 », *P.M.L.A.*, vol. XXXVI, 4, 1921, p. 509-528.

ATKINSON, Geoffroy, *The Extraordinary Voyage in French Literature from 1700 to 1720*, P., Champion, 1922.

AUGERON, Mickael ; PITON, Didier ; VAN RUYMBEKE, Bertrand, *Les Huguenots et l'Atlantique*, P., Sorbonne Université Presses, 2 vol., 2009-2010.

BARIDON, Michel, *Les jardins. Paysagistes, jardiniers, poètes*, P., Laffont-Bouquins, 1998.

BOSC, Henri, *La guerre des Cévennes, 1702-1710*, Montpellier, Les Presses du Languedoc / Curandera, 6 vol., 1985-1993.

BOST, Hubert, *Ces Messieurs de la R.P.R. Histoires et écritures de huguenots, XVIIe-XVIIIe siècles*, P., Champion, 2001.

BOST, Hubert, *Théologie et histoire : un croisement des discours*, Genève, Éditions du Cerf, 1999.

BOUREAU, Alain, *La Papesse Jeanne*, P., Aubier, 1988.

CAMUS, Michel-Christian, « L'inexistence du pirate Misson de Daniel Defoe », *DHS*, 30, 1998, p. 489-498.

CARILE, Paolo, *Dall'America all'Australia. Testimonianze della crisi dell'etnocentrismo nell'Europa rinascimentale*, Roma, Biblink, 2009.

CARILE, Paolo, *Écritures de l'ailleurs. Négociants, émigrés, missionnaires et galériens*, préface de Marc CHEYMOL, P. – Roma, L'Harmattan – Tab, 2e éd., 2021.

CARILE, Paolo, *Huguenots sans frontières. Voyage et écriture à la Renaissance et à l'Âge classique*, P., Champion, 2001.

CARILE, Paolo, *Le Regard entravé*, Sillery – Rome, Éditions du Septentrion – Aracne, 2000.

CAVAILLÈS, Nicolas, *Vie de Monsieur Leguat*, P., Les Éditions du Sonneur, 2014.

CHEKE, Anthony, and HUME, Julian, *Lost land of the Dodo. An ecological history of Mauritius, Réunion & Rodrigues*, London, T. & A. D. Poyser, 2008.

CHUPEAU, Jacques, « Le récit de voyage aux lisières du roman », *RHLF*, 3-4, 1977, 536-553.

CONCONI, Bruna, « "Ils ne connoissent non plus notre Religion [...] qu'on la connoist chez les Topinamboux" : l'Italia di Maximilien Misson tra vecchio e nuovo paganesimo », in Anna Maria Raugei (dir.), *Letteratura, identità culturali e immagini nazionali*, Bologna, Edizioni ETS, 1997, p. 89-111.

CONCONI, Bruna, « Echi della République des lettres nel *Nouveau Voyage d'Italie* di Maximilien Misson », in *Parcours et rencontres. Mélanges de langue, d'histoire et de littérature françaises offerts à Enea Balmas*, P., Klincksieck, 1993, t. I, p. 787-819.

CRÉTÉ, Liliane, *Les Camisards*, P., Perrin, 1992.

DEHÉRAIN, H., « Le voyage de François Leguat dans l'océan Indien est-il imaginaire ? », *Bulletin de la Section de Géographie*, Ministère de l'Instruction Publique, t. XLI, 1926, p. p. 159-177.

DÉMORIS, René, *Le roman à la première personne*, P., Armand Colin, 1975.

DEPÉRY, J. I., *Biographie des hommes célèbres du département de l'Ain*, Bourg, Imprimerie de P.-F. Bottier, Libraire, 1833 [art. « Leguat » : voir t. I, p. 86-90].

DESROCHE, Henri, *Les Shakers américains*, P., Éditions de Minuit, 1975.

DODILLE, Norbert (dir.), *Idées et représentations coloniales dans l'océan Indien*, P., PUPS, 2009.

DOS SANTOS ROCHA, Eduardo, "A caminho do Éden : em busca do autêntico refúgio huguenote (1689-1707)", *MORUS – Utopia e Renascimento*, n. 7, 2010, p. 95-118. [En ligne] consulté le 25/03/2020. http://www.revistamorus.com.br/index.php/morus/article/download/59/44.

DOS SANTOS ROCHA, Eduardo, *Utopia e realidade no exílio : uma análise da produção escrita huguenote no período de "crise da consciência europeia"*, São Paulo, Universidade de São Paulo, 2012. [En ligne] consulté le 25/03/2020. https://www.teses.usp.br/teses/disponiveis/8/8138/tde-18092012-095354/publico/2012_EduardoDosSantosRocha.pdf.

DUCHET, Michèle, *Anthropologie et histoire au siècle des Lumières*, P., Maspero, 1971.

DUCOS-FILIPPI, Laura, *Le Refuge inattendu : les Huguenots de Manakin Town, 1692-1780*, Université de Paris-Sorbonne, UFR d'Histoire, 2014. [En ligne] consulté le 07/06/2021 : https://www.academia.edu/28201527/Le_Refuge_Inattendu.

DUPON, J.-F., *Recueil de documents pour servir à l'histoire de Rodrigues*, Port-Louis, Mauritius Archives Publications, 1969.

FAUVELLE-AYMAR, François-Xavier, *L'invention du Hottentot : histoire du regard occidental sur les Khoisan, XVe-XIXe siècles*, P., Publications de la Sorbonne, 2002.

GARCIA-CHAPLEAU, Marilyn, *Le Refuge huguenot du Cap de Bonne-Espérance. Genèse, assimilation, héritage*, P., Champion, 2016.

GERMANAZ, Christian, « L'Éden recomposé », *Revue Historique de l'océan Indien*, 11, 2014, p. 261-288.

GIRAULT-FRUET, Arlette, *Les voyageurs d'îles sur la route des Indes aux XVIIe et XVIIIe siècles*, P., Éditions Classiques Garnier, 2010.

GREEN, Martin, *The Robinson Crusoe story*, University Park and London, The Pennsylvania State UP, 1990.

GRIHAULT, Alan, *Solitaire. The Dodo of Rodrigues Island*, Mauritius, Alan Grihault, 2007.

GUËT, Isidore, *Les Origines de l'île Bourbon et la colonisation française à Madagascar*, P., Charles Bayle, 1886.

GUTTINGER, Christiane, « Les Utopies marines protestantes », *Huguenots en France*, 24 septembre 2010. [En ligne] consulté le 21/03/2020. https://www.huguenots.fr/2010/09/les-utopies-marines-protestantes/.

HARDER, Hermann, *Le Président de Brosses et le voyage en Italie au dix-huitième siècle*, Genève, Slatkine, 1991.

HAZARD, Paul, *La crise de la conscience européenne, 1680-1715* [1935], P., Fayard, 1963.

HUNTER, John Paul, *The reluctant pilgrim : Defoe's emblematic method and the quest for form in Robinson Crusoe*, Baltimore, John Hopkins UP, 1966.

JAUSS, Hans Robert, *Pour une esthétique de la réception*, P., Gallimard, 1978.

KAPPLER, Émile, « Le droit de résistance à la tyrannie d'après Jurieu », *Revue d'histoire et de philosophie religieuses*, 17e année n° 3, mai-juin 1937, p. 201-246. [En ligne] consulté le 07/06/2021 : https://www.persee.fr/doc/rhpr_0035-2403_1937_num_17_3_2997.

KAPPLER, Émile, *Bibliographie critique de l'œuvre imprimée de Pierre Jurieu*, 1637-1713, P., Champion, 2002.

KIRSCHLEGER, Inès, « L'athéisme au prisme des psaumes : étude comparée de quatre sermons réformés sur le psaume XIV au XVIIe siècle », *Cahiers d'étude du religieux. Recherches interdisciplinaires*, 5, 2009.

LE CLÉZIO, J. M. G., *Le chercheur d'or*, P., Gallimard, 1985.

LE CLÉZIO, J. M. G., *Voyage à Rodrigues*, P., Gallimard, 1986.

LEIBBRANDT, Hendrik Carel Vos, *Precis of the Archives of the Cape of Good-Hope. Letters Received, 1695-1708*, Cape-Town, Richards and Sons, 1896.

LEIBBRANDT, Hendrik Carel Vos, *Rambles through the Archives of the Colony of the Cape of Good Hope, 1688-1700*, Cape-Town, J. C. Juta and Co., 1887.

LEONI, Sylviane, « A. G. Pingré, un arpenteur du monde à la découverte des Mascareignes », in Paolo Carile (dir.), *Sulla via delle Indie Orientali. Aspetti della francofonia nell'Oceano Indiano / Sur la route des Indes Orientales. Aspects de la francophonie dans l'océan Indien*, Fasano, Schena, et Paris, Nizet, 1995, p. 191-201.

LESTRINGANT, Frank, « Huguenots en Utopie, ou le genre utopique et la Réforme (XVIe-XVIIIe siècles) », *Bulletin de la Société de l'Histoire du Protestantisme Français*, 146, avr.-juin 2000, p. 253-306.

LESTRINGANT, Frank, « La "chasse de poissons". Un emblème de l'humaine condition dans l'histoire naturelle à la Renaissance », in Luisa Rotondi Secchi Tarugi, *L'uomo e la Natura nel Rinascimento*, Milano, Nuovi Orizzonti, 1996, p. 331-353.

LESTRINGANT, Frank, « Maximilien Misson, témoin du prophétisme cévenol », in *Lumière des martyrs. Essai sur le martyre au siècle des Réformes*, P., Champion, 2004 ; nouv. éd., P., Classiques Garnier, 2015, ch. IX, p. 231-243.

LESTRINGANT, Frank, *Le Huguenot et le sauvage. L'Amérique et la controverse coloniale en France au temps des guerres de Religion*, P., Klincksieck-Aux Amateurs de Livres, 1990. Rééd., Genève, Droz, 2004.

LINON-CHIPON, Sophie ; REQUEMORA, Sylvie (dir.), *Les Tyrans de la mer : pirates, corsaires et flibustiers*, P., Presses de l'université Paris-Sorbonne, 2002.

LINON-CHIPON, Sophie, « La poétique des stèles : du padrao d'Anossy (1598) au récit de voyage de François Leguat (1708) », *Revue d'Histoire Maritime*, n° 4, 2005, p. 51-69.

LINON-CHIPON, Sophie, *Gallia Orientalis. Voyages aux Indes Orientales, 1529-1722. Poétique et imaginaire d'un genre en formation*, P., PUPS, « Imago Mundi », 2003.

LINON, Sophie, « Le récit de voyage de François Leguat ou le roman véritable à la fin du XVIIe siècle », *Cahiers du XVIIe siècle*, U. de Toulouse, 1984, p. 129-139.

LINON, Sophy-Jenny, « Le passage de la Ligne ou le carnaval de la mer, Luillier 1705 et Leguat 1707 », *DHS*, 22, 1990, p. 185-194.

MABIRE, Jean, « Abraham Duquesne, fidèle à sa foi calviniste, ne peut être nommé maréchal », *Grands marins normands*, Saint-Malo, Ancre de Marine Éditions, 1993, p. 131-154.

MOLET-SAUVAGET, Anne, *Madagascar dans l'œuvre de Daniel Defoe*, thèse de doctorat, Université de Dijon, 1989.

MOREE, P. J., *A concise history of Dutch Mauritius, 1598-1710*, London and New-York, Kegan Paul, and Leiden and Amsterdam, ILAS, 1998.

NORTH-COOMBES, Alfred, « François Leguat, Le Géant and the flamingo in the Mascarene Islands », *Proceedings of the Royal Society of Arts and sciences of Mauritius*, vol. IV, III, 1983, p. 1-30.

NORTH-COOMBES, Alfred, *Histoire des tortues de terre de Rodrigues*, 2e édition, Île Maurice, Mauritius Printing Specialists, 1994.

NORTH-COOMBES, Alfred, *The island of Rodrigues*, Port-Louis, Mauritius, The Author and The Mauritius Advertising Bureau, 1971.

NORTH-COOMBES, Alfred, *The vindication of François Leguat*, Rose-Hill (Mauritius), seconde édition augmentée, Éditions de l'océan Indien, 1991.

PINOT, Virgile, *La Chine et la formation de l'esprit philosophique en France, 1640-1740*, P., Librairie orientaliste Paul Gueuthner, 1932.

PITOT, Albert, *T'Eylandt Mauritius. Esquisses historiques*, Port-Louis (île Maurice), Coignet Frères, 1905.

RACAULT, Jean Michel, « Pouvoir et croyance chez les Sévarambes : la religion comme imposture, l'imposture comme religion », in *Trois récits utopiques classiques : Gabriel de Foigny, « La Terre Australe connue » ; Denis Veiras, « Histoire des Sévarambes » ; Bernard de Fontenelle, « La République des Philosophes ou Histoire des Ajaoïens »* ; textes édités et présentés par Jean-Michel RACAULT, Saint-Denis (La Réunion), Presses Universitaires Indianocéaniques, 2020, p. 196-206.

RACAULT, Jean-Michel, « "Éternel féminin" et confrontation des cultures : le *Voyage de François Leguat* et le discours sur les femmes dans les sociétés coloniales de l'océan Indien », in Marie-Françoise Bosquet et Chantale Meure (éd.), *Le féminin en Orient et en Occident, du Moyen-Âge à nos jours : mythes et réalités*, Saint-Étienne, PUSE, « L'école du genre », 2011, p. 31-41.

RACAULT, Jean-Michel, « De la relation de voyage au roman : l'exemple du *Voyage de François Leguat* », *Cahiers de littérature du XVIIe siècle*, n° 8, 1986, p. 57-65.

RACAULT, Jean-Michel, « L'imaginaire de l'île déserte et les littératures de voyages : l'exemple des Mascareignes, de la topique à l'utopie », in Christian Zonza (dir.), *L'île au XVIIe siècle : jeux et enjeux*, Tübingen, Narr Attempto Verlag, « Biblio 17 », 2010, p. 27-47.

RACAULT, Jean-Michel, « Les jeux de la vérité et du mensonge dans les préfaces des récits de voyages imaginaires à la fin de l'âge classique (1676-1726) », in François MOUREAU (éd.), *Métamorphoses du récit de voyage*, Paris-Genève, Champion-Slatkine, 1986, p. 82-109.

RACAULT, Jean-Michel, « Retraites robinsoniennes. Sécession, solitude et rédemption chez Leguat, Defoe et Longueville », *DHS*, n° 48, 2016 « Se retirer du monde », p. 245-259.

RACAULT, Jean-Michel, *L'utopie narrative en France et en Angleterre, 1675-1761*, Oxford, The Voltaire Foundation, SVEC, 1991.

RACAULT, Jean-Michel, *Mémoires du grand Océan ; des relations de voyages aux littératures francophones de l'océan Indien*, P., PUPS, « Lettres francophones », 2007.

RAINER, Emil, « Encore le cas Leguat », journal *Advance* (île Maurice), 4 février 1954.

RAINER, Emil, *L'Utopie d'une République huguenote du marquis Henri Du Quesne et le voyage de François Leguat*, traduit du manuscrit allemand par Alice GARNIER, née DU QUESNE, préface de Jean CADIER, Paris, Les Écrivains associés, 1959.

RAINER, Emil, *Le Cas Leguat [Der Fall Leguat*], traduit de l'allemand par Auguste TOUSSAINT, Port-Louis, Mauritius, Standard Printing Establishment, 1945.

REQUEMORA-GROS, Sylvie, *Voguer vers la modernité. Le voyage à travers les genres au XVIIe siècle*, Paris, PUPS, « Imago Mundi », 2012.

REQUEMORA, Sylvie, et LINON-CHIPON, Sophie (éd.), *Les tyrans de la mer. Pirates, corsaires et flibustiers*, Paris, PUPS, « Imago Mundi », et Québec, CELAT, 2002.

ROSSET, François, art. « Paradis », in *Dictionnaire critique de l'utopie…*, *op. cit.*, p. 889-904.

RYKWERT, Joseph, *La maison d'Adam au Paradis*, P., Le Seuil, 1976.

SCHWARTZ, Hillel, *The French Prophets. The History of a Millenarian group in Eighteenth Century England*, Berkeley, Los Angeles, London, U. of California Press, 1980.

SGARD, Jean, « Le mot retraite », *Recherches et travaux*, n° 44, 1993, p. 17-24.

SIMON, Thierry, « Rodrigues "par les textes" : paysage(s) écrits et perçus », *Les Cahiers d'Outre-Mer*, 245, 2009, p. 95-109.

SOLÉ, Jacques, *Le débat entre protestants et catholiques français de 1598 à 1685*, Lille et Paris, Atelier de reproduction des thèses de Lille III / Aux Amateurs de livres, 1985.

SPINI, Debora, *Diritti di Dio, diritti dei popoli. Pierre Jurieu e il problema della sovranità*, Turin, Claudiana, 1997.

STANWOOD, Owen, *The Global Refuge : Huguenots in an Age of Empire*, Oxford, Oxford University Press, 2020.

STARR, George A., *Defoe and spiritual autobiography*, Princeton, Princeton UP, 1965.

STRICKLAND, H. E., & Melville, A. G., *The Dodo and its kindred*, London, Benham & Reeve, 1848.

SWAEN, A. E. H., « Voyages et avantures de François Leguat et de ses compagnons », revue *Ardea*, vol. 29 (1940), p. 19-44.

THEAL, G. M. C., *Chronicles of the Cape commanders*, Cape-Town, Richards and sons, 1882.

TINGUELY, Frédéric, « Doser l'aventure : la littérature de voyage entre Charybde et Scylla », *Littératures classiques*, « L'aventure au XVIIe siècle, itinéraires d'une notion », n° 100, 2019, p. 49-59.

TINGUELY, Frédéric, « L'île est un piège. Les aventures de François Leguat et de Geoffroy Atkinson », in Frank Lestringant et AlexandreTarrête (dir.), *Îles et Insulaires (XVIe-XVIIIe siècles)*, P., PUPS, Cahiers V. L. Saulnier, 34, 2017, p. 97-110.

TINLAND, Frank, *L'Homme sauvage. Homo ferus et Homo sylvestris, de l'animal à l'homme*, P., Payot, 1968.

TOUSSAINT, Auguste, *Histoire des îles Mascareignes*, Paris, Berger-Levrault, 1972.

TOUSSAINT, Auguste, *L'océan Indien au XVIIIe siècle*, P., Flammarion, 1974.

TURVEY, Samuel T., and CHEKE, Anthony S., « Dead as a Dodo : the fortuitous rise to fame of an extinction icon », *Historical Biology*, vol. 20, June 2008, p. 149-163.

VALÉRY, Paul, *Histoires brisées*, in *Œuvres*, t. II, Paris, Gallimard, 1962.

VAN EEGHEN, I. H., « The *Voyages and Adventures of François Leguat* », translated from the Dutch, with an introduction by S. Minet, *Huguenot Society's Proceedings*, vol. 18 (1947-1952), p. 396-417 [publication originale en néerlandais, *Het Boek*, 30 (1949), p. 227-246].

VAN RUYMBEKE, Bertrand, « L'Empire au prisme de l'histoire atlantique : le cas des Treize Colonies », *XVII-XVIII, Revue de la société des études anglo-américaines des XVIIe et XVIIIe siècles* [En ligne], 74 | 2017, mis en ligne le 3 décembre 2017, consulté le 09/03/2021. URL : http://journals.openedition.org/1718/826.

VAN RUYMBEKE, Bertrand, *From New Babylon to Eden*, Columbia, South Carolina University Press, 2006.

VERGÉ-FRANCESCHI, Michel, *Abraham Duquesne, huguenot et marin du Roi-Soleil*, P., France-Empire, 1992.

VINAGE, Renate du, *Flucht über die Meere : Die abenteuerlichen Erlebnisse einiger Hugenotten*. BoD, 2017.

VINSON, J. et J. M., « The saurian fauna of the Mascarene Islands », *The Mauritius Institute Bulletin*, VI, [4], 1969.

WATT, Ian, *The Rise of the Novel. Studies in Defoe, Richardson and Fielding* [1957], Harmondsworth, Penguin Books, 1977.

WEISS, Charles, *Histoire des réfugiés protestants de France depuis la révocation de l'Édit de Nantes jusqu'à nos jours*, P., Charpentier, 1853.

YARDENI, Myriam, « Protestantisme et utopie en France aux XVIe et XVIIe siècles », *Diasporas*, n° 1, *Terres promises, terres rêvées*, 2002, p. 51-58.

YARDENI, Myriam, *Le Refuge huguenot : assimilation et culture*, P., Champion, 2012.

YARDENI, Myriam, *Le Refuge protestant*, P., PUF, 1985.

ZONZA, Christian (dir.), *L'Île au XVIIe siècle : jeux et enjeux*. Actes du Xe colloque du Centre International de Rencontres sur le XVIIe siècle organisé à Ajaccio, 3-5 avril 2008, Tübingen, Narr Francke Attempto Verlag, 2010.

GLOSSAIRE

Aller à la bouline : tenir le plus près du vent en orientant la voile de biais.

Ambricque ou ambérique : Légumineuse tropicale, sorte de haricot.

Antaque : Plante tropicale produisant des pois ou de petites fèves ; légumineuse alimentaire.

Apostumer : Se gonfler de pustules, suppurer.

Araque ou arack : terme générique, entré en français vers 1525, désignant en contexte colonial divers alcools obtenus, selon les régions, par distillation de la canne à sucre, du vin de palme, de l'eau de coco, du riz fermenté notamment.

Arriver : Manœuvrer pour que le cap du voilier s'écarte de la direction d'où vient le vent et pour que ce dernier arrive plutôt par l'arrière.

Bamboche : « Sorte de canne qui a des nœuds, & qui vient des Indes » (*Acad. 1694*). Bambou.

Benjoin : Arbre produisant une résine odoriférante (diverses espèces du genre *Styrax*).

Bette blanche : Blette, ou carde blanche d'Ampuis, plante potagère.

Brandevin : eau-de-vie.

Cambare ou cambarre : Sorte d'igname à grosses racines blanches ou violettes, famille des Dioscoréacées.

Capre : Vaisseau corsaire (*Littré*).

Cayes : « Terme de géographie. Dans la mer des Antilles, îles basses, rochers, bancs formés de vase, de corail et de madrépores » (*Littré*).

Chervis : racine comestible analogue au salsifis.

Chou cabus : Variété de chou caractérisé par un feuillage lisse, appelé aussi chou pommé.

Chou caraïbe : Appelé également colocase, taro, songe ou madère selon les régions, le chou-caraïbe est un gros tubercule farineux appartenant à la famille des Aracées, au goût proche de celui de la patate douce. On consomme essentiellement sa pulpe mais aussi ses feuilles et ses tiges.

Chou de Milan : Variété courante de chou, le chou de Milan *(Brassica oleracea var. sabauda)* appelé aussi chou de Savoie, chou Pancalier ou chou cloqué, est une variété de chou aux feuilles nervurées et gaufrées.

Compasser : mesurer.

Corlieu : Selon *Acad. 1694*, synonyme de courlis, « sorte d'oiseau de riviere du genre de ceux qui n'ont pas le pied plat, lequel a le bec fort long & courbé, & est haut enjambé de couleur grise, marqueté de taches rouges & noires ».

Courtine : Terme de fortification : muraille joignant deux bastions.

Déduire : exposer oralement.

Délinéation : « Description faite avec

des lignes qu'on appelle aussi Ichnographie. *La simple delineation fait voir l'estenduë de cette place* » (*Acad. 1694*).

Dragée à lièvre : Menu plomb de chasse.

Dragon d'eau : trombe d'eau, tornade en mer.

Ébène : Bois précieux, extrait de plusieurs espèces d'arbres de la famille des Ébénacées appartenant au genre *Diospyros*, appelés ébéniers, qui se caractérise par sa dureté et sa couleur presque noire.

Écoutes : Cordages permettant de régler la tension des voiles.

Écuyer : « Aujourd'hui, l'Écuyer est le titre que portent les simples Gentilshommes et les Annoblis. *Il est défendu de prendre la qualité d'Écuyer, si l'on n'est noble* » (*Acad. 1762*). Toutefois, à la différence du titre de chevalier, cette qualification n'est pas reconnue comme titre de noblesse.

Émeri : L'émeri ou framiré, de son nom scientifique *Terminalia ivorensis*, est un arbre appartenant à la famille des Combrétacées, reconnaissable par ses branches s'organisant en couronne autour du jeune tronc.

Équerret : « Nom de plusieurs oiseaux du genre des mauves » (*Littré*).

Esquine : L'esquine, ou squine, ou racine de Chine (*Smilax China*, de la famille des liliacées) est une plante médicinale proche de la salsepareille, connue pour ses propriétés antalgiques, anti-inflammatoires, digestives, laxatives, dépuratives, aphrodisiaques, diurétiques, fébrifuges et toniques. Ses longues tiges, atteignant plusieurs mètres de hauteur, portent des feuilles coriaces, de petites fleurs verdâtres et des fruits rouges.

Estagnier (*sic*) : Sans doute mauvaise lecture de Duquesne pour latanier, sorte de palmier (*Latania lontaroides*).

Étalingure : terme de marine : « Nœud qui fixe le bout d'un câble à l'organeau d'une ancre ; nœud d'un orin sur la croisée d'une ancre » (*Littré*).

Exercice : le culte.

Faire servir : orienter la voilure de manière à faire route, après avoir mis en panne par exemple.

Figue d'Adam : La banane, aussi appelée figue dans l'océan Indien comme aux Antilles. Une légende indienne rapporte que la banane (*Musa paradisiaca*) était originaire de l'île de Ceylan, site du Paradis terrestre duquel furent chassés Adam et Ève, leurs corps couverts de feuilles de bananier.

Fol : forme ancienne de *fou*, nom donné à divers oiseaux marins palmipèdes.

Formidable : « Redoutable, qui est à craindre » (*Acad. 1694*).

Fourrer : terme de marine : protéger par une toile un cordage exposé au frottement.

Gagner pays : « On dit, *gagner chemin, gagner pays*, pour dire Avancer, faire du chemin » (*Acad. 1694*).

Garnir : gréer un mât en y fixant poulies, ferrures et manœuvres.

Gentillesse : Grâce, agrément.

Gentils : Au sens strict, les païens qui ont été évangélisés au début de l'expansion du christianisme en Asie Mineure, entre 42 et 70.

Gouvernement : parmi les emplois relevés dans *Acad. 1762* figurent « La charge de Gouverneur » ("*Le roi lui a donné le Gouvernement de Normandie*") et « L'hôtel du Gouverneur » ("*J'ai dîné au Gouvernement*").

Grand gosier : Nom vulgaire du pélican.

Grande Tribulation : la « grande tribulation », période de désordres et de souffrances de la fin des temps précédant la parousie, est mentionnée dans les trois Évangiles synoptiques et annoncée dans l'*Apocalypse* (7 : 14). Dans l'eschatologie réformée, la formule est employée de façon polémique pour stigmatiser la Révocation de 1685 et l'exil forcé des huguenots, le pape se voyant attribuer le rôle de l'Antéchrist.

Guinder : projeter, élever dans les airs.

Habitué : installé, notamment dans un pays étranger. *S'habituer* « signifie aussi, establir sa demeure en un autre Pays que le sien » (*Acad. 1694*).

Imposer à quelqu'un : « Tromper, abuser, surprendre quelqu'un, en faire accroire à quelqu'un » (*Acad. 1694*).

Indigo : L'indigotier, indigo des teinturiers ou indigo des Indes (*Indigofera tinctoria*), est un arbuste des régions chaudes de la famille des Fabacées dont les feuilles sont utilisées pour la préparation de la teinture d'indigo.

Jayet : Jais.

Lamantin : Le mammifère aquatique décrit par Leguat n'est pas en réalité le lamantin ou manatee, animal des côtes et des fleuves de l'Amérique centrale et méridionale, mais un autre sirénien, le dugong (*Dugong dugong*) de l'océan Indien, jadis très répandu dans les Mascareignes et aujourd'hui entièrement disparu dans cette zone.

Lardoire : « Sorte de brochette creusée et fendue par un des bouts et servant à larder la viande » (*Acad. 1694*).

Largue : « Terme de marine. Il n'a guère d'usage qu'en ces phrases, *Prendre le largue, tenir le largue*, pour dire, prendre la haute mer, tenir la haute mer. Il s'emploie aussi adjectivement. On dit, *Vent largue*, de celui qui s'écarte au moins d'un quartier de la route que l'on tient » (*Acad. 1762*).

Latanier : Le latanier, dont Leguat décrit avec précision les usages traditionnels, est un palmier des régions tropicales de la famille des Arécacées caractérisé par de très grandes feuilles disposées en éventail utilisées pour la couverture des cases. Il en existe de nombreuses variétés.

Levée : élévation de l'avant ou de l'arrière du bateau au-dessus de la ligne de flottaison.

Loge : dans la langue classique, le terme désigne une hutte ou une maisonnette.

Loups marins : Phoques.

Lustre : au sens figuré, brillant ou éclat ; dans le langage technique, sorte d'empois dont se servent les fripiers pour donner aux vêtements usagés l'aspect du neuf.

Maltôtier : percepteur d'impôts, « terme de dénigrement » selon *Littré* (la maltôte était un ancien impôt levé sous Philippe le Bel).

Maringouin : le terme désigne les moustiques dans les colonies américaines.

Marmouset : petite figure grotesque. Le terme s'applique péjorativement aux idoles des cultes païens.

Millecanton : Frai de poisson.

Moine bourru : Le « moine bourru », fantôme revêtu d'une robe de bure, est une figure familière des croyances populaires du temps.

Monument : « Marque publique que l'on laisse à la postérité pour conserver la memoire de quelque personne illustre, ou de quelque action celebre » (*Acad. 1694*).

Morte eau : période de faible amplitude des marées (correspondant aux quadratures lunaires).

Naïveté : « Ingénuité, simplicité d'une personne qui n'use point de desguisement [...] Grace et simplicité avec laquelle une chose est exprimée ou représentée selon la verité et la vraysemblance » (*Acad. 1694*).

Nuer : « Assortir de couleurs dans des ouvrages de laine ou de soye, de manière qu'il se fasse une diminution insensible d'une couleur à l'autre [...] » (*Acad. 1694*). *Nuancer* n'apparaît que dans l'édition de 1762.

Oumine : L'Oumine, Zoumine (à La Réunion), Herbe à oignon (Maurice), Moita, Tsingetsetse (Madagascar), est une herbe à port en touffe aux feuilles dressées (*Cyperus rotundus*), de la famille des Cypéracées. Les petites racines, comestibles, dégagent une forte odeur poivrée, lorsqu'on les écrase.

Ouragan : « Tempeste violente accompagnée de tourbillons » (*Acad. 1694*). L'édition de 1762 précise, comme plus loin Leguat, que ce mot est « emprunté de l'indien ». Il s'agit en réalité d'un terme espagnol d'origine caraïbe (*huracan*) passé en français au XVIe siècle désignant spécifiquement les tempêtes cycloniques tropicales.

Perse : probablement une forme de dysenterie. Le terme est inconnu des dictionnaires.

Phlébotome : ce néologisme plaisant (« coupeur de veine »), appliqué par Leguat aux apprentis chirurgiens, n'est pas enregistré en ce sens par les dictionnaires. *Littré* signale le mot, mais pour désigner l'instrument (lancette).

Poisson : « Animal qui naist, & qui vit dans l'eau » (*Acad. 1694*). Le terme s'applique donc aussi aux mammifères marins ; Leguat suit ordinairement cet usage.

Pont-volant : « On appelle *Pont volant*, une sorte de pont composé de deux ou trois bateaux garnis de grosses poutres par-dessus, dont on se sert pour transporter des troupes d'un bord à l'autre » (*Acad. 1762*).

Pourpier : Le pourpier *(Portulaca oleacera)*, plante annuelle rampante de la famille des portulacacées, cultivée pour l'alimentation depuis l'antiquité, très appréciée aussi comme plante médicinale.

Praticien : Au XVIIIe siècle, le terme désigne les employés de l'administration judiciaire et dans certains cas les chirurgiens.

Prendre hauteur : « On dit, *Prendre la hauteur du Soleil*, ou simplement, *Prendre hauteur*, pour dire, observer avec un instrument l'élévation du soleil sur l'horizon à l'heure de midi » (*Acad. 1762*). Cette opération est indispensable au calcul de la position du navire.

Quadrature : terme de marine : aspect de la lune dans son plus petit quartier ; marée dite « de morte eau » se produisant au moment du premier et du dernier quartier de la lune.

Quartier d'assemblée : « On nomme *Quartier d'assemblée*, un lieu choisi sur la frontière, ou dans le Royaume, où les troupes se rendent, pour de là marcher en corps à l'ennemi » (*Acad. 1762*).

Raifort : Le raifort *(Armoracia rusticana)* est une plante herbacée vivace de la famille des Brassicacées, cultivée pour sa racine à usage condimentaire, de saveur extrêmement forte, appelée aussi moutarde des Allemands, cran de Bretagne, radis de cheval, herbe aux cuillers, herbe au scorbut, wasabi alsacien…

Ranger : naviguer à petite distance le long de la côte.

Rats-de grenier : Commis des aides et plus spécialement agents des gabelles chargés de perquisitionner à la recherche des marchandises non déclarées.

Riotteuses : Querelleuses (*Littré*).

Salot : Personne négligée. Le terme, absent des dictionnaires, *Littré* excepté (sous une forme adjectivale), est peu fréquent et considéré comme « bas » mais non argotique (orthographe plus usuelle : *salop*).

Sans art : Naturellement.

Saupiquet : « Ragoût qui excite l'appétit » (*Littré*).

Sicot : Variante graphique, attestée sous la forme *cicot* (1553, CNRTL) mais non enregistrée par les dictionnaires, du mot *chicot*, désignant « un reste d'arbre coupé qui sort un peu de terre » ou « un morceau qui reste d'une dent rompue » (*Acad. 1694*).

Solitaire : Le solitaire, grand oiseau incapable de voler, était propre à Rodrigue. Voir Alfred North-Coombes, *La Découverte des Mascareignes : rétrospective et mise au point définitive*, 2ᵉ éd., Mauritius printing specialists, 1994 ; Anthony S. Cheke & Julian Pender Hume, *Lost Land of the Dodo : An Ecological History of Mauritius, Réunion & Rodrigues*, London, T. & A. D. Poyser, 2008 et surtout la description fort détaillée de Leguat, qui le reproduit même dans une planche de son livre.

Somache : Inconnu du *Dictionnaire de l'Académie*, ce vocable du « parler matelot » n'apparaît, sous la graphie *saumache* ou *saumâtre*, que dans le *Dictionnaire critique de la langue française* de J.-F. Féraud en 1787.

Songe : Autre nom du chou caraïbe.

Souffreteux : « Qui souffre de la misere, de la pauvreté. Il est bas, et vieilli » (*Acad. 1694*).

Squine : voir esquine.

Stombs ou stomps : terme inconnu, qui désigne le supplice du carcan immobilisant les jambes des condamnés. Ce mot ne semble pas issu du hollandais.

Suffragant : Suppléant ou subordonné. Le terme s'applique notamment à la hiérarchie ecclésiastique (pasteur suffragant, évêque suffragant).

Suppliant : plaignant. « Il se dit des personnes qui supplient & presentent des Requestes en justice, ou à quelque puissance, pour obtenir quelque chose » (*Acad. 1694*).

Tourlourou : « Nom vulgaire, aux Antilles, des espèces du genre Gécarcin (décapodes) et particulièrement du gécarcin ruricole de Latreille, qui est le cancer ruricole de Linné, ou crabe de terre, dit tourlourou par les matelots, qui le comparent au fantassin dans l'armée de terre » (*Littré*).

Tramontane : au sens propre, l'étoile polaire ou étoile du nord ; par extension, la direction suivie.

Tribut : Cet euphémisme traditionnel désigne les effets du mal de mer.

Trinquette : voile latine triangulaire.

Vache marine : Désignation de divers mammifères marins, notamment « le morse, le lamantin, le dugong » (*Littré*).

Vieille roche : « *On appelle turquoise de la vieille roche*, les Turquoises tirées d'une roche decouverte il y a tres-longtemps. Et on dit fig. d'un homme d'une probité connuë, que *c'est un homme de la vieille roche* » (*Acad.* 1695).

INDEX DES NOMS DE PERSONNES[1]

1 Références antérieures à 1800 seulement.

INDEX DES NOMS DE LIEUX

INDEX DES TITRES

TABLE DES FIGURES

TABLE DES MATIÈRES

VOYAGE ET AVENTURES DE FRANÇOIS LEGUAT ET DE SES COMPAGNONS EN DEUX ÎLES DÉSERTES DES INDES ORIENTALES

RECUEIL DE QUELQUES MÉMOIRES SERVANT D'INSTRUCTION POUR L'ÉTABLISSEMENT DE L'ÎLE D'ÉDEN (1689)

Achevé d'imprimer par Corlet,
Condé-en-Normandie (Calvados),
en Février 2025
N° d'impression : 187051 - dépôt légal : Février 2025
Imprimé en France